Herbert Scurla
Wilhelm von Humboldt

Herbert Scurla

WILHELM VON HUMBOLDT

Werden und Wirken

claassen

Bildteil:
Bildarchiv Preußischer Kulturbesitz, Berlin

INHALT

ERSTES BUCH

Werden

(1767–1801)

ZWEITES BUCH

Wirken

(1802–1835)

». . . EIN STAATSMANN VON PERIKLEISCHER HOHEIT DES SINNES«

Im Juli des Jahres 1835 beging die Preußische Akademie der Wissenschaften zu Berlin wie alljährlich ihren Leibniz-Tag zu Ehren ihres Initiators und ersten Präsidenten Gottfried Wilhelm Leibniz. Auf dieser Tagung, der ersten nach dem Tode Wilhelm von Humboldts, des Reformators der Akademie und Gründers der Universität Berlin, hielt der Sekretär der Akademie und Professor an der Universität August Böckh den ehrenden Nachruf auf das verstorbene Mitglied. Böckh, selbst ein namhafter Philolog, würdigte Wilhelm von Humboldt als den Gelehrten, der unter seinen Zeitgenossen »die meisten Sprachen grammatisch studiert hatte; und das Gefüge einer jeden ergründete er so, als wäre sie der einzige Gegenstand seiner Forschungen gewesen«. Er rühmte »die Verbindung der Tätigkeiten des Staatsmannes und Gelehrten, eine Verbindung, deren Wichtigkeit um so mehr einleuchtet, je mehr die gewöhnliche Geschäftätigkeit für idealere Betrachtung und wissenschaftliches Leben für den Betrieb öffentlicher Geschäfte abstumpft«.

Böckh war sich durchaus bewußt, daß das Nebeneinander von staatsmännisch-öffentlicher Wirksamkeit und gelehrten Studien, wie er es bei dem Verstorbenen wahrgenommen hatte, unter den gegebenen gesellschaftlichen Verhältnissen etwas Ungewöhnliches gewesen war. Er mochte wohl auch an Goethe und Wilhelms Bruder Alexander gedacht haben, als er fortfuhr: »Wenn nun freilich letztere Vereinigung heutzutage nicht mehr in demselben Grade wie ehemals unstatthaft scheint, weil das wissenschaftliche Erkennen aus früherer Abgeschiedenheit herausgetreten ist und sich dem Kampfplatze des Lebens genähert hat, die Staaten aber empfänglicher für die Herrschaft des Gedankens geworden sind, worin wir einen wesentlichen Fortschritt des menschlichen Geschlechts finden zu dürfen glauben, so hat in neueren Zeiten doch schwerlich irgendeiner die öffentlichen Verhältnisse zugleich und die Wissenschaft mit solcher Größe des Geistes und solchem Geschick gehandhabt als Wilhelm von Humboldt. Er war, wie wir alle wissen, nicht etwa bloß das, was man einen tüchtigen Geschäftsmann[1] nennt, der nur einer sehr untergeordneten Einsicht als Staatsmann gilt – obgleich er wie in der Wissenschaft so in seiner öffentlichen Wirksamkeit auch dem Kleinen und Besondern Genauigkeit und Sorgfalt widmete..., er war ein Staatsmann von Perikleischer Hoheit des Sinnes.«

Perikles war der überragende Demokrat unter den Staatsmännern des klassischen Athen gewesen. Um 450 vor der Zeitenwende hatte er die Macht des Areopags, des Rates des Adels, und damit die Adelsherrschaft in der athenischen Stadtrepublik überhaupt eingeschränkt. Er hatte für eine Verbesserung der Lebensbedingungen der ärmeren Bevölkerung gesorgt und gewünscht, sie an den Staatsgeschäften zu beteiligen. Die Selbstverantwortung und Selbstherrschaft des Demos, des Volkes, der Gemeinde, das heißt des »freien Volkes« im altgriechischen Stadtstaat Athen, wurden von ihm innerhalb der Grenzen der Sklavenhalterordnung weitgehend durchgesetzt. Kunst und Wissenschaft waren unter seiner Förderung aufgeblüht wie nie zuvor, Athen war damals zum kulturellen Zentrum der hellenischen Welt geworden. Philologen und Archäologen des Zeitalters Humboldts sprachen im Blick auf jene ferne Epoche vom Perikleischen Zeitalter schlechthin.

Böckh wußte aber auch, daß Perikles einer der erfolgreichsten Staatsmänner der Antike gewesen war, während Humboldt zwar auch erfolgreich gewirkt hatte, vor allem auf dem Gebiet der Kulturpolitik, einen maßgebenden Einfluß auf die preußische Politik jedoch nur vorübergehend und stets beargwöhnt von der Reaktion ausüben konnte. Wenn ihn Böckh dennoch als einen »Staatsmann von Perikleischer Hoheit des Sinnes« bezeichnete,

[1] Siehe hierzu und im folgenden unter »Anmerkungen« am Schluß des Buches.

so gewiß in der Absicht, das staatsmännische Wirken Humboldts besonders hervorzuheben und zu würdigen.

Dies im Jahr 1835 auszusprechen war ein Wagnis, das ein Mann wie Böckh gewiß bewußt, aber wohl auch in der Annahme eingehen konnte, man werde in seiner klassischen Kennzeichnung des als Staatsmann in der Öffentlichkeit weithin bereits vergessenen Humboldt mehr eine kollegiale Verbeugung vor dem Gelehrten sehen als eine Beschwörung seiner damals höchst suspekten politisch-weltanschaulichen Gesinnung. Die französische Bürgerrevolution von 1830 lag erst ein halbes Jahrzehnt zurück. Wilhelm von Humboldts Bruder Alexander hatte nach einer von Varnhagen überlieferten Äußerung durchaus zutreffend erklärt: »Die Nation ist noch immer betrogen worden, und sie wird wieder betrogen.« In der gleichen Aufzeichnung stand auch der Satz: »Keine Regierung hat bis jetzt dem Volke Wort gehalten, keine ihre Selbstsucht dem Gemeinwohl untergeordnet!«

Der ältere Humboldt hat von dieser bezeichnenden Anmerkung seines Bruders vermutlich nichts gewußt; eigene Äußerungen über dieses säkulare Ereignis sind uns nicht überliefert. Aber eben das, was Alexander über die Vorgänge in dem ihm vertrauten Frankreich äußerte, war in bezug auf Deutschland und besonders auf die Entwicklung Preußens seit dem Befreiungskrieg der geheime Kummer Wilhelm von Humboldts gewesen: Man war in diesem – mit Frankreich verglichen – rückständigen Deutschland, bewährtes Überkommenes bewahrend, wie er es immer gefordert hatte, nicht zielbewußt fortgeschritten. Im Gegenteil: die restaurativen Tendenzen überwogen mehr und mehr, so daß Wilhelm von Humboldt endlich geglaubt hatte, gegenüber den rückschrittlichen Mächten seiner Zeit nur mehr resignieren zu können.

In den Jahren nach seinem Tode blieb es still um Wilhelm von Humboldt. Erst 1848, zur Zeit der Revolution in Deutschland, erinnerte man sich wieder des einsam gestorbenen, freiheitlich gesinnten preußischen Staatsmannes. Zeitgenossen verwiesen auf ihn als einen der Wegbereiter einer besseren Zeit; die Forschung begann, Werden und Wirken zu erkunden, die Legendenbildung bemächtigte sich des »Weisen von Tegel«. Es gibt wenige überragende Gestalten der deutschen Vergangenheit, deren Charakterbild im Laufe der Zeiten so geschwankt hat, deren Leistung über ihre Epoche hinaus bis in die Gegenwart so umstritten gewesen ist wie Wilhelm von Humboldt und sein Werk.

Das lag am Blickwinkel der Zeit und an der Art, wie Leben und Leistung Humboldts beurteilt wurden. Der konservative Historiker zeichnete ein anderes Bild vom jungen Staatstheoretiker und reifen Staatsmann Humboldt als sein liberaler Zeitgenosse. Sehr unterschiedlich bewerteten beide die Versuche Humboldts, aller freiheitlichen Gesinnung zum Trotz dem Staat des Königs von Preußen nach besten Kräften, bestem Wissen und Gewissen zu dienen, und ebenso seine spätere Abkehr vom absoluten Staat seiner Zeit. Anders wieder sah der Kulturhistoriker den Mann, der neben Goethe und Schiller zu den namhaftesten Repräsentanten der deutschen Klassik gehört, den großen bürgerlichen Humanisten, der sich nicht auf eine Verherrlichung der Antike und auf ideale Forderungen beschränkte, sondern als Reformator des Bildungswesens und als Begründer der Universität Berlin zum bedeutendsten deutschen Kulturpolitiker seiner Epoche wurde. Wieder andere entdeckten und würdigten den großen Anteil des stillen Gelehrten Humboldt bei der Begründung der Sprachwissenschaft und der Sprachphilosophie. Mancher auch ging den Spuren der im Sinne jener Zeit universalen Bildung und dem unermüdlichen Streben Humboldts nach, sich zeitlebens der Entfaltung seiner Persönlichkeit, dem individuellen Genuß des Lebens und zugleich dem Dienst an der Gemeinschaft zu widmen.

Wir werden von solchen zeitgenössischen Urteilen und späteren Forschungen ausgehen und den Quellen mit kritischem Blick nachspüren müssen, um eine der heutigen Zeit gemäße Vorstellung vom Leben und Wirken Wilhelm von Humboldts zu gewinnen, eingedenk der Mahnung Goethes, der Biographien nicht schätzte, die die »sogenannten Tugenden und Fehler mit heuchlerischer Gerechtigkeit aufstutzen und dadurch, weit schlimmer als der Tod, eine Persönlichkeit zerstören, die nur in der lebendigen Vereinigung solcher entgegengesetzter Eigenschaften gedacht werden kann«. Wir wollen diese lebendige Vereinigung aller Widersprüche und Gegensätzlichkeiten im Werden und Wirken Wilhelm von Humboldts wagen, wobei wir uns bewußt sind, daß die Darstellung eines umfassend gebildeten und auf unterschiedlichsten Gebieten vielfältig tätigen Repräsentanten der bürgerlich-klassischen Zeit, wenn sie sich an eine breite Öffentlichkeit wendet, dort auf Wertungen verzichten muß, wo nur sorgfältige Spezialstudien zu neuen Erkenntnissen, zum Beispiel über Humboldts Stellung auf dem Gebiet der Staatsphilosophie oder der Sprachforschung, führen können.

Wenn der Name Humboldt erwähnt wird, denken die einen an den Staatsmann und Sprachgelehrten Wilhelm, die anderen an seinen Bruder, den Weltreisenden und Naturforscher Alexander von Humboldt[2]. In der griechischen Sage waren Kastor und Polydeukes die unzertrennlichen Zwillingsbrüder, als Söhne des Gottes Zeus die Dioskuren genannt. So galten die Brüder Humboldt, obwohl sie keineswegs unzertrennlich, wohl aber kongenial waren, als »preußische Dioskuren«. Auf die naheliegende Frage, welcher der bedeutendere von beiden sei, antworten wir mit einer Äußerung Goethes. In einem Gespräch mit Eckermann vom 12. Mai 1825 bezeichnete er neben der Begegnung mit Schiller und den beiden Schlegels auch die mit den Gebrüdern von Humboldt als »von der größten Wichtigkeit« und sagte abschließend: »Nun streitet sich das Publikum seit zwanzig Jahren, wer größer sei: Schiller oder ich, und sie sollten sich freuen, daß überall ein paar Kerle da sind, worüber sie streiten können.«

ERSTES BUCH

WERDEN

1767–1801

Was aber sei denn der Humanismus? Liebe zum Menschen sei er, nichts weiter, und damit sei er auch Politik, sei er auch Rebellion gegen alles, was die Idee des Menschen besudele und entwürdige.

THOMAS MANN, ›DER ZAUBERBERG‹

An einem hab ich immer fest gehangen,
in süßer Wonne und in bangem Leiden,
von ihrem Schein die Dinge zu entkleiden,
zu ihrer nackten Wahrheit zu gelangen.

Wenn Großes Menschenkräfte auch errangen,
sucht' ich doch die Empfindung abzuschneiden,
um nur an reinem Umriß mich zu weiden,
nicht im Gebiet der Tat allein befangen.

Ich mehr das Sein, als das Beginnen, ehrte,
und gern darum mich zu Gemüte kehrte,
wie es in edlen Frauen fein empfindet.

Denn dies, dem Irdischen nur zugewendet,
wo es das Zarteste dem Busen sendet,
ist näher mit dem Himmlischen verbündet.

Sonette, 1176

Kennzeichnend für das friderizianische Preußen, in dem Wilhelm und Alexander von Humboldt aufwuchsen, waren das Großmachtstreben des Militärstaates der Hohenzollern, die gesellschaftliche Vorherrschaft des Junkertums und eine wachsende Spannung zwischen Feudalismus und wirtschaftlichem Fortschritt in Land und Stadt. Der preußische Staat hatte zwar an Gebiet und politischem Gewicht im Heiligen Römischen Reich Deutscher Nation und darüber hinaus in Europa beträchtlich gewonnen, aber das Land war unter den Lasten des Krieges, der Söldnerheere und der Beamtenschaft verarmt und im Vergleich zu England und Frankreich in der wirtschaftlichen Entwicklung erheblich zurückgeblieben. Die Krone dieses spätfeudalen preußischen Staates ruhte auf zwei Säulen, dem Heer und der Bürokratie, das heißt auf jenem märkischen Junkertum, das den Königen von Preußen die Offiziere aller Grade stellte und Verwaltung und Justiz, soweit sie vom Grundherrn nicht unmittelbar ausgeübt wurde, ebenso beherrschte wie das Kabinett des Königs. Darin änderte sich auch nach dem Tode Friedrichs II. nichts.

An eine Beschneidung der Vorrechte des Adels durch entsprechende gesellschaftliche Reformen war unter solchen Umständen nicht zu denken. Von einer allgemeinen Aufhebung der Erbuntertänigkeit war keine Rede. Nicht einmal die Steuerprivilegien des Adels wurden angetastet, obwohl der Geldbedarf des Staates auch nach dem Siebenjährigen Krieg weiter anwuchs.

Naturnotwendig verschärften sich die Klassengegensätze zwischen Feudalherren und Bauern; aber auch zwischen Adel und Bürgertum bildeten sich immer schärfere Gegensätze heraus, je mehr sich das Manufakturwesen ausbreitete und allmählich hier und da der maschinellen Produktionsweise Platz machte. Zwar reglementierte der Staat im sogenannten Merkantilsystem die Entwicklung vor allem der neuen Gewerbezweige, wie der Seidenmanufaktur in Berlin, der Leinenindustrie in Schlesien, der Tucherzeugung in der Mark, aber er förderte Handel und Gewerbe, um die Einnahmen aus Steuern und Abgaben zu steigern. Die damalige staatliche Wirtschaftspolitik folgte nahezu ausschließlich fiskalischen Interessen. Im Außenhandel suchte man durch Drosselung der Einfuhr und Förderung der Ausfuhr das ins Land strömende gemünzte Metall, und damit den Reichtum im seinerzeitigen Sinne, besonders deshalb zu vermehren, weil das Land nicht über eigene Vorräte an Edelmetallen verfügte.

Mit der wachsenden Bedeutung der Manufakturen und des Fabrikwesens spitzten sich die Gegensätze zwischen den verschiedenen Schichten der städtischen Bevölkerung zu. Handwerksmeister und Handwerksgesellen, durch die Zunftordnung noch immer aneinander gebunden, lagen bereits seit dem Ausgang des Mittelalters miteinander in Fehde. Jetzt aber mußte sich das Handwerk als Ganzes gegenüber den Gewerben behaupten. Dem städtischen Proletariat trat der Fabrikherr gegenüber, an dessen Seite Händler und Bankier standen. Sie besaßen wegen ihres Reichtums den größten Einfluß im städtischen Bürgertum, das bald so mächtig wurde, daß es Ansprüche auf Teilnahme an der Regelung der öffentlichen Angelegenheiten stellte und nun, wenn auch einstweilen in Interessengruppen zersplittert, in härter werdende Klassenkämpfe mit dem Adel geriet.

So kam es zu mehreren lokalen Aufständen in Deutschland, aber die gesellschaftliche Entwicklung in Preußen wie im Deutschen Reich war keineswegs so weit fortgeschritten, daß die Klassengegensätze, wie in Frankreich, zum Ausbruch einer Revolution hätten führen können. Daher versuchte die regierende Gewalt, in einem »Regierungsmischmasch von Despotismus, Bürokratie und Feudalismus«, wie Marx das Herrschaftssystem im Preußen Friedrichs II. nannte, die ökonomische Entwicklung in Handel und Gewerbe dem Geldbedürfnis eines Staates dienstbar zu machen, an dessen feudalistischen Grundlagen im Prinzip nichts geändert werden sollte. Das gelang um so mehr, als die wirtschaftliche Struktur des preußischen Militärstaates nach wie vor und noch für lange Zeit überwiegend agrarisch blieb.

Die merkantilistische Wirtschaftspolitik war oft verbunden mit dem sogenannten aufgeklärten Absolutismus. Diese Bezeichnung deutet auf eine nicht mehr übersehbare Realität der gesellschaftlichen Entwicklung hin, deren geistiger Vortrupp Aufklärung genannt wurde. Die gegen die feudalistisch-mittelalterliche Weltanschauung gerichtete Aufklärung war von England und Frankreich ausgegangen und hatte sich allmählich über ganz Europa verbreitet. Sie hatte die Philosophie von der Vorherrschaft der Theologie befreit, den Blick von der christlichen Verheißung eines glücklichen Jenseits auf eine vernünftige Ordnung im Zusammenleben der Menschen auf Erden und auf die Verbesserung ihrer materiellen Existenz gerichtet. Unter den in Deutschland gegebenen gesellschaftlichen Verhältnissen wirkte die Aufklärung weithin wie eine Vernunftreligion; ihre Verkünder meinten, die Verbreitung von Wissen und die Besinnung des Menschen auf seine Vernunft würden genügen, um durch Einsicht der Mächtigen in die Ungerechtigkeit der gesellschaftlichen Ordnung den Ohnmächtigen zu ihrem Recht auf ein menschenwürdiges Dasein zu verhelfen. »Habe Mut, dich deines eigenen Verstandes zu bedienen!« lehrte noch Kant, der in der Aufklärungsepoche am Ende jener Reihe von deutschen Denkern stand, die mit Leibniz und Thomasius begonnen hatte.

Preußen und Berlin waren von dieser geistigen Bewegung verhältnismäßig spät erfaßt worden. Neue Strömungen zeichneten sich im intellektuellen Leben bereits ab, als die preußische Hauptstadt eine Nachblüte jener Emanzipationsbewegung des fortschrittlichen Bürgertums erlebte, an der auch Angehörige des aufgeklärten Adels beteiligt waren.

Die Humboldts waren keine Junker; sie entstammten keinem der alteingesessenen märkischen Adelsgeschlechter. Im Jahre

1572 erhielt ein Hans Humpolt in Berlin das Bürgerrecht, er übte das Handwerk eines Kürschners aus. Später dann begegnen uns unter den Ahnen der Brüder Humboldt Amtsschreiber und Bürgermeister, bald schon im Pommerschen ansässig und begütert, wo im Jahre 1725 Conrad Hombold als Hofkammergerichtsrat und Herr auf Zeblin gestorben ist, der erste, der sich auch schon Humbold oder gar Humboldt schrieb. Dessen Sohn Johann Paul Humboldt – er lebte von 1684 bis 1740 – erhielt erst zwei Jahre vor seinem Tode den erblichen Adelstitel; er war der Großvater der beiden berühmten Träger des Namens Humboldt. Daher war es nicht ganz unbegründet, wenn die märkischen Junker seinen Enkeln das Recht bestritten, sich als »Freiherren« zu bezeichnen, und die Aufgeschlossenheit, mit der Wilhelm wie Alexander den bürgerlich-fortschrittlichen Strömungen ihrer Zeit schon als Jünglinge begegnet sind, erklärt sich neben ihrer Erziehung zum Teil auch aus ihrer Herkunft und Familiengeschichte.

Johann Paul Humboldt war Offizier in Diensten Friedrich Wilhelms I., des Begründers des preußischen Militärstaates, gewesen und hatte eine Tochter des Obristen und Generaladjutanten von Schweder geheiratet. Einer seiner drei Söhne, der 1720 geborene Alexander Georg von Humboldt, Erbherr auf Hadersleben und Ringenwalde bei Soldin in der Neumark, war der Vater der Brüder Humboldt. Er hatte im Finckensteinschen Dragonerregiment Dienste getan, war Major und im Siebenjährigen Kriege Adjutant des Herzogs Ferdinand von Braunschweig gewesen. Auf diesen persönlichen Kontakt mag es zurückzuführen sein, wenn er nach seinem Ausscheiden aus dem Heeresdienst Kammerherr der Prinzessin Elisabeth von Braunschweig wurde, der er zur Seite stand, bis ihre Ehe mit dem Thronfolger und späteren König Friedrich Wilhelm II. im Jahre 1769 gelöst wurde.

Nach dem, was uns überliefert ist, war Alexander Georg von Humboldt kein bornierter Höfling; sein Freisinn wird durch die Art der Erziehung und Ausbildung seiner Söhne bestätigt, soweit er darauf noch Einfluß nehmen konnte, da er bereits 1779 starb. Der Wohlstand und damit die für den späteren Lebensweg der Söhne so wesentliche Unabhängigkeit der Familie beruhten darauf, daß er 1766 die begüterte Witwe des Barons Friedrich Ernst von Holwede geheiratet hatte.

Maria Elisabeth von Humboldt, geborene Colomb, entstammte einer Hugenottenfamilie. Nach der Aufhebung des Edikts von Nantes (1685), das die Wahl des religiösen Bekenntnisses in Frankreich freigestellt hatte, waren die Colombs aus der Provence zunächst nach Kopenhagen ausgewandert und hatten sich später in Neustadt an der Dosse niedergelassen. Sie gehörten zu jenen von religiösem Fanatismus aus ihrem Heimatland vertriebenen Kalvinisten, deren Regsamkeit das intellektuelle Leben und insbesondere die Entwicklung von Handel und Gewerbe in Preußen wesentlich förderte. Jean Henri Colomb, Großvater mütterlicherseits der beiden Humboldts, war Direktor einer Manufaktur für Spiegelglas in Neustadt gewesen, die Großmutter stammte von einem schottischen Kaufmann aus dem Geschlecht der Durham of Grange ab, der sich im 17. Jahrhundert in Elbing niedergelassen hatte.

Ihrer Herkunft nach waren Wilhelm und Alexander von Humboldt frei vom Klassenegoismus des preußischen Junkertums; dennoch besaßen sie in der zeitgenössischen Gesellschaft alle Vorrechte des Adels. Ihr Wohlstand war ererbt und beruhte überwiegend auf Landbesitz. Die Eltern konnten beträchtliche Mittel aufwenden, um ihre Kinder in einer Weise erziehen und für die künftige Tätigkeit im höheren Staatsdienst vorbilden zu lassen, wie sie nicht einmal an den Höfen kleinerer Landesfürsten die Regel war. Wichtiger ist, daß bereits der Vater durch die Wahl der ersten Hauslehrer den Bildungsdrang seiner Söhne auf den Weg des Fortschritts gelenkt hat.

Der Kammerherr Alexander Georg von Humboldt stand noch in höfischen Diensten, als am 22. Juni 1767 in Potsdam sein ältester Sohn Wilhelm geboren wurde; Alexander kam zwei Jahre später, am 14. September 1769, auf die Welt, die Eltern lebten damals in Berlin. Alexanders Geburtshaus lag in der Jägerstraße 22 und war Frau Maria Elisabeth von Humboldt von ihrer Mutter hinterlassen worden. Es ging später, ebenso wie das Schlößchen Tegel, bei der Erbteilung in Wilhelms Besitz über und diente den Humboldts vornehmlich als Stadthaus und Wohnsitz während des Winters. Im Sommer lebte die Familie, von immer seltener werdenden Aufenthalten auf Gut Ringenwalde bei Soldin abgesehen, vornehmlich in Tegel.

Drei Stunden fuhr seinerzeit ein Kutschwagen von der Jägerstraße in Berlin auf sandigen Wegen nach jener Ausweitung der Havel, die Tegeler See genannt wird. Dort hatte sich ein brandenburgischer Kurfürst ein Jagdschloß bauen lassen, das mit dem dazugehörigen Vorwerk seit langem in Erbpacht vergeben wurde. Das Schloß war an den Hauptmann und Kanonikus Friedrich Ernst Baron von Holwede kurz vor dessen Tod gelangt, so daß das Anrecht darauf durch die Ehe mit Holwedes Witwe im Jahre 1766 auf den Kammerherrn von Humboldt überging. Der Major nahm es gern in Erbpacht. Er war des unerfreulichen Lebens am Hofe müde, ihn reizten die Schönheit der Landschaft wie die Nähe Berlins. Der Park dürfte im wesentlichen noch zu Lebzeiten Alexander Georg von Humboldts entstanden sein. Erst Wilhelm von Humboldt hat nach dem Tode seiner Mutter das Erbpachtgut vom preußischen Staat als Eigentum erworben.

Hier, in der Abgeschlossenheit ländlicher Stille, machte der später berühmt gewordene Joachim Heinrich Campe Wilhelm von Humboldt mit den Anfangsgründen der Bildung vertraut. Er gehörte zu den Pädagogen, die in ihrer Erziehung die Gedanken Jean-Jacques Rousseaus zu verwirklichen strebten, mit denen auch Frau von Humboldt vertraut war. Vermutlich wurde Campe, der dem Kammerherrn von Humboldt empfohlen worden war, bereits 1769 Hauslehrer, zunächst des jungen Holwede, des 1762 geborenen Stiefbruders der beiden Humboldts. Doch mußte auch der kleine Wilhelm schon lange vor dem sechsten Lebensjahr täglich seine Lektion lernen, wie es seinerzeit in vielen adligen Häusern üblich war.

Im August 1773 verließ Campe das Humboldtsche Haus,

wurde Feldprediger in einem Regiment in Potsdam, kehrte indessen 1775 für einige Zeit nach Tegel zurück. Wilhelm lernte bei ihm Lesen und Schreiben und »etwas Geschichte und Geographie nach damaliger Art, die Hauptstädte, die sogenannten sieben Wunderwerke der Welt usf.«[3].

Später wurde Campe Lehrer am Philanthropin in Dessau, dem ganz im Geiste der Aufklärung wirkenden Erziehungsinstitut Johann Bernhard Basedows, und gründete dann bei Hamburg eine eigene Anstalt. Der nachmals bedeutende Pädagoge war Humboldts erster Erzieher; Wilhelm und Alexander lernten in ihm einen wahren Freund der Jugend kennen, der Generationen junger Menschen seine 1779 erschienene Nachdichtung des »Robinson Crusoe« von Daniel Defoe geschenkt hat. 1789, im Alter von zweiundzwanzig Jahren, traf Wilhelm seinen ersten Lehrer wieder, um ihn nach Paris, dem Schauplatz der Französischen Revolution, zu begleiten.

Nach Campe kam der Kandidat Johann Heinrich Sigismund Koblanck als Hofmeister in das Humboldtsche Haus; bei ihm lernte nun auch Alexander, mit dem Federkiel umzugehen. Koblanck verließ Tegel bereits im Herbst 1775, wurde gleichfalls zunächst Feldprediger und später Prediger an der Berliner Luisenkirche. Auch der spätere Kabinettssekretär Johann Clüsener war nur vorübergehend Hauslehrer der Brüder Humboldt. An seine Stelle trat im Herbst 1777 ein zwanzigjähriger Jüngling, Gottlob Johann Christian Kunth. Sein Vater, ein protestantischer Geistlicher, war arm, der Sohn hatte seine Studien vorzeitig abbrechen müssen. So wurde er, wie viele seiner Zeit, Haus- und Hofmeister in einem adligen Hause.

Hochbegabt und über sein Alter hinaus mit den schönen Wissenschaften wie mit den alten und neuen Sprachen vertraut, erfüllte er alle Voraussetzungen eines Hauslehrers. Er mag in der Auslegung seiner wie seiner Schüler Pflichten pedantisch gewesen sein, sein Vortrag war anregend und fesselnd, und sein pädagogisches Geschick zeigte sich darin, daß er frühzeitig die unterschiedlichen Begabungen und Neigungen seiner Schützlinge erkannte und – sich seiner eigenen Grenzen bewußt – durch Dritte

sorgsam zu fördern wußte. Der Major zog ihn auch zu Hilfs-
arbeiten bei der Verwaltung seiner Besitztümer heran. Kunth
erwies sich hierbei als überaus anstellig und wurde Sekretär und
Vertrauter des Gutsherrn.

Niemand konnte ahnen, wie bedeutungsvoll gerade die Verbindung aller dieser Eigenschaften eines rasch zum Vertrauten
der Familie gewordenen jungen Mannes für die Humboldts
werden sollte. Als Georg Alexander von Humboldt am 6. Januar 1779 starb, wurde Kunth zum Ratgeber der zum zweiten-
mal verwitweten kränklichen Gutsherrin. Mehr und mehr ging
die Verwaltung des ansehnlichen Vermögens in seine Hände
über. Frau von Humboldt konnte den klugen und bescheidenen
Hausgenossen nicht mehr entbehren, ihre Söhne fanden in ihrem
Hofmeister den Sachwalter ihres Erbes und einen Ratgeber, der
ihnen bis zu seinem Tode verbunden blieb. Nachdem die Söhne
das Elternhaus verlassen hatten, trat Kunth in den Staatsdienst
über. Er war dem Fortschritt zugetan und gehörte zu den engeren Mitarbeitern der Reformer um den Reichsfreiherrn vom
Stein. Von Wilhelm von Humboldt weitgehend gefördert, erwarb er sich später als Geheimer Rat Verdienste um die Einführung der Gewerbefreiheit und die Abschaffung der Binnenzölle. Als er im Jahre 1829 starb, wurde er auf Veranlassung
seines Schülers, Freundes und Gönners Wilhelm von Humboldt
im Park des Schlosses Tegel beigesetzt, wie er es selbst gewünscht hatte.

Das umfassende Bildungsstreben beider Humboldts ist gewiß
nicht nur auf ihre Veranlagung zurückzuführen, sondern auch
auf die allgemeinen Tendenzen der Aufklärung mit ihren pädagogischen Bestrebungen. Vermittelt aber wurden diese Bestrebungen vor allem durch Kunth, der, wie sich bald zeigte, die
recht unterschiedlichen Begabungen der Brüder Humboldt im
Rahmen des damals in Berlin und Preußen überhaupt Möglichen
förderte.

Kunths Unterricht umfaßte neben den Grundfächern die alten
und neuen Sprachen, alte und neue Literatur, Natur- und Län-

derkunde. Ernst Ludwig Heim, damals Kreisphysikus des Havellandes und Hausarzt der Familie Humboldt, kam des öfteren vom nahen Spandau nach Tegel. Er erklärte »den jungen von Humboldts die 24 Klassen des Linnéschen Pflanzensystems...«, welches der ältere sehr leicht faßte und die Namen gleich behielt«, wie der später so berühmte »alte Heim« unter dem 30. Juli 1781 in seinem Tagebuch vermerkt hat. Dieses und andere Zeugnisse unterstreichen die leichte Auffassungsgabe Wilhelms, die von Kindheit an gepaart war mit einem Bedürfnis, zu ordnen und gedanklich zu ergründen. Die Botanik hatte es ihm keineswegs angetan, sie gehörte bald zu den Lieblingsfächern des jüngeren Bruders, der schon damals Steine und Pflanzen sammelte und einer ungnädigen Tante unwirsch erklärte, er wolle »doch lieber Apotheker als Kammerherr« werden.

Wilhelm vergrub sich geradezu im Lese- und Lernstoff. Der Tod des Vaters war für den noch nicht Zwölfjährigen ein überaus schmerzliches und nachhaltiges Ereignis gewesen. Fröhlichkeit und Lebensfreude schienen aus dem Haus gewichen. Der Mutter mangelte es zumindest an äußeren Zeichen herzlicher Zuneigung; sie war eine kühle und herbe Natur, ihr Verhältnis zu den Söhnen blieb förmlich. Weder Wilhelm noch Alexander haben in kindlicher Liebe und vertrauensvoll an ihr gehangen. Kunth verstand auch hier auszugleichen, doch vermochte er in seiner bisweilen pedantischen Nüchternheit zwar viel Wissen, aber nur wenig Freude und Frohsinn zu vermitteln. »Schloß Langweil« hat Wilhelm im Rückblick auf seine Kindheit Tegel genannt.

Gelernt und gelesen hat Wilhelm in den Kindheitsjahren unendlich viel. Kunst und Sprache, Philosophie und klassisches Altertum zogen ihn an. Außer Griechisch und Lateinisch sprach und las er schon als Dreizehnjähriger Französisch. Mit den klassischen Schriftstellern Sallust und Cornelius Nepos, Cäsar und Cato war er vertraut. Er studierte neben den französischen Aufklärern vor allem die Werke der Repräsentanten der Berliner Aufklärung, doch auch ältere deutsche Schriftsteller wie Gellert und Ewald von Kleist, er fand »Geschmack an Literatur und Wissenschaften«.

Zunächst hatte man nur den Winter im Berliner Stadthaus in der Jägerstraße verbracht, im Sommer aber auf einem der Güter, im wesentlichen in Tegel, gelebt. Als dann der Unterricht vertieft und erweitert werden mußte, blieb man in Berlin, um sich die Hilfe bewährter Lehrkräfte zu sichern. Denn auch nach ihrer endgültigen Übersiedlung nach Berlin im Jahre 1783 besuchten die Brüder Humboldt weder das Joachimsthalsche Gymnasium noch das zum Grauen Kloster. Sie wurden weiterhin von Privatlehrern unterrichtet oder nahmen am Privatunterricht für andere Adlige teil, wobei Kunth mehr und mehr die Aufgabe eines Studienleiters zufiel.

Das war ein höchst verantwortungsvolles Amt, wenn man in Betracht zieht, daß die ehrgeizige Mutter beide Söhne für einflußreiche Stellungen im preußischen Staat vorgebildet wissen wollte. Zu diesem Zweck sollte sich Wilhelm auf das Studium der Rechtswissenschaften, Alexander auf das der Kameralia vorbereiten, wie man in jenen Zeiten die noch junge Staatswirtschaftslehre nannte. So änderte sich auch die Methode des Unterrichts. Vom Jahre 1785 bis zum Beginn des Universitätsstudiums erhielten die beiden Humboldts private Vorlesungen von teilweise akademischem Charakter, gehalten von namhaften Männern des öffentlichen Lebens der preußischen Hauptstadt. Sie lernten damit das geistige Leben innerhalb der schmalen bürgerlichen Intelligenzschicht der achtziger Jahre des 19. Jahrhunderts unmittelbar kennen.

Noch lebte Friedrich II. Er hatte Preußen in drei Kriegen zur zweiten Großmacht in Deutschland neben Österreich gemacht, für deutsche Kunst und deutsche Wissenschaft aber nur Spott und Verachtung übrig gehabt. Einen »geistigen Vasallen Voltaires« hatte Goethe den französisch philosophierenden Preußenkönig genannt. Johann Joachim Winckelmann, der Begründer der deutschen Altertumswissenschaft, hatte aus der Altmark nach Sachsen und von da nach Italien gehen müssen, um aus der

Enge des Dorfschullehrerdaseins herauszukommen. Im Geburtsjahr Wilhelm von Humboldts hatte der Sachse Gotthold
Ephraim Lessing Preußen als dem »sklavischsten Land in Europa« für immer den Rücken gekehrt. Vergeblich waren seine
Freunde bemüht gewesen, ihm in Berlin eine Anstellung als
Hofmeister, Prinzenerzieher oder Gesandtschaftssekretär zu verschaffen. Sein Gesuch um ein Amt als Bibliothekar war mit der
Anstellung eines Franzosen beantwortet worden. »Was hatt' ich
auf der verzweifelten Galeere zu suchen?« fragte er sich und
seine Mitbürger, als er Berlin verließ.

Und doch war die preußische Residenz vornehmlich durch
Lessing zur »Hochburg der Freigeister« geworden, wenn sich
auch die »Berliner Aufklärung« mehr Moses Mendelssohn, dem

Moses Mendelssohn

Freund Lessings und bedeutendsten Vertreter des zeitgenössischen jüdischen Geisteslebens in Deutschland, und dem Buchhändler und Popularphilosophen Christoph Friedrich Nicolai
verpflichtet weiß. Fast alle Berliner Lehrer der Brüder Humboldt gehörten zu dieser bereits verflachenden Strömung der
Aufklärung, die nach Kant für den unwissenden Menschen den
»Ausgang aus seiner selbstverschuldeten Unmündigkeit« bedeutete.

Aber Kant lehrte und lebte in Königsberg, während Lessing seinen »Nathan den Weisen«, das Hohelied der Menschlichkeit, 1779 in Wolfenbüttel vollendete, nachdem er bereits sieben Jahre zuvor mit dem Trauerspiel »Emilia Galotti« nach Goethes Worten den »entscheidenden Schritt zur sittlich erregenden Opposition gegen die tyrannische Willkürherrschaft« vollzogen hatte. Goethe aber, der im Frühjahr 1778 seinen Herzog nach Berlin begleitet und bei dieser Gelegenheit auch Tegel besucht hatte, blieb in Weimar, wo er sich wohler fühlte und freier zu wirken vermochte als »in der weiten Welt«. Berlin, in dem als Stützen des Junkertums das adlige Offizierskorps und die hohe Beamtenschaft bis zur Katastrophe von 1806 den Ton angaben, war zwar ökonomisch reger, kulturell jedoch rückständiger als die meisten anderen namhaften Städte des Reiches. Um so nachhaltiger wirkte die späte Phase der Aufklärung im gebildeten Bürgertum des spätfriderizianischen Berlin. Beide Humboldts tragen im Wesen und Wirken unverkennbar die Spuren dieses ihres ersten großen Bildungserlebnisses.

Humboldt hat im Alter zu Goethe geäußert, er und sein Bruder seien Kunth, seinem ältesten Freund, die Richtungen schuldig, die sie im Leben genommen hätten. Obwohl man diese Bemerkung nicht wörtlich nehmen darf, hat sie eine gewisse Berechtigung wie die meisten späteren Rückblicke auf den eigenen Werdegang. Auch der Unterricht Johann Jakob Engels und der nähere Umgang mit ihm haben nach Humboldts Zeugnis einen nicht unwesentlichen Einfluß auf ihn ausgeübt. Durch Engels Vorlesungen wurde er mit der zeitgenössischen Philosophie vertraut. Zugleich vertiefte Engel das Studium der »Alten« und erschloß damit seinem Schüler den für die deutsche Klassik so wesentlichen philosophischen Zugang zur Antike.

Engel, der nach seinem Hauptwerk »Der Philosoph für die Welt« auch »Philosoph von Welt« genannt wurde, war Professor der Philosophie am Joachimsthalschen Gymnasium und Verfasser moralisierender realistischer Romane. Auch seine Vorlesungen und Veröffentlichungen gingen von der Aufklärung aus, waren aber nicht rein rationalistisch, sondern »durch eine starke Beimischung bewußten Gefühlslebens bereichert und in ihrer Schärfe gemildert«.

Humboldt, der selbst vorübergehend dem Gefühlsüberschwang der damaligen Salons verfiel, geriet in Engels Vorlesungen in eine philosophische Richtung, der er später in der überschwenglichen »Gefühlsphilosophie« Friedrich Heinrich Jacobis begegnete. Auf Engel gingen auch Thematik und Gedankenführung des ersten kleinen philosophischen Aufsatzes zurück, den Humboldt unter dem Titel »Sokrates und Platon über die Gottheit, über die Vorsehung und Unsterblichkeit« geschrieben hat. In jenen Fragen, so meinte der achtzehnjährige Schüler spätaufklärerischer Popularphilosophie, sei jene wahre Philosophie enthalten, welche »brauchbare Resultate für das praktische Leben« liefere. Engel wurde im Jahre 1787 – die Brüder Humboldt verließen damals bereits Berlin, um in Frankfurt an der Oder zu studieren – gemeinsam mit Ramler für einige Jahre Oberdirektor des Berliner Theaters; er war später auch Erzieher des nachmaligen Königs Friedrich Wilhelm III., in dessen Regierungszeit Humboldt als Diplomat und Staatsmann wirkte.

Der Dichter Karl Wilhelm Ramler, Lehrer an der Kadettenschule, ein Freund Lessings aus dessen Berliner Zeit, gehörte zwar nicht zu Humboldts Erziehern, aber zu den Persönlichkeiten, mit denen er Umgang pflegte. Dazu zählten ferner neben Mendelssohn und Nicolai der Schriftsteller Karl Philipp Moritz und Johann Erich Biester, der Herausgeber der »Berlinischen Monatsschrift«, des Hauptorgans der Berliner Aufklärung, der Professor des Griechischen und Hebräischen am Grauen Kloster Georg Ludwig Spalding, der Oberkonsistorialrat Wilhelm Abraham Teller, auf dessen Empfehlung hin seinerzeit Campe als Erzieher zu den Humboldts gekommen sein dürfte, und viele andere.

Ein feinsinniger, der Aufklärung nahestehender Theologe war der Feldprediger Josias Friedrich Christian Löffler, später einer der Universitätslehrer Humboldts in Frankfurt an der Oder. Er erteilte den Brüdern Unterricht in der griechischen Sprache;

seine Aufgabe übernahm danach Ernst Gottfried Fischer, der als Mathematikprofessor am Köllnischen Gymnasium tätig war.

Handelte es sich bei allen diesen Lehrveranstaltungen um eine den Vorstellungen der Aufklärung entsprechende Bildung im allgemeinen Sinne, wie sie dem Bürger und dem Adligen natürlich nur in besonderen Ausnahmefällen zuteil werden konnte, so wurden die Humboldts darüber hinaus bereits in Berlin in die Theorie und Praxis der Verwaltung und des Rechtswesens eingeführt. Vorlesungen über das Naturrecht erteilte auf Engels Anregung der spätere Professor an der Universität Halle Ernst Ferdinand Klein, der damals an der nie zustande gekommenen großen Reform der preußischen Gesetzgebung mitarbeitete.

Noch stärker der Staatspraxis verbunden war Christian Wilhelm Dohm; er hielt den Humboldts und einem Grafen Arnim eine Reihe statistisch-politischer, das heißt staatswissenschaftlicher Vorlesungen. Dohm war Pagenhofmeister beim Bruder Friedrichs II. gewesen, hatte sich dann mit den pädagogischen Reformen Basedows vertraut gemacht und war nun im Departement des Auswärtigen als Geheimer Archivar und Kriegsrat angestellt. In seiner Gesinnung preußisch und betont antiösterreichisch, vertrat er als Rechts- und Staatswirtschaftslehrer evolutionäre Vorstellungen. Er wurde im Sommer 1786 zum preußischen Gesandten beim Erzbistum Köln ernannt. Der junge Humboldt traf ihn 1789 in Aachen wieder, wo Dohm als Vorsitzender einer kaiserlichen Kommission zur Revision der Aachener Verfassung tätig war; beide tauschten damals ihre staatstheoretischen Ansichten aus.

Engel vor allem hatte Humboldt auf die Begegnung vorbereitet, die dieser während seiner Studienzeit in Heyne und Wolf mit den Altertumswissenschaften, in Jacobi mit der philosophischen Gegenströmung der Aufklärung haben sollte; es wird sich dann zeigen, daß der Zögling der Aufklärung aufklärerisch im wesentlichen in Fragen der Religion und der Kirche geblieben war. An Klein und Dohm wird man bisweilen noch erinnert, wenn man Humboldts im Jahre 1792 verfaßte »Ideen zu einem Versuch, die Grenzen der Wirksamkeit des Staates zu bestimmen« liest. Wichtiger dürfte das Rüstzeug, das er ihnen verdankte, für seine politische Lehrzeit als Referendar am Berliner Kammergericht und für die klärenden Gespräche gewesen sein, die er in Erfurt mit dem dortigen Statthalter und Koadjutor des Erzbistums Mainz, Freiherrn von Dalberg, geführt hat.

Eine besondere Anziehung übte auf beide Humboldts das Haus des vielseitig interessierten Arztes Markus Herz in Berlin aus. Es bildete, zumal nach Moses Mendelssohns Tod (1786), ein intellektuelles Zentrum der preußischen Hauptstadt. Herz kam von Königsberg, wo er Kant kennengelernt hatte. Im Berliner Geistesleben war er ein Vertreter der naturwissenschaftlichen Richtung. Kunth führte seine beiden Schützlinge in die philosophischen und physikalischen Vorlesungen ein, die Herz in seinem Hause in der Neuen Friedrichstraße 22 abhielt, während sich im Salon[4] seiner als Schönheit gepriesenen Frau Henriette Männer und Frauen aus Bürgertum und Adel zu Leseabenden oder zu angeregten Gesprächen versammelten.

Hier trafen sich die Berliner Aufklärer und die Anhänger der Kantschen Philosophie, die allmählich auch in der Hauptstadt Boden faßte, Prinzen und Höflinge mit Bildungsbürgern und klugen Jüdinnen, heute vergessene Literaten mit Verehrern des jungen Goethe und Wegbereitern der Romantik. Der allzu nüchternen Ratio und des in Verfall geratenen »Aufklärichts« überdrüssig, gefiel man sich in Empfindsamkeit und Gefühlsüberschwang.

Selbst Alexander von Humboldt ist davon nicht unberührt geblieben, obwohl sich schon damals zeigte, wie stark er zur exakten naturwissenschaftlichen Forschung neigte. Seine Tändeleien mit der Hofrätin Herz entsprangen wohl mehr seinem Geltungsdrang als einer tieferen Neigung. Auch Wilhelm, der bisher »sein Herz unbeschäftigt gelassen« hatte, ließ sich für eine Weile von der Welle der Empfindsamkeit forttragen, die damals das ganze Land zu überspülen schien. Man denke etwa an die Wirkung von Goethes »Leiden des jungen Werthers«, die Humboldt allerdings erst 1789 gelesen hat. Überall schloß man sich zu Tugendbünden zusammen, um sich wechselseitig geistig und sittlich zu fördern, Nächstenliebe auszuüben und einander anzuschwärmen. So unternahmen es auch Henriette Herz und Mendelssohns Töchter Dorothea Veit und Henriette Mendelssohn, einen mit Satzungen, Geheimschrift und Bundesrat ausgestatteten »Bund der Freunde« zu stiften, in den Wilhelm von Humboldt aufgenommen wurde, dann als auswärtiges Mitglied auch Karoline von Dacheröden, so daß Humboldt auf diese Weise seiner späteren Frau zuerst begegnete.

Friedrich Nicolai

Manches, was wir in Briefen Humboldts an diesen Kreis bis in die neunziger Jahre hinein lesen, erschiene uns heute unverständlich, ungesund, schwülstig und pathetisch, wüßten wir nicht um die Rolle, die die »Beglückung durch die Liebe«, die »Freimaurerei des Herzens«, diese Mischung von Spiel und Ernst, Freundschaft und Erotik, in der damals einsetzenden Emanzipationsbewegung der Bürger, Juden und Frauen gespielt hat. Die leidenschaftliche Neigung Wilhelm von Humboldts zu Henriette Herz stellte als Hinwendung eines Adligen zu einer verheirateten Frau und Jüdin keinen Einzelfall im damaligen Berlin dar. Sie ist ein Symptom der Gärung in Preußen zur Zeit des Todes Friedrichs II. (1786).

Der Gefühlsüberschwang, dem die Brüder Humboldt in ihren Jünglingsjahren zeitweilig unterlagen, darf nicht darüber hinwegtäuschen, daß ihre intellektuellen Fähigkeiten mit großer Sorgfalt entwickelt worden waren. Sie verfügten über ein tiefes und umfassendes Wissen, noch ehe sie die Universität bezogen, sie waren mit der Methode wissenschaftlicher Arbeit vertraut gemacht worden und eines eigenen Urteils fähig. Wilhelm von Humboldt verdankte im wesentlichen der aufklärerischen Grundtendenz seiner Erziehung und den bedeutenden Männern, die ihn in Bildung und Wissen einführten, seine kritische Einstellung gegenüber dem Überkommenen, der Kirchenfrömmigkeit wie der Untertanengesinnung, dem gesellschaftlichen Vorurteil wie der Allmacht des Staates. Der Zweifel beherrschte des jungen Humboldt Denken bereits, ehe er die wohlbehütete Umwelt im Elternhaus verließ, um sich der gesellschaftlichen Wirklichkeit zu stellen.

ENTDECKUNG DER WIRKLICHKEIT

Am 1. Oktober 1787 begannen die Brüder Humboldt, von Kunth weiterhin betreut, ihr Universitätsstudium in Frankfurt an der Oder. Es war das Jahr, in dem Goethe, seit dem Vorjahr in Italien weilend, »Iphigenie« und »Egmont« vollendete, das Jahr, in dem sich die vormaligen englischen Kolonien in Nordamerika eine Verfassung als Vereinigte Staaten von Amerika gaben.

»Die Königin der Wissenschaft« hatte, wie Alexander nach Berlin schrieb, in der Oderstadt »eben nicht ihren Tempel«. Die fast dreihundert Jahre alte Universität war sträflich vernachlässigt worden, ihre Bibliothek unbedeutend, naturwissenschaftliche Sammlungen fehlten vollständig. Die Brüder Humboldt und ihr Erzieher hatten sich wohl deshalb für die Frankfurter Universität entschieden, weil die Stadt nicht weit von Berlin entfernt war; auch hatte Löffler, der Griechischlehrer Wilhelms und Alexanders, vor kurzem einen Ruf dorthin angenommen.

Sie wohnten in seinem Hause, kehrten jedoch aus den Ferien nach dem ersten Semester nicht mehr nach Frankfurt zurück; Löffler selbst zog schon im Jahr darauf das Amt eines Oberkonsistorialrates in Gotha dem eines Universitätsprofessors in Frankfurt vor. Von den Lehrern Wilhelm von Humboldts in Frankfurt hatte nur der Professor der Jurisprudenz Johann Friedrich Reitemeier eine gewisse Bedeutung.

Es nimmt daher nicht wunder, daß sich Alexander, zum Studium der Kameralwissenschaften bestimmt, aber weit mehr an den Naturwissenschaften interessiert, langweilte, während sich Wilhelm später mehr an seine einsamen Spaziergänge auf den Festungswällen als an seine Studien erinnerte. Zu seinem studentischen Umgang gehörten Graf Alexander von Dohna-Schlobitten, zu dem sich freilich erst später engere Beziehungen entwickelten, und Wilhelm Gabriel Wegener, der in seiner Selbstbiographie meint: »Der ältere Humboldt war zu kalt und zu fleißig, um irgend jemals Freundschaft zu suchen.«

Humboldt selbst bestätigt in seinen Briefen an Berliner Freunde, daß er fleißig gewesen sei. Neben drei juristischen Vorlesungen hörte er je ein ökonomisches, kirchengeschichtliches und reichsgeschichtliches Kolleg. Da die Lehrmethode fast durchweg schulmeisterlich war, zog er das Bücherstudium vor. »Nie hörte ich ein schöneres Latein«, berichtete Wegener aus Anlaß einer Disputation Humboldts über eine Leibnizsche These. Humboldt führte sein »zu vieles Arbeiten« auf die häuslichen Verhältnisse in Tegel zurück, wo er mit Menschen habe zusammen leben müssen, »mit denen ich so wenig stimmte, daß mir nichts, gar nichts übrigblieb, als mich in mich selbst zurückzuziehen und das bei den Büchern zu suchen, was ich bei den Menschen nicht fand ... Seitdem hat mich nun eine vielleicht durch Gewohnheit entstandene Liebe zur Arbeit und zur Beschäftigung, das Gefühl, daß ich noch in so manchen Stücken so weit zurück bin ..., zu einer angestrengten Arbeit angetrieben«.

In solchen meist an Henriette Herz gerichteten Bekenntnissen sehen wir heute vornehmlich Zeugnisse dafür, daß sich die Periode der Empfindsamkeit fortsetzte. Er fühlte sich »nicht eigentlich unglücklich«, denn »von ganz heiterem Temperament« wäre er nie gewesen. Er schwärmte von den »Vergnügungen des Herzens« als den »einzigen recht beglückenden, recht beseligenden«. Alexanders Temperament, der zwar Langeweile habe, aber viel herumlaufe und sich mokiere, möchte er nicht haben, denn »so manche wehmütige Empfindung hat auch viel Süßes«.

Dennoch handelte es sich nicht nur um zeitübliche Selbstbekenntnisse einer schönen Seele, in denen natürlich auch die Schwärmerei für Henriette mitschwang. Empfindsamkeit war ein Zug in Humboldts Natur, der, bisweilen längere Zeit zurückgedrängt, immer wieder zum Durchbruch kam, im Privatleben wie auch in seiner öffentlichen Wirksamkeit.

Humboldt wußte das und war um so nachdrücklicher bemüht, eine sachliche, von manchem seiner Zeitgenossen als Gefühlskälte empfundene distanzierende Kühle des Verstandes – gleichsam den Gegenpol seiner Natur – zu entwickeln und zu betonen. Hatte ihn die Empfindsamkeit schnell im Salon und unter den Mitgliedern der »Verbindung« der Henriette Herz heimisch werden lassen, so hatte sich die Schärfe seines Verstandes zuerst im Verkehr mit seinen Berliner Lehrern und den älteren und jüngeren Repräsentanten des Berliner Geisteslebens bewährt, »sämtlich Männern mit einer hellen Denkweise und freien bürgerlichen Gesinnungen«[5].

Aus Frankfurt an der Oder kehrten beide Humboldts zurück, ohne in ihrer Entwicklung wesentlich gefördert worden zu sein. Während Alexander das nächste Jahr in Berlin verbrachte, reiste Wilhelm, von Kunth nicht mehr begleitet, im April 1788 nach Göttingen, um dort seine Studien fortzusetzen.

Die Georgia Augusta in Göttingen war 1787 erst ein halbes Jahrhundert alt geworden. Doch sie hatte sich bereits den ersten Platz unter den Hochschulen Deutschlands erobert. Die Altertums- und die Staatswissenschaften waren dort ebenso aufgeblüht wie die Mathematik, die Medizin und die naturgeschichtlichen Fächer. Es kam der spät gegründeten Universität zugute, daß sich an ihr die jüngeren Wissenschaften ohne die theologische

Gebundenheit und die sie ablösende Vorherrschaft der Philosophie entfalten konnten. Freilich hatte das auch zur Folge, daß die Philosophie nicht besonders gut vertreten war und Humboldt im Selbststudium einen Zugang zu Kants Metaphysik suchen mußte, für die er sich mehr und mehr interessierte. Die Bibliothek war überaus reichhaltig, die wissenschaftlichen Sammlungen weithin bekannt. Die dynastische Verbindung zwischen Hannover und England wirkte sich in weitreichenden wissenschaftlichen Beziehungen ihrer Hochschullehrer, der hohen Zahl von Studierenden aus vielen Ländern, besonders aus England, und in einer allgemeinen Weltoffenheit aus.

Für den jungen Humboldt war ein solches Bildungserlebnis völlig neu, zudem war er frei von der Aufsicht des Hofmeisters, und er fühlte sich nicht mehr überwacht vom ehrgeizigen Argwohn der Mutter. Dagegen stimmten alle Nachrichten, die aus Preußen kamen, darin überein, daß dort jedem Freisinn neue Fesseln angelegt wurden. Friedrich Wilhelm II., politisch unfähig und mystischen Schwärmereien verfallen, überließ die Regierungsgeschäfte der Hofclique des Staats- und Justizministers Johann Christoph Wöllner. Dieser ehemalige Prediger und intrigante Emporkömmling hob 1788 durch das Religionsedikt und das Zensuredikt die geringen Freiheiten auf, die in Preußen im Zeichen des aufgeklärten Absolutismus auf religiösem und literarischem Gebiet bestanden hatten.

Unter den weit freieren gesellschaftlichen Bedingungen in Göttingen entfalteten sich die Kräfte, die in Humboldt lagen. Hier lernte er Persönlichkeiten kennen, deren Gedanken ihn zur Auseinandersetzung reizten.

Wichtiger als das Wissen, das er sich während der drei Göttinger Semester aneignete, war, daß er eine neue Wirklichkeit entdeckte. Sie bot sich ihm in Begegnungen mit Männern, die weit über den Stand der intellektuellen Entwicklung Berlins hinausgekommen waren; sie bot sich ihm in der Fülle unmittelbaren Erlebens der gesellschaftlichen Problematik der Zeit in Göttingen selbst, auf seinen Ausflügen, auf seiner »Reise nach dem Reich«.

Bezeichnend ist, daß das Studium der Jurisprudenz, das Humboldt für seinen späteren Beruf betreiben sollte, völlig in den Hintergrund trat, abgesehen von den staatsrechtlichen Vorlesungen, die er bei Johann Stephan Pütter hörte. Ihn reizten so ausgeprägte Individualitäten wie der Mathematiker Abraham Gotthelf Kästner und der Philosoph und Physiker Georg Christoph Lichtenberg. Kästners beißender Witz war in der literarischen Welt gefürchtet. Lichtenberg, der Verfasser der »Aphorismen«, zählt noch heute zu Deutschlands besten Satirikern und

Georg Christoph Lichtenberg

treffsichersten Spöttern. Unter den Historikern zog August Ludwig Schlözer den jungen Humboldt in seinen Kreis, während Ludwig Timotheus Spittler nach Alexanders Meinung »zu schwülstig« von Völkern als »reißenden Strömen« und dem preußischen Königshaus als »einer alten Eiche« daherredete, »unter deren Schatten sich der freiheitliebende Deutsche hinwirft«.

Alexander war ein Jahr später als Wilhelm nach Göttingen gekommen. Er hörte auch bei den Lehrern des Bruders, wie andererseits Wilhelm zu den Verehrern des noch jungen Naturforschers Johann Friedrich Blumenbach zählte. Alexander wurde von Blumenbach, der sich schon damals den Ruf eines Magister

Germaniae[6] erworben hatte, in der Wahl seiner Studien und der Richtung seiner Forschungen tief beeinflußt.

Gemeinsam nahmen die Brüder an den Vorlesungen des Altertumswissenschaftlers Christian Gottlob Heyne teil. Beide saßen in seinem Seminar und waren Gäste im Haus des großen Gelehrten. Alexander schwärmte in einem Brief an den Frankfurter Studienfreund Wegener, Heyne sei der Mann, »dem unser Jahrhundert gewiß am meisten verdankt, religiöse Aufklärung durch eigene Lehre und Bildung junger Volkslehrer, Liberalität im Denken, Anfang einer gelehrten Archäologie und erste Verbindung des Ästhetischen mit dem Philologischen«. Wilhelm, »der schon seit früher Jugend der Welt der Alten, namentlich der Griechen, träumerisch hingegeben war, [muß] sich dem Studium des klassischen Altertums bei Heyne mit einer für seine Lage ungewöhnlichen Gründlichkeit gewidmet haben, dieser hätte sonst nicht von ihm sagen können, ›er habe lange keinen so trefflichen Philologen aus seiner Schule entlassen‹. Hier legte er den Grund nicht nur für den durch alle vielfältigen Wandlungen seines Lebens hindurch treulich gepflogenen und sein Lebensgefühl innig bestimmenden Umgang mit den Alten, sondern auch für die Handhabung seiner in späteren Jahren immer weiter ausgreifenden Sprachuntersuchungen«[7]. Der wissenschaftliche Meinungsaustausch zwischen Humboldt und dem klassischen Philologen Friedrich August Wolf, der einige Jahre später begann, hätte nicht von Anfang an so fruchtbar sein können, wenn Humboldt nicht durch die Schule Heynes gegangen wäre.

Nicht Wissensdrang und Mitteilungsbedürfnis allein zogen Wilhelm in Heynes Haus. Dort lernte er Therese Forster, Heynes Tochter, kennen, die mit ihrem Mann gerade die Übersiedlung nach Mainz vorbereitete. Er verehrte die junge Frau des Weltreisenden Georg Forster bald genauso leidenschaftlich wie früher »Jette« Herz. Schwärmerisch-sentimental waren Humboldts Briefe an Henriette Herz wie auch die lückenhaften Tagebuchaufzeichnungen vom Dezember 1788 über seine Bekanntschaft mit Marianne Heyne, einer jüngeren Schwester

Thereses, und mit Jean Pauls späterer Freundin Emilie von Berlepsch.

Einer der ersten Ausflüge führte den erlebnishungrigen Studenten für drei Tage nach Bad Pyrmont. Dort verliebte er sich in die Pastorentochter Charlotte Hildebrand, die als Ehefrau

Christian Gottlob Heyne

dann den Namen Diede trug. Die Pyrmonter Idylle wurde inmitten der Wirren des Befreiungskrieges im alternden Humboldt noch einmal lebendig und führte zu den von Charlotte Diede nach seinem Tod veröffentlichten »Briefen an eine Freundin«, einem seinerzeit vielgelesenen Buch, das wesentlich zu einer schönfärberischen Humboldt-Legende beigetragen hat. Nach jenen Julitagen 1788 waren die sentimentalen Gefühle für Charlotte zunächst vergessen. Schon am 22. August lernte Humboldt Karoline von Dacheröden kennen.

Humboldts überschwengliche Neigungen galten ausschließlich Frauen. Männern gegenüber konnte er nach einem späteren Wort des ihm freilich nicht wohlgesinnten Publizisten Joseph Görres »kalt wie Dezembersonne« sein. In der Tat lebte er sehr zurückgezogen, ohne sich am geselligen studentischen Treiben zu beteiligen. Unter den Studenten fand sich keiner, mit dem ihn eine Freundschaft fürs Leben verband. Er erwähnt den ihm aus Frankfurt bekannten Grafen Dohna, der im Jahre 1809 als Minister des Innern sein Vorgesetzter wurde, und August Wilhelm Schlegel.

Ein zeitweilig engeres Verhältnis bahnte sich nur mit dem Medizinstudenten Johann Stieglitz an, mit dem er beim Baden in der Leine in Lebensgefahr geriet, ein Ereignis, das er in fast eitler Selbstgefälligkeit wort- und gefühlsreich den »Verbündeten« in Berlin schilderte.

Werther-Stimmung und eine schöpferische Unruhe erfüllten ihn. Er versuchte mit sich selbst ins reine zu kommen und die Vorgänge in Natur und Gesellschaft zu verstehen. Auf der Suche nach dem Wahren und Rechten griff er zu Kant. Er las die eben erschienene »Kritik der praktischen Vernunft«. »Ich habe mir vorgenommen, ihn recht sorgfältig zu studieren«, schrieb er einem Freund nach Berlin. »Ich schreibe mir jedesmal das, was ich gelesen habe, wieder selbst auf.« Er lobte die sehr bestimmte Schreibweise des Königsberger Philosophen und hielt dessen neue Terminologie für vorteilhaft. »Es ist doch besser, daß man ein Dutzend neue Wörter lernt, als daß man die alten braucht, die oft durch ihre unbestimmte Bedeutung eine große Verwirrung anrichten.« Vorerst verhielt er sich völlig rezeptiv.

Die Bücher allein reichten ihm als Wissens- und Erkenntnisquelle nicht aus. Er wollte die Menschen und ihre Verhältnisse kennenlernen. »Ich hatte damals«, schrieb er an seinem Lebensabend, »eine Art von Leidenschaft, interessanten Menschen nahe zu kommen, viele zu sehen und diese genau, und mir in der Seele ein Bild ihrer Art und Weise zu machen. Die Hauptsache lag mir an der Kenntnis. Ich benutzte sie zu allgemeinen Ideen, klassifizierte mir die Menschen, verglich sie, studierte ihre Physiognomien, kurz, machte daraus, soviel es gehen wollte, ein eigenes Studium.«

Jene Epoche in Humboldts Leben begann, die man ein Menschenstudium nennen kann. Zunächst ging es ihm um einzelne, bedeutende Menschen, bald aber auch um soziale Schichten, dann um Völker mit ihren Sitten und Gewohnheiten, um ihre gesellschaftlichen Verhältnisse und speziell um ihre Sprache. Humboldts Reisen waren nicht eigentlich Bildungsreisen oder Kavaliersreisen, mit denen die Erziehung junger Adliger gewöhnlich ihren Abschluß fand, es waren Studienreisen, die neben der eigenen Bildung der Erforschung bestimmter gesellschaftlicher Verhältnisse dienten. Dabei wandte Humboldt, hierin ein gelehriger Schüler Dohms und Kunths, in seinen Aufzeichnungen mit Vorliebe die politisch-statistische Methode an, die Sammlung auswertbarer Daten und Materialien, und die Enquête, die Befragung, nicht gerade typischer, sondern durch Einsicht und Erfahrung hervorragender, gut informierter Auskunftspersonen.

Humboldts erste Erkundung dieser Art war seine »Reise nach dem Reich 1788«. Er verließ Göttingen gemeinsam mit dem englischen Arzt Alexander Crichton am 19. September und begab sich über Kassel nach Arolsen und weiter über Lichtenfels, Frankenberg und Münchhausen nach Marburg, Gießen und Frankfurt am Main, wo er bis zum Ende des Monats September blieb.

Für die Mitglieder des »Veredelungsbundes« in Berlin führte er ein Tagebuch, in dem er seine Reiseerlebnisse festhielt. Mit den Persönlichkeiten, denen er unterwegs begegnete, erörterte er, soweit immer es anging, die Wöllnerschen Edikte. Die Einstellung zu den preußischen Maßnahmen gegen die Freiheit des Bekenntnisses und der Rede wurde geradezu zu einem Maßstab für den Grad der Freisinnigkeit des Gesprächspartners. Als er in Gießen am Zuchthaus vorbeikam, überlegte er, »daß es wohl nützlicher sein möchte, ein Zuchthaus als einen Kanzler zu sehn«. Mit kritischem Blick musterte er, wie auch bei späterer Reisen, die Einrichtung und ihre Insassen. Zwar erinnert noch manche Bemerkung über soziale Mißstände an das Gelöbnis zu »tätiger Liebe« der Tugendbündler. Aber ohne jeden Zweifel schärfte sich Humboldts Blick für die Lebensbedingungen der nichtprivilegierten Menschen, er wurde nachdenklich und begann nach dem Sinn und Zweck des Staates und nach der Aufgabe der Fürsten zu fragen.

In Frankfurt am Main besuchte er Wielands Freundin, die

Schriftstellerin Sophie Laroche, die Mutter seines Freundes Karl. Der Weg führte ihn über Aschaffenburg und Darmstadt nach Mainz, wo er mehrere Tage Gast des Ehepaars Forster war. Das Verhältnis, das sich hier anbahnte, war das eine große Erlebnis dieser Reise; das andere hatte er einige Wochen später in Pempelfort bei Düsseldorf, wo er, von Forster eingeführt, die Bekanntschaft Friedrich Heinrich Jacobis machte. Dazwischen lag eine Rheinreise von Mainz über Koblenz nach Bonn und ein Wiedersehen in Aachen mit seinem Berliner Lehrer Dohm, bei dem er zehn Tage zu Gast war.

Überreich an neuen Eindrücken, reiste er Anfang November über Duisburg, Hamm, Paderborn, Herrenhausen nach Göttingen zurück, wo er zu Beginn des Wintersemesters, am 8. November, eintraf.

Nichts kennzeichnet den Ertrag der Reise und den Gewinn des ersten Semesters in Göttingen klarer als eine Tagebucheintragung vom 9. Dezember 1788: »Ich bekam einen Brief von Jette: Nr. 83. Mir war der Eindruck sehr merkwürdig, den er auf mich machte. Ich lachte, las ihn noch einmal, lachte wieder, erst beim drittenmal war ich ein wenig, und nur ein wenig, gerührt. So schrieb ich auch die Antwort bloß in erkünstelter Empfindung. Zwei Ursachen mögen schuld sein. Ich liebe jetzt sehr neue Lagen. Der Grundsatz, daß man in vielen Lagen aller Art gewesen sein müsse, ist so fest in mir, daß mir jede, in der ich noch nicht war, schon darum angenehm ist. Dann sind mir ihre Briefe zu leer an Geist, sie gleichen Zuckerbroten, denen es an Würze fehlt. So kommt mir die ganze Verbindung vor. Ob es anders werden wird, wenn ich wieder bei ihnen bin?«

Die Enge Berlins war überwunden. Vor Jahresfrist noch waren »die Vergnügungen des Herzens ... die einzigen recht beglückenden, recht beseligenden«. Nun lachte er über die Empfindelei. Doch er brach nicht mit der Vergangenheit, sondern schrieb »die Antwort bloß in erkünstelter Empfindung«. Er lebte, zumindest nach außen, in einem Zwiespalt zwischen Sein und Schein, so unerbittlich er in der Selbstprüfung schon damals sein konnte. Das Weltmännische, das er annahm, hatte auch seine trüben

Seiten. Die lichten waren die Weite des Blickes, die kritische
Sonde eines scharfen Verstandes und das unaufhörliche Bestreben, dem Wesen des Menschen und der Völker auf den Grund
zu kommen.

Für Wilhelm von Humboldt war es von entscheidender Bedeutung, daß er, einundzwanzig Jahre alt, fast gleichzeitig
Georg Forster und Friedrich Heinrich Jacobi zu Freunden, Karoline von Dacheröden zur engsten Vertrauten und Lebensgefährtin gewann.

IM KLÄRENDEN GESPRÄCH MIT JACOBI UND FORSTER

Friedrich Heinrich Jacobi war einer der Wortführer im Kampf
gegen die Berliner Aufklärung. Er verkannte deren Stellung
innerhalb der intellektuellen Entwicklung im rückständigen
Preußen, wo Wöllners Edikte den Rückfall in Mystizismus und
Aberglauben begünstigten. Er sah nur ihre Schwächen, das trok-
kene Verstandestum, die Verflachung, den unduldsamen literarischen Kampf gegen alles Unprotestantische, wie er in Biesters
»Berlinischer Monatsschrift« geführt wurde. Er war aber auch
ein heftiger Gegner der Fortschrittsgläubigkeit Rousseaus und
der Metaphysik Christian Wolffs. Aus seiner Feindschaft gegen
die Gedanken der Französischen Revolution machte er nie ein
Hehl. Er betrachtete sich als einen positiven Christen und verband mit einer religiösen Mystik eine Gefühlsphilosophie, mit
der er sich in scharfen Gegensatz zu Kants Kritizismus setzte.

Humboldt hatte keine feste weltanschauliche Position, als er,
von Forster eingeführt, auf der »Reise nach dem Reich« fünf
Tage Jacobis Gast auf dessen Gut Pempelfort bei Düsseldorf
war. Er wurde, wie er Forster berichtete, »mit der größesten
und unerwartetsten Freundschaft« empfangen, meinte indessen,
ohne die Vermittlung Forsters wäre Jacobi »wohl schwerlich mit
einem so eigentlichen Berliner, als ich bin, mit einem Freunde
Engels, Herzens, Biesters und so vieler anderer Anti-Jacobiten
so nahe zusammengetreten«.

Den Studenten hat die Persönlichkeit des damals fünfundvierzigjährigen Jacobi tief beeindruckt. Das war nicht verwunderlich, denn es gab kaum einen namhaften Kopf in Deutschland, mit dem Jacobi nicht befreundet war oder in Korrespondenz stand. Auf Humboldt wirkte er »so reich an neuen, großen und tiefen Ideen, die er in einer so lebhaften, schönen Sprache vorträgt; sein Charakter scheint so ideal und edel zu sein, und gegen mich war er so gütig und liebreich, daß ich in der Tat nicht entscheiden mag, ob er zuerst mein Herz oder meinen Kopf gewonnen hat«.

Man diskutierte mehrere Tage, vereinbarte eine Korrespondenz, traf sich im Sommer des nächsten Jahres in Hannover, ohne daß Humboldt der Gefühlsphilosophie seines neuen Freundes erlegen wäre. Obwohl er dem Berliner Freundeskreis entwachsen war, wehrte er sich gegen die von Jacobi auf die Spitze getriebene Polemik gegen die »Berlinische Monatsschrift«. »So will ich«, schrieb er am 3. Juni 1789 an Jacobi, »Ihnen also geradezu sagen, daß ich Biestern für einen so ehrlichen Mann halte, als Sie ihn für das Gegenteil erklären. Andere Lagen geben andere Ansichten.«

Im Mittelpunkt der Gespräche stand der Kritizismus Kants. Jacobis These, Kants System beweise mehr Scharfsinn als Tiefsinn, hat Humboldt lange beschäftigt. »Sie wissen es ja selbst«, teilte er Jacobi am 7. Februar 1789 mit, »ich bin in der Wolffischen Philosophie gesäugt und großgezogen worden, und in Kants und anderer Systeme stahl ich mich nur hinüber.« Doch gestand er sich selbst bald ein, daß er nicht eine rein denkende, sondern eine anschauende Philosophie anstrebe, die »eigentlich sähe« und nicht «postuliere«. An Forster schrieb er am 14. März 1789: »Daß Sie es Jacobi ans Herz gelegt haben, daß man vom Übersinnlichen schlechterdings keine Idee haben kann, freut mich sehr. Er ist zwar zu sehr Philosoph, um es begreifen, erklären zu wollen. Aber er glaubt es doch anschauen zu können. Ich gestehe Ihnen gern, daß ich davon keine Idee habe und daß ich fürchte, es kann leicht zur Schwärmerei führen.«

Das Problem der philosophischen Erkenntnis beschäftigte ihn

weiter. Auf einer Reise nach der Schweiz schrieb er Forster aus Tübingen am 28. September 1789, daß es doch sonderbar sei, »wie die Philosophie, die gerade am meisten einer großen Fülle, eines Reichtums von Ideen fähig wäre, noch immer auf eine so unfruchtbare Weise behandelt, zu einem fleisch- und marklosen Gerippe gemacht wird ... Freilich ist es leichter, Ähnlichkeiten und Verschiedenheiten der Begriffe zu entdecken, als die Natur zu beobachten und die gemachten Beobachtungen auf eine fruchtbare Art miteinander zu verbinden. Darum haben wir so wenig Befriedigendes über alle Teile der praktischen Philosophie, über Moral, Naturrecht, Erziehung, Gesetzgebung; darum sind die meisten unserer Metaphysiken nur Übungen zur Anwendung der logischen Regeln«.

Der Zweiundzwanzigjährige erwog, in einem Aufsatz »einmal den ganzen Schaden zu schildern, den das Formelle in unserer Erkenntnis dem Materiellen derselben gemacht und gebracht hat und noch immer bringt. Es würden da mancherlei Dinge nebeneinander stehen, Linnés botanisches System, der allgemeine Begriff Kirche, ohne den vielleicht nie ein Symbol geherrscht und nie ein Ketzer den Scheiterhaufen bestiegen hätte, die Jacobische Philosophie, die nun wiederum da betrachten will, wo es noch unausgemacht ist, ob nur überhaupt ein Sinn zum Beobachten existiert. Denn auch das entgegengesetzte Extrem, ohne jedoch behaupten zu wollen, daß das Jacobische System auch nur an dies Extrem streife – die Vernachlässigung alles Formellen dürfte nicht übergangen werden. Beide, der magere Schulpedant und der Schwärmer, müßten geprüft und nach Verdienst gewürdigt werden«.

Es ist bemerkenswert, daß diese Absage an Wolff und an Jacobi, dieses Suchen nach einer Philosophie, die der Wirklichkeit des Lebens gerecht wird, in einem Brief Humboldts an Georg Forster zu finden sind. Denn in Mainz bahnte sich eben damals eine Entwicklung an, in deren Verlauf »innerhalb der Grenzen des alten Reichs die Gedanken der Aufklärung und der Humanität nicht nur in vereinzelten Unternehmungen propagiert, sondern in planvollen Aktionen durch das revolutionäre Bündnis der Aufklärer selber mit den Volksmassen in die Wirklichkeit überführt worden sind«[8]. Einer der Urheber dieser Bewegung war Georg Forster.

Forster war vierunddreißig Jahre alt, als ihn Humboldt im Hause Heynes in Göttingen kennenlernte. Der Jüngling fühlte sich zunächst mehr zu Therese Forster als zu ihrem berühmten Mann hingezogen. Wir wissen über den Umgang der beiden Männer in Heynes Haus so wenig, daß wir annehmen dürfen, das nach der Übersiedlung des Paares nach Mainz vereinbarte Wiedersehen galt in erster Linie der schwärmerisch umworbenen Therese. Humboldt blieb nur kurze Zeit – vom 7. bis 10. oder 11. Oktober 1788 – Gast Forsters in Mainz; aber die wenigen Tage genügten, um ein Verhältnis zu begründen, das für den zur Wirklichkeit des Lebens hinstrebenden, mit Kopf und Sinnen aufnehmenden Studenten überaus fruchtbar geworden ist.

Als Elfjähriger hatte Forster seinen Vater Johann Reinhold Forster auf einer Reise durch weite Teile Rußlands begleitet. Forsters Vater sprach 17 Sprachen, er war Theologe, Mathematiker, Philosoph und Völkerkundler. Als James Cook ihn eingeladen hatte, an seiner zweiten Weltumseglung (1772 bis 1775) teilzunehmen, hatte Forster darauf bestanden, daß sein Sohn ihn begleitete. Da die mißtrauischen Briten ihn verpflichtet hatten, keinen eigenen Bericht zu veröffentlichen, beschrieb der Sohn »Johann Reinhold Forsters Reise um die Welt«. Der aller Mittel entblößte Vater aber wurde in den Schuldturm von Kingsbeach geworfen und erhielt als einzige Anerkennung seiner Verdienste für England das Ehrendoktorat der Universität Oxford.

Georg Forster hatte sich nach Deutschland gewandt. Im Jahre 1778 war es ihm endlich gelungen, Lehrer an der Ritterakademie in Kassel zu werden. Er hatte die Auslösung seines Vaters bewirkt und ihm zu einem Lehrstuhl an der Universität Halle verholfen. Er selbst war im Jahre 1784, in der Hoffnung, wieder reisen und zur Völker- und Länderkunde beitragen zu können,

einem Ruf als Professor an die Universität Wilna gefolgt. Enttäuscht war er vier Jahre später heimgekehrt und Bibliothekar
des Kurfürsten von Mainz geworden.

Georg Forster

Forster verband eine seltene Universalität des Wissens und
der Erfahrung mit einem realistischen Blick und tätiger Humanität. Als »ein eifriger Freund der Freiheit und der Republik«
forderte er »das Heil des Menschengeschlechtes« und war bereit,
dafür zu kämpfen. »Vaterlandsliebe konnte den nicht begeistern«,
schrieb er im Revolutionsjahr 1789, »der kein Vaterland hatte,
sondern einen Herren.« Und an anderer Stelle verkündete er:
»Endlich, mein Freund, scheint die Zeit gekommen zu sein, wo
jenes lügenhafte Bild des Glücks, das so lange am Ziele der
menschlichen Laufbahn stand, von seinem Fußgestell gestürzt
und der echte Wegweiser des Lebens, Menschenwürde, an seine
Stelle gesetzt werden soll.« Er kannte das Leben, das Humboldt
suchte, hatte von Kind an darben und arbeiten müssen, ganz im
Gegensatz zur wohlbehüteten Jugend Humboldts. Er hatte die
Welt mit eigenen Augen gesehen und wußte, daß sie verändert
werden mußte. Daher begrüßte er vorbehaltlos die Französische
Revolution und erkannte noch in ihrer härtesten Periode »ein

47

Werk der Gerechtigkeit der Natur. Die Nationalversammlung hat nicht daran gedacht, so weit zu gehen, wie sie gegangen ist; aber die eiserne Notwendigkeit der Zeit und der Umstände hat sie gezwungen.«

Als einen »aufgeklärten Mann, dem jeder Zweig des Wissens Vergnügen macht und die Bekanntschaft eines jeden verdienstvollen Mannes wichtig ist« – so hat Forster Humboldt bei seinem Freund, dem Astronomen und Physiologen Thomas Sömmering in Mainz, eingeführt. Obwohl Humboldts Tagebücher nur fragmentarisch erhalten sind, geben sie von der Vielfalt der Gespräche und der Lebhaftigkeit des Meinungsaustausches während seines ersten Mainzer Aufenthaltes ein aufschlußreiches Bild. Sie spiegeln vor allem den tiefen Eindruck wider, den die Persönlichkeit Forsters bei Humboldt hinterließ. Dabei galt das Interesse des Besuchers sowohl dem Weltreisenden wie dem Gelehrten, dem humanitären Denker ebenso wie dem Menschen. Auf dem Gebiet der Anthropologie sei Forster »gewiß der einzige..., der hierin etwas leisten kann; denn nur sehr wenige haben gesehen, was er gesehen hat, und auch diese wenigen, wie z. B. sein Vater, haben nicht das glückliche Genie, den philosophischen Geist«.

Humboldts Beobachtungen waren klar und scharf, sein Urteil abgewogen; verbindlich in der Form, aber bestimmt. Seine diplomatische Behandlung des erfahrenen und weltkundigen Mannes mag Forster veranlaßt haben, bei einem Gespräch über Humboldts weitere Pläne den jungen Freund auf eine Tätigkeit im auswärtigen Dienst hinzuweisen. Manches Thema, das bei dieser und späteren Begegnungen und in der nur zum Teil erhaltenen Korrespondenz erörtert wurde, bewegte Humboldt Jahre hindurch, ging als Ergebnis langer Reflektionen in seine frühen politischen Schriften ein oder beeinflußte sein Studium der Menschen und der Völker. Ohne jeden Zweifel ist Forster als erster unter den Männern zu nennen, die Wilhelm von Humboldts Entwicklung nachdrücklich gefördert haben, während er gleichzeitig als Reisender und Forscher zum großen Vorbild Alexander von Humboldts geworden ist.[9]

Fast ein Jahr später, am 3. September 1789, traf Humboldt zu einem zweiten, längeren Besuch in Mainz ein. Er kam aus Paris, wo er Zeuge des Fortgangs der Revolution gewesen war. Forster erzählte er von der »Parisischen, nicht paradiesischen Freiheit«, die er angetroffen, vom französischen Volk und dessen Charakter sowie von seinen Begegnungen. Während dieses Aufenthaltes in Mainz, der bis zum 20. September währte, klärten sich seine Eindrücke im Zwiegespräch mit Forster, mit dem er nun »im höchsten unter Männern denkbaren Grade« vertraut war. Forster schrieb am 21. September 1789 an Jacobi: »Gestern ... ist Herr von Humboldt zu Oppenheim aus unseren Umarmungen geschieden. Die gute, reine Seele! Ich habe mich seines jugendlichwarmen Gefühls bei so tiefer, reifer, vorurteilsfreier Vernunft recht herzlich erfreut.«

Humboldt hatte einigen Anteil an dem Aufsatz »Über Proselytenmacherei«, den Forster zum Schutze der Gewissensfreiheit und der religiösen Toleranz für Biesters Monatsschrift verfaßte, um übereifrigen Tendenzen der Berliner Aufklärer entgegenzutreten. Begeistert schrieb Humboldt dem Freunde aus Tübingen am 28. September 1789, daß er sich »beinah mit keinem anderen Menschen« so gut verstehe wie mit ihm. »Sie können es nicht wissen, wie ich die fruchtbare Fülle von Ideen bewundere, die sich Ihnen bei jedem Gegenstand aufdringt, die lebendige Klarheit, mit der Sie darstellen, wie sehr ich den Eifer für alles Wahre und Gute und die Schonung für alles, was andere für wahr und gut halten, ehre.« Die Tage, die er in Mainz verlebt hatte, hielt er für die vielleicht glücklichsten seines Lebens. Auf dem Rückweg aus der Schweiz und vom Oberrhein war er vom 4. bis zum 8. Dezember 1789 abermals in Mainz. Danach hat er Forster nicht wieder gesehen.

Humboldt verfolgte Forsters weiteren Weg aus der Ferne. Er unterrichtete ihn über den äußeren und inneren Gang seiner Entwicklung. Nach Wilhelm erfreute sich sein Bruder Alexander des unmittelbaren Umgangs mit dem Weltreisenden. Gemeinsam unternahmen sie im Frühjahr 1790 eine nach Alexanders Urteil

»nicht nur sehr angenehme, sondern auch sehr nützliche und lehr-
reiche Reise« rheinabwärts durch die Niederlande nach England.
Auf dem Rückweg besuchten sie Paris. Forster berichtete über
seine Eindrücke und Beobachtungen in einer meisterhaften Ge-
samtschau des gesellschaftlichen Lebens der bereisten Gebiete,
den »Ansichten vom Niederrhein, von Brabant, Flandern, Holland, England und Frankreich im April, Mai und Junius 1790«.

Forster war schon auf dieser Reise bewußt geworden, daß dem
Fortschritt mit Worten allein nicht zum Siege verholfen werden
könnte. Offen bekannte er sich zur politischen Tat. Der Augenblick zum Handeln kam für ihn im Jahre 1792, als Preußen,
Österreich, Spanien, England und die Niederlande den Kampf
gegen das revolutionäre Frankreich eröffneten. Im Herbst begann der siegreiche Vormarsch der französischen Bürgerarmeen
nach Belgien und an den Rhein. Mainz wurde besetzt, der Kur-
fürst-Erzbischof verjagt und die Republik ausgerufen. Forster
zweifelte an der Möglichkeit eines revolutionären Umsturzes
in Deutschland. »Ich bleibe dabei«, schrieb er im Dezember seinem Berliner Verleger Voß, »daß Deutschland zu keiner Revolution reif ist und daß es schrecklich, gräßlich sein wird, sie durch
das halsstarrige Bestehen auf der Fortsetzung des unglückselig-
sten aller Kriege unfehlbar vor der Zeit herbeizuführen ...
Unser rohes, armes, ungebildetes Volk kann nur wüten, aber
nicht sich konstituieren.«

Forster hatte auch Humboldt sogleich über die Vorgänge am
Rhein unterrichtet. Schon am 1. November antwortete Humboldt
aus Auleben, einem Gut seines Schwiegervaters, in dem letzten
Brief, den er Forster geschrieben hat. Darin pries er sich selbst
»beneidenswert glücklich«, daß ihn in seiner Ferne »keiner der
Stürme leicht treffen kann, die sich jetzt so oft und schrecklich
erheben«. Mit Rücksicht auf die Zensur war der Brief äußert vorsichtig abgefaßt. »Ja, wohl hat sich das Glück gewendet, und ich
freue mich, daß wieder einmal Menschen zeigen, daß angestreng-
ter Wille und rüstige Kraft auch einer seit langer Zeit befestig-
ten und mit tausend Bollwerken umgebenen Macht die Spitze zu
bieten vermögen. Die Sache der Freiheit oder vielmehr der eige-

nen Energie muß die Sache jedes kultivierten Menschen sein, und ich fühle mich aus diesen Gründen für jeden neuen Fortschritt der kaum erschaffenen Republik aufs wärmste interessiert. Indes kann ich nicht umhin, Deutschland zu beklagen, das, wenn auch hie und da nicht ohne seine Schuld, darunter blutet ...«

Humboldts Stellung zur Französischen Revolution und zur revolutionären Lösung gesellschaftlicher Probleme überhaupt wird näher im Zusammenhang mit seiner in jener Zeit entstandenen politischen Schriften zu behandeln sein.[10] Im wesentlichen geht seine Haltung aus einem Brief hervor, den er am 7. Dezember 1792 an Schiller richtete: »Mein eigenes Interesse, das ich als Zuschauer an dem Ausgang nehme, weiß kaum recht, wohin es sich schlagen soll.« Auch ihm schienen »die Mainzer ... gar nicht auch nur eines Anteils an einer freien Konstitution fähig« zu sein. »Auf der anderen Seite sähe ich indes auch sehr ungern die Franzosen geschlagen. Ein edler Enthusiasmus hat sich doch jetzt offenbar der ganzen Nation bemächtigt.«

In jener Zeit bereits glücklich verheiratet und ganz seiner Selbstbildung hingegeben, blieb Humboldt lediglich ein wohlwollend interessierter Zuschauer. Forster hatte sich entschieden – zögernd, aber endgültig. Für ihn gab es kein Zurück mehr. Die Unterschiede in der Herkunft und den Lebensumständen machten sich ebenso geltend wie die persönliche Veranlagung, das tätige Leben des für die Humanität erglühten Forster auf der einen, die spekulative Besonnenheit des nach den »Ideen« des Daseins suchenden Humboldt auf der anderen Seite.

Forster war nicht mehr bereit anzuerkennen, daß es weiterhin »zweierlei Menschen geben sollte, Herren und Knechte«. »Ja, sie wird kommen, die Zeit«, schrieb er, »wo man den Wert der Menschen weder nach angeborenem noch zufälligem Range, weder nach ihrer Macht noch nach ihrem Reichtum, sondern allein nach ihrer Tugend und Weisheit schätzen wird.« Er stellte sich an die Spitze der Mainzer Klubisten, der »Volksgesellschaft«, die den revolutionären Kampf in die deutschen Lande tragen wollte. Im Jahre 1793 ging er nach Paris und setzte sich für die Vereinigung des linken Rheinufers mit Frankreich ein, um dadurch auch in Deutschland der Herrschaft der Menschenrechte zum Triumph zu verhelfen.

Seine Hoffnungen erfüllten sich nicht. Mainz wurde von preußischen Truppen zurückerobert. Der Funke, der in Frankreich gezündet hatte, griff, wie Forster gefürchtet hatte, nicht auf Deutschland über. Vereinsamt – denn auch Therese hatte ihn verlassen – starb er am 11. Januar 1794 in Paris.

Ein Menschenalter später urteilte Humboldt in einem Brief an Charlotte Diede vom 30. Juli 1829 anders als in seiner Jugend über Forster. Anlaß seines Schreibens war der Tod Thereses, die nach ihrer Trennung von ihrem Mann Schillers Freund Ludwig Ferdinand Huber geheiratet hatte. »Ich habe Forster und Huber beide gekannt, doch nur vor der Trennung von der Frau. Sie standen beide in Tiefe und Umfang des Geistes und in Größe des Charakters dieser sehr nach, doch würde ich für alles Reelle des Lebens Huber vorgezogen haben. Äußerlich liebenswürdiger war aber Forster. Er hatte mehr Phantasie, ein scheinbares Feuer der Empfindung und einen glänzenderen Ausdruck im Reden und Schreiben. In der Zeit, in der ich ihn kannte und wo ich selbst sehr jung war, hatte ich eine sehr große Meinung von ihm; nachher aber habe ich wohl eingesehen, daß er wirklich, auch als Gelehrter und Schriftsteller, einen bedeutenderen Namen hatte, als wozu sein Geist und seine Kenntnisse eigentlich berechtigten. Um einer tiefen Empfindung fähig zu sein, dachte er viel zuviel an sich, und der Rückblick auf sich leuchtete überall durch. Das hinderte aber nicht, daß er nicht sehr edler Aufopferung fähig sein konnte.« Dieses Zugeständnis wird aber sogleich wieder eingeschränkt: »Denn er gefiel sich in der Aufopferung, und sie nährte sein Selbstgefühl.«

Dieser Nekrolog auf einen Mann, der wie wenige deutsche Intellektuelle aktiv in das historische Geschehen seiner Zeit einzugreifen suchte und Opfer einer für Deutschland unheilvollen Entwicklung wurde – einer Entwicklung, die Humboldt lange Zeit nur interessiert beobachtet hatte –, ist ungerecht und nur verständlich aus der Einsamkeit des »Weisen von Tegel«.

Es gilt, da wieder anzuknüpfen, wo wir Humboldt auf seinem Bildungs- und Entwicklungsgang verlassen haben, gegen Ende des dritten Göttinger Semesters, mit dem er seine Studien abzuschließen gedachte. Bevor sich junge Männer von Stand damals einer praktischen Tätigkeit im Staatsdienst oder der Nutznießung des eigenen Besitzes zuwandten, pflegten sie eine Kavaliersreise zu unternehmen, die in der Regel nach Frankreich, seltener in die Schweiz oder nach Italien und in andere Länder führte. In der jüngeren Generation war es unter aufgeschlossenen Adligen und bürgerlichen Intellektuellen Brauch geworden, sich auf der Reise durch Studien fremder Kultur und Sitte, vor allem aber fremder Menschen weiterzubilden. Es ist eine Erscheinungsform des bürgerlichen Liberalismus, nach Bildung der eigenen Persönlichkeit zu streben, möglichst viele namhafte Männer von Rang und Bedeutung kennenzulernen und mit ihnen in einen Gedankenaustausch zu treten, den man später durch Korrespondenz weiter zu pflegen suchte. Das schreibfreudigste und mitteilsamste Zeitalter, das es je gegeben hat, war angebrochen.

Humboldt hatte sich bereits auf der »Reise nach dem Reich« und auf kleineren Fahrten in den deutschen Ländern umgesehen. Er war berühmten Vertretern des deutschen Geisteslebens begegnet und hatte mit einigen von ihnen Freundschaft geschlossen. Neuartig an seiner Art zu reisen war das betonte Interesse für das gesellschaftliche Leben der niederen Klassen, wie man damals die breiten Schichten des werktätigen Volkes nannte, wobei er sein besonderes Augenmerk auf die sozialen Mißstände und alle ihrer Bekämpfung dienenden öffentlichen Einrichtungen richtete. Das allgemeine Interesse galt im Sommer 1789 den revolutionären Ereignissen in Frankreich. Daher nahm Humboldt eine Einladung Campes an, ihn mit einem anderen Jüngling, einem Herrn Wendeborn, nach Frankreich zu begleiten, wo Humboldts erster Lehrer »dem Leichenbegängnis des französischen Despotismus beizuwohnen« gedachte.

Campe stand als Hofrat und Kanonikus in braunschweigischen Diensten unter einem für deutsche Verhältnisse bemerkenswert freisinnigen Landesherrn. Er war einer der namhaftesten »neueren Erzieher« des Philanthropismus geworden, der wohl wichtigsten bürgerlich-pädagogischen Bewegung gegen Ende des 18. Jahrhunderts, und als bahnbrechender Schriftsteller für Kinder und Jugendliche hervorgetreten. Humboldt hatte sich seinem Lehrer in Erinnerung gebracht, indem er auch ihn aufforderte, öffentlich gegen das Ungewitter Stellung zu nehmen, das durch Wöllners Edikt über Preußen hereingebrochen war. »Und von wo aus ließe sich solche Erklärung jetzt besser erwarten als von Braunschweig aus?« fragte er in einem Brief vom 11. August 1788, um sich selbst die bezeichnende Antwort zu geben: »Die Berliner, unter denen wohl auch mancher fähig wäre, sie zu tun, müssen dulden und – schweigen.«

Man traf sich am 18. Juli 1789 in Holzminden und reiste über Paderborn, Hamm und Duisburg nach Aachen, wo Humboldt seinen Staatsrechtslehrer Dohm wiedersah. Das Ergebnis eines erneuten Gedankenaustausches hielt er in seinen Aufzeichnungen fest, die – gleichsam als theoretische Lehrmeinung vor seiner unmittelbaren Begegnung mit der Revolution in Paris – von besonderem Interesse sind. In Aachen notierte er am 24. Juli 1789 in sein Tagebuch: »Das, was der Staat immer vor Augen haben, nie aus dem Gesicht verlieren müsse, sei das Wohl des Bürgers als Menschen. Dies wohl aber sei in dieser Rücksicht das, was jeder einzelne dafür halte – folglich die uneingeschränkteste Freiheit. Wahl des Zwecks und der Mittel müsse also immer bei jedem einzelnen stehn, der Staat müsse nur die Anwendung der Mittel möglich und noch mehr leicht machen.« Dohms Ausführungen präzisierte er wie folgt: »Seine Hauptidee war: alle Mittel, welche die Menschen zu Erreichung ihres physischen, intellektuellen und moralischen Wohls anwenden, gedeihen besser ohne als mit Zumischung des Staats; so Ackerbau, Fabriken, Handel, Aufklärung, Sittlichkeit... Also war auch bei ihm wie bei mir die höchste Rücksicht immer Wohl des Menschen, in dieser Beziehung ungestörte Freiheit aller Handlungen.«

Der zweiundzwanzigjährige Humboldt war sich durchaus bewußt, daß er erst am Anfang einer eigenen Einsicht in Staat und Gesellschaft stand, ließ sich aber bei allen Zweifeln am Verhältnis aller seiner »Vollkommenheiten und Schwachheiten« gern von Dohm an seine Kenntnisse, an seine »Geisteskraft« erinnern, auch an seine »Brauchbarkeit zu Geschäften«, an Betätigung im Staatsdienst – »und da schein ich mir wohl arbeitsam, aber kleinlich, ängstlich, langsam...«

Damals schon begann er über sich selbst zu reflektieren, die eigenen Fähigkeiten und Möglichkeiten kritisch zu überprüfen, mit scharf sezierendem Verstand das eigene Ich zu beobachten und zu analysieren. Diese Eigenschaft wird uns immer wieder begegnen wie auch die exakte Beobachtung des Wirklichen, verbunden mit kühler, distanzierender Schärfe des Verstandes. Kein Wunder, daß der leidenschaftlich begeisterte Campe bisweilen recht ironisch apostrophiert wurde. Bei allem Lob, das Humboldt später Campes Berichten über die gemeinsame Reise[11] spendete, störte ihn doch seines Lehrers »oratorische Ausführung der trivialsten Dinge«.

Im übrigen wünschte er in Campes Reisebericht nicht namentlich genannt zu werden, da er die Reise ins Ausland ohne die erforderliche Genehmigung des preußischen Königs unternommen hatte. Doch hoffte er, wie er Campe am 8. Februar 1790 schrieb, ein solches Werk wie dessen »Briefe aus Paris« werde, »indem es die Fürsten auf der einen Seite williger macht, die Rechte der Menschheit zu ehren, auf der anderen unfähiger, sie niederzuhalten, Deutschland vor der Krise bewahren, zu der der Despotismus allemal, früher oder später, führt und an der jetzt Frankreich wie ein wahres Sühnopfer für die ganze Menschheit leidet«.

Über Spa, Lüttich, Brüssel, Mons fuhren die Reisenden nach der französischen Hauptstadt. Am 14. Juli war mit dem Sturm auf die Bastille die schwelende Revolution zum Ausbruch gekommen. Flüchtlinge kamen ihnen entgegen, Revolutionäre verkauften ihnen die »Kokarde«, das blauweißrote Freiheitszeichen.

Campe trieb zur Eile, »um wenigstens den zweiten Akt dieser
großen Weltbegebenheit mitanzusehen ... Unsere Begierde, das
Ringen der Völker nach Freiheit und ihr männliches Streben,
sich wieder in Besitz der ihnen geraubten Menschenrechte zu
setzen, mit eigenen Augen zu beobachten, war zu stark, als
daß sie nicht jede kleinmütige Betrachtung hätte überwiegen
sollen«.

Am 3. August trafen die drei Deutschen in Paris ein. Tags
darauf erlebten sie den nächsten Akt des großen Schauspiels.
Das Feudalsystem wurde abgeschafft, der Adel mußte auf seine
Privilegien, der Klerus auf den Zehnten verzichten, den er von
jedem Erwerb des kleinen Mannes erhoben hatte. Sie verließen
Paris an jenem 27. August 1789, an dem feierlich die Menschenrechte proklamiert wurden. Die säkulare Auswirkung der in diesen Wochen getroffenen Maßnahmen war damals allenfalls zu
ahnen.

Gewiß war Humboldt von dem umwälzenden Geschehen beeindruckt. Aber er fühlte sich als Zuschauer, nicht als Beteiligter.
Nicht einmal in die Rolle des Berichterstatters sah er sich versetzt. Er informierte sich durch Anschauung, unfroh darüber,
daß es ihm an Bekanntschaften mangelte und er ausschließlich
auf das angewiesen blieb, was ihm beim ersten Anblick in die
Augen fiel. Die Revolution nahm er als ein Ereignis hin, das
sich unter den gegebenen gesellschaftlichen Verhältnissen mit
Notwendigkeit vollziehen mußte. Abgesehen davon, daß der
Aufenthalt von drei Wochen zu kurz war, um sich gründlich
dem Studium der Entwicklung zu widmen, erlebte Humboldt
nur die erste Phase der revolutionären Ereignisse.

Tief beeindruckt stand er am 9. August vor den Trümmern
der Bastille, an deren Stelle die Bürger von Paris »ein Denkmal
der endlich siegenden Freiheit« zu errichten im Begriff waren.
Beinah unbegreiflich schien es ihm, »wie ein Haufe schlecht be-
waffneter Bürger, ohne Anführung, den Platz einnehmen konnte.
Nur der Verzweiflung war dies schwierige Unternehmen möglich«.

Voll Schauder besichtigte er das Innere der Bastille. »Es war das eigentliche Bollwerk des Despotismus, nicht bloß als ein grauenvolles Gefängnis, sondern auch als eine Festung, die ganz Paris beherrscht.« Nach einem Besuch in der Garde meuble de la couronne, dem Zeughaus, aus dem sich die Bürger die Waffen für ihre Freiheit geholt hatten, notierte er: »Es liegt doch etwas Großes in dem Gedanken, daß eben das Schwert, das in Heinrichs IV. Hand gegen Intoleranz und Verfolgungsgeist stritt, jetzt den Despotismus bekämpfte.« Wenn er später immer wieder auf die Steigerung der »Energie«, der menschlichen Leistungsfähigkeit, als einer Aufgabe der Erziehung wie der Staatspolitik hinwies, so dürfte nicht zuletzt die ungeheure Energie der Bürger von Paris während der Revolution solche Erwägungen ausgelöst haben. Auch der Gedanke der Volkssouveränität beschäftigte ihn im Anblick des von ihm als folgerichtig und unvermeidbar anerkannten Geschehens.

Voraussagen über den weiteren Verlauf der Entwicklung finden sich bei Humboldt nicht. Es ist zu bezweifeln, daß er Campes Bekenntnis teilte, daß »alle Anstalten des Despotismus zur Unterdrückung der Vernunft fortan vergeblich sein würden«. Schon in seinem ersten Brief aus Paris (am 4. August an die »Verbündeten«, insbesondere an Karoline von Beulwitz) meinte er bei allem Lob für den ehemaligen Lehrer, ein interessantes Gespräch könne es zwischen ihnen nicht geben. »Seine Vorstellungsart ist so ganz verschieden von der meinigen.«

Humboldt war Zeuge einer Sitzung der Nationalversammlung, nahm an einer Tagung der »Unsterblichen« in der Akademie teil, besuchte Kunstausstellungen und die Comédie Française, die Sorbonne und das Palais Royal, die Tuilerien und den Botanischen Garten, Kirchen und Klöster. Ausflüge führten die Reisenden nach Versailles, nach St-Denis und Chantilly, endlich auch nach Ermenonville in das Landhaus des Marquis de Girardin, wo Rousseau am 2. Juli 1778 gestorben war. Wir besitzen nur fragmentarische Aufzeichnungen von Humboldts Beobachtungen. Doch damals schon dürfte in ihm der Entschluß gereift sein, in dieses Land und zu dieser Nation zurückzukehren, um sie und ihre Besonderheiten gründlich zu studieren.

Es ist ein für Humboldt typischer Gedanke, daß man sich den Anblick des Elends, den die meisten Menschen fliehen, zur Pflicht machen müsse. Humboldts Kritiker haben in der schon für den jungen Studenten bezeichnenden Neigung, sich mit dem Grausamen und Brutalen vertraut zu machen, etwas Krankhaftes sehen wollen. Dagegen ist einzuwenden, daß die harte Selbstkontrolle seiner eigenen Neigungen und Gedanken, der er sich unterwarf, ein anderer Ausdruck dieses Dranges ist, dem Häßlichen und Verwerflichen, dem Ungesunden nachzugehen, um seine Ursachen aufzuspüren und zu erwägen, wie und auf welchem Wege Abhilfe geschaffen werden könne. Die Frage beispielsweise, wieweit Erziehung Aufgabe des Staates, wieweit sie Aufgabe des einzelnen sei, welche Bereiche menschlichen Lebens staatlicher Regelung, welche der Selbsttätigkeit und Selbsthilfe der freien Individuen zuzuweisen seien, standen seit dem Pariser Aufenthalt im Mittelpunkt seines spekulativen Suchens nach den »Ideen« des Staates, der Erziehung, des Individuums, der Gesellschaft. Zwischen dem Staat und dem einzelnen gewinnt, besonders in Humboldts späteren Arbeiten zu Problemen der Erziehung, der Bürger an Bedeutung, repräsentiert durch die Nation als der großen Gemeinschaft aller Bürger oder durch die städtischen Behörden als der örtlichen Interessenvertretung.

Anschauungsobjekte für solche Betrachtungen suchte und fand er in Paris in Fülle. Das Erbe des Despotismus erkannte der Zweiundzwanzigjährige weniger in den leidenschaftlichen Reden der Deputierten in der Nationalversammlung als in dem, was das revolutionäre Volk getan und gelitten hatte.

Wie schon in der »Reise nach dem Reich«, besuchte Humboldt Spitäler, Gefängnisse, Waisenhäuser. Er untersuchte im Hôtel Dieu, dem größten Krankenhaus der Stadt, die Ursachen des »unbeschreiblichen Elends«, von dem der Fremde nicht den zehnten Teil zu sehen bekäme: »Wie wenige studieren das menschliche Elend in seinem ganzen ungeheuren Umfang, und doch, welches Studium wäre unter allen notwendiger?« Unerbittlich ging er den Gründen nach, weshalb in großen Städten wie Paris sich Nacht für Nacht die Leichenhäuser mit Leichen Unbekannter füllen und warum sich die Zahl der Kinder, die im Hôtel des enfants trouvés, dem Findelhaus, abgesetzt wurden, auf jährlich 7000 bis 8000 belief. Seine sachlich-kühlen und dennoch erschütternden Betrachtungen schloß er mit der bemerkenswerten Feststellung: »Alle Laster entspringen beinah aus dem Mißverhältnis der Armut gegen den Reichtum. In einem Lande, worin durchaus ein allgemeiner Wohlstand herrschte, würde es wenig oder gar keine Verbrechen geben. Darum ist kein Teil der Staatsverwaltung so wichtig als der, welcher für die physischen Bedürfnisse der Untertanen sorgt.«

Ob sich Therese Forster-Huber wohl an solche Gedankengänge, nach der Rückkehr aus Paris in Mainz gewiß vorgetragen und umstritten, erinnerte, als sie, eine Revolutionärin, Jahrzehnte später (1817) dem Reformer vorwarf, er reduziere die Entwicklung, die für den Menschen zu wünschen sei, »auf eine gute Stallfütterung mit abgeteilten Raufen«? So sachlich und kühl viele seiner Aufzeichnungen sein mögen, sie zeugen von tiefer innerer Unruhe, von wachsender Unzufriedenheit mit dem, was er in der Lebenswirklichkeit entdeckte, von tiefer Unzufriedenheit auch mit sich selbst, seiner mangelnden Klarheit und Klarsicht.

»Von tausend neuen Gegenständen zerstreut, von allen meinen vorigen Beschäftigungen hinweggerissen, was soll ich Ihnen sagen?« schrieb er am 17. August 1789 an Jacobi aus Paris. »Ich könnte bloß erzählen, alle übrigen Fäden meiner Gedanken sind wie abgeschnitten, und das bloße Erzählen ist eine traurige Sache«, zumal er – so möchte man hinzufügen –, seiner selbst noch nicht sicher, die Fülle neuer Gedanken einem Manne vortragen mußte, der ein so erklärter Gegner der Französischen Revolution war wie Jacobi. »Ich bin Paris und Frankreich ziemlich müde. Wäre nicht die politische Lage gerade jetzt so wichtig, die Gärung unter dem Volk und der Geist, der sie hervorgebracht hat, überall so sichtbar, so hätte ich in der Tat Langeweile. Denn es fehlt mir beinah ganz an Bekanntschaften, und ich kann also nur das beobachten, was beim ersten Anblick in die Augen fällt.«

Dem Ziel, neue Bekanntschaften zu machen, bedeutende, zumindest interessante Menschen kennenzulernen, diente die Reise an den Oberrhein, nach Schwaben und in die Schweiz, die sich unmittelbar an den Besuch des Ehepaars Forster in Mainz anschloß. Mit vielen Empfehlungen versehen, trennte sich Humboldt am 20. September 1789 in Oppenheim von Forster, um zunächst nach Mannheim zu reisen. Heidelberg, Stuttgart, Zürich, Bern – mit Ausflügen und Wanderungen in das Schweizer Bergland –, Genf, Basel, Freiburg, Karlsruhe waren die wesentlichen Stationen dieser Informationsreise, von der er am 4. Dezember 1789 zu seiner letzten Begegnung mit Forster nach Mainz zurückkehrte.

Es kann darauf verzichtet werden, Humboldts Reise im einzelnen zu verfolgen. Viele der Namen, die er erwähnt, haben uns heute nichts oder nur wenig zu sagen. Die Fragen, über die Humboldt immer wieder eine persönliche Meinung zu hören wünschte, betrafen die Französische Revolution, die Wöllnersche Reaktion im nachfriderizianischen Preußen und die Philosophie von Kant. Sie sind kennzeichnend für die Gedanken, mit denen er sich beschäftigte. Der Klärung seines Standortes in der Welt, die er erlebte, dienten Besuche, die er außer Spitälern und Waisenhäusern Lehranstalten abstattete.

In Zürich machte er sich mit der sogenannten »Kunstschule« vertraut, in der Handwerker und Kaufleute in ihren beruflichen Fachkenntnissen gefördert wurden. Auch in Bern verwandte er manche Stunde für den Besuch von Zuchthaus, Arbeitshaus und Waisenhaus.

In Stuttgart gab ein Zusammentreffen mit Schillers Lehrer und Freund, dem an der Karlsschule als Professor für Philosophie wirkenden Jakob Friedrich Abel, Gelegenheit zu kritischen und aufschlußreichen Betrachtungen über die Militärakademie. Die Uniformen, die geklebten militärischen Frisuren, das Marschieren selbst zu Tisch, das ununterbrochene Kommandieren bestimmten in Humboldts Augen »den wesentlichen und unterscheidenden Charakter« der Anstalt. »Gerade von dieser Seite aber scheint sie mir nicht bloß fehlerhaft, sondern ganz und gar schädlich.« Einseitigkeit, Korpsgeist, Einförmigkeit der Bildung müßten notwendigerweise das Ergebnis solcher Zuchtanstalten sein. Demgegenüber erwog er in seinem Tagebuch: »Jeder Mensch existiert doch eigentlich für sich; Ausbildung des Individuums für das Individuum und nach den dem Individuum eigenen Kräften und Fähigkeiten muß also der einzige Zweck alles Menschenbildens sein.«

»Hauptzweck« hatte er, wie Albert Leitzmann, der Herausgeber der Tagebücher, anmerkt, zunächst formuliert, um dann eine solche individuelle Ausbildung als »einzigen Zweck« der Bildung schlechthin zu fordern. Humboldt stellte damit die individuelle Bildung nach den jeweiligen Kräften und Fähigkeiten keineswegs in einen Gegensatz zu den Ansprüchen der Gesellschaft an den einzelnen. Er fährt vielmehr fort: »Daraus, daß man diesen Zweck – den man freilich nicht immer unmittelbar im Auge behalten kann, weil selbst die Ausbildung des Individuums ein Vergesellschaften und folglich Bindung fürs Ganze erfordert – oft nicht genug beachtete, sind eine große Menge sehr schädlicher Folgen entstanden. Die Jugend, die Zeit, ehe der Mensch wenigstens als tätiges Mitglied in die Gesellschaft tritt, ist vor jeder andren Zeit geschickt zu dem Behufe der freien individuellen Ausbildung. Sie sollte also vorzüglich dazu genutzt werden.«

Diese Gedanken des Zweiundzwanzigjährigen bedeuteten eine Entfernung von bisherigen Vorstellungen und Denkgewohnheiten. So mancher Mann von Rang und Namen, den er besuchte, wurde nicht zuletzt im Zuge dieses Entwicklungsprozesses hart beurteilt. Das gilt für Schubart ebenso wie für Lavater.

Das Bild, das Humboldt von dem Dichter Christian Friedrich Daniel Schubart zeichnete, der wegen seiner freiheitlichen Gesinnung zehn Jahre im Kerker des Hohenasperg hatte schmachten müssen, mag in seinen scharfen Strichen zutreffen – Schubart befand sich körperlich wie geistig bereits im Verfall –, seiner kämpferischen Leidenschaft und deren gesellschaftlicher Bedeutung wird es nicht gerecht.

Mit besonderen Erwartungen begab sich Humboldt in Zürich zu Lavater. Der Prediger von St. Peter galt als einer der führenden Köpfe der Geniezeit, auch Goethe hatte ihm in seiner Jugend gehuldigt. Wie Jacobi war er gegen die Berliner Aufklärung zu Felde gezogen, insbesondere gegen Moses Mendelssohn. Daher hatte Humboldt Jacobi gebeten, ihn bei Lavater mit dem Hinweis einzuführen, er sei »zwar auch ein leidiger Anhänger Biesters..., übrigens aber immer ein ganz erträglicher Berliner«. Forster und Campe hatten Humboldt dem Mann empfohlen, dessen »Physiognomik«, die Charakterdeutung aus den Zügen des Gesichtes, seinerzeit sehr viel von sich reden machte.

Daß er in Humboldts Physiognomie Eigensinn und Veränderlichkeit zu erkennen glaubte, nahm der junge Besucher nicht tragisch. Er fand sich auch damit ab, daß Lavater »über die Französische Revolution halbichte, gar nicht durchdachte Dinge« äußerte. »Ich erwartete eine Fülle neuer, großer, fruchtbarer, wenngleich auch oft nur halb wahrer, oft gar schwärmerischer Ideen«, berichtete er Forster am 28. Oktober 1789. »Allein in allem dem fand ich mich sehr getäuscht... Ich hätte die interessanten Ideen zählen können, die ich in den ganzen vierzehn Tagen von ihm hörte, und ich würde mich schämen, damit einen einzigen Tag, bei Ihnen oder bei Jacobi zugebracht, zu vergleichen.« Humboldt hielt Lavater für eitel und selbstgefällig, seine Gefühle seien geistlos und fade, er lebe immer nur in seinen eigenen Vorstellungen und seine Beschäftigungen seien großenteils wahre Spielereien. »Sein Geist ist zu kleinlich, hat weder die rastlose Tätigkeit, womit wirklich genialische Köpfe die geahnte Wahrheit aufsuchen, noch die fruchtbare Wärme, womit sie die gefundene umfassen.«

Abgesehen davon, daß sich in Humboldts Charakteristiken seiner Gesprächspartner eine erstaunliche Beobachtungsgabe zeigt, die durchaus der an Erscheinungen der Natur bewiesenen seines Bruders ebenbürtig ist, überrascht die geradezu wissenschaftliche Analyse von Menschen, Zuständen, Einrichtungen, »Lagen«.

Die Menschen, denen er auf dieser Reise begegnete, verschwanden ebenso rasch aus seinem Leben, wie er mit ihnen in Berührung gekommen war. Bald schon ging es ihm nicht mehr darum, jene Bekanntschaften zu machen, deren Mangel er in Paris so beklagt hatte. Sie waren nur mehr Mittel zum Zweck. Und der Zweck bestand darin, sich selbst zu erkennen und daraus auf die Möglichkeiten zu schließen, die ihm für eine hervorragende Leistung im Leben gegeben sein könnten. »Das Leben mit Menschen mannigfacher Art, der Wechsel von Lagen ist mir überaus nützlich«, notierte er später, und an anderer Stelle: »Der Grundsatz, daß man in vielen Lagen aller Art gewesen sein müsse, ist so fest in mir, daß mir jede, in der ich noch nicht war, schon darum angenehm ist.«

Seine äußere Sicherheit und die kühle Bestimmtheit seines Auftretens trügen. Über den inneren Gang seiner Entwicklung vermochte er sich kaum noch mit einem der durchweg nur zeitweiligen Weggefährten seiner Jugend zu verständigen. Mochte er sich noch so betont als Freund Biesters und dennoch »ganz erträglichen Berliner« geben, mit den Berliner Aufklärern hatte er nichts mehr gemein. In der Kritik an Lavater lag zugleich seine Absage an den Gefühlskult und die Frömmigkeitsphilosophie Jacobis; in Paris hatte ihn die Energie der Revolutionäre zu der Bemerkung veranlaßt, das Christentum, das auf das paradiesische Leben im Jenseits vertröste, schläfre den Tätigkeitsdrang des Menschen im Diesseits ein und lähme seine Tatkraft. Andererseits verwarf er Forsters politische Aktivität wie mehr und mehr das Wirken revolutionärer Kräfte als gefährlich für den Gang der menschlichen Entwicklung. Mit Sarkasmus tat er endlich alle die Intellektuellen ab, die sich in den Elfenbeinturm ihrer vermeintlich unpolitischen Betätigung in Kunst und Wissenschaften flüchteten.

Wo stand Humboldt am Ende seiner Lehrjahre? Man wird Rudolf Haym zustimmen können, wenn er sagt: »Immer bestimmter sehen wir ihn eine mittlere Haltung zwischen dem Verstandes- und dem Gefühlsextrem einnehmen, gleich bereit, die Berechtigung beider Seiten anzuerkennen, gleich befähigt, die

Schwächen beider zu durchschauen, gleich abhold dem Fanatismus und den Ungerechtigkeiten beider, gleich weit hinaus über die ideenleere und trockne Verständigkeit der einen und über die fade Empfindelei und den unwahren Genieprunk der anderen.«[12] Man muß indessen hinzufügen, daß es Humboldt nicht um die Klärung seines Standortes zwischen den verschiedenen Richtungen zeitgenössischen Denkens ging, er drängte vielmehr nach einer individuellen, ihm gemäßen Verhaltensweise in den gesellschaftlichen Auseinandersetzungen seiner Zeit. Er stellte sich der Wirklichkeit, indem er sie suchte und sie in ihren Erscheinungen, in ihren Widersprüchen analysierte, bestrebt, einen Weg zu finden, um das Dasein des Menschen auf dieser Erde zu verändern. Zwar sehnte er sich immer wieder danach, »reiner Zuschauer der Welt zu sein«, und wiederholt gab er dieser Sehnsucht nach. Aber die Gedanken schon des Zweiundzwanzigjährigen kreisten um die Frage, wie und auf welchem Wege das Leben für den einzelnen lebenswerter werden kann und wer diese Aufgabe am zweckmäßigsten zu lösen vermag, der Staat oder das Individuum.

Der Standort, den Humboldt in diesem Entwicklungs- und Wandlungsprozeß am Ende der Lehrjahre erreicht hatte, findet sich in einem Bekenntnis an Forster in einem bereits in Berlin geschriebenen Brief vom 8. Februar 1790: »Jeder Mensch muß ins Große und Ganze wirken, nur was dies Große und Ganze genannt wird, liegt darin, meinem Gefühl nach, so viel Täuschung. Mir heißt ins Große und Ganze wirken: auf den Charakter der Menschheit wirken, und darauf wirkt jeder, sobald er auf sich und bloß aus sich wirkt. Wäre es allen Menschen völlig eigen, nur ihre Individualität ausbilden zu wollen, nichts so heilig zu ehren als die Individualität der anderen, wollte jeder nie mehr in andere übertragen, nie mehr aus anderen nehmen, als von selbst aus ihm in andere und aus anderen in ihn übergeht, so wäre die höchste Moral, die konsequenteste Theorie des Naturrechts, der Erziehung und der Gesetzgebung den Herzen der Menschen einverleibt. Man sei nur groß und viel, so werden die Menschen es sehen und nutzen; man habe nur viel zu geben, so werden die Menschen es genießen, und der Genuß wird Vater neuer Kraft sein. Wenn unter uns so wenig geschieht, so ist es nicht, weil unsere Lagen und Verhältnisse uns hinderten, zu wirken, sondern weil sie uns hindern, zu werden und zu sein. Ich tadle die nicht, welche über Eingeschränktheit des Wirkungskreises klagen. Leider haben die meisten Menschen nur Talent, und das bedarf der äußeren Verhältnisse, um sich zu zeigen und nützlich zu werden. Aber der wahrhaft große, das heißt wahrhaft intellektuell und moralisch ausgebildete Mann wirkt schon dadurch allein mehr als alle anderen, daß ein solcher Mann einmal unter den Menschen ist oder gewesen ist.«

Das sind gewiß individualistische Vorstellungen, getragen vom Optimismus der Aufklärung, doch nicht ohne Verständnis dafür, welche Bedeutung »Lagen und Verhältnisse« für die Wirkungsmöglichkeit des Menschen haben. Solche Gedanken scheinen mehr von einer rezeptiven als von einer produktiven Anlage des Humboldtschen Geistes zu zeugen, von einer mehr betrachtend-passiven als schöpferisch-aktiven Natur. Zwar sind diese Auffassungen wesentlich und bezeichnend für Humboldts Entwicklung, sie dürfen aber nicht als Extrakt einer Lebensphilosophie mißverstanden werden. Es wird sich zeigen, welche Veränderungen und Wandlungen schon in den Wanderjahren erfolgten.

»DIE NATUR SCHUF UNS FÜREINANDER«

»Eilet raschen Flugs dahin,
eilt, ihr trägen Augenblicke,
daß mein lieberfüllter Sinn
meine Lina bald erblicke,
sie, die meinem Herzen, ach, so nah,
nie mein schwermutvolles Auge sah!«

Wir werden noch einmal in die überschwenglich-schwärmerische Atmosphäre des Tugendbundes zurückversetzt, wenn wir die ersten Briefe lesen, die Karoline von Dacheröden und Wilhelm von Humboldt miteinander gewechselt haben. Als »Verbündete« verwandten sie das geschwisterliche Du, noch ehe sie sich gesehen hatten, und seinem ersten Besuch in Burgörner schickte der einundzwanzigjährige Studiosus ein Gedicht voraus, dessen oben zitierte Eingangszeilen typisch für die Seelenfreundschaft zwischen den Mitgliedern des Tugendbundes sind. Entkleidet man die Briefe ihres zeitbedingten pathetischen Beiwerks und ihrer Gefühlsseligkeit, so bleiben sie ein Zeugnis der Annäherung zweier Menschen, deren Kindheit und Erziehung, deren Veranlagung und Interessen überraschende Ähnlichkeiten aufweisen. »Die Natur schuf uns füreinander«, schrieb Karoline dem Verlobten nach Berlin am 15. Januar 1790, als wüßte sie, daß Wilhelm von Humboldt keine bessere Gefährtin seines Lebens hätte finden können.

Karoline von Dacheröden war am 23. Februar 1766 in Minden geboren worden. Sie hatte ihre Mutter, eine Gräfin Hopfgarten, verloren, als sie acht Jahre alt war. Ihr Vater, der Erbherr Karl Friedrich von Dacheröden, war preußischer Kammerpräsident gewesen und lebte im Sommer auf einem seiner Güter, Burgörner in der Grafschaft Mansfeld oder Auleben in der Goldenen Au unweit Halle. Den Winter verbrachte er mit seiner Familie in Erfurt, wo sein Haus einen Mittelpunkt des gesellschaftlichen Lebens bildete. In der »Chronik von Erfurt 1736 bis 1815« rühmt man ihn als »Beschützer der Wissenschaft« – Erfurt besaß damals noch eine Universität –, »Gönner vieler Gelehrten und Künstler« und »großmütigen Wohltäter der Armen«.

War es für Humboldts Kindheit von großer Bedeutung, daß er frühzeitig den Vater verlor, so entbehrte Karoline schmerzlich die Mutter. Und war Frau von Humboldt ohne mütterliche Wärme, so bekümmerte sich Herr von Dacheröden nur wenig um seine Tochter. Er überließ sie der Erzieherin, einer Französin, in deren Art es nicht lag, dem heranwachsenden Kind mehr als eine Gouvernante zu sein. Ernst, der ein Jahr ältere Bruder Karolines, wurde später Regierungsrat in Erfurt, das

66

damals zum Kurfürstentum Mainz gehörte, und starb kinderlos bereits 1806 als Domherr von Naumburg.

Karolines Bruder wurde von Rudolf Zacharias Becker erzogen. Dieser junge Hofmeister erwies sich als talentierter Pädagoge. Sein Lebensweg erinnert in vielem an den Campes. Auch er liebte Kinder und war bemüht, sie im Geiste Rousseaus und der jungen deutschen bürgerlichen Pädagogik naturnah und für alles Menschliche aufgeschlossen zu erziehen. Nachdem er im Jahre 1782 das Haus der Dacherödens verlassen hatte, wurde er Lehrer am Philanthropin in Dessau. Er gab eine beliebte Zeitschrift für die Jugend heraus und machte sich als Volksschriftsteller einen Namen. In Gotha wurde er im Jahre 1811 wegen seiner patriotischen Veröffentlichungen von den Franzosen verhaftet.

Karoline war sechzehn Jahre alt, als Becker ihr Vaterhaus verließ. »Ihm dank ich alles, alles, was ich bin«, hat sie des öfteren bekannt. An Humboldt schrieb sie im Rückblick auf ihre Kindheit und Jugend: »Becker danke ich das höchste Glück meines Daseins, denn ich danke ihm dies Herz, welches ein so unendliches Vermögen, zu lieben, in sich faßt und welches vielleicht ohne ihn vernachlässigt und verwahrlost, auf schreckliche Irrwege geraten wäre.«

Das war die Seelenstimmung, jene »schwermutsvolle« Sehnsucht, wie sie, noch gefühlvoller als in Thüringen, in Berlin im Kreis um »Jette« Herz gepflegt wurde. Erstes männliches Mitglied des Tugendbundes wurde Karl von Laroche. Seine Mutter war Sophie Laroche, die Romanschriftstellerin und Jugendliebe Wielands, seine Schwester Maximiliane war die Mutter Clemens und Bettina Brentanos. Schon bevor Karl Laroche im Jahre 1784, achtzehn Jahre alt, als Eleve in das Bergdepartement in Berlin eingetreten war, hatte er in Erfurt Karoline von Dacheröden kennengelernt. So prosaisch sein Beruf war, so gefühlvoll im Sinne der Zeit war sein Umgang. Im Tugendbund harmonierte er völlig mit Henriette Herz; gemeinsam verfaßten sie die Statuten mit ihren gefühlsseligen und geheimnisbündlerischen Bräuchen.

Nachdem Laroche Berlin 1788 verlassen hatte, bemühte er sich um die Aufnahme Karoline von Dacherödens in den Bund. Er war nicht nur ihrer Übereinstimmung mit den Berliner Freunden gewiß, er liebte sie und glaubte, in ihr seine künftige Frau sehen zu können. Durch Laroches Vermittlung lernte Humboldt im August 1788 in Burgörner Karoline kennen. Aus ihren Briefen an ihn läßt sich schließen, daß sie sich dem neuen Freund bald tiefer verbunden fühlte und mit ihm nicht nur übereinstimmte im Gefühl der »fürchterlichen Leere« des Herzens, »der Verlassenheit«, »der Einsamkeit« im entlegenen Burgörner. Auch Humboldt vermochte »den Gedanken der Trennung« von ihr schwer zu ertragen. »Aber es wird austoben, dieses dumpfe Gefühl, und dann wird übrigbleiben, was allein unser und unserer heiligen Verbindung ganz würdig ist, jene erhabene, genügsame Liebe, die die Seele verschwistert, wenngleich weite Räume die Körper trennen.«

Im Januar 1789 kam es zu einem zweiten Besuch in Burgörner. Bei dieser Gelegenheit traten zwei weitere Frauen in Humboldts Leben, durch deren Bekanntschaft sich zwanglos die Begegnung mit der Klassik, die Freundschaft mit Schiller und die lebenslängliche Verbindung mit Goethe anbahnten. Karoline war eng befreundet mit den Töchtern des 1770 verstorbenen schwarzburg-rudolstädtischen Oberlandjägermeisters Christoph von Lengefeld. Die ältere, Karoline, mit siebzehn Jahren verheiratet, lebte in unglücklicher Ehe mit dem Legationsrat von Beulwitz; nach der Trennung von ihm heiratete sie 1794 Schillers Freund, ihren Vetter Wilhelm von Wolzogen, der 1797 Kammerrat in Weimar wurde. Ihre jüngere Schwester Charlotte verlobte sich im Sommer 1789 mit Schiller in Bad Lauchstädt, wo die Geschwister Lengefeld mit der erkrankten Karoline von Dacheröden damals weilten; Schiller und seine Lotte heirateten im Februar 1790. Humboldt traf am 8. Juli 1789, kurz vor seiner Pariser Reise, noch einmal mit den drei Freundinnen zusammen, gemeinsam mit Laroche, dem allmählich bewußt geworden war, daß sich Karoline von Dacheröden für Wilhelm von Humboldt entschieden hatte.

Wie bei anderen Lebensentscheidungen hat Humboldt lange

gezögert, bevor er sich entschloß, Karoline um ihr Jawort zu bitten. Wieweit er dabei von seiner Freundschaft zu Karl von Laroche und dessen Beziehungen zu Karoline beeinflußt wurde und ob er sich an Therese Forster stärker als nur durch ein freundschaftliches Verhältnis gebunden fühlte, mag dahingestellt

Charlotte von Lengefeld

bleiben. Als er am Ende der Schweizer Reise Forster und dessen Frau verlassen hatte, war er entschlossen, eine Klärung herbeizuführen, bevor er in Berlin seine Tätigkeit in der preußischen Verwaltung aufnahm.

Er traf sich Mitte Dezember 1789 mit seinem Bruder Alexander in Gotha bei ihrem Lehrer Löffler. Beide reisten nach Erfurt weiter, wo sie am 16. Dezember eintrafen. Noch am gleichen Abend verlobten sich Wilhelm von Humboldt und Karoline auf einem Ball, den sie gemeinsam besuchten. Herr von Dacheröden und Frau von Humboldt wurden zunächst nicht unterrichtet. Die Verlobten wollten vorher den zu erwartenden Einwand des Vaters der Braut, Humboldt sei noch ohne Amt und Würden, entkräften. Ebenso sollte auch die zu befürchtende kühle Zurückhaltung der Mutter des Bräutigams gegenüber der ihr unbekannten Schwiegertochter allmählich überwunden werden, wie es dann auch mit viel diplomatischem Geschick geschah.

Die Weihnachtstage 1789 verbrachten die Verlobten mit den Schwestern Lengefeld in Weimar. Humboldt und Schiller sahen sich dabei zum ersten Mal. Auch Goethe und Herder wurden begrüßt. Auf dem Rückweg von Weimar nach Erfurt besuchte Humboldt in Schillers Begleitung Jena, wo sie einige Tage gemeinsam »in der benachbarten Welt umherstreiften«. Am 4. Januar 1790 verließ Humboldt die Braut, um nach Berlin zu reisen und sich im Staatsdienst zu versuchen. Für die wichtigen Entscheidungen, die er alsbald in der preußischen Hauptstadt über den weiteren Gang seines Lebens und die Art seines Wirkens zu treffen hatte, ist das Verlöbnis mit Karoline von Dacheröden, aber auch die Begegnung mit Schiller von großem Gewicht gewesen.

Erste Begegnung mit dem Staat

Nach dem Tode Friedrichs II. waren die wenigen bürgerlichen Freiheiten beseitigt worden, mit deren Hilfe der aufgeklärte Absolutismus die fortschrittlichen Strömungen hatte abfangen wollen. Die düsteren Voraussagen der Berliner Aufklärer hatten sich erfüllt. Wöllner, der Günstling des Königs und Exponent verblendeter Junker, förderte heuchlerische Frömmelei und abergläubischen Mystizismus; sein Religionsedikt sollte der Aufklärung Einhalt gebieten, sein Presseedikt jede freie Regung in den Zeitungen und in der Literatur unterdrücken. Männer wie Biester, Gedike, Engel wurden beargwöhnt und teilweise sogar in ihrer literarischen Tätigkeit behindert. Mätressenwirtschaft und Verschwendung zehrten am ohnehin mageren Staatsetat. Der preußische Staat und seine Armee verfielen unter der Herrschaft Friedrich Wilhelms II. (1786 bis 1797); der Neffe Friedrich II. war für Adel und Bürgertum ein Vorbild ausschließlich in der Sittenlosigkeit. »Ganz Potsdam war wie ein Bordell«, urteilte Johann Gottfried Schadow im Rückblick auf diese Zeit. »Die Leute, die das wüste Leben mitgemacht haben, sind alle früh gestorben, zum Teil elendiglich, der König an der Spitze.«
In die Dienste dieses Staates der Reaktion, des Verfalls, der

Unsittlichkeit sollte Humboldt, noch nicht dreiundzwanzig Jahre alt, treten, nachdem er in Paris Zeuge der Revolution gewesen war und sich in seinem eigenen Bildungsprozeß zu einem gewiß noch immer empfindsamen, doch sich der Wirklichkeit stellenden selbstbewußten jungen Mann entwickelt hatte, der nach freier Entfaltung seiner Persönlichkeit strebte. Wenn er sich entschloß, am Ende seiner Universitätsstudien, wie es bei Angehörigen seines Standes üblich war, zumindest vorübergehend in den Staatsdienst zu treten, so folgte er dem Wunsche der Mutter, und er entsprach den Erwartungen des Kammerpräsidenten von Dacheröden, nach dessen überkommenen Auffassungen ein Amt des Schwiegersohnes und damit die Versorgung seiner Tochter als selbstverständlich galten.

Humboldts Entschluß hatte indessen auch andere Gründe. Er war in seiner inneren Entwicklung an einem Punkt angelangt, wo er nach dem Zweck individueller Fähigkeiten und menschlicher Wirksamkeit überhaupt fragte und sich nicht darüber klar war, ob das Dasein, so individuell es auch gelebt sein mochte, Selbstzweck oder Dienst an der Menschheit sein sollte. Bereits in jenen frühen Jahren begann das bisweilen verhängnisvolle Hinundherpendeln zwischen einem ichbezogenen Eigenleben und dem Streben nach öffentlicher Wirksamkeit. Im übrigen: auch diese »neue Lage« mußte erkundet werden.

Nachdem Humboldt in einer Eingabe an den König um eine Beschäftigung im Justizdepartement nachgesucht und die dafür erforderlichen Prüfungen abgelegt hatte – einer der Prüfer war sein früherer Lehrer, der nunmehrige Kammergerichtsrat Ernst Ferdinand Klein –, wurde er am 1. April 1790 als Auskultator, das heißt als Anfänger im Justizdienst, beim Stadtgericht eingesetzt. Als er nach dreimonatiger Tätigkeit dem Urteil des Stadtgerichtsdirektors zufolge »mit vorzüglichem Fleiß, Geschicklichkeit, rechtlichen Kenntnissen und Einsichten die ihm übertragenen Geschäfte ausgerichtet und eine mit solchen übereinstimmende Sittlichkeit gezeigt« hatte, bat er den König um Anstellung als Referendar am Hof- und Kammergericht. Er legte Ende Juli

1790 die zweite für den Justizdienst erforderliche Prüfung ab und erhielt am 5. September seine Bestallung zum Referendar. Dienst tat er zunächst beim Hof- und Kammergericht, dann beim Oberappellationsrat. »Alle Menschen haben mir versichert«, schrieb er an Karoline am 20. September 1790, »daß ich bis Weihnachten künftigen Jahres gewiß und ohne Bedenken Assessor sein kann.«

Die Verlobten wünschten eine frühere Vereinigung, waren aber von der Zustimmung des Vaters und einem laufenden Zuschuß zu Humboldts eigenen Einnahmen abhängig; Frau von Humboldt hatte bereits erklärt, »daß sie nichts geben könne«. So erwog man, ob Humboldt sich nicht nach Magdeburg oder Halberstadt versetzen lassen sollte, wo man auch Burgörner näher war und wohlfeiler leben konnte. »Berlin ist auch nicht für uns gemacht«, versicherte Humboldt, der in Berlin nicht wieder heimisch wurde.

Ein anderer Plan hing mit freilich vagen Versprechungen des Freiherrn von Dalberg zusammen, der als Statthalter des Erzbischofs von Mainz in Erfurt residierte und mit Karolines Vater entfernt verwandt war. Dalberg machte sich Hoffnungen auf das Erzbistum Mainz und sah sich nach Männern um, die seinem Hof einen gewissen Glanz geben konnten. »Daß Schiller nach Mainz kommt«, schrieb Karoline ihrem Verlobten am 20. März 1790, »ist eine ausgemachte Sache; der Goldschatz« – so nannte man Dalberg im Freundeskreis – »hat es deutlich gesagt, und er kommt sehr oft auf die Idee zurück, uns alle dort um sich zu vereinen.«

Humboldts Verhältnis zu Dalberg wird uns in anderem Zusammenhang beschäftigen. Es mag sein, daß in solchen Wunschträumen ein weiterer Grund dafür zu suchen ist, daß Humboldt, der rasch zu einem Titel kommen wollte, von Beginn seines Berliner Aufenthaltes an bemüht war, neben dem juristischen Amt eine Beschäftigung im Departement der auswärtigen Angelegenheiten zu finden. Dank dem Wohlwollen des Ministers von Hertzberg gelang ihm dies und erwies sich für Humboldts Laufbahn als besonders förderlich. Nachdem er in der zweiten juristischen Prüfung zugleich seine Eignung für den diplomatischen Dienst hatte nachweisen müssen, wurde er im Juni 1790 zum Legationsrat ernannt.

Sobald sich die Verlobten der Einwilligung von Karolines Vater zu ihrer Eheschließung sicher waren, reifte in Humboldt der Entschluß, aus dem juristischen Staatsdienst noch vor seiner Ernennung zum Assessor auszuscheiden. Schon am 1. Februar 1791 teilte er seinem Freunde von Brinkmann mit: »Ich denke sobald als möglich, noch vor dem Sommer, meinen Abschied zu nehmen, zu heiraten und zu meinem Schwiegervater aufs Land zu ziehen ... Mein ganzes eigentliches Glück hängt an dem Plan, Sie, dünkt mich, werden ihn nicht ganz billigen ...«

Am 19. Mai ersuchte Humboldt den König um seine Entlassung aus dem juristischen Staatsdienst mit der Begründung, daß ihn Familienumstände zu dieser Bitte veranlaßten. Als Legationsrat ließ er sich nur beurlauben, so daß seine Rückkehr in den Dienstbereich des Departements der auswärtigen Angelegenheiten möglich blieb. Am gleichen Tage teilte er seiner »Li« mit: »Du wirst mein sein, und nichts wird uns mehr trennen.« Im Juni 1791 verließ er Berlin.

Humboldts erste Begegnung mit dem Staat hatte eineinviertel Jahr gedauert.

Die Frage nach den Gründen für sein Ausscheiden aus dem Staatsdienst kann nur beantwortet werden, nachdem man einen Blick auf die Art seiner juristischen Tätigkeit und auf seinen Umgang in der preußischen Hauptstadt geworfen hat.

Der junge Referendar war vornehmlich in Kriminalfällen tätig. Es galt Menschen abzuurteilen, die vor dem Gesetz schuldig geworden waren, eine Kindesmörderin etwa oder einen Brandstifter. Früher wäre er »aus Grundsatz streng gewesen«, schrieb er an Karoline am 22. September 1790. »Die Menschen müssen leiden, um stark zu werden, dacht ich. Jetzt denk ich, sie müssen Freude haben, um gut zu werden.« Schon in Gießen hatte er seinem Tagebuch anvertraut, ob nicht die Art des Strafvollzuges »jeden Keim des Guten, der vielleicht noch in ihnen ist, vollends ersticken müsse«. Seine Zweifel an den Rechtsnormen waren gewachsen, je mehr Zuchthäuser er besichtigt, je nachdenklicher ihn menschliches Leid in Spitälern und Findelhäusern gemacht hatte. »Nach dem äußeren Recht ist man berechtigt, die Bitte eines Bettlers zu verweigern; ob man aber nach dem inneren Recht berechtigt ist, ihm nichts zu geben, entscheidet nicht das Naturrecht, sondern die Moral.«

Gewiß beruhten diese Einsichten des Studenten auf dem, was er in der Wirklichkeit gesehen, und dem, was er in seiner Empfindsamkeit gefühlt hatte. Das soziale Elend bedrückte diesen feinfühligen Menschen, es veranlaßte ihn, nach Möglichkeiten zu suchen, wie man die Welt verbessern könne. Dabei dachte er weniger an eine Veränderung der Umweltbedingungen als an eine Erziehung der Menschen zum Guten. Und nun sollte er richten. »Aus einem ungeschickten Stück Akten will ich wissen, wie der Mensch ist in seinen Ideen, Gefühlen, und noch dazu meistens ein Mensch, der in so verschiedener Lage mit mir lebt, daß es mich, auch wenn ich ihn um mich hätte, Studium kosten würde, in ihn hineinzugehen.« Kein Wunder, daß er sich bisweilen wie ein Kind vorkommt, »das über die Handlung eines Mannes urteilt«. Die Menschen, die er abzuurteilen hat, die Kindesmörderin oder der Brandstifter, scheinen ihm »jetzt so wenig schuldig«, schreibt er an Karoline am 22. September 1790. »Wenn ich bedenke, wie oft die Ideen sich so sonderbar aneinanderreihen, wie heterogene Ansichten sie gewähren und wie leicht bei manchen unternehmenden Charakteren der bloße Gedanke Tat wird, so schwindelt's mir oft im Kopf, ob man bestrafen oder belohnen soll. Und dann ein Blick auf das angerichtete Übel, auf die übrigen Menschen, auf die ganzen äußeren Lagen, in die nun so ein Ideengang, so eine Ansicht nicht paßt. Dazwischen so ein ewiger Streit, und den mit Schwert und Kerker zu schlichten!«

Niemand wird sagen können, daß der angehende Richter nicht reif genug gewesen wäre für sein Amt oder daß er die Verantwortung gescheut hätte, nach dem Gesetz zu richten. Im Gegenteil: er hatte die soziale Misere seiner Zeit erkannt und ahnte zumindest ihren Ursprung. Innerhalb der bestehenden Rechtsordnung konnte nur richten, wer sich solchen Einsichten und Gewissensnöten verschloß. So zu handeln, verbot dem jungen Humboldt seine Selbstachtung, die der Achtung vor dem Individuum entsprang. Da er keine Möglichkeit sah, die »Lagen« straffällig gewordener Menschen oder gar die gesellschaftlichen Verhältnisse zu ändern, verzichtete er auf die juristische Laufbahn. Darüber hinaus war ihm »der Staat zum Problem«[13] geworden, besonders der Staat des aufgeklärten Absolutismus, in dem er seine Erfahrungen gesammelt hatte.

Dabei war das Justizwesen im damaligen Preußen durchaus nicht in gleichem Maße der Reaktion ausgeliefert wie das geistige Leben des Landes. Während Humboldt am Kammergericht tätig war, lief der »Prozeß des Buchdruckers Unger gegen den Oberkonsistorialrat Zöllner in Zensurangelegenheiten wegen eines verbotenen Buches«, wie der Titel der von dem Verleger Unger im Jahre 1791 herausgegebenen Broschüre über diesen Rechtsstreit lautet. Das Urteil stammte von Humboldts Lehrer, dem Kammergerichtsrat Klein. Humboldt verfaßte die Protokolle, eine »sonderbare Schriftstellerarbeit«, wie er meinte.

Eine anonyme Polemik gegen die Einführung eines allgemeinen Landeskatechismus war vom Zensor Zöllner zum Druck freigegeben, vom Minister dann aber verboten worden. Der Verleger war wegen seiner Ansprüche auf Schadenersatz an den Zensor verwiesen worden. Unger hatte Zöllner verklagt, das Gericht hatte die Klage abgewiesen und für den freisinnigen Zöllner, damit zugleich aber gegen den verfolgungswütigen Minister entschieden. Der Beklagte hatte sich bei der Erteilung der Druckgenehmigung keinerlei Verfehlung zuschulden kommen lassen, hieß es in der Urteilsbegründung. »Vielmehr verdient Beklagter öffentlichen Dank, daß er ohne Nebenabsichten, als ein gewissenhafter und verständiger Staatsdiener seine Stimme gegeben und soviel an ihm ist, die Rechte der Vernunft und die mit ihnen verbundene Ehre der preußischen Regierung aufrechterhalten hat.« Humboldt freute sich des Urteils, wenn er auch mißbilligte, daß es nicht frei von der Sucht sei, »seine Aufklärung zu zeigen oder ein Buch statt Akten zu schreiben.«

Es gab also im Justizdienst Möglichkeiten, im Sinne des Fortschritts zu wirken, wie sich auch die Freunde der Jugendzeit, Biester, Engel oder Herz, trotz aller Schikanen und Verfolgungen nicht einschüchtern ließen. Um so mehr erwarteten sie von einem verhältnismäßig unabhängigen Mann wie Humboldt, daß er alles tun würde, um im Staatsdienst der Willkür das Recht entgegenzusetzen. »Des Beispiels wie des Erfolges wegen konnte man von ihm mit Recht verlangen, daß er auf seinem Posten bleibe«, urteilte selbst ein so wohlwollender Biograph wie Rudolf Haym.

Ein solches Urteil stützt sich allzusehr auf den Unger-Prozeß und übersieht Humboldts Erfahrungen aus den Kriminalprozessen. Abgesehen davon, daß der Mut des Kammergerichtsrats Klein übel belohnt wurde – er wurde schon im folgenden Jahr an die Universität Halle versetzt –, waren aufrechte Männer wie Klein im Justizwesen und Biester oder Zöllner im geistigen Leben Ausnahmen. Sie kämpften zudem für eine Sache, die nicht mehr die Humboldts war.

Seitdem er einen scharfen Blick in die Lebenswirklichkeit getan hatte, begann er zu begreifen, daß die menschliche Gesellschaft einer grundlegenden Wandlung bedürfe. Angelpunkt jeder Ordnung des Zusammenlebens schien ihm der Mensch selbst, der von allen Bindungen überkommener Zeiten, von den Bindungen des Staates wie von denen der Kirche befreite Mensch zu sein. Je tiefer er in den Strudel des Berliner Lebens tauchte, um so mehr sehnte er sich nach Ruhe und Abgeschlossenheit, um völlig seinen Neigungen leben zu können, der Reflektion über sich selbst und andere, der eigenen Bildung und der Bildung des Menschengeschlechtes. Entgegen seinen Befürchtungen hatte er festgestellt, daß er gut arbeitete, zu »Geschäften« – das heißt zu öffentlicher Wirksamkeit – tauge, eine Erfahrung, die ihm »das Entfernen von allen Arbeiten einmal erschweren wird. Und doch denk ich mir dies Entfernen jetzt mehr als je«, heißt es in einem Brief an Karoline vom 31. Oktober 1790. »Ich fühle es wohl, daß ich schon jetzt recht nützlich bin in gewisser Art und es künftig in einem eigentlichen und größeren Wirkungskreise sehr sein könnte. Aber was ist dieser Nutzen gegen den, den man stiftet, wenn man in ungebundener Geistesfreiheit nur sich und den Menschen lebt, an die man durch Liebe geknüpft ist. Und da rauben die Geschäfte unendlich.«

Er schwankte in seinen Empfindungen und litt unter den Widersprüchen, in denen er lebte. »Die goldenen Zeiten der Freiheit und Unabhängigkeit« seien dahin, hatte er nach zwei Monaten Tätigkeit am Stadtgericht dem Frankfurter Studiengenossen Johann Gottfried Ebel geschrieben. Das langweilige Leben im Justizdienst vollziehe sich nach bestimmten, oft auch nach fremden Plänen. »Weh tut das freilich, vorzüglich anfangs, indes hat es denn doch auch manche befriedigende Seite. Man arbeitet nach einem gewissen Ziele hin, bekommt nach und nach einen größeren Wirkungskreis und fühlt sich doch etwas, wozu man da ist. Und wie nötig das ist, fühlte ich auf Reisen oft ... Es gibt doch hie und da Augenblicke der Unzufriedenheit mit sich und dem Schicksal, Augenblicke, wo man an seinem Wert und seiner Nützlichkeit verzweifelt ...«

Die Doppelgleisigkeit von Humboldts Wirken und damit der entscheidende Widerspruch in seinem Wesen wird offenbar. Er will an hervorragender Stelle Einfluß nehmen auf den Gang der menschlichen Entwicklung, aber er schwankt zwischen tätigem Schaffen im öffentlichen Dienst und schöpferischer geistiger Leistung in stiller Zurückgezogenheit. Noch ehe er Schiller und Goethe begegnete, wird die Zwiespältigkeit seines Geltungsdranges unübersehbar. Die Menschheit blieb Ziel der einen wie der anderen Art, wirken zu wollen; er selbst, sein ureigenes Leben, die Bildung und Prägung seiner Persönlichkeit sollten der Weg sein, zu diesem Ziel zu gelangen.

Zwiespältig und widersprüchlich wie sein Streben war in jenem Berliner Jahr sein Leben. Humboldt war einer der ersten Liberalen, ein Freigeist und im politischen Sinne ein Parteigänger der Freiheit des einzelnen. Er war indessen auch ein Libertiner. Das bedeutete bereits damals, daß er in völliger Übereinstimmung mit dem Zeitgeist unter Freiheit des Menschen nicht nur Freisinnigkeit im Gedanken und in der Tat verstand, sondern zugleich auch Zügellosigkeit des Sichgebens und des Sichauslebens, daß er nicht nur Freigeist, sondern auch Leichtfuß war; manche hielten ihn sogar für einen Wüstling. »Man spricht nicht vorteilhaft von seiner Sittlichkeit«, notierte weit später (1823) der ihm durchaus gewogene Generaladjutant von Witzleben. Belege für ein solches Urteil ließen sich unschwer aus Tagebüchern und Briefen von Friedrich Gentz beibringen, dem er seinerzeit sehr nahestand.

Rahel Levin, in deren Salon Humboldt damals verkehrte, meinte zwar: »Er ist so weit voraus in seinen Ideen, daß doch nicht mehr die Rede davon sein kann, ob er gut oder nicht gut sei, das liegt fern unter ihm.« Tolerant, wie sie war, gestand sie ihm zu, »universell« und »von keinem Alter« zu sein. Zu lieben vermochte sie ihn nicht. Ihr mißfiel, daß er mit Wissen und Geist jonglierte. Er hätte jeweils so viel Geist, wie er wollte, behauptete sie und hielt ihm vor, sie könnte ihm seine Geistesfreiheit nicht mehr so hoch anrechnen, wenn er für sein Tun und Ausüben sich selbst weder Schranke noch Zügel setzte. Sie forderte mehr von ihm als von den anderen Gästen ihres Salons, weil er mehr zu geben hatte, und so antwortete sie wenige Jahre später ihrem in Jena studierenden Jugendfreund David Veit auf die Bitte, sie möge ihm ein klärendes Wort über Humboldt sagen: »Ich weiß keins.«

Humboldts Flucht in Spottlust und »scherzende Verhöhnung« (Varnhagen) der Gesprächspartner in den Berliner Salons waren Ausdruck seiner Unzufriedenheit mit sich selbst, mit seiner Tätigkeit, seiner »Unlust an Berlin und berlinischer Gegend«. Er habe niemanden, mit dem er »völlig vertraut sein könnte«, klagte er Karoline am 18. Mai 1790. »Mein vertrautester Umgang beinahe hier (wenn Du auch lachst, Du kannst dann auch Menschen loben, die ich nicht leiden kann) ist Brinkmann«, ein Schwede, der bald nach Humboldts Weggang für einige Zeit Sekretär an der Gesandtschaft seines Landes wurde. Brinkmann gehörte zu Rahels Kreis, ohne mehr zu sein als ein wortgewandter Plauderer. Humboldt wußte der Braut viele gute Seiten des neugewonnenen Freundes mitzuteilen, um dann doch zu gestehen, daß Brinkmann nicht zu den Menschen gehöre, »die einen mit großer Achtung für sich füllen, die man über sich sieht, denen man gern nach möchte, wie ich doch auch schon manche von seinem Alter fand«.

Die preußische Residenz vermochte dem Referendar auch nicht entfernt eine einzige jener Bekanntschaften zu schenken, wie er sie suchte und wie sie dem Studenten zuteil geworden waren. Es gab in Berlin weder einen Jacobi noch einen Forster oder gar einen Schiller. Nachdem Brinkmann die preußische Hauptstadt vorübergehend verlassen hatte, war es der preußische Kriegsrat Friedrich Gentz, mit dem Humboldt am häufigsten Umgang hatte.

Gentz gehört zu den widersprüchlichsten Repräsentanten seiner Zeit.[14] Er wandelte sich vom Parteigänger der Französischen Revolution und des politischen Liberalismus zu einem Wortführer der Restauration und zum vertrauten Berater Metternichs. Rahel hat ihren »gehätschelten Liebling« als den »vortrefflichsten schlechten Menschen« bezeichnet und damit treffend die zwiespältige, bisweilen widersinnige Entwicklung von Gentz charakterisiert. Diese Entwicklung führte den zeitweiligen Weggenossen des jungen Humboldt, »den denkendsten Kopf Berlins«, wie ihn Humboldt in einem Brief an Schiller vom 15. August 1795 nannte, in das Lager der Todfeinde des Staatsmannes »von Perikleischer Hoheit des Sinnes«. So groß später die Gegensätze gewesen sein mögen, Humboldt hat dem Freund seiner Berliner Jahre eine achtungsvolle Toleranz bewahrt, unbeeinflußt von dessen Wandel der Lebensanschauung und der politischen Gesinnung. Es ist nicht nur ein Zeichen der Weite des Verständnisspielraumes der Intellektuellen jener Zeit, sondern des Zeitgeistes schlechthin, wenn Rahel und Humboldt in einer uns heute fast unverständlichen Weise den Gesinnungswandel ihres Freundes Gentz so überaus duldsam zur Kenntnis genommen und Dritten gegenüber gerechtfertigt haben.

Als Gentz für eine kurze Wegspanne stärkeren Einfluß auf Humboldt gewann, war er, damals Sekretär beim preußischen

Generaldirektorium und drei Jahre älter als Humboldt, leidenschaftlicher Fürsprecher der Französischen Revolution. Ihr Scheitern, schrieb er im Dezember 1790 an seinen Lehrer Christian Garve, würde einer der härtesten Unfälle sein, die das menschliche Geschlecht treffen könnten. Ungewöhnlich wortgewandt, fand er Gehör nicht nur in den jüdischen Salons, sondern auch beim Prinzen Louis Ferdinand, der »öffentlichen Stimme Preußens«, wie Zeitgenossen den einzigen liberal gesinnten preußischen Prinzen genannt haben. »Der Geist des Zeitalters weht stark und lebendig in mir«, verkündete Gentz, »es ist wirklich Zeit, daß die Menschheit aus einem langen Schlaf erwache.« Er verfaßte im Sinne Kants einen »Versuch einer Grundlegung der obersten Prinzipien des Rechtes« und machte sich zum Berliner Wortführer des Rechtsgedankens im gesellschaftlichen Leben der Menschen.

Gentz gehörte zur Zeit seiner Begegnung mit Humboldt zu den fortschrittlichen deutschen Intellektuellen. Er bejahte die Ablösung des menschenfeindlichen Feudalismus durch ein bürgerliches Industriesystem und hatte – ganz im Gegensatz schon damals zu seiner persönlichen Lebensführung – einen sehr hohen Begriff vom Menschen, durchweg Anschauungen und Gedanken, die für Humboldt zumindest interessant sein mußten. Wenn auch beider nächtliche Spaziergänge oft in Freudenhäusern endeten, galten ihre Gespräche vorwiegend den Fragen des gesellschaftlichen Umbruchs.

Gentz meinte damals noch, die Vernunft werde durch Aufklärung die Entschlüsse der Obrigkeit bestimmen und dadurch das Wohl der Menschheit fördern. Wenige Jahre später, während der zweiten Phase der Französischen Revolution, behauptete er, die Revolution zeige die gleiche Intoleranz und Rechtsfeindlichkeit, deren inhumanem Willkürregiment ein Ende zu bereiten sie den hoffnungsfreudigen Menschen versprochen habe. Dennoch konnte der Verkehr mit Gentz der weiteren Entwicklung des Referendars Humboldt und dessen Selbstverständigung förderlich sein. Es ist also nicht erstaunlich, wenn Humboldt nachts in Gentz' Gesellschaft die Straßen Berlins »durchstrich« und an Brinkmann schrieb: »Mein häufigster, ich möchte sagen, mein einziger Umgang jetzt ist Gentz.« Dennoch erkannte der Vierundzwanzigjährige manche Schwäche des Siebenundzwanzigjährigen: »Aber woran es ihm fehlt, ist eine noch größere Bildung, mehr Gewandtheit, eine vielseitigere Menschenkenntnis und über alles in ihm selbst weniger Einseitigkeit. Allein damit ist auch sein Eifer für das erkannte Gute, sein Enthusiasmus für alles, was ihn einnimmt, kurz, vieles, was gerade das Beste an ihm ist, genau verbunden. Ich möchte nichts ändern, ob ich gleich gern gestehe, daß ich im Umgange oft manches anders an ihm möchte.«

Man mag des jungen Humboldt Ausscheiden aus dem Staatsdienst werten, wie man will – es darf nicht übersehen werden, daß die Gründe dafür sich so gehäuft hatten, daß eine solche Entscheidung durchaus verständlich ist. Sie lagen zum Teil in der sich mehr und mehr ausprägenden Eigenheit seines Wesens, einer durchaus zeitgemäßen Bezogenheit aller Lebensvorgänge auf das eigene Ich. Dabei stand der Wunsch zu wirken noch nicht im rechten Verhältnis zu seinen individuellen Möglichkeiten. Auch hemmte die Befürchtung, für große Aufgaben noch nicht vorbereitet zu sein, den Drang nach Geltung in irgendeinem Bereich des öffentlichen Lebens, dem literarischen oder politischen. Er fühlte sich noch nicht reif, »ins Große und Ganze« zu wirken, wie es in jenem Brief vom Februar 1790 an Forster hieß, wobei ihm eine solche Art der Tätigkeit bedeutete: »auf den Charakter der Menschheit wirken«. Darauf aber nehme jeder Einfluß, »sobald er auf sich und bloß auf sich wirkt ... Man sei nur groß und viel, so werden die Menschen es sehen und nutzen; man habe nur viel zu geben, so werden die Menschen es genießen, und der Genuß wird Vater neuer Kraft sein«.

Er war sich seiner mangelnden Reife für ein Wirken im Großen bewußt, zweifelte vielleicht sogar daran, ob er mehr habe als »Talent«, das »der äußeren Verhältnisse« bedarf, »um sich zu zeigen und nützlich zu wirken«. Wenn er dem Staate bereits als Vierundzwanzigjähriger eine erste Absage erteilte, um das »bescheidenere Los« vorzuziehen, »ein stilles häusliches Dasein, einen kleineren Wirkungskreis«, so hatte er neben dem subjektiven Recht der selbstbewußten Individualität auch das objektive Recht für sich, daß er einem Staat die Dienste aufsagte, der sich selbst vom aufgeklärten Despotismus abwandte und, entgegen dem Geist der Französischen Revolution und der bürgerlichen Aufklärung, auch in Preußen Feudalismus und Orthodoxie restaurierte. Das Regime Wöllners konnte einen jungen preußischen Baron nicht anziehen, der zu Forsters Freunden zählte und sich in Paris und anderswo ein eigenes Bild von den tiefen Wandlungsprozessen seiner Zeit verschafft hatte, der nach öffentlicher Geltung strebte, aber unter den gegebenen gesellschaftlichen Verhältnissen nicht zu Einfluß und Erfolg gelangen konnte. Auch waren ihm getreu dem Geist seiner Zeit individuelle Entfaltung und Lebensgenuß nicht weniger wichtig, sondern galten ihm geradezu als Voraussetzung für jede öffentliche Wirksamkeit.

Humboldt wußte wohl, daß sich Forster anders entschieden hatte und sich auch in Humboldts Lage anders verhalten hätte. Nicht zufällig ist jener Brief vom 16. August 1791 aus Burgörner, in dem er seinen »kleineren Wirkungskreis« begründete, an den Freund in Mainz gerichtet, dem gegenüber er sich für eine Entscheidung rechtfertigen zu müssen glaubte, mit der mancher seiner Zeitgenossen und mancher seiner Biographen gehadert hat. Er habe sich von allen Geschäften losgemacht, Berlin verlassen, geheiratet, lebe auf dem Lande, »in einer unabhängigen, selbst gewählten, unendlich glücklichen Existenz« und besorge von Forster nicht »die Mißbilligung des Schritts«, die er »von so vielen anderen erfuhr«.

Dennoch zweifelte Humboldt, ob er richtig gehandelt hatte, als er sich aus dem preußischen Staatsdienst zurückzog. Aus seinem Brief an Forster spricht weniger eine Begründung als eine Rechtfertigung dessen, was er tat: »Sie schätzen Freiheit und unabhängige Tätigkeit zu sehr, um allen Nutzen nur von einer solchen zu erwarten, die durch äußere Geschäftslagen bestimmt wird; und Sie trauen, hoff ich, mir zu, daß ich nie eine andere Richtung wählen werde, als auf der ich nach meiner innersten

Überzeugung für meine höchste und vielseitigste Bildung den meisten Gewinn hoffen darf ... Die Sätze, daß nichts auf Erden so wichtig ist als die höchste Kraft und die vielseitigste Bildung der Individuen und daß daher der wahren Moral erstes Gesetz ist: bilde Dich selbst, und nur ihr zweites: wirke auf andere durch das, was Du bist; diese Maximen sind mir zu eigen, als daß ich mich je von ihnen trennen könnte. Wie konnte ich mich aber mit ihnen in einer Lage vertragen, in der ich kaum hoffen durfte, mich dem Ideale, das meinen Geist und mein Herz beschäftigte, auch nur mit langsamen Schritten zu nähern, wie konnte mir selbst der Nutzen Ersatz sein, den ich freilich stiftete und künftig in unendlich höherem Maße gestiftet haben würde?«

Vorerst wünschte Humboldt, sich selbst zu leben und seiner Karoline ein heiteres, zufriedenes Leben zu schaffen – ein Wunsch, den er sich in der Unabhängigkeit seiner bürgerlichen Existenz durchaus zu erfüllen vermochte, »und vielleicht auch – wenn mir ein guter Genius glückliche Stunden gewährt – einiges zu dem bei[zu]tragen, wozu im Grunde alles Tun und Treiben der Welt, selbst wider seinen Willen, nur als ein Mittel dient, zur Bereicherung oder Berichtigung unserer Ideen«.

Es mag sein, daß Humboldt noch im Sommer 1791 daran gedacht hat, seine so folgenschwere Entscheidung, in jener Zeit nicht im öffentlichen Leben zu wirken, vor dem Revolutionär Forster in einer erneuten Begegnung mit ihm rechtfertigen zu können, doch nicht Forster, sondern Gentz besuchte ihn in seinem selbstgewählten »kleineren Wirkungskreis«. Der Weg, den er gehen sollte und der in mancherlei Betracht zunächst als ein Umweg angesehen werden kann, war durch die Ehe mit Karoline und durch deren Freundeskreis vorgezeichnet. »Obwohl also aus dem Zeitgeist geboren, war Humboldts Austritt aus dem Dienst ein ungewöhnlicher Schritt, ungewöhnlich im Urteil der Freunde und Vorgesetzten, ungewöhnlich auch im Sinne seines Standes und der durch Beamten- und Offiziersdienst geprägten Familientradition. Zwischen ihm und jenen literarischen Zeugnissen der werdenden Humanitätsidee lag die ganze Spanne, die zwischen Tat und Gedanken klafft. Denn eine Tat war es – so urteilt selbst ein kritischer Beurteiler wie Kaehler –, wenn der junge Humboldt die ausgetretene Bahn verließ, bereit, die die Menschheit beglückende Theorie an der eigenen Individualität zu erproben.«[15]

Humboldts Absage an das Preußen seiner Zeit war keine Weltflucht, kein Rückzug in eine Eremitage, wie ihn Rousseau vollzogen hatte, um in aller Einsamkeit seine Gedanken zur Humanität zur formulieren. Sie war ein Bekenntnis zum Recht des Menschen auf uneingeschränkte Individualität, ein rein persönliches Bekenntnis, dem eine allgemeine Bedeutung unter den gegebenen gesellschaftlichen Verhältnissen nicht zukam. Entscheidend werden mußte in einer solchen Lage, wem Humboldt auf seinem weiteren Weg »zur Bereicherung oder Berichtigung« seiner »Ideen« begegnete.

Das war nicht Johann Georg Forster. Es waren der Statthalter von Erfurt und Koadjutor des Erzbistums Mainz, Karl Theodor von Dalberg, und der klassische Philologe Friedrich August Wolf. Und es war, weit aufwühlender und schöpferischer als jede andere Freundschaft, die Wilhelm von Humboldt je geschlossen hat, Friedrich Schiller.

»Ein stilles häusliches Dasein...«

Wenige Tage bevor Forster Humboldts Mitteilung über sein Ausscheiden aus dem Staatsdienst erhielt, schrieb er an Jacobi: »Alexander von Humboldt ist in Freiberg und fängt an, mir abzusterben. Wilhelm ist längst tot für mich; er heiratet in Erfurt ein Fräulein von Dacheröden und will in dieser seiner Stimmung aller öffentlichen Wirksamkeit entsagen, welches bei seinen Talenten zu bedauern ist.«

Nicht von ungefähr brachte Forster Humboldts Ausscheiden aus dem Staatsdienst in Verbindung mit dessen Heirat, das heißt mit jenem »stillen häuslichen Dasein«, das im Grunde einen Widerspruch bildete zu dem Streben des die Wirklichkeit suchenden

Studiosus Humboldt, wie ihn Forster kannte. Humboldt hatte auch in jenen Thüringer Jahren immer das Gefühl, sich einer öffentlichen Wirksamkeit nicht versagen zu dürfen. Wenn man genauer hinsieht, ist diese äußerlich so glückliche, unbeschwerte Epoche der ersten Ehejahre in Humboldts innerer Entwicklung nichts anderes als ein ständiges Suchen nach der eigentlichen Bestimmung seines Lebens.

Wilhelm von Humboldt und Karoline von Dacheröden hatten am 29. Juni 1791 in Erfurt geheiratet. Herr von Dacheröden hätte zwar einen Gesandten oder Minister als Schwiegersohn lieber gesehen, doch war er mit dem umgänglichen Legationsrat jetzt auch deswegen einverstanden, weil er ihm zumindest vorerst nicht die Tochter entführte. Denn es war ausgemacht, daß das junge Paar während des Sommers auf den Dacherödenschen Gütern Burgörner und Auleben, im Winter im Stadthaus des vormaligen preußischen Kammerpräsidenten in Erfurt leben sollte.

Die Eheleute zogen sich zunächst nach Burgörner im Mansfeldischen zurück, wo sich nun wieder Muße für einen intensiveren Briefwechsel mit den Freunden fand, so mit Forster und Gentz, von dem Humboldt Anregungen zu seinen theoretischpolitischen Arbeiten erhielt. Der junge Ehemann nutzte die Zeit auch zu wissenschaftlichen Studien über die klassischen Sprachen und Literaturen, für die der persönliche Kontakt mit dem Hallenser Philologen Wolf wegweisend wurde. Humboldts Jahre der Muße in der Zurückgezogenheit von Burgörner, Erfurt und Auleben erwiesen sich als überaus fruchtbar für den späteren Staatsmann und Gelehrten.

»Alles Wirken auf andere geht von dem Wirken auf sich aus« – dieses Wort Humboldts ist keineswegs als Ausdruck eines selbstischen Bildungsprinzips oder gar als eine Rechtfertigung seines zurückgezogenen Lebenswandels zu verstehen, es drückt eine Grunderkenntnis zeitgenössischer Weltanschauung und zeitgenössischen Bildungsstrebens aus. Die theoretischen Betrachtungen über das Wesen des Staates und die Auseinandersetzung mit der Antike sind unerläßliche Vorstufen zur tätigen

Bewährung Humboldts gewesen, der durch ein Wirken für die Menschheit die preußische Enge zu überwinden suchte. Dabei war der Einfluß, den seine Lebensgefährtin Karoline auf ihn ausübte, tiefer, stetiger und nachhaltiger als derjenige der Anreger, Wegbereiter, Mitkämpfer und Vorbilder, denen wir begegnet sind und noch begegnen werden.

Über das Verhältnis dieser beiden Menschen zueinander ist viel geschrieben worden; es wurde gerühmt, oft aber auch verlästert. Aus jener red- und schreibseligen Zeit sind uns überaus zahlreiche Quellen auch über die intime Sphäre ihres Zusammenlebens überkommen, wobei es weder möglich noch auch sinnvoll wäre, die Glaubwürdigkeit im einzelnen zu überprüfen.

Um die Wende zum 19. Jahrhundert entwickelte sich eine neue Vorstellung von den Beziehungen zwischen Mann und Frau. Wie der Bürger um sein gleiches Recht mit dem Adligen, rang die Frau um ihre Gleichberechtigung mit dem Mann. Da aber im Beruf und im öffentlichen Leben noch lange nicht daran zu denken war, handelte es sich zunächst um die Gleichberechtigung im privaten Dasein, in der Familie, in der Stellung der Geschlechter zueinander. Diese Bestrebungen waren auf kleine Kreise fortschrittlich gesinnter Menschen begrenzt und wurden, drangen sie in die Öffentlichkeit, um so schärfer be- und verurteilt. Im Sturm und Drang solcherlei Freiheitsstrebens kam es zu überspitzten Forderungen und bisweilen auch zu Auswüchsen und Verirrungen. Es war eine durchaus private Angelegenheit, wenn etwa des Aufklärers Moses Mendessohns Tochter Dorothea, an den Kaufmann Veit gegen ihren Willen verheiratet und Mutter von zwei Kindern, ein stadtbekanntes Verhältnis zu Friedrich Schlegel unterhielt. Etwas anderes aber war es, wenn Friedrich Schlegel in seinem Roman »Lucinde« (1799) beider intimes Erleben öffentlich zur Schau stellte. Das geschah jedoch keineswegs schamlos, wie es manchem späteren Kritiker erschien, sondern in dem Bestreben, die Ehrlichkeit in den Beziehungen der Geschlechter zueinander zu demonstrieren, die Lebenslüge in der feudalen und der bürgerlichen Ehe, freilich mit unzulänglichen künstlerischen Mitteln, öffentlich anzuprangern. Kein Wunder, daß der Erneuerer der protestantischen Theologie, Friedrich Schleiermacher, die Kirchenkanzel bestieg, um dieses Lebensrecht zweier zueinander strebender Menschen und seine literarische Darstellung vor Gott und – was gewiß schwerer wog – vor den Menschen zu verteidigen. Dem Überschwang der Gefühle, dem wir in jener Epoche so oft begegnen, entsprach, viel länger fortwirkend, der Drang zum Sichausleben, das eine wie das andere eine natürliche Reaktion auf Unfreiheit, Orthodoxie und engherzigen Rationalismus.

Auf dem Hintergrund dieser Zeitverhältnisse muß man Humboldts Ehe sehen. So erklärt sich auch eine Verleumdung wie die Theodor Mundts, eines Führers des Jungen Deutschland, die in Friedrich Hebbels Tagebüchern, in der Eintragung vom 2. Mai 1852, wiedergegeben ist: »Die Karoline von Dacheröden: jedes Kind von ihr hatte einen anderen Vater.«

Uns werden Frauen begegnen, die für Humboldt auch nach seiner Eheschließung eine Rolle spielten. Ebenso traten in Karolines Leben Männer von menschlichem Rang, die bisweilen ein wenig die Kühle aufgewogen haben mögen, die Humboldt eigen war und sich im Zuge der Enttäuschung seines Strebens und Wirkens recht frühzeitig zu Kälte verdichtete. Auch ihrer wird gedacht werden, soweit sie von Einfluß auf Humboldts Denken und Schaffen waren. Mundts in ihrer Tendenz keineswegs vereinzelte Behauptung aber ist nicht anders zu werten als der unserer Gegenwart so vertraute Rufmord. Sie wird als einzige, freilich aus dritter Hand überlieferte Anmerkung solcher Art angeführt, um zu zeigen, wie bereits um die Mitte des vergangenen Jahrhunderts versucht wurde, Humboldt und seine Frau zu verleumden.

Wer das Leben der großen deutschen Zeitgenossen Wilhelm von Humboldts näher kennt, wird zugeben müssen: keiner hat eine ihm so ebenbürtige und ihn so fördernde Lebensgefährtin gefunden wie er, keiner hat in so rückhaltlosem Vertrauen mit seiner Ehefrau gelebt, keiner in einer so glücklichen, das heißt bei allen Konflikten so schöpferischen Lebensgemeinschaft mit

seiner Ehefrau gewirkt wie er. Auch wurde keiner in seiner
öffentlichen Wirksamkeit so bestärkt, in seiner Hingabe an die
Gemeinschaft in einer betont individualistischen Zeit so ange-
feuert und in seiner geschichtlich gewordenen Mission für das
deutsche Volk so vorangetrieben wie Wilhelm von Humboldt
durch Karoline. Ohne ihr Drängen wäre er 1809 kaum bereit gewesen, sich an der Reform des preußischen Staates zu beteiligen.
Patriotischer gesinnt und weitblickender als ihr Mann, beschwor
Karoline den Zögernden im Jahre 1813, als er preußischer Gesandter am Wiener Hof war: »Bis zu deinem fünfzigsten Jahr
dich wenigstens Preußen zu geben, halte ich für eine unerläßliche
Pflicht, zumal in so gewaltiger und ernster Zeit.«

Schon der junge, überaus feinfühlige Humboldt wußte, daß Karoline eine Frau war, wie er sie zu seiner Entfaltung brauchte,
um im Zwiegespräch zur Klarheit über sich selbst zu gelangen
und zusammen mit ihr die seiner hohen Begabung entsprechenden Aufgaben zu finden und zu lösen. An den skeptischen Forster
schrieb er am 10. Januar 1790 nach seiner Verlobung: »Alles
Glück, was mir je ward, genoß ich durch das Gefühl des Werts
der Menschen, die mich umgaben. Ich war glücklich genug, großen Charakteren nahezutreten, ich studierte sie. So schuf ich mir
nach und nach Ideale, zu denen ich die Züge einzeln zusammen-
las. Da so seit Jahren alle meine Gesichtspunkte auf Charakter-
wert gerichtet waren, auf Studium meiner und anderer, so lernte
ich in der Nähe großer und schöner Seelen Befriedigung jedes
Wunsches finden, so ward mir aber auch diese Nähe unentbehr-
liches Bedürfnis. In dieser Hinsicht wählte ich Lina. Ich fand so
viel in ihr, so viel, daß ich noch immer zweifle, ob auch jedes
Schöne in ihr etwas in mir finden wird, womit es sich gatte.«
Zwischen den Jungvermählten galt volle Freiheit auch in der
Ehe als Grundsatz des Zusammenlebens. Die sich bisweilen bis
zur Ekstase steigernden wechselseitigen Gefühlsbeteuerungen,
wie sie uns in den Briefen aus der Brautzeit und den ersten
Ehejahren begegnen, darf den Leser unseres dem Romantischen
und dem Gefühlsüberschwang abholden Zeitalters nicht dar-

über hinwegtäuschen, daß in diesen Briefen »Theorie in Wirklichkeit, Dichtung in Leben umgesetzt« wird, daß in ihnen »die Gefühle Werthers und Lottes, Tassos und Leonores von leibhaftigen Menschen empfunden und ausgesprochen«[16] werden. Zwischen den Ehepartnern herrschte völlige Einmütigkeit darin, daß nach Humboldts Worten »alles dem individuellen Leben nachstehen muß und daß die reizendste Blüte des Lebens nur in der höchsten Geistesfreiheit aufblüht«.

Wie kritisch man den Lebensweg Wilhelm und Karoline von Humboldts betrachten mag – Karoline war eine der überragenden Frauengestalten des Zeitalters der Romantik und der bürgerlichen Emanzipation, des Ringens um die Gleichberechtigung der Frau, und sie war Humboldts beste Beraterin in allen Entscheidungen seines Lebens.

Wenn auch Humboldt in einem späteren Schreiben an Johanna Motherby forderte, »daß das Weib ganz aufgehe in dem Mann und gar keine Selbständigkeit mehr habe als seinen Willen« – im Verhältnis zu seiner Frau wurde die Unabhängigkeit des Eigenlebens sorgsam gehütet und geachtet. Humboldt wußte um Karolines Freundschaft zu Burgsdorff, Schlabrendorf, Rennenkampff, Koreff ebenso wie Karoline um seine Beziehungen zu Johanna Motherby.

Sicheres Ergebnis kritischer Forschung bleibt, daß Karoline eine Humboldt im menschlichen Rang ebenbürtige, an Entschiedenheit im Urteil dem Zögernden und Schwankenden überlegene Lebensgefährtin gewesen ist. Mit seinen politischen Sorgen war sie nicht minder vertraut als mit seinen wissenschaftlichen Ambitionen. Karoline war immer da, wenn Wilhelm sie brauchte; und sie wußte sich auch, frühzeitig kränkelnd, im Hintergrund zu halten, wenn die jeweilige Lebensaufgabe ihres Mannes dies erforderte. Andererseits war für einen Diplomaten und einen Staatsmann jener Epoche die Repräsentation seines Landes von wesentlicher Bedeutung: Karoline von Humboldt hat in Paris, in Rom, in Wien einen »Salon« geführt mit geringen Mitteln, aber höchstem fraulichem Charme und wohltuend zurückhaltender Intellektualität. Dabei kam es zu zwanglosen menschlichen Begegnungen, anspruchsvollen Geprächen, denen sie durchaus gewachsen war. Unbeschadet solcher repräsentativer Verpflichtungen war Karoline vor allem Mutter ihrer acht Kinder und eine treffliche Hausfrau.

Daß die Humboldts besonders in Rom bedeutende Künstler um sich versammelten und sie förderten, gehört zu den mannigfachen Verdiensten, die weniger Wilhelm von Humboldt als Karoline zuzurechnen sind. Es war keine Eingebung des Augenblicks, sondern tiefe Einsicht in Karolines Wesen, die Wertschätzung ihres Wirkens in der Stille, ihres menschlichen Ranges und ihrer Persönlichkeit, wenn Wilhelm von Humboldt sie zu Füßen jener Statue des von ihr geförderten Thorwaldsen beisetzen ließ, die den Namen »Hoffnung« trägt. Niemals wäre Humboldt das geworden, was er uns Heutigen ist, der große Humanist und in die Zukunft weisende Staatsmann, ein Deutscher, auf den wir stolz sind – ohne Karoline von Dacheröden.

»Ein Leben des Genusses« wollten die Humboldts führen. Häufiger als zuvor taucht nach der Bekanntschaft mit Karoline das schillernde Wort »Genuß« in Humboldts Briefen und Äußerungen anderer Art auf. Noch als Karoline gestorben war, schrieb er an Karoline von Wolzogen, die man als Stifterin des Lebensbundes der Humboldts bezeichnen könnte: »Sehr wahr sprechen Sie das Wesen der Frauen und vorzüglich das der Verstorbenen aus, wenn Sie sagen, daß ihnen keine Lebensstunde ohne Freiheit und Zartheit zum Genusse gedeiht. Die Li wäre ohne diese Freiheit nichts gewesen; sie bedurfte dieses neuen Elementes, um ihr auf seltene Weise großes und liebendes Gemüt in aller Fülle der Empfindung zu entfalten, und sie ehrte mit gleicher Zartheit auch die Freiheit an andern.«

Für Humboldt und seine Frau war ein »Leben des Genusses« nicht anders vorstellbar als ein Leben in Freiheit. Genuß war ihnen wie vielen ihrer bedeutenden Zeitgenossen nicht Freude am sinnlichen Sichausleben schlechthin. Sie genossen das Leben, indem sie alle Freuden des Daseins, die der Liebe wie der Bildung, des gesellschaftlichen Verkehrs wie der besinnlichen Anschauung, bis zur Neige auskosteten. Diese Art des Genusses und der Freiheit freilich wurde ihnen allein durch ihre wirtschaftliche Unabhängigkeit ermöglicht. In diesem Sinne genießend, empfingen sie nicht nur die Freuden ihres Lebens, sie spendeten gleiche Freuden einander, im Umgang mit Freunden und im wissenschaftlichen Streben wie in ihrer gesellschaftlichen Wirksamkeit. Man könnte geradezu eine Humboldtsche »Idee«, eine Theorie des Genusses entwickeln, in die Humboldts eigenes Leben, das persönlichste, ganz wohl nur Karoline vertraute »Ich«, ebenso einbezogen werden müßten wie das Leben der Familie, des Freundeskreises, des jeweiligen Wirkungskreises, des Staates und der menschlichen Gesellschaft.

Daher kann man auch die Frage nicht bejahen, die Siegfried A. Kaehler gestellt hat, ob denn dieses »Leben des Genusses« sich nicht »mit einer Klosterzelle als Schauplatz« hätte abfinden können, denn Humboldts Genießen bleibe »immer ein Studium des Gegebenen, ein begriffliches Aneignen des Leblosen, ein verstandesmäßiges Besitzergreifen von stummen Formen, in denen einst eine schaffende Kraft lebendig gewesen ist«. Man muß dabei berücksichtigen, daß für den jungen Humboldt im Preußen jener Zeit keine Möglichkeiten einer erfolgreichen staatsmännischen Tätigkeit gegeben waren. So »genoß« er das Leben, indem er sich zu einem der größten Humanisten seiner Zeit bildete und als solcher in mannigfaltiger Hinsicht tätig war. Er war allerdings auch bereit, wie noch zu zeigen sein wird, mit all seinen Kräften öffentlich zu wirken, wenn er hoffen konnte, seine Einsichten und Erkenntnisse nutzbringend zu verwenden. Er war aber auch willens, sich wieder in den so verstandenen Genuß seines Lebens zurückzuziehen, sofern sich erwies, daß sein objektiv in die Zukunft weisendes diplomatisches und staatsmännisches Wollen auf unüberwindliche Schwierigkeiten stieß.

Die Jahre der Zurückgezogenheit nach der Eheschließung waren die glücklichsten in Humboldts Leben. Das Ehepaar siedelte erst im Frühjahr 1792 aus dem weltenlegenen Burgörner in das Stadthaus der Dacherödens in Erfurt über, als Karoline ihrer

Niederkunft entgegensah; am 16. Mai 1792 wurde die erste Tochter geboren und Karoline genannt, während dem ersten Sohn später der Vorname des Vaters vorbehalten blieb.

Humboldt hatte sich in Burgörner auf Grund seiner Erfahrungen im preußischen Staatsdienst und im Blick auf die Ereignisse in Frankreich sehr eingehend mit der Politik und besonders mit der Frage nach einer idealen Staatsverfassung befaßt und seine Gedanken über dieses ihn beunruhigende Thema Gentz und dann auch Forster wissen lassen. Biesters Berlinische Monatsschrift hatte einen Brief an Gentz veröffentlicht unter dem Titel »Ideen über Staatsverfassung, durch die neue französische Konstitution veranlaßt«. Dieses Fragment politischen Denkens veranlaßte Humboldt alsbald zu einer gründlichen Auseinandersetzung mit der Existenz des Staates, zumal er in Erfurt im Koadjutor Dalberg einem Manne begegnete, der Anwärter auf die Herrschaft über Kurmainz war, eines der kleinsten und zudem kirchlichen Staatsgebilde im Heiligen Römischen Reich Deutscher Nation. Nachdem jedoch Mainz vorübergehend von den Franzosen erobert war, konnte Dalberg zunächst nicht mehr mit einem fürstlichen Rang rechnen. Damit schwanden auch die Hoffnungen, die er in Schiller und Humboldt geweckt hatte, wobei Humboldt die Stelle eines Sekretärs bei ihm erhalten sollte.

Humboldt hatte niemals ernstlich mit seiner Verwendung in kurmainzischen Diensten gerechnet, so eng auch das Verhältnis Karoline von Wolzogens, der Vertrauten seiner Frau, und seines Schwiegervaters zu Dalberg gewesen war. Er »genoß« sein Leben, in Burgörner ebenso wie in Erfurt. Das bedeutete nicht Untätigkeit; er beschäftigte sich im Gegenteil sehr gründlich mit seinen »Ideen zu einem Versuch, die Grenzen der Wirksamkeit des Staates zu bestimmen«. »Das grüne Buch«, in dem diese Ideen niedergeschrieben waren, überließ er Schiller in Jena und Brinkmann in Berlin, zwei recht unterschiedlichen Kritikern.

Im August 1792 zog sich Humboldt mit seiner Familie auf das zweite Gut der Dacherödens, Auleben bei Nordhausen, zurück, wo er und Karoline sich gründlichen Studien der Alten, das heißt der Antike, besonders der griechischen Dichter und Philosophen, zuwandten. Friedrich August Wolf, der nach Heyne bedeutendste Altphilologe seiner Zeit, im benachbarten Halle lehrend, wurde in persönlichen Begegnungen und einem lebhaften Briefwechsel zum Anreger und Förderer von Studien, die für Humboldts weiteren Lebensgang und seine spätere Wirksamkeit als Reformator des preußischen Bildungswesens und Gründer der Universität Berlin wichtig waren. Der »Genuß des Lebens« war also Selbstbildung und Selbstentfaltung in einer auch für die Allgemeinheit letztlich fruchtbaren Weise, möglich freilich nur auf Grund wirtschaftlicher Unabhängigkeit und in einer Ungebundenheit, die im Gegensatz zu der Tradition der Familie stand.

Bemerkenswert ist, daß schon in jenen frühen Jahren wissenschaftlich-literarischer Tätigkeit kein Vorhaben recht reifen wollte. Das gilt für die politischen Versuche wie auch für die Fragment gebliebenen Beiträge zu den Altertumswissenschaften. Humboldts Pläne waren durchweg zu weit gespannt; er strebte nach der Bewältigung eines großen Projekts mit einer nur an Teiluntersuchungen möglichen Gründlichkeit. Dabei zeigte sich eine gewisse Begrenztheit seiner Fähigkeiten, gedanklich schöpferisch ins Große zu wirken. Am besten erscheinen seine Deutung Schillers und seine ästhetischen Schriften, während umfassendere, über das Fragmentarische hinausgehende Werke erst für den alternden Humboldt, den »Weisen von Tegel«, bezeichnend sind.

Humboldts Arbeits- und Lebensweise war unstet, trotz der Möglichkeiten zur Muße, wie sie die Dacherödenschen Güter und das Stadthaus in Erfurt boten. Er wechselte wieder und wieder den Aufenthaltsort, lebte bald auf dem Land, bald in der Stadt und reiste jahrelang mit der anwachsenden Familie durch mehrere Länder, um die jeweiligen Verhältnisse zu studieren. In gleicher Weise arbeitete er, ohne Konzentration auf ein bestimmtes Thema. Ohne eine einmal aufgegriffene Untersuchung folgerichtig zu Ende zu führen, begann er das Sammeln und Aufhäufen von Material für ein neues Vorhaben, das mit dem vorangegangenen meist wenig zu tun hatte. Humboldt war später selbst überrascht, als er erkannte, wie konzentriert und beständig er, vor eine Aufgabe im Staatsdienst gestellt, Großes zu wirken vermochte, ohne dabei auch das anscheinend Bedeutungslose aus dem Auge zu verlieren. Freunde und Mitarbeiter bewunderten seine Pedanterie mehr, als daß sie sich darüber lustig machten, eben weil sie ihm diese Exaktheit nicht zugetraut hatten.

Großzügigkeit und Kleinlichkeit, verschwenderische Fülle und bisweilen maßloser Geiz, blindes Vertrauen und beängstigende Furchtsamkeit vor Menschen und Dingen – diese Gegensätze sind für Humboldt charakteristisch wie auch bissiger Spott und verletzende Ironie im Umgang mit dem einen, wohltuende Wärme und fast kindliche Schüchternheit in der Begegnung mit dem anderen. Humboldt war ein Mensch, der immer der war, der zu sein es ihn im Augenblick drängte, ohne daß er eine Maske trug. Er war von vorbildlicher Selbstbeherrschung, selbst dann »wahr«, wenn er, der Diplomat, den Gegner aus welchen Gründen immer täuschen mußte. Denn im allgemeinen ist der Mensch widersprüchlicher, als er selbst wahrhaben will, und er erscheint um so zwiespältiger, je größer, gesellschaftlich bedeutender er und je konfliktreicher die Zeit ist, in der zu wirken er berufen ist. Doch selbst in jener Epoche, in der bedeutende Menschen mit nahezu fanatischer Aufrichtigkeit zum Selbstverständnis zu gelangen suchten, gibt es nur wenige Beispiele gleicher Wahrhaftigkeit vor sich selbst und der Umwelt, wie sie uns im älteren Humboldt begegnet. Er bedurfte nach den Lehrjahren vieler Wanderjahre, um mit sich selbst ins reine zu kommen und sich – zögernd – den Aufgaben zuzuwenden, die die Geschichte für ihn bereithielt.

NUR EIN BRIEF AN GENTZ?

So zurückgezogen der junge Ehemann lebte, seine Gedanken kreisten auch in Burgörner und Erfurt um die gesellschaftliche Wirklichkeit, der er in ihren widersprüchlichen Tendenzen, den progressiven in Paris, den regressiv-restaurativen in Berlin, begegnet war.

Nun war Humboldt gewiß »stets mehr der Mann der Betrachtung als des Handelns, und wer ihn verstehen will, muß weniger auf seine Erfolge als auf seine Pläne, Ansichten und Gedanken, weniger, wie er selbst es ausspricht, auf seine Taten als auf sein Tun sehen«[17]. Dieses Tun, aus den Vorstellungen und Einsichten des Individualisten geboren, geriet immer wieder in Widerspruch zu den »Lagen«, den Umständen, den Gewalten der Zeit. Humboldt war weit weniger reiner Denker und Theoretiker als die Mehrzahl der nicht zahlreichen Persönlichkeiten, die sich überhaupt um die Idee des Staates sorgten; er wünschte vielmehr tätig mitzuwirken an dem, was er erdacht hatte, und es verwirklicht zu sehen. Er rang mit sich, um Klarheit zu gewinnen. Dabei bedurfte er der Mitteilung an Dritte, des helfenden Widerspruchs teilnehmender Zeitgenossen, da er kein Freund einsamer Erkenntnisse und Entschlüsse war. So vollzog sich auch seine weitere Entwicklung bis zur tätigen Bewährung in einer selbst für diese schreib- und redefreudige Zeit erstaunlichen Fülle von Gesprächen, Briefen, Entwürfen, Fragmenten, aber auch in erkundenden und bildenden Reisen.

Für uns heutige Betrachter heißt das, daß wir recht oft Unfertiges, zur Diskussion Gestelltes, Marksteine einer problemreichen Entwicklung vor uns haben, wenn wir Dokumente aus Humboldts Leben zu deuten suchen. Dabei sollten wir uns davor hüten, Aussagen. Entschlüsse und Taten als etwas Endgültiges oder Absolutes zu nehmen. Sie müssen vielmehr aufgefaßt werden als Wegweiser in einem sich wandelnden Leben, als Zeugnisse der Auseinandersetzung einer eigenwilligen Persönlichkeit mit der sich wandelnden Zeit und den sich wandelnden Vorstellungen vom eigenen Wirken. Dieses Wirken galt der Menschheit, wobei man sich vor Augen halten muß, daß dieser Begriff zu jener Zeit nicht nur die Gesamtheit der Menschen, sondern Menschlichkeit, Humanität zugleich bedeutet hat.

Eines der ersten Dokumente Humboldts, die von seinem ehrgeizigen Suchen nach einem Wege zeugen, auf die Verbesserung der menschlichen Verhältnisse einzuwirken, findet sich in einem Brief an Gentz vom August 1791. Dieser »Brief an einen Freund«

wurde wenig verändert im Jahre 1792 in Biesters Berlinischer Monatsschrift unter dem Titel »Ideen über Staatsverfassung, durch die neue französische Konstitution veranlaßt« veröffentlicht. Das geschah zu einer Zeit, als Humboldt in seinen im Januar 1792 niedergeschriebenen »Ideen zu einem Versuch, die Grenzen der Wirksamkeit des Staates zu bestimmen« in seinen politisch-gesellschaftlichen Erkenntnissen bereits einen wesentlichen Schritt weiter gegangen war.

»Ich beschäftige mich in meiner Einsamkeit mehr mit politischen Gegenständen, als ich es je bei den häufigen Veranlassungen dazu, die das geschäftige Leben darbietet, getan habe«, hieß es einleitend in jenem Brief an Gentz. Am meisten reizten ihn die »französischen Angelegenheiten«, wobei ihm »alles Kluge und Einfältige« einfiel, was er seit zwei Jahren, also vornehmlich in Paris, auf seiner Reise in die Schweiz und während seiner Tätigkeit in Berlin, darüber gehört hatte. Er erinnerte sich dessen, was er über die Nationalversammlung und ihre Gesetzgebung erfahren hatte. Es waren überwiegend Tadel, »nur leider ein Tadel, für den die Abfertigung immer so nah lag. Bald Mangel an Sachkenntnis, bald Vorurteil, bald ein kleingeistiger Schauder vor allem Neuen und Ungewöhnlichen...« Humboldt nahm seine Aufgabe weit ernster. Er wollte Klarheit darüber, ob eine rein auf Vernunft begründete Verfassung wie die von der Nationalversammlung verkündete in der Wirklichkeit bestehen, ihr Ziel erreichen, der menschlichen Entwicklung förderlich sein könne.

Ausgangspunkt der Überlegungen des jungen Humboldt war jene Verfassung, die auf der Erklärung der Menschenrechte vom 26. August 1789 beruhte; sie verwandelte das absolutistische Frankreich in eine konstitutionelle Monarchie. Dabei blieb die Mehrheit der Franzosen noch immer von der politischen Mitbestimmung ausgeschlossen, so daß die revolutionären Klubs und Volksgesellschaften unter der Führung von Marat, Robespierre, Danton die zweite Phase der Revolution einleiteten. Nachdem eine auf dem allgemeinen Wahlrecht beruhende Volksvertretung einberufen worden war, wurde dann auch folgerichtig die Monarchie am 21. September 1792 abgeschafft und die Republik verkündet, zu einer Zeit also, als Humboldts »Ideen über die Staatsverfassung, durch die neue französische Konstitution veranlaßt« gedruckt und seine »Ideen zu einem Versuch, die Grenzen der Wirksamkeit des Staates zu bestimmen« bereits geschrieben waren.

Die konstituierende Nationalversammlung habe es unternommen, so meinte Humboldt in seinem »Brief an einen Freund« vom August 1791, »ein völlig neues Staatsgebäude nach bloßen Grundsätzen der Vernunft aufzuführen. Dieses Faktum muß jedermann und sie selbst muß es einräumen. Nun aber kann keine Staatsverfassung gelingen, welche die Vernunft – vorausgesetzt, daß sie ungehinderte Macht habe, ihren Entwürfen Wirklichkeit zu geben – nach einem angelegten Plane gleichsam von vornher gründet; nur eine solche kann gedeihen, welche aus dem Kampfe des mächtigeren Zufalls mit der entgegenstrebenden Vernunft hervorgeht«. Dieser Satz erschien Humboldt so »evident«, daß er ihn nicht nur auf Staatsverfassungen, sondern »auf jedes praktische Unternehmen überhaupt« auszudehnen wünschte. Die Nationalversammlung habe »eine völlig neue Staatsverfassung gründen« wollen und »wollte dieselbe in allen ihren einzelnen Teilen nach den reinen, wenngleich der individuellen Lage Frankreichs angepaßten Grundsätzen der Vernunft bilden... Dennoch, sag ich, kann eine solche Staatsverfassung nicht gedeihen«.

Der »Zufall«, bisweilen von Humboldt auch als »Wesen der Dinge« bezeichnet, war für ihn der Inbegriff jener damals noch unerkannten Kräfte, die die Gesellschaft und die Welt verändern. Durch die Vernunft, die menschliche Einsicht, könnten sie zwar in ihrem Wirken gelenkt, aber keineswegs ersetzt oder auch nur übersehen werden.

Nach Humboldts Meinung sollte im Frankreich der Jahre 1789 bis 1791 »an die Stelle eines Systems, das allein darauf berechnet war, soviel Mittel als möglich aus der Nation zur Befriedigung des Ehrgeizes und der Verschwendungssucht eines einzigen zu ziehen..., ein System treten, das nur die Freiheit, die Ruhe und das Glück jedes einzelnen zum Zweck hat«. Mit diesen Worten wendet sich Humboldt gegen den absolutistischen Staat seiner Zeit, und er bejaht es, diesen Staat in seiner Macht zu beschränken zugunsten des Bürgers. »Zwei ganz entgegengesetzte Zustände sollen also aufeinander folgen«, fährt er fort. »Wo ist nun das Band, das beide verknüpft? Wer traut sich Erfindungskraft und Geschicklichkeit genug zu, es zu weben?« Man studiere den gegenwärtigen Zustand so genau, wie man wolle: »Alles unser Wissen und Erkennen beruht auf allgemeinen, d. i., wenn wir von den Gegenständen der Erfahrung reden, unvollständigen und halbwahren Ideen, von dem Individuellen vermögen wir nur wenig aufzufassen, und doch kommt hier alles auf individuelle Kräfte, individuelles Wirken, Leiden und Genießen an«, auf die »Energie« des Individuums, wie er später mit Vorliebe sagt. »Ganz anders ist es«, folgert er in seinem Brief, »wenn der Zufall wirkt und die Vernunft ihn nur zu lenken strebt. Aus der ganzen individuellen Beschaffenheit der Gegenwart – denn diese von uns unerkannten Kräfte heißen uns doch nur Zufall – geht dann die Folge hervor; die Entwürfe, welche die Zukunft dann durchzusetzen bemüht ist, erhalten, wenn auch ihre Bemühungen gelingen, von dem Gegenstande selbst noch, auf den sie angelegt sind, Form und Modifikation.«

Aus alledem zog Humboldt jene Folgerung, die für das gesamte, von ihm mitgeprägte Zeitalter bürgerlichen Fortschritts als grundlegend angesehen werden muß: »Was im Menschen gedeihen soll, muß aus seinem Innern entspringen, nicht ihm von außen gegeben werden, und was ist ein Staat als eine Summe menschlicher, wirkender und leidender, Kräfte?«

In Humboldt war das Wissen um den Einfluß der Umwelt, der »Lage«, auf Entschließungen und Handlungen der Menschen wach, und er bemühte sich, diese noch dunklen und unklaren Einsichten seinem Denken einzuordnen. Er ahnte aber auch, Hegelsche Gedanken vorausnehmend, daß »jede Wirkung eine gleich starke Gegenwirkung« fordere, »jedes Zeugen ein gleich tätiges Empfangen. Die Gegenwart muß daher schon auf die

Zukunft vorbereitet sein. Darum wirkt der Zufall so mächtig...
Die Vernunft hat wohl Fähigkeit, vorhandenen Stoff zu bilden,
aber nicht Kraft, neuen zu erzeugen. Diese Kraft ruht allein im
Wesen der Dinge, diese wirken, die wahrhaft weise Vernunft
reizt sie nur zur Tätigkeit und sucht sie zu lenken. Hierbei bleibt
sie bescheiden stehen. Staatsverfassungen lassen sich nicht auf
Menschen wie Schößlinge auf Bäume pfropfen...«

So war nach Humboldts Meinung eine ausschließlich aus »Vernunft« geborene Verfassung irreal, und die weitere Entwicklung
der Revolution hat ihn darin bestärkt. Eine solche Verfassung
stand nicht in fruchtbarer Wechselwirkung zum »Zufall«, worunter man hier die gegebene Realität verstehen darf. Der junge
Humboldt forderte statt dessen eine vom »Zufall«, der geschichtlichen Lage also, ausgehende und von der «Vernunft« gelenkte
Ordnung des gesellschaftlichen Zusammenlebens. Aus seinen Erfahrungen im Umgang mit Menschen, einschließlich der Insassen
von Spitälern und Gefängnissen, folgerte er, daß der Bürger
selbst an einer solchen Verfassung nur dann Anteil nehmen und
für ihre Verwirklichung sorgen könne, wenn es ihm ermöglicht
würde, alle seine Fähigkeiten frei und ungehindert zu entfalten.

»Der weise Gesetzgeber«, so meinte Humboldt in dieser aufschlußreichen Jugendschrift, »studiert die gegenwärtige Richtung,
dann, je nachdem er sie findet, befördert er sie oder strebt ihr
entgegen... So begnügt er sich, sie dem Ziele der Vollkommenheit zu nähern. Was aber muß entstehen, wenn sie auf einmal
nach dem Plane der bloßen Vernunft, nach dem Ideale, arbeiten,
wenn sie nicht mehr genügsam eine Trefflichkeit verfolgen, sondern zu gleicher Zeit nach allen ringen soll? Schlaffheit und Untätigkeit. Alles, was wir mit Wärme und Enthusiasmus ergrei-
fen, ist eine Art der Liebe. Wenn nun nicht ein Ideal mehr die
Seele füllt, so ist Kälte, wo ehemals Glut war. Überhaupt vermag mit Energie nie der zu wirken, der mit allen Kräften auf
einmal gleichmäßig wirken soll. Mit der Energie aber schwindet
jede andre Tugend hin. Ohne sie wird der Mensch Maschine.
Man bewundert, was er tut; man verachtet, was er ist.«

»Energie« – das wurde nach dem »Zufall« der zweite zentrale

Gedanke in Humboldts Staatsdenken wie in seiner späteren staatsmännischen Wirksamkeit. In seiner Vorstellung hatte der Staat – nicht nur der des aufgeklärten Despotismus und der auf den Prinzipien der »Vernunft« beruhende französische Staat, sondern der Staat schlechthin – die einzige Aufgabe, die »Energie«, die von der Vernunft gelenkte Tätigkeit des einzelnen Menschen, auf allen Gebieten des individuellen wie des gesellschaftlichen Lebens zu mobilisieren, um die menschliche Entwicklung, in die der einzelne eingebettet ist, zu befördern.

Wir dürfen uns ein näheres Eingehen auf Humboldts »Ideen über Staatsverfassung« ersparen. Zweierlei blieb für den weiteren Gang seiner Entwicklung und seiner staatsmännischen Tätigkeit von nachhaltiger Wirkung: Im Mittelpunkt seines Denkens stand der Mensch – wie wir später erkennen werden, der schaffende Mensch –, und Humboldt meinte: »Der Mensch vermag außer sich zu wirken und sich in sich zu bilden. Bei dem ersteren kommt es bloß auf Kraft und zweckmäßige Richtung derselben an; bei dem letzteren auf Selbsttätigkeit.« Aus allen seinen historischen und philosophischen Betrachtungen aber folge, »daß kein einzelner Zustand der Menschen und Dinge Aufmerksamkeit verdient an sich, sondern nur in Zusammenhang mit dem vorhergehenden und folgenden Dasein; daß die Resultate an sich nichts sind, alles nur die Kräfte, die sie hervorbringen und die aus ihnen entspringen«.

»Unbeeinflußt sowohl durch die humanitären Phrasen jener fortschrittsgläubigen Zeit wie durch das von den Emigranten geschürte Geschrei der reaktionären Revolutionsgegner«,[18] die damals auch Thüringen in Scharen überschwemmten, hat sich Humboldt seinen ersten staatstheoretischen Schriften gewidmet. Begünstigt wurden diese Arbeiten gewiß durch die Abgeschlossenheit seines damaligen Aufenthaltes, durch die Eigenwilligkeit seines Denkens sowie durch die Fülle seiner Reiseerfahrungen und Lebenseinsichten. Stärker werden unmittelbare Einflüsse schon bei der nächsten Untersuchung sichtbar, den »Ideen zu einem Versuch, die Grenzen der Wirksamkeit des Staates zu bestimmen«. Uns will scheinen, daß die »Ideen über Staatsver-

fassung, durch die neue französische Konstitution veranlaßt«
am getreuesten des jungen Humboldt Ansicht über Staat und
Gesellschaft jener entwicklungsschwangeren Epoche widerspie-
geln.

Festzuhalten ist für die späteren staatstheoretischen Arbeiten
wie für seinen praktischen Staatsdienst als Diplomat und Staatsmann, daß der einzelne in seiner Individualität im Zentrum von
Humboldts Denken und Handeln blieb. Der Staat war für ihn
nur die von der Gemeinschaft der einzelnen gesetzte Institution
zur Beförderung der Entwicklung der einzelnen; er war weder
Selbstzweck noch eine dem einzelnen Menschen übergeordnete
gesellschaftliche Einheit. Aber Humboldt erkannte bereits, daß
der einzelne an sich nicht lebensfähig ist, sondern nur in wech-
selseitiger Berührung mit anderen, deren »Energie« in einer Art
dialektischer Wechselwirkung zum »Zufall« steht. So ist auch hier
schon Humboldts Denken über die Individualität des einzelnen
Menschen hinaus auf die Individualität der »Nation« gerichtet.
Diese Auffassung unterschied den Staatsmann Humboldt bei
aller Gemeinsamkeit von der historisierenden Ansicht des
Reichsfreiherrn vom Stein, wie später näher ausgeführt wird.

Humboldts Erkenntnis, daß »Staatsverfassungen sich nicht auf
Menschen wie Schößlinge auf Bäume pfropfen« lassen, gilt nach
seiner Meinung in gleicher Weise für die Völker, die in ihrer
politisch-geschichtlichen Entwicklung wie in ihrer staatlich-gesell-
schaftlichen Organisation »individuell« sind. Entscheidend für
sein Denken war und blieb die Rücksicht auf den Menschen, »auf
den doch am Ende alles hinauskommt«, wie er an Forster schrieb.

DAS »GRÜNE BUCH«

Einer der interessiertesten Leser der »Ideen über Staatsverfassung« war Dalberg. Der Anwärter auf das Erzbistum Mainz und
die damit verbundene Kurwürde residierte als kurfürstlicher
Statthalter in Erfurt. »Er hätte etwas Schlaffes, Welkes, Hängen-
des in seinem Gesicht«, hatte Forster laut Humboldts Tagebuch-

aufzeichnungen aus dem Jahre 1788 geäußert, «wahrscheinlich die Folge ehemaliger Ausschweifungen. So schiene auch sein Charakter zu sein: gut, aber schwach. Von seinen Schriften urteilte er wie die meisten, daß sie nichts taugen.«

In der Tat hat sich Dalberg als einer der bemerkenswertesten Schwächlinge unter den deutschen Duodezfürsten der napoleonischen Epoche erwiesen. Nach der Säkularisierung der linksrheinischen geistlichen Herrschaften siedelte er 1803 mit dem Titel eines Erzkanzlers des Deutschen Reichs nach Regensburg über, wo er sich durch seine Liebedienerei Napoleons Gunst verschaffte. Im Jahre 1806 Fürstprimas des Rheinbundes geworden, erhielt er von Napoleons Gnaden vier Jahre später die Würde eines Großherzogs von Frankfurt. Durch die Volkserhebung im Jahre 1813 wurde er hinweggefegt und starb 1817 als Erzbischof von Regensburg.

Humboldt begegnete Dalberg zu einer Zeit, in der sich dieser Kirchenfürst, auf politischen Einfluß im zusammensinkenden Heiligen Römischen Reich Deutscher Nation noch wartend, als aufgeklärter Despot gab. Dalberg suchte damals einen Kreis hervorragender Geister um sich zu sammeln, dem der Anna Amalia und ihres Sohnes Karl August im benachbarten Weimar vergleichbar. Den weltlichen Fürsten hatte dieser katholische Kirchenfürst eine gewisse Unabhängigkeit im Urteil über den Gang der historischen Entwicklung voraus. Mäzen, wie etwa Karl August, war er nur in beschränktem Maß; er versprach mehr und deutete noch weit mehr an, als er hielt und im Zuge der weiteren politischen Entwicklung zu halten vermochte. Goethe bewunderte die treffliche Gewandtheit, die beneidenswerte Leichtigkeit eines Mannes, der viele Kenntnisse besitze und an tausend Dingen Interesse zeige. Schiller fühlte sich dem »Goldschatz« mit einem gewissen Recht verpflichtet; es ist durchaus denkbar, daß Dalberg Schiller und auch Humboldt an seinen Mainzer Hof gezogen hätte, wenn nicht der Gang der Geschichte die Hoffnung auf eine kurfürstliche Hofhaltung in Mainz zunächst zerstört hätte. Schiller nannte den Statthalter in Erfurt 1790 in einem Brief an Christian Gottfried Körner einen überaus interessanten Mann, »mit dem man einen herrlichen Ideenwechsel hat«. Er habe wenig Menschen gefunden, mit denen er »so gerne leben möchte als mit ihm«. Er charakterisierte ihn als edel, geistreich, »voll Empfänglichkeit für das Schöne, Wahre und Gute und doch frei von Schwärmerei«.

Humboldt dachte ähnlich über den Koadjutor, wobei wohl Dalbergs entfernte Verwandtschaft mit Humboldts Schwiegervater und die fast schwärmerische Zuneigung Dalbergs zu Karoline von Dacheröden, mehr noch zu Karoline von Beulwitz-Wolzogen das Urteil mitbestimmt haben mögen. Vier Jahrzehnte später, im Jahre 1831, äußerte Humboldt in einem Brief an Schillers Schwägerin, seiner Auffassung nach sollte Dalbergs »in seiner Zeit ganz einzig dastehendes Wesen der Vergessenheit entrissen werden und für die Zukunft dargestellt« werden. »Nur Sie können es. Man müßte es aber so machen, daß man weder auf seine schriftstellerische noch auf seine politische Seite Gewicht zu legen brauchte; in beiden gibt es Blößen.« Das war ein recht diplomatischer Hinweis für die Frau, die Dalberg zeitweilig recht nahe gestanden hatte, aber eben doch auch das Eingeständnis, daß neben »dem großen Adel des Gefühls und der Gesinnung«, wie er sich zweifellos gegenüber Männern wie Goethe, Schiller und Humboldt offenbart hatte, und »der unendlichen Grazie«, vor allem im Umgang mit klugen Frauen, geschichtlich gesehen nichts Rühmenswertes vom kurmainzischen Statthalter in Erfurt der Nachwelt zu überliefern gewesen wäre.

Aus Erfurt hatte Humboldt am 1. Juni 1792 an Forster geschrieben: »Der Koadjutor ist hier der einzige Mensch, den man interessant nennen kann, und den habe ich, soviel es überhaupt seinen Geschäften und seiner Lebensart nach möglich ist, genossen. Sein Umgang ist mir um so angenehmer gewesen, als unsere Gespräche meist wissenschaftlich, aus dem Fache der praktischen, vorzüglich politischen Philosophie, worin er unstreitig am meisten bewandert ist, hergenommen sind und als reine, auch bloß theoretische Prinzipien doch noch mehr reizen, wo ihre Anwendung so naheliegt.« Dalberg hatte Humboldts Brief an seinen Freund, abgedruckt in der Januar-Ausgabe der Berlinischen Monatsschrift, gelesen und daraus entnommen, daß sich Humboldt mit staatstheoretischen Fragen beschäftigte. »Wenige Tage nach meiner Ankunft hier bat er mich, meine Ideen über die eigentlichen Grenzen der Wirksamkeit des Staates aufzusetzen.«

Humboldt tat es. Seine zweite staatstheoretische Schrift wurde zu einer Absage nicht nur an den nachfriderizianischen Absolutismus in Preußen, sondern auch an aufklärerisch-despotische Volksbeglückungen, wie sie nach dem Vorbild anderer Herrscher eben der Koadjutor Dalberg in der Statthalterei von Erfurt vertrat.

Nicht mehr auf Gentz' Urteil, aber noch auf das Forsters und schon auf das Schillers legte der junge Autor Wert. Er brauchte den Gedankenaustausch im Briefwechsel oder im Gepräch. Deshalb zog es ihn auch zu Schiller nach Jena. Forster, so hieß es in Humboldts Brief vom 1. Juni 1792 weiter, habe, als sie noch »von Göttingen aus über diese Gegenstände korrespondierten«, mit seinen Ideen übereingestimmt, und er selbst habe seitdem, soviel er auch »nachzudenken und zu forschen gesucht habe, fast keine Veranlassung gefunden, sie eigentlich abzuändern«. Er schmeichelte sich, noch jetzt würde Forster im ganzen mit seinen Behauptungen einverstanden sein. »Ich habe nämlich – und ich hielt dies der nächsten Veranlassung wegen, die mich zum Schreiben bewog, für um so nötiger – der Sucht zu regieren entgegenzuarbeiten versucht und überall die Grenzen der Wirksamkeit enger geschlossen. Ja, ich bin so weit gegangen, sie allein auf die Beförderung der Sicherheit einzuschränken. Ich hatte die Frage, die ich beantworten sollte, völlig rein theoretisch in ihrem ganzen Umfange abgeschritten. Ich glaubte also auch kein anderes Prinzip zum Grunde meines ganzen Räsonnements legen zu dürfen als das, welches allein auf den Menschen – auf den doch am Ende alles hinauskommt – Bezug nimmt, und zwar auf das an dem Menschen, was eigentlich seiner Natur den wahren Adel gewährt.«

Humboldt war sehr bestrebt, dem revolutionären Freund in Mainz den Gang seiner Gedanken über die Grenzen der Wirksamkeit des Staates darzulegen. In seinem Brief faßte er nicht nur die wesentlichen Ergebnisse seiner Untersuchung konzentriert zusammen, sondern bemühte sich auch, Forster zu zeigen, daß seine Grundsätze staatstheoretischen Denkens unverändert geblieben waren. Auch sollte der Freund von Humboldts Hoffnung erfahren, seine Anregungen wenigstens von einem Duodezfürsten verwirklicht zu sehen. In diesem Zusammenhang ist es nicht unwichtig, zu erwähnen, daß Mainz und Erfurt seinerzeit eine staatliche Einheit gebildet haben.

Der »einzige Gesichtspunkt«, von dem aus Humboldt in seinen Betrachtungen über den Staat »die ganze Materie behandelt« wissen wollte, war »die höchste und proportionierlichste Ausbildung aller menschlichen Kräfte zu einem Ganzen«, das heißt die Entwicklung aller menschlichen Fähigkeiten und Begabungen zu einem harmonischen Individuum. Nur so, meinte er, könnten die Kräfte des einzelnen in vollkommener Weise für die Gemeinschaft dienstbar gemacht werden. »Immer bleibt es doch wahr, daß eigentlich diese innere Kraft des Menschen es allein ist, um die es sich zu leben verlohnt, daß sie nicht nur das Prinzip wie der Zweck aller Tätigkeit, sondern auch der einzige Stoff alles wahren Genusses ist.« Es geht ihm um jene restlose Ausschöpfung individuellen Daseins, wie wir sie schon früher in seiner Auffassung vom »Genuß« des Lebens kennengelernt haben. Dies wird zu einem Fundament seiner sich bildenden Humanitätsidee.

Aber er hatte das Leben, die Wirklichkeit – in seinen Begriffen ausgedrückt: »den Zufall«, das »Wesen der Dinge« – soweit kennengelernt, daß er wußte: »Auf der anderen Seite ist es aber auch ebenso wahr, daß in der Wirklichkeit und fast überall, wo auf den Menschen gewirkt wird, bei der Erziehung, bei der Gesetzgebung, im Umgange, fast nur die Resultate beachtet werden, wovon sich viele Gründe aufzählen ließen . . ., und unleugbar freilich macht auch die Erhaltung der Kraft selbst große Sorgfalt auf die Resultate, als das Mittel dazu, oft notwendig. Desto mehr also muß, dünkt mich, die Theorie das, was in der Ausübung so leicht das letzte Ziel scheint, wieder an seine rechte

Stelle setzen und das wahre letzte Ziel, die innere Kraft des Menschen, in ein helles Licht zu stellen versuchen.«

Im Mittelpunkt Humboldtschen Staatsdenkens steht der Mensch, der Mensch als Einzelpersönlichkeit. Das ist bei den damaligen deutschen Verhältnissen nicht erstaunlich. Dabei hatte Humboldt die Abhängigkeit des einzelnen von seinen Mitmenschen und von seiner Umwelt durchaus erkannt wie auch dessen Verpflichtung gegenüber den Gemeinschaften, in denen er lebte, dem Staate und der Menschheit, wobei auch hier Menschheit und Menschlichkeit identisch sind. Daher sagte Humboldt dem aufgeklärten Absolutismus und dem Merkantilsystem ab: »Wenn also die Staatskunst sich meistens dahin beschränkt, volkreiche, wohlhabende, wie man zu sagen pflegt, blühende Länder hervorzubringen, so muß ihr die reine Theorie laut zurufen, daß freilich diese Dinge sehr schön und wünschenswert sind, daß sie aber von selbst entstehen, wenn man die Kraft und Energie der Menschen, und zwar durch Freiheit, erhöht.«

Freiheit und Energie – das ist Humboldts Bekenntnis zum Menschen, zum Individuum als dem Träger jeder gesellschaftlichen Entwicklung. Gewiß, räumte er ein, könne »in vielen Fällen ein Land freilich schneller bevölkert, wohlhabend, ja sogar in gewissem Grade aufgeklärt werden ..., wenn die Regierung alles selbst tut, den Bürgern das von ihr anerkannte Gut aufdringt, als wenn sie dieselben den freilich langsameren, aber auch sicheren Weg der eigenen Ausbildung gehen läßt. Wenn die Statistik aufzählt, wieviel Menschen, welche Produkte, welche Mittel, sie zu verarbeiten, welche Wege, sie auszuführen usf., ein Land hat, so muß die reine Theorie sie anweisen, daß man darum nun den Menschen und seinen eigentlichen Zustand fast um noch nichts besser kennt und daß sie also das Verhältnis aller dieser Dinge als Mittel zu dem wahren Endzweck anzugeben hat«.

Dabei forderte Humboldt unter Berücksichtigung der mannigfaltigsten Situationen, in die der Mensch gelangen könnte, die »Begünstigung der höchsten Freiheit« der Einzelpersönlichkeit. »Die vorteilhafteste Lage für den Bürger im Staat«, schrieb er

Forster, schiene ihm die, «in welcher er zwar durch so viele
Bande als möglich mit seinen Mitbürgern verschlungen, aber
durch so wenige als möglich von der Regierung gefesselt wäre.
Denn der isolierte Mensch vermag sich ebensowenig zu bilden als
der in seiner Freiheit gewaltsam gehemmte.«

Was also blieb nach Humboldts »Ideen« dem Staat? »Das
Prinzip, daß die Wirksamkeit des Staats nie anders an die Stelle
der Wirksamkeit der Bürger treten darf als da, wo es auf die
Verschaffung solcher notwendigen Dinge ankommt, welche diese
allein und durch sich nicht zu erwerben vermag, und als ein solches zeichnet sich meines Bedünkens allein die Sicherheit aus.
Alles übrige schafft sich der Mensch allein, jedes Gut erwirbt er
allein, jedes Übel wehrt er ab, entweder einzeln oder in freiwilliger Gesellschaft vereint. Nur die Erhaltung der Sicherheit, da
hier aus jedem Kampf immer neue entstehen würden, fordert
eine letzte widerspruchslose Macht und, da dies der eigentliche
Charakter eines Staats ist, nur diese eine Staatseinrichtung. Dehnt
man die Wirksamkeit des Staats weiter aus, so schränkt man
die Selbsttätigkeit auf eine nachteilige Weise ein, bringt Einförmigkeit hervor und schadet, mit einem Wort, der inneren Ausbildung des Menschen« und damit, dürfen wir zusammenfas-
send hinzufügen, der »Energie«, der schöpferischen Kraft des
Menschen.

Räumen wir ein, daß Humboldt schon damals den Widerspruch
liebte und daß seine staatstheoretischen Gedanken gleichsam
in der Luft lagen – Fichte sprach ähnliche Überlegungen noch
schärfer formuliert aus, Schiller und Schleiermacher dachten im
Grundsätzlichen nicht anders –, im Umgang mit Dalberg klärte
sich Humboldts Vorstellung vom Staat. »Diesen Aufsatz nun ist
Dalberg, nachdem er ihn für sich gelesen hatte, Abschnitt für
Abschnitt mit mir durchgegangen«, lesen wir in Humboldts Brief
an Forster, »und wir haben Gründe und Gegengründe durchge-
sprochen. Seine Ideen stimmen nicht gerade mit den meinigen
überein, er berechtigt vielmehr den Staat zu einer weit ausge-
breiteteren Wirksamkeit.«

Dalberg machte im Gespräch, aus welchen Gründen immer, Zugeständnisse, die auch nur anzudeuten sinnlos wäre, kämen sie nicht aus dem Munde eines künftigen Regenten, des künftigen Kurfürsten in Mainz. Das war die Stadt, in der Forster noch lebte und wirkte und wo er mit Schiller und Humboldt vielleicht zu den Zierden eines rheinischen Musenhofes hätte zählen können. Dalberg wolle, so schrieb Humboldt, »wo es nicht auf Erhaltung der Sicherheit ankommt, eigentlichen Zwang entfernen und ... den Wunsch der Nation abwarten. So schwankend auch, vorzüglich in der Ausübung, diese letztere Bestimmung werden muß, so werden Sie doch gewiß mit mir gestehen, daß diese Achtung für die wahre Souveränität in dem Munde eines künftigen Regenten in hohem Grade ehrwürdig ist und daß die erstere Einschränkung einen großen Teil des Schadens entfernt, welchen das zu viele Regieren sonst unausbleiblich bringt«.

Sobald Humboldt wieder in den Staatsdienst trat und vor der Aufgabe stand, das preußische Bildungswesen nach der Katastrophe von 1807 im Zuge der Reformen von Grund auf zu erneuern, sollte sich zeigen, daß es ein anderes ist, im Staatsdienst zu wirken, als »Ideen« über einen idealen Staat zu entwerfen. Doch war Humboldt bereits 1792 von der Reformbedürftigkeit der deutschen Staaten und von der Notwendigkeit einer Neuorientierung überzeugt.

Im übrigen sind die »Ideen zu einem Versuch, die Grenzen der Wirksamkeit des Staates zu bestimmen«, zu Humboldts Lebzeiten nur wenigen bekannt geworden. Die Schrift wurde erst 1851 vollständig veröffentlicht und – wenige Jahre nach der Revolution von 1848 – in liberalen Kreisen mit lebhafter Zustimmung aufgenommen. Nur einige Abschnitte hatte Schiller im Jahre 1792 in seiner »Thalia«, andere Biester in der Berlinischen Monatsschrift der Allgemeinheit bekanntgemacht. Die Veröffentlichung des Werkes in Berlin, wie sie Humboldt beabsichtigt hatte, stieß auf Schwierigkeiten von seiten der Wöllnerschen Zensur. Humboldt schrieb im September 1792 an Schiller, daß der eine Zensor die Drucklegung überhaupt verweigere, der andere erteile sie zwar, »allein nicht ohne Besorgnis, daß er deshalb noch künftig in Anspruch genommen werden könne«. Daher entschloß sich Humboldt, »die Schrift außerhalb [Preußens] drucken zu lassen«.

Schiller versuchte vergeblich, die Verleger Vieweg und Göschen zu interessieren. Als sich dann ein dritter Verleger zu finden schien, wünschte Humboldt die Drucklegung vorerst zurückzustellen. »Der Gegenstand selbst ist von allem Bezug auf momentane Zeitumstände frei«, hieß es zwar in einem Brief vom 14. Januar 1793 an Schiller, aber Humboldt mochten nach den Berliner Erfahrungen und den kritischen Stimmen zu den veröffentlichten Bruchstücken Bedenken gekommen sein, ob er sich in den Kampf der Geister stürzen sollte. Gentz distanzierte sich von Humboldts Ansichten, und Dalberg, der die Handschrift mit Humboldt eingehend erörtert hatte, meldete sich nach seiner Art mit einer Abhandlung »Von den wahren Grenzen der Wirksamkeit des Staates in Beziehung auf seine Mitglieder« im Jahre 1794 zum Wort.

Humboldt hatte im »Grünen Buch«, wie die »Ideen« im Freundeskreis genannt wurden, nur eine Station auf seiner Wanderung zum Lebensziel fixieren wollen. Nun kamen ihm Zweifel, ob das, was er darin niedergelegt hatte, von allgemeinem Interesse und darüber hinaus ein fruchtbarer Beitrag zur theoretischen Diskussion über Wesen, Aufgaben und Grenzen des Staates sein konnte.

Nach seiner kurz zuvor vollzogenen ersten »Abkehr vom Staate« und nachdem er erfahren hatte, wie schwierig es war, seine »Ideale« zu veröffentlichen, war Humboldt versucht, vorerst auf die Auseinandersetzung mit der gesellschaftlichen Wirklichkeit zu verzichten und sich selbst, seiner Selbstbildung zum harmonischen Menschen, zu leben. Bereits im Schlußteil des »Grünen Buches« schrieb er: »Es gibt auch Ideen, welche der Weise nie nur auszuführen versuchen würde. Ja, für die schönste, gereifteste Frucht des Geistes ist die Wirklichkeit nie, in keinem Zeitalter, reif genug; das Ideal muß der Seele des Bildners jeder Art nur immer als unerreichbares Muster vorschweben.«

Auf einige Gedanken des »Grünen Buches« muß indessen im Blick auf das Leben und Wirken Humboldts noch kurz eingegangen werden, nicht aus zeitgeschichtlichen oder ideengeschichtlichen Gründen – die Schrift wurde zu ihrer Zeit ja nur in sehr begrenzter Weise wirksam –, sondern wegen der vielfältigen, in dieser oder jener Weise in Humboldts staatsmännischer Tätigkeit später sichtbar werdenden zeitkritischen und staatstheoretischen Auffassungen.

Humboldts Ideen über die Grenzen der Wirksamkeit des Staates sind gewiß eine Frucht seiner Auseinandersetzung mit der gesellschaftlichen Wirklichkeit seiner Zeit; das »Grüne Buch« diente in erster Linie der Klärung einiger zwiespältiger Gedanken, es ist eine Art Selbstverständigung. Aber er überhöhte diese Gedanken zu einem idealistisch-utopischen Staatsideal, anderen Staatstheoretikern seiner Zeit durchaus entsprechend, weil er aus der gedanklichen wie der wirklichen Misere heraus wollte. Dabei wuchs seine Entfernung von den Gegegebenheiten, Möglichkeiten und Notwendigkeiten seiner Zeit in dem gleichen Maße, in dem er sich mit der Antike beschäftigte und sich Schiller näherte, zwei Prozesse, die wir gesondert verfolgen werden.

Das eigene Erleben, die Begegnung mit der Wirklichkeit, war bisher überaus widersprüchlich gewesen. Dienen sollte er dem verrotteten Staat Friedrich Wilhelms II., jenem Militär- und Beamtenstaat, »welcher aus Menschen Maschinen macht und den Geist durch leere Geschäfte abstumpft, während er so viele Kräfte der wirklichen Arbeit entzieht«. Ein solches System »erziehe die Staatsbeamten zum Servilismus, wie es in den Regierten den Sinn für die Selbständigkeit und die praktische Fähigkeit ersticke, wie es die Gesichtspunkte des Wichtigen und Unwichtigen, des Ehrenvollen und Verächtlichen verrücke und mit allem dem die ganze Nation moralisch und geistig herunterbringe«. Eben deshalb hatte Humboldt die geschichtliche Notwendigkeit der Französischen Revolution bejaht, schlug sein Herz für das Ideal der bürgerlichen Freiheit.

Er wußte wohl, daß die Revolution in Frankreich ein historisch notwendiger Prozeß gewesen war. Aber wie die Mehrheit der deutschen Intellektuellen erkannte er nicht, daß sich die Revolution nun nach eigenen Gesetzen vollzog, daß sie zu einem gewaltsam ausgetragenen Machtkampf zwischen Rückschritt und Fortschritt geworden war. Die utopische Tendenz seines Staatsbildes lag darin, daß er, hierin noch Sohn der Aufklärung, an die Überzeugungskraft der Idee bei den Mächtigen der Welt glaubte. »Wenn es nun schon ein schöner, seelenerhebender Anblick ist«, schrieb er im »Grünen Buch«, »ein Volk zu sehen, das im vollen Gefühl seiner Menschen- und Bürgerrechte seine Fesseln zerbricht, so muß – weil, was Neigung oder Achtung für das Gesetz wirkt, schöner und erhebender ist, als was Not und Bedürfnis erpreßt – der Anblick eines Fürsten ungleich schöner und erhebender sein, welcher selbst die Fesseln löst und Freiheit gewährt und dies Geschäft nicht als Frucht seiner wohltätigen Güte, sondern als Erfüllung seiner ersten, unerläßlichen Pflicht betrachtet.«

Ähnlich wie die Erfahrungen, die er in Berlin gesammelt hatte, erregten und verwirrten Humboldt die Ereignisse jenseits des Rheins und der Umgang mit einem Fürsten, den er für »aufgeklärt« hielt. Daher wünschte er nicht, sich in seiner Schrift mit der politischen Wirklichkeit in Frankreich oder in Preußen direkt auseinanderzusetzen, obwohl eben diese Wirklichkeit ihn unruhig gemacht und seine Stellungnahme herausgefordert hatte. Aus diesem Grunde bat er, bei allem, was diese Blätter Allgemeines enthalten, vom Vergleich mit der Wirklichkeit zu abstrahieren. Dieser Wunsch verstärkte sich, als er im Spiegel der Kritik seiner Freunde – und besonders des zur Restauration einschwenkenden Gentz – sich bewußt wurde, »im Taumel des Schreibens« ein Wunschbild entwickelt zu haben, das nicht zu verwirklichen war. »Meiner würdig ist das grüne Buch«, urteilte er durchaus treffend – seiner würdig nämlich als Spiegel des Standes seiner Entwicklung –, doch fügte er im Blick auf die Wirkung nach außen einschränkend hinzu, »kein gutes Buch«.

Humboldt setzte der Staatswirklichkeit beiderseits des Rheines das Idealbild unbegrenzter Selbstenfaltung und Selbsttätigkeit des einzelnen entgegen, die utopische Staatsvorstellung des extremen politischen Liberalismus: »Je weniger der Mensch zu handeln vermocht wird, als sein Wille verlangt oder seine Kraft ihm erlaubt, desto günstiger ist seine Lage im Staat... Um diese Wahrheit allein drehen sich eigentlich alle in diesem Aufsatz vorgetragenen Ideen...«

Quelle und Ursprung dieser »Idee« des Staates war seine »Idee« vom Menschen, jener klassisch-bürgerliche Humanitätsbegriff, der, unbeschadet der Fülle seiner individuellen Abwandlungen, Idee und Gewalt als Gegensatz betrachtet und die Menschlichkeit erst dort beginnen läßt, wo der Mensch jedem Mißbrauch der ihm gegebenen Machtfülle entsagt. »His state is only possible in a community of Humboldts« – Sein Staat wäre nur möglich in einer Gemeinschaft von Humboldts –, urteilte der englische Historiker G. P. Gooch, nachdem Humboldts »Ideen« zwei Menschenalter nach ihrer Niederschrift der Öffentlichkeit bekannt wurden.

Es schmälert des jungen Humboldt Auffassung vom Staat keineswegs, wenn wir feststellen, daß es irreal war, aber »ein sehr unreifer publizistischer Versuch«, wie Rantzau[19] behauptet, waren seine »Ideen« keineswegs. Selbstbildung und Selbsttätigkeit des einzelnen im Gegensatz zu staatlicher Bevormundung, bürokratischer Besserwisserei und bloßer Fürsorge, wie sie der aufgeklärte Absolutismus angestrebt hatte, das konnte sich nur leisten, wer nicht Untertan und Höriger war, sondern freier Staatsbürger, der Mittel und Möglichkeiten hatte, sich auszubilden und seine Fähigkeiten zu entfalten. Das war damals nur dem Adel und dem vermögenden Bürgertum möglich oder einzelnen Persönlichkeiten, die, aus welchen Gründen immer, einen Mäzen fanden. Humboldt eilte seiner Zeit weit voraus, wenn er meinte: »Man glaube auch nicht, daß jene Geistesfreiheit und Aufklärung nur für einige wenige des Volkes sei, daß für den größeren Teil desselben, dessen Geschäftigkeit freilich durch die Sorge für die physischen Bedürfnisse des Lebens erschöpft wird, sie unnütz bliebe oder gar nachteilig werde, daß man auf ihn nur durch Verbreitung bestimmter Sätze, durch Einschränkung der Denkfreiheit wirken könne. Es liegt schon an sich etwas die Menschheit Herabwürdigendes in dem Gedanken, irgendeinem Menschen das Recht abzusprechen, ein Mensch zu sein. Keiner steht auf einer so niedrigen Stufe der Kultur, daß er zur Erreichung einer höheren unfähig wäre ...«

»Daß der Mensch nicht dem Bürger geopfert werde«, war einer der Hauptgedanken dieses vierundzwanzigjährigen Idealisten. Es gab die Gesellschaft nicht, die das hätte verwirklichen können, was er und andere bedeutende Zeitgenossen für den Menschen anstrebten. Da Wilhelm von Humboldt aber wieder in den Staatsdienst zurückkehrte, ist es angebracht, sich solcher Gedanken im weiteren Verlauf unseres Berichtes über Werden und Wirken dieses preußischen Staatsmannes zu gegebener Zeit zu erinnern.

Humboldts staatstheoretische »Idee« unterwarf auch den Staat der Vernunft des Menschen. Dabei wurde klassisch-humanistisch nicht dem Staat, sondern dem Einzelmenschen die Fähigkeit zugesprochen, den Fortgang der menschlichen Entwicklung zu befördern, in jenem Sinne, daß am besten auf den Charakter der Menschheit wirke, wer zuerst auf sich selbst wirkt. Anderthalb Jahrzehnte später sah sich Humboldt vor die Aufgabe gestellt, die Frage zu beantworten, die er damals noch offenließ, wie sich die Ausbildung des Menschen vom rechtlosen Untertanen zum mitverantwortenden Staatsbürger und vom unwissenden Kind zu einem vielseitig gebildeten Menschen wirklich vollziehen lasse.

So aristokratisch Humboldts Individualismus auch anmuten mag, der immer wieder betonte Primat des Menschen vor dem Staat und auch vor der von ihm später in seinen ästhetischen Schriften so vorrangig behandelten Kultur gehört zu den in seinen Jugendschriften betonten Auffassungen. Erste Tugend des Menschen war in seinen Augen die »Energie«, die auf »Genuß« gerichtete »innere Kraft«, die Tatkraft, der Schaffensdrang des Menschen, die Selbsttätigkeit.

Dem aufgeklärten Absolutismus aber warf er vor, daß er diese Energie nicht förderte und daher den Menschen des Lebensglückes beraubte. Doch auch zur Entwicklung im revolutionären Frankreich verhielt er sich abwartend, denn es schien ihm nicht möglich, »ein völlig neues Staatsgebäude nach bloßen Grundsätzen der Vernunft aufzuführen«.

So flüchtete er aus der Unvereinbarkeit von Vorstellung und Wirklichkeit, von Hoffnung und Enttäuschung in ein idealistisches Staatsbild, einen übersteigerten Individualismus. Aber Humboldt forderte nicht nur Selbsttätigkeit und Selbstentwicklung, sondern neben der Entwicklung der inneren Kräfte auch die Leistung des einzelnen für die Gemeinschaft und betonte damit die gesellschaftliche Bedeutung der individuellen »Energie«. In fast prophetischer Sicht hatte er so auf eine noch ferne Zukunft hingewiesen und auf dieser Vision sein Staatsbild aufgebaut.

Darin liegt die imponierende Leistung des Staatstheoretikers Wilhelm von Humboldt, daß er, lange bevor Karl Marx mit seiner umfassenden wissenschaftlichen Analyse des Klassencharakters des Staates begann, die schöpferische Wechselbeziehung zwischen allseitig gebildeter Persönlichkeit und Gemeinschaft erkannt und später in seinem gesellschaftlichen Wirken praktiziert hat.

Bei seiner Betrachtungsweise ist es nicht erstaunlich, daß er den Krieg als ein notwendiges Bildungsmittel einer Menschheit ansah, die noch nicht »zur vollen inneren Kultur« gelangt sei. Doch wünschte er weder stehende Armeen noch Bewaffnung im Frieden; und er verurteilte die moderne Kriegführung, weil sie eben das, was er als Bildungselement des Krieges betrachtete, unmöglich machte: die Entwicklung des persönlichen Mutes, des Heroismus. So sollte sich denn im allgemeinen der Staat »aller positiven Einrichtungen enthalten, die Nation zum Kriege zu bilden oder ihnen, wenn sie denn, wie z. B. Waffenübungen der Bürger, schlechterdings notwendig sind, eine solche Richtung geben, daß sie derselben nicht bloß die Tapferkeit, Fertigkeit und Subordination eines Soldaten beibringen, sondern den Geist wahrer Krieger oder vielmehr edler Bürger einhauchen, welche für ihr Vaterland zu fechten immer bereit sind«. Er bejahte den

Krieg im Grunde nur als Verteidigungskrieg und war für Militär und Rüstung, sofern der Nachbar gerüstet sei und man gezwungen sein könnte, sich gegen ihn zu verteidigen, soweit es also die Sicherheit der Nation erforderte. Wie überall, war er auch hier mißtrauisch darauf bedacht, dem Staat keinen zu weit gehenden Anspruch auf die Freiheit des Bürgers einzuräumen.

Befreiung des Menschen von jedem staatlichen Zwang, auf welche Weise er auch geübt werde, war Humboldts Streben. »Das Ziel zu erreichen, ist Freiheit die erste, unerläßliche Bedingung. Alle Zwecke, die sich in der Regel die Staatskunst vorsetzt: Macht, Blüte, Wohlstand, fallen demjenigen Staate von selbst zu, der durch Gewährung der höchsten Freiheit die eigentlich schöpferische Kraft, den Menschen, sich veredeln läßt... Der Staat ist der Menschen wegen, nicht der Mensch des Staates wegen. Die Staatseinrichtung ist an sich nicht Zweck, sondern Mittel zur Bildung des Menschen. Hinweg daher mit aller positiven Sorge für das Wohl der Nation... Das Positivste, was er [der Staat] leisten kann, ist Enthaltung von aller Einwirkung auf die selbständige Tätigkeit seiner Bürger. Er wäre in Wahrheit überflüssig, wenn es nicht eines sofort gäbe, was ihn unentbehrlich machte. Wie nämlich Freiheit die Bedingung der Menschenbildung, so ist Sicherheit die Bedingung der Freiheit. Sicherheit ist zugleich das, was der Mensch sich allein nicht verschaffen kann. Sicherheit zu gewähren, sowohl gegen auswärtige Feinde wie gegen innere Zwistigkeiten, ist daher die einzige Aufgabe des Staates; dies ist sein Begriff: er ist eine Sicherheitsanstalt...«

Entsprechend den Gegebenheiten seines Zeitalters und des damaligen Standes der Erkenntnis suchte Humboldt über die individuelle menschliche Bildung zu diesem Ziel zu gelangen. »Wann wird der Mann aufstehen, der für die Gesetzgebung ist, was Rousseau der Erziehung war!«

So vernunftgemäß – hier und da sogar heutigen Vorstellungen entsprechend – einige der »Ideen« Humboldts sind, seine Staatsauffassung war utopisch, gehörte der »idealen«, nicht der wirklichen Welt an. Er wußte das und suchte nach einem Weg, dem idealen Staat wenigstens in einer ferneren Zukunft zur Verwirklichung zu verhelfen. Man solle, meinte er, »alle Freiheitsbeschränkungen, die einmal in der Gegenwart gegründet wären, so lange ruhig bestehen lassen, bis die Menschen durch untrügliche Kennzeichen zu erkennen geben, daß sie dieselben als einengende Fesseln ansehen, daß sie ihren Druck fühlen und also in diesem Stücke zur Freiheit reif sind«. Dann aber müsse der Staat diese Fesseln ungesäumt entfernen und »die Reife zur Freiheit durch jegliches Mittel befördern«.

Den Einwand, eben der Mangel an Reife der Menschen verhindere so weitgehende Freiheiten, bezeichnete er als einen »Vorwand, ... die Unterdrückung fortdauern zu lassen ... Mangel an Reife zur Freiheit kann nur aus Mangel intellektueller und moralischer Kräfte entspringen; diesem Mangel wird allein durch Erhöhung derselben entgegengearbeitet; diese Erhöhung aber fordert Übung und die Übung Selbsttätigkeit erweckende Freiheit. Nur freilich heißt es nicht Freiheit geben, wenn man Fesseln löst, welche der noch nicht als solche fühlt, welcher sie trägt. Von keinem Menschen der Welt aber, wie verwahrlost er auch durch die Natur, wie herabgewürdigt durch seine Lage sei, ist dies mit allen Fesseln der Fall, die ihn drücken. Man löse also nach und nach gerade in ebender Folge, wie das Gefühl der Freiheit erwacht, und mit jedem neuen Schritt wird man den Fortschritt beschleunigen«.

Man erkennt, wie sich Humboldt selbst mehr und mehr des Fragmentarischen seiner Einsichten in die Wirklichkeit und des Problematischen seiner politisch-gesellschaftlichen Theorien bewußt geworden ist. Wieder brach er das Ringen um Klarheit ab, ließ er ein Vorhaben unvollendet im Stich, um sich anderen Beschäftigungen zuzuwenden. Aber es ist nicht so, wie es manchem späteren Betrachter erschien, daß es ihm an der erforderlichen Beständigkeit mangelte, allen Schwierigkeiten zum Trotz das ersehnte Ergebnis zu erzwingen. Er war selbstkritisch genug, die Grenzen seiner Möglichkeiten zu sehen, er neigte schon damals zu umfassenden, viele Jahre währenden, selten vollendeten Vorstudien, zu pedantischer Gründlichkeit in allem, was er tat und dachte. Ein Kämpfer war er nicht; aber als er wieder in den Staatsdienst zurückgekehrt war und sich den Reformern angeschlossen hatte, setzte er alle seine Kräfte für durchgreifende Erneuerungen in Preußen und Deutschland ein.

Schon während der Auseinandersetzung über die Grenzen der Wirksamkeit des Staates hatte sich Humboldt sehr eingehenden Studien der Antike zugewandt. Es ging ihm auch dabei, wie in seinen Lehrjahren zwischen Frankfurt an der Oder und Paris, zwischen Göttingen und Zürich, zwischen Mainz und Berlin, um den Menschen, um den sich alles drehte, er sei nun Kaiser oder Untertan, Gelehrter oder Zuchthäusler, Junker oder Knecht, arm oder reich, Greis oder Kind. Einem Humboldt war der Mensch in jedem Fall ein seiner Individualität mehr oder minder bewußtes Lebewesen und dennoch zugehörig einer Mehrzahl von Gemeinschaften, der Familie, dem Staat, der Nation, der Menschheit. Fragte man nach dem Menschen, stellte sich von selbst die Frage nach der Gemeinschaft, in der er lebte, und bald die nach der Sprache, in der sich der eine mit dem anderen verständigte.

Nach Antworten suchend, trat Wilhelm von Humboldt, noch immer jung an Jahren, eine vieljährige Wanderung an. Da er ein gründlich und ernsthaft Suchender war, beschritt er auch Umwege, bevor er sich in der Lebenswirklichkeit seiner Zeit und seines Volkes der Bewährungsprobe stellte.

»TRAUMREICH« ANTIKE

Wenn Humboldt auf seiner Suche nach einem Leitbild für Staat und Mensch und nach persönlicher Lebensgestaltung sich jahrelang dem Studium der Antike widmete, so hat das mehrere Gründe. Sein Interesse für griechische Sprache und Literatur wurde schon in der Kindheit geweckt; als Knabe lernte er bereits griechisch sprechen und lesen. Engels Vorlesungen führten ihn auch in die griechische Philosophie ein, und noch vor seinem

Universitätsstudium schrieb er eine Abhandlung, in der er sich mit Sokrates und Plato beschäftigte. Beide Humboldts, der Jurist Wilhelm und der Kameralist Alexander, gerieten in Göttingen in den engeren Kreis junger Bildungsbeflissener, die sich um den klassischen Philologen Heyne scharten. Universelle Bildung war damals geradezu Sinn des Universitätsstudiums. Der spätere Naturforscher Alexander von Humboldt wurde zu einer Untersuchung »Über den Webstuhl der Lateiner und Griechen« angeregt, die leider verlorengegangen ist, und Heynes Einfluß auf den späteren Staatsmann und Sprachphilosophen Wilhelm von Humboldt wird zugunsten Wolfs eher unterschätzt als überschätzt.

Zwar charakterisierte der ältere Humboldt Heyne, als man 1829 dieses bedeutenden Mannes aus Anlaß seines 100. Geburtstages gedachte, als »das wahre Vorbild aller Philisterei«, vielleicht sogar sich selbst ein wenig im Bild des Lehrers ironisierend. Die Art aber, in der Heyne die Antike betrachtete, entsprach durchaus der Anschauungsweise und den wissenschaftlichen Bestrebungen Humboldts, für den Kunst und Philosophie der Griechen, ihre Geschichte und ihr Volksleben Anlaß zum Studium des Zusammenlebens von Menschen in einer politischen Einheit schlechthin und zu Reflexionen über die Möglichkeiten menschlicher Harmonie wurden. Wilhelm von Humboldt hat sich in dieser von Heyne beeinflußten Sicht oft mit Wolf auseinandergesetzt und auf seine Weise dazu beigetragen, Wolfs Vorstellung einer umfassenden Altertumswissenschaft zu bereichern.

Friedrich August Wolf, selbst ein Schüler Heynes, war Altersgenosse Schillers, also acht Jahre älter als Humboldt. Er war seit 1783 Professor an der Universität Halle und begegnete Humboldt vermutlich bereits im Jahre 1790 in Erfurt im Hause Dacheröden.

»Kenntnis der altertümlichen Menschheit« war das weitgesteckte Ziel seiner wissenschaftlichen Bemühungen, die in einer Fülle von Schriften und Polemiken ihren Niederschlag fanden. Seine Stärke lag indessen weit mehr in seiner Wirkung als begeisternder Lehrer. Berücksichtigt man das damals noch begrenzte Ausmaß überlieferter Quellen aus der Antike, dann kann Wolfs klassisch-philologisches Wissen als universell bezeichnet werden. Dennoch erhob er sich wenig über textkritische und streng philologische Interpretation hinaus zu einer kritischen Aneignung und Deutung des sich häufenden Materials. Mancher gelehrte Streit, den er durchstehen mußte, hatte seine Ursache in einem sich verstärkenden selbstherrlich-tyrannischen Geltungsdrang. Humboldt hatte später trotz aller Langmut viel Verdruß mit dem eigenwilligen Genie, und auch Goethe, nach Schillers Tod vereinsamt, konnte sich nicht entschließen, mit dem häufigen Gast am Frauenplan Freundschaft zu schließen.

Humboldt hatte im Sommer 1792 von Burgörner aus Wolf im unweit gelegenen Halle aufgesucht, und zum nächsten Weihnachtsfest war Wolf Gast der Humboldts in Auleben gewesen. Es kam zu weiteren Besuchen und einem regen Briefwechsel, der Gemeinsames und Unterschiedliches in den Auffassungen und Absichten erkennen läßt. »Wolfiana« überschrieb Humboldt ein Notizbuch, in dem er Bemerkenswertes aus seinem Gedankenaustausch mit Wolf aufzeichnete. Im Briefwechsel wie in Humboldts Notizen ging es vornehmlich um Themen der Altertumswissenschaft im allgemeinen und der griechischen Literatur im besonderen. Doch unterschieden sich im Verlaufe des mehrjährigen Gesprächs recht deutlich Wolfs rein wissenschaftliches Interesse und Humboldts Drang nach Antworten der Antike auf Fragen der Moderne.

Natürlich verwies der gelehrte Professor seinen gelehrigen und sachkundigen Schüler vor allem auf die Texte der Alten selbst. Humboldt studierte Homer, Pindar, Herodot, Thukydides, Plato und zog einen weitgespannten Bogen von der Dichtung der Alten zu ihrer Philosophie und Geschichtsschreibung. Sogar Karoline lernte Griechisch, um dem Gedankengang der gelehrten Freunde unmittelbar folgen zu können. Übersetzungen Pindars und des »Agamemnon« von Äschylus beschäftigten Humboldt jahrelang. Vieles, was er begann, blieb Fragment, anderes griff er zwei Jahrzehnte später in Wien erneut auf. Da der Professor in Halle ihn immer wieder zu textkritischen Studien aufforderte, bemühte sich Humboldt in seinen Übersetzungen um eine wortgetreue Übertragung, nicht aber um Nachdichtung. Dabei mag dahingestellt bleiben, ob ihm eine poetische Wiedergabe gelegen hätte.

Humboldt ging bei seinem Streben nach Einkehr bei den Alten, nach Erkenntnis der Antike, andere Wege als Wolf. Während Wolf eine umfassende philologisch-historische »Kenntnis der altertümlichen Menschheit« anstrebte, sah Humboldt den höchsten Nutzen der Antike in der Bildung der Persönlichkeit. Die gelehrten Studien der alten Zeugnisse sollten nach ihm »zur philosophischen Kenntnis des Menschen überhaupt führen«.

Persönlichkeitsbildung im Sinne Humboldts und sein Humanitätsbegriff können nur dann recht verstanden werden, wenn man sich neben anderen auch dieser Quelle seines Erkenntnisstrebens erinnert und sich ein Bild vom Charakter und Ziel seiner Auseinandersetzungen mit der Antike verschafft. Dabei muß man berücksichtigen, daß Humboldt, anders als Winckelmann und Lessing, die Griechen ganz im Sinne Rousseaus als »Naturvolk«, als natürliche und harmonische Menschen auffaßte. Als »Nation« glaubte Humboldt eine solche Gemeinschaft später bei den Basken zu finden und stellte sie als gesellschaftlich-politische Einheit dem Staat zur Seite und bisweilen sogar bewußt entgegen.

Niemals fühlte sich Humboldt trotz seiner gelehrten Studien als »Philologe von Metier«. Hingegen, schrieb er im Dezember 1792 an Wolf, habe ihn seine »Individualität auf einen Gesichtspunkt des Studiums der Alten geführt, der minder gemein«, das heißt allgemein ist. »Es gibt außer allen einzelnen Studien und Ausbildungen des Menschen noch eine ganz eigene, welche gleichsam den ganzen Menschen zusammenknüpft, ihn nicht nur fähiger, stärker, besser an dieser und jener Seite, sondern überhaupt zum größeren und edleren Menschen macht, wozu zugleich Stärke der intellektuellen, Güte der moralischen und Reizbarkeit und Empfänglichkeit der ästhetischen Fähigkeiten gehört. Diese Ausbildung nimmt nach und nach mehr ab und war in sehr hohem

Maße unter den Griechen. Sie nun kann, dünkt mich, nicht besser befördert werden als durch das Studium großer und gerade in dieser Rücksicht bewundernswürdiger Menschen oder, um es mit einem Worte zu sagen, durch das Studium der Griechen.«

Dem jungen Humboldt ging es in der Tat nicht um »abseitige Gelehrsamkeit«; die Beschäftigung mit dem griechischen Altertum war für ihn »eines der dringendsten Anliegen des Tages. Sie war ein Teil jenes Ringens um die Neuformung und Höherentwicklung der Menschheit, an deren Möglichkeit die Generationen von Rousseau bis Schiller mit dem ihnen eigenen Optimismus glaubten«[20].

Was Humboldt vor seinen Mitstrebenden voraushatte, war, richtiger: wurde sein Versuch, im Blick auf die Gegebenheiten seiner Zeit zu verwirklichen, was er sich an »Ideen« in vielfachen Begegnungen mit Menschen und Zeiten spekulativ erarbeitet hatte. In diesem strebenden Sichbemühen suchte er Auskunft bei der Antike, denn, so schrieb er im Mai 1793 aus Tegel an Wolf, »fast nie sind alle Gesichtspunkte über Politik so verrückt gewesen als jetzt. Der ruhige Schriftsteller und vor allem der bloß theoretische als ich darf jetzt auf alles rechnen, nur nicht darauf, verstanden zu werden«. Sein Wunsch war und blieb, auch da, wo seine Gedanken über den Freundeskreis hinaus in die Öffentlichkeit gelangten, zur Selbstbesinnung und Selbstbildung beizutragen. Dabei war er nicht frei von Ehrgeiz und hoffte auf eine Gelegenheit, tätig handelnd in das Geschehen eingreifen zu können.

Doch in jenem Brief an Wolf aus Tegel hieß es weiter: »Ob ich aber je zur Politik zurückkehre, ist eine andere Frage, die ich nicht bejahen möchte. Die Griechen absorbieren mich ganz...« Aus Erfurt schon hatte er geschrieben, daß ihn das Studium der Griechen mit jedem Tage mehr fessele. »Ich kann es mit Wahrheit sagen, daß unter manchen Studien, die ich durchwandert bin, mir keines diese Befriedigung gegeben hat, und ich muß hinzufügen, daß auch der Schatten von Lust, ein tätiges Leben in Staatsgeschäften zu führen, nie so sehr in mir erstorben ist, als seitdem ich mit dem Altertum vertrauter geworden bin.«

Verwirrende Blicke des Studenten in die gesellschaftliche Wirklichkeit, erregende Eindrücke von der historischen Rechtmäßigkeit der Französischen Revolution, Begegnung mit wegweisenden Männern seiner Zeit, die höchst beklemmende Erfahrung im preußischen Staatsdienst, der ihn wie viele seiner deutschen Zeitgenossen abschreckende Fortgang des einst so begrüßten Geschehens in Frankreich und zudem wohl auch die wachsende Einsicht in die eigenen Grenzen spekulativer Fähigkeiten trieben Humboldt nach seinen Lehrjahren zur Suche nach dem eigenen Ich. Das Selbstbewußte und Eigentümliche seiner »Ideen« sollte man dabei nicht nur in seiner persönlichen Unabhängigkeit und im allgemeinen Widerspruch bürgerlicher wie adliger Intellektueller jener Zeit gegen die gesellschaftlichen Zustände sehen, sondern auch in dem sehr disziplinierten Bildungsgang Humboldts, der sich im wohlverstandenen Sinne dessen, was er »Genuß« nannte, zu einer den Gang der Menschheit fördernden Leistung verpflichtet fühlte. In diesem Sinne sollte man auch sein Wort an Brinkmann vom Januar 1790 verstehen: »Die Menschheit ist nichts anderes als ich selbst.«

Gewiß wünschte er noch 1798, nach einer Tagebuchaufzeichnung vom 3. Juli, zu leben »als ein durchaus innerlicher Mensch, dessen ganzes Streben dahin geht, die Welt in ihren mannigfaltigsten Gestalten in seine Einsamkeit zu verwandeln«, in sein »Traumreich«, und nur die Nächte gäben ihm »die süßesten Freuden, nur in ihnen« könne er »so ungeteilt der Vergangenheit leben«.

Aber war das alles »befremdender und unbeirrbarer Egozentrismus«, wie Siegfried A. Kaehler behauptet? Wir werden immer wieder Zwiespältigkeiten und Widersprüchen in Humboldts Leben begegnen, besonders dann, wenn er mit seinen »Ideen« in sehr reale Konflikte mit den »Lagen« geriet, das heißt, wenn er aus der spekulativen Betrachtung der Zeit handelnd in das Geschehen der Zeit eingriff. Er hat nicht nur immer wieder davon geredet, daß er »ein nützlicher Mensch« werden möchte, er hat es in mannigfaltiger Weise versucht und dabei Denkwürdiges und Dankenswertes geleistet.

Streben und Leistung vor allem des Staatsmannes Humboldt sind nicht zuletzt gezeichnet von »dem Glück der Träume«, der ratsuchenden Einkehr bei den alten Griechen. Freilich ist dabei zu fragen, ob Humboldt damals nicht doch den Blick auf die Misere der Zeit und bei seinem Streben nach Unabhängigkeit vorübergehend den Wunsch gehabt haben mag, ausschließlich seinen Neigungen zu leben und aller öffentlichen Wirksamkeit zu entsagen. Letztlich kam es ihm auch bei seinen wissenschaftlichen Studien der Antike darauf an, »rein und voll Mensch zu sein und des menschlichen Daseins in Heiterkeit und Freude zu genießen«, aber nur in jener sein Zeitalter kennzeichnenden Gleichstellung des einzelnen mit der Menschheit.

Die harmonische Entfaltung aller Kräfte des Individuums war Humboldts »Idee« der griechischen Antike. Die unbeschränkte Freiheit der Entfaltung der Persönlichkeit in der Bildung und im täglichen Leben, wie er sie im »Grünen Buch« gefordert hatte, glaubte er im alten Griechenland verwirklicht zu sehen. Und eben darum wurde ihm zum »Prüfstein der neueren Nation ihr Gefühl zum Altertum«. In einem Brief an Wolf vom 26. August 1797 glaubte er hoffnungsvoll das deutsche Volk als das Bindeglied zwischen der alten und der neuen Welt auffassen zu können. Keine seiner vielseitigen Studien gaben ihm so viel Befriedigung wie die der Antike. Die Wirklichkeit, in der er lebte, hatte ihn erschreckt, das »Traumreich« Antike beruhigte ihn und machte ihm wieder Mut, nach einer »Idee« zur Neugestaltung der zeitgenössischen Verhältnisse zu suchen. Den »griechischen Geist« bemühte er sich zu ergründen »als Ideal desselben, was wir selbst sein und hervorbringen möchten«.

Niederschlag jener Beschäftigung mit dem literarischen Erbe der Antike waren mehrere Arbeiten. Zu Beginn des Jahres 1793 wurde die Skizze »Über das Studium des Altertums und des griechischen insbesondere« niedergeschrieben und mit Wolf, Schiller und Dalberg wieder und wieder erörtert. Sie wurde in ihrem vollständigen Wortlaut erst 1896 von Leitzmann veröffentlicht. Ferner plante Humboldt eine Abhandlung »Latium und Hellas«, die freilich erst während des römischen Aufenthaltes konzipiert wurde. Hier wie auch bei der »Geschichte des Verfalls und des Unterganges der griechischen Freistaaten« (1807) ist Humboldt über die einführende Betrachtung nicht hinausgekommen.

Im Jahre 1807, während sich der Zusammenbruch des friderizianischen Preußens vollzog und Humboldt als Preußens Ministerresident am Päpstlichen Stuhl in Rom bereits wieder in den Staatsdienst zurückgekehrt war und am Anfang seiner staatsmännischen Laufbahn stand, schrieb er in der Einleitung der »Geschichte des Verfalls«: »Wir haben in den Griechen eine Nation vor uns, unter deren glücklichen Händen alles, was unserm innigsten Gefühl nach das höchste und reichste Menschendasein bewahrt, schon zu letzter Vollendung gereift war; wir sehen auf sie wie auf einen aus edlerem und reinerem Stoffe geformten Menschenstamm, auf die Jahrhunderte ihrer Blüte wie auf eine Zeit zurück, in welcher die noch frischer aus der Werkstatt der Schöpfungskräfte hervorgegangene Natur die Verwandtschaft mit ihnen noch unvermischter erhalten hatte.«

Mit einer solchen Deutung der »Alten« entfernte sich Humboldt von Heyne, der wohl wußte, daß die Poesie der Alten keinen dokumentarischen Bericht über das gesellschaftliche Leben ihrer Zeit darstellte. Humboldt suchte im »Studium der Alten« Auskunft über die Möglichkeit eines humanen Lebens zu seiner Zeit und unterstellte Humanität als Wirklichkeit in der griechischen Gesellschaftsordnung. Dennoch war er, wie wir sehen werden, von der Zulässigkeit einer solchen Annahme keineswegs überzeugt. Wolf näherte sich ihm, wenn er meinte, das Ziel dieses Studiums sei »kein anderes als die Kenntnis der altertümlichen Welt selbst, welche Kenntnis aus der durch das Studium der alten Überreste bedingten Beobachtung einer organisch entwickelten bedeutungsvollen Nationalliteratur hervorgeht«.

Humboldt glaubte, das Ideal des harmonischen Menschen, der in sich ruhenden Individualität, sei im Altertum zumindest von den großen Dichtern und Erziehern einer aufgeschlossenen und naturnahen Menschheit vorgelebt worden. Darüber hinaus sah er bei den »Alten« sein Traumbild harmonischen Zusammenlebens des Volkes und der Menschheit verwirklicht. Je mehr er sich von der deutschen Misere wie von der Entwicklung in Frankreich gedanklich entfernte, desto mehr sehnte er sich nach einem solchen gesellschaftlichen Zustand. Er war ein Fürsprecher der politischen Freiheit, aber keineswegs ein Demokrat im Sinne der »fraternité« oder gar der »égalité«, der Brüderlichkeit und Gleichheit der Staatsbürger, wie sie die Französische Revolution neben der »liberté« gefordert hatte. Die literarischen Zeugnisse aus der Antike in Dichtung und Philosophie täuschten ihm eine Wunschvorstellung als ehemals verwirklicht vor, und dieses irreale Bild wurde überhöht zur »Idee« eines Staates und damit zur Utopie.

Winckelmann war nach Italien gezogen, um das »Land der Menschlichkeit« zu schauen, in dem »eine edle Einfalt und eine stille Größe sowohl in der Stellung als im Ausdruck ... das allgemeine vorzügliche Kennzeichen der griechischen Meisterstücke seien«. Auch Lessing hatte in der Kunst der Antike einen Spiegel der antiken Lebenswirklichkeit gesucht, durchaus mit dem Ziel der Nutzanwendung seiner Einsichten auf die geistig-kulturelle Entwicklung der deutschen Welt. Der Italienreisende Goethe hatte dieses Anliegen als das »Suchen der antwortenden Gegenbilder« und damit als etwas durchaus Schöpferisches bezeichnet. Als er, ein Lebensalter nach Winckelmann, dessen Briefe in Rom las, merkte er an, daß es Winckelmann »so deutsch ernst um das Gründliche und Sichere der Altertümer und der Kunst« zu tun war.

Als Humboldt im November 1802 nach Rom kam, war wiederum ein Menschenalter verstrichen. Er war in jener Zeit längst der von Goethe und Schiller oft zu Rate gezogene Sachverständige für die Antike unter den deutschen »Klassikern« geworden wegen der jahrelangen Studien, die er nach seinem Ausscheiden aus dem preußischen Staatsdienst bis zum Beginn seiner großen Reise nach Frankreich, Spanien und Italien betrieben hatte. Aber mehr noch als Winckelmann, Lessing, Goethe und Schiller suchte Humboldt das universelle Verständnis der »Alten« mit dem Ziel, der gesellschaftlichen Entwicklung zu einer glücklicheren Menschheit voranzuhelfen.

Er fand in der Antike nicht nur ein Idealbild des harmonischen Menschen, der alle seine Kräfte in Freiheit gleichmäßig entwickelt habe; er fand im Griechentum auch ein Leitbild für seinen Begriff der Nation »als einer in sich geschlossenen Individualität, die, wie der Einzelmensch, einen eigenen Charakter besitzt und eigenen Bildungsgesetzen unterliegt«[21]. Diesem Leitbild suchte er auf seinen Reisen nach Frankreich, Spanien, im Studium der Basken anschauend wie spekulativ auf den Grund zu kommen. Das Ziel aller solcher Unternehmungen war Erziehung und Bildung der Menschheit, war Humanität.

Humboldts Worte hierzu werden von Wolf, der 1807 ihren Gedankenaustausch veröffentlichte, wie folgt zitiert: »Nur diese Betrachtungsart kann zu wahrer philosophischer Kenntnis des Menschen führen, insofern sie uns nötigt, den Zustand und die gänzliche Lage einer Nation zu erforschen und alle Seiten davon in ihrem großen Zusammenhange aufzufassen. Das Streben nach einer solchen Kenntnis (da niemand eigentliche Vollendung derselben hoffen darf) kann man jedem Menschen als Menschen in verschiedenen Graden der Intension und Extension unentbehrlich nennen, nicht nur dem handelnden, sondern auch dem mit Ideen beschäftigten, dem Historiker im weitesten Sinne des Wortes, dem Philosophen, dem Künstler, auch dem bloßen Genießenden. Um von dem Manne im größeren praktischen Leben zu reden, wenn er wirklich des höchsten Zweckes aller Moralität, der wachsenden Veredelung des Menschen eingedenk ist, so wird er durch kein Studium besser belehrt, was er moralisch unternehmen dürfe und politisch mit Erfolg unternehmen könne; so daß von dieser Seite sein Verstand geleitet wird. Aber auch sein Wille wird dadurch geleitet. Alle Unvollkommenheiten des Menschen lassen sich auf Mißverständnisse seiner Kräfte zurückführen: indem nun jenes Studium ihm die Totalität zeigt, werden die Unvollkommenheiten gewissermaßen aufgehoben, und es erscheint zugleich die Notwendigkeit ihres Entstehens und die Möglichkeit ihrer Ausgleichung, wodurch das seither

einseitig betrachtete Individuum nach diesem Überblick gleichsam in eine höhere Klasse versetzt wird.«

Einsichten und Erfahrungen beiderseits des Rheins, in monarchischen wie republikanischen Staatsgebilden gewonnen, klärende
Gespräche mit vielen großen Geistern seiner Zeit ließen Humboldt erkennen, daß es im gesellschaftlichen Prozeß um den
Menschen ging, um seine Individualität, aber auch um die Menschen innerhalb der Nation. Dabei setzte er die Nation keineswegs mit dem Staat gleich, dem er in allen seinen Erscheinungs-
formen mißtraute, wie er jeder Gewalt mißtraute, von wem
auch immer sie ausgeübt wurde.
    Was fand er nun bei seinem Versuch, im Studium der Alten
»zu wahrer philosophischer Kenntnis des Menschen« zu gelangen
und »den Zustand und die gänzliche Lage einer Nation zu erforschen und alle Seiten davon in ihrem großen Zusammenhange
aufzufassen«?
    Humboldt schrieb an Wolf: »Lassen Sie mich jetzt nur einige
von den Seiten berühren, wodurch die Griechen sich vor anderen
Völkern auszeichnen und die die genaueste Kenntnis ihrer Nationalität zu den schönsten Absichten unserer Studien wichtig
machen. Ich möchte dahin zuerst den Reichtum an mannigfaltigen Formen rechnen, der sich in ihrer ganzen Kultur zeigte;
womit eine solche Ausbildung des Charakters verbunden ist,
wie er in jeder Lage des Menschen dasein kann und dasein
sollte, ohne Rücksicht auf individuelle Verschiedenheit und ver-
änderliche Verhältnisse. Der Mensch, den uns die griechischen
Schriftsteller darstellen, ist doch aus lauter zugleich einfachen
und großen und, von vielen Gesichtspunkten aus betrachtet,
auch schönen Zügen zusammengesetzt. Besonders heilsam muß
das Studium eines Charakters wie der griechische in einem Zeitalter wirken, wo durch unzählige Umstände die Aufmerksamkeit viel mehr auf Sachen als auf Menschen, mehr auf Massen
von Menschen als auf Individuen, mehr auf äußeren Wert und
Nutzen als auf inneren Gehalt und Genuß gerichtet ist und wo
hohe und mannigfache Kultur sehr weit von der ersten Einfach-

heit abgeführt hat. In solchen Zeiten muß es sehr heilsam sein, auf Nationen zurückzublicken, bei welchen dieses alles beinahe umgekehrt war.«

Dies war kein flüchtiger Gedanke, sondern fast ein Forschungsprogramm, das Humboldt selbst in den unterschiedlichsten Verhältnissen seines Lebens immer wieder aufgegriffen und unentwegt anderen, später vor allem Jüngeren vorgetragen hat. »Die Alten verderben sonst einen Menschen von Grund aus«, schrieb er an Wolf, während der einsamen ostpreußischen Monate als Sektionschef des Kultus und des Unterrichts und später als Bevollmächtigter Preußens auf dem Wiener Kongreß immer wieder zu seinen Griechen und Lateinern zurückkehrend. Dabei traten die Übersetzungen griechischer Klassiker, als eine Art Entspannung des Vielbeschäftigten, mehr und mehr in den Hintergrund.

Zweierlei zog ihn vor allem an und bald nicht nur beim Studium der alten, sondern auch der neuen Völker: das Erforschen der Nation und als Weg zu ihr das Erforschen der Natur und der Entstehung der Sprachen. »Ich gehe lange darauf aus«, schrieb er bereits am 20. November 1795 an Schiller, »um die Kategorie zu finden, unter welche man die Eigentümlichkeit einer Sprache bringen könnte, und die Art aufzusuchen, einen bestimmten Charakter irgendeiner Sprache zu schildern. Aber noch will es mir nicht gelingen, und es hat sicher große Schwierigkeiten.« Er ahnte noch nicht, daß er hier Wege beschritt, die ihn in den engsten Kreis der Begründer der vergleichenden Sprachwissenschaft und der Sprachphilosophie führen sollten.

Zum anderen pflegte Humboldt den Alltag gern mit einem Blick in einen der griechischen und römischen Klassiker zu beginnen. Doch seine Verehrung für Äschylus, sein Jahrzehnte währendes Bemühen, den »Agamemnon« zu übersetzen, wie auch seine Vorliebe für Pindar sind mehr als »Genuß« der kargen Mußestunden. Nicht edler Einfalt und stiller Größe strebte er nach; ihn zog es zu jener dramatisch zugespitzten Konfliktsituation des klassischsten aller griechischen Dramen, in dem es um Gerechtigkeit und Vergeltung ging, nicht um poetische Hei-

terkeit, sondern um den pathetisch-feierlichen Ernst Sühne hei-
schenden und rächenden Lebens. Er suchte Einkehr bei Pindar,
wie ihn ganz allgemein das Erhabene in der griechischen Dichtung, ein beliebtes Motiv der deutschen Klassik, reizte. – Später
wird näher darauf einzugehen sein, wieweit die Nachbarschaft
zu Weimar und der Umzug nach Jena bei der Entstehung eines
überhöhten, idealistischen Lebensgefühls mitgewirkt haben.

Humboldts Auseinandersetzung mit der Antike, worunter er
besonders das Griechentum verstand, wie es in den Werken
seiner Dichter, Philosophen und Geschichtsschreiber überliefert
war, ging weit über sein Streben nach Selbstbildung und Lebensgenuß hinaus. Das Studium der Antike wurde wegweisend für
die weitere Entwicklung der Philologie, besonders der vergleichenden Sprachwissenschaft und der Sprachphilosophie. Es bestimmte Humboldts Lebensbild und Lebensanschauung und
stand Pate bei seinen bedeutendsten staatsmännischen Leistungen, der Reform des preußischen Unterrichtswesens und der Begründung der Universität Berlin einschließlich der Erneuerung
der Preußischen Akademie der Wissenschaften. Die betont humanistischen neben den patriotischen Zügen bei der Neuordnung
des preußischen Staates sind weitgehend von Humboldts
Gedankenwelt beeinflußt worden, wenn auch nicht von ihm
allein. Ähnliche Anschauungen wie er vertraten Fichte, Schleiermacher und viele andere, und Humboldt suchte sie in seinem
staatsmännischen Wirken wenigstens fragmentarisch zu verwirklichen.

Wenn Humboldt in jenen weltfernen Studienjahren zwischen
1791 und 1794 meinte, es zeige »sich in dem griechischen Charakter meistenteils der ursprüngliche Charakter der Menschheit überhaupt« und davon ausgehend später sein humanistisches
Bildungsideal im preußischen Schulwesen zu verwirklichen
strebte, so gab er dem Geist der Zeit Ausdruck. Die Philologen
Heyne und Wolf sahen die Antike im wesentlichen nicht anders
als ihr Schüler; Goethe und Schiller fanden, Winckelmann und
Lessing folgend, in der Kunst der Antike ein Leitbild, das weit

über das Handwerkliche künstlerischen Schaffens hinaus auch ihnen wesentlich für die Einwirkung der Kunst auf den Gang der menschlichen Entwicklung zu sein schien. »Die Briefe über die ästhetische Erziehung des Menschen«, die Schiller 1795 schrieb, sind Zeugnisse seiner Begegnung mit Humboldt. Sie künden von jener bürgerlich-klassischen Fassung des Humanitätsbegriffes, um dessen Klärung wir uns bei der Darstellung des geistigen Entwicklungsganges Wilhelm von Humboldts bemühen müssen.

Die spätere Forschung hat nachgewiesen, daß das Leben in den griechischen Stadtstaaten keineswegs so harmonisch, geschweige denn so ideal gewesen ist, wie es im Spiegel der antiken Dichtung und im historischen Wissen von der Antike Humboldt und seinen Zeitgenossen schien. So hat Jacob Burckhardt die »griechische Heiterkeit«, die Harmonie im menschlichen Dasein, als »eine der größten Fälschungen des geschichtlichen Urteils« bezeichnet.

Humboldt war viel zu klug, als daß er das nicht lange vor seinen Kritikern geahnt hätte. Er sah sehr nüchtern: »Diese Sorgfalt für die Ausbildung und diese Art der Ausbildung des Menschen zu befördern, trugen noch andre, in der äußren Lage der Griechen gegründete Umstände bei. Zu diesen rechne ich vorzüglich folgende: 1. *Die Sklaverei.* Diese überhob den Freien eines großen Teils der Arbeiten, deren Gelingen einseitige Übung des Körpers und des Geistes – mechanische Fertigkeiten – erfordert. Er hatte nun Muße, seine Zeit zur Ausbildung des Körpers durch Gymnastik, seines Geistes durch Künste und Wissenschaften, seines Charakters überhaupt durch tätigen Anteil an der Staatsverfassung, Umgang und eignes Nachdenken zu bilden.« Schiller merkte an dieser Stelle des Humboldtschen Manuskriptes an: »Es ist aber doch sonderbar, daß die Sklaverei im Mittelalter keine einzige Spur eines ähnlichen Einflusses zeigt. Die Verschiedenheit der übrigen Umstände erklärt zwar viel, aber nicht alles.«

In unserer Sicht bedeutet auch diese Anmerkung Schillers, daß Humboldts Individualitätsbegriff durchaus aristokratisch gewesen ist, daß Humboldt nicht an den Menschen schlechthin, sondern vor allem an den bildungsfähigen Menschen dachte. In seiner Zeit und unter den damals gegebenen gesellschaftlichen Verhältnissen war das derjenige, der sich ohne Hilfe des Staates aus eigenen Mitteln zu bilden vermochte, gleichviel, ob er aus dem aufstrebenden Bürgertum oder dem Adel stammte. Humboldt ging es aber auch darum, solche Bildung weitgehend zu ermöglichen. Diese Aufgabe wollte er nicht dem autoritativen Staat, der nur Untertanen kannte, sondern der Nation übertragen, der er die Freiheit der Bürger in jeder Hinsicht, also auch die der Ausbildung des einzelnen anzuvertrauen wünschte.

Humboldt hatte sehr wohl erkannt, daß »wir offenbar das Altertum idealischer ansehen, als es war«, und er betrachtete es als ein »Zeitalter, das vollkommen geschichtlich ist, aber, weil wir so viele Verknüpfungspunkte teils nicht kennen, teils absichtlich übersehen, vor uns mehr als ein Werk der Einbildungskraft dasteht«. Er wußte um sein »Traumreich« Antike.

Er war bestrebt, dies und anderes zu klären, und zwar nicht im Briefwechsel, sondern im Gespräch, das ihm von jeher nützlicher erschienen war als jeder schriftliche Verkehr. Er wollte einem Menschen nahe sein und wenn möglich dessen Freundschaft erwerben, jemandem, von dem er sich bei dem täglichen Austausch der Gedanken »Genuß« in jedem Sinne, also auch Förderung bei der Selbstbildung versprach. Was lag näher, als daß Wilhelm und Karoline von Humboldt engsten Umgang mit Schiller und dessen Frau wünschten. Daher nahmen sie im Februar 1794 ihren Wohnsitz in Jena.

FREUNDSCHAFTSBUND MIT SCHILLER

Schiller war nicht in Jena, als sich Humboldt dort niederließ. Er hatte seinen Eltern und sich endlich den Wunsch erfüllen können, die Heimat wiederzusehen, aus der er im September 1782 geflohen war. Zeitweilig von seinen körperlichen Leiden weniger geplagt und frei von materiellen Sorgen, war er An-

131

fang August 1793 nach Schwaben gereist. Während des Aufenthaltes in der Heimat festigte sich seine Gesundheit weiter, und
der Umgang mit den Gefährten der Jugend und Verehrern seines Schaffens tat ihm wohl. So verlängerte er die schöpferische
Pause und zögerte mit der Rückkehr nach Jena.

Schiller konnte damals nicht ahnen, von welcher Bedeutung
dieses Jahr 1794, in dem die Freundschaft zwischen ihm und
Goethe begann, für den Gang der geistigen Entwicklung im
klassisch-bürgerlichen Zeitalter deutscher Kultur werden sollte.

Goethe hatte ihn bis dahin gemieden.[22] Die rettende finan-
zielle Hilfe in höchster Lebensnot hatte Schiller, damals Professor an der Universität Jena, nicht von seinem Herzog in Weimar, sondern von dem ihm völlig unbekannten Erbprinzen von
Augustenburg und dem dänischen Finanz- und Handelsminister
Graf Schimmelmann erhalten. Nun warb die Heimat um den
einst in die Fremde geflohenen Sohn. Man bot ihm eine Professur an der Universität Tübingen unter Bedingungen an, die
ihn nicht sehr an die Pflichten eines Hochschullehres gebunden
hätten; es war unverkennbar, daß sein engeres Vaterland ihn
ehren wollte. Schiller nahm das Angebot, tief gerührt, zunächst
nur zur Kenntnis; als es später wiederholt wurde, hat er es aus
Gründen, die sich aus dem weiteren Gang seines Lebens im
Jahre 1794 ergaben, abgelehnt.

Im März 1794 suchte der Tübinger Verlagsbuchhändler Johann Friedrich Cotta seinen Landsmann Schiller auf. Cotta hatte
die Absicht, eine große deutsche Zeitung zu gründen, und
suchte Schiller als Redakteur und Mitarbeiter zu gewinnen.
Schiller indessen dachte an eine das gebildete Publikum auf-
rüttelnde literarisch-kulturelle Zeitschrift. Der Leitung einer
politischen Tageszeitung fühlte er sich schon aus gesundheitlichen
Gründen nicht gewachsen. Cotta verfolgte seinen Plan weiter
und schuf nach manchen Vorläufern 1798 die »Allgemeine Zeitung«, eine der ersten bedeutenden deutschen Zeitungen. Sie
hielt, nach Heines Worten, bald »die Hand über die ganze
Welt«.

Dieser wohl verdienstvollste Verleger der klassisch-bürgerlichen Epoche verschloß sich dennoch nicht Schillers Plänen eines »großen literarischen Journals«, der »Horen«, für die der Dichter als Mitarbeiter die besten Köpfe Deutschlands und als Leser alle Freunde einer erneuerten nationalen Literatur zu gewinnen hoffte. Auch Humboldt sollte dabei mitwirken. Dieser weitgespannte Plan schlug schon in wenigen Monaten eine weitere Brücke zu Goethe und begründete jene redaktionelle Arbeitsgemeinschaft, in der Schiller und Humboldt Jahre hindurch gestanden haben. Die »Horen« ebneten Cotta den Weg zu den Manuskripten Schillers, Goethes, Herders, Fichtes, Hölderlins, Voß' und zu den Arbeiten der Brüder Humboldt und Schlegel. Durchaus zutreffend nannte Fouqué den wagemutigen und unternehmungsfreudigen Mann schon um die Jahrhundertwende den »ersten Verleger Deutschlands«.

Gesundheitlich gestärkt, in seinen Absichten bestätigt, reich an Plänen, traf Schiller am 14. Mai 1794 wieder in Jena ein. Eine schöpferische Unruhe erfüllte ihn. Der Geschichtsschreibung, einem notwendigen Broterwerb, hatte er abgesagt; sein Freund Christian Gottfried Körner und Reinhold, der Interpret Kants in Jena und Schwiegersohn Wielands, aber auch Humboldt hatten ihn immer wieder auf ästhetische Fragen und die Philosophie Kants hingewiesen. Er beabsichtigte, sich intensiver als bisher mit den Gedanken des Königsberger Denkers zu beschäftigen. Schiller war nun entschlossen, den eigenen Standort in der geistigen Auseinandersetzung seiner Zeit zu klären. Im Bereich der Philosophie oder wieder in dem der Dichtung wollte er jene kämpferische Stellung einnehmen, die seinem bisweilen spekulativ-grüblerischen Ringen um Selbstverständigung und vor allem seinem Bedürfnis nach schöpferischer Einflußnahme auf die humanitär-fortschrittliche Bewegung unter den Gebildeten seiner Epoche entsprach. Es galt, der Zeit eine »Idee« zu geben. An eine befreiende Tat wagte auch er nicht zu denken.

In diesem Bestreben trafen sich Schiller und Humboldt. So unterschiedlich ihre Herkunft, ihre äußeren Lebensumstände und ihre individuelle Veranlagung auch waren, gemeinsam war ihnen das Suchen nach ihrer besonderen Aufgabe, das Streben nach Selbstbildung und Selbstverständigung, der Drang, ihren Möglichkeiten entsprechend auf die Gesellschaft zu wirken. Da beide die Förderung ihrer persönlichen Entwicklung in der Begegnung mit anderen, im Gespräch mehr als im geschriebenen Wort, suchten und fanden, hatten sie verabredet, gemeinsam in Jena zu leben. Schillers neue Wohnung am Unteren Markt 1, in die er bei seiner Rückkehr aus Schwaben einzog, und die in unmittelbarer Nähe gelegene große Wohnung in Dr. Hellfeldts Haus, wohin die Familie Humboldt Anfang Oktober aus einem Gartenhaus übersiedelte, wurden Zentren des geistigen Lebens der kleinen Universitätsstadt an der Saale. Jena wurde für einige Jahre stärker noch als Weimar zur Pflanzstätte bürgerlich-deutscher Kultur inmitten einer gesellschaftlich rückständigen Umwelt.

Als Humboldt aus dem einsamen Burgörner nach Jena kam, sah er sich noch vor Schillers Rückkehr in einen Kreis reger Geister versetzt, die den verschiedensten wissenschaftlichen Disziplinen angehörten und wesentlich den akademischen Ruhm der Universität Jena gegen Ende des 18. Jahrhunderts begründeten. Er konnte feststellen, daß das wissenschaftliche Leben in Jena damals reger war als Jahre zuvor in Göttingen.

Humboldt lernte Wolfs Jenaer Kollegen, den Philologen Christian Gottfried Schütz, kennen, der zugleich Redakteur der sehr geachteten »Allgemeinen Literaturzeitung« war. Er trat in Beziehung zu Heinrich Eberhard Gottlob Paulus, der 1789, im gleichen Jahr wie Schiller, Professor an der Universität geworden war, zunächst für orientalische Sprachen, seit 1793 für Theologie. Paulus war ein ebenso freisinniger Kopf wie Christoph Wilhelm Hufeland, Professor der Medizin, der durch seine »Makrobiotik oder die Kunst, das menschliche Leben zu verlängern« (1796) berühmt wurde; Hufeland war ein Wegbereiter der modernen vorbeugenden Heilkunde und ein bedeutender Volkserzieher. Nicht minder hervorragend als Gelehrter und Mensch war Gottlieb Hufeland, der Namensvetter des Mediziners, Professor der Rechtswissenschaften; in seinen Ideen zu einer Reform der Rechtsnormen menschlichen Zusammenlebens hatte er viel mit Humboldt gemeinsam. Er trat in der kleinstaatlichen Enge der thüringischen Herzogtümer vor allem als nachdrücklicher Fürsprecher bei der Berufung namhafter Gelehrter hervor und hat sich um die Entwicklung der Universität Jena fast ebenso verdient gemacht wie deren Kurator in Weimar, der Geheimrat Goethe.

Es entsprach Humboldts Streben nach einer möglichst universalen Selbstbildung, daß er sich nicht nur im Kreis von Gelehrten bewegte, die ihm in ihren speziellen Arbeitsgebieten nahestanden. Sein wichtigstes Studiengebiet blieb das Lesen. Dazu gehörten – unbeschadet des Vorranges geistiger Bildung und gesellschaftlicher Erfahrung – genauere Kenntnisse über die Natur im allgemeinen und über die physischen wie psychischen Eigenarten des Menschen im besonderen. Gerade diese Seite seines Bildungsstrebens wurde durch die wiederholten, bisweilen längeren Besuche seines Bruders Alexander gefördert. Die Brüder Humboldt besuchten mit Goethe die Vorlesungen des Anatomen Justus Christian Loder; Wilhelm fand sich sogar gelegentlich als Gast im Hörsaal des Chemikers Johann Friedrich August Göttling ein.

Fast gleichzeitig mit Humboldt waren zwei Männer nach Jena gezogen, die Schillers Bekanntschaft suchten und bald auch zum engeren Umgang Humboldts gehörten. Karl Ludwig Woltmann, Schillers Nachfolger als Professor für Geschichte, war aus Göttingen nach Jena berufen worden. Als damals noch weithin unbekannter Philosoph, der über Kant hinausdrängte, kam Johann Gottlieb Fichte nach Jena. Wie sich bereits in Thüringen zeigte, war er ein Feuerkopf und unbeugsamer Patriot, der als politischer Volkserzieher Humboldts Bahn bald wieder kreuzen sollte. Nur widerstrebend hatte das weimarische Ministerium dem Drängen des Juristen Hufeland nachgegeben, als Nachfolger Reinholds auf den Lehrstuhl für Philosophie Fichte zu berufen, da dieser die Rechtmäßigkeit der Französischen Revolution öffentlich verteidigt hatte. Mit seinen kühnen Forderungen nach einer Reformation des akademischen Lebens brachte Fichte schon nach kurzer Zeit Universität und Ministerium in Verlegenheit.

Schiller erhoffte sich von Woltmann wie von Fichte eine Bereicherung seines Strebens. Er berief die beiden Gelehrten mit Humboldt in den Viererrat, mit dem er Anfang Juni 1794 seine Konferenzen über die Gestaltung der »Horen« begann. Auch in ihrem Namen lud Schiller die führenden Männer des deutschen Geisteslebens zur Mitarbeit an seiner Monatsschrift ein. »Sie wird sich über alles verbreiten«, hieß es in dieser Bekanntgabe, »was mit Geschmack und philosophischem Geiste behandelt werden kann, und also sowohl philosophischen Untersuchungen als historischen und poetischen Darstellungen offenstehen. Alles, was entweder bloß den gelehrten Leser interessieren oder was bloß den nichtgelehrten befriedigen kann, wird davon ausgeschlossen sein; vorzüglich aber und unbedingt wird sie sich alles verbieten, was sich auf Staatsreligion und politische Verfassung bezieht. Man widmet sie der *schönen* Welt zum Unterricht und zur Bildung und der *gelehrten* zu einer freien Forschung der Wahrheit und zu einem fruchtbaren Umtausch der Ideen.«

Einer der ersten Empfänger einer solchen Einladung zur Mitarbeit an den »Horen« war Goethe.

Der Brief an Goethe vom 13. Juni 1794, mit dem Schiller »den Wunsch einer Sie unbegrenzt hochschätzenden Gesellschaft« von Gelehrten übermittelte, »die Zeitschrift, von der die Rede ist, mit Ihren Beiträgen zu beehren«, leitet den Briefwechsel zwischen den beiden Dichtern ein, den Goethe in den Jahren 1828 und 1829 veröffentlicht hat.

Goethes Antwort in seinem ersten an Schiller gerichteten Brief lautete, er »werde mit Freuden und von ganzem Herzen von der Gesellschaft sein«. Einschränkend fügte er jedoch hinzu: »Sollte unter meinen ungedruckten Sachen sich etwas finden, das zu einer solchen Sammlung zweckmäßig wäre, so teile ich es gerne mit; gewiß aber wird eine nähere Verbindung mit so wackern Männern, als die Unternehmer sind, manches, das bei mir ins Stocken geraten ist, wieder in einen lebhaften Gang bringen.«

Der erste Schritt auf dem Wege zu Schiller war getan. Am 20. Juli 1794 trafen sich die beiden Ehrenmitglieder der Naturforschenden Gesellschaft in Jena beim Aufbruch von einer Sitzung. Eine Bemerkung Schillers löste ein Gespräch über die Arten der Naturbetrachtung und die Problematik einer Trennung von Idee und Erfahrung aus. Dies wiederum brachte Schillers »ganze Ideenmasse in Bewegung« und führte zu seinem diplomatisch-werbenden Brief vom 23. August an Goethe, in dem er nach Goethes Worten mit »freundschaftlicher Hand die Summe« von dessen »Existenz« zog.

Schiller und Goethe schlossen nach Goethes schönem Wort den »Bund des Ernstes und der Liebe«, »einen Bund, der ununterbrochen gedauert hat und für uns und andere manches Gute gewirkt hat«. Goethe sprach dem spät gewonnenen Freunde alsbald die würdigende Anerkennung aus: »Sie haben mir eine zweite Jugend verschafft und mich wieder zum Dichter gemacht, welches zu sein ich so gut als aufgehört hatte.« Und Schiller sah in der schöpferischen Begegnung mit Goethe »das wohltätigste Ereignis« seines Lebens.

Der erste und nächste unter den anderen, auf die Goethes und Schillers Freundschafts- und Schaffensbund »manches Gute gewirkt hat«, war Wilhelm von Humboldt. Er war nicht nur Zeuge der Begegnung der beiden größten deutschen Geister jenes Zeitalters, er hat ihre Freundschaft, deren geistesgeschichtliche Bedeutung er und Körner als erste erkannt haben, gefördert, wo immer er konnte. Er war Schiller sein Leben lang freundschaftlich, Goethe im Alter wie keinem anderen seines Zeitalters – den Reichsfreiherrn vom Stein ausgenommen – verehrungsvoll verbunden. Den beiden Dichtern war er ein willkommener Teilhaber jenes »Zeugnisses einer Epoche«, die, wie Goethe am 24. Dezember 1824 seinem »Urfreund« Knebel aus Anlaß der Herausgabe des Briefwechsels schrieb, »vorüber ist, nicht wiederkommt und dennoch bis auf den heutigen Tag fort-

Friedrich Schiller in Hofuniform

wirkt und nicht über Deutschland allein mächtig lebendigen Einfluß offenbart«.

Wilhelm von Humboldt, siebenundzwanzig Jahre alt, acht Jahre jünger als Schiller und achtzehn Jahre jünger als Goethe, trat als keineswegs nur stiller Teilhaber in den Freundschaftsbund. Die »wichtigste Epoche in Humboldts Jugendbildung«[23] begann mit seiner Niederlassung in Jena.

Noch bevor Schiller nach Jena zurückgekehrt war, »kam Li mit einem Sohn nieder«, heißt es in Humboldts Tagebuchnotizen vom Mai 1794. Alexander von Humboldt, Oberbergmeister im damals preußischen Ansbach-Bayreuth, war bereits zweimal aus dem Fränkischen nach Jena gereist, um Bruder und Schwägerin zu besuchen. Seit dem gemeinsamen Studiensemester in Göttingen war der persönliche und briefliche Gedankenaustausch der Brüder nie so eng gewesen wie jetzt. Sie kamen einander in ihren unterschiedlichen Forschungsinteressen näher als je im weiteren Gang ihres Lebens. Noch waren beide auf der Suche nach ihrem besonderen Weg zu einer universalen Welterkenntnis. Dabei wurde Goethe in der Universalität seiner eigenen Studien- und Forschungsinteressen ein überaus willkommener Mittler zwischen Geist und Natur, Spekulation und Anschauung. Er hatte die ihn interessierenden Brüder bei einer Reise nach Jena bereits am 9. März aufgesucht.

Schiller und Humboldt pflegten während dieses ersten längeren Aufenthaltes Humboldts in Jena engsten Umgang. Sie besuchten sich in der Regel mehrmals am Tage und trafen sich in der öffentlichen Vorlesung, die Fichte am 30. Mai 1794 »Über Moral für Gelehrte«, das heißt über den Begriff der Wissenschaftslehre begonnen hatte. Sie empfingen gemeinsam Freunde, besonders Goethe und dessen Vertrauten, den Maler, Kunstschriftsteller und Altertumsforscher Johann Heinrich Meyer – den »Kunschtmeyer«, wie er in Weimar genannt wurde –, ferner Alexander von Humboldt, Schillers Schwägerin Karoline von Beulwitz, ihren späteren Gatten und Schillers Freund von Wolzogen, den Arzt Hufeland, den Historiker Woltmann, den Anatomen Loder und viele Gäste, die sich vom geistigen Leben in Jena angezogen fühlten. Einer von ihnen war der junge Hölderlin, den seine Verehrung für den Dichter des »Don Carlos« an die Universität Jena getrieben hatte. Die Wortführer der Romantik, August Wilhelm Schlegel und sein Bruder Friedrich, kamen erst im Jahre 1796 während Humboldts zweitem Aufenthalt nach Jena.

Für heutige Begriffe fast unvorstellbar war der Umfang der Korrespondenz, die Humboldt und seine Freunde unterhielten. Wie in keinem Zeitalter vorher war man bestrebt, seine Gedanken miteinander auszutauschen. Wir wissen, daß Wilhelm von

Humboldt in seinem ersten Jenenser Jahr 281 Briefe erhalten und 229 geschrieben hat, von denen freilich trotz emsigster Forschung nur ein Bruchteil bekannt ist.

Einer der Korrespondenten war Schillers Freund, der in Dresden lebende Appellationsgerichtsrat Christian Gottfried Körner, der Vater des Freiheitsdichters Theodor Körner. Schiller war in den Jahren 1785 bis 1787 auf Körners Weinberg in Loschwitz bei Dresden und im Dresdener Heim Gast seines wohlhabenden und uneigennützigen Freundes gewesen. Ihm schrieb er drei Tage nach seiner Rückkehr aus Schwaben im Mai: »Humboldt ist mir eine unendlich angenehme und zugleich nützliche Bekanntschaft. Denn im Gespräch mit ihm entwickeln sich alle meine Ideen glücklicher und schneller. Es ist eine Totalität in seinem Wesen, die man äußerst selten sieht und die ich außer ihm nur in Dir gefunden.«

Wenige Jahre zuvor, nach ihrem ersten längeren Zusammensein, von dem Humboldt begeistert war, erschien er Schiller noch als »zu flüchtig, zu sehr aus sich herausgerissen, zu weit verbreitet«. In einem Brief vom 5. Januar 1790 an Lotte und ihre Schwester hatte Schiller bei Humboldt »die Ruhe und ... die Stille der Seele« vermißt, »die ihren Gegenstand mit Liebe pflegt und mit Anhänglichkeit in ihrem Lieblingsgeschäft verweilt«. Beide hatten sich inzwischen weiter entwickelt und waren aufgeschlossener gegenüber fremden Eindrücken. So mußte die weltoffene Jenaer Atmosphäre, auf die neben Schiller nun auch Goethe einzuwirken begann, sich günstig für Humboldt auswirken.

Körner und dessen Frau hatten Humboldt und Karoline im Spätsommer 1793 in Dresden kennengelernt. Nachdem Humboldt nach Jena gezogen war, lag es nahe, diese persönliche Verbindung enger zu knüpfen, da Humboldt mehr und mehr als Kunstrichter und ästhetischer Mitstreiter neben Körner an die Seite Schillers trat. Man traf sich bald zu dritt in Weißenfels und begründete hier Ende August 1794 eine »Dreifaltigkeit«, einen Bund zu dritt, in dessen Mittelpunkt Schiller stand. Körner, sein älterer Freund, und Humboldt verschworen sich, Schiller durch ihre fördernde Kritik soweit wie möglich zu helfen.

In diesem Freundschaftsbund war Humboldt der weitaus Jüngste und stand dem Gewicht seines Beitrages nach zurück. Wenige Wochen später mußte er erfahren, daß er auch im »Bund des Ernstes und der Liebe« zwischen Schiller und Goethe einem Sterne vorerst noch unbestimmter Ordnung glich, der um zwei Sonnen kreist. Daß er nicht eigentlich wärmte, sondern nur leuchtete, hatte Schiller schon damals erkannt, wenn er Körner anvertraute: »So wohltätig er aber auch für jeden ist, der einen gewissen Gedankenreichtum mitzuteilen hat, so wohltätig, ja so höchst notwendig ist es auch für ihn, von außen ins Spiel gesetzt zu werden und zu der scharfen Schneide seiner intellektuellen Kräfte einen Stoff zu bekommen. Denn er kann nie bilden, immer nur scheiden und kombinieren.«

Es lag in Humboldts Veranlagung, auf der Wanderung zum eigenen Ziel vorerst auf andere zu wirken, fördernd auf Schiller, anregend auf Goethe – ein Verdienst, das ausreichen würde, um ihm in der Geschichte des bürgerlich-klassischen Zeitalters einen hervorragenden Platz zu sichern. Doch der Biograph muß fragen: Wenn Humboldt, wie Schiller behauptete, »von außen ins Spiel gesetzt« werden mußte, konnte das in Jena oder in Weimar geschehen? Oder war sein Weg nach Jena ein Umweg, führte er gar in die Irre?

Nicht zuletzt um sich selbst zu erkennen, suchte Humboldt engsten Umgang mit Schiller. Die Einsamkeit im geliebten Burgörner hatte ihn auf die Dauer nicht gefördert. Als die kränkelnde Karoline ihrer zweiten Niederkunft entgegensah und die Nähe eines Arztes notwendig erschien, entschied sich das Ehepaar Humboldt für Jena; auch sehnte sich Karoline nach den Jugendfreundinnen Lotte Schiller und deren Schwester Karoline. Man wünschte in Burgörner wie in Jena miteinander zu leben. Wolf in Halle, dem Humboldt eng verbunden blieb, gehörte nicht zu den Persönlichkeiten, mit denen er Freundschaft zu schließen vermochte. Auch eine menschliche Bereicherung war bei täglichem Umgang nicht zu erwarten. Wolfs rechthaberische Pedanterie beeinträchtigte den wechselseitigen Verkehr.

Schwerer wog, daß Humboldts Beschäftigung mit der Antike nicht zur philologischen Liebhaberei werden durfte. Sosehr die »Alten« belehrende Auskünfte für ein Dasein in der Gegenwart zu geben schienen, man mußte mit den »Modernen« leben, mit den Zeitgenossen. Noch immer nach Leitbildern ausschauend, konnte Humboldt nach der Trennung von Forster kein besseres finden als Schiller, der ihn wie ein Magnet anzog.

Schiller und Humboldt trafen sich im Urteil über den Gang der Zeit. Jeder bejahte auf seine Weise den Fortschritt der menschlichen Entwicklung, jeder suchte zu seinem Teil zur Beförderung der Humanität beizutragen. Wie fast alle zeitgenössischen Repräsentanten des deutschen Geisteslebens waren Schiller und Humboldt vom Fortgang der Französischen Revolution enttäuscht. Sie bejahten die Idee dieser Revolution – Humboldts staatstheoretische Arbeiten und Schillers Briefe »Über die ästhetische Erziehung des Menschen« bezeugen es –, sie erschraken aber im Angesicht dessen, was Schiller »sklavische Gesinnung in der Freiheit« nannte.

Schiller, der Ehrenbürger der Französischen Republik, wandte sich von der Revolution ab, als der verhaßte Bourbone hingerichtet wurde. »Die losgebundene Gesellschaft«, so urteilte er gleichsam abschließend im fünften seiner »Briefe über ästhetische Erziehung des Menschen«, »anstatt aufwärts in das organische Leben zu eilen, fällt in das Elementarreich zurück.« Er konnte Humboldts Zustimmung gewiß sein, auch wenn er alsbald – im Gedicht »Das Ideal und das Leben« – vom Ausweg »aus dem engen, dumpfen Leben in der Ideale Reich« sang.

Friedrich Engels hat in einer Polemik gegen Karl Grün (in »Deutscher Sozialismus in Versen und Prosa«) dargelegt, wie Goethe »sich in seinen Werken auf eine zweifache Weise zur deutschen Gesellschaft seiner Zeit« verhalten habe. Bald sei er ihr feindselig begegnet, bald habe er sie gefeiert oder sie verteidigt »gegen die andrängende geschichtliche Bewegung, namentlich in allen Schriften, wo er auf die Französische Revolution zu sprechen kommt. Es sind«, schrieb Engels, »nicht nur einzelne Seiten des deutschen Lebens, die Goethe anerkannt gegen andre, die ihm widerstreben. Es sind häufiger verschiedene Stimmungen, in denen er sich befindet; es ist ein fortwährender Kampf in ihm zwischen dem genialen Dichter, den die Misere seiner Umgebung anekelt, und dem behutsamen Frankfurter Ratsherrnkind bzw. weimarschen Geheimrat, der sich genötigt sieht, Waffenstillstand mit ihr zu schließen und sich an sie zu gewöhnen. So ist Goethe bald kolossal, bald kleinlich; bald trotziges, spottendes, weltverachtendes Genie, bald rücksichtsvoller, genügsamer, enger Philister. Auch Goethe war nicht imstande, die deutsche Misere zu besiegen; im Gegenteil, sie besiegt ihn, und dieser Sieg der Misere über den größten Deutschen ist der beste Beweis dafür, daß sie ›von innen heraus‹ gar nicht zu überwinden ist. Goethe war zu universell, zu aktiver Natur, zu fleischlich, um in einer Schillerschen Flucht ins Kantsche Ideal Rettung vor der Misere zu suchen; er war zu scharfblickend, um nicht zu sehen, wie diese Flucht sich schließlich auf die Vertauschung der platten mit der überschwenglichen Misere reduzierte«.

Engels' Analyse der weltanschaulichen Position der beiden Männer, in deren engsten Lebens- und Wirkungskreis der wesentlich jüngere Humboldt eintrat, umreißt zugleich das Wagnis, dem sich Humboldt aussetzte.

In Humboldts subjektiver Deutung ging es um seine individuelle Bildung, um die weitere Klärung seiner Weltansicht und Lebenseinsicht, um den »Genuß« in dem uns vertrauten Sinn dieses Begriffes. Objektiv betrachtet, stellte sich ein ehrgeiziger, nach tätiger Bewährung drängender, sich der spezifischen Richtung seiner Fähigkeiten und Wirkungsmöglichkeiten noch immer nicht bewußter junger Mann den beiden bedeutendsten poetischen Repräsentanten der bürgerlich-klassischen Epoche. Den einen ekelte die »Misere seiner Umgebung« an; aber er war bereits Minister und sah sich genötigt, »Waffenstillstand mit ihr zu schließen«. Der andere suchte in der Flucht in »Ideen«, die Humboldt so vertraut waren, »Rettung vor der Misere«.

Humboldts Weg nach Jena, zu Schiller und Goethe, war nicht zuletzt die Ausflucht eines hochbegabten und hochgelehrten jungen Mannes aus der Wirrnis der Zeit, aus der Gebrochenheit ihrer gesellschaftlichen Verhältnisse, aus der deutschen Misere wie dem vermeintlichen französischen Rückfall in die Barbarei. Es war die Flucht eines idealistischen Suchers in das Reich klassischer Dichtung und Menschenbildung. Der Geist des Griechentums schien ihm im Schaffen Schillers und Goethes eine Auferstehung zu feiern, wegweisend für die Menschenbildung, für die Erziehung des Menschen zu freiheitlicher Gestaltung des Lebens, zur Humanität. Während Humboldts Wanderjahren waren Jena und Weimar seine fruchtbarsten Stationen auf dem Wege nach Rom.

Im übrigen gilt, wie wir sehen werden, im Prinzipiellen auch für Humboldt, was Engels zum »Sieg der Misere über den größten Deutschen«, über Goethe, anmerkt: »Sein Temperament, seine Kräfte, seine ganze geistige Richtung wiesen ihn aufs praktische Leben an, und das praktische Leben, das er vorfand, war miserabel. In diesem Dilemma, in einer Lebenssphäre zu existieren, die er verachten mußte, und doch an diese Sphäre als die einzige, in welcher er sich betätigen konnte, gefesselt zu sein, in diesem Dilemma hat sich Goethe fortwährend befunden, und je älter er wurde, desto mehr zog sich der gewaltige Poet, de guerre lasse[24], hinter den unbedeutenden weimarschen Minister zurück.«

In einem ähnlichen Dilemma befand sich Humboldt. Er hat allerdings, als sich nach der preußischen Katastrophe von Jena und Auerstedt die Möglichkeit zu einem erfolgreichen öffentlichen Wirken zu bieten schien, an der Seite der Reformer mit aller Entschiedenheit für die Beseitigung der alten überholten Zustände in Preußen und Deutschland gekämpft, und er zog sich aus dem Staatsdienst erst zurück, als die Reaktion ihm jedes weitere Wirken für den Fortschritt unmöglich machte.

Man kann Humboldts Aufenthalt in Jena, der zunächst bis zum 1. Juli 1795 währte, nicht an dem messen, was Humboldt an eigenen Beiträgen zur geistigen Entwicklung in Deutschland aus diesen Jahren hinterlassen hat. Die beiden 1794 und 1795 entstandenen und in den »Horen« erschienenen Abhandlungen »Über den Geschlechtsunterschied und dessen Einfluß auf die organische Natur« sowie »Über die männliche und weibliche Form« blieben ohne größeren Widerhall, sogar im Freundeskreis. Sie waren Randbetrachtungen zu Sonderfragen des allgemeinen Emanzipationsstrebens der Zeit.

Humboldt ging es in diesen Nebenwerken darum, darzustellen, wie die Anlagen auf beide Geschlechter verteilt seien, so nämlich, meinte er, daß sie erst gemeinsam das »unermeßliche Ganze zu bilden« vermöchten. »Nur dadurch gelang es der Natur, widersprechende Eigenschaften zu verbinden und das Endliche dem Unendlichen zu nähern.«

Harnack[25] hat dazu angemerkt, daß in Humboldt »neben der höchsten Schätzung des weiblichen Geschlechtes zugleich das Bewußtsein des grundlegenden Unterschieds zwischen beiden Geschlechtern, ja die tiefste geistige und seelische Freude an diesem Unterschied« lebte. Damit ist gewiß ein Wesenszug des jungen, auch dem erotischen »Genuß« in jener sinnenfrohen Zeit zugeneigten Humboldt erfaßt. »Bestrebungen, die diesen Unterschied aufheben, oder gar Selbsttäuschungen, die ihn leugnen wollen, hätten seinem innersten Wesen widersprochen.«

Im übrigen offenbarten beide Abhandlungen, daß Humboldt kein Meister des geschriebenen Wortes und der literarischen Form war, worüber er sich durchaus klar war. Man vergleiche etwa Schillers historische Abhandlungen oder Fichtes politisch-pädagogische Traktate mit Humboldts Essays, und man wird begreifen, wie entmutigend seine schriftstellerischen Versuche, als er sie gedruckt sah, auf ihn wirken mußten. »Ich fürchte wirklich«, schrieb Schiller am 7. November 1794 an Körner, »er hat zum Schriftsteller kein rechtes Talent, er wird diesen Mangel durch Kunst nicht viel verbessern.«

Um so freier und sicherer bewegte sich Humboldt im persönlichen Gespräch. Das lag nur zum Teil an Herkunft und Erziehung. Wo er es wollte, konnte der sich so oft mokant und zynisch präsentierende Baron auch höflich und verbindlich sein. In Jena und Weimar gab er sich so, wie es seinem innersten Wesen entsprach: mit gewinnender Herzlichkeit und menschlichem Charme, hilfreich auch im kleinsten und nebensächlichsten, wie es zur Förderung eines ihm lieben, zum Freund gewordenen und seiner Bedeutung wegen verehrten Menschen natürlich war. Karoline hat diese selbstlose Hingabe Humboldts an Schiller geteilt, zumal sie weit harmonischer war als ihr unruhiger Ehemann.

Das schöne Einvernehmen zwischen den beiden Familien bedarf dieser Würdigung, weil nur auf dem Hintergrund schlichter menschlicher Gemeinsamkeit die Tiefe dieses Lebensbundes nicht als ein spätes Produkt der Epoche überschwenglicher Empfindsamkeit aufgefaßt werden kann. Humboldt bewunderte den Dichter und Denker Schiller, er liebte den Menschen Schiller, der heroischer als irgendeine Gestalt, die er in seinen Dichtungen geschaffen, seinen Lebensweg ging.

Wenn je vorbehaltlose Hingabe an eine Aufgabe, wenn je Berufung zur Leistung Humboldt in seinem weiteren Leben anspornten zu wirkender Tat, so geschah dies in der Verbundenheit und im lebenslangen Gedenken an Friedrich Schiller. Auch wenn Schiller nach Humboldts Worten »in Ideen« lebte, gelang es dem Schwerkranken, damals sogar Goethe einen »neuen Frühling« zu bescheren, »in welchem«, wie Goethe 1817 bekannte, »alles froh nebeneinander keimte und aus aufgeschlossenen Samen und Zweigen hervorging«. Humboldt schrieb, als er in Rom die Nachricht von Schillers Tod erhielt, am 25. Mai 1805 an Germaine de Staël die erschütternden Sätze: »Er war der einzige Mann, den ich auf dieser Erde sehr geliebt habe... der einzige Mann vielleicht, der das Bedürfnis empfand, mit mir zu leben...«

Ein Schloßbrand in Kopenhagen hatte die Briefe vernichtet, die Schiller seinem Wohltäter, dem Erbprinzen von Augustenburg, geschrieben hatte. Auf dessen Bitte schrieb er dann an Hand seiner Konzepte die Briefe »Über die ästhetische Erziehung des

Menschen«, seinen neu gewonnenen Erkenntnissen entsprechend umgearbeitet, abermals nieder, obgleich ihn neben den »Horen« und den Studien zur Philosophie Kants andere Pläne beschäftigten, lyrische zunächst, aber auch schon dramatische. Er sei, schrieb er Mitte Juni 1794 an Körner, seit seiner Zurückkunft zwar an wirklichen Ausarbeitungen ziemlich unfruchtbar, aber an Projekten desto ergiebiger.

Trotz wochenlang »anhaltenden Unwohlseins« zwang er sich zur raschen Vollendung der »Ästhetischen Briefe«, jener Humboldtschem Denken verwandtesten Schrift Schillers. Unermüdlich suchte er jeden Schreibenden von Ruf und Rang für die »Horen« zu gewinnen, stritt mit Fichte und Humboldt um Thesen Kants, schloß die »Briefe über die ästhetische Erziehung des Menschen« Anfang Juni 1795 ab und schrieb vier Tage später die »Poesie des Lebens«, das erste Gedicht, das nach sieben Jahren entstand.

Im Dezember 1794 hatte ihm Goethe das erste Buch von »Wilhelm Meisters Lehrjahren« im Druckbogen zur kritischen Äußerung übersandt. Fichte hatte, in der Freiheit seiner Lehre bedrängt, wenige Tage vor dem Erscheinen der ersten Ausgabe der »Horen«, Mitte Januar 1795 Jena trotzig verlassen. Zweimal hatte inzwischen die Universität Tübingen ihr auch in finanzieller Hinsicht verlockendes Angebot an Schiller erneuert, doch die endgültige Absage war ihm durch eine Verdoppelung seiner kärglichen Bezüge erleichtert worden. Schiller hatte bis dahin zweihundert Taler im Jahr bezogen, »von denen wir«, wie Wielands Schwiegersohn Karl Leonhard Reinhold dem Dänen Baggesen berichtete, »wenn wir krank sind, nicht wissen, ob wir sie in die Apotheke oder Küche senden sollen«. Die jährliche Gabe des Erbprinzen Friedrich Christian und des dänischen Ministers Schimmelmann von tausend Talern hatte Schiller für drei Jahre aller materiellen Sorgen enthoben.

Humboldt nahm innigen Anteil an den persönlichen Sorgen wie an den schöpferischen Bedrängnissen des Freundes. Schiller schrieb keine Zeile, die Humboldt nicht las und mit ihm erörterte, er durchdachte keinen Gedanken, über den er sich nicht mit Humboldt austauschte. Ohne Humboldt gehört zu haben, entschied er sich in keinem seiner Pläne, und er ließ nichts drukken, wenn Humboldt nicht zuvor kritisch Stellung genommen hatte.

Dieser enge Kontakt wurde unterbrochen, als Humboldt wegen der schweren Erkrankung seiner Mutter am 1. Juli 1795 nach Tegel reisen mußte. Erst fünfzehn Monate später kehrte er nach Jena zurück, nachdem er sich in Berlin bis zu den nebensächlichsten Einzelheiten um den Druck von Schillers »Musenalmanach für 1796« gekümmert hatte. In jener Zeit schrieb Schiller in einer Humboldt beglückenden poetischen Fruchtbarkeit Gedicht um Gedicht. Nach klärenden Gesprächen mit Goethe und brieflichem Meinungsaustausch mit Humboldt nahm er auch die Arbeit am »Wallenstein« wieder auf und kehrte endgültig zur Dramatik zurück.

Für Schiller war die Begegnung mit Humboldt ein großer Gewinn. Humboldt war ihm ein anregender Berater, ein kenntnisreicher Förderer seiner Kunst, besonders auf allen Gebieten der Antike, er fand einen Bewunderer und einen Freund, wie er ihn zuvor nur in Körner gehabt hatte. Beide, Körner und Humboldt, nahmen den lebhaftesten Anteil an Schillers Entwicklung. Den »ideenfruchtbarsten Kopf« nannte Humboldt Schiller in einem Brief an Brinkmann vom 14. September 1794, er rühmte »die bestimmte Genauigkeit des philosophischen Räsonnements, die unerbittliche Strenge der moralischen Gesinnung und die Liberalität und Grazie des ästhetischen Gefühls«. Er teilte Körners »Freude über Schillers poetische Produktion«. Sie erschien auch ihm, wie er Körner am 23. November 1795 aus Tegel mitteilte, »ein untrüglicher Beweis seiner wieder mehr gestärkten inneren Kraft und seiner hergestellten Gesundheit«. Er habe Schiller »äußerst genau studiert«, schrieb er am 15. Oktober 1796 aus Berlin an Jacobi und mache es sich »zum eigentlichen Geschäft, dieses Studium zu einer gewissen Vollendung zu bringen«.

Die Früchte der Rückkehr des Freundes zur dramatischen Kunst konnte er erst in Paris voll genießen, als er die Wallenstein-Dramen gedruckt in Händen hielt. »Der Wallenstein hat mich ein paar Wochen hindurch sehr ernsthaft beschäftigt«, versicherte er am 10. Oktober 1800 Goethe. »Es ist ein ungeheures Leben in diesen drei Stücken, eine wirkliche neue Welt. Wir müssen noch oft und viel miteinander darüber sprechen, für einen Brief ist es kein Gegenstand.«

EINE »UNANGENEHME LEERE«
ZWISCHENSPIEL IN BERLIN UND TEGEL

Humboldts Aufenthalt in Berlin und seine Reise nach Norddeutschland waren ein Zwischenspiel in seiner Auseinandersetzung mit der Klassik.

Äußerer Anlaß dieser Unterbrechung des Zusammenlebens in Jena war die lebensgefährliche Erkrankung der Mutter. Auf der Reise nach Berlin begleiteten ihn seine Frau und die Kinder. Uns will scheinen, als ob Humboldt nach dem aufwühlenden Erlebnis, Freund Schillers und Vertrauter Goethes geworden zu sein, einer Zeit der Besinnung bedurfte. Wir wissen, wie tief den äußerst sensiblen Humboldt selbst Reiseerlebnisse beeindruckt hatten: die Gefängnisse und Spitäler in Gießen und Paris, die Trümmer der Bastille, die Schulen für Waisenkinder irgendwo in der Schweiz. Zum Problem aber war es ihm geworden, ob er einen Menschen aburteilen könne, der in seiner Not ein Verbrechen begangen hatte. Er hatte tätig werden, der Menschheit helfen wollen. Aber dem Staat, dem er nach Herkunft und Ausbildung eigentlich hätte dienen sollen, hatte er eine Absage erteilt. Statt dessen hatte er »ein stilles häusliches Dasein« gesucht, ganz sich selbst, seiner Selbstbildung, dem »Genuß« lebend, und darin den Sinn, die Bestimmung seines Lebens gesehen.

Jacobi hatte ihn enttäuscht, und Forster war bereits 1794 in Paris gestorben. Ratsuchend wanderte Humboldt damals durch die Geschichte der Menschheit, lange in der Antike verweilend, hier und da nach den Besonderheiten der modernen Völker, ihres tagtäglichen Lebens, ihrer Sprache und nach deren Ursprung fragend. Im Grunde suchte er, ehrgeizig, selbstbewußt und noch immer jung an Jahren, nach einer Wirkungsmöglichkeit, die seinen Geltungsdrang befriedigte und der Menschheit dienlich war. Auch ihn ekelte »die Misere seiner Umgebung« an, aber er war nie bereit, »Waffenstillstand mit ihr zu schließen«. Er war auch nicht bereit, um noch einmal auf Engels' Analyse der Position Goethes und Schillers zurückzukommen, sich mit einer »Vertauschung der platten mit der überschwenglichen Misere« abzufinden. Jedoch neigte er dazu, den Kampf abzubrechen und zu resignieren.

Aufwühlender als die Begegnung mit Jacobi und Forster war die mit Schiller und Goethe. Das stille Tegel war, wie Auleben und Burgörner, geeignet, Einkehr zu halten, eine Zwischenbilanz zu ziehen.

Aus Schillers Bann erlöst hat ihn »Schloß Langweil«, wie er es einst nannte, nicht. Im Gegenteil, er wurde Botschafter der Klassik in Berlin wie später mit weit stärkerem Erfolg in Paris. Schiller war in den Berliner Salons nicht »Mode«. Man hatte sich nicht aus Rationalismus und Aufklärung in eine überschwengliche Atmosphäre des Gefühlskultes und der Emanzipation geflüchtet, um nun pathetischer Gedankenlyrik und philosophischer Ästhetik zu huldigen. Romantische Strömungen kündigten sich an, und die schwärmerischen Frauen verehrten Goethe.

Der Freund Schillers sah sich im vertrauten Berlin unvermittelt in einer fremden Umwelt. Bei Rahel Levin, die im Sommer 1795 in Teplitz Goethe kennengelernt hatte, fand er sich zwar ein, aber das alte Verhältnis wich einem beiderseits kühlen Interesse. Die Freundschaft zu Gentz erkaltete schnell; größere Gegensätze als der Gefährte der Berliner Referendarzeit und der Freund in Jena ließen sich schwer denken. Nicht nur Schillers Idealität, auch seine Moralität hatten Humboldt tief beeindruckt und seiner Vorstellung vom »Genuß« des Lebens abermals eine Wendung gegeben, stärker hin zur Idealität als zur Realität.

Es lag nun nahe, daß er sich weiterhin nicht darauf beschränken wollte, Schiller und Goethe kritisch-fördernd zu befruchten, sondern selbst schöpferisch zu werden suchte. Das war ihm in dieser Phase seiner Entwicklung im wirklichen Leben, etwa im Staatsdienst, in den zurückzukehren man ihm nahelegte, nicht möglich. Daher versuchte er, seine Kräfte in einigen Beiträgen zur philosophisch-historischen Ergründung seiner Epoche zu erproben. Die Aufsätze in den »Horen« waren ein Ansatz in dieser Richtung. Der Umgang mit Schiller und Goethe veranlaßte ihn zu tiefschürfenden, an den Leitbildern der Antike orientierten ästhetischen Betrachtungen, die ihren Niederschlag in erst später zu Ende geführten und gedruckten Abhandlungen finden sollten, so in den Pariser »Ästhetischen Versuchen« über Goethes »Hermann und Dorothea« bis hin zum Spätwerk »Über Schiller und den Gang seiner Geistesentwicklung«. Doch bereits in Tegel kennzeichnen ihn zahlreiche Briefe an Schiller als einen ausgezeichneten, bisweilen jedoch pedantischen Kunstrichter.

Die Einsamkeit von Schloß Tegel förderte das Bedürfnis nach eigener schöpferischer Arbeit. Auch wenn Humboldt im Berliner Stadthaus der Mutter lebte, besuchte er selten die Salons, noch seltener empfing er Freunde und Bekannte. Die wenigen Menschen, mit denen er verkehrte, vermochten nicht, ihn von seinen Gedanken, seinen Selbstreflexionen abzulenken. Schon früher war es ihm dabei nie um den abstrakten Begriff Mensch gegangen, sondern um das lebende und leidende Wesen, um die Kindsmörderin nicht weniger als um das Genie.

Nun drängte es ihn, das Zusammenleben der Menschen zu erforschen, und zwar weniger auf eine philosophisch-theoretische Weise. Es ging ihm nicht um den abstrakten Begriff Volk, sondern um die Lebenswirklichkeit Volk oder Nation, ganz speziell um das französische, spanische, baskische Volk. Darüber hinaus stellte er sich die Aufgabe, eine geschichtliche Epoche in ihrer Universalität zu ergründen. Damals nahm der Gedanke Gestalt an, »eine Einleitung zu einer Charakteristik des 18. Jahrhunderts« zu schreiben, wie er Wolf am 16. Juli 1796 mitteilte.

Er hatte nicht vor, der interessierten Welt sensationelle Aufschlüsse zu liefern, sondern er wollte zum Verständnis der säkularen Kräfte, ihrer Ursachen wie ihrer Ziele beitragen. Eben erst in Schillers Welt der »Ideale« versunken, bemühte sich Humboldt ein weiteres Mal auf seine Weise um ein Verständnis der Wirklichkeit.

Wesentliche Aufschlüsse über den Gang der geistigen Entwicklung Humboldts in jenen Monaten geben uns seine Briefe, besonders diejenigen an Schiller.[26] Rein äußerlich bemerkenswert für ihr Verhältnis während der Monate der Trennung ist, daß uns von Humboldt vom Juli 1795 bis zu Beginn des Oktober 1796 annähernd sechzig Briefe an Schiller, von Schiller an Humboldt aus der gleichen Zeitspanne nur fünfzehn Briefe erhalten sind. Je öfter es der mahnenden Versicherung Humboldts bedurfte, den zeitweilig recht einseitigen »Briefwechsel ... nach und nach wieder in Gang zu bringen«, um so stärker wurde neben der kritischen Auseinandersetzung mit Schillers Arbeiten sein Bedürfnis, sich dem Freunde zu erschließen.

»Ich habe wenig genossen und fast nichts getan«, lesen wir in einem Schreiben vom 16. Juli 1796 an Schiller. Das war ein Jahr nach der Trennung, die ihn an jedem Tage lebhaft habe fühlen lassen, »wie unendlich viel« er entbehre. In allen von seiner »eigentümlichsten Denkungsart so sehr abweichenden Zirkeln dieser Stadt« empfinde er eine »unangenehme Leere«, sobald er nur die Schwelle seines Hauses verlasse. Dabei habe das Siechtum der Mutter nicht unwesentlich zu seiner »Freudlosigkeit und Untätigkeit« beigetragen.

Noch mehr bedrückte es ihn, daß er trotz äußerer Gelegenheit zur stillen gelehrten Arbeit, trotz Mut und Kraft in seinem literarischen Vorhaben, einer Charakterisierung des 18. Jahrhunderts, nicht recht vorankam. Früheren Bedenken zum Trotz hatte er es unternommen, nicht Teile eines »so weitläufigen Gegenstandes«, sondern die wesentlichen Züge der gesamten Epoche zu behandeln, »eine Charakteristik des 18. Jahrhunderts aufzustellen«. »Ich halte sie wirklich für sehr stark durch das

Bedürfnis unsrer Zeit jedem denkenden Kopf aufgegeben«, schrieb er Schiller bereits am 31. Mai 1796, und das war eine gewiß zutreffende Einsicht in die gesellschaftlichen Notwendigkeiten seiner Zeit.

Wenn auch Humboldt nicht mehr zu den Anhängern der Französischen Revolution gehörte, so fühlte er sich doch als einer der wenigen führenden Geister seiner Epoche dazu verpflichtet, die Wirklichkeit, den Charakter seines Jahrhunderts, zu erforschen. Dabei mag er noch immer mit dem aufklärerischen Optimismus des »Grünen Buches« gewünscht haben, der Fürst selbst solle es sein, der »die Fesseln löst und Freiheit gewährt und dies Geschäft nicht als Frucht seiner wohltätigen Güte, sondern als Erfüllung seiner ersten, unerläßlichen Pflicht betrachtet«. Humboldt wollte nicht mehr als Bausteine für eine solche Entwicklung menschlicher Gemeinsamkeit liefern.

Seine Arbeitsmethode hatte er bis in die Einzelheiten durchdacht. Er glaubte, wie er dem Freunde versicherte, mit den wichtigsten Fächern einer solchen Untersuchung, »der Philosophie, Politik, Ästhetik und Philologie, ziemlich vertraut und in den Naturwissenschaften« – gemeint ist hier die Wissenschaft vom Menschen und seinen Lebensbedingungen – »kein Fremdling« zu sein. Freilich war er sich darüber klar, zunächst nur eine »Einleitung zu jener Charakteristik« entwerfen zu können, »eine Abhandlung, welche die Erfordernisse und Schwierigkeiten derselben auseinandersetzt und den Plan ausführlicher vorlegt«. In der Durchführung des Vorhabens werde es dann darum gehen, »das gehörige Mittel zwischen einer zu sehr spekulativen und zu sehr historischen Behandlung zu halten«. Er werde einerseits »den Charakter der Zeit nach seinen vorzüglichsten und allgemeinen Seiten zu schildern«, andererseits »die Belege zu diesen Behauptungen zugleich vollständig aus der Geschichte des Jahrhunderts« zusammenzutragen haben.

Zwei Teile eines solchen Werkes schwebten ihm vor. In dem einen müsse seinem Plan nach »der Charakter der Menschheit in unserm Jahrhundert allgemein nach seinen einzelnen Seiten geschildert und durch Beispiele aus der Lage unsrer Verfassungen,

Wissenschaften usf. bewiesen werden. Im zweiten müssen diese einzelnen Fächer eine genauere Prüfung erfahren, die Lage eines jeden im Anfange dieses Jahrhunderts und seine Veränderungen während des Laufs desselben müssen einzeln gezeigt werden«. Weiter hieß es: »Die Verschiedenheit der Nationen wird in die Ausführung des ganzen Plans eine neue Schwierigkeit bringen. Indes beschränke ich mich natürlich auf die vier Hauptnationen Europas, und überhaupt werde ich wohl hinten eine eigne Abhandlung über den besonderen Charakter der verschiednen Geschlechter, Nationen und Stände anhängen.«

Humboldt war nach den Maßstäben seiner Zeit so universal gebildet und lebenserfahren, daß sich in Deutschland wohl kaum ein besserer Autor für ein solches Werk gefunden hätte. Doch erkannte er bald, daß er sein Vorhaben zu weit gespannt hatte und daß er den Plan so, wie er es wünschte, nicht ausführen konnte, zumal dann, wenn »ich nicht eine schwankende und schädliche Ungewißheit über das, was ich Charakter, Charakteristik und Ideal nenne, zurücklassen will«. Weiter schrieb er Schiller am 11. Juni 1796: »Eine große Schwierigkeit finde ich jetzt darin, immer zu den allgemein vorgetragnen Sätzen gut gewählte historische Beispiele zu finden. Wäre mir auch ein größerer Reichtum von Tatsachen gegenwärtig, als leider gewöhnlich der Fall ist, so ist es doch eine so verschiedne Operation der Seele, ein philosophisches Räsonnement in bündigem Zusammenhange fortzuführen und nun wieder die dadurch auf einen Punkt gesammelte Aufmerksamkeit auf eine Menge verschiedner und einzelner Gegenstände zu zerstreuen, daß man dies doppelte Talent gewiß nur höchst selten zugleich beisammen antrifft. Zwar suche ich durch Lektüre diesem Mangel zu Hilfe zu kommen, indes hilft dies doch immer nicht hinlänglich aus.«

Bei all seinem Wissen bewunderte Humboldt die ihm mangelnde Gabe Schillers, in spekulativer Betrachtung Entscheidendes zu erkennen und künstlerisch zu gestalten. Er selbst bedurfte, hierin Goethe verwandter, anschauender Betrachtung und immer neuer Erfahrung. Nicht lange währte es, bis er zu der Auffassung gelangte, daß er abermals wandern, daß er reisen, Menschen und Völker studieren müsse, um sich selbst in einer ihm eigenen und dennoch Schiller verwandten Art im Leben bewähren zu können.

Zunächst freilich wurde er in dem ehrgeizigen Versuch, auf das Geschehen der Zeit als Publizist einzuwirken, wie es damals für wenige Jahre seinem Freunde Gentz glückte, abermals enttäuscht. Doch währte es lange, bis er zu der ¡Einsicht kam, daß er nicht berufen sei, durch das geschriebene Wort, sondern durch die Tätigkeit in der Öffentlichkeit zu wirken.

Wolf gegenüber verteidigte er am 16. Juli 1796 seinen »wahren Salto mortale... von den ältesten zu den neuesten Zeiten, von den Griechen und Römern zu Franzosen und Engländern«, indem er ausführte, es habe ihm »lange in vielfacher Rücksicht ein Bedürfnis geschienen, unsere Zeit, das heißt das achtzehnte Jahrhundert, darzustellen und ausführlich zu charakterisieren«. Er zweifelte bereits, ob er »die Charakteristik selbst je ausführen werde«, wollte aber wenigstens die »Grundideen« in einer Einleitungsschrift vortragen. »Diese soll Ostern oder Michaelis 1797 gewiß erscheinen.«

Sie erschien nicht. Auch dieses Vorhaben blieb ein Fragment. Da es Humboldt um die detaillierte wissenschaftliche Analyse eines ganzes Zeitalters ging, hielt er seine Kenntnisse trotz seines großen Wissens nicht für ausreichend. Dennoch blieb er seinem Plan zunächst treu: »Der Unwissenheit muß sich in meinem Alter immer mit Ernst abhelfen lassen, und ich arbeitete mächtig daran.« Sein literarisch-wissenschaftliches Streben erwies sich bald aber als zu umfassend, als daß es ein einzelner, noch dazu pedantisch gründlich vorgehender Forscher hätte bewältigen können.

Hinzu kam, daß er auch bei diesem Unternehmen Rat und Ermutigung im vergleichenden Studium der Antike suchte und seine Kräfte verzettelte. Wolf beschwor er, nicht zu denken, daß er »den Alten absterbe«. Und Schiller, der sich gegenüber dem Plan des Freundes zurückhaltend verhielt, las in Humboldts Brief vom 11. Juni 1796: »Wie die Lage der Neueren jetzt einmal ist, so lassen sie sich kaum schildern, ohne ihnen nicht unaufhörlich die Alten entgegenzustellen.« Dieser Bemerkung folgte sogleich die für Humboldt kennzeichnende Feststellung: »Im Altertume dreht man sich im Grunde nur auf einem sehr kleinen Kreise herum. So schön, groß und einzig die Bildung der Alten auch ist, so findet sie doch in der äußern Lage zu wenig Nahrung und Stoff, nicht bloß um recht dauernd und fruchtbar, sondern auch nur um recht reich an eigentlichem Gehalte zu sein. Denn der ganze Vorzug der Modernen scheint mir schlechterdings auf ihrer äußern Lage, die sicherere Verfassungen besitzt und zwar mehr Bedürfnisse weckt, aber auch soviel mehr Befriedigungsmittel darbietet, und also im Grunde auf ihrer politischen Einrichtung zu beruhn, wodurch alle ihre ausgezeichneten Fortschritte teils veranlaßt, teils wenigstens gesichert und beschützt worden sind.«

Im Erlebnis der »Moderne« wurde der Blick auf die »Alten« kritischer, ohne daß dadurch die idealisierte Vorstellung der Antike, wie wir sie kennengelernt haben, an Einfluß auf die Betrachtung und die Charakteristik des eigenen Zeitalters verloren hätte. Noch der Staatsmann Humboldt wurde in der entscheidenden Phase seiner Wirksamkeit, der Reform des preußischen Bildungswesens und der Gründung der Universität Berlin, von diesem Grunderlebnis lebendigen Erbes der Antike bei der politisch-gesellschaftlichen Erneuerung des korrumpierten und zusammengebrochenen preußischen Staates befruchtet.

In jenen Monaten »unangenehmer Leere« in den von seiner »eigentümlichsten Denkungsart so sehr abweichenden Zirkeln dieser Stadt« und bei dem Mangel an fördernden Gesprächen, wie sie in Jena zum täglichen Bedürfnis geworden waren, begann Humboldt über seine eigene Berufung nachzudenken. Dazu sah er sich um so mehr veranlaßt, weil Schiller, seit er getrennt von ihm lebte, an Anziehungskraft für ihn noch gewonnen hatte und dem ehrgeizigen Humboldt jetzt unerreichbar erscheinen mußte. Schiller hatte in jener Zeit eine Reihe von Gedichten vollendet, zusammen mit Goethe den »Xenien«-Kampf begonnen und sich entschlossen, zur dramatischen Kunst zurückzukehren. Humboldt meinte noch immer, durch das geschriebene Wort auf seine Zeitgenossen einwirken zu können und zu müssen, nicht durch tätigen Eingriff in das Geschehen der Zeit, wie es sein Bruder im fränkischen Bergbau getan hatte.

Unter diesen Umständen ging die Arbeit an der philosophisch-historischen Darstellung des 18. Jahrhunderts sehr langsam voran. Je länger die Krankheit der Mutter und damit die Trennung von Schiller dauerte, um so ungeduldiger, seiner selbst ungewisser wurde Humboldt. Darüber berichtet er in dem schon erwähnten Schreiben vom 16. Juli 1796 an Schiller, einem der schönsten Briefe Humboldts an seinen Freund.

Humboldt zog darin gleichsam selbst die Summe seiner Existenz, wie sie nach Goethes Wort zwei Jahre zuvor Schiller in seiner einzigartigen Deutung der künstlerischen Persönlichkeit Goethes gezogen hatte. Während der Arbeit schwinde sein Mut, seine Kraft, trotz äußerlich günstiger Umstände könne er »nichts anderes vermissen, als was zu selten ist, als daß man es zu fordern berechtigt wäre: einen Umgang wie den Ihrigen«. Anfangs sei er mit seiner Arbeit gut und schnell vorangekommen. »Aber seit vierzehn Tagen ist wieder eine solche Mutlosigkeit, ein solches ängstliches Zweifeln an der Tauglichkeit des Hervorgebrachten zurückgekehrt, daß ich kaum habe von der Stelle rücken können. Ich befinde mich dann immer in einem schlimmen Dilemma. Gebe ich der Stimmung nach, so weiß ich schon, was geschieht, die unterbrochne Arbeit bleibt für ewig liegen; eine Zeitlang verstreicht müßig, und mit dem Anfange eines neuen Unternehmens fängt der alte Kreislauf wieder an.«

Gewiß war Humboldt schon früher zu ähnlichen selbstkritischen Feststellungen gekommen. Jetzt aber gab er sie ratsuchend dem genialen Freunde preis, sich selbst in keiner Weise schonend:

»Ich fühle sehr wohl, woran es mir fehlt. An der Kraft, die ihren Gegenstand mit Leidenschaft angreift, die von ihm fortgerissen wird und dauernd an ihm festhängt – an Genie.«

Es war im Zeitalter des Kultes der Persönlichkeit und bei Humboldts bisweilen übersteigertem Selbstbewußtsein nicht verwunderlich, daß er »Genie« haben wollte. Man darf nicht übersehen, daß man seinerzeit unter Genie noch nicht den ungewöhnlich begabten, mit höchsten schöpferischen Fähigkeiten bedachten überragenden Menschen verstanden hat, sondern den schöpferischen Geist, die Schöpfungskraft schlechthin. So fragte denn Humboldt sich und den Freund, wie eine ihm von der Natur versagte Kraft zu höchster schöpferischer Leistung dennoch erlangt werden könne. »Ich kenne zwei Wege, ein Analogon heranzubringen, einen sinnlichen, indem man dem ermüdenden Geist durch Lektüre, Gespräch, Beobachtung, selbst Zerstreuung zu Hilfe kommt, die sinnlich reizenden Seiten seines Gegenstandes auffaßt und die Phantasie damit beschäftigt. Einen zweiten durch die Freiheit, indem man seinen Kräften mit Ernst durch den Willen Anstrengung gebietet, nicht nachläßt und lieber alles aufs Spiel setzt, ehe man nachgibt. Ich versuche beide, und sollte es mir doch noch je gelingen, ein größeres Werk zustande zu bringen, so kann ich mir dann mit Wahrheit sagen, daß der Entschluß über mittelmäßige und träge Kräfte gesiegt hat – ein Geständnis, das aber immer beschämend bleibt, da es den Willen nur ehrt, indem es die Natur herabsetzt.«

Schiller erkannte die innere Not, in der sich der Freund ihm offenbarte, denn Humboldt hatte am Ende seines Briefes geschrieben: »Dies waren Selbstgeständnisse, liebster Freund, die aber wenigstens das Verdienst der einfachen Wahrheit haben und die mir Ihre Freundschaft zugute halten wird.« Ganz gegen seine Gewohnheit, den Briefwechsel mit Humboldt und Körner weit lässiger zu führen als den mit Goethe, mit dem er im fruchtbarsten, für beide schöpferischen Gespräch seines Lebens stand, antwortete Schiller unverzüglich. Am 22. Juli 1796 schrieb er Humboldt: »Ihre Bekenntnisse über Sie selbst, mein liebster Freund, möchte ich Ihnen gerne in einem eigenen Briefe beantworten, wenn ich mich nur ordentlich dazu sammeln könnte.« Und schon floß Schiller in wenigen Sätzen aus der Feder, was nur ihm möglich war: Wie zwei Jahre zuvor in der Reflexion über

Goethe setzte er nun in der Analyse der besonderen Begabung Humboldts seine »ganze Ideenmasse in Bewegung«. Mit der gleichen »einfachen Wahrheit«, mit der sich Humboldt fragend und ratsuchend an ihn gewandt hatte, suchte Schiller die geistige Entwicklung und die schöpferischen Möglichkeiten des Freundes darzustellen.

»Ich bin überzeugt«, antwortete er, »was Ihrem schriftstellerischen Gelingen vorzüglich im Wege steht, ist sicherlich nur ein Übergewicht des urteilenden Vermögens über das frei bildende und der zuvoreilende Einfluß der Kritik über die Erfindung, welcher für die letztere immer zerstörend ist ... In diesem Sinne würde ich Ihnen natürlicherweise die eigentliche Genialität absprechen, von welcher Sie doch in einer anderen Rücksicht wieder so vieles haben.«

Die Eigenliebe und der Geltungsdrang Humboldts waren Schiller nicht verborgen geblieben. Doch begnügte er sich nicht damit, dem Freunde zu bestätigen, daß seine Bedeutung im Bereich der seinerzeit gesellschaftlich so gewichtigen Literatur weniger auf schöpferischem als auf kritischem Gebiete läge. »Sie sind mir«, fuhr er in seinem Brief fort, »eine solche *Natur*, die ich allen sogenannten Begriffsmenschen, Wissern und Spekulatoren – und wieder eine solche *Kultur*, die ich allen genialischen Naturkindern entgegensetzen muß. Ihre individuelle Vollkommenheit liegt daher sicherlich nicht auf dem Wege der Produktion, sondern des *Urteils* und des *Genusses*; weil aber *Genuß und Urteil* in *dem* Sinne und in *dem* Maße, dessen beide bei Ihnen fähig sind, schlechterdings nicht ausgebildet werden können ohne die Energie und Rüstigkeit, zu der man nur durch den eignen Versuch und durch die Arbeit des Produzierens gelangt, so werden Sie, um sich zu einem vollkommenen genießenden Wesen auszubilden, das eigene Produzieren doch nie aufgeben dürfen. Ihnen ist es aber nur *ein Mittel*, so wie dem produktiven Gemüt die *Kritik* pp. nur ein Mittel ist. Das ist es, lieber Freund, was ich von der Anschauung, die ich von Ihnen habe, mir sogleich klarmachen kann. Sehen wir einander wieder, so werden wir bestimmter und ausführlicher darüber sein können.«

Man wird Schillers Analyse von Humboldts »Genialität« zustimmen können, soweit sie sich auf dessen literarische Ambitionen bezieht. Noch die zahlreichen Sonette, die der Vereinsamte am späten Abend seines Lebens geschrieben hat, bestätigen Schillers Urteil. Wie fruchtbar hingegen die »zwei Wege, ein Analogon heranzubringen«, für Forschung und Wissenschaft geworden sind, zeigt die Ernte eines erlebnis- und studienreichen Lebens, die der »Weise von Tegel« eingebracht hat.

Schiller war zwar besten Willens, dem Freunde zu helfen. In der Lage und geistigen Situation, in der er selbst sich befand, konnte er jedoch nicht auf den Gedanken kommen, Humboldt vorzuschlagen, seine Kenntnisse und Erfahrungen im tätigen Leben zu bewähren. Das war in jener Phase der Entwicklung, in der sich der noch nicht dreißigjährige Humboldt damals befand, von großer Bedeutung. Doch wäre auch Humboldt keineswegs bereit gewesen, sich neuerlich dem gleichen korrupten System zur Verfügung zu stellen, dem er wenige Jahre zuvor eine Absage erteilt hatte. Auch sein Bruder Alexander, der das Leben weit nüchterner sah und seinen Lebensweg zielbewußter gestaltete, betrachtete die damals von ihm ausgeübte Tätigkeit eines fränkischen Oberbergmeisters nur noch als eine Vorbereitungszeit für seine überseeischen Forschungen.

Die Brüder Humboldt mußten damals das baldige Hinscheiden ihrer Mutter erwarten. Die ihnen dann zufallende Erbschaft wollten sie benutzen, um sich frei zu entfalten. Alexander beabsichtigte, in unbekannte Länder zu reisen, um die Kenntnis über die Erde und die Natur zu bereichern. Wilhelm sehnte sich danach, die Geschichte der Menschen zu studieren und fremde Völker kennenzulernen, mit dem Ziel, die Kenntnisse von der Entwicklung der Menschheit und ihres Fortschrittes zu bereichern.

»Was Sie über mich sagen«, antwortete Wilhelm von Humboldt Schiller am 2. August 1796, »habe ich bewundert. Sie haben mich in *einem* Moment so treffend und ganz ausgesprochen, daß diese paar Zeilen Ihres Briefes eine vollständige Grundlage einer Charakteristik von mir abgeben könnten. Nur trauen Sie mir noch immer zuviel Natur und mit Unrecht nur überhaupt Genialität zu ... Für die Produktion sind Ihre Resultate nicht tröstlich. Nur scheint es doch, daß wenn irgendeine Arbeit für mich gemacht ist, so ist es die *beurteilende* und *kritisierende*, worin meine Zwittergemütsstimmung gleiche und unparteiische Schätzung aller Seiten hervorbringen muß.«

Tags darauf unternahm Humboldt eine mehrere Wochen dauernde Reise nach Norddeutschland. »Unser Hauptgesichtspunkt dabei ist der, daß wir vielleicht nicht so bald wieder so nah an diese nordwestliche Grenze Deutschlands kommen«, erfuhr Schiller aus dem bereits zitierten Brief. Etwas bestürzt, wie es scheint, gab dieser die Neuigkeit am 8. August an Goethe weiter: »Ich konnte nicht begreifen, was ihm auf einmal ankam, sich dorthin in Bewegung zu setzen.« Warum, mochte Schiller sich fragen, kommt Humboldt, wenn er schon die kranke Mutter verläßt, nicht nach Jena?

Jena war gewiß die bedeutendste Station in Humboldts Wanderjahren. Doch er liebte die Vielfalt, ja die Widersprüchlichkeit der Eindrücke und wollte möglichst alles kennenlernen, was ein einzelner in einem Menschenleben erfahren konnte. Vielleicht bahnte sich auch schon die Einsicht an, daß er, dankbar für die brüderliche Freundschaft, die ihm Schiller geschenkt hatte, weiterziehen müßte, einem eigenen Ziele zu.

Die Verbindung zu Goethe hatte sich in den Monaten der Trennung eher gelockert als gefestigt. Das war nicht verwunderlich. Die Jahre 1794 bis 1797, in denen Humboldt vorwiegend in der Nähe von Goethe und Schiller lebte, waren für diese im »Bund des Ernstes und der Liebe« Jahre der Klärung und Annäherung, der kämpferischen Vereinigung und der wechselseitigen Vervollkommnung. Beiden brachte ihr Zusammensein die schönsten Früchte ihres Schaffens ein.

Für Schiller war Humboldt mehr als Zeuge seiner Wandlung vom Historiker und Philosophen zum Lyriker und klassischen Dramatiker. Er war ihm nicht nur Weggenosse und Kritiker, sondern Lebensgefährte und Freund geworden. Was aber bedeutete Humboldt damals dem weitaus älteren Goethe? »Es ist hohe Zeit, daß ich auch einmal ein Wort von mir hören lasse«, hatte Goethe am 3. Dezember 1795 nach Tegel geschrieben. »Leider muß ich mit der Klage anfangen, daß unser schönes Quatuor im vorigen Winter so zerstreut worden ist. *Sie* befinden sich in Berlin, und Meyer ist wahrscheinlich in Rom; die böse Witterung und mancherlei kleine Geschäfte hier am Ort hindern mich, Schiller öfters zu besuchen, die Briefe wechseln bei mir nicht stark, und so bin ich wieder in meinem eigenen und gewissermaßen engeren Kreise.« In Goethes winterlichem Quartett sah sich Humboldt auf gleicher Ebene mit dem »Kunschtmeyer«. Das war eine Einordnung anderen Grades als die der »Dreifaltigkeit« zwischen Schiller, Körner und ihm.

Humboldts Absage an die Zirkel der Stadt Berlin und die Krise, wie sie in seiner Selbstanalyse offenbar wird, vertrieben ihn aus der »totalen Abgeschiedenheit«, in der er in der preußischen Hauptstadt lebte, und drängten den Unruhigen dazu, abermals zu reisen. Einer seiner Bekannten, dem er zufällig begegnete, versicherte ihm »in allem Ernste..., daß er mich schlechterdings jetzt schon in Rom geglaubt hätte«. Jena und Weimar, Rom und Paris waren die Reiseziele des Mannes, der allen Zweifeln an seinen schöpferischen Möglichkeiten zum Trotz, von den »Alten« lernend, zum Besten der »Modernen« eine Charakteristik seiner Epoche schreiben wollte, um damit das nach seiner Meinung ihm Mögliche und Aufgetragene zur Klärung der Entwicklung dieser Epoche beizutragen. Da er sich nicht allzu weit vom Krankenbett der dahinsiechenden Mutter entfernen mochte, begab er sich, auf neue Anregungen und Erfahrungen hoffend, vorerst in das nordwestliche Deutschland.

Auf seiner Reise an die Ostseeküste und nach der Insel Rügen zeigte er mehr Sinn für landschaftliche Schönheiten, als man bisher an ihm wahrgenommen hatte. Während der Weiterfahrt nach Hamburg hielt er Einkehr bei Johann Heinrich Voß, dem Übersetzer der Heldengedichte Homers. Dieser »Rigorist«, wie ihn Schiller genannt hatte, dieser allzustreng Denkende und Lehrende, hatte sich bei seinen Übertragungen sorgfältig an die

Originale gehalten und war auch im Versbau dem antiken Vorbild soweit wie möglich gefolgt. Humboldt, den Schüler Heynes und Freund Wolfs, mußte die persönliche Bekanntschaft mit diesem Mann um so mehr reizen, als er selbst nicht nur die Antike studiert, sondern auch versucht hatte, das antike Erbe seinen Zeitgenossen durch Übersetzungen zu erschließen.

Voß, ebenfalls ein Schüler Heynes, war damals Rektor am Gymnasium in Eutin. Trotz seiner wertvollen Übertragung der »Ilias« und der »Odyssee« erwies er sich von einer so engen Auffassung antiker Größe, daß er, wie Humboldt in seinen Reisetagebüchern anmerkte, »keine Eigentümlichkeit der modernen Dichter« anerkannte. Nichtsdestoweniger war der fünftägige Aufenthalt bei diesem gelehrten Mann auch menschlich für Humboldt ein Gewinn, »die liebste neue Bekanntschaft auf der ganzen Reise«, wie er alsbald Schiller wissen ließ.

In Eutin erneuerte Humboldt die Bekanntschaft mit Goethes Schwager Schlosser. Seit kurzem lebte Schlosser in der Nähe seines Schwiegersohnes Nicolovius, der damals Sekretär der fürstbischöflichen Rentkammer in Eutin war; wir werden ihm als vertrautem Mitarbeiter Humboldts bei der Reform des preußischen Bildungswesens wiederbegegnen.

Auch Kosegarten, Pfarrer zu Altenkirchen auf Rügen und Verfasser schwülstiger, seinerzeit indessen beliebter Gedichte, war aufgesucht worden, für Humboldt »schon durch seine sonderbare und rätselhafte Natur ein anziehender Gegenstand«.

Beeindruckte ihn auf Rügen die »in der Tat göttlich schöne« Natur, so wurde ihm Hamburg zu einem Erlebnis eigener Art. Die Hansestadt erschien ihm weltoffen nicht nur als Warenmarkt, sondern auch in der Gesinnung ihrer Bürger. Er lernte mehrere Mitglieder der Familie Reimarus kennen, unter anderem den Sohn des verstorbenen Popularphilosophen Hermann Samuel Reimarus, von dem Lessing einst Anregungen erhalten hatte, und Lessings Freundin Elise Reimarus. Die gastfreien Häuser der Hamburger Kaufleute öffneten sich dem preußischen Freiherrn, besonders das der Familie Sieveking, bei der schon Alexander während seiner Studien an der Handelsakademie in den Jahren 1790/91 ein gern gesehener Gast gewesen war.

Alexander hatte wenige Jahre zuvor nach der Reise mit Forster und nach dem ersten Anblick des grenzenlosen Meeres in Hamburg »eine große, plötzlich erwachende Leidenschaft für das Seewesen und den Besuch ferner tropischer Länder« erfaßt. Alle diese Eindrücke »äußerten den belebendsten Einfluß auf Entschlüsse, die nach dem Tode der Mutter einst zur Ausführung kommen sollten«. Den älteren Bruder dagegen fesselten mehr die Männer aus dem Reich der Literatur, die in Hamburg und dem benachbarten Wandsbek ansässig waren.

Er sah Jacobi wieder, der seit 1794 in Wandsbek lebte. Merkwürdig erschien ihm dessen »ernstlicher Eifer nach Wahrheit und die Anstrengung, mit der er sie aufsucht«, wie es in den »Reisetagebüchern« heißt. Aus Humboldts Bemerkungen geht hervor, wie weit er Jacobi inzwischen entwachsen war. Weit mehr noch hatte er sich von der ein Lebensalter älteren Generation entfernt, zu deren bedeutendsten Repräsentanten der zweiundsiebzigjährige Klopstock gehörte.

Wohl an keinem großen Geist des damaligen Deutschland werden die Auswirkungen der Entwicklung in Frankreich auf die sich ihrer Ohnmacht bewußten deutschen Denker und Dichter so deutlich wie an Klopstock. Schmerzerfüllt, daß nicht Deutschland des »Jahrhunderts edelste Tat« vollbrachte, hatte er gejubelt: »Frankreich schuf sich frei!« So leidenschaftlich er die Umwälzung in Frankreich begrüßt hatte, vor ihrer konsequenten Durchführung, vor der Jakobinerherrschaft schreckte er zurück wie Goethe, Schiller oder Humboldt. Ehrenbürger der französischen Republik wie Schiller, glaubte er die Errungenschaften der Revolution bedroht und griff in seinen Oden die Auswüchse der Jakobinerherrschaft an. Nicht minder kühn und kraftvoll aber verurteilte er die Intervention der restaurativen Mächte im revolutionären Frankreich.

Gewiß war nicht Voß, wie Humboldt meinte, sondern Klopstock der bedeutendste Kopf, dem er in diesen Wochen begegnete. Doch mehr als nur der Generationsunterschied trennte den

Zweiundsiebzigjährigen vom Neunundzwanzigjährigen. So versteht es sich, daß ein den Jüngeren befruchtendes Gespräch nicht zustande kam. Daher darf man Humboldts ein wenig mokanten Bericht an Schiller vom 20. September 1796 nicht zu hoch bewerten, zumal Klopstock auf Schiller »Gott weiß warum nicht gut zu sprechen« war. Dennoch war sich Humboldt bewußt, daß er einem der Wegbereiter seines eigenen Suchens und Strebens ein wenig nähergekommen war. »Er gehört zu den Menschen, die sich beständig offen und gleichsam zur Schau tragen«, lesen wir in Humboldts Reisetagebüchern, »dennoch ist, wenn ich mich nicht sehr irre, nichts affektiert in ihm, alles eigentliche Natur. Bei dieser Lebhaftigkeit kann es nicht fehlen, daß er nicht sehr viele Schwächen zeigen sollte. Besonders stark tut er dies bei seinem Eifer anfangs für und jetzt gegen die Revolution.«

Humboldt hat auch Matthias Claudius seine Aufwartung gemacht. Der »Wandsbeker Bote« lebte als Revisor einer Bank und Vater von acht Kindern in der Nähe Hamburgs. »Brav, gutmütig, herzlich, gesellig und in der Gesellschaft witzig und launig in sehr hohem Grade. Doch soll er von dieser seiner Originalität viel verloren haben«, notierte Humboldt. Nachhaltiger war der Eindruck, den Claudius' Frau, Rebekka, bei dem Besucher hinterließ. Humboldt gedachte ihrer in schönen, auch ihn selbst kennzeichnenden Sätzen: »Seine Frau Rebekka gehört zu den sehr ausgezeichneten Frauen. Sie hat etwas überaus Edles, Sanftes und Feines in ihrer Bildung, ist sicherlich eine höhere Natur als der Mann, existiert bloß für die Ihrigen und flößt unwiderstehlich Achtung ein, selbst wenn man sich ihr auch nicht weiter nähert...«

Über den Weg von Hamburg nach Berlin wäre »schwerlich mehr zu sagen, als daß er der langweiligste von der Welt ist«, heißt es am Schluß von Humboldts Aufzeichnungen. Am 18. September war er mit seiner Familie wieder in Berlin. »Ich habe sehr viel Vergnügen unterwegs genossen«, schrieb er zwei Tage später an Schiller, »und so süß es mir auch wieder ist, seit vorgestern abend wieder ruhig an meinem Schreibtisch zu sitzen, so bereue ich die Zeit dennoch nicht, die ich dieser kleinen Wanderung gewidmet habe.«

War er zu einem Entschluß gekommen, welchen Weg er weiter gehen sollte, um zu einem Ziel – aber zu welchem Ziel? – zu gelangen? Einer kurzen Charakteristik seiner Begegnungen folgte die Anmerkung: »Doch von diesem und allem andern mündlich.«

Humboldt entschied sich dafür, noch vor dem Winter sich wieder mit seinen Freunden in Jena und Weimar zu vereinigen. Seine Mutter befand sich nicht »in ganz naher Todesgefahr«, Karoline konnte »wegen der Kinder und ihrer Gesundheit eine spätere Herbstreise nicht wagen«. »Ich freue mich unendlich, Sie zu sehen. Wie lange habe ich Sie und Ihren Umgang entbehren müssen!«

Wenige Wochen später, am 1. November, war Wilhelm von Humboldt wieder in Jena, im Hellfeldtschen Haus am Markt, in dem seine Wohnung von der Familie Schiller treu gehütet worden war. Zwei Wochen später, am 14. November 1796, starb Humboldts Mutter nach jahrelangem Siechtum.

ANNÄHERUNG AN GOETHE

Humboldts Freundschaft mit Schiller und Goethe währte bis zum Tode. Da Schiller bereits 1805 starb, hat sie mit ihm nur wenig mehr als ein Jahrzehnt bestanden. Goethe lebte ein Menschenalter länger; er starb 1832, drei Jahre vor Humboldt, in dessen Einsiedelei er seinen letzten Brief geschrieben hat.

Nachdem sich Schiller und Humboldt näher kennengelernt hatten, entwickelte sich der Bund zwischen ihnen in einer fast stürmischen Herzlichkeit. Goethe wahrte Zurückhaltung und näherte sich dem weitaus jüngeren Humboldt gemessen und zögernd. Die Einführungsschreiben Jacobis und Lavaters, »Prophete rechts, Prophete links«, hatten auf das »Weltkind« Goethe keinen großen Eindruck gemacht. Humboldt schrieb Forster am

10. Januar 1790 etwas verstimmt, daß Goethe ihn »zu einer sehr großen Gesellschaft« gebeten habe. »Sonst sah ich ihn nur am Hofe. Zweimal besucht' ich ihn vergebens.« Ähnliches lesen wir in einem Brief an Jacobi vom 20. Juni 1790, der Goethe einen Besuch Humboldts schon im Februar 1789 angekündigt hatte.

Wenn jener Aufenthalt in Thüringen um die Jahreswende 1789/90 nicht zur gleich schnellen Annäherung an Goethe wie an Schiller geführt hat, so mag ein Grund dafür in Goethes schwierigen häuslichen Verhältnissen zu finden sein. Seine »kleine Freundin«, Christiane Vulpius, hatte ihm am ersten Weihnachtstag 1789 seinen Sohn August geschenkt.

Erst im Umgang mit Schiller erkannte Goethe, wie wertvoll ihm Humboldts sachkundiger Rat sein konnte. Auch Alexander von Humboldt, dessen praktische Tätigkeit im Bergbau und dessen vielseitige naturwissenschaftliche Arbeiten den damals der Dichtung jahrelang entfremdeten Goethe anzogen, half des Bruders Weg zu Goethe ebnen. Aber gewiß hätte beider Verhältnis nicht vier Jahrzehnte gewährt, hätten sie nicht viele Berührungspunkte gefunden, die sich aus ihren Interessen ergaben, ihren »Lagen«, ihrem Umgang, ihrer Stellung zu ihrer Zeit und zu deren Problemen.

Mit Schiller und Lotte pflegten Humboldt und seine Frau auch während der zweiten Periode ihres Aufenthalts in Jena bis zum Tage ihrer Abreise fast täglich Umgang. Nichts vollzog sich in Humboldts Leben, auch nicht die Annäherung an Goethe, ohne daß Schiller und seine Lotte und, wo es möglich war, auch deren Schwester Karoline davon unterrichtet und um Rat gefragt worden wären. Es war eine schöne Gemeinschaft sich liebender und fördernder Menschen, die weit über ihren engeren Kreis hinaus einen wohltuenden Einfluß ausgeübt haben.

Inzwischen waren neue, auf den Gang des intellektuellen Lebens in Deutschland und darüber hinaus fruchtbar einwirkende Männer und Frauen an der Saale ansässig geworden oder kamen zu Besuch nach Jena. Noch vor Humboldts Rückkehr hatten sich die Brüder Schlegel in Jena niedergelassen, zunächst August Wilhelm mit seiner Frau Karoline, der »Muse der Romantik«. Nach dem frühen Tod ihres ersten Mannes, des Berg- und Stadtmedikus Johann Franz Böhmer, zum zweiten Male verehelicht, heiratete sie später den Philosophen Friedrich Wilhelm Schelling. Im August 1796, einen Monat nach seinem Bruder August Wilhelm, fand sich auch Friedrich Schlegel in Jena ein. Beide bereicherten das rege Geistesleben in der kleinen Universitätsstadt, durch sie fand auch die Romantik in Jena eine Heimstätte.

Schiller und seine Frau hatten den Schlegels die Wohnung eingerichtet, der Verkehr war zunächst sehr herzlich, zumal man in der Verehrung Goethes übereinstimmte. Zum Bruch zwischen Schiller und den Schlegels und zu Goethes zunehmender Reserve gegen die beiden Wortführer der Romantik kam es erst, nachdem Humboldt Jena verlassen hatte. Ihm war vor allem Friedrich Schlegel wegen seiner Kenntnisse der Antike ein willkommener Umgang. Er nannte ihn kurzweg »den Griechen« und hat ihn noch in seiner »Einleitung zur Kawi-Sprache« als »einen tiefen Denker und geistvollen Schriftsteller« gerühmt.

Im November 1796 traf Friedrich Wilhelm von Burgsdorff, Humboldt bereits aus Berlin bekannt, in Jena ein und störte für einige Zeit wohl auch die harmonischen Beziehungen zwischen Wilhelm und Karoline. Burgsdorff, der Gönner Ludwig Tiecks, gehörte zu den in Berliner Salons nicht seltenen Adligen, die sich, der Misere ihrer Klasse bewußt, dem emporstrebenden Bürgertum zuwandten, ohne jedoch zu einer schöpferischen Leistung fähig zu sein oder auch nur das Bedürfnis zu haben, ihre betonte Individualität durch irgendeine Leistung zu beweisen. Burgsdorff wurde Dauergast der Familie Humboldt und begleitete sie auch nach Paris.

Am 20. November 1796 erfuhr Wilhelm von Humboldt, daß seine Mutter gestorben war, und leitete die Nachricht sofort an seinen Bruder in Bayreuth weiter. Burgsdorff schrieb an Rahel Levin: »Sonst blieb alles in seinem Gleise, wir waren gestern Abend darauf bei Schiller.« Weder Wilhelm noch Alexander vermochten dem Leichenbegängnis ihrer Mutter beizuwohnen. Keiner von beiden eilte nach Berlin.

Am 19. Januar 1797 wurde Humboldts drittes Kind, Theodor, geboren. Karoline, von schwacher Gesundheit und in Jena besonders anfällig, hatte vor der Niederkunft das Schlimmste befürchtet. »Liebes, teures Wesen«, heißt es in einem Brief von ihrer Hand, den Humboldt auf seinem Schreibtisch vorfand, »es verlangt mich, Dir noch ein Wort zu sagen, und Euch, meine geliebten Kinder. Ich hoffe, wir bleiben zusammen . . .«

Humboldt war überglücklich. Er konnte nicht ahnen, daß ihm mit dem zweiten Sohn ein rechtes Sorgenkind geschenkt worden war. Noch am Tage der Geburt ging »mit zwei Worten« die freudige Nachricht nach Weimar an Goethe. »Ihnen, liebster Freund, sind die Empfindungen, die ein solcher Moment hervorbringt, nicht fremd.« Das ist eine ergreifende Huldigung, wenn man bedenkt, daß Christiane Vulpius in Schillers Briefwechsel mit Goethe nur ein einziges Mal genannt wird, während Goethe wieder und wieder Schillers Lebensgefährtin grüßen ließ.

Dieser Zug in Humboldts Wesen wäre nicht erwähnenswert, müßte man argwöhnen, Humboldt hätte nur die höfliche Form wahren wollen. Doch sind auch spätere Zeugnisse der Anteilnahme Humboldts an Christiane und ihren Kindern überliefert. Angesichts der Hoffärtigkeit und der anmaßenden Haltung der Weimarer »Gesellschaft« mag Goethe gefühlt haben, daß sich ihm behutsam ein Mensch näherte, der nichts forderte, nicht einmal Hilfe im eigenen literarischen Schaffen, der nur dasein wollte, wenn man ihn brauchte, als Ratgeber, Kritiker und Freund.

Während seines ersten Aufenthaltes in Jena war Humboldt ein helfender Partner bei den freundschaftlichen Streitgesprächen Goethes mit Schiller gewesen. Nun hatte er die Einleitung zur Charakteristik des 18. Jahrhunderts beiseite gelegt und begann mit der Übertragung des »Agamemnon« des geliebten griechischen Tragikers Äschylus. Schiller versuchte, zur Dramatik zurückkehrend, die gewaltige Materie des »Wallenstein« künstlerisch zu bewältigen. Mit gleich reger Anteilnahme verfolgte

Humboldt die Entstehung von Goethes »Hermann und Dorothea«.

Goethe begann, den kritischen Rat Humboldts zu suchen. Beide kamen öfter zusammen. Ob es sich bei der Arbeit an Goethes epischer Dichtung um »ästhetisch-kritische Sessionen« oder »homerische Unterhaltungen« handelte, Goethe hatte den lange ersehnten Mentor gefunden und bediente sich seiner in der ihm eigenen zugreifenden Art. Beglückt konnte Humboldt von einem seiner Besuche in Weimar an Karoline am 7. April 1797 schreiben: »Goethe ist unendlich gut und freundschaftlich, und es lebt sich sehr schön so nah und allein mit ihm... Er ist so vertraulich, spricht so leicht über die Dinge, die ihm die liebsten sind, wird so schön davon erwärmt und erscheint ganz, zugleich in der eigenen Zuversicht und Bescheidenheit, die ihm so ausschließend eigen sind. Auf die Freude und den Nutzen, die ihm das Zusammenleben mit Schiller gibt, kommt er sehr oft zurück. Nie vorher, sagt er, hätte er irgend jemand gehabt, mit dem er sich über ästhetische Grundsätze hätte vereinigen können.«

Aus einem Brief, den Goethe am 28. März 1797 an seinen »Urfreund« Knebel richtete, geht deutlich hervor, welch große schöpferische Regsamkeit damals in Jena und Weimar herrschte und welche neuen, vorantreibenden und mitunter verwirrenden Anregungen Humboldt dadurch erhielt: »Schiller ist fleißig an seinem Wallenstein, der ältere Humboldt arbeitet an der Übersetzung des Agamemnon von Äschylus, der ältere Schlegel an einer des Julius Cäsar von Shakespeare, und indem ich so sehr Ursache habe, über die Natur des epischen Gedichts nachzudenken, so werde ich zugleich veranlaßt, auch auf das Trauerspiel aufmerksam zu sein, wodurch denn manches besondere Verhältnis zur Sprache kommt. – Dabei bringt noch die Gegenwart des jüngern von Humboldt, die allein hinreichte, eine ganze Lebensepoche interessant auszufüllen, alles in Bewegung, was nur chemisch, physisch und physiologisch interessant sein kann, so daß es mir manchmal recht schwer ward, mich in meinen Kreis zurückzuziehen.«

Wägt man ab, so könnte es scheinen, Alexander von Humboldt habe Goethe mehr geben können als Wilhelm. Goethe war ja ebenfalls naturwissenschaftlich interessiert und fand in dem jüngeren Humboldt, der in jenen Jahren seinen Bruder oft besuchte, eine ungewöhnliche Quelle der Belehrung. Abgesehen von dem Anatomen Loder lebte in dem zeitgenössischen Jena kaum ein Gelehrter, der Goethe bei der Betrachtung und dem Studium der Natur hätte hilfreich zur Hand gehen können. Alexanders Interessen stimmten nicht nur in vielem mit denen Goethes überein, er hatte auch jenen vorerst noch ungestillten Drang in die Ferne, den Goethe ebenfalls kannte. Darüber hinaus vermochte Alexander als Fachmann im Bergbau Goethe bei dessen allerdings bald mißglückten bergbaulichen Unternehmungen im Ilmenauer Revier sachkundig zu beraten.

Doch ein solches Abwägen ist müßig. »Beide Humboldts«, schrieb Alexander sehr viel später, im Jahre 1825, an Goethe, »gehören Ihnen an, und der Stolz ihres Lebens war es, Ihren Beifall erworben zu haben.« Auch Wilhelm waren die Worte aus dem Herzen gesprochen, die sein Bruder an den Sechsundsiebzigjährigen richtete: »Ein so schönes, die ganze intellektuelle Welt so mächtig bewegendes Leben wie das Ihrige [möge] den Freunden zur Freude, den Völkern zum Nutzen, dem deutschen Vaterlande zur höchsten Zierde lange erhalten und durch keine physische Leiden getrübt werden.«

Wilhelm von Humboldts Annäherung an Goethe entwickelte sich über seine literarischen Hilfsdienste, seine nach dem Urteil Goethes »wahre Förderung« am »Wilhelm Meister« und sein »genaues prosodisches Gericht« über die letzten Gesänge von »Hermann und Dorothea« zu einer Freundschaft, die ein ganzes Leben währte. Jeder von ihnen nahm zeitlebens das Schaffen des anderen sehr ernst, vielleicht mit der Ausnahme, daß der herzogliche Minister in Weimar sich eines Urteils über das Wollen und Wirken des Sektionschefs oder gar des späteren königlichen Ministers in Berlin enthalten hat. Humboldt hat in Paris mit seiner Abhandlung »Über Goethes Hermann und Dorothea« einen Beitrag zur idealistischen Kunsttheorie geleistet, der Schil-

171

ler und Goethe sehr beschäftigt hat. Diese Schrift war als erster Teil einer Reihe, »Ästhetische Versuche«, gedacht, deren zweiter niemals erschienen ist. Goethe übernahm in »Winckelmann und sein Jahrhundert« (1805) die wichtigsten Teile eines Briefes, den ihm Humboldt am 23. August 1804 aus Rom geschrieben hatte.

Goethe und Humboldt waren sich in Jena bei der Auseinandersetzung über »Hermann und Dorothea« nähergekommen, und Schiller hatte sie zueinandergeführt. Wilhelm von Humboldts Wissen über die Antike und ihre Poesie hatte Goethe ebenso aufmerken lassen wie Alexanders weltumspannende Neugier und vielseitige Kenntnis der Naturwissenschaften. Goethe hatte sogar an Wilhelm von Humboldts Versuch der Deutung des 18. Jahrhunderts »erstaunlichen Anteil genommen«. Wichtiger sind die Worte, die dieser Bemerkung in einem Brief Humboldts an Brinkmann vom 27. März 1797 folgen: »Ich bin ihm unendlich näher gekommen, als ich sonst war.«

Auch Goethe wurde ein Freund Humboldts. Das Freundschaftsverhältnis der Dreiheit Goethe-Schiller-Humboldt wurde enger, persönlicher, nachdem Humboldt Jena verlassen hatte.

Schiller, der inzwischen nach Weimar übergesiedelt war, äußerte sich am 17. Februar 1803, in seinem ersten Brief an den in Rom residierenden Humboldt, besorgt über den »kläglichen Zustand in der ganzen Poesie der Deutschen und Ausländer«. Besonders aber beklagte er es, »daß Goethe sein Hinschlendern so überhandnehmen läßt und, weil er abwechselnd alles treibt, sich auf nichts energisch konzentriert«. In einem Nachsatz schwächte Schiller allerdings sein Urteil ab, indem er schrieb: »Der Brief hat eine schwermütige Stimmung, ich täte vielleicht besser, ihn nicht abzusenden, aber er wird Ihnen doch mein Andenken zurückbringen und mich in Ihre Mitte versetzen.«

Humboldt hatte bereits vor seiner Reise nach Rom, als er von Goethe Abschied nahm, dessen Verstimmung gespürt. »Seine Art zu sein hat mich schon damals unendlich geschmerzt«, antwortete er Schiller am 30. April 1803. »Wenn Sie sehen, daß er wieder so einsiedlerisch wird, ... so tun Sie alles, um ihn zu einer Reise, sei es hieher oder nach Paris, zu bestimmen... Es gibt in Weimar Lokalumstände, die Ihnen einfallen, ohne daß ich sie nenne, die übel auf ihn einwirken.« Humboldt dachte an die Intrigen, die gegen seinen großen Freund trotz des Vertrauens, das ihm sein Herzog bewahrt hatte, am Weimarer Hof geschmiedet wurden, wohl auch an den nimmerruhenden Klatsch um Christiane Vulpius. So bat er Schiller, er möge Goethe raten, falls er nach Rom käme, seinen Sohn mitzubringen, der für Humboldts Kinder »sogar ein Gewinn wäre«.

Im letzten Brief, den der todkranke Schiller am 2. April 1805 seinem Freunde Humboldt schrieb, stehen die erschütternden Sätze: »Goethe war diesen Winter wieder sehr krank und leidet noch jetzt an den Folgen. Alles rät ihm, ein milderes Klima zu suchen und besonders dem hiesigen Winter zu entfliehen. Ich liege ihm sehr an, wieder nach Italien zu gehen, aber er kann zu keinem Entschlusse kommen, er fürchtet die Kosten und die Mühseligkeiten, auch mögen ihn vielleicht andere Einflüsse binden. Unter diesen Umständen hat er freilich nicht viel im Poetischen leisten können, aber Sie wissen, daß er nie untätig und sein Müßiggang nur ein Wechsel der Beschäftigung ist... Wir sahen uns diesen Winter selten, weil wir beide das Haus nicht verlassen durften.«

Solche Dokumente aus diesem klassischen Freundeskreis besitzen wir in großer Zahl. Sie unterstreichen, daß die Dreiheit Goethe-Schiller-Humboldt keineswegs nur auf der Gemeinschaft ihres klassisch-humanistischen Denkens und Strebens beruhte, sondern auf rein menschlichen Beziehungen.

Durchaus zu Recht hat Humboldt später die Jahre in Jena als die Zeit bezeichnet, »an die sich alles, was mir das teuerste und liebste an mir selbst ist, anknüpft«. Als Goethe seinen Briefwechsel mit Schiller der Öffentlichkeit übergeben hatte, schrieb ihm Humboldt: »Es hat mich aufs tiefste gerührt, welche freundschaftliche Stellung Sie beide mir damals zwischen sich gewährt haben. Ich sehe dies als das schönste Denkmal an, das mir hätte für die Nachwelt gewährt werden können.«

173

Humboldt verließ Jena am 25. April 1797.

Tags zuvor hatte er Goethe ein »letztes Lebewohl« zugerufen und ihm seinen »wiederholten wärmsten Dank für die gütige Freundschaft« ausgesprochen, die er ihm erwiesen habe. »Ich gestehe gern, daß ich mit schwerem Herzen von hier scheide. Nur der Gedanke, Sie und Schiller doch in nicht gar zu langer Zeit und bereichert um manche Kenntnis und Erfahrung wiederzusehen, tröstet mich in diesen Momenten, wo ich nur das lebhaft fühle, was ich verlasse.«

»Humboldt ist heute fort«, schrieb Schiller am 25. April an Goethe, »ich sehe ihn mehrere Jahre nicht wieder, und überhaupt läßt sich nicht erwarten, daß wir einander noch einmal so wiedersehen, wie wir uns jetzt verlassen. Das ist also wieder ein Verhältnis, das als beschlossen zu betrachten ist und nicht wiederkommen kann.«

Wie verließ Humboldt die Freunde in Jena und Weimar, und wo stand er in seiner eigenen Entwicklung, als er Abschied von ihnen nahm?

Humboldt hatte Deutschland eben den Rücken gekehrt, als Schiller in seinem Brief an Körner vom 6. August 1797 jene kennzeichnende Feststellung traf, Humboldt müsse »von außen ins Spiel gesetzt werden ..., denn er kann nie bilden, immer nur scheiden und kombinieren«. Schiller fügte hinzu: »Ich fürchte, die Anstalten, die er macht, um sich der neuen Weltmasse, die ihn in Italien erwartet, zu bemächtigen, werden ihn um die eigentlichste und höchste Wirkung bringen, die Italien auf ihn machen sollte. Er versieht sich jetzt schon im voraus mit Zwecken, die er dort verfolgen, mit Sehorganen, durch die er jene Welt betrachten will, und so wird er machen, daß er auch nur darin findet, was er mitbringt, und über das ängstliche Bestreben, viele einzelne Resultate mit nach Hause zu bringen, wird er, fürchte ich, dem Ganzen nicht Zeit und Raum lassen, sich als ein Ganzes in die Phantasie einzuprägen. Italien könnte ihm sehr nützlich werden, wenn er seiner Einbildungskraft, die von seinem Verstande wie gefangengehalten wird, einen gewissen Schwung geben, eine gewisse Stärke verschaffen könnte. Dazu gehörte aber, daß er nicht hineinzöge wie ein Eroberer, mit so vielen Maschinen und Gerätschaften, um es für seinen Verstand in Besitz zu nehmen. Es fehlt ihm zu sehr an einer ruhigen und anspruchslosen Empfänglichkeit, die sich dem Gegenstande hingibt; er ist gleich zu aktiv und dringt mir zu unruhig auf bestimmte Resultate.«

Humboldt reiste erst weit später nach Italien, als er es vorgehabt hatte. Vor das ersehnte Studium der Antike auf italienischem Boden schoben sich der unmittelbaren Gegenwart zugewandte Studien in Frankreich und Spanien. Zudem kam Humboldt nicht mehr als müßiger Privatmann nach Rom, sondern als Vertreter des Königs von Preußen bei der päpstlichen Kurie. Zwischen die Abreise aus Jena und die Ankunft in Rom traten tiefgreifende Erlebnisse der unmittelbaren gesellschaftlichen Gegenwart wie der Vergangenheit westeuropäischer Länder und Völker.

Man wird somit die Ergebnisse der römischen Studien Humboldts nicht mehr an Schillers Charakterisierung aus dem Jahre 1797 messen und werten können. Im Grundsätzlichen, bei der Deutung von Humboldts Erkenntnisstreben in jener Epoche, traf Schillers Urteil das Entscheidende: Humboldts Streben, spekulativ vorweggenommene »Ideen« durch die Anschauung der Wirklichkeit bestätigt zu sehen. Überspitzt könnte man sagen: Es liegt in Humboldts Wesen, etwas so zu sehen, wie er es sehen will. Denken, auf Erfahrungen und »Lagen« beruhend, kann zu Wunschbildern führen. Dies hatte sich bereits in Humboldts Vorstellung vom Griechentum gezeigt. Dabei erwies sich indessen auch, daß sich Humboldt dieses letztlich fragwürdigen Charakters seiner »Ideen« bewußt war.

Noch in der »Vorerinnerung« zum Briefwechsel mit Schiller, im Mai 1830 in Tegel niedergeschrieben, meinte Humboldt bei der Besinnung auf den Freund, daß auch bei Schiller »der Gedanke das Element seines Lebens war. Anhaltend selbsttätige Beschäftigung des Geistes verließ ihn fast nie und wich nur den heftigeren Anfällen seines körperlichen Übels«. Man weiß, wie hart die Krankheit Schillers Bewegungs- und Anschauungsmöglichkeit eingeschränkt hat. Nicht zuletzt deshalb war »der Gedanke« und nicht das Erlebnis »das Element seines Lebens«. Und es ist in der Tat, wie Humboldt hervorhebt, »merkwürdig, aus welchem kleinen Vorrat des Stoffes, wie entblößt von den Mitteln, welche andren ihn zuführen, Schiller eine sehr vielseitige Weltansicht gewann, die, wo man sie gewahr wurde, durch genialische Wahrheit überraschte«. Humboldt erwähnt die Lebens- und Landschaftsnähe des »Wilhelm Tell« oder die griechische Dichtung, deren Geist sich der Dichter aneignete, »ohne sie je anders als aus Übersetzungen zu kennen«.

Humboldt hat bis an sein Lebensende Schillers aus dem Gedanken lebende geniale Schöpferkraft bewundert, die es ihm ermöglicht habe, »die Angst des Irdischen« von sich zu werfen und »aus dem engen, dumpfen Leben in das Reich des Ideales« zu entfliehen. Schiller lebte in der Deutung des alten Humboldt »nur von den höchsten Ideen und den glänzendsten Bildern umgeben, welche der Mensch in sich aufzunehmen und aus sich hervorzubringen vermag. Wer so die Erde verläßt«, schließt der Einsame in Tegel seine Betrachtungen über Schiller, »ist nicht anders als glücklich zu preisen«.

Humboldt bewunderte an Schiller die Intuition, die unmittelbare schöpferische Erkenntnis deshalb so sehr, weil sie ihm fehlte. Er pries das dichterische Genie des Freundes um so vorbehaltloser, als er sich mehr und mehr eingestehen mußte, daß er selbst zum Künstler nicht berufen war. Dennoch vermochte er weit mehr, als nur zu »scheiden und kombinieren«. Bald erwies sich, daß Humboldt die Welt nicht nur mit »Sehorganen« betrachten wollte, die seine »Ideen« bestätigten, was Schiller mit Recht beklagt hatte. Humboldt legte sich nicht auf vorgefaßte Meinungen fest, sondern suchte nach neuen Wegen, nachdem er großen Zeitgenossen begegnet war, Leitbilder erprobt und sich selbst daran geprüft hatte. Bereits in den Jenaer Jahren war er – einer der ausgeprägtesten Individualisten seines Zeitalters – sich des Rechtes auf Individualität nie sicher und wurde nach

tiefstem »Genuß« und unerhörter individueller Bereicherung von
Tag zu Tag unruhiger. Es genügte ihm nicht, Freund und Men-
tor Schillers und Goethes zu sein. Wo blieb die eigene Tat, die
Bewährung, die der Leistung der Freunde und seinen ureigenen
Möglichkeiten entsprach?

Es mag dahingestellt sein, ob Schiller, ob Goethe den in
Humboldt reifenden Gestaltungs- und Wirkungsdrang erkannt
haben. Doch sind die mannigfaltigen Dienste, die er dem einen
wie dem anderen leistete, eher höher einzuschätzen als das, was
er selbst gewann. In seinen staatstheoretischen Arbeiten fühlte
er sich verkannt. Die Vorarbeiten zur Charakteristik des
18. Jahrhunderts wie zur Deutung der modernen Völker fanden
bei den Freunden nicht die Anteilnahme, die er sich erhofft
hatte, obwohl er sich bewußt war, daß seine »Grundgedanken«
noch keineswegs ausgereift waren. Humboldts Vorstellungen
vom idealen Menschen, um den sein Denken und Suchen kreiste,
waren weniger abstrakt und weiter von der Philosophie Kants
entfernt als Schillers Gedanken in jener Zeit, da er sich noch
vorwiegend mit Philosophie beschäftigt hatte. Doch Schiller war
wieder ganz und gar Dichter geworden, Humboldt neigte wie
sein Bruder Alexander mehr und mehr zur Forschung, so weit-
gespannt und problematisch für unsere Begriffe die Thematik
sein mochte, der er sich zuzuwenden gedachte. Dennoch: »Es ist
ein Grundzug in ihnen: sie leben beide [Schiller und Humboldt]
im Reich der Ideen, und diese Ideenwelt ist im wesentlichen ein
und dieselbe; denn beide richten ihr Augenmerk nicht sowohl
auf das rein Übersinnliche und Geistige, sondern vorherrschend
auf den Einschlag geistig-sinnlicher Natur oder, um es schlecht-
weg zu sagen, auf das ewig Menschliche.«[27]

Die großen Denker und Dichter in jener bürgerlich-klassischen
Epoche suchten die geistige und sinnliche Natur des Menschen
in ihrer Totalität zu erkennen. Die Ergebnisse einer solchen
spekulativ oder empirisch erworbenen Einsicht aber wollten sie
zur Förderung der menschlichen Entwicklung nutzen, das heißt
das theoretisch Erkannte praktisch anwenden.

Bei diesem Bestreben war in jenen Jahren die Auseinandersetzung mit Kant unvermeidlich. Der Königsberger Philosoph hatte nicht nur neue methodische Maßstäbe gesetzt, sondern die Menschheit an ihre Würde erinnert und in seinen Kritiken mehr Fragen aufgeworfen als beantwortet. Von der ersehnten Harmonie konnte in seinem System keine Rede sein. Was die Freunde in Jena, Schiller und Humboldt, wie auch den durch regen Briefwechsel stets gegenwärtigen Kantianer Körner immer wieder erregte, war die von Kant gelehrte Unversöhnlichkeit von Sinnlichem und Sittlichem, von Neigung und Pflicht. Hier nun galt es etwas Verbindendes zu finden, das den Menschen zur Pflicht und zugleich zur Freiheit, zum Wahren und zugleich zum Guten führte. Das Ziel war der ausgeglichene, harmonische Mensch, der sich durch edle Menschlichkeit auszeichnete. Geist und Sinnlichkeit sollten miteinander versöhnt und die Humanität Element des Denkens und Dichtens, des Lebens und Strebens werden.

Schiller rang um die Verwirklichung dieser Forderungen in seiner Ästhetik und in seinem dramatischen Schaffen. Humboldt, bei aller Gemeinsamkeit der Ideen lebensnäher und genußfreudiger als der Freund, wollte sich selbst zur reinen Menschlichkeit bilden und andere dazu erziehen. Um zur Klarheit zu gelangen, suchte er die Totalität des Menschengeschlechtes und der menschlichen Natur zu ergründen, und zwar durch Spekulation, aber auch durch Anschauung.

Deutschland erschien Humboldt zu eng, um ein solches Ziel auch nur entfernt zu erreichen. Den unruhigen Geist trieb es abermals in die Weite der Welt, zu anderen Völkern und zu den Ursprüngen europäischer Gesittung, den Quellen antiker Überlieferung, nach Italien. Bereits in den staatstheoretischen Arbeiten wie in den Horenbeiträgen, mehr noch in den Plänen zur Darstellung seines Zeitalters wie in seinen Studien zur Antike deutete sich in Umrissen sein großes Vorhaben an. Es ging ihm um nichts Geringeres als die umfassende Wissenschaft vom Menschen, von den Sippen und Völkern in Vergangenheit und Gegenwart, mehr um eine Menschheitskunde als um eine Menschenkunde. Humboldt dachte philosophisch und zugleich historisch. Wichtiger als die Spekulation waren ihm die ursprünglichen Quellen menschlicher Entwicklung, das Leben in allen seinen Individualitäten – denn Individualität war ihm nicht nur der einzelne Mensch, sondern auch die Nation, das Volk als geistig-sittliche Einheit. Er wollte »die Verschiedenheit der geistigen Organisation verschiedener Menschenklassen und Individuen gegeneinander« so dargestellt wissen, »als man in der vergleichenden Anatomie die physische der Menschen und Tiere miteinander zu vergleichen pflegt«.

Im Januar 1811, als Humboldt bereits das preußische Bildungswesen reformiert und die Gründung der Universität in einer Zeit tiefster Not durchgesetzt hatte und preußischer Gesandter in Wien war, schrieb er Körner im Rückblick auf die Jahre, die er gemeinsam mit Schiller verbracht hatte: »Mein ganzes Leben seitdem kommt mir leerer, unbedeutender und weniger befriedigend vor, und doch habe ich nicht umhingekonnt, in dieser langen Zeit Entwicklungen in mir selbst zu erfahren, die mich minder deutlich fühlen lassen, daß ich auch jene Zeit hätte anders aufnehmen und anders bearbeiten können.«

»Ernsthafter gemeinsamer Bildung verpflichtet«, so hatte Goethe die Verbundenheit mit Schiller und Humboldt später zutreffend bezeichnet. Dennoch hatte Humboldt, je länger er in Jena lebte, empfunden, daß seine Suche noch nicht beendet war. »Gerade die Ideen, die mich jetzt und gewiß von jetzt an auch künftig immerfort am ernsthaftesten beschäftigen«, las Schiller bereits im ersten Brief vom 18. Juni 1797, den er nach der Trennung von Humboldt aus Dresden erhielt, »hatten sich da zuerst angesponnen, mein ganzes Innres hatte eine andre und mir wertere Richtung genommen, und alles dies war so innig mit unsrer Freundschaft verwebt, so mächtig durch Ihren Einfluß bestimmt, daß ich mich selbst nicht anders als in Verbindung mit Ihnen zu denken vermag.«

Das Streben nach Menschlichkeit verband die Freunde in allem, was sie dachten, schrieben und taten. Der Dichter von

»Hermann und Dorothea« war in Humboldts Urteil »in einem höheren Grade als irgendein anderer wahrhaft *menschlich* zu nennen, weil kein anderer noch zugleich in so mannigfaltigen, hohen und ungewöhnlichen, und doch so einfachen Tönen zu unserem Herzen sprach«. In diesem Epos Goethes ging es nach Humboldt um »die Bildung des Menschen«.

Aber war Bildung des Menschen allein durch die Kunst möglich? Schiller hatte sich wieder der Dramatik zugewandt, wohl wissend, daß die Schaubühne eine moralische Bildungsanstalt war. »Wilhelm Tell« sollte, so schrieb er an Iffland, »als ein Volksstück Herz und Sinne interessieren«. Körner sagte er in einem Brief vom 12. September 1803 voraus: »Wenn mir die Götter günstig sind, das auszuführen, was ich im Kopf habe, so soll es ein mächtiges Ding werden und die Bühnen von Deutschland erschüttern.« Da die Leute auf solche »Volksgegenstände ganz verteufelt erpicht« seien, wolle er ihnen »den Kopf wieder warm machen«, heißt es in einem Schreiben vom 27. Oktober 1803 an Wilhelm von Wolzogen. Cotta wurde ersucht, »Wilhelm Tell« in deutschen Lettern zu drucken, denn er »werde auch vom Volke gelesen werden«.

Auf eine solche oder ähnliche Weise zu wirken, vermochte Humboldt nicht. Er war kein Dichter. Schöpferische Tätigkeit als Künstler war ihm versagt. Das hatte er in Jena erkannt. Als Kunstrichter vermochte er den Weg Goethes und Schillers weiterhin zu begleiten, hier und da Maßstäbe setzend, mit denen er die idealistische Ästhetik zwischen Kant und Hegel bereicherte. Wesentlicher für den Gang seiner weiteren Entwicklung war sein nachdrücklicher als je wieder aufgegriffenes Vorhaben, den Charakter seines Zeitalters zu ergründen. Er versuchte weiterzukommen, indem er die Besonderheiten der Menschen wie der Völker in der Lebenswirklichkeit, die ihm auf seinen Reisen begegnete, studierte. Ebensolche Aufschlüsse erhoffte er sich von Italien, allerdings nicht von dem zeitgenössischen Italien, sondern von dem für damalige Begriffe klassischen Land antiker Überlieferungen.

Wenige Wochen nachdem er Abschied von Jena genommen

hatte, erfreute er sich zunächst der Zeugnisse der Antike in den Sammlungen der Kunststadt Dresden. Den ästhetischen Wert eines Bildes sah er in der Darstellung des »wahrhaft Eigentümlichen und Originellen«. Nur dann, schrieb er Schiller am 25. Juni 1797, habe das Bild »gleichsam ein eignes Lebensprinzip in sich, nur dann zwingt es den Zuschauer, sich den Charakter als eine tätige, immer im Fortrücken begriffne Kraft, nicht wie eine geschlossene, schon vollendete Größe zu denken«. Die Kunstwerke der Alten seien »Porträts in diesem Verstande, aber nicht einzelner Individuen, sondern der Menschheit, und gerade in ihrem reinsten und vollsten Sinne«.

Davon ausgehend, kam Humboldt sogleich auf sein allgemeines Anliegen: »Diese Idee des individuellen Ideals liegt mir jetzt grade erstaunlich im Kopf. Es scheint mir so notwendig, sie gehörig auszuführen, zu zeigen, daß die Menschenkenntnis, wenn sie vollständig und philosophisch sein soll, nur das aufsuchen muß, was in dem Subjekt einer Vervollkommnung zum Ideal fähig ist, und die Menschenbildung im Grunde nichts weiter zu tun hat, als dies zu erhalten, zu reinigen und zu steigern, daß ich diese wenigen, aber nicht jedem leichten und geläufigen Ideen in einer eignen Abhandlung auszuführen und auf die Erziehung anzuwenden denke.«

Menschenbildung, das Ideal der Klassik, wurde in Humboldts Jenaer Jahren zu einem Bildungsprinzip. In Humboldts Vorstellungen konkretisierte es sich rasch über die Selbstbildung hinaus zur Idee einer humanistisch-klassischen Erziehung in den öffentlichen Anstalten, den Schulen, Gymnasien und Universitäten. Daher war es ihm ein Dutzend Jahre später möglich, in kürzester Zeit das preußische Bildungswesen von Grund auf zu reformieren und mit der Universität Berlin eine Hochschule zu schaffen, die ihrem Wesen nach neu war und der Einheit von Forschung und Lehre diente.

Humboldts Abschied von Jena war auch ein Abschied von der Klassik, sofern man darunter lediglich die bürgerlich-klassische Periode deutscher Kunst und Literatur versteht. Mit Humboldt weitete sich dieser Begriff zur klassisch-bürgerlichen Kultur in Deutschland schlechthin. In Dresden dachte er noch, vor allem in seinem Brief an Schiller, vornehmlich an seine philosophisch-historischen Pläne. Er hoffte, daß seine Ideen über die Bildung, auf die er in einer besonderen Abhandlung näher eingehen wollte, auch seine übrigen Arbeiten befruchten würden. »Denn eigentlich ruhn sie insgesamt auf dieser Basis, und sowie man mit jenen Ideen einverstanden ist, so muß von selbst ein Bedürfnis und ein Verlangen nach einer individuelleren Charakteristik der einzelnen Menschengattungen und einer Bestimmung des Charakters unsrer Zeit, des Charakters also, in dem wir selbst jetzt vorwärts schreiten sollen, entstehn.«

Seine Reise werde, so hoffte er, »ein herrlicher Prüfstein« sein, wie weit er selbst in der Fertigkeit fortgerückt sei, »Charaktere zu erforschen, die verschiednen Ursachen, die auf sie eingewirkt haben, auseinanderzusondern, besondre auf allgemeine zurückzubringen und wieder allgemeine in besondre zu spezifizieren«. Es ging Humboldt darum, sein Zeitalter zu verstehen und aus der Verschiedenartigkeit der Völker, aus den Ursachen ihrer Entwicklung Quellen und Ziele der gesellschaftlichen Lage wie der weiteren Entwicklung zu erschließen. Das war ein Unternehmen, das über das Anliegen seiner Freunde in Jena und Weimar hinausging und ihn zur praktisch-staatsmännischen Tätigkeit führen mußte, sollte es nicht bloße Liebhaberei eines wohlhabenden Gelehrten bleiben.

Zwar glaubte Humboldt noch in seinem letzten Brief an Schiller, den er am 22. Oktober 1803 aus Rom an ihn richtete, dem Freunde versichern zu müssen: »Der Maßstab der Dinge in mir bleibt fest und unerschüttert; das Höchste in der Welt bleiben und sind – die Ideen. Diesen habe ich ehemals gelebt, diesen werde ich jetzt und ewig getreu bleiben, und hätte ich einen Wirkungskreis wie der, der jetzt eigentlich Europa beherrscht, so würde ich ihn doch immer nur als etwas jenem Höheren Untergeordnetes ansehn, und das ist meine wahre Meinung.« Doch war Humboldt Humanist nicht nur im Sinne eines Bekenntnisses, sondern eines Gebotes. Daher konnte ihm der Widerspruch zwischen Idee und Wirklichkeit, zwischen fortschrittlichem Denken und Trachten und der vielgestaltigen, immer offenbarer werdenden Misere seiner Zeit nicht verborgen bleiben.

Selten und um so eindrucksvoller sind Bemerkungen Humboldts, die davon zeugen, daß er sich mehr und mehr der Verantwortung bewußt wurde, die er trug. Schon in jener Zeit, als er von Jena Abschied nahm, war ihm klar, daß er nicht mehr ausschließlich an seine Selbstvervollkommnung denken durfte, sondern tätig werden und in das Geschehen der Zeit nach seinen Fähigkeiten eingreifen mußte. Sosehr ihn seine Studien zur Betrachtung des Gewordenen drängten, in einem Brief an Karoline vom 16. Mai 1797 heißt es bereits: »Das Lebendige besiegt immer das Tote und dringt durch und schafft sich Leben und Licht.« In Paris angekommen, ließ er im Blick auf seinen früheren kurzen Besuch an der Seine Gentz im November 1797 wissen: »Damals fiel es mir nicht ein, daß man etwas tun, etwas leisten müsse, es galt die große Lehre, daß der Mensch nur durch das zählt, was er ist, nicht durch das, was er tut, und das war genug. Jetzt ist es anders; jetzt fühle ich, daß es nur schon zu hohe Zeit ist, etwas hervorzubringen, einen Beweis zu hinterlassen, daß man verdiente, dagewesen zu sein.«

Gewiß schwebte Humboldt noch immer vor, eine umfassende anthropologische Geschichte der Menschheit zu schreiben und in die Geheimnisse ihrer Entwicklung einzudringen. Indem er das Wissen mehrte, wollte er dazu beitragen, es zur Förderung des menschlichen Fortschritts zu nutzen. Selbst tätig zu werden, fühlte er sich zumindest vorerst allzu ohnmächtig und einflußlos. Noch hatte im Hinblick auf die allgemeine deutsche und die besondere preußische Misere dieser Jahre die »Idee« den Vorrang vor der Tat, denn dieses Tätigsein, hätte sich dazu eine Möglichkeit geboten, wäre notwendigerweise unfruchtbar geblieben. So ist Humboldts Bekenntnis in seinem letzten Brief an Schiller zu verstehen: »Hätte ich einen Wirkungskreis wie der, der jetzt eigentlich Europa beherrscht, so würde ich ihn doch immer nur als etwas jenem Höheren Untergeordnetes ansehn.« Angesichts der Militärdiktatur Napoleons wurde die

Macht untergeordnet der Idee, dem Geist, dem Grundelement der Klassik – und also auch dem Humboldts.

Dieses Schwanken Humboldts zwischen »Idee« und Tat sollte anhalten. Gewonnen hatte er in seinen Lehr- und Wanderjahren eine Universalität des Wissens und der menschlichen Begegnungen, wie sie wenigen seiner Zeitgenossen vergönnt gewesen ist. Humboldt kannte die geistigen Strömungen in Deutschland und war erfahren in Geschichte und Politik. Nun schickte er sich an, seinen Gesichtskreis noch weiter auszudehnen, in einer anderen, aber nicht weniger universalen Weise als sein Bruder Alexander. Der Französin Germaine de Staël erschien er bald als »la plus grande capacité de l'Europe«, als der befähigste Kopf in Europa, wie – weit später – dem Engländer Sir Lord Acton als »the most central figure in Germany«. »Unter den Männern, welche in die politischen Kämpfe gestaltend einzugreifen berufen waren, war keiner, unter den Beamten nicht und nicht unter den Militärs, so durchtränkt mit dem Geiste von Weimar und Jena. Und keine unter den literarischen Größen der Zeit stand dem politischen Ringen und Werden jener Jahre so unmittelbar nahe wie Humboldt.«[28]

UNTERWEGS ZWISCHEN SAALE UND ELBE, DONAU UND SEINE

Humboldts nächstes Ziel war Berlin, wo der Nachlaß seiner Mutter zu ordnen war. Alexander und er wollten die eigenen Erbansprüche und die ihres Halbbruders von Holwede regeln, ehe sie Deutschland für Jahre verließen. Kunth unternahm es, als Treuhänder der Brüder die Erbteilung durchzuführen. Man traf sich im Juni 1797 in Dresden. Auch Karoline kam dorthin, sobald sie den Haushalt in Jena aufgelöst hatte und ihr noch immer geschwächter Zustand es erlaubte, sich mit ihren drei Kindern – der kleine Theodor war erst fünf Monate alt – einer Reisekutsche anzuvertrauen.

Nachdem die Brüder frei über ihr Vermögen verfügen konnten, wünschte Alexander, so schnell wie möglich erhebliche Mittel zu erhalten, um die geplante Weltreise auch finanziell völlig unabhängig durchführen zu können. Wie sich bald zeigte, nutzte der jüngere Humboldt sein Erbe fast bedenkenlos großzügig und selbstlos, während Wilhelm, bereits durch seine Heirat überaus wohlhabend, sehr darauf bedacht war, sein Erbe gut anzulegen und zu mehren. Er war ein sorgsamer Haushalter, auch mit Rücksicht auf seine Kinder, doch gehörten nach seiner und Karolines Auffassung vom Genuß des Lebens Vervollkommnung der Bildung und damit auch ausgedehnte Bildungsreisen zum aristokratischen Lebensstil.

Kunth kannte die unterschiedlichen Interessen der Brüder Humboldt und erwies sich als kluger Vermittler und gewandter Unterhändler bei der Aufteilung des beträchtlichen Erbes. Alexander erhielt Wertpapiere und Bargeld sowie Hypotheken auf Tegel und Ringenwalde. Er hat dieses Vermögen von rund neunzigtausend Talern – eine Summe, die an Kaufkraft etwa dem zehnfachen Betrag in Mark entsprechen dürfte – im wesentlichen für die Durchführung und wissenschaftliche Auswertung seiner Reise verbraucht; seine epochalen Amerika-Forschungen waren das kostspieligste wissenschaftliche Unternehmen, das ein Privatmann auf eigene Kosten je durchgeführt hat. Er hat, wie er einem Freunde im Dezember 1796 voraussagte, »die Lage benutzt«, in die ihn »glückliche Verhältnisse gesetzt« hatten.

Wilhelm von Humboldt wurde Eigentümer des Berliner Stadthauses in der Jägerstraße sowie von Schloß und Gut Tegel. Das bedeutete zugleich, daß er früher oder später in Berlin ansässig werden und sein Betätigungsfeld in der preußischen Residenz suchen mußte. Es ist keine Frage, daß durch eine solche Entscheidung der spätere Entschluß, in den Staatsdienst zurückzukehren, beeinflußt wurde. Es zeigte sich bald, daß die Besitztümer in Berlin zumindest gelegentlich die Anwesenheit des Eigentümers erforderten, zumal das unstete Umherreisen mit der wachsenden Familie in keinem angemessenen Verhältnis zu den Erträgen seiner und Karolines Güter stand.

Der Aufenthalt in Dresden währte länger, als beabsichtigt war. Die Familie Wilhelm von Humboldts, begleitet von Alexander, hielt sich von Mitte Juni bis Anfang August 1797 in Dresden auf und pflegte engen Umgang mit den Körners; auch Alexander kam dem aufgeschlossenen Freund Schillers und des Bruders näher. Auf Körner wirkte der jüngere Humboldt »ehrwürdig durch den Eifer, mit dem er sein Fach betreibt«, und er bemerkte an ihm »etwas Hastiges und Bitteres, das man bei Männern von großer Tätigkeit häufig findet«. Alexander war der lange Aufenthalt in Dresden verdrießlich. Er sehnte sich nach einem freien, tätigen Leben und mochte doch den Bruder nicht vorzeitig verlassen, der gleich ihm nach dem Süden reisen wollte, aber durch wiederholte Anfälle von »kaltem Fieber« bei Frau und Kindern in Dresden festgehalten wurde. Auch waren die Nachrichten, die man von den Kriegsschauplätzen erhielt, nicht dazu angetan, den Aufbruch zu beschleunigen. »Das wird eine schöne Reise werden«, schrieb Schiller am 23. Juli 1797 an Goethe, »denn sie müssen jetzt schon in Dresden über die Zeit liegenbleiben.«

Schließlich setzte sich »die sämtliche Karawane«, wie Goethe die Reisegesellschaft der Humboldts nannte, über Prag nach Wien in Bewegung. Es waren insgesamt dreizehn Köpfe, schrieb Humboldt an Schiller aus Wien am 4. September 1797, »die mit den Kindern meinen und meines Bruders Kreis ausmachen« und »nach und nach alle, außer mir und der kleinen Li, krank gewesen sind«. Vor allem der Gesundheitszustand Karolines gab immer wieder zu Sorgen und zu Aufenthalten Anlaß.

Wien war die erste große Stadt der Reise, in der Humboldt längere Zeit, über zwei Monate, verweilte. Das geistige Leben war, an Jena gemessen, nicht sehr rege. Man lobte die frühere deutsche Literatur, Rabener, Gellert und Johann Elias Schlegel, als »das goldene Alter«. Am Studium der Antike vermißte Humboldt den fortschrittlich-klassischen Geist des nördlichen Deutschlands. Es gab zwar Sammlungen und Bibliotheken – er hatte sie bald kennengelernt –, doch nur wenige Menschen und auch »nicht viel sonderlich interessante Gegenstände«, die ihn hätten anziehen können. Indessen erkannte er, wie er Schiller am 4. September 1797 mitteilte, recht wohl, daß »die Beschaffenheit der Stadt und die Lebensart der Menschen« nicht die einzigen Gründe waren, weshalb er sich bald aus der habsburgischen Residenz wegsehnte, in der er auch später nicht heimisch zu werden vermochte.

Im September und Oktober 1797, während er sich noch als Privatmann in Wien aufhielt, bedrängte ihn die Ungewißheit seines weiteren Weges in einem zweifachen Sinne. Oberitalien geriet mehr und mehr in den Strudel der Kriegsereignisse; von Tag zu Tag wurde es ungewisser, ob man die Straßen nach Süden ungefährdet benutzen konnte. Humboldt verlor sich abermals in Reflexionen über seine Lebensbestimmung, die wir bereits zur Genüge kennen. In einem Brief vom 4. September bekannte er Schiller, daß er einen doppelten Mangel als das eigentliche Unglück seiner Existenz empfand: »Die Einbildungskraft ist nicht unabhängig und der Verstand nicht alleinherrschend.« Bemerkenswert ist vor allem die Einsicht: »Allein wenn ich daran denke, etwas hervorzubringen, so sehe ich mich in einem wirklich sehr unangenehmen Gedränge.« Mehr als je fühlte er sich unverstanden, auch von seinen engsten Freunden, mehr als je drängte es ihn, »ein eigentliches Werk, ein Werk für andre hervorzubringen«. Alle Vorarbeiten dazu befriedigten ihn nicht. »Jetzt bin ich nun überzeugt, daß ich schlechterdings nichts Besseres tun kann, als Ihrer Ermahnung zu folgen, das Lebendigste in Absicht der Phantasie und das Tiefste in Absicht auf den Geist in mir rege zu machen, und wenn ich ... dahin komme, etwas selbst auszuarbeiten, doch schlechterdings nicht das Höhere und Bessere der bloßen Klarheit und Bestimmtheit aufzuopfern.« Keine »Zwitterhaftigkeit« seines Wesens setzte ihm so zu wie der ihn unaufhörlich quälende »tantalische Zustand«: »Unternehme ich eine Verstandesarbeit, so bin ich im Abstrahieren nicht tief, im Analysieren nicht streng, im Räsonieren überhaupt nicht systematisch und trocken genug; wage ich etwas Poetisches zu denken, so sind mir die Flügel gelähmt und die

Sehnen wie zerschnitten. Solange ich nun bloß lebe, empfange, zurückgebe, genieße und wirke, so geht es ganz gut; vielmehr unterstützt mich diese Zwitterhaftigkeit, ich kann andern eben dadurch manchmal viel sein und werde immer mehr im Ganzen, und wirklich auch nicht mit Unrecht, scheinen, als ich im einzelnen bewähren kann.«

Humboldt hatte gehofft, Italien werde ihm zum Selbstverständnis verhelfen. Er glaubte in Italien das Land zu finden, in dem er »dahin komme, etwas selbst auszuarbeiten«, was seiner Vorstellung von einem schöpferischen, klassisch-harmonischen Werk im Sinne der »Alten« entsprach. Doch gerade dieses Land war ihm »jetzt verschlossen«. Wenn er nicht daran dachte, das Ende des italienischen Feldzuges Napoleons und die damit verbundenen Veränderungen in Österreich abzuwarten, wie es sein Bruder Alexander tat, so lag das nicht nur an der inneren Unruhe, am ungestillten Wandertrieb. Wilhelm von Humboldt war zu sehr Norddeutscher, als daß er sich bei allen durchaus bemerkten Besonderheiten süddeutsch-österreichischen Volkscharakters hätte dazu verleiten lassen, seine Studien über »Nationalcharaktere« zunächst im Süden des Heiligen Römischen Reiches Deutscher Nation fortzuführen.
Und dennoch gaben ihm die Wiener Wochen Anlaß zu fruchtbaren und bemerkenswerten Betrachtungen. Wien schien ihm zwar bei weitem nicht so mannigfaltig wie Paris oder London, aber doch von »entscheidender Eigentümlichkeit« gegenüber norddeutschen Städten. »Auch der allgemeine Volkscharakter hat hier schon bei weitem etwas Pikanteres als im nördlichen Deutschland, mehr Humor, mehr Fröhlichkeit, mehr Leichtigkeit und Gewandtheit«, schrieb er am 20. August 1797 an Wolf.
Humboldt war sich bereits in Wien bewußt, daß es das eine Deutschland, das bald zum Wunschbild seines Zeitalters wurde, nicht gab, auch wenn er sich niemals mit der Realität der »Deutschländer« abzufinden vermochte. In Frankreich, der kulturell wie politisch geschlossenen einheitlichen »Nation«, wurde ihm alsbald deutlicher, *wie* rückständig das vielfach gespaltene

Deutschland in ökonomischer und politischer Hinsicht war. Um so schwerer wog Humboldts Auffassung, die sich seit seinem ersten Wiener Aufenthalt mehr und mehr ausprägte, daß Deutschland – zumal das Deutschland an Ilm und Saale – in der geistig-kulturellen Entwicklung der europäischen Völker eine besondere Aufgabe habe. Das bonapartische Frankreich schickte sich an, den europäischen Kontinent seiner Vorherrschaft zu unterwerfen, und England war im Begriff, zielbewußt sein Weltreich aufzubauen. Die »Endabsicht des deutschen Charakters« sah Humboldt in einer humanen Mission, einer Veredelung der Menschheit, einer »Brücke zwischen der antiken und modernen Welt«.

Nicht Schiller oder Körner, sondern Wolf teilte Humboldt in seinem Brief vom 20. August 1797 ausführlicher die Gedanken mit, die ihn bewegten. Nach den Begegnungen in Jena, Weimar, Berlin und im Blick auf die Ereignisse außerhalb des Heiligen Römisches Reiches Deutscher Nation lag es nahe, den »Begriff des *Deutschen*« nach dem Bilde zu fixieren, »das deutsche Kultur und deutsche Literatur geben«. Humboldt verglich das nördliche und südliche Deutschland miteinander und meinte: »Meinem Urteil nach ist es keine Frage, daß eigentlich in dem südlichen eine bessere und energischere, wenigstens elastischere Natur ist, und wäre die Kultur der Sprache und der Literatur von dieser ausgegangen, wie es einmal unter den Minnesängern den Anschein gewann, so scheint es keinem Zweifel unterworfen, daß der *deutsche Geist*, der jetzt doch von den Ausländern, wie sehr sie auch anfangen mögen, seine Produkte zu achten, immer noch als mechanisch und pedantisch und nachahmend angesehen wird, bei weitem mehr Energie und Originalität gewonnen haben würde. Freilich wäre er dann aber nicht in den Platz getreten, auf dem er jetzt auch in den Augen des vorurteilsfreisten Urteilers unleugbar steht und auf dem man ihn allen Nichtdeutschen, kollektiv genommen, entgegensetzen kann. Statt, wie er jetzt ist, gleichsam der Beschauer und Beurteiler aller Nationen zu sein, hätte er mit zu den Parteien gehört, und es hätte gleichsam der Standpunkt gefehlt, aus dem sich alle übersehen lassen und auf den alle zurückwirken. Und ohne das wäre es nicht möglich gewesen, was ich jetzt für wirklich erreichbar halte, daß eine Nation gleichsam die Brücke zwischen der antiken und modernen Welt, die sonst durch eine unendliche Kluft getrennt geblieben wären, gemacht hätte. Denn dies, die Verbindung der Eigentümlichkeiten der Alten und Neueren in eine einzige Form hervorzubringen, könnte man gleichsam die Endabsicht des deutschen Charakters nennen oder vielmehr das, wohin jeder von seinem Teil mitzuwirken streben muß, dem es um eine wahrhaft idealische Veredelung unseres Nationalcharakters zu tun ist. Zwar läßt sich im Grunde sagen, daß dies Ziel jeder Nation vorgesteckt ist. Aber nur eine, die eine solche Geschmeidigkeit besitzt, sich fremden Eigentümlichkeiten anzupassen, hat eine sichere Hoffnung, demselben näherzukommen.«

War auch hier spekulativ vorweggenommen, was nur Erfahrung, was nur eingehende Studien zu vermitteln vermochten? Wohin sollte sich Humboldt wenden, wenn ihm für solche Studien Italien verschlossen war?

Zwar war Preußen 1795 aus der antifranzösischen Koalition ausgeschieden, und die Bürgerarmee hatte die Invasionsarmeen der europäischen Mächte zurückgeschlagen. Aber unter dem Einfluß machthungriger Generäle wurde aus dem Abwehrkampf der Franzosen allmählich ein Eroberungskrieg. Napoleon Bonaparte war in Italien eingedrungen, die österreichischen Truppen waren durch Tirol nach Wien und in die Steiermark zurückgeworfen worden. Die Hoffnung, daß es zwischen Frankreich und Österreich zum Frieden kommen würde, blieb zunächst unerfüllt. Bonaparte hatte Ober- und Mittelitalien fest in der Hand, und sein kühner Vorstoß durch die Ostalpen auf Wien hatte Anfang April 1797 zum Waffenstillstand von Leoben geführt. Aber da Österreich die Forderungen des Korsen nicht erfüllen wollte, ließ der Frieden auf sich warten; er wurde erst am 17. Oktober 1797 in Campo Formio abgeschlossen. Österreich verlor Belgien und die Lombardei und stimmte der Abtrennung der linksrheinischen deutschen Gebiete an Frankreich zu. Dafür erhielt es Venetien, Dalmatien und Istrien, während Frankreich Savoyen und Nizza eroberte und in Norditalien einige Vasallenrepubliken schuf.

Als dieser Vertrag, der neue kriegerische Auseinandersetzungen geradezu herausforderte und daher allenfalls als eine Kampfpause angesehen werden konnte, unterzeichnet wurde, hatten die Humboldts Wien bereits verlassen. Den Naturforscher Alexander reizte die Gebirgslandschaft. Sein Ziel war ursprünglich der feuerspeiende Vulkan des Vesuv gewesen. Nun wandte er sich durch die Steiermark nach Salzburg, wo er zusammen mit seinem Freiberger Studienfreund, dem nachmals berühmten Geologen Leopold von Buch, fünf Monate hindurch Ortsbestimmungen, Höhenmessungen, meteorologische Betrachtungen und andere für sein großes Vorhaben, die Weltreise, wichtige praktische Studien betrieb.

Für Wilhelm war es schwieriger, einen Ersatz für die italienische Reise zu finden. War es schon nicht möglich, Antike und Moderne, die Lebensweise der Alten in ihren überlieferten Zeugnissen und ein charakteristisches Volk der Gegenwart, zugleich zu studieren, so war es nur folgerichtig, wenn Humboldt sich nunmehr kurz entschlossen Frankreich zuwandte; denn dort vollzog sich die Bildung, zumindest die Umbildung einer Nation, und die Quellen dieser Entwicklung schienen greifbar zu sein. Mag sein, daß der allzu schnelle und allzu häufige Wandel des Zeitgeschehens den pedantisch-sorgfältigen Humboldt eher verwirrte und abstieß als befruchtete und anzog – er entschloß sich dennoch, mit seiner Familie vor Einbruch der kalten Jahreszeit nach Frankreich zu reisen. Es hatte sich nämlich erwiesen, daß der Weg von Wien nach Florenz oder gar nach Rom unter den gegebenen Umständen mit einer Familie nicht zu wagen und noch weniger an eine ruhige Existenz im Land seiner Sehnsucht zu denken war.

Auch Goethe befand sich mit den gleichen Erwartungen wie Humboldt auf dem Weg nach Italien. Auch er wurde enttäuscht und kehrte um. Humboldts Hoffnungen, ihn noch in der Schweiz zu treffen, erfüllten sich nicht. Über Salzburg, wo sich der Bruder von ihm trennte, München und Basel reiste er nach Zürich. »Wir fuhren bei ganz dunklem fatalen Wetter von Rapperswyl am Ende des Zürcher Sees nach Zürich und aßen den Mittag in einem Dorfe am See. Ganz ohne daß wir es ahndeten, entdeckte es sich da, daß der Wirt ein Onkel von Meyer sei und daß Goethe dort mehrere Wochen gewohnt habe«, schrieb er Schiller am 7. Dezember 1797.

Ohne weitere Unterbrechungen reisten die Humboldts mit Burgsdorff und dem Bildhauer Friedrich Tieck, dem Bruder des Dichters, über Schaffhausen nach Paris, wo sie am 18. November eintrafen. Er gestehe gern, »daß Paris einen unendlich vorteilhaften Eindruck« auf ihn gemacht habe, lesen wir in Humboldts erstem Brief aus Frankreich an Schiller. Es herrsche vollkommene Ruhe, und er meine, dieser Zustand werde nun andauern. »Auf jeden Fall hat der Fremde, der nicht die Unklugheit begeht, sich in Händel zu mischen, die ihn nichts angehn, auf keine Weise etwas zu besorgen. Wer wie ich so harmlose Dinge als alte Literatur und ästhetische Grillen treibt, kann überall ruhig sein, vorzüglich aber jetzt hier, wo die Polizei außerordentlich gut und doch weder durch Formalitäten noch durch Aufsicht lästig ist, wo Fremde mit der ausgezeichnetsten Humanität behandelt werden und wo wirklich ein lebendiges und wahres Interesse für Wissenschaft und Gelehrsamkeit herrscht.«

BOTSCHAFTER DEUTSCHER KULTUR IN FRANKREICH

Acht Jahre waren seit Humboldts kurzem erstem Aufenthalt in Paris vergangen. Wieder stand er vor den Trümmern der Bastille, wieder besuchte er die Sitzungen der Nationalversammlung, wieder saß er auf der Tribüne des Hauses der Deputierten. Was war vom Revolutionsrausch des Sommers 1789 geblieben?

»Freiheit, Gleichheit, Brüderlichkeit!« war die Losung gewesen, die Menschen- und Bürgerrechte waren verkündet, die Vorrechte von Adel und Klerus abgeschafft und alle Beschränkungen für Handel und Gewerbe beseitigt worden. Doch schon in der Verfassung von 1791 und mit der Einrichtung einer konstitutionellen Monarchie zeigten sich Erfolge der Gegenrevolution gegen das revolutionäre Drängen der Klubs und Volksgesellschaften als Sprecher der breiten Massen. Im Pariser Aufstand vom 10. August 1792 hatte das Volk seinem Unwillen gegen den Verrat der Revolution durch die monarchistische Großbourgeoisie und den Adel Luft gemacht; die Monarchie war abgeschafft und die Republik verkündet, die Herrschaft der Girondisten, der gemäßigten Republikaner, durch die der Jakobiner, der entschiedenen Revolutionäre, abgelöst worden. Ihren Höhepunkt hatte die progressive Entwicklung in der Errichtung einer revolutionär-demokratischen Diktatur gefunden; Niederschlag des Volkswillens war die bürgerlich-demokratische Verfassung vom 24. Juni 1793 gewesen.

Von innen und von außen bedroht, hatten Sicherheitsausschuß und Revolutionstribunal der Jakobiner Zuflucht im Terror, in der »Schreckensherrschaft« gesucht, um die Ziele der Revolution zu retten. Jener Abschnitt der Französischen Revolution hatte begonnen, der von den Fürsprechern ihrer Ideale jenseits des Rheins, von sehr wenigen Ausnahmen abgesehen, nicht mehr verstanden und gewöhnlich ebenso verurteilt wurde wie die feudalreaktionäre, von den Emigranten geschürte Intervention der europäischen Mächte gegen das revolutionäre Frankreich. Die französischen Bürger hatten ihre Revolution nicht mehr nur gegen die innere Reaktion, sondern auch gegen die Intervention der Feudalmächte Europas zu verteidigen. Die Machtkämpfe der rivalisierenden fortschrittlichen und reaktionären Gruppen gipfelten im Juli 1794 im Sturz der Jakobiner und in der Hinrichtung ihrer Führer.

Die Stoßkraft des revolutionären Frankreichs richtete sich nunmehr in erster Linie gegen den äußeren Feind. Es wurde versucht, ihn nicht mehr nur abzuwehren, sondern in seinem Lande selbst zu schlagen. So wurde die Invasion der europäischen Feudalmächte mit dem Angriff über die Grenzen Frankreichs hinaus beantwortet. Inbegriff der Macht der Großbourgeoisie war das Direktorium, die Herrschaft der fünf »Direktoren« in einem republikanischen Staatswesen, das in seinem Zweikammersystem, dem Rat der Fünfhundert und dem Rat der Alten, den Machtkampf rivalisierender Gruppen eher legalisierte als beendete und somit den Keim kommender Alleinherrschaft bereits in sich trug. Im Kampf gegen die revolutionäre wie gegen die reaktionäre Opposition gelang es dem Direktorium in den Jahren 1795 bis 1799 nicht, die innere Entwicklung Frankreichs zu stabilisieren; die Erfolge gegen die äußere antifranzösische Koalition waren demgegenüber offenbar, sie gipfelten in der Besetzung Belgiens, des linken Rheinufers und Norditaliens.

Damit war aber zunächst auch der Höhepunkt der militärischen Erfolge Frankreichs erreicht. Bald nachdem Humboldt seinen Wohnsitz in Paris genommen hatte, rüstete sich Napoleon Bonaparte, der erfolgreichste wie ehrgeizigste General der Revolution, England an seiner verletzlichsten Stelle zu treffen. Er segelte im Mai 1798 mit 25 000 Mann, 400 Transportschiffen und 40 Kriegsschiffen von Toulon nach Ägypten, um »das Tor nach Indien« aufzustoßen. Die englische Flotte vernichtete das französische Geschwader; die in Ägypten gelandeten Truppen wurden nach großen Anfangserfolgen in blutigen Kämpfen aufgerieben. Das waghalsige Unternehmen war gescheitert.

Der geschlagene General kam noch eben rechtzeitig nach Frankreich zurück, um sich dort als Retter des Vaterlandes aufspielen zu können. Denn die Mächte der zweiten europäischen Koalition gegen Frankreich unter Führung von Großbritannien, Österreich und Rußland hatten die französischen Heere aus Italien vertrieben und auch auf anderen Kriegsschauplätzen Erfolge erzielt, so daß die aggressive Großbourgeoisie ihre innerpolitische Machtstellung gefährdet sah und dem ohnmächtigen Direktorium ein diktatorisches System unter dem General Napoleon Bonaparte vorzog.

Der Staatsstreich vom 18. Brumaire, dem 9. November 1799, setzte an die Stelle des Direktoriums ein dreiköpfiges Konsulat. Aber Napoleon Bonaparte machte sich unverzüglich um Ersten

Konsul und damit zum Alleinherrscher. Nach und nach hob er wesentliche Errungenschaften der Revolution auf, förderte aber andererseits die ökonomisch-industrielle Entwicklung. Die Hauptstütze seiner Macht war die Armee, die er zum schlagkräftigsten Instrument der französischen Expansion in Europa zu entwickeln wußte. Die zweite Koalition wurde niedergerungen; Österreich wie England mußten in den Friedensverhandlungen von Lunéville (1801) und Amiens (1802) Frankreichs Vorherrschaft in Europa anerkennen. Diese militärischen Erfolge, die Fortführung der industriellen Revolution, eine fortschrittliche Gesetzgebung im Code Napoléon (1804 bzw. 1811), aber auch die Ablösung demokratischer Errungenschaften durch ein Spitzel- und Polizeisystem machten den Ersten Konsul mehr und mehr zum Alleinherrscher im Staat. Napoleons Weg zur Macht fand im Jahre 1804 seine Krönung, als der Senat ihn zum Kaiser der Franzosen erklärte.

Humboldt hielt sich an den Grundsatz, sich nicht »in Händel zu mischen, die ihn nichts angehn«. Er betrachtete sich als Gast in einem fremden Lande, als Privatmann, der nach Paris gekommen war, um seinen Studien zu leben. Zudem zeigte sich während der Pariser Jahre, was später am Diplomaten und Staatsmann Humboldt zwar bisweilen befremdlich, aber charakteristisch blieb: Er verfolgte das Tagesgeschehen mit großer Aufmerksamkeit und vermerkte es zeitweilig bis in nebensächliche Einzelheiten hinein als »Material« für seine »Ideen«. Aber er hielt Abstand vom Geschehen, wie er Distanz von den Menschen bewahrte. Für sein Urteil und sein Verhalten setzte die »Idee« den Maßstab, nicht das »Material«, das immer nur Rohstoff für zum Teil vorweggenommene spekulative Erkenntnisse bildete, aber nicht zum Richtmaß seiner Tätigkeit wurde. »Wer auf einer Reise erst lernen will«, merkte er einmal an, »ist in jeder Rücksicht verloren; man muß bloß sehen, was man schon weiß.«
Wir besitzen höchst aufschlußreiche Aufzeichnungen aus den Pariser Jahren, vor allem die »Materialien, erster Band, 1797, 1798« und die »Tagebuchnotizen von 1799«. »Diese Blätter«, er-

läuterte er selbst, »sollen eine kurze Anzeige alles dessen enthalten, was ich von Tage zu Tage gesehen, erfahren, gelesen und gedacht habe, das mir des Aufbewahrens würdig scheint. Sie sollen mir zu einem Repertorium von Materialien zu meinen Arbeiten über die Kenntnis der Menschen und Nationen dienen, indem sie nicht nur alle Fakta, die zu Belegen meiner Behauptungen notwendig sind, sondern auch viele Ideen enthalten werden, die ich sonst verlor und die ich nun durch sie fixieren kann. Zugleich werden sie mit wenig Worten Rechenschaft von meiner Tätigkeit geben ...

Immer soll allein der Gesichtspunkt darin herrschen, meine wichtigen Arbeiten über Menschenkenntnis und Menschenbildung vorzubereiten und mich selbst meiner Bestimmung, dieses Fach zu erfüllen, näher zu bringen.«

Humboldt hat auch dieses Vorhaben nicht konsequent durchgeführt. Nur aus den ersten Monaten und Jahren seines Aufenthaltes in Paris verfügen wir über ein reiches Quellenmaterial, zu dem auch seine Briefe in die Heimat, vor allem an Schiller, Goethe und Wolf, gehören. Später konzentrierte sich sein Interesse auf enger umgrenzte Studien vornehmlich sprachwissenschaftlicher Art. Darüber hinaus beeinträchtigte der von Monat zu Monat wachsende gesellschaftliche Verkehr in seinem Hause und in Pariser Salons, aber auch eine spürbare Müdigkeit die bisweilen pedantische Sorgfalt der Eintragungen und Aufzeichnungen. Naturgemäß interessierte Humboldt für sein weitgespanntes Vorhaben zunächst alles, was die Entwicklung und das gegenwärtige Wesen des französischen Nationalcharakters betraf; später schied er von vornherein vieles aus, was dem noch Unkundigen merkwürdig erschienen war.

Humboldt sammelte »Materialien«, um das republikanische Frankreich zu analysieren. Allein die Aufzeichnungen vom Weihnachtsabend 1797 füllten später sechs Druckseiten. Männer und Frauen, die er traf, wurden charakterisiert, Künstler und Gelehrte, seltener Politiker. Anmerkungen über seine Lektüre und Aufzeichnungen über Besuche von Galerien und Theater finden sich häufig; er fertigte Auszüge aus Zeitungen an und kommentierte politische Geschehnisse, wobei die Sitzungen des Parlaments und Fragen der staatlichen Organisation den Vorrang hatten. Wenn er Gentz am 29. November 1797 versicherte, zum Politiker wäre er »einmal verdorben«, er hole »dafür immer zu weit aus und sehr zu weit hin und besitze nicht das Talent, einen Punkt schlagend zu fixieren und auf ihn alles zu richten – der einzige Kunstgriff der echten wie der unechten Politik«, so war das Ausdruck jener »Zwitterhaftigkeit«, von der er in diesen Jahren sprach.

Gewiß lag es tief in ihm, »nur in allen Dingen theoretische Wichtigkeit anzuerkennen und die praktische, selbst mehr als billig ist, geringzuschätzen.« Aber er sah sich doch einer Wirklichkeit gegenüber, der er sich nicht mehr mit Reflexionen entziehen konnte, sondern der er sich tätig stellen mußte, je länger der Aufenthalt dauerte und je dunkler die Wolken wurden, die sich über seiner Heimat zusammenzogen. Gegen Ende des Jahres 1797 konnte er Gentz noch ehrlichen Herzens schreiben, sein Pariser Aufenthalt werde seine »gewohnten Ansichten im ganzen« nicht sehr verändern. Doch seine besondere Fähigkeit, eben das »Auffassen des Charakteristischen«, mußte ihn früher oder später von der Spekulation zur tätigen Wirksamkeit drängen.

Kennzeichnend für seine innere Unrast und Unzufriedenheit sind die Bemerkungen, die er am 31. Dezember 1797, sechs Wochen nach der Ankunft in Paris, in sein Tagebuch schrieb: »Schluß des Jahres. – Ein an merkwürdigen Ereignissen für mich reiches Jahr, auf das ich aber nicht gern zurücksehe, da ich es beinah ganz für verloren ansehen muß. Der Tod meiner Mutter, dessen Folgen erst jetzt merklich wurden; Theodors Geburt; die Reise; die beständig abwechselnde, aber im ganzen fast beständig fortdauernde Kränklichkeit meiner Frau. Dunkle Aussichten in die Zukunft vom Tode meiner Mutter aus, als wäre mit ihr auch ein gewisses Glück zu Grabe gegangen; Sorgen für die Erhaltung des Vermögens; Plane zum Erwerb durch Beförderung«, ein erstes, recht persönlich motiviertes Anzeichen für Erwägungen, in den Staatsdienst zurückzukehren. »In mir üble Stimmung zu wichtigen Produktionen und Untätigkeit.«

Wir kennen diese selbstquälerischen Auseinandersetzungen. Sie hielten zunächst auch in Paris noch an, wenngleich Humboldt meinte, stimmungsmäßig habe sich eine »plötzliche und merkwürdige Umänderung mit der Abreise von Basel und dem Eintritt in Frankreich« vollzogen. Das Neue, Gegenwärtige beeindruckte ihn mehr, als er sich, auf einer Reise in die Vergangenheit nach Italien begriffen, zunächst eingestehen wollte. »Im Umgang verlor ich in diesem Jahr, statt zu gewinnen. Eine Trägheit, neuen interessanten zu suchen und schon vorhandenen zu benutzen, verdarb mir vieles... Also im ganzen genommen eine schlechte und die schlimmste Periode meines Lebens von der Zeit an, da wir zu meiner Mutter von Jena nach Tegel gingen, bis zu den letzten Wochen dieses Jahres, vom Sommer 1795 bis zum späten Herbst 1797. Nur der aufkeimende Gedanke des Jahrhunderts«, der von ihm geplanten Darstellung des 18. Jahrhunderts, »kann künftig diese Epoche für mich bezeichnen. – Doch jetzt fühle ich, daß es in jeder Rücksicht aufwärtsgeht; denn ich habe das unverkennbare Bewußtsein einer lebendigen und emporstrebenden Tätigkeit, in der sich das Gedeihen meiner äußern Lage, die Vollendung der schriftstellerischen Werke, die ich im Kopf trage, und die Benutzung eines ausgebreiteten und interessanten Umgangs notwendig zugleich vereinigen müssen.«

Er füllte Seite um Seite mit Notizen, schon am 1. Januar 1798 mit Anmerkungen zur »National-Physiognomie der Franzosen«. Es zeigte sich, daß die nationalen Unterschiede nicht immer so charakteristisch waren, wie er erwartet hatte. »Ich muß offenherzig gestehen, daß sogar Deutsche und Franzosen zu verwechseln mir hier einige Male geschehen ist. Auf die Form der Züge zu gehen und dadurch etwas Allgemeines zu finden wird fast unmöglich sein.« Im Sinne Lavaters von der Physiognomie her voranzukommen erschien ihm von vornherein fraglich. »Man sieht Gesichter aller Art. Indes ist mir freilich fast noch keins vorgekommen, in dem ich nicht dennoch den nationellen Zug irgendwo erkannt hätte. Die einzige sichere Methode wird die sein müssen, die einzelnen Gattungen der Physiognomien abzusondern.« Auch der Schädellehre Franz Joseph Galls bediente er sich für seine Absichten.

Aber diese Erkundung einer fremden Nation beschränkte sich keineswegs auf physiologische und psychologische Studien; Humboldt durchforschte alle Äußerungen des gesellschaftlichen Lebens und trieb Anthropologie, Menschenkunde, im umfassenden Sinne einer Wissenschaft vom Menschen, hier am Beispiel eines in der geschichtlichen Entwicklung der Menschheit in den Vordergrund getretenen Volkes. Er beobachtete das Zeitgeschehen, ohne dazu Stellung zu nehmen, ging den historischen Quellen ihn bisweilen verwirrender Ereignisse dieser und kurz vergangener Jahre auf den Grund, beschäftigte sich mit der Philosophie und der Literatur des Landes, besuchte fleißig das Theater und die Gemäldegalerien. Wohl als erster entdeckte er den Zusammenhang zwischen der Revolution und jenem »lebendigen und wahrhaften Interesse für Wissenschaft und Gelehrsamkeit« in Frankreich, besonders auf dem Gebiet der Naturforschung. Diese Entwicklung begünstigte die Unternehmungen seines Bruders und veranlaßte Alexander später, in Paris zwei Jahrzehnte wissenschaftlich zu arbeiten.

Für Wilhelm von Humboldt blieb die Antike ein Idealbild, mit dem er die Gegenwart verglich. Die Sehnsucht nach dem klassischen Italien erlosch auch im lebensprühenden Frankreich nicht. Sah Humboldt eben noch bei den Deutschen die Brücke zwischen den Alten und der Moderne, so reizte ihn wenig später, als des Bruders Berichte von seinen Streifzügen jenseits der Pyrenäen in Frankreich eintrafen, das »südliche« Spanien.

Klagen über unschöpferische Wochen und Monate kehrten wieder. Die Übertragung des Agamemnon schritt nur langsam voran und brachte ihn »in eine Art der Verzweiflung«. Seine kritischen Auseinandersetzungen mit Goethes »Hermann und Dorothea« befriedigten ihn mehr. Nur schwer löste sich Humboldt von der Ästhetik, doch mehr und mehr gelangte er über seine historischen und anthropologischen Versuche zu einer aufgeschlossenen Betrachtung des gegenwärtigen gesellschaftlichen Lebens.

Humboldt begann in Paris, sich von seiner einsiedlerischen Lebensweise zu lösen. Die »Kräfteäußerungen« der Pariser Bürger in der revolutionären und nachrevolutionären Epoche interessierten nicht mehr nur den Gelehrten, sondern auch den preußischen Legationsrat von Humboldt. »Die Wirklichkeit des sich im Innern festigenden, nach außen ausgreifenden Staates, die Wirklichkeit einer in Politik, Literatur und Wissenschaft von neuem einwurzelnden Gesellschaft..., diese ganze lebensvolle Wirklichkeit hat den Liebhaber einsamen Lebens und beschaulicher Betrachtung in ihren Bann gezogen«, urteilt Siegfried A. Kaehler. Man wird diesem kritischen Humboldt-Forscher auch weiterhin folgen können, wenn er meint: »Darum wird man den Erlebniswert der Pariser Jahre für Humboldts Lebensansicht nicht hoch genug veranschlagen können.«

Wenn diese Pariser Jahre für Humboldts politische Bildung wesentlich gewesen sind, so lag es vornehmlich an dem Umgang, den Humboldt sehr sorgsam und kritisch gewählt hat. Denn er hielt an der vielgeübten und bewährten Methode fest, einen engen persönlichen Kontakt und vorurteilsfreie Begegnungen mit ausgewählten Menschen zu suchen, obwohl dies nicht einfach gewesen sein mag in einem fremden Lande, in dem sich eine neue Führungsschicht noch nicht gebildet hatte. Persönlichkeiten vom Range eines Montesquieu und Rousseau, eines Voltaire und Diderot gab es im Bereich der sich sprunghaft entwickelnden Naturforschung, nicht aber in dem der Philosophie und der Dichtung. Daher hat erst Alexander von Humboldt, vor allem nach seiner Südamerikareise, enge wissenschaftliche, hier und da auch lebenslängliche freundschaftliche Beziehungen zu Männern wie Desfontaines und Lamarck, Saint-Hilaire und Cuvier, Gay-Lussac und Laplace, Biot und Arago aufgenommen. Wilhelm von Humboldt dagegen, von Natur aus weniger gesellig als sein Bruder, wählte aus dem großen Kreise von Frauen und Männern, die in seinem Hause verkehrten, nur wenige aus, denen er sich enger anschloß. Immerhin gehörten zu seinen ersten Bekanntschaften der Naturhistoriker Lacépède und der Weltumsegler Bougainville.

Unter Humboldts deutschen Freunden finden wir neben dem Göttinger Studienkameraden und damaligen diplomatischen Vertreter der Reichsstadt Frankfurt am Main in Paris, Konrad Engelbert Oelsner, den Grafen Gustav von Schlabrendorf.

Schlabrendorf, nach Humboldt »ein sonderbarer Mensch, von bizarrem, wilden Äußeren«, gehörte zu den fortschrittlich gesinnten Adligen. Er lebte seit 1789 fast ununterbrochen in Paris und gewann schnell die Freundschaft Wilhelms und Karolines. Er hatte den Girondisten nahegestanden und entging zur Zeit der Jakobinerherrschaft der Guillotine nur durch einen Zufall. Über »Schlabberndorf«, wie er ihn nannte, heißt es in Humboldts Aufzeichnungen: »Er ist über das bloß angewandte Denken erhaben und des reinen nicht fähig. Daher ist er ganz moralisch, voll kosmopolitischer Grillen, und ob er gleich Kultur nicht verachtet, geht er doch immer von dem Begriff des bloß natürlichen Menschen aus.«

Schlabrendorf war ein beredter Fürsprecher der Frauenemanzipation. Er unterhielt enge Beziehungen zu Mary Godwin-Wollstonecraft, der zeitweilig in Paris lebenden englischen Vorkämpferin für die Gleichberechtigung der Frau. »Den Weibern«, merkte Humboldt an, »wollte er gern alle bürgerlichen Rechte einräumen und hält dies für den Zustand künftiger Vervollkommnung.« Selbst auf das äußerste bedürfnislos, widmete sich Schlabrendorf tätiger Nächstenliebe. Geistige Freiheit unbegrenzt und kompromißlos bejahend, lebte er zurückgezogen und verachtete die materiellen Errungenschaften der Zivilisation; er nannte sich »Diogenes von Paris«. Schlabrendorf vermachte schon 1785, noch bevor er sich in Paris niederließ, große Teile seines Vermögens einer schlesischen Schulstiftung für Waisenhäuser und Seminare.

Graf Schlabrendorf wurde von den deutschen Frankreichreisenden geschätzt, weniger wegen seiner philanthropischen Neigungen, sondern wegen der Kenntnisse, die er sich auf Reisen in Deutschland, Frankreich, England und besonders während seines langen Aufenthalts in Paris erworben hatte. Sogar Napoleon Bonaparte ließ seinen offenen und einflußreichen Widersacher unangetastet; vielleicht hielt er den vielseitig gebildeten, betont freisinnigen und fortschrittlich gesinnten Ausländer für einen Narren. Als Schlabrendorf 1824 in Paris gestorben war, erinnerte sich Humboldt seiner als des »merkwürdigsten« Wesens »und seltensten, das sich je auf Erden gefunden hat«.

Von den großen Revolutionären der ersten Stunde lebten nur noch wenige; dem bedeutendsten unter ihnen, dem Staatstheoretiker und Staatsmann Sieyès, trat Humboldt besonders nahe. Mit der Staatsphilosophie Sieyès' verglich Humboldt die Wirklichkeit, mit ihrer Hilfe ordnete er seine Eindrücke, bildete er seine eigenen Vorstellungen eines liberalen modernen Staates.

Graf Sieyès, ehemals Kanonikus in der Bretagne und dann Generalvikar des Bischofs von Chartres, war Vertreter der Geistlichen unter den drei Ständen. Im Jahre 1789 hatte er in seiner Schrift »Qu'est-ce que le tiers-état?« (»Was ist der dritte Stand?«) den Führungsanspruch des Bürgertums gegenüber Adel und Geistlichkeit begründet und sich zum Sprecher der Bürger gemacht, als deren Abgeordneter er in die Nationalversammlung einzog. Dort gewann er maßgebenden Einfluß auf die Vorarbeiten zur Verfassung von 1791; während der radikalen Epoche der Revolution hatte er sich zurückgezogen. Er wirkte an der Entstehung der Direktorialverfassung mit. Auch später paßte er sich den Gegebenheiten der Zeit an und unterstützte im Jahre 1799 als Mitglied des Direktoriums den Staatsstreich Napoleon Bonapartes. Er wurde einer der drei Konsuln und arbeitete die Konsularverfassung aus. Napoleon blieb er wegen seiner bürgerlich-liberalen Gesinnung verdächtig; daher wurde ihm alsbald jede einflußreiche Tätigkeit unmöglich gemacht.

Humboldt lernte Sieyès schon zu Beginn des Jahres 1798 näher kennen. Er begegnete ihm mit der gleichen skeptischen Zurückhaltung wie später der Frau von Staël. Beim ersten Zusammensein fiel Humboldt auf, daß um den Mund Sieyès' »in der Tat etwas Böses« spiele, wie »er denn überhaupt zu den strengen

Naturen gehört, die nie zu verkennen, immer alles aufs schärfste nehmen, immer bloß gerecht sind«.

In diesem Gespräch betonte der enttäuschte, ehrgeizige französische Politiker seine »Abneigung gegen alle Politik. Er sagte deutlich, es hälfe zu nichts, schlechterdings zu nichts, jeder folgte nur seiner Leidenschaft, keiner der Vernunft; selbst die Eigentümer, die das größte Interesse hätten, täten dies, sie wollten lieber Menschen von Robespierres Anhang, als was sie Philosophen nennten ... Mit der Zeit aber werde es vielleicht anders werden«.

Man traf sich häufiger in Salons oder unternahm gemeinsame Spazierfahrten, um im freien Austausch der Meinungen nicht gestört oder belauscht zu werden. Die Bemerkungen Humboldts über Sieyès sind insofern merkwürdig, weil sie an ähnliche Verhaltensweisen des späteren Staatsmannes Humboldt erinnern. Nicht weniger merkwürdig ist es, daß Humboldt vornehmlich psychologische Studien trieb und sein Interesse mehr der Individualität Sieyès' als dem Nationalcharakter Frankreichs galt.

Sah sich der französische Staatsmann Schwierigkeiten kaum lösbarer Art gegenüber, dann wich er aus, indem er das Parlament mied oder seine Ämter nicht wahrnahm. »Er erklärte darauf«, notierte Humboldt, »wie der Mann, der nur allgemein und liberaler Art das Gute wollte und keine individuelle Neigung außer der Vaterlandsliebe habe, sich, wenn er nicht durchdringe, zurückzöge. Wenn er einen Berg vor sich sieht, sagte er, den er nicht ersteigen kann, so geht er zurück; aber der Mensch mit eigennützigen Eigenschaften legt sich unten am Berge hin und will Gelegenheiten ablauern.« Je mehr er Sieyès sehe, schrieb Humboldt, desto mehr erkenne er, »daß Empfindlichkeit und Indolenz in Wechselwirkung seine Tätigkeit und Untätigkeit erklären«.

Uns geht es heute weniger um Humboldts Analyse des Staatsmannes und Menschen Sieyès, so aufschlußreich seine Studien sind. Uns geht es weit mehr um den Beitrag von Sieyès zum Frankreichbild Humboldts und um die Lehren, die der abgetretene revolutionäre Staatsmann einem der kommenden Reformatoren des preußischen Staates zu erteilen vermochte.

Sieyès meinte, er habe seine politischen Ideen nicht schriftstellerisch verarbeitet, weil es in diesen Zeiten »andere sentiments dominants [vorherrschende Gefühle] gegeben habe, als daß man sich ruhig habe der métaphysique sociale [der Gesellschaftsphilosophie] überlassen können«. Man habe ihn überschätzt, er habe sich niemals vordrängen wollen, »er habe nie aus den Grenzen der strengsten Ehrlichkeit weichen wollen. Daher bringe er aus der Revolution ein reines Gewissen mit ... In der Gründung der Freiheit gehörten ihm nur drei Dinge an: 1. Das vollkommne repräsentative System, 2. Die Einteilung in Départements, 3. Die ›Unität‹ der Nation, die Vermählung der drei politischen Stände«.

Humboldt überdachte seine staatstheoretischen Vorstellungen anhand der ihm auf solche Weise übermittelten Erfahrungen. Er ging indessen einen Schritt weiter. Er suchte nach Möglichkeiten einer engeren Zusammenarbeit zwischen den benachbarten Ländern, wobei er sich der politischen Ohnmacht Deutschlands durchaus bewußt war. Mit Genugtuung notierte er, Sieyès wünsche »in wissenschaftlicher und administrativer Rücksicht ... sehr, mit Deutschland und Frankreich eine nähere Gemeinschaft zu eröffnen«. Es kam gewiß nicht nur zu einer einzigen »metaphysischen Zusammenkunft« bei Humboldt, an der außer Sieyès mehrere andere Franzosen, darunter auch Claude-Emile Perret, zeitweilig Schüler Reinholds und Fichtes in Jena, teilnahmen. Humboldt hielt »ein feierliches Kolloquium mit allen Metaphysikern, die es hier gibt«, teilte er Schiller am 23. Juni 1798 mit. »Die Konferenz dauerte 5 Stunden und ging wie alle dieser Art auseinander. Man verstand sich nicht einmal, geschweige denn, daß man sich bekehrt hätte. Indes gelang es mir doch, ihnen die Kantischen Ideen näher zu bringen, als es je geschehen war. Es wurde mir sogar leicht, da ich mit ihrer Art zu philosophieren mich vorher genau bekannt gemacht hatte und mich nun eng an ihre Ideen anschloß ... So unfruchtbar indes auch diese Bemühungen für die Sache geblieben sind, so wenig unwichtig sind sie mir gewesen, und vielleicht ist es doch auch uns« – Brinkmann nahm an dem Gespräch teil – »unsererseits gelungen, ihnen mehr Achtung für unsere Philosophie einzuflößen. Sich eigentlich zu verständigen ist unmöglich, und das aus einem sehr einfachen Grunde. Sie haben nicht allein keine Ahndung, sondern auch nicht den mindesten Sinn nur für etwas, das außerhalb der Erscheinungen liegt; der reine Wille, das eigentliche Gute, das Ich, das reine Selbstbewußtsein, alles dies ist für sie ganz und gar unverständlich.«

In einer humanen wie diplomatisch wichtigen, wenn auch ohne Auftrag durchgeführten Mission war Humboldt bemüht, in vorurteilsfreien menschlichen Begegnungen das Verständnis zwischen Franzosen und Deutschen zu fördern. Er widmete nicht immer fruchtbaren Diskussionen viel Zeit und Geduld, er studierte Voltaire und Rousseau. Dabei hielt er in seinen Anmerkungen immer wieder ihm typisch französisch Erscheinendes fest als Beitrag für seine Materialien zum französischen Nationalcharakter. Sein Umgang erweiterte sich, er empfing Besuche, machte Gegenbesuche, zog Erkundigungen ein, schrieb Briefe und entwickelte eine erstaunliche Geschäftigkeit in der Anbahnung und in der Vertiefung wertvoller persönlicher Beziehungen. So wurde Wilhelm von Humboldt zum ersten Botschafter der deutschen Klassik in Frankreich.

Mit Recht durfte Karoline von Humboldt gegenüber Rahel Levin ihr Haus in der Rue de Verneuil im Faubourg St-Germain als »point de ralliement«, als Vereinigungspunkt in Paris lebender Deutscher mit hervorragenden Franzosen, bezeichnen. Unter den Salons, jenen für diese Zeit charakteristischen Treffpunkten geistig reger Menschen, nahm Humboldts Haus einen bevorzugten Platz ein. »Zwar liegen mir meine philosophischen Ideen sehr am Herzen«, schrieb er am 7. Dezember 1797 an Schiller, »und für sie soll mir der hiesige Aufenthalt gewiß nicht unnütz verstreichen. Allein zum eigentlichen Schreiben dürfte ich doch schwerlich kommen. Ich muß hier die Gegenwart benutzen. Dies ist offenbar wichtiger, und es ist hinlänglich, wenn ich auch nur mit bereicherter Erfahrung, allenfalls mit Materialien für künftige Arbeiten zurückkomme.«

Er nutzte die Gegenwart auf vielfältige Art, vor allem durch die persönliche Begegnung mit Freunden und Fremden. Dabei wurde er von Karoline lebhaft unterstützt. Um die Humboldts sammelten sich bald Deutsche, die ständig oder längere Zeit in Paris lebten, neben den Reisegefährten Burgsdorff und Friedrich Tieck die Diplomaten Oelsner und Brinkmann, den man trotz seiner schwedischen Herkunft zu Humboldts Landsleuten rechnen kann. Auch »der Einsiedler« Schlabrendorf erschien dann und wann, um Karoline nahe zu sein. Mit Alexander von Humboldt, der am 12. Mai 1798 in Paris eintraf und bis zum 20. Oktober blieb, kam dessen intimer Freund Reinhard von Haeften mit seiner Familie für längere Zeit an die Seine. Willkommener Gast war auch der Hamburger Kaufmann Georg Wilhelm Bokelmann, der Wilhelm von Humboldt im Jahr 1801 auf der spanischen Reise begleitete; er trat damals Rahel Levin näher, die im Sommer 1800 Paris und die Humboldts besuchte.

Unter den zahlreichen französischen Gästen, die in Humboldts Haus verkehrten, sind Jacques-Louis David, der »Maler der Französischen Revolution«, und Napoleons späterer Hofmaler François Gérard hervorzuheben; von den Frauen der Revolutionsepoche kamen Diderots Tochter, Angélique Vandeuil, und die Marquise de Condorcet, die Witwe des Sekretärs der Akademie und Führers der Gironde Marquis de Condorcet, oft in Humboldts Haus, und ebensooft besuchte das Ehepaar Humboldt die Salons dieser beiden Frauen. Die bedeutendste Französin, mit der Humboldt und seine Frau verkehrten, war Germaine de Staël.

Germaine de Staël nahm lebhaft Anteil am Zeitgeschehen. Sie war eine Tochter Jacques Neckers, der unter Ludwig XVI. zeitweilig Generaldirektor der Finanzen gewesen war und sich bemüht hatte, als Staatsmann und christlich-moralisierender Staatstheoretiker den französischen Absolutismus etwa im Sinne der parlamentsgebundenen englischen Monarchie zu reformieren. Männer wie der Abbé Raynal und der Enzyklopädist Melchior

Grimm hatten Einfluß auf die Erziehung Germaine de Staëls gehabt; sie hatten im Salon ihrer Mutter verkehrt und waren Anhänger so fortschrittlicher Gelehrter wie Holbach und Helvétius. Germaine hatte den schwedischen Gesandten in Paris, Erik Magnus von Staël-Holstein, geheiratet, ohne die Freiheit ihrer Persönlichkeit oder gar ihre eigenwillig-fortschrittlichen Gedanken aufzugeben; die Ehe wurde 1801 geschieden. Germaine de Staël war »Die erste Frau Europas« genannt worden. Sie war bestrebt, die Freiheit, das auch nach Humboldts Meinung größte Geschenk der Französischen Revolution, vor der Reaktion zu retten, jene »Freiheit, von allen erkämpft, die den Geist lieben und die Gewalt verabscheuen«, wie sie es formuliert hatte.

Kurz vor dem Beginn der Französischen Revolution hatte sie, zweiundzwanzig Jahre alt, in »Briefen über Jean-Jacques Rousseau« dem großen Wegbereiter ihrer Epoche gehuldigt. In ihren Gedanken Sieyès verwandt, fühlte sie sich bei Ausbruch der Revolution als Repräsentantin des Bürgertums. Der radikal-republikanischen Richtung der Jakobiner vermochte sie sich freilich nicht anzuschließen; ihrer Herkunft und Erziehung entsprechend schwärmte sie für die »Sache der Philosophie, der Vervollkommnungsfähigkeit des Menschengeschlechtes, der gemäßigten freien Republik«, Gedanken und Vorstellungen also, wie sie auch Humboldt eigen waren.

Während der Jakobinerherrschaft hatte sich Germaine de Staël auf ihrem Familiensitz Coppet am Genfer See aufgehalten; erst 1795 war sie wieder nach Paris zurückgekehrt. Ihr Salon war ein Sammelpunkt bemerkenswerter Vertreter aller politischen und geistigen Richtungen, ein weithin berühmtes Forum für Politik und Literatur. Dort trafen sich Revolutionäre und Reaktionäre, Repräsentanten des neuen wie des alten Regimes. Zu den Freunden der Staël gehörten vor allem die Repräsentanten der Aufklärung. In der Zeit ihrer engeren Beziehung zu Humboldt im Jahre 1800, schrieb sie: »Beim Studium der Geschichte scheint man mir die Überzeugung zu gewinnen, daß alle Hauptbegebenheiten auf eine hinauslaufen: auf die Weltkultur.« Sehr entschieden trat sie für die Republik ein. Nach Robespierres Tod wies sie »den Fanatismus als furchtbarste menschliche Kraft« zurück, sie rief alle Franzosen auf, sich »ehrlichen Sinnes in diesem neuen Raum« der Republik zusammenzufinden und zu gemeinsamem Wirken für Fortschritt und Wohlergehen zu vereinen. Ihr Eintreten für die Gleichberechtigung der Frau, ihre Toleranz gegen jedermann und jede Weltanschauung zogen ihr die Mißgunst der erstarkenden Reaktion und die Abneigung, ja den Haß des die Alleinherrschaft anstrebenden Ersten Konsuls Napoleon Bonaparte zu.

Die persönliche Begegnung zwischen Wilhelm von Humboldt und Germaine de Staël erfolgte verhältnismäßig spät, im September 1798; um so nachhaltiger war der wechselseitige Einfluß. Madame de Staël beschäftigte sich schon damals mit der Kultur des Nachbarvolkes jenseits des Rheins. Daher war bei ihr, bei dem schwedischen Diplomaten Brinkmann, bei Humboldt, wo immer man sich traf, besonders von deutscher Literatur und Kultur die Rede. Humboldt kann als einer der Informanten dieser Frau angesehen werden, die durch ihr lange geplantes, freilich erst 1813 erschienenes Buch »De l'Allemagne« einen großen Einfluß auf das Deutschlandbild ausgeübt hat, das man in Frankreich gewann. Zwar hatte sie mit der Gedankenwelt Goethes bereits Melchior von Grimm vertraut gemacht, und August Wilhelm von Schlegels späterer, mehrere Jahre währender unmittelbarer Einfluß ist in manchem Urteil der Staël spürbar. Als unmittelbarer Repräsentant der deutschen Klassik ist ihr indessen der weit sprödere Humboldt begegnet. Nicht zuletzt auf seine Anregung dürfte es zurückzuführen sein, wenn sie einige Jahre später während der Verbannung aus Paris und ihres mehrmonatigen Aufenthaltes in Deutschland auch Goethe und Schiller aufsuchte.

Mit Wilhelm von Humboldt wurde Germaine de Staël bekannt, als sie bereits von ihrem Mann getrennt lebte, »eine schlechte Mutter und Frau«, wie Humboldt meinte, »aber sehr treue und eifrige Freundin«. An Jacobi schrieb er 1798, er fände sie »recht geschaffen, der französischen Bildung neue Gestalten zu geben, da sie offenbar mehr und etwas anderes besitzt als das, was gewöhnlich in dem französischen Nationalcharakter liegt«. Um die Jahrhundertwende war man zeitweilig täglich zusammen, und der Briefwechsel wurde später fortgesetzt. Es mag dahingestellt bleiben, ob Humboldts Informationen über deutsche Philosophie und Dichtung so gut gewirkt haben, wie er es sich erhoffte, da später der Einfluß Schlegels auf Frau von Staël überwog; Humboldt selbst verdankte ihr nach seinen eigenen Worten »unendliche Aufschlüsse über französischen Geist und Sprache«.

In der Begegnung mit Sieyès reiften Humboldts Vorstellungen von einer humanen Verfassung, in der Begegnung mit Germaine de Staël die Vorstellung von der deutschen Kulturnation. In den wesentlichen Zügen entspricht auch der Französin späteres, aus schwedischen und englischen Erfahrungen gewonnenes Staatsbild einer »Monarchie nach dem Verfassungsgrundgesetz« dem ihres deutschen Freundes. Sieyès wie die Staël waren die fruchtbarsten Kontakte, die Humboldt auf der Suche nach bedeutenden Persönlichkeiten in Frankreich gefunden hat. Auch da, wo deren Auffassungen über den Entwicklungsgang der Revolution und der Restauration nicht mit den seinen übereinstimmten, waren sie in Humboldts Augen typisch für die französische Nation und repräsentativ für den französischen Nationalcharakter.

Humboldt hat uns keine Darstellung des französischen Nationalcharakters hinterlassen, und auch die geplante umfassende »Anthropologie« der Menschheit nicht geschrieben. Die unmittelbar gegenwärtigen Eindrücke waren so stark, daß die vielseitigen historischen und völkerpsychologischen Pläne in den Hintergrund traten. Auch wenn uns nur ein Teil seiner Aufzeichnungen aus der Pariser Zeit erhalten ist, dürfen wir doch ganz allgemein anmerken, daß Humboldt von Monat zu Monat einen weiteren Schritt aus der Gelehrtenstube und dem Salon in die Lebenswirklichkeit tat. Sehr bewußt lebte er in dem Lande, dessen Gast er war; sehr bewußt war er sich aber auch der besonderen Aufgabe, die sich daraus ergab, Repräsentant der deutschen Kultur bei einer fremden Nation geworden zu sein. Daß dabei Kantsche

Philosophie und klassische Dichtung die entscheidenden Werte waren, über die er in Frankreich zu berichten hatte, versteht sich nach seinem bisherigen Lebensgang von selbst.

Niemand vermochte in Paris in so authentischer Weise über Leben und Werk von Goethe und Schiller, dem Ehrenbürger der Französischen Republik, zu berichten wie Humboldt, der Dritte im »Bunde des Ernstes und der Liebe«. Beiden blieb er auch während seines Frankreichaufenthaltes enger verbunden als anderen Freunden in der deutschen Heimat. Die Auseinandersetzung mit ihren neuesten Werken nimmt viele Seiten der Briefe ein, die Humboldt in die Heimat sandte. Fortschritte machte auch sein Versuch, das poetische Schaffen Schillers und Goethes zu analysieren und in einer Folge ästhetischer Abhandlungen darzustellen. Goethes Epos »Hermann und Dorothea« nahm Humboldt zum Anlaß einer kritischen Untersuchung, die dann unter dem Haupttitel »Ästhetische Versuche Erster Teil« veröffentlicht wurde. Die Abhandlung wurde in Paris niedergeschrieben und von dort aus den Freunden übermittelt.

Wieder einmal hatte Humboldt sein Vorhaben weit gespannt. Es genügte ihm nicht, eine Rezension zu »Hermann und Dorothea« zu schreiben. Ihm schwebte vor, eine Theorie der Kunst abzufassen und anhand von Goethes »Hermann und Dorothea« zunächst eine ihrer Grundformen, die epische, zu analysieren. Die umfangreiche Untersuchung erschien bereits 1799, doch ein zweiter Teil folgte nicht.

Die Aufnahme der Arbeit bei den Freunden in Jena und Weimar war nicht so herzlich, wie Humboldt gehofft haben mochte. Schiller kam »die Durchsicht seines Werks«, die Humboldt von ihm erwartete, »etwas ungelegen, und das Korrigieren in fremden Arbeiten ist eine ebenso undankbare als schwierige Arbeit. Neugierig bin ich, was die eigentliche kritische Welt, besonders die Schlegelsche, zu diesem Humboldtischen Buche sagen wird«, schrieb er am 27. Juli 1798 an Goethe. Goethe antwortete tags darauf: »Sein Ernst, sein Talent, sein Streben, sein guter Wille, seine Neigung, seine Freundschaft verdienen eine redliche und freundliche Erwiderung... Aufrichtig aber will ich gestehen, daß ich nicht sehe, wie es möglich sein soll, eine Revision seiner Arbeit, wie er sie vorschlägt, zu veranstalten. Denn wenn Sie, nach Ihrer Vorstellung, daran zu rücken anfangen, so wird ja das Gebäude mehr geregt, als daß es in allen seinen Fugen bleiben könnte. Nach meiner Vorstellungsart ließe sich so etwas kaum durch Gegenwart und Gespräch leisten.«

Wenige Tage später reiste Goethe für mehr als zwei Wochen nach Jena; während dieses Zusammenseins dürfte Humboldts ästhetische Untersuchung »Über Goethes Hermann und Dorothea« Gegenstand eingehender Gespräche gewesen sein. Körner sprach den entscheidenden Einwand aus, als er meinte, er habe »jetzt weder Zeit noch Lust, in diese schauerliche Tiefe hinabzusteigen«. Humboldts Arbeit blieb ohne größeren Nachhall. Das Kunstgespräch beherrschten bereits die Brüder Schlegel.

Schiller erkannte die Schwächen des Versuchs. So schrieb er dem Freund in Paris am 27. Juni 1798: »Was man an der ganzen Behandlung überhaupt tadeln möchte, ist, daß Sie einen so spekulativen Weg gegangen sind, um ein individuelles Dichterwerk zu zergliedern.« Er gestand ein, dieser Fehler sei wohl eine Folge seines eigenen Einflusses auf Humboldts ästhetisches Denken. »Wirklich hat uns beide unser gemeinschaftliches Streben nach Elementarbegriffen in ästhetischen Dingen dahin geführt, daß wir die Metaphysik der Kunst zu unmittelbar auf die Gegenstände anwenden und sie als ein praktisches Werkzeug, wozu sie doch nicht gut geschickt ist, handhaben.« Im übrigen habe Goethe, der nicht selbst zum Briefschreiben komme, Humboldts Schrift, wie er sich denken könne, »sehr angenehm gerührt«.

Humboldt nahm den gemessenen Beifall freudig auf. »Sie haben meiner Arbeit gerade das Lob erteilt«, schrieb er Schiller am 12. Juli 1798, »was mir unter allen das liebste ist, das Lob, daß ich mein Geschäft geendigt, die Beurteilung dieses Gedichts auf eine erschöpfende und befriedigende Weise zustande gebracht habe. Aber was mir noch bei weitem wichtiger ist, ist Ihre Übereinstimmung mit den Grundsätzen, die ich über die ersten und wichtigsten Fragen der Ästhetik aufgestellt habe ... Ich bin fester als je überzeugt, daß, wenn ich irgendeinen intellektuellen Beruf in der Welt habe, es der der *Kritik* ist, und wenn ich auf irgendeine Tugend Anspruch machen kann, es die *Gerechtigkeit* ist.« Humboldt meinte, er müsse in dieser Richtung fortfahren, während sich Schiller wie Goethe vom vornehmlich Philosophischen ab- und dem unmittelbar Literarischen zugewandt hatten.

Willkommener als Humboldts umfassender ästhetischer Versuch waren in Weimar und Jena seine brieflichen Auseinandersetzungen mit den neuen Werken seiner Freunde und seine Berichterstattung über kulturelle Fragen des französischen Gegenwartslebens. So wurde Humboldts viele Blätter füllender Brief an Schiller vom September 1800 über »Wallenstein« mit Genugtuung zur Kenntnis genommen, der zugleich ein Zeugnis hoher kritischer Begabung und freundschaftlicher Verbundenheit ist. Manche andere schriftliche Mitteilung aus Paris an die Freunde hat den Charakter einer kleinen wissenschaftlichen Abhandlung. Dazu gehören die Äußerungen Humboldts über die französische Charakterentwicklung in seinem Brief an Jacobi vom 26. Oktober 1798 oder die Informationen, die Goethe über bildende Kunst und Theater erhielt. Goethe, für seine »Propyläen« genauso auf der Suche nach guten Mitarbeitern wie ehedem Schiller für »Die Horen«, nahm bisweilen solche Mitteilungen rasch entschlossen in seine Zeitschrift auf.

Humboldt führte kein Leben mehr nur »in Ideen«. Was sich bei jenem Ausbruch aus der Enge von Tegel auf der Fahrt nach Norddeutschland angekündigt hatte, wurde am Ende der Reise von Jena nach Paris, aus der deutschen Klassik in die französische Wirklichkeit, offenbar: Es galt nunmehr, sich »am Stoff der Welt« zu bilden. So wichtig auch Humboldts ästhetische Abhandlungen, seine Berichte über das geistig-kulturelle Leben in Frankreich, seine Materialsammlungen und nicht zuletzt seine persönlichen Begegnungen mit bedeutenden französischen Zeitgenossen wie mit den breiten Schichten des Volkes wurden, entscheidend war, wie er es später ausdrückte, »das Leben selbst aufzunehmen, zu beobachten, zu beurteilen, zu behandeln«.

Freilich besuchte Humboldt nicht mehr Spitäler und Zuchthäuser, um die Totalität des gesellschaftlichen Geschehens in einer Stadt oder einem Lande zu erfassen. Nachdem er mit Schiller Freundschaft geschlossen hatte, beeinflußte ihn auch keine Begegnung mit überragenden Persönlichkeiten mehr so tief wie in seinen Lehr- und Wanderjahren. Gewiß hatte sich Humboldt in dem Jahrzehnt nach 1789 rasch entfaltet und war als Freund Schillers und Goethes selbst einer der großen Repräsentanten klassisch-bürgerlicher deutscher Kultur geworden. Aber er hatte sich auch von den Menschen entfernt, sein Idealismus wurde zusehends skeptischer, sein persönliches Verhalten distanziert und kühl. Er begann, den unverbindlichen Salon dem Gegenüber von Mensch zu Mensch vorzuziehen, und zog sich mehr als früher in sich selbst zurück. Nicht mehr die Schicksale der unteren Klassen, wie sie sich in Findlingshäusern und Gefängnissen in ihrer krassesten, die Gesellschaft anklagenden, ihn empörenden Art offenbart hatten, informierten ihn über die Wirklichkeit menschlichen Daseins. Doch traf man ihn in Theatern und Galerien, im Nationalinstitut und im Musée des petits Augustins, der nationalen französischen Sammelstätte auch der aus den besetzten Ländern nach Paris geführten Kunstschätze der Antike.

Nicht nur die Griechenbegeisterung bewog ihn zu immer neuen Vergleichen zwischen der Welt der Alten und der »Moderne«, die er im spätrevolutionären Frankreich unmittelbar erlebte. Er kam aus dem rückständigen, vielfach gespaltenen und zerrissenen, dem Untergang nahen Heiligen Römischen Reich Deutscher Nation. In Jena, Weimar und Tegel hatte er sich mehr und mehr zu der Auffassung durchgerungen, nur in der Selbstbildung des einzelnen zur harmonischen Persönlichkeit, nur in einer geistigen Existenz das höchste Glück der Erdenkinder zu sehen. Hier erblickte er auch die Brücke, die vom Erbe der Alten zum Wollen der Jungen geschlagen werden müsse, zu ihrem Recht auf Freiheit und Überwindung jeder Unterdrückung und Erniedrigung des Menschen. Sein klassisch-humanistisches Bildungsideal maß er an dem, was er im Frankreich der Revolution vorfand, an den Leistungen in Kunst und Wissenschaft und an den theoretischen Fundamenten dieses Staates.

Humboldts Berichte an Goethe über die bildende Kunst und sein enger persönlicher Kontakt mit Malern wie David und Gérard dienten keineswegs nur dem Zweck, dem Freunde zum dringend erbetenen Material für die »Propyläen« zu verhelfen. Es ist vielmehr als Phänomen eigener Art zu betrachten, daß die französische Dichtung wie die Philosophie jener entscheidungsvollen Jahrzehnte kaum eine für Humboldt wesentliche Persönlichkeit aufweist, während die Naturwissenschaften und besonders die Naturforschung in jenen Jahrzehnten gesellschaftlichen Umschwungs in Frankreich eine geradezu säkulare fortschrittliche Entwicklung nahmen.

Humboldt war durchaus in der Lage, den unterschiedlichen Stand der Entwicklung von Literatur und Wissenschaft in Frankreich und Deutschland zu sehen. Daß sein Urteil über das kulturelle Frankreich scharf, wenn nicht ungerecht blieb, lag daran, daß er die Bedeutung der Bildungswerte überschätzte und sich seiner »Deutschheit«, wie er es nannte, in Frankreich erst recht bewußt wurde. Dazu kamen seine Vorbehalte gegenüber einer noch in Gärung begriffenen gesellschaftlichen Entwicklung. Er erkannte die Errungenschaften des bürgerlichen Frankreich an, traute aber dem weiteren Gang der gesellschaftlich-politischen Entwicklung wenig. »Sie Glücklicher«, schrieb er 1799 aus Paris an Wolf, »mitten in Deutschland unter den Deutschen, können kaum fühlen, wie viel einem eine solche so kräftige, hohe und begeisterte Sprache, wie Voß sie schreibt, gibt, was solche Bilder dem Sinn, solche Gedanken dem Geiste und Herzen sind.«

Weiter teilte er Wolf mit, daß er in der »Öde«, in der er lebe, »der Tat- und Kraftlosigkeit sehr müde« werde. »Ich bleibe noch immer dabei, daß, so manches Interessante ich auch hier für meine Neugierde antreffe, der einzige Grund meiner besseren Kräfte doch immer ein erhöhteres und durch den Kontrast selbst lebendigeres Bewußtsein der volleren und kräftigeren deutschen Natur bleibt.« Im Blick auf das morsche, ohnmächtige, zerfallende Deutschland schrieb Humboldt damals ein Gedicht für ein noch ungeborenes Kind, das er glücklich preist, weil es zwar im Auslande, aber doch deutsch geboren sei und einem noch wenig erkannten Volke angehöre.

»Nicht mit Waffen wird es, nicht kämpfen in blutigen Kriegen,
Sicher herrscht durch das Wort edler sein schaffender Geist.«

Das bedeutet nun keineswegs, daß der in Frankreich gewonnenen neuen Weltsicht Humboldts nationalistische Züge anhafteten. Nicht einmal von Patriotismus kann die Rede sein. Doch zweierlei hatte er an seinem Frankreichbild korrigiert. Er erkannte die seit einem guten Jahrhundert in Europa während Vorherrschaft des französischen Geistes nicht mehr an, weil er sie für eine bloße Verstandeskultur hielt. Demgegenüber flößte ihm das französische Volk wegen seiner fortgeschrittenen Bildung und der Kraft, mit der es einen einheitlichen Nationalstaat errichtet hatte, hohe Achtung ein.

Er sah auch den Fortschritt im materiellen Wohlstand, enthielt sich aber eines Urteils über die staatlichen Einrichtungen in Frankreich, da sie ihre endgültige Form noch nicht gefunden zu haben schienen. Humboldt hat wohl kaum erkannt, daß die zunehmende Ballung der Macht bei wenigen ein bedrohliches Zeichen für das Anwachsen der restaurativen und teilweise auch der konterrevolutionären Kräfte war. Es widerstrebte ihm auch, wenn im Rat der Fünfhundert von Barbarei und Unterdrückung als charakteristischen Zeichen der Vergangenheit gesprochen wurde. Andererseits war seine Einstellung gegenüber der Jakobinerherrschaft realistisch; hatte er früher den Terror verurteilt, so verstand er ihn jetzt als Notrecht einer fortschrittlichen politischen Umwälzung gegen die Konterrevolution. Seine Bemerkung zu Rousseaus »Contrat social«: »Das Räsonnement ist zu häufig mathematisch ... Dies ist aber sehr französisch« – entspricht im Grunde seinem allgemeinen Urteil über staatstheoretische Diskussionen mit Franzosen, bis zu einem gewissen Grade sogar über die einander abwechselnden spätrevolutionären Verfassungen. Er selbst war ein Anhänger der parlamentarischen Regierungsform. In den Tagebüchern des Jahres 1798 bekannte er in einer kritischen Auseinandersetzung mit einer

Schrift über das Gouvernement in Polen: »Der Wille der Nation ist nicht, selbst zu wollen, sondern die Vernunft walten zu lassen. Ihre politische Vernunft repräsentieren sie durch ihre Deputierten.«

Das spätrevolutionäre Frankreich war ein Spiegel, in dem Humboldt Deutschland sah. Der einheitliche französische Staat mit seiner starken Entfaltung der Wissenschaften kontrastierte mit dem gespaltenen, ohnmächtigen, rückständigen Deutschland und der klassisch-bürgerlichen deutschen Kultur, die Schiller und Goethe repräsentierten. Humboldt hatte auch in diesem Falle das Ergebnis seines Frankreicherlebnisses gleichsam vorausgenommen. »In der Tat«, schrieb er Schiller bereits im ersten Brief aus Paris am 7. Dezember 1797, »rechne ich es zu den Vorzügen meines hiesigen Aufenthalts, daß mir die deutsche Natur in ihrem Adel und ihrer Vortrefflichkeit erst hier recht klarwerden wird.«

Wilhelm von Humboldt wurde keineswegs nationalistisch-überheblich, aber er wurde sich seiner »Deutschheit«, die Schiller immer wieder als einen Zug seines Wesens und Denkens bezeichnet hatte, bewußt. Darunter ist die Einsicht in die deutsche Misere zu verstehen und die Sehnsucht, zumindest im Bereich des geistigen Lebens der Nation Ehre einzulegen. Dazu gehört aber auch die Erkenntnis, daß ein Mann seiner Fähigkeiten und Erfahrungen die Pflicht habe, unmittelbar im politischen Leben tätig zu werden. Als Humboldt Paris verließ, stand fest, daß er abermals eine Stellung im preußischen Staat annehmen würde.

»Jede Nation«, notierte er, »wie jeder Mensch überhaupt, braucht, dünkt mich, eine innere Triebfeder, eine lebendige, immer rege Kraft, aus der sich seine höhere Tätigkeit, sein eigentümliches Dasein entwickeln kann. Ein solches inneres Prinzip des Lebens vermisse ich in dieser Nation; und gerade weil ich dies wahrhaft heilige Feuer, das allein die Menschheit zugleich läutert und nährt, mehr als irgendwo sonst in der deutschen Nation antreffe, so wächst dadurch, wie ich nicht leugne, meine tiefe Achtung und meine innige Anhänglichkeit für sie.«

»Eine gründlich und philosophisch angestellte Vergleichung mehrerer Sprachen« war nach Humboldt das engere Ziel seiner Reise, die ihn und die Seinen von Anfang September 1799 bis Mitte April 1800 nach Spanien führte und der Mitte April 1801 eine zwei Monate währende weitere Unternehmung in die baskischen Provinzen folgte.

Als Alexander von Humboldt Ende Oktober 1798 gemeinsam mit dem französischen Arzt Aimé Bonpland die Familie des Bruders in Paris verlassen hatte, hoffte er, von Marseille aus nach Nordafrika zu gelangen, um von hier aus die ersehnte große Forschungsreise beginnen zu können. Nachdem dieser Plan, wie zuvor der einer Weltumseglung mit Bougainville, infolge der Kriegswirren gescheitert war, wandte sich Alexander kurz entschlossen nach Spanien. In Madrid glückte es ihm, Interesse und Hilfe für sein Vorhaben zu finden. Am 5. Juni 1799 trat er im kleinen Hafen Coruña mit einem nach Havanna auf Kuba bestimmten Paketboot seine große westindische Reise an. »Bei seinem Genie«, schrieb Goethe am 26. Mai 1799 auf die Nachricht von der bevorstehenden Abreise an Wilhelm von Humboldt, »seinem Talent, seiner Tätigkeit ist der Vorteil seiner Reise für die Wissenschaft ganz inkalkulabel, ja man kann behaupten, daß er über die Schätze, deren Gewinst ihm bevorsteht, künftig dereinst selbst erstaunen wird.«

Wilhelm beneidete den Bruder um sein großes Vorhaben und gönnte ihm aus brüderlichem Herzen die Probe der Bewährung. Auch er wünschte, einen weiteren Schritt in seiner Entwicklung voranzukommen, Neues zu erfahren, Vergleiche anzustellen, dem französischen einen anderen Volkscharakter zur Seite zu stellen. Ferner wollte er erforschen, wie unterschiedliche Sprachen aus den gleichen Quellen und dem gleichen Bedürfnis nach Verständigung der Menschen untereinander entstanden waren.

Am 8. September 1799 brach Wilhelm von Humboldt mit seiner Familie auf. Man reiste zunächst im eigenen Kutschwagen, den man aber noch diesseits der Pyrenäen wegen der schlechten Wege zurücklassen mußte. Wo immer es möglich war, benutzte man Mietfuhrwerke; weite Strecken mußten indessen zu Pferd, auf dem Maultier oder dem Esel zurückgelegt werden. Dabei hatte die achtjährige Tochter bereits ein eigenes Reittier, während Karoline beim Reiten den zweijährigen Theodor im Arm hielt und der fünfjährige Wilhelm hinter der tapferen Mutter saß, die abermals schwanger war. Auch wo man Kutschen benutzte, sorgten die federlosen Fahrzeuge und die bisweilen feldwegähnlichen steinigen Straßen Spaniens für Strapazen aller Art. Spanien war damals noch kein Reiseland, und so entsprachen Unterkunft und Verpflegung oft nicht einmal bescheidenen Ansprüchen von Reisenden.

Humboldt mied jede Repräsentation, wo immer es angängig war. Er wollte seine Zeit nicht gesellschaftlichen Verpflichtungen im Umgang mit schwer zugänglichen Granden opfern. Er suchte ein Land und seine Menschen mit möglichst ursprünglichen Sitten und Gebräuchen, um anthropologische Studien zu betreiben. Was schlicht und einfach war, besonders also das Leben auf dem Lande, zog ihn an und führte den Völkerkundler und angehenden Sprachwissenschaftler näher an die Quellen exakten Wissens. Nicht zufällig stammen die Berichte über den Reichtum an Kunstdenkmälern, den das Ehepaar in den Städten vorfand, überwiegend aus der Feder Karolines; doch sind ihre für Goethe bestimmten Aufzeichnungen leider nicht erhalten.

Da sich Humboldt nicht auf den Aufenthalt in den großen Städten und kulturellen Zentren beschränkte, sondern während der sieben Monate dauernden Unternehmung weite Teile des Landes und viele kleine Städte und Dörfer besuchte, erhielt er einen tiefen und nachhaltigen Eindruck vom Gegenwartsleben des spanischen Volkes. Er lernte dessen Sorge um das tägliche Brot kennen und die Rückständigkeit gegenüber den Verhältnissen jenseits der Pyrenäen. Auch mit der Herrschaft des Katholizismus wurde er bekannt und dem Bemühen, jeden Hauch aus dem revolutionären Frankreich im Fegefeuer der Inquisition zu verbrennen.

Kein Wunder, wenn gerade ein Humboldt Verständnis dafür hatte, daß man häufiger in Spanien als in anderen Ländern Menschen finde, »die bereit sind, Unabhängigkeit mit Einsamkeit zu erkaufen«. Charakteristisch dafür ist seine Schilderung der Besteigung des Montserrat, die als eine seiner schönsten literarischen Früchte bezeichnet werden darf. Humboldt beobachtete sehr viel und durchdachte noch mehr. Wissenschaftlich wie politisch bildete er sich konzentrierter als je zuvor, auch wenn der literarische Niederschlag dieser Studien und Erfahrungen insgesamt nicht sehr bedeutend gewesen ist.

Ein halbes Jahr, einer Studienreise durch ein fremdes Land gewidmet, ist eine verhältnismäßig lange Zeit, auch wenn man berücksichtigt, daß man um 1800 in Spanien weit langsamer als diesseits und jenseits des Rheins reiste. Dennoch vermochte man in sechs Monaten sehr viel Unbekanntes zu sehen, da nur wenige Reisende über dieses Land berichtet hatten. Weder die kurzen Nachrichten des Bruders noch die Schilderungen Burgdorffs, der Spanien besucht hatte, vermochten Wilhelm von Humboldts Reise den Charakter des Neuen und teilweise Abenteuerlichen zu nehmen.

Der Weg führte von Paris über Orléans, Limoges und Périgueux nach Bordeaux. Unterwegs ließ sich Humboldt von den Postillionen Volkslieder im Patois, der Mundart der Bauern, vorsingen. Überhaupt fanden Sprache und Sitten der Handwerker und Bauern im südlichen Frankreich sein besonderes Interesse. Anmerkungen über die »Physiognomik« einzelner Menschen, die er traf, wurden in das »Tagebuch der Reise nach Spanien 1799–1800« aufgenommen. In Bordeaux, wo Humboldt mit seiner Familie vier Tage blieb, besichtigte er die Altertümer und Bibliotheken, die Museen und Gemäldesammlungen. Hier wie auch auf der weiteren Reise sammelte er Informationen bei Gelehrten oder ihm empfohlenen Bürgern noch immer in der zeitgenössisch-statistischen Art, wie er sie bei Dohm kennengelernt hatte.

Nächste größere Stationen in der ersten Oktoberhälfte waren

Bagnères und Bayonne. Auf Ausflügen und in Gesprächen wurden die Landschaft sowie die Sitten ihrer Bewohner erkundet und auch hier auf Menschen geachtet, die durch ihre Physiognomie oder durch ihre Eigenheiten auffielen. »Von Bayonne an kommt man in das eigentliche Baskenland«, schrieb Humboldt in sein Tagebuch, in die Gegend, für die er sich bald besonders interessierte. »Wenn man auch bloß wie wir durchreist, so kann man nicht die auffallende Nationalphysiognomie unbemerkt lassen. Kein Stamm hat sich vielleicht so lange, so rein und so auffallend national erhalten ... Über den Klang der Sprache wage ich nichts zu sagen, als daß er durchaus fremd ist und man nicht das mindeste versteht.«

Das Baskenland lag beiderseits der westlichen Pyrenäen am Golf von Biscaya, teils in Frankreich, teils in Spanien. Die erste größere Ansiedlung in Spanien, die Humboldt mit seiner Familie erreichte, war Tolosa in den westlichen Ausläufern der Pyrenäen.

Wilhelm von Humboldt hatte sich auf die spanische Reise gut vorbereitet. Noch während Alexander auf seine große Chance wartete, hatte Wilhelm am 26. April 1799 Schiller geschrieben, er hoffe, »die Pyrenäen, das ganze südliche Spanien und vom nördlichen Madrid und Biscaya, Lissabon und auf der Rückreise das mittägliche Frankreich zu sehen«. Er hatte die Sprache und Literatur dieser Länder studiert: »Da ich nun schon des Spanischen recht gut mächtig bin, Portugiesisch zulerne und auch das Altprovenzalische nicht versäume, das eigentlich die Muttersprache des neuern Italienischen, Französischen und Spanischen ist, so kann ich nunmehr diesen ganzen Stamm der südwestlichen Sprachen Europas übersehen und von ihnen aus Vergleichungen auch zwischen der Literatur und dem Nationalcharakter dieser Völker anstellen. Italien werde ich freilich nicht sehen, und davon wird mir der anschauliche Begriff, ohne den in dieser Art der Menschen und Nationalkenntnis nur wenig zu machen ist, fehlen. Allein da es mir doch, im ganzen genommen, am meisten auf die Eigentümlichkeit und den Gegensatz der französischen, deutschen und englischen Bildung ankommt, so hoffe ich, die französische noch besser durch die Vergleichung mit dem mittäglichen Frankreich und Spanien kennenzulernen und besser einzusehn, woher sie eigentlich ihre Eigentümlichkeit gewonnen hat. Es ist wirklich ein wunderbares Problem, wie die Mischung von Überbleibseln aus der römischen Abkunft teils der Sprache, teils der Nation mit barbarischem Zusatz sich zu einem eignen Ganzen organisiert hat.«

Die Entscheidung in Humboldts Leben schien gefallen, die spekulative und ästhetische Epoche schien abgeschlossen, denn die vergleichende Sprachwissenschaft und das Studium der Nationalcharaktere wurden als Lebensinhalt ernster und gründlicher fixiert als je zuvor. Jedenfalls hatte auch Wilhelm von Humboldt sich, wie der Bruder, zunächst der Forschung verschrieben.

Folgen wir in großen Zügen den wichtigsten Stationen der Reise, so ist festzustellen, daß Humboldt trotz bisweilen großer Strapazen, vor allem für seine Familie, ungewöhnlich bereichert heimkehrte, reicher, als die unmittelbare literarische Ausbeute vermuten läßt. Es handelte sich freilich auch um eine Reise, die unter den gegebenen Zeitverhältnissen einer Forschungsexpedition gleichkam.

In südwestlicher Richtung reiste Humboldt über Tolosa und Vitoria nach Burgos. Der Charakter der Landschaft, die Eigenheiten der Städte und Siedlungen, geschichtlich oder künstlerisch bemerkenswerte Bauten und Sammlungen wurden im Tagebuch vermerkt. Weit ausführlicher waren die Bemerkungen über Menschen und Sitten, als Notizen zwanglos und ohne literarischen Ehrgeiz aneinandergefügt. Es war das Tagebuch einer Reise, hier Muße, dort Zeitmangel verratend und den Stimmungen seines Verfassers unterworfen. Die geographisch am westlichsten gelegene Stadt der ersten Reiseetappe war Valladolid. »Schmutz ist unerträglich, nicht eine einzige breite, gut gepflasterte und reinliche Straße«, lesen wir und: »Gar keine Beleuchtung«. Spaniens Städte unterschieden sich eben wesentlich von denen Frankreichs. Dort wurde um so größerer Wert auf Handel und Verkehr zumindest zwischen Paris und den größeren Städten gelegt, je zentralistischer man alle Kräfte des Staates zusammenzufassen bestrebt war.

Unmittelbare Eindrücke vom zeitgenössischen Regime erhielt Humboldt in Madrid, wo er anderthalb Monate blieb. Von der spanischen Hauptstadt reiste er nach Segovia und besuchte auch die zeitweilige königliche Residenz, das Escorial. Dort wurde er am Namenstag des Königs mit vielen anderen dem Herrscherpaar vorgestellt. Humboldt führte zahlreiche informatorische Gespräche und wurde auch mit dem Außenminister Mariano Lus de Urquijo bekannt, der Alexander unterstützt hatte. Urquijo hatte im Jahr zuvor den Günstling der Königin, Manuel Godoy, abgelöst, einen der korruptesten Machthaber jener Epoche.

Godoy repräsentierte die klerikal-feudale Reaktion; auf sein Betreiben hatte sich Spanien an der ersten Koalition gegen das revolutionäre Frankreich beteiligt, war aber 1795 vorzeitig wieder ausgeschieden. Dies hatte Godoy den Namen eines Friedensfürsten eingetragen. Seit 1796 war Spanien im überseeischen Machtkampf gegen England mit Frankreich verbündet. Das änderte jedoch nichts an seinen fast mittelalterlichen gesellschaftlichen Verhältnissen. »Die Inquisition«, notierte Humboldt damals, »ist noch immer sehr tätig und der Aufklärung durch emsiges Hindern der literarischen Kommunikation mit dem Auslande sehr schädlich. Sogar Hausvisitationen nach Büchern geschehen noch, und bannt sie nicht mehr, so weiß sie doch durch andre Mittel, Gefängnis usf., Familien zugrunde zu richten.«

Wie in Frankreich enthielt sich Humboldt auch in Spanien öffentlich kritischer Anmerkungen zum Tagesgeschehen. Seine Notizen beschränkten sich auf das gesellschaftskritisch für ihn Wesentliche. Dabei mußte er sich als Fremder oft auf Informationen Dritter verlassen, ohne sie im einzelnen überprüfen zu können. Madrid, das politische Zentrum, erschien ihm insgesamt in der Entwicklung steriler als etwa Valencia, wo es viel Gelehrsamkeit gebe, oder Salamanca, wo »mehr Licht und Aufklärung« herrsche. Ausdruck des Nationalcharakters in Madrid schienen ihm die Stierkämpfe in dem »runden, schlecht gebauten Amphitheater, das zwischen 10 000–15 000 Menschen faßt«, wobei ihn bei allem völkerkundlichen Interesse »diese Feste barbarisch« anmuteten.

Mit scharfem Blick erkannte er die Hemmnisse jeder fortschrittlichen Entwicklung in Spanien: Feudalismus und Klerikalismus, auch wenn er meinte, die Geistlichkeit könne in diesem Lande nicht gefährlich werden, da sie überwiegend aus kleinen Leuten ohne Einfluß bestehe und man Versammlungen des hohen Klerus in jenen Jahren in Madrid nicht dulde. Habe ein hoher Geistlicher »ein Geschäft, so schickt er einen Deputierten an den Hof, solange dies dauert. Auch wohnen die Bischöfe und Erzbischöfe meist auf ihren Sitzen«.

Sehr viel kritischer beurteilte Humboldt das Feudalsystem. »Die Majorate sind eins der größten Hindernisse der Industrie des Ackerbaus. Große und zusammenliegende Güter sind so gut als gar nicht käuflich. Der reiche Güterbesitzer ... kann gar kein Gut oder nur kleine und einzeln verteilte finden. Es entgehen also dem Staate gerade die Menschen als Landeigentümer, die Geld und Lust zu Verbesserungen hätten.« Wer aber sollte die Entwicklung vorantreiben in einem Lande, in dem Glücksritter die ersten Stellen einnahmen und das Bildungssystem zu den rückständigsten Europas gehörte? »Die Erziehung in Spanien ist entsetzlich schlecht«, merkte Humboldt an. »Es gibt keine einzige gute Erziehungsanstalt.«

Wenn solche allgemeinen Urteile auch selten sind, so zeugen sie doch von dem politischen Weltbild, das sich Humboldt nun auch durch den Vergleich der Verhältnisse im bürgerlich-revolutionären Frankreich und im feudal-reaktionären Spanien bildete. In Madrid wurden seine Aufzeichnungen immer spezieller. Er betrieb Landes- und Ortsstudien und suchte sich einen Eindruck vom künstlerischen und geistigen Leben, von Wissenschaft und Forschung zu verschaffen. Persönliche Kontakte hatte er besonders zu dem sächsischen Gesandten Baron von Forell, der seinem Bruder Alexander die Wege zu den Machthabern des

Landes geebnet hatte, und dem amerikanischen Gesandten David Humphreys. Beide waren gebildete und fortschrittlich gesinnte Männer, Humphreys nach Humboldt »einer der ersten Freiheitsverfechter der amerikanischen Revolution und zugleich ein Dichter«.

Aranjuez, die Sommerresidenz der königlichen Familie, wurde besucht; die parkähnlichen Gärten wie die Landwirtschaft waren Gegenstand der Studien Humboldts. Danach reiste die Familie in den Süden, nach Toledo mit der die Stadt überragenden Burg maurischen Ursprungs, dem Alcázar, und quer durch Neukastilien, wo »man nur sehr selten Dörfer« antraf, aber diese wenigen Dörfer waren groß und glichen kleinen Städten. Santa Cruz wurde erreicht, Andalusien durchquert, und schließlich gelangte man nach Córdoba und damit in den Bereich des Mittelmeerklimas und der mediterranen Flora. »Was uns am angenehmsten hier überraschte«, vermerkte Humboldt, »war die Menge von Orangenbäumen, mit goldgelben Früchten voll behangen ... Ich war nie eigentlich poetisch gestimmt als hier.« Dennoch machte er gerade im ketzerwütigen Südspanien sehr eingehende kritische Notizen über die Inquisition, die Verfassung und die landeseigentümlichen Besonderheiten menschlichen Zusammenlebens. Sevilla reizte zum Verbleiben. Der südlichste Punkt der Reise war Cádiz, die Hafenstadt an der Küste des Atlantischen Ozeans zwischen der portugiesischen Grenze und der Straße von Gibraltar.

Cádiz war dank seiner Lage einer der wenigen weltoffenen Plätze auf der Iberischen Halbinsel. Humboldt traf sogar einen aus Hamburg stammenden Konsul, »einen alten, schon fast ganz schwachen Mann«, und einige deutsche Kaufleute, unter denen sich ein Schüler Campes befand.

Von Cádiz aus wandte sich Humboldt mit seiner Familie der Mittelmeerküste zu, nach Malaga und von da über Granada und Murcia nach Alicante. Von dort führte die Reise über Valencia nach Barcelona. Humboldt unternahm von diesem Zentrum Kataloniens aus, wie früher schon sein Bruder, einen Ausflug nach dem Montserrat. An den äußersten östlichen Ausläufern der Pyrenäen verließ Humboldt mit den Seinen Spanien, bestieg in Toulouse den sehnlich vermißten Reisewagen und kehrte über Orléans nach Paris zurück. Am 18. April 1800 traf die Familie Humboldt in Paris ein. Einen Monat später, am 17. Mai, wurde Humboldts zweite Tochter Adelheid geboren.

Liest man heute das umfangreiche »Tagebuch der Reise nach Spanien« und die mehr zusammenfassenden und verallgemeinernden Briefe an die Freunde in der Heimat, so erkennt man, daß sich die Grundrichtung der Entwicklung Humboldts während der Wanderjahre und besonders seit seiner Ankunft in Berlin fortsetzte.

Humboldts Methode bei der Betrachtung der Zeitphänomene wie der Fragen der menschlichen Gesellschaft war realistischer geworden. Der vergleichende Sprachwissenschaftler hob sich deutlicher ab vom spekulativen Anthropologen; er begann zu erkennen, daß in der Beschränkung auf eine eng und präzis umgrenzte Aufgabe – sie möge ihrer Natur nach noch so universal sein – eine wesentliche Voraussetzung der Forschung liegt.

Der künftige Diplomat und Staatsmann löste sich von idealistischen Staatstheorien und suchte mehr und mehr nach einem wahrhaft humanen, den Menschen fördernden Staatswesen, das frei ist von Unterdrückung, gleich welcher Art. Er begann die Möglichkeiten einer fortschrittlichen Staatsordnung realistisch, den jeweils gegebenen nationalen und gesellschaftlichen Gegebenheiten entsprechend, zu sehen.

Die Nachricht vom Staatsstreich des 18. Brumaire, des 9. Novembers 1799, vom Sturz der Direktorialregierung und der Machterhebung Bonapartes zum Ersten Konsul, erreichte ihn in Madrid. Sie erschreckte ihn nicht. Er hielt den Vorgang für etwas Notwendiges. »Mich freut sie, das kann ich nicht leugnen«, schrieb er an Brinkmann am 5. Dezember 1799 aus Madrid. Man behaupte auch in Spanien, daß es nunmehr in Frankreich mit der Freiheit nicht gut stehe. »Aber da mir die lebenden Menschen und ihre Ruhe immer lieber sind als die bloß metaphysischen Wesen, so ist meine Partei genommen«, in der Annahme freilich, es seien »doch endlich Leute von Kopf und Talent in den Ämtern, man wird Ordnung und Ruhe wollen und Macht haben, sie herzustellen. Sehr gern wäre ich um diese Zeit in Paris gewesen.«

Es entsprach Humboldts universalem Interesse, wenn er sich »um vielerlei, vielleicht nur zu viel Dinge« kümmerte, wie er Wolf schrieb. Aber »Menschen und Nationen kennenlernen«, sich »von fremdartigen Eigentümlichkeiten einen anschaulichen Begriff« verschaffen, das bedeutete ein an Zeit und Mitteln aufwendiges Studium. Es erforderte, »daneben von dem gegenwärtigen Zustand des Landes in den ehemaligen« zurückzugehen, »da das Bild des Menschen immer erst in einer Folge von Zeiten vollständig ist«. »Kenntnis des Menschen in seiner größten Mannigfaltigkeit« sei seine Aufgabe, wobei kaum ein Gewinn für »die gewöhnliche praktische Menschenkenntnis« zu erzielen sei. Aber »dem Künstler und dem Menschen« müsse ein solcher Versuch realistischer historischer Erkundung des Gegenwärtigen erwünscht sein, »jenem, um sein Werk, diesem, um sich selbst zu bilden«.

Nichts anderes galt für den Gelehrten und den Staatsmann, so wie Humboldt den einen und den anderen verstand. Bildung, Wissen um das Vergangene wie Anschauung des Gegenwärtigen waren die Quellen und bestimmten die Werte der Persönlichkeit im Sinne jenes bürgerlich-humanistischen Zeitalters.

Als Humboldt wieder nach Paris zurückgekehrt war, hatte er noch keine Entscheidung über sein weiteres Leben und Wirken gefällt. Er drängte nach Berlin, nicht zuletzt, um durch eine geeignete Tätigkeit im Staatsdienst seine materielle Unabhängigkeit zu wahren. Die Niederkunft Karolines und die politischen Wirren verzögerten die Heimkehr. Es galt, die Zeit zu nutzen.

Der vielleicht aufschlußreichste Brief Humboldts über seine Spanienreise wurde in Madrid am 16. Dezember 1799 geschrieben; er ist an seinen Berliner Freund David Friedländer gerichtet. Höchst anschaulich schilderte Humboldt die Unterschiede im »Nationalcharakter der verschiedenen Provinzen«. Im gan-

zen glaubte er, »mit dem Eintritt in Kastilien um 200 Jahre zurückgesetzt zu sein«. Und doch hatte er bereits nach dreieinhalb
Monaten Aufenthalt im Lande »die Spanier sehr liebgewonnen.
Man könnte sie vielleicht die Deutschen des Südens nennen;
wenigstens ist mir die Mischung mittäglicher Lebhaftigkeit mit
nordischer Bedachtsamkeit, Offenheit und selbst Gründlichkeit
im Studieren und Arbeiten als das am meisten Auffallende in
ihrem Charakter erschienen«. Auch das hielt er für eine Eigentümlichkeit Spaniens, »daß der Nationalcharakter der verschiedenen Provinzen auffallend verschieden ist«.

Am tiefsten beeindruckt war Humboldt von der Art und
Sprache der Menschen in den baskischen Provinzen Frankreichs
und Spaniens. Hier lockte eine Aufgabe. Nach Paris zurückgekehrt, beschäftigte er sich gründlich mit seinen Aufzeichnungen aus diesen Gebieten, vor allem mit der Eigenart der baskischen Sprache. Er nutzte jede Möglichkeit zum Studium der
baskischen Sprache und Literatur, wofür sich ihm in den Pariser
Bibliotheken und Sammlungen mancherlei Anregungen boten.
Schließlich faßte er den Entschluß, das Land der Basken noch
einmal zu besuchen, nur von dem Hamburger Kaufmann Bokelmann begleitet. Er verließ Paris am 19. April 1801 und reiste
über Cavignac, Bordeaux, Bayonne nach Saint Jean-de-Luz und
Saint Sebastian, wo er am 1. Mai eintraf.

Der geographische Kreis, in dem er sich bewegte, war sehr
eng gezogen, er ging nach Süden kaum über Vitoria, das er bereits kannte, hinaus und reichte an der spanischen Küste des
Golfs von Biscaya etwa bis Portugalete. Zeitweilig wurde
Bayonne Stützpunkt, von wo aus er in den ersten Junitagen
über Bordeaux und Poitiers nach Paris zurück reiste. Nach acht-
wöchiger Abwesenheit war Humboldt am 14. Juni 1801 wieder
bei seiner Familie.

Humboldt führte ein ausführliches Tagebuch über diese Reise.
Zu Fuß oder zu Pferd unterwegs, sah er sich allenthalben um
und trieb landeskundliche, volkskundliche, geschichtliche sowie
sprachwissenschaftliche Studien. Selbst Kleinigkeiten reizten ihn,
wenn sie das Besondere der Menschen, ihrer Sitte und Sprache

charakterisierten. Die Aufzeichnungen sind viel eingehender und farbenreicher als die der ersten Spanienreise; die Zahl der Motive ist größer, während verständlicherweise in diesen entlegenen Landstrichen der Umgang mit namhaften Persönlichkeiten weit hinter dem mit Menschen aus allen Schichten des Volkes zurücktritt, die ihm Auskunft geben konnten.

Alles, was das Leben der Menschen anging, interessierte und beschäftigte ihn; das Werkzeug des Handwerkers ebenso wie das Gerät des Bauern, die Stellung des Knechtes ebenso wie die Verhältnisse des Herrn, Lieder und Sagen, Trachten und Feste, die Landwirtschaft sowie die Maßnahmen der Regierung in Madrid zur Förderung dieses Haupterwerbszweiges und schließlich sogar der Eisenerzbergbau im Bergland von Somorrostro. Wilhelm von Humboldt bediente sich dabei der gleichen naturwissenschaftlich-empirischen Arbeitsmethode, die sein Bruder bei den staatswissenschaftlich-statistischen Untersuchungen in Venezuela, Mexiko und Kuba anwandte. Doch in den Vordergrund seines Interesses trat mehr und mehr die Sprache der Basken; daher konzentrierte sich seine Arbeit auf sprachwissenschaftliche, vor allem vergleichend-sprachwissenschaftliche Untersuchungen.

Das kleine Volk der Basken oder Vasken, wie Humboldt in Anlehnung an die spanische Bezeichnung »vascos« schreibt, erregte seine besondere Aufmerksamkeit, weil es eine Mundart sprach, die keiner der ihm bekannten ähnelte. Auch die Sitten und Lebensgewohnheiten schienen darauf hinzudeuten, daß er es mit Resten eines Volkes von eigener Kultur und einer nicht indoeuropäischen Sprache zu tun habe.

Daher trat die Auseinandersetzung mit dem Baskischen während des letzten Pariser Jahres in den Mittelpunkt seines Interesses. Seine umfangreichen Studien des Baskischen bildeten die Voraussetzung dafür, daß Humboldt zu einem der Begründer der modernen Sprachwissenschaft wurde. Allerdings wurde der literarische Niederschlag seiner Bemühungen wegen der alsbald erfolgenden Rückkehr in den Staatsdienst erst wesentlich später der Öffentlichkeit bekannt. Im Jahr 1821, zwei Jahre nach seiner Entlassung als Staatsminister, erschien der urgeschichtliche Teil seiner Baskenstudien unter dem Titel »Prüfungen der Untersuchungen über die Urbewohner Hispaniens vermittelst der vaskischen Sprache«. Humboldts weit umfangreichere Aufzeichnungen sind erst ein Jahrhundert später wieder aufgefunden worden. Im übrigen glaubte er, die Basken und ihre Sprache als Relikte der alten Iberer betrachten zu können, eine Frage, die ebenso wie die Herkunft der Iberer noch immer nicht als endgültig geklärt angesehen werden kann.

Das Sprachstudium blieb eine »Lieblingsbeschäftigung« auch des Diplomaten Humboldt. »Mein Sprachstudium treibe ich hartnäckiger als je«, schrieb er am 22. Oktober 1803 aus Rom an Brinkmann. »Der innere, geheimnisvoll-wunderbare Zusammenhang aller Sprachen, aber vor allem der hohe Genuß, mit jeder neuen Sprache in ein neues Gedanken- und Empfindungssystem einzugehen, ziehen mich unendlich an. Nichts ist bisher so schändlich betrieben worden als eben die Sprachen, ich glaube, einen Schlüssel gefunden zu haben, der jede interessant zeigt und den Pfad zu allen erleichtert; vieles davon werden Sie schon aus meinem Vaskenwerkchen sehen können, aber alles bei weitem nicht. Ich muß noch unendlich studieren, und es wird vielleicht nie zum Schreiben kommen.«

Die Ernte jahrzehntelanger Bemühungen war ihm erst am Abend seines Lebens vergönnt. »An diesem ernsten Studium, welches die zersplitterte ›Beschäftigung‹ der letzten zehn Jahre ersetzte und zur Arbeit zusammenfaßte, wurde W. Humboldt aus einem in den Wissenschaften dilettierenden Aristokraten zum Gelehrten von Weltruf. Zugleich gewährte es ihm den inneren Halt in den bewegten Jahrzehnten, welche aus dem ebenfalls dilettierenden Diplomaten den Politiker von Beruf werden ließen.«[29]

ZWEITES BUCH

WIRKEN

1802–1835

Wer keine Vergangenheit haben will,
verdient auch keine Zukunft.

WILHELM VON HUMBOLDT

Ich tauchte oft mich wohl in Weltgeschäfte,
erprobt' an ihnen ernsthaft meine Kräfte,
versuchte wagend, wie mein Los mir fiele,
und führte manche zum erwünschten Ziele.

Doch nie dem Wahn ich anderer nachäffte,
als wenn des Menschen Heil sich daran hefte;
in stiller Nacht, in Abenddämmrungskühle
senkt' ich mich tief in höhere Gefühle.

Wie dem, der schwebend in die Lüfte steiget
auf leichtem Ball, die Erde plötzlich sinket,
so Höhe, ladend uns von oben, winket,

wo mehr sich nichts von dieser Erde zeiget,
und dieser Höhe zu den Flug zu lenken,
muß von der Welt zur Brust den Sinn man senken.

Sonette, 514

Anfang August 1801 war Humboldt wieder in Deutschland. In Weimar hatte er Goethe nicht angetroffen. Schiller war im Begriff, nach Dresden zu reisen, so daß das ersehnte Wiedersehen mit den Dichterfreunden nicht ganz Humboldts Erwartungen entsprach. Die Familie Humboldt verweilte in Erfurt und Burgörner und reiste dann nach Berlin weiter, wo sie bis zum März 1802 vorwiegend im Stadthaus wohnte. Dann wurde Tegel der eigentliche Wohnsitz. Gabriele, die dritte Tochter, wurde am 28. Mai 1802 in Berlin geboren. Es währte Monate, bis sich entschieden hatte, wie Humboldt sein weiteres Leben gestalten würde; erst ein Jahr nach der Ankunft, im September 1802, verließ er mit seiner Familie Berlin, um den König von Preußen als Resident beim Vatikan in Rom zu vertreten. Er war in den Staatsdienst zurückgekehrt.

Der Freund Goethes und Schillers hatte wohl mit dem Gedanken gespielt, »in Weimar sich zu etablieren«. Bei dieser Erwägung mag ihm die Verbindung schöpferischer geistiger Tätigkeit mit staatsmännischem Wirken in einer Goethe vergleichbaren Weise vorgeschwebt haben. Doch die Verhältnisse in Karl Augusts Herzogtum waren zu eng, als daß sie noch einen Humboldt hätten tragen können. Zudem sehnte er sich, nach den Pariser weltweiten und weltmännischen Erfahrungen, nach einer öffentlichen Wirksamkeit, in der sich Größeres und Lebensnäheres vollbringen ließ als im kleinstaatlichen Sachsen-Weimar. Selbst Berlin war ihm zu eng und zu rückständig im Vergleich mit Paris. Dort zu leben und zu schaffen blieb lange sein Lieblingsplan, sein »projet favori«. Nur zu bald klagte er aus Preußens Residenz über »mangelnde

Stimmung«, empfand er »Unlust an Berlin und berlinischer Gegend«.

Dieses Berliner Jahr war recht unfruchtbar für den weiteren Gang der inneren Entwicklung Humboldts. Friedrich Gentz, dem Genossen froher Jugendstunden, hatte er sich in jedem Betracht entfremdet. Der preußische Kriegsrat Gentz hatte sich vom Fürsprecher der Französischen Revolution und preußischer Reformen zum militanten Gegner jeden Fortschritts und zum Lobredner aller restaurativen Kräfte gewandelt. Von Preußen bezahlt, ließ er sich gleichzeitig von England und Österreich aushalten und verschwand im Februar 1802 fluchtartig in österreichische Dienste.

Wenn dieser skrupellose Parteigänger der nunmehr rückständigsten Kräfte im alten Europa auch nicht als typisch für die preußischen Zustände um die Wende des 18. Jahrhunderts angesehen werden kann, so ist er doch eines ihrer bemerkenswertesten Erzeugnisse. Humboldt mied ihn mehr und mehr. Auch in den Berliner Salons ließ er sich nur noch selten sehen. Gentz behauptete, Humboldt würde gefürchtet als »Wetzstein des Verstandes« und »furchtbarer Dialektiker«. Humboldt war sich seiner »freien Geistesüberlegenheit« durchaus bewußt und tadelte mit »scherzender Verhöhnung« Menschen und Verhältnisse. Er fühlte sich um so mehr vereinsamt, als er, geistig seinen Berliner Umgang bei weitem überragend, als Repräsentant der Klassik im Berlin der Romantik kein rechtes Auditorium fand. Vielen galt er als Kantianer und ästhetischer Verfechter von Schillers Idealismus. Humboldts persönliches Verhältnis zu Goethe hätte Brücken zu den zahlreichen Berliner Goethefreunden schlagen können. Doch war er über die schwärmerische Verehrung des Dichters im Kreis um die »Priesterin Goethes«, Rahel Levin, hinausgewachsen. Auch darin zeigte sich die tiefe Kluft zwischen seinem Berliner Referendarsjahr und seiner Heimkehr aus der Ferne. Das klassische Jena und das spätrevolutionäre Paris hatten ihn so stark geprägt, daß es in Berlin zu einer fruchtbaren Begegnung mit namhaften Repräsentanten der Romantik wie Schleiermacher oder August Wilhelm Schlegel nicht kommen konnte. Humboldt vertiefte sich in seine gelehrten baskischen Studien.

Er war in der festen Absicht nach Berlin gekommen, eine Beschäftigung im Staatsdienst zu suchen. Dabei schwebte ihm vor, eine gut bezahlte, seinen Fähigkeiten und Erfahrungen entsprechende Tätigkeit zu finden, mit der Möglichkeit, auch weiterhin vorwiegend seinen Studien und Neigungen zu leben. Er fühlte sich durchaus nicht verpflichtet, seine Kraft ausschließlich dem preußischen Staat zu widmen. Unter Friedrich Wilhelm III. ging es am Hof zwar weniger lasterhaft zu, aber die politischen Verhältnisse waren eher noch schlechter geworden als unter seinem Vorgänger. Dies verlockte einen Mann von festen Grundsätzen und eigenwilligen Vorstellungen wie Humboldt keineswegs dazu, sich für eine notwendigerweise unfruchtbare staatsmännische Aufgabe voll einzusetzen.

Zufällig trat der preußische Vertreter beim Päpstlichen Stuhl in Rom, Wilhelm Uhden, im Februar 1802 von seinem Amt zurück. Kabinettsrat Beyme, einer der wenigen umsichtigen und weitschauenden preußischen Beamten der spätfriderizianischen Zeit, schlug dem Minister Haugwitz als Nachfolger Humboldt vor und hatte Erfolg, während er sich zwei Jahre später vergeblich bemühte, Schiller nach Berlin zu ziehen.

Humboldt entschloß sich nur zögernd, »bei dem König um diese Anstellung im diplomatischen Fach einzukommen«. Maßgebend für diesen Entschluß waren jene »Pläne zum Erwerb durch Beförderung«, von denen wir bereits aus einer Tagebuchaufzeichnung des Jahres 1797 wissen. Die Ernennung zum Residenten in Rom erfolgte am 15. Mai 1802. Anfang September brach die Familie nach Italien auf. Auf der Durchreise nach dem Süden sah Humboldt in Weimar Schiller zum letzten Mal.

Am 25. November 1802 fuhr die Reisekutsche der Familie Humboldt durch die Porta del Popolo nach dem Monte Pincio in Rom und hielt vor der Villa di Malta, dem Dienstsitz des preußischen Residenten. Die Schriftstellerin Friederike Brun lebte damals in Rom und gehörte bald zu den engeren Freunden des Hauses. Sie schilderte die Ankunft der Familie: »Der Vater ist schon ausgestiegen; man reicht ein kleines Kind, welches geht, dann ein ganz kleines, sorgsam eingewickeltes den ausgestiegenen Wärterinnen hin. Nun springen ein, zwei, drei Knaben[30] aus dem Wagen, dann steigt die reiseermüdete, sorgsame Mutter aus . . .«

Die diplomatische Vertretung des protestantischen Königs von Preußen beim Papst wurde keineswegs einer Persönlichkeit vom Range Humboldts gerecht. Man hatte in Berlin gezögert, sie ihm anzubieten, zumal die Besoldung mit Rücksicht auf die Familie fast verdoppelt werden mußte. Humboldt hätte die Stellung wohl auch nicht angenommen, wenn sich auf diese Weise nicht die so lange ersehnte Möglichkeit geboten hätte, einige Jahre in Italien zu leben.

Der Resident war nur bei der Kurie akkreditiert, er hatte überwiegend konsularische und nur unbedeutende diplomatische Aufgaben, da der Kirchenstaat in den großen europäischen Auseinandersetzungen keine Rolle spielte.

Humboldt hatte keinen Sekretär, ja nicht einmal einen Schreiber, so daß er auch die kleinsten Anliegen katholischer Untertanen des preußischen Königs selbst bearbeiten mußte. Auch führte der dienstliche Weg nach Berlin über den Gesandten in Wien. Dies war ein Grund dafür, daß zahlreiche politische Dokumente Humboldts aus jener Zeit den Charakter persönlicher Informationen tragen. Der neue preußische Resident brachte außer seiner Geschicklichkeit im Umgang mit Menschen und seiner fast pedantischen Gewissenhaftigkeit den festen Willen mit, auch in diesen anscheinend so engen Verhältnissen seine persönlichen Interessen zu verfolgen. Vor allem ging es ihm darum, »den Ort« zu sehen und zu erleben, »in dem sich für unsere Ansicht das ganze Altertum in Eins zusammenzieht«.

Preußen unterhielt erst seit drei Jahrzehnten eine eigene Vertretung beim Päpstlichen Stuhl. Sie war zunächst von einem katholischen Priester wahrgenommen und erst 1798 mit Wilhelm

Uhden besetzt worden, einem Manne, der später einer der engsten Mitarbeiter Humboldts bei der Erneuerung des preußischen Bildungswesens wurde.

Uhden war der Sohn eines früh verstorbenen Kammergerichtsrates und hatte sich nach juristischen Studien vornehmlich als Hilfslehrer am Friedrichsgymnasium in Berlin seinen Lebensunterhalt verdient. Zur gleichen Zeit wie die Brüder Humboldt war er in Göttingen Schüler Heynes gewesen und hatte vorwiegend philosophische und archäologische Studien getrieben. Er war schon 1790 nach Rom gegangen, wo er als Privatmann gelebt hatte, bis er die Vertretung des Königs von Preußen übernahm. Sein Wissen und seine Kenntnis waren ungewöhnlich groß; doch ihm mangelte es an eigentlich produktiven Fähigkeiten. Nachdem er Humboldt in sein Amt eingeführt hatte, kehrte er nach Berlin zurück. Er hatte die Stellung in Rom aus gesundheitlichen, wohl mehr noch aus familiären Gründen aufgegeben. Der Kabinettsrat Beyme sorgte für seine Verwendung im Neu-Ostpreußischen Departement für geistliche, Schul- und Landeshoheitssachen.

Für Humboldts diplomatische Tätigkeit war maßgebend, daß Preußen den Papst nur als weltlichen Herrscher anerkannt hatte. Ihm war eine ausführliche Instruktion mitgegeben worden, in der es hieß, er »habe bei der Behandlung der Angelegenheiten der katholischen Untertanen... auch der Kurie... gegenüber auf der einen Seite einer weisen und wohlverstandenen Toleranz, auf der anderen Seite den Majestätsrechten und allen und jeden Gerechtsamen des Königs in geistlichen und weltlichen Angelegenheiten nicht das mindeste zu vergeben«. Da es einen päpstlichen Nuntius in Berlin nicht gab und man auch keinen diplomatischen Vertreter der Kurie in der preußischen Hauptstadt wünschte, war der Erfolg des preußischen Residenten wegen des Fehlens jeder völkerrechtlichen Gegenseitigkeit vor allem von seinem persönlichen Takt und seinem diplomatischen Geschick abhängig. Er hatte den Auftrag, »den Gang der Angelegenheiten der katholischen Kirche im allgemeinen, insbesondere in Italien, das System des römischen Hofes als einer hierarchischen Macht und das Treiben und die Bewegungen der Exjesuiten zu beobachten«.

Es wird für den selbstbewußten Freidenker nicht erfreulich gewesen sein, so ins einzelne gehende Anweisungen zu erhalten wie die folgende: »Es wird in gegenwärtiger Instruktion eine leichte Berührung der wichtigen Gegenstände Eurer Beobachtungen schon hinlänglich sein, z. B. auf der einen Seite die Fortschritte *des Geistes der Zeit* und dessen, was von denselben gut und was von denselben nicht gut ist, ferner die Fortschritte der Aufklärung, der Philosophie, der Wissenschaften, die dem Katholizismus, der Hierarchie, dem Klosterwesen widrige Wirkung hiervon, die heimliche oder öffentliche Reaktion dieser alten, auf Opinion beruhenden Kräfte, die verborgenen Machinationen oder öffentlichen Angriffe der letzteren wider jene.«

Soweit die Anordnungen sein amtliches Verhältnis zur Kurie als dem weltlichen Arm der päpstlichen Herrschaft betrafen, betrachtete sie Humboldt als einen Auftrag, den er weisungsgemäß auszuführen hatte. Auch entsprachen sie im wesentlichen seiner eigenen Meinung über die Beziehungen einer rein weltlichen Macht zum Kirchenstaat, denn auch er hielt diese Beziehungen im ganzen für unbedeutend. Den Diplomaten interessierte das moderne Rom als historischer und geistiger Mittelpunkt eines politisch vielfach gespaltenen, in vielem an das zerfallene Deutschland erinnernden Landes mit großer Vergangenheit und zahlreichen Ansätzen und Möglichkeiten für eine von jeder Fremdherrschaft unabhängige Zukunft. Rom war nur eines der politischen Zentren Italiens. Nicht minder wichtig waren die Vorgänge in Neapel oder Mailand. Dem Residenten war auch die Aufsicht über die preußischen Konsulate in den Häfen Livorno, Neapel, Genua und Ancona übertragen worden. Sie waren meist unbesetzt; der Seehandel mit Italien war infolge der Unsicherheit der Meere problematischer als je.

Seit die revolutionäre Bewegung um 1795 auf Italien übergegriffen hatte, erlebte die Halbinsel eine kriegerische Auseinandersetzung nach der anderen. Die italienischen Erhebungen trugen einen betont nationalen Charakter und richteten sich gegen die feudale Unterdrückung durch die einheimischen Herrscher ebenso wie gegen die österreichische Vorherrschaft. In der ersten Hälfte des 18. Jahrhunderts hatte sich Österreich nach und nach in Mailand, Neapel und Toskana festgesetzt; nur Piemont und Sardinien unter dem Haus Savoyen waren schließlich ein politisch gewichtiger italienischer Staat geblieben.

Gegen Ende des Jahrhunderts hatten französische Bürgerarmeen in die Auseinandersetzungen auf der Apenninenhalbinsel eingegriffen. Der General Napoleon Bonaparte war im Jahre 1796 auf dem Schauplatz erschienen, auf dem er später, seiner Heimat Korsika nahe, die wichtigsten Fundamente seiner Hausmacht legen sollte. Er gründete zunächst in Oberitalien, dann auch im Süden Republiken, die von Frankreich abhängig waren. Die Österreicher wurden geschlagen und mußten die Lombardei aufgeben, wurden indessen mit dem tausendjährigen Stadtstaat Venedig entschädigt. Dem russischen General Suworow gelang es zwar 1799, die Franzosen in Italien zu schlagen, doch im Jahr darauf siegten Napoleons Truppen bei Marengo, und die Österreicher mußten alle Veränderungen in Italien anerkennen. Als Humboldt 1802 nach Italien kam, wurde auch Piemont französisch. 1805 ließ sich Napoleon zum König von Italien krönen und bezog Venedig in das französische Empire ein.

Der Kirchenstaat hatte im 18. Jahrhundert an Macht und Ansehen verloren. Auch in katholischen Ländern wie Frankreich, Spanien und Österreich war der päpstliche und klerikale Einfluß stark zurückgedrängt worden. Der Papst hatte sich unter dem Druck von Neapel, Madrid und Paris im Jahre 1773 sogar entschließen müssen, den Jesuitenorden aufzuheben. Seine Einnahmen waren rapide zurückgegangen, während die Korruption zunahm. Pius VI. (1775–1799) hatte sich vergeblich bemüht, die merkantilistischen Methoden der absoluten Monarchien im Kirchenstaat erfolgreich anzuwenden.

Aufklärung und französische Revolutionsideen hatten vor den Toren Roms nicht haltgemacht. Zwar war es damals undenkbar, daß sich der Kirchenstaat oder gar das kirchliche Regiment reformierten, doch hatten große Teile der Bevölkerung und auch der niederen Geistlichkeit die französischen Nationalarmeen auf italienischem Boden als Befreier von der klerikal-feudalistischen Unterdrückung begrüßt. Der Kirchenstaat war von französischen Truppen besetzt, Teile seines Gebietes waren an Frankreich abgetreten worden. Die Freilassung politischer Gefangener hatte das bürgerliche Selbstbewußtsein gestärkt, und selbst Rom war von republikanischen Strömungen erfaßt worden. Im Februar 1798 waren die Franzosen auch in Rom eingerückt; beherzte Bürger hatten die Republik ausgerufen. Pius VI. hatte schließlich den Vatikan verlassen müssen und war 1799 im südfranzösischen Exil gestorben.

Pius VII. (1800–1823) erklärte sich bereit, mit Napoleon Bonaparte zu einem für beide Seiten erträglichen Ausgleich beizutragen. Der Kirchenstaat wurde wiederhergestellt und die Beziehungen zwischen Frankreich und der Kurie in einem Konkordat geregelt.

Jene bis zum Jahre 1809 während Epoche eines politischen Zusammenspiels zwischen Kaiser und Papst setzte eben ein, als Humboldt seine erste diplomatische Aufgabe übernahm; sie fand ihren Höhepunkt in der Krönung Napoleons durch den Papst in Paris und endete mit der erneuten Besetzung des Kirchenstaates im Jahre 1809. Diese Entwicklung wie auch deren Folgen hatte Humboldt in seinen Berichten aus Rom zum großen Teil vorausgesagt.

Als Humboldt im Herbst 1802 italienischen Boden betrat, befand sich Oberitalien, vom österreichischen Venetien abgesehen, bereits unter französischer Kontrolle. Mailand war Hauptstadt der Italienischen Republik, zu deren Präsident sich Napoleon Bonaparte im Frühjahr gemacht hatte. Piemont war erst wenige Wochen zuvor diesem französischen Satellitenstaat eingegliedert worden, und auch die Ligurische Republik und das kleine Lucca hatten Verfassungen nach französischem Vorbild erhalten.

Wilhelm von Humboldt, der seine Reise in Mailand zehn

Tage unterbrach, war vom Wohlstand Mailands und dem Fleiß der Einwohner beeindruckt. Doch war er besorgt über die kostspielige französische Fremdherrschaft und die Entwicklung, die sich jenseits der Alpen anbahnte.

In Parma, seiner nächsten Station, gewann er einen ersten Eindruck vom Ringen der europäischen Mächte um die Vorherrschaft auf der italienischen Halbinsel. Das Gebiet von Toskana war als Königreich Etrurien Ludwig von Parma überlassen worden, weil seine Frau eine Tochter des spanischen Königs war; Engländer schürten hier den Haß italienischer Widerstandsgruppen und Emigranten gegen Frankreich. In Florenz faßte Humboldt das Gesehene und Gehörte in dem Urteil zusammen, daß das von Natur aus begünstigte Oberitalien unter der unfähigen österreichischen Verwaltung verfallen sei und nun von den Franzosen und ihren Günstlingen ausgebeutet werde. Handel und Wandel fand er durch Krieg und Aufruhr stark beeinträchtigt; auf den Straßen, die nach Süden führten, trieben Räuberbanden ihr Unwesen.

So war Humboldt nicht überrascht, daß Rom sich ihm zunächst anders zeigte, als er es nach den Berichten der Freunde und besonders Goethes erwartet hatte, der sechzehn Jahre früher dort gewesen war. Die sprichwörtliche Lebensfreude der Bewohner der Ewigen Stadt war von wachsender Not und Lebensmühsal überschattet. Zwar hatte Pius VII. die unter seinem Vorgänger blühende Korruption weitgehend eingedämmt. Doch er hatte monatlich 90 000 Taler an Frankreich zu zahlen, so daß die ohnehin großen Abgaben der Bürger ständig erhöht wurden. Es herrschte Mangel an Getreide, die Teuerung nahm von Woche zu Woche zu. Wie in Venetien von den Österreichern, so wurden in den französisch besetzten oder beherrschten Gebieten vom Ersten Konsul und dessen Vertretern Gold und Silber abgezogen und durch schlechte Münzen und minderwertige Banknoten verdrängt. Dabei hielt der Druck Bonapartes auf den Papst an. Kein Mittel ließ man in Paris ungenutzt, das eine Verstärkung des französischen Einflusses im Kardinalskollegium oder in der päpstlichen Umgebung versprach.

Humboldts Gabe zu beobachten und seine Fähigkeit zu urteilen, sein emsiger Fleiß und seine vielseitigen Erfahrungen im Umgang mit Menschen – all dies trug dazu bei, daß er sich sehr schnell als einer der befähigsten Diplomaten seiner Epoche erwies. Haugwitz, der preußische Minister des Auswärtigen, war von den Berichten des Residenten am Heiligen Stuhl stark beeindruckt. Er beachtete zwar manche aus der römischen Sicht erteilte Warnung und Andeutung kommenden Unheils nicht, meinte aber bald, Humboldt stehe seinem Posten so vor, daß ihm keine andere, und das heißt wichtigere Stelle, die frei werden sollte, abgeschlagen werden könne.

Schon damals zeigte sich, daß dieses Lob vorzugsweise dem ausgezeichnet informierten Berichterstatter und geschickten Unterhändler galt, nicht aber dem Ratgeber und auf größere Verantwortung bedachten Staatsdiener. Man gab zwar Humboldts Ersuchen um Rangerhöhung nach und ernannte ihn im Frühjahr 1806 zum Ministerresidenten und »bevollmächtigten Minister«. Sein Gehalt wurde auf wiederholtes Drängen erhöht, und auch der Landgraf von Hessen wie der Fürst von Fulda übertrugen ihm die Wahrnehmung ihrer Interessen in Rom. Doch man ließ ihn in Rom, als Preußen in der unvermeidlich gewordenen Auseinandersetzung mit dem napoleonischen Frankreich in Staatskunst und Diplomatie seiner besten Köpfe bedurfte.

Freilich hat Humboldt von sich aus nichts unternommen, um in Berlin oder anderswo unmittelbaren Einfluß auf den Gang der preußischen oder gar der deutschen Dinge zu gewinnen. Mit Selbstironie bezeichete er sich als »Neuigkeitenschreiber«. Darin liegt das Eingeständnis, in den Jahren des Verfalls und des Zusammenbruchs seines Vaterlandes weniger getan zu haben, als ihm nach Begabung, Wissen, Erfahrung und Tatkraft möglich gewesen wäre. Er erfüllte gewissenhaft seine Pflicht und wurde zum Mahner und Warner. Doch verstand er seine diplomatische Tätigkeit in Rom im wesentlichen als Voraussetzung und Grundlage seines uns dem Wesen und Inhalt nach bekannten Genußstrebens. Nach wie vor wünschte er zunächst sich selbst und seiner Bildung zu leben, aber zum Genuß des Lebens gehörte nun auch das öffentliche Wirken.

Wie in Paris war Humboldt auch in Rom Botschafter deutscher Kultur. Da er in einer amtlichen Eigenschaft und nicht als Privatmann in Rom lebte, gewann diese Repräsentanz deutscher Aufklärung und klassisch-bürgerlicher Geistigkeit einen offiziellen Charakter, um so mehr, da er sich als gelehrter Kenner des Altertums und großer Verehrer der Antike schnell Achtung zu verschaffen wußte. Die Residenz des preußischen Gesandten wurde durch den menschlichen Rang Wilhelm von Humboldts und seiner Frau zu einem geistigen Zentrum Roms. Bis in die Gegenwart fortwirkende deutsche kulturelle Einrichtungen im Ausland gehen auf Humboldts römische Jahre zurück; eine Geschichte der deutschen auswärtigen Kulturpolitik müßte mit dem stillen Wirken Wilhelm von Humboldts in Frankreich und Italien beginnen.

»Das Haus des preußischen Gesandten ist der Sammelplatz aller verdienstvollen Männer von Rom«, schrieb der Maler Gottlieb Schick im Jahre 1803 an seine Angehörigen nach Stuttgart. Er hatte keinen Titel, war von »geringem Herkommen«, wie es weiter hieß, »doch bin ich durch hundert Proben schon überzeugt, daß ich nicht der am wenigsten geliebte bin«. Schick verdanken wir Porträts von Karoline mit einem Sohn, von der Tochter Karoline und das Ölbild der beiden jüngsten Mädchen.

Schick war nur einer unter zahlreichen in Rom lebenden Malern, die sich regelmäßig bei den Humboldts einfanden. Angelika Kauffmann, Goethes Freundin, und der Landschaftsmaler Johann Christian Reinhart, der Maler und Dichter Karl Gotthard Graß und der Kupferstecher Friedrich Wilhelm Gmelin gehörten ebenso dazu wie der Österreicher Abel und der Engländer Wallis, die Brüder Riepenhausen, Ferdinand Jagemann aus Weimar und Ernst Platner aus Leipzig. Zu den Malern gesellten sich Bildhauer. Unter ihnen ragten der Däne Bertel Thorwaldsen, der mit Humboldt und seiner Frau befreundete Friedrich Tieck und der junge Christian Daniel Rauch hervor.

Vermutlich Karoline von Humboldt

Der ehemalige Hoflakai Rauch insbesondere, der 1805 nach Rom kam und sechs Jahre Humboldts Gastfreundschaft genoß, hat der Förderung durch den preußischen Gesandten in Rom und dessen Frau viel zu danken und blieb ihnen ebenso wie Friedrich Tieck lebenslang verbunden.

Unter den bei Humboldt verkehrenden Gelehrten ist der seit 1766 in Rom lebende dänische Altertumsforscher Johann Georg

Zoëga zu nennen. Er war »ein Mann von ungeheurem Wissen auf lateinischem, griechischem und orientalischem (besonders koptischem) Gebiet, daher unschätzbar für Humboldts universellen Wissensdrang«[31]. Der Fürst Piombino teilte Humboldts Liebe für antike Kunstdenkmäler und war Besitzer der berühmten Sammlung Ludovisi; ihm verdankt Humboldt die Abgüsse der Juno, des Ares, der Galliergruppe und andere Kunstwerke, die später in Tegel aufgestellt wurden.

Humboldts offizieller Gesprächspartner im Bereich der Diplomatie war der Kardinal Ercole Consalvi, der die auswärtigen Geschäfte der Kurie leitete. Dieser hochbegabte Mann und kluge Diplomat begegnete dem preußischen Ministerresidenten wie dem Gelehrten Humboldt mit großer Aufgeschlossenheit. Auch als er 1806 aus seinem Amt ausscheiden mußte, blieb er von entscheidendem Einfluß auf seine rasch wechselnden Nachfolger und damit auf die auswärtige Politik der Kurie.

Humboldt bewegte sich in Rom als »vollkommener Weltmann«. »Er vereinigte mit deutscher Gelehrsamkeit italienische Liberalität.«[32] Er war gastfrei und half deutschen Künstlern und Gelehrten in den Zeiten zunehmender Bedrängnis durch die Vermittlung von Aufträgen. Aus staatlichen Mitteln und aus dem Kreis seiner begüterten Freunde verschaffte er ihnen zusätzliche »Pensionen«. Er gab selbst, soweit er es vermochte, angeregt und unterstützt durch Karoline, deren feinem Kunstsinn mancher Maler und Bildhauer materielle Hilfe und künstlerische Förderung verdankte. Ihr Charme und ihre Fraulichkeit machten sie zur Seele des Hauses und zur behutsamen Lenkerin der Gespräche im geistig und künstlerisch wohl bedeutendsten Salon, der zu jener Zeit in Rom bestanden hat.

Schon zu Beginn des Jahres 1803 wurde die Villa di Malta mit einem größeren Haus im Herzen der Stadt vertauscht. Nicht nur die Gastfreiheit, sondern auch die Größe der Familie erforderte mehr Raum, als die Villa di Malta zu bieten vermochte. Als Hauslehrer für die Kinder war Friedrich Wilhelm Riemer aus der Heimat mitgekommen, doch mußte man sich 1803 von ihm trennen, da seine Verehrung für Frau von Humboldt sich zur Leidenschaft steigerte. Humboldt empfahl den begabten Philologen an Goethe, der ihn zunächst als Erzieher für seinen Sohn August in sein Haus nahm und in ihm einen hervorragenden Gehilfen fand, den er bis zum Ende seines Lebens in seinem Dienst behielt. Im Jahre 1805 kam Friedrich Karl Ludwig Sickler als Hauslehrer der Familie Humboldt nach Rom; Karoline hatte den jungen Archäologen und Philologen in Paris kennengelernt. Er wurde im Januar 1807 von Friedrich Gottlieb Welcker abgelöst, gleichfalls einem Philologen und Altertumsforscher, der 1809 an die Universität Gießen berufen wurde. Später übernahm er eine Professur in Bonn und wurde als »Demagoge« gemaßregelt; er hat bis zu Humboldts Tod zu dessen engsten wissenschaftlichen Gesprächspartnern und persönlichen Freunden gehört.

Obwohl man die heiße Jahreszeit außerhalb Roms verbrachte, waren vor allem Frau von Humboldt und die Knaben den Tücken des Klimas nicht gewachsen. Den Sommer 1803 lebte die Familie in L'Ariccia, einem Städtchen in den albanischen Bergen. Dort starb, neun Jahre alt, Humboldts ältester Sohn. »Es war ein unendlich harter Schlag für uns, ... unseren Wilhelm zu verlieren«, schrieb der Vater an Uhden; »er war es, möchte ich sagen, noch mehr für mich besonders, da ich vorzüglich mit dem Kleinen beschäftigt war, da er mich überall hin begleitete und die meisten Augenblicke meiner Muße füllte.«

Humboldt hatte große Hoffnungen in seinen sehr begabten ältesten Sohn gesetzt und sich täglich mehrere Stunden seiner Erziehung gewidmet; er hat diesen Verlust um so weniger verschmerzt, als auch Theodor erkrankte. »Allein durch die Geschicklichkeit und den Fleiß eines jungen Arztes aus Hannover, Dr. Kohlrausch, den uns ein gütiges Schicksal ordentlich als einen Retter zugeschickt hatte, ist er – man kann es mit Wahrheit sagen – dem gewissen Tode entrissen worden.« Der Junge kränkelte seither, und manche Enttäuschung, die seine Eltern später an ihm erlebten, mag auf die Folgen dieser lebensgefährlichen Erkrankung zurückzuführen sein. Einen weiteren Sohn, den 1806 in Rom geborenen Gustav, verlor Humboldt schon ein Jahr nach der Geburt.

Es zeugt von Humboldts Freimut und von der Achtung, die er in der Ewigen Stadt genoß, daß man ihm, dem Protestanten, gestattete, seine Kinder am Fuße der Cestiuspyramide beizusetzen. Dieser Platz, an dem vorher Ketzer begraben worden waren, wurde daraufhin zu einer weithin berühmten Begräbnisstätte nichtkatholischer Fremder in Rom.

Unter dem ungewohnten Klima leidend und aus Sorge um ihre überlebenden Kinder reiste Karoline von Humboldt am 5. März 1804 mit der Tochter Karoline und dem Sohn Theodor, von dem Arzt Kohlrausch begleitet, zu ihrem Vater in die Heimat und von dort weiter nach Paris, wo sie am 2. Juli mit ihrer vierten, schon im Herbst des gleichen Jahres verstorbenen Tochter Luise niederkam. Sie blieb länger in Paris, als vorgesehen war, einmal um Alexander von Humboldts Rückkehr aus Amerika abzuwarten – er landete am 3. August in Bordeaux –, zum anderen wegen ihrer freundschaftlichen Verbindung zu Gustav von Schlabrendorf. Sie hatte diese strapaziöse Reise hauptsächlich unternommen, um ihn wiederzusehen. »Ich bin so wenig wie Du geschickt, meine Gedanken und Empfindungen schriftlich auszudrücken«, hatte sie Schlabrendorf aus Erfurt am 3. Mai 1804 geschrieben. »Darum eben muß ich Dich wiedersehen. Ich darf es mit der tiefsten Wahrheit sagen: ich brauche es, brauche den Genuß, mein innigstes Verlangen darin zu befriedigen, um weiter fortzuleben.«

Ende Januar 1805 waren Wilhelm und Karoline von Humboldt wieder in Rom vereint. Zwei für ihn wesentliche Begebenheiten erlebte Humboldt in diesem Jahr: das Wiedersehen mit dem Bruder und Schillers Tod.

Alexander von Humbodt, damals schon als zweiter Kolumbus gefeiert, hatte sich nicht entschließen können, von Paris aus, wo sein Ruhm dem Napoleons zeitweilig fast gleichkam, in sein Vaterland zurückzukehren. Sein Plan, seine Amerikareise mit allen Mitteln der zeitgenössischen Wissenschaft und gemeinsam mit einem Stab von Gelehrten von Fach und Rang auszuwerten, konnte nur in Paris, der damaligen Hauptstätte der Naturforschung, verwirklicht werden. Alexander blieb daher in Frankreich und entschloß sich, die große Ausgabe seines Reisewerkes um ihrer Wirksamkeit willen in französischer Sprache erscheinen zu lassen. Das ist ihm in Deutschland vielfach verübelt worden; er hat sich sogar gegen die gehässige Bemerkung wehren müssen, er lasse sich »ins Deutsche übersetzen«.

Karoline und Wilhelm sahen voraus, daß Alexanders Entschluß, in Paris zu bleiben, in Deutschland und besonders in Preußen nicht gut aufgenommen werden würde. »Daß er jetzt einige Monate in Paris bleibt, daß er nach Madrid geht, daß er uns in Rom besucht, alles das ist auch meine Meinung«, heißt es in einem Brief Wilhelms an Karoline vom 29. August 1804. Aber »daß er Berlin zu sehr zurücksetzt, das ist in keiner Art klug. Vor der Welt muß man das Vaterland ehren, wenn es auch eine Sandwüste ist. Das Wesentliche meines Rats geht bloß dahin, daß er dem König um Urlaub schreiben soll.« Alexander entschloß sich, nach Abschluß der Vorarbeiten für das vielbändige wissenschaftliche Werk über seine Reise nach Berlin zu fahren und dort einige Zeit zu bleiben. Der Weg in die Heimat führte ihn zunächst zum Bruder nach Rom.

Alexander von Humboldt brach Mitte März 1805, von seinem Freund und Mitarbeiter, dem französischen Naturforscher Gay-Lussac, begleitet, von Paris nach Italien auf. Unterwegs wurden meteorologische Untersuchungen angestellt. In Italien erwartete man einen größeren Ausbruch des Vesuvs, so daß sich auch der Freiberger Studienfreund Leopold von Buch einfand. Vom 5. Juni bis 17. September war Alexander Gast des Bruders und der Schwägerin. »Damals erschien vor den Augen einer internationalen Öffentlichkeit wohl das Brüderpaar zum erstenmal als jenes Zwillingsgestirn ganz verschieden gearteter und begabter, aber gleich bedeutender Naturen, das es für die Nachwelt bleiben sollte.«[33] Damals mag der Weltreisende der berühmtere der Brüder gewesen sein, ein Ruhm, in dem sich Alexander sehr zum Kummer Wilhelms durchaus zu sonnen wußte. Aber auch auf den Diplomaten und Gelehrten in Rom war man in Deutschland, Frankreich und Italien bereits aufmerksam geworden, obwohl dem älteren Humboldt wenig daran gelegen war, öffentlich in Erscheinung zu treten. Im Gegenteil, je länger er in Rom lebte, je vertrauter ihm die Stadt und ihre Menschen wurden, um so stärker zog es ihn wieder in die stille Klause des Gelehrten, um so mehr vereinsamte er im Getriebe der großen Stadt.

Der Tod des Sohnes Wilhelm wirkte nach. Nicht minder hart war der Schlag, den das Hinscheiden Schillers ihm versetzte, eine Nachricht, die ihn erst im Juni 1805 erreichte. »Für unser Einverständnis sind keine Jahre und keine Räume«, hatte Schiller in seinem letzten Brief vom 2. April 1805 dem Freund versichert. »Ist es gleich eine unendlich lange Zeit, daß ich Ihnen nicht eine Zeile gesagt, so kommt es mir doch vor, als ob unsre Geister immer zusammenhingen ... Ihr Wirkungskreis kann Sie nicht so sehr zerstreuen und der meinige mich nicht so sehr vereinseitigen und beschränken, daß wir einander nicht immer in dem Würdigen und Rechten begegnen sollten.«

Schiller hatte »Wilhelm Tell« vollendet. »Noch hoffe ich«, schrieb er Humboldt, »in meinem poetischen Streben keinen Rückschritt getan zu haben, einen Seitenschritt vielleicht, indem es mir begegnet sein kann, den materiellen Forderungen der Welt und der Zeit etwas eingeräumt zu haben.« Er war zum Dramatiker der Nation geworden und wußte, daß er mit dem »Geräusch« seiner Stücke die Bühnen erfüllte und an dem nationalen Bewußtsein der Bürger rüttelte. Am Vorabend der deutschen Katastrophe war er seinem jahrzehntelangen Leiden erlegen. Humboldt hatte den Mann verloren, der ihm am nächsten stand und der auch für den weiteren Gang seines Lebens von entscheidender Bedeutung hätte werden können.

Ihn habe »sein Tod unendlich niedergeschlagen«, schrieb Humboldt am 20. Juli 1805 an Wolf. »Ich kann wohl behaupten, daß ich meine ideenreichsten Tage mit ihm zugebracht habe. Ein so rein intellektuelles Genie, so zu allem Höchsten in Dichtkunst und Philosophie ewig aufgelegt, von so ununterbrochen edlem

Ernst, von so parteilos gerechter Beurteilung wird ebensowenig in langer Zeit wieder aufstehen, als eine solche Kunst in Reden und Schreiben.« Und an Goethe hatte er auf die Nachricht von Schillers Tod geschrieben: »Wie oft ist es mir eingefallen, daß der Mensch sich leichtsinnig trennt, zerreißt, was ihn beglückt, und mutwillig nach dem Neuen hascht. Wenn die wahre Ungewißheit des menschlichen Schicksals den Menschen so lebendig vor Augen stände, als sie es sollte, würde kein Mensch von Gefühl je sich entschließen, die Spanne Landes zu verlassen, auf der er zuerst Freunde umarmte.«

Durch Schillers Tod und die innere Einsamkeit, in der er trotz allem geselligen Verkehr in Rom lebte, wurde Humboldt wieder ganz auf sich selbst zurückgeworfen. Zwar hatte er Schiller über sein Amt geschrieben, daß »das Kleinste« in seiner »Beschäftigung mehr Wichtigkeit für ihn habe, als alles, was er selbst unternehmen könnte«. Andererseits aber bekannte er, daß Schiller und er »eins seien in der platonischen Ansicht von der Nichtigkeit der Dinge und von dem allgemeinen Wert der Ideen«.

Aber Schiller war tot, und Goethe hatte sich wieder von der Dichtung abgewandt. Humboldt fürchtete, die große Epoche deutscher Dichtung sei bereits zu Ende. Schiller klagte in seinem letzten Brief, Goethe hätte aus vielerlei Gründen »nicht viel im Poetischen« leisten können, berichtete von den Anträgen, ihn selbst »in Berlin zu fixieren«, und schloß dann mit Klagen über die »literarische Welt überhaupt«, von der er nur wenig zu sagen wisse, denn er lebe wenig mehr in ihr. »Die spekulative Philosophie, wenn sie mich je gehabt hat, hat mich durch ihre hohlen Formeln verscheucht, ich habe auf diesem kahlen Gefild keine lebendige Quelle und keine Nahrung für mich gefunden; aber die tiefen Grundideen der Idealphilosophie bleiben ein ewiger Schatz, und schon allein um ihrentwillen muß man sich glücklich preisen, in dieser Zeit gelebt zu haben. Um die poetische Produktion in Deutschland sieht es aber höchst kläglich aus, und man sieht wirklich nicht, wo eine Literatur für die nächsten 30 Jahre herkommen soll. Auch nicht ein einziges

neues Produkt der Poesie weiß ich Ihnen seit langer Zeit zu
nennen, was einen neuen Namen an der Spitze trüge und was
einem Freude machte.«

Mehr und mehr wurde der preußische Ministerresident beim
Vatikan zum Römer: Er lebte unter den Bürgern dieser Stadt
wie einer von ihnen, er lernte von ihrer weltweiten und welt-
bürgerlichen Liberalität und verehrte und erforschte ihre Überlieferungen aus griechischer und römischer Antike.

Rom war eine arme Stadt geworden. Mit 160 000 Einwoh-
nern hatte es zu Goethes Zeiten nur ein Drittel der Bevölkerung Neapels; und nur noch ein Drittel der Bodenfläche, die
einst von den Mauern des antiken Rom umschlossen wurde, war
damals bebaut. Die Paläste der Reichen lagen in Parks und
Gärten, während die Armen in Elendsquartieren hausten. Antike Trümmerfelder warteten auf die Entdecker ihrer Vergangenheit. Jenseits des Tiber lag die Vatikanstadt, eine Stadt für
sich, auch sie ein Gemisch von Prachtbauten und Heimstätten
der Not.

Humboldt hat die Gassen und Straßen Roms wieder und wieder durchwandert. Er liebte einsame Spaziergänge durch die
Ruinenfelder und ausgedehnte Wanderungen durch die lieblichen Landschaften rund um die Stadt. In Albano verbrachte
er mit den Seinen den Sommer bis weit in den Herbst hinein.
Nirgendwo hat er eine fremde Kultur- und Naturlandschaft mit
seinen Sinnen so genossen wie in Italien; in keiner zweiten Stadt
ist er so heimisch geworden wie in Rom.

»Das Lokalinteresse überwiegt doch alles andere«, sogar die
sprachwissenschaftlichen Arbeiten und antiken Studien, schrieb
Humboldt an Wolf. »Die Totalität des Römergeschlechts und
des Römerlebens im Kopf in Rom herumzugehen ist eigentlich
mein Leben.« Und in seiner Elegie »Rom« sang er:

> »Stadt der Trümmer! Zufluchtsort der Frommen!
> Bild nur scheinst du der Vergangenheit;
> Pilger deine Bürger, nur gekommen,
> anzustaunen deine Herrlichkeit!«

Auch für Humboldt war die Sehnsucht eines Winckelmann, eines Goethe erfüllt, die Sehnsucht ungezählter Künstler und Poeten, für die eine Italienreise zum höchsten Bildungserlebnis, Rom zum Mekka ihres Glaubens an die Segnungen der Kunst geworden war.

Doch Humboldt war kein Künstler. Er war als Resident des Königs von Preußen an den Vatikan geschickt worden. Dennoch gewann er kein Verhältnis zu Rom als Sitz des Papstes, sowenig er, der freisinnige Protestant, die positiven Werte des »christlichen Rom« und die negativen Ausstrahlungen von Papismus und Jesuitismus verkannte oder gar unterschätzte. Er war als Gelehrter in den Ruinenfeldern der griechisch-römischen Vergangenheit bald ebenso heimisch wie in der Bibliothek des Vatikans und in den öffentlichen und privaten Sammlungen aller Art. »Auf mich«, faßte er seinen Eindruck in einem Brief an Wolf vom 20. Juli 1805 zusammen, »übt Rom seine große Gewalt immer mehr als durch alles andere dadurch aus, daß es der Mittelpunkt der alten und neuen Welt ist.«

Rom und der »erquickende Sommeraufenthalt im Gebirge von Albano« bewegten und belebten Humboldt, der sich sonst nur in der Begegnung mit anderen großen Geistern völlig erschloß, in einer einzigartigen Weise. Er genoß das Leben, wie er es immer gewünscht hatte. »In keiner anderen Umgebung«, bekannte er, »geht aus der reinen und wahren Empfänglichkeit so unmittelbar auch die geeignete Tätigkeit hervor, es möge sich nun Neues durch neues Studium entwickeln oder man möge forttreiben, was man zu treiben gewohnt war, den Gedanken, Gefühlen, Bildern nachhängen, welche die Seele zu Haus am lebendigsten bewegten.« An anderer Stelle heißt es: »Rom kann nur gefaßt werden, indem man das Beste in seinem Innern in Bewegung setzt; es weckt aber auch die Stimmung, die es fordert, und die besten und edelsten Kräfte gehen dort in reger und freudiger Tätigkeit auf.«

Gewiß sind Italienerlebnis und Lebensweise Humboldts in jenen Jahren nur auf dem Hintergrund herber Verluste zu verstehen. Doch darf man bereits die römischen Jahre der Epoche der Bewährung Humboldts zurechnen. Sein unstetes Suchen nach immer neuen, immer wieder zu weit gespannten Vorhaben wich ruhigerer und konzentrierterer Arbeit.

Die baskischen Studien legte er alsbald beiseite. Mit dem Irischen hatte er sich nur zu Beginn seiner römischen Jahre befaßt, wobei ihm irische Mönche Material lieferten und erste allgemeinere Vorstellungen über Bau, Bildung, Verwandtschaft von Sprachen auftauchten. Doch unter dem Eindruck des Neuen wurden sprachwissenschaftliche und auch anthropologische Arbeiten mehr und mehr zur gelegentlichen Nebenbeschäftigung.

Sogar die »échappés ins Unendliche«, die spekulativen Ausflüchte ins Philosophische, wurden seltener. Kant, hatte er 1798 in Paris notiert, kenne nicht die menschliche Kraft selbst, sondern gehe zu sehr von den Resultaten menschlichen Denkens und Handelns aus. Humboldt hatte sich mit Fichte beschäftigt und dachte über Schellings Thesen über die Identität von Natur und Geist nach. Keine dieser Lehren befriedigte ihn. »Menschheit und Natur lassen sich nicht begreifen«, folgerte er, indem er alle Versuche aufgab, Welt und Leben in einer Formel zu fassen, »man kann sich ihnen nur lebendig und durch Aneignung nähern.«

Statt einer philosophischen Stimmung beherrschte ihn eine elegische, von der zwei Gedichte zeugen. Eines davon, 1806 geschrieben, ist Karoline von Wolzogen zugedacht; es trägt den Titel »Rom«. »Alles, was mich seit meinem Ankommen in Rom tief bewegt und mit jedem Jahr tiefer durchdrungen hat, enthält dieses Gedicht«, schrieb er der Freundin. Das zweite Gedicht ist ein Huldigungspoem an den heimkehrenden Bruder, »Alexander von Humboldt« überschrieben, eine Gegengabe an Alexander, der ihm seine »Ansichten der Natur« zugeeignet hatte und das Poem 1806 in Berlin drucken ließ.

Das Genießen überwog das Schaffen. Humboldts Begeisterung für Rom war, wie die Winckelmanns und Goethes, vorwiegend ästhetisch-sinnlicher Art. Niebuhrs harter Vorwurf gegen Goethe, der in seiner römischen Kunstschwelgerei eine ganze Nation und ein ganzes Land bloß zum Ergötzen für sich selbst betrachte und in der Welt und Natur nur das sehe, was zu einer unendlichen Dekoration des erbärmlichen Lebens gehöre, ist auch gegen Humboldt erhoben worden. Diese scharfe Kritik trifft beide zu Unrecht, denn sie übersieht Ursachen und Wirkungen der Italiensehnsucht, die allgemein-gesellschaftlichen wie die individuell-persönlichkeitsbildenden. Humboldts Zug über die Alpen ähnelte der Flucht Goethes aus der »nordischen Enge«, aus den ihm unerträglich gewordenen Weimarer Verhältnissen. Beide wußten, daß sie am Leitbild der Antike aus der realen Welt in eine irreale gingen, und sie wußten auch, daß sie vergeblich hofften, in der Antike die Erfüllung ihrer Sehnsucht und ihrer Träume zu finden.

In dem Brief Humboldts aus Marino vom 23. August 1804 an Goethe steht das Bekenntnis: »Rom ist der Ort, in dem sich für unsere Ansicht das ganze Altertum in eins zusammenzieht.« Doch dabei handelte es sich nicht um das wirkliche Rom, wie es Goethe und Humboldt durchaus kritisch gesehen und in sich aufgenommen haben. »Was wir also bei den alten Dichtern, bei den alten Staatsverfassungen empfinden, glauben wir in Rom mehr noch als zu empfinden, selbst anzuschauen ... Es ist allerdings also das meiste an diesem Eindrucke subjektiv, aber es ist nicht bloß der empfindelnde Gedanke, zu stehen, wo jener oder dieser große Mann stand. Es ist ein gewaltsames Hinreißen in eine von uns nun einmal, sei es durch eine notwendige Täuschung, als edler und erhabener angesehene Vergangenheit, eine Gewalt, der selbst, wer wollte, nicht widerstehen kann, weil die Öde, in der die jetzigen Bewohner das Land lassen, und die unglaubliche Masse der Trümmer selbst das Auge dahin führen ... Aber es ist auch nur eine Täuschung, wenn wir selbst Bewohner Athens und Roms zu sein wünschten. Nur aus der Ferne, nur von allem Gemeinen getrennt, nur als vergangen muß das Altertum uns erscheinen.«

So wird es auch verständlich, wenn Humboldt, nach des Sohnes Tod in eine düstere Stimmung verfallen, die so oft gerügten pathetischen Sätze niederschreibt: »Es geht damit wie wenigstens mir und Zoëga mit den Ruinen. Wir haben immer einen

Ärger, wenn man eine halbversunkene ausgräbt. Es kann höchstens ein Gewinn für die Gelehrsamkeit auf Kosten der Phantasie sein. Ich kenne für mich nur noch zwei gleich schreckliche Dinge: wenn man die Campagna di Roma anbauen und Rom zu einer polizierten Stadt machen wollte, in der kein Mensch mehr Messer trüge. Kommt je ein so ordentlicher Papst – was aber die 72 Kardinäle verhindern mögen! –, so ziehe ich aus. Nur wenn in Rom eine so göttliche Anarchie und um Rom eine so himmlische Wüstenei ist, bleibt für die Schatten Platz, deren einer mehr wert ist als dies ganze Geschlecht.«

Wie einverstanden Goethe mit diesem elegisch-pathetischen Erguß des Freundes war, zeigte sich darin, daß er die wesentlichsten Teile dieses Briefes in seinen »Winckelmann« mit der Vorbemerkung aufnahm: »Wie uns ein Freund die mächtige Wirkung, welche Rom auf ihn ausgeübt, geistvoll entwickelt, teilen wir unseren Lesern statt allgemeiner weiteren Betrachtungen mit.«

Auch in Humboldts historischen Studien und Arbeiten zeigte sich, wie lebendig und fruchtbar die Widersprüche zwischen Wunschbild und Wirklichkeit in ihm wirkten. »Latium und Hellas oder Betrachtungen über das klassische Altertum« nannte er eine im wesentlichen im Jahr 1806 geschriebene und Fragment gebliebene Studie, deren einleitende Ausführungen nach Rantzau eine Art »philosophischen Unterbau der Griechenverherrlichung« darstellen. Humboldt versuchte darin, das Charakteristische des griechischen Geistes an den Kunstwerken, der Dichtung, der Religion, den Sitten und Gebräuchen, dem öffentlichen und Privatcharakter sowie der Geschichte darzustellen. Zu dem beabsichtigten Vergleich mit dem römischen Nationalcharakter ist es nicht mehr gekommen.

Im politischen Charakter der Griechen, namentlich der Athener, glaubte er »unleugbar Mangel an Stetigkeit und oft nicht geringen Leichtsinn« feststellen zu müssen. »Indes verleugneten sich doch niemals zwei Dinge in demselben: Anhänglichkeit an Volksgleichheit und vaterländischen Ruhm.« Den Griechen, die er als Vorbild für die Menschenbildung und die politische Erziehung des Volkes empfindet, rühmte er nach: »Untergang der Freiheit in einheimischer und fremder Tyrannei hatte zwar von Zeit zu Zeit statt, aber niemals auf eine dauernde Weise, und wenn man sich fragt, was eigentlich im ganzen namentlich in Athen immer herrschend blieb, so war es Demagogie, also zwar Herrschaft, aber durch das Volk selbst. Selbst gegen fremde Übermacht regte sich der alte Freiheitsgeist immer wieder, und kein andres Volk kann leicht einen so hartnäckigen, ohne alle auch die mindeste Wahrscheinlichkeit eines günstigen Erfolges geleisteten Widerstand aufweisen, als Athen in seinem letzten Kampfe den Römern unter Sulla entgegensetzte.« So erschienen ihm Perikles und Alkibiades als nennenswerteste »unter den glänzenden Charakteren, die den (besonders atheniensischen) Nationalgeist selbst in ihren Fehlern verrieten.«

Er untersuchte »die sonst unbegreiflichsten Widersprüche«, die sich im griechischen Charakter vereinigten: »Auf der einen Seite Geselligkeit und Trieb nach Mitteilung, wie ihn vielleicht keine Nation je gekannt hat, auf der andern Sucht nach Abgezogenheit und Einsamkeit; auf der einen beständiges Leben in Sinnlichkeit und Kunst, auf der andern in der tiefsinnigsten Spekulation; auf der einen den verächtlichsten Leichtsinn, die ungeheuerste Inkonsequenz, die unglaublichste Wandelbarkeit ... auf der andern die musterhafteste Beharrlichkeit und die strengste Tugend, wo sich ihr Feuer als ernste Kraft in den Grundfesten des Gemüts sammelte. Vorzüglich aber begreift man, wie bei einem solchen Charakter Begeisterung für Vaterland, Freiheit und griechischen Ruhm mächtig sein mußten, da sich in diesem Gefühl die natürlichsten und ursprünglichsten Empfindungen der Menschheit, die glänzendsten Bilder der Einbildungskraft und die erhabensten Ideen des Gemüts verbanden.«

Hier sammelte nicht mehr der kühle Kopf »bloßes Material« für die eigene Bildung und die Deutung. Sein leidenschaftliches Bekenntnis zu Rom und seine Griechenverehrung hatte Humboldt offen als »subjektiv« bezeichnet, denn er zweifelte, ob

»Allgemeingültigkeit« überhaupt ein richtiges und notwendiges Unterscheidungsmerkmal der Wahrheit sei, die immer nur der einzelne für sich finde. In dem leidenschaftlichen Bekenntnis zum Griechentum kündete sich bereits der Erzieher und Reformator Wilhelm von Humboldt an, auch in dem nicht minder leidenschaftlichen Bekenntnis zur Individualität des Menschen wie der Nation. »Das wesentlichste Element in dem ausgebildeten Charakter einer Nation wie eines Individuums ist die ursprüngliche Form seiner Eigentümlichkeit. Die Kraft (und eine Kraft ist nie ohne irgendeine Richtung denkbar), die derselbe schon vor allem, wenigstens vor allem erkennbaren und mit Worten anzugebenden Einfluß äußerer Umstände besitzt, ist mehr als alles auch in seiner letzten Ausbildung entscheidend. Alles geistige Leben des Menschen besteht im Ansichreißen der Welt, Umgestalten zur Idee und Verwirklichen der Idee in derselben Welt, der ihr Stoff angehört; und die Kraft und die Art, wie dies geschieht, werden durch die äußeren Lagen nur anders bestimmt, nicht geschaffen und festgesetzt. Eine vorzügliche Nation dankt daher ihre Vorzüglichkeit ihrer eigenen ursprünglichen Individualität, und diese entsteht bei einzelnen wie bei ganzen Völkern von selbst und durch ein Wunder.« Man könne die Frage, wie es komme, »daß jene hinreißend schöne Form der Menschheit allein in Griechenland aufblühte«, nicht befriedigend beantworten. »Es war, weil es war.«

In diesen Gedanken spürt man bereits etwas von Humboldts eigener Zeit. In der zweiten, 1807 begonnenen und vor der Rückkehr nach Deutschland abgebrochenen Schrift über die Antike macht sich der ständige Seitenblick des Historikers auf das gegenwärtige Geschehen sogar im Titel bemerkbar: »Geschichte des Verfalls und Unterganges der griechischen Freistaaten«. In einem Brief an den ehemaligen Hauslehrer Schweighäuser bezeichnete Humboldt diese Abhandlung ausdrücklich als »ein Mahnmal für das arme zusammengebrochene Deutschland«.

»Die unbekümmerte Verherrlichung des Griechentums und ihre Ausrichtung auf vorwiegend ästhetische Werte wich einem

Einbruch politischer und historischer Erwägungen. Vieles von dem, was Humboldt in dieser letzten tiefbewegten Auseinandersetzung mit der Antike niederlegte, wirkt schon wie ein Auftakt zu seiner Tätigkeit als Chef der preußischen Unterrichtsverwaltung.«[34]

Dreifach war der Zweck dieser Studie. Humboldt wollte sich in eine Zeit »versetzen, in welcher der tief rührende, aber immer anziehende Kampf besserer Kräfte gegen übermächtige Gewalt auf eine unglückliche, aber ehrenvolle Weise gekämpft ward«. Er wollte ferner zeigen, »daß Entartung die Schuld des Verfalls Griechenlands nur zum Teil trug, der mehr verborgene Grund aber eigentlich darin lag, daß der Grieche eine zu edle, zarte, freie und humane Natur besaß, um in seiner Zeit eine damals die Individualität notwendig beschränkende politische Verfassung zu gründen«. Schließlich ging es ihm darum, »einen Standpunkt zu fassen, von dem sich die alte und neue Geschichte in ihrem ganzen Umfange bequem überschauen läßt.«

Das Fragment enthält vor allem zwei Gedankengänge, die für den geistigen Standort Humboldts zur Zeit der Vernichtung Preußens und für seine innere Bereitschaft, am Reformwerk mitzuwirken, kennzeichnend sind.

»Es wird viele gewundert haben«, räumte er ein, »eine Nation für eine gute politische Verfassung zu edel genannt und Individualität und Volksmäßigkeit gleichsam in unvereinbarem Widerstreit einander gegenübergestellt zu sehen. Nie aber war es die Absicht, damit zu sagen, daß das Individuum gewissermaßen nur vereinzelt groß werden könne. Eine Schrankenlosigkeit, welche die wohltätigen Bande der Bürgerliebe zerrisse, wäre verderblicher als der gewaltsamste Druck; eine Nation, die gleichgültig bliebe bei dem Schicksale irgendeines, der ihre Muttersprache redet, für die der Name des Vaterlandes seine Bedeutung verloren hätte, die ihre Unabhängigkeit mit irgendeinem Opfer zu teuer erkauft glaubte und, wenn sie dieselbe verlöre, nicht ewig mit Unwillen gegen das fremde Joch anstrebte, eine solche Nation litte noch wenig, wenn sie bloß aufhörte, Nation zu sein; sie wäre aber auch unfähig, noch wahrhaft große einzelne Männer hervorzubringen. Denn überall geht in der physischen und moralischen Natur die einzelne Kraft nur aus der gesamten hervor. Niemand versuche es daher, den Menschen vom Bürger zu trennen; nur in der Art, wie beide im Individuum ineinander verschmolzen sind, kann ein Unterschied liegen, und hierbei kommt die politische Verfassung in Betrachtung.

Eine solche aber ließ sich bei den Alten auf eine dauerhafte Weise kaum anders als mit Vertilgung des Menschen im Bürger denken, da ihre Staaten nach innen und nach außen hin bei weitem mehr Gefahren entgegenzuarbeiten hatten als die neueren. Auch war der Staat, in welchem vom ersten Ursprunge an der Mensch dem Bürger auf eine wundervolle Weise untergeordnet wurde, der römische, der einzige, welcher sich erhielt und zur Weltherrschaft aufschwang.«

Auf das Geschehen der Gegenwart bezogen, hieß das aber, Humboldts Sympathie gehörte nicht dem Machtstaat, weder dem absolutistischen, der nur Untertanen und keine Staatsbürger kannte, noch dem napoleonischen, der den Menschen im Bürger vertilgte, um sich zur Weltherrschaft aufzuschwingen. Im Zentrum von Humboldts geschichtlichem und politischem Denken stand der Mensch, den es zu bilden galt, damit er seine schöpferischen Kräfte frei entfalten könne, nicht gegen, aber auch nicht für den Staat, sondern in wechselseitigem Schutzverhältnis mit der Gesamtheit, der er entstammte, dem Volk, der Nation. Volle Entfaltung der individuellen Kraft war seit mehr als einem Jahrzehnt eine seiner staats- und gesellschaftstheoretischen Grundlehren. Er wünschte sie jeder Individualität, nicht aber der Individualität Staat, weil es oberhalb des Staates keine Instanz gebe, den Mißbrauch der Kraft durch Gewalt nach innen wie nach außen zu zügeln.

Humboldt stellte sich in diesem römischen Fragment auch eine Frage, auf die er nach Beendigung seiner öffentlichen Wirksamkeit in dem Essay »Über die Aufgabe des Geschichtschreibers« (1821) zurückgekommen ist, die Frage nach dem Sinn der Geschichtschreibung. Er antwortete: »Jede Geschichte des

Wachstums oder des Verfalls einer Nation ist als Schilderung einer moralischen Erscheinung weniger reine Geschichte als Räsonnement über dieselbe.«

Der geographische Standort, von dem aus er griechische Geschichte zu sehen, zu verstehen, zu deuten suchte, war Rom. Dabei ist anzumerken, daß das Quellenmaterial noch äußerst mangelhaft war. Der historische Zeitpunkt, von dem aus er die Antike betrachtete, war die unmittelbare Gegenwart, in der er lebte. Er suchte nach einer Nutzanwendung der Erfahrungen der Alten für das Leben der Neueren, ganz in der Art, wie Goethe und Schiller und er selbst zu Werke gegangen waren, als sie die Kunst und Literatur der Alten für ihre Gegenwart fruchtbar zu machen trachteten. Daher heißt es in der »Geschichte des Verfalls und Unterganges der griechischen Freistaaten«: »Die Darstellung des Verfalls der griechischen Freistaaten soll zugleich den Einfluß des griechischen Geistes auf die Folgezeit und unser Verhältnis zum Altertum klarmachen und dadurch über den Gang der Menschheit und das Streben des einzelnen Licht verbreiten. Die beiden letzteren Punkte werden freilich vorzüglich nur für den Gesichtspunkt eines Deutschen erörtert werden, da jeder Schriftsteller über praktisch philosophische Gegenstände absichtlich immer nur für seine Nation schreiben sollte; und Deutschland (fremde Leser mögen der wehmütigen Seite dieser Vergleichung die ehrenvolle verzeihen) in Sprache, Vielseitigkeit der Bestrebungen, Einfachheit des Sinnes, in der föderalistischen Verfassung und seinen neuesten Schicksalen eine unleugbare Ähnlichkeit mit Griechenland zeigt.«

Humboldt wollte nicht mißverstanden werden und verwahrte sich gegen den möglichen Einwand (den das Fragment zu seiner Zeit nicht fand), er könnte Geschichte mißbrauchen, indem er fremdartige Betrachtungen an sie anknüpfe. »Die Weisheit der Zeiten ist über jede Weisheit der Menschen erhaben; der Gang des Schicksals soll an dem Leitfaden der Erfahrung gezeigt, der Sinn durch sie gestärkt und genährt werden.«

Das alte Preußen, als dessen Gesandter Humboldt in Rom

tätig war, existierte nicht mehr, als er diese Gedanken nieder-
schrieb. Deutete in den äußeren Daten der letzten italienischen
Jahre Humboldts irgend etwas darauf hin, daß er entschlossen
war, die geschichtlichen und politischen Einsichten zu nutzen,
die er durch seine Studien der Antike wie durch seine diplomatische Tätigkeit gewonnen hatte? Würde er selbst tätig werden
im Sinne seiner Forderung, der Mensch solle »eine Kraft besitzen, zugleich durch eigene Anstrengung und Gunst des Schicksals geistige Erscheinungen hervorzubringen, die gegen die Vergangenheit gehalten neu und für die Zukunft fruchtbar sind;
und wie die Kunst in der idealistischen Schönheit eine reine und
unkörperliche Idee aufsucht oder besser erzeugt, nicht anders
soll die Philosophie die Wahrheit und das handelnde Leben die
Charaktergröße zu erzeugen imstande sein«?

Man kann bei näherem Hinsehen Kaehlers Urteil nicht zustimmen, nur den Residenten, nicht den Menschen habe gekümmert,
was in der Welt außerhalb Roms vor sich gegangen sei. In
Humboldts literarischen Arbeiten jener Epoche wird die Hinwendung zur öffentlichen Verantwortung sichtbar und sein Individualismus läuterte sich zur Vorstellung, der einzelne könne
nur innerhalb der Gesamtheit seine Kräfte zum Besten der Gemeinschaft entfalten. Ebenso wird auch in der amtlichen Tätigkeit wie im persönlichen Verhalten Humboldts mehr und mehr
sein Verantwortungsgefühl gegenüber der Nation offenkundig.
Zu vaterländischer Begeisterung bestand kein Anlaß, und ein
bloßes patriotisches Pathos ohne öffentliche Leistung hätte einem
Humboldt schlecht angestanden. Zudem verstand sich Humboldt
als Bürger der deutschen Kulturnation und nicht als preußischer
Untertan. Es ging ihm um Deutschland und nicht in erster Linie
um Preußen.
  Auch in seinen letzten Amtsjahren als Ministerresident in
Rom hatte Humboldt keine Möglichkeit, auf die preußische Politik einen wesentlichen Einfluß zu nehmen. Die Säkularisation
geistlicher Fürstentümer und die damit verbundene Einziehung
kirchlicher Stiftungen waren bei aller Unruhe und Verärgerung,

die sie beim Vatikan auslösten, Fragen von sehr nachgeordneter Bedeutung. Rom war zwar bestrebt, seine Macht auch gegenüber den protestantischen Landesherren zu festigen, wie diese umgekehrt jedes päpstliche Mitspracherecht in inneren Angelegenheiten zu unterbinden wünschten. Doch dies gehörte schnell zu den unwichtig gewordenen Erscheinungen, mit denen sich die diplomatischen Kanzleien und Außenministerien noch beschäftigten, als Napoleon sich im Dezember 1804 durch den Papst in Paris krönen ließ. Schon wenige Monate später erschien der Kaiser der Franzosen in Oberitalien, wo er sich Ende Mai 1805 die lombardische Königskrone aufs Haupt setzte. Humboldt hatte schon zuvor beantragt, ihn in Mailand als Gesandten zu akkreditieren; doch in Berlin hatte man andere Sorgen und interessierte sich nur noch wenig für die Entwicklung in Italien. Der König, Staatsminister Hardenberg und Außenminister Haugwitz zögerten jede Entscheidung hinaus, bis es zu spät war.

Humboldt berichtete über die Furcht und die Bestürzung, die Napoleons Krönung in Oberitalien ausgelöst hatte. Er ließ aber keinen Zweifel daran, daß sich Österreich keinerlei Hoffnungen darauf machen könne, die Bevölkerung werde die Rückkehr der Habsburger wünschen. »Und soll man dieses unglückliche Land nicht beklagen, welches immer nur als Tributärprovinz behandelt werden wird; man denke nur an die ungeheuren Kosten für den Unterhalt der französischen Truppen und den Hof des Vizekönigs.« An anderer Stelle seiner Berichte heißt es: »Dieser Geist der Unzufriedenheit wird sich niemals anders als in ohnmächtigem Murren äußern, und Napoleon ist davon so überzeugt, daß er seine Truppen in der Lombardei nur wenig vermehrt hat.«

Der dritte Koalitionskrieg griff rasch auf Nord- und Süditalien über. Die Bourbonen wurden aus Neapel vertrieben, und nur der Kirchenstaat konnte noch als souveränes italienisches Territorium gelten. Aber auch durch ihn zogen französische Truppen, und der Druck Napoleons auf den widerstrebenden Papst wurde stärker. Bezeichnend für Napoleons Einstellung zu

Pius VII. waren seine Worte: »Euer Heiligkeit ist allerdings der Souverän von Rom, aber ich bin dessen Kaiser!«

Im März 1806 schrieb Humboldt aus Rom: »Die französische Regierung beginnt eine direktere und unmittelbarere Autorität über den römischen Hof auszuüben als bisher, die Furcht, daß der Papst seinen weltlichen Besitz gänzlich verliere, wird allgemeiner; Pius VII. lebt in tiefster Traurigkeit; er läßt das Sakrament ausstellen, drei Tage in zwei Kirchen Fürbitten halten und verbringt selbst sein Leben im Gebet. Ob diese Maßregeln dem gegenwärtigen Unglück oder der drohenden Zukunft gelten, ist zweifelhaft, aber klar, daß das Land keine Spur von der Unabhängigkeit bewahren werde, selbst wenn der Papst seinen Besitz unter französischem Protektorat behalte. Lange Unterhandlungen werden wohl nicht stattfinden, da Napoleon alles nach seinem Willen ordnen werde.«

Was Humboldt vorausgesehen hatte, vollzog sich zu Beginn des Jahres 1808. Der Kirchenstaat wurde zerschlagen, Rom von napoleonischen Truppen besetzt. Zwar war 1805 die französische Flotte von den Engländern bei Trafalgar vernichtet worden, aber des Kaisers Heere blieben auch im dritten Koalitionskrieg siegreich. Preußen wußte sich nicht zu entscheiden und mußte nach Napoleons Sieg über Österreich bei Austerlitz im Vertrag von Schönbrunn Ansbach, Kleve und Neuenburg abtreten; ihm wurde dafür Hannover zugesprochen. Nun begann Napoleon zur Sicherung seiner Herrschaft in Deutschland Vasallenstaaten zu bilden, indem er den Rheinbund gründete, dem sechzehn deutsche Fürsten beitraten. Das Heilige Römische Reich Deutscher Nation löste sich auf, der Kaiser legte die Krone nieder. In Preußen aber mußte man einsehen, daß von Napoleon weniger zu erwarten sei, als man gehofft hatte, und daß es keineswegs sicher war, ob Hannover wirklich an Preußen fallen würde. Jetzt, als Preußen isoliert war, stellte es sich Napoleons Expansionsdrang entgegen und wurde in wenigen Wochen vernichtend geschlagen. Am 27. Oktober 1806 zog der Kaiser der Franzosen in Berlin ein.

Während Alexander von Humboldt die Katastrophe Preußens in seiner Vaterstadt erlebte, erreichte die Kunde von deren Ausmaß Wilhelm von Humboldt erst Ende November in Albano bei Rom, wo er »düster und schweigend nach dem Empfang dieser Nachricht den großen Saal ... durchmaß«.

Der Verkehr mit der Heimat war weitgehend unterbrochen; Humboldt berichtete weiterhin an den Gesandten in Wien, Graf Finckenstein. Von der preußischen Regierung erhielt er keinerlei Weisung. Haugwitz war seines Postens als Außenminister enthoben worden, Staatsminister Hardenberg hatte das Amt zunächst selbst übernommen. »Ich war niemals ehrgeizig oder interessiert und zufrieden mit dem Posten in dem Lande, das ich bewohne und das ich liebe«, schrieb Humboldt ihm im Herbst 1806, »und habe weder gesucht noch gewünscht, in eine andere Lage zu kommen, aber jetzt ist es mir peinlich, hier müßig zu sein und nichts für das bedrängte Vaterland tun zu können.« Doch auch als sein Studienfreund, Graf Goltz, preußischer Außenminister wurde, hat offenbar niemand an eine Rückberufung Humboldts gedacht.

Gewiß nicht ohne Absicht hatte er schon am 31. Mai 1806 dem Erbprinzen Georg von Mecklenburg, einem Bruder der Königin von Preußen, der in Rom sein Gast gewesen war, geschrieben: »Ich bin der Sache meines Vaterlandes und des Königs mit wahrem und lebhaftem Eifer ergeben, ... meine erste Rücksicht, und wo es nötig ist, meine einzige, wird immer die sein, ihm zu dienen, wo und wie er es für gut hält. ... Auch scheint mir dies im jetzigen Augenblick doppelt Pflicht, da die Zeiten teils an sich sehr kritisch sind, teils mir ein gewisser Geist eines nutzlosen und mit Unzufriedenheit verbundenen Zurückblickens auf die Vergangenheit sich sehr allgemein zu verbreiten scheint. Nichts scheint mir das so über alles nötige energische Handeln so sehr zu erschweren. In Privat- wie in öffentlichen Geschäften habe ich es immer für eine der wichtigsten Maximen gehalten, mit freiem und heiterem Geist im gegenwärtigen Augenblick zu handeln und in der Vergangenheit nie etwas anderes als mit Ruhe und Kälte eine Lehre für die Zukunft zu sehen.«

Humboldt liebte Rom und genoß das römische Leben. Er war aufrichtig genug, das offen zuzugeben und einzugestehen. Dennoch schmerzte ihn das Unglück seines Vaterlandes. »Wenn man aber übrigens«, schrieb er im August 1807 an Schweighäuser, »nicht einmal gerade des Herabsinkens Preußens, das vielleicht in welthistorischer Rücksicht durch etwas anderes ersetzt werden kann, aber des Schicksals Deutschlands gedenkt, so kann ein Deutscher, und noch dazu ein Preuße, diese Zeit nicht anders als wie eine unendlich traurige ansehen.« Er war der Meinung, wie er Schweighäuser am 18. Juli 1807 aus Rom mitteilte, noch vor Ende des Jahres müsse sich entscheiden, ob er in Italien bleiben könne oder nicht. »Das letzte würde mich sehr schmerzen, aber es ist jetzt weniger als jemals der Moment, sich der Bestimmung, die man, auch ohne seinen Willen, erhält, zu entziehen. Es wäre weder schicklich noch edel, und ich mache mich also ruhig auf alles gefaßt.«

Humboldt wartete vergeblich auf eine Weisung aus der Heimat.

Schließlich veranlaßten ihn persönliche Gründe, einen Heimaturlaub zu beantragen. Sein Schwager Ernst von Dacheröden, Karolines einziger Bruder und Miterbe, war 1806 gestorben; der Schwiegervater wünschte, vor seinem eigenen Tode die Regelung des Nachlasses vorzunehmen.

Die Güter der Dacherödens in Thüringen waren von den kriegerischen Ereignissen nicht unberührt geblieben; auch Schloß Tegel war von französischen Truppen geplündert worden. Die Erträge von Teilen des Humboldtschen Vermögens, die im Herzogtum Warschau angelegt waren, waren beschlagnahmt worden, und die königliche Kasse war nicht mehr in der Lage, die Bezüge des Residenten in Rom flüssig zu machen. Humboldts Bitte, zur Regelung aller dieser Fragen einen ersten längeren Urlaub in Deutschland zu nehmen, wurde erfüllt. Doch noch Monate zögerte sich die Abreise hinaus. Erst am 14. Oktober 1808 verließ er Rom, nur von seinem Sohn Theodor begleitet, der in Erfurt die Schule besuchen sollte. Karoline von Humboldt blieb mit den anderen Kindern in Italien, Vater und

Sohn reisten über Bologna und München nach Erfurt, wo sie am 11. November eintrafen.

Kurz bevor Humboldt italienischen Boden verließ, schrieb er an Friedrich Gottlieb Welcker am 20. Oktober 1808 aus Ferrara: »Es hat mich tief geschmerzt, meine Frau auch nur auf Monate zu verlassen; die heftige und rührende Anhänglichkeit der Kleinen, die sich nie so gezeigt hatte als in den letzten Monaten, und die stille Karoline haben mir das Weggehen sehr sauer gemacht, und nun dazu Rom und die Gegend, an die ich vieles in mir geknüpft und die vieles in mir entwickelt hatte... Indes denke ich gewiß und selbst fast ohne allen Zweifel im April oder Mai zurückzukehren. Nur ist alle Zukunft so ungewiß und alle Ungewißheit in dem, was einem so unendlich angelegen und teuer ist, so peinigend. Dabei gehe ich doch nicht ohne Interesse und nicht ohne Liebe nach Deutschland. Ich liebe Deutschland recht eigentlich in tiefer Seele, und es mischt sich in meine Liebe sogar ein Materialismus ein, der die Gefühle mancher weniger rein und edel, aber darum nur stärker und kräftiger macht. Das Unglück der Zeit knüpft mich noch enger daran, und da ich fest überzeugt bin, daß gerade dies Unglück Motiv werden sollte für die einzelnen, mutiger zu streben, für alle, sich mehr zu fühlen, so möchte ich sehen, ob die gleiche Stimmung auch bei anderen herrschend wäre, und dazu beitragen, sie zu verbreiten.«

REFORMATOR DES PREUSSISCHEN BILDUNGSWESENS

Wenn die preußischen Heere im Oktober 1806 innerhalb von sechs Tagen zusammengeschlagen wurden, so lag das nicht nur daran, daß die sieggewohnten französischen Nationalarmeen den schwer beweglichen, von überalterten und unfähigen Generalen geführten friderizianischen Söldnertruppen weit überlegen waren. In Napoleons Volksheeren wirkte der Elan der Französischen Revolution fort. Friedrich Wilhelms Soldaten dagegen waren überwiegend rechtlose Untertanen eines längst in Fäulnis geratenen Staates, in dem die gesellschaftliche Ordnung noch immer auf feudalistischen Grundsätzen beruhte. In Preußen war weder der Stadtbürger noch der ländliche Gutshörige der vor Jahrzehnten in Frankreich verkündeten Menschen- und Bürgerrechte auch nur im geringsten teilhaftig geworden. So mußte die militärische Katastrophe zu überaus schweren Folgen für den Staat der Hohenzollern führen.

Im Frieden, der am 9. Juli 1807 in Tilsit geschlossen wurde, verlor Preußen neben den in der zweiten und dritten polnischen Teilung annektierten Landesteilen alle links der Elbe gelegenen Gebiete. Die Bodenfläche wurde halbiert und umfaßte statt 314 000 qkm nur noch 158 000 qkm; die Einwohnerzahl sank von 9,5 Millionen auf weniger als 5 Millionen. Dem restlichen Preußen wurde im September 1808 eine Kontribution von 140 Millionen Franken auferlegt, eine Last, die den Wiederaufbau des Landes auf das schwerste beeinträchtigen mußte.

Dem preußischen Unterhändler Prinz Wilhelm, der in Paris nach entwürdigenden Verhandlungen dieses Diktat und die Beschränkung des stehenden preußischen Heeres auf 42 000 Mann hinnehmen mußte, war Alexander von Humboldt beigegeben worden. Er war zum Begleiter des Prinzen Wilhelm in der Hoffnung ausersehen worden, seine Beziehungen zu Frankreich und sein Weltruf würden die Verhandlungen günstig beeinflussen. Am Ende dieses mißlungenen Auftrages erlangte Alexander von Humboldt vom König die Erlaubnis, in Paris bleiben zu dürfen. Nur in der französischen Hauptstadt, wo die Naturforschung am weitesten vorangeschritten und vom Staat gefördert worden war, glaubte er, die wissenschaftliche Auswertung seiner Reise zu Ende führen zu können, eine Aufgabe, die ihn zwei Jahrzehnte in Anspruch nahm.

Weitblickenden Männern war schon vor der Niederlage von Jena und Auerstedt klargeworden, daß das politisch, wirtschaftlich und militärisch rückständige Preußen einer durchgreifenden inneren Erneuerung bedurfte. Stein und Scharnhorst, um die sich alsbald fortschrittlich gesinnte Beamte und Offiziere, Adlige und Bürger sammelten, hatten noch vor dem Zusammenbruch tiefgreifende Veränderungen in Staat und Heer gefordert. Die erste Denkschrift des Reichsfreiherrn vom Stein zur Reform der Staatsverwaltung trägt das Datum vom 27. April 1806, und auch der Chef des Generalstabs, Oberst Scharnhorst, hatte sich bereits vor dem Krieg gegen Frankreich um eine Reform der überalterten Heeresverfassung bemüht.

Der Reichsfreiherr vom Stein, ehemals im Bergwerk- und Hüttenwesen und seit 1796 als Präsident der Kammern Westfalens tätig, wurde 1804 preußischer Minister für das Steuerwesen, die Zölle und die Gewerbeangelegenheiten. Der Reichsfreiherr, kein Preuße von Geburt, fühlte sich von früh an als Deutscher. Er hatte einen an englischen Verhältnissen und westfälischen Erfahrungen geschulten Blick für die ökonomischen Notwendigkeiten und für die rückständigen feudalen und kleinstaatlichen Hemmnisse einer gesunden Entwicklung in Deutschland. Der preußische König hatte ihn im Januar 1807 entlassen, weil Steins Plan, sein Reformwerk mit der Abschaffung des Geheimkabinetts und mit der Aufgliederung der obersten Ministerien nach Sachgebieten statt nach regionalen Gesichtspunkten zu beginnen, auf den entschiedenen Widerspruch der restaurativen Kräfte gestoßen war. Stein, der ein ausgesprochener Gegner der Territorialfürsten war, zog sich nach Nassau zurück. Dort arbeitete er im Sommer 1807 sein politisches Programm aus, dessen vornehmstes Ziel es war, »den Kräften der Nation eine freie Tätigkeit und eine Richtung auf das Gemeinnützige zu geben«.

Sein Nachfolger war Hardenberg geworden, gleichfalls kein gebürtiger Preuße, sondern Hannoveraner, wie Scharnhorst. Er war 1791 als Minister der fränkischen Fürstentümer Ansbach und Bayreuth ins preußische Staatsministerium eingetreten und seit 1804 mit Unterbrechungen Minister des Auswärtigen gewesen. Die Geschäfte eines leitenden Ministers konnte er nur kurze Zeit führen, da Napoleon in ihm einen tatkräftigen Befürworter des preußischen Bündnisses mit Rußland sah.

Auf Hardenbergs Vorschlag wurde Stein im Sommer 1807 zurückgerufen und zum leitenden Minister ernannt. Seine und Hardenbergs Bestrebungen liefen zunächst in die gleiche Richtung. Die Stein-Hardenbergschen Reformen stellten nach Engels in ihrer Zielsetzung den »Beginn der bürgerlichen Revolution in Preußen« dar.

Hardenberg hatte vor seiner Entlassung als Kabinettschef zwei Reformkommissionen eingesetzt. Die eine befaßte sich unter der Leitung von Scharnhorst und der Mitarbeit von Gneisenau, Grolman und anderen mit dem Militärwesen, die andere unter Mitarbeit von Altenstein und Schön, Stägemann und Niebuhr mit den zivilen Reformen. Es kann keinesfalls davon die Rede sein, daß die Reformer in allen politisch wichtigen Gruppen Zustimmung fanden. Am Hof und unter den Beamten gab es einflußreiche Männer, die zwar Reformen aufgeschlossen gegenüberstanden, aber die Monarchie und die Junker weiterhin im Besitz der Macht wissen wollten und jedwede demokratischen Volksrechte ablehnten. Hardenberg stand dieser Gruppe, wie sich bald zeigen sollte, näher als Stein. Beide fanden entschiedene Gegner besonders in den Kreisen der reaktionären Junker.

Dennoch gelang es den Reformern, eine Reihe von Maßnahmen durchzusetzen, die das gesellschaftliche Gefüge Preußens beispielgebend für andere deutsche Territorialstaaten verwandelte.

Das Oktoberedikt von 1807 hob mit Wirkung vom Martinitag 1810 alle Gutsuntertänigkeit auf. »Nach dem Martinitage 1810 gibt es nur freie Leute«, hieß es verheißungsvoll im Paragraphen 12. Die Agrarreform bildete »den entscheidenden Schritt zur Anbahnung der Vorherrschaft kapitalistischer Produktionsverhältnisse auf dem Lande und vor allem zur Entstehung einer Klasse freier Lohnarbeiter im größten und für die Geschichte des ganzen folgenden Jahrhunderts wichtigsten deutschen Einzelstaat«[35].

Diese Maßnahmen waren um so bedeutsamer, als Preußen noch überwiegend Agrarstaat war und der herrschenden Junkerklasse das ohnmächtige Landvolk gegenüberstand. Die adligen Gutsbesitzer sahen ihre Interessen bedroht und bekämpften die Agrarreform auf das heftigste. Ludwig von der Marwitz, einer ihrer Führer, schrieb damals die berüchtigten Sätze: »Lieber drei Schlachten von Jena als ein Oktoberedikt« und: »Stein hat dem preußischen Staat mehr geschadet als Napoleon!«

Durch die Reformen wurde auch das Leben der Stadtbewohner vom überalterten Zunftzwang befreit. In der Städteordnung wurde das alleinige und unmittelbare Aufsichtsrecht des Staates verkündet, zugleich aber eine weitgehende Selbstverwaltung der städtischen Angelegenheiten durch die Bürger eingeführt. Von nun an bestimmten die Bürger in geheimer und gleicher Wahl Bürgervertreter, die als Stadtverordnetenversammlung zur Beratung der städtischen Angelegenheiten zusammentraten und aus ihrer Mitte Magistrate wählten.

Von dem gleichen Ziel der »Belebung des Gemeingeistes und Bürgersinns«, wie es Stein nannte, war die Heeresreform getragen, die dem Söldnerwesen ein Ende bereitete und dem Bürger gleiche Möglichkeiten wie dem Adligen gab, Offizier zu werden. Die Reformer wollten, wie unterschiedlich auch im einzelnen ihre Auffassungen waren, an die Stelle eines feudalistischen Untertanenstaates einen auf Selbsttätigkeit und Selbstverantwortung freier Staatsbürger beruhenden Staat setzen. Niemand unter ihnen zweifelte, daß dieser gewaltige Schritt nach vorn nur dann glücken konnte, wenn es zugleich möglich war, das überaus rückständige Bildungswesen von Grund auf zu reformieren. Voraussetzung hierfür wie für das gesamte Reformwerk war eine grundlegende Änderung der Staatsverwaltung. Welche Bedeutung Stein innerhalb der umfassenden Reformen der Schaffung eines einheitlichen Erziehungswesens beimaß, zeigt sich darin, daß er noch vor der allgemeinen Neuordnung des Verwaltungswesens beim preußischen Provinzialministerium Anfang August 1808 ein eigenes »Kgl. Preuß. Departement für das geistliche, Schul- und Armenwesen« unter der unmittelbaren Leitung des Ministers einrichten ließ, in dem wesentliche Vorarbeiten für Humboldts spätere Tätigkeit geleistet worden sind.

»Den Kräften der Nation eine freie Tätigkeit und eine Richtung auf das Gemeinnützige zu geben«, wie es in der Nassauer Denkschrift hieß, war das hohe Ziel auch der großen Verwaltungsreform. Sie wurde im Geiste jener weitgespannten Erneuerung des Staates vorbereitet, die Stein bereits während seiner ersten Amtsperiode angestrebt hatte. So sollte die Verordnung über die veränderte Verfassung der obersten Verwaltungsbehörden vom 24. November 1808 die Verantwortung für die Staatsleitung auf mehrere Schultern verteilen, die Initiative der Minister und ihrer engsten Mitarbeiter anregen und Wege zur tätigen Mitwirkung der Bürger, besonders fachlich kompetenter Männer, weisen.

Als diese Verordnung am 16. Dezember 1808 Gesetz wurde, war Stein bereits nicht mehr im Amt. Sein Werk, zu dem auch Hardenberg, Altenstein, Schön und andere wesentlich beigetragen hatten, wurde weitgehend verstümmelt. Den Reformern ging es darum, den zusammengebrochenen absolutistisch-feudalen Staat der Hohenzollern in die Richtung einer gemäßigten Monarchie, mit Verantwortung der Minister gegenüber dem König und weitgehender Selbstverwaltung der Bürger zunächst in den unteren Verwaltungseinheiten, zu drängen. Doch der König und die Junker hatten sich Ende 1808 bereits soweit gefaßt, daß sie Abstriche an ihrer bisherigen Macht nur dort duldeten und Reformen nur hinnahmen, wo es im Interesse einer Restaurierung des zerschlagenen preußischen Staates unvermeidbar schien. Die preußischen Reformer sahen sich von vornherein einer rasch um sich greifenden Opposition gegenüber; die Restauration in Preußen begann zur gleichen Zeit wie die reformatorischen Maßnahmen Steins, Hardenbergs und ihrer Mitarbeiter.

Steins Gedanke war, »der Geschäftsverwaltung die größtmögliche Einheit, Kraft und Regsamkeit zu geben, sie in einem obersten Punkt zusammenzufassen und alle Kräfte der ganzen Nation und des einzelnen auf die zweckmäßigste und einfachste Art für solche in Anspruch zu nehmen... Die Regierungsverwaltung geht zu dem Ende künftig von einem, dem Oberhaupt des Staates unmittelbar untergeordneten, obersten Punkt aus«.

Die Wirklichkeit sah anders aus. Es wurden fünf Ministerien

mit klaren Abgrenzungen der Geschäftsbereiche geschaffen. Zu den bereits bestehenden Ministerien des Auswärtigen, der Justiz und des Krieges traten nach der Auflösung überalterter oberster Behörden das Ministerinum des Innern und das der Finanzen. Im Innenministerium wurden vier Hauptsektionen gegründet: allgemeine Polizei, Gewerbepolizei, Kultus und öffentlicher Unterricht, ferner eine Sektion allgemeine Gesetzgebung für die Finanzen und das Innere. Zusätzlich gab es zwei Nebensektionen, die eine für das Medizinalwesen, die andere für Bergbau, Salzfabrikation und Porzellanmanufaktur. Nach Steins Vorstellungen sollten mit den Ministern die Chefs dieser Sektionen als »Geheime Staatsräte« wort- und stimmberechtigt den Staatsrat als höchste Zentralbehörde bilden. Dieser Staatsrat wurde indessen nicht geschaffen; die Sektionschefs blieben als Abteilungsleiter dem Minister nachgeordnete Beamte. Es gab auch keinerlei ständische oder andersartige Repräsentanz des Willens der Staatsbürger in dieser weit hinter den Vorstellungen Steins und seiner Mitarbeiter zurückgebliebenen Erneuerung der obersten staatlichen Verwaltung.

Die Verordnung über die Neuordnung der Verwaltung war Steins letzte große Tat im Dienste des preußischen Staates; unmittelbar danach mußte er auf Verlangen Napoleons verabschiedet werden; kurz darauf befand er sich auf der Flucht ins böhmische Exil. Auch Hardenberg gehörte dem neuen Ministerium nicht an, in dem die fünf Ministerien mit Scharnhorst (Kriegsdepartement), Goltz (Äußeres), Dohna (Inneres), Altenstein (Finanzen) und Beyme (Justiz) besetzt wurden.

Das war die Lage, die Humboldt, nur in großen Zügen vom Gang der Dinge unterrichtet, vorfand, als das Ersuchen an ihn erging, im Ministerium des Innern die Sektion für Kultus und Unterricht zu übernehmen.

Die ersten Nachrichten über Veränderungen im preußischen Ministerium erreichten Humboldt, während er sich in München bei Jacobi aufhielt, der dort Präsident der Akademie der Wissenschaften geworden war. »Macht man mir«, schrieb er am 7. November 1808 an Karoline, »im einen oder anderen Fall noch Anträge, so gebe ich nur nach, wenn ich muß, d. h., wenn ich sicher bin, wirklich etwas Eigenes leisten zu können.«

Humboldt hatte mit Stein noch keinerlei persönlichen Kontakt, doch wußte er von dessen Absicht, ihm die Leitung der Sektion des Kultus und des öffentlichen Unterrichts zu übertragen. Stein hatte im Oktober mit dem Staatsrat der Gewerbesektion Kunth, Humboldts ehemaligem Erzieher, über diese Frage korrespondiert. Kunth hatte sich jedoch mit Wissen Humboldts zurückhaltend, wenn nicht ablehnend geäußert über dessen Bereitschaft, ein solches Amt zu übernehmen.

Stein aber hatte auf seinem Vorschlag bestanden: »Herrn von Humboldt kann ich nicht loslassen«, schrieb er an Kunth. »Ich habe ihn des Königs Majestät als Chef des Erziehungswesens vorgeschlagen. Der Beruf ist ehrenvoll. Die Auswahl der Mitarbeiter bleibt ihm überlassen. Der Aufenthalt in Rom mag angenehm sein, aber das Gesandtenverhältnis ist jetzt dem Staat wenig nützlich. Will H. v. Humboldt seinen Posten, nachdem er das Ganze organisiert, niederlegen und einen von ihm gewählten gesandtschaftlichen Posten wieder antreten, so habe ich dabei nichts zu erinnern. Übrigens empfehle ich Ihnen diese Sache dringend.«

Bei seiner Ankunft in Erfurt, am 11. November 1808, erfuhr Humboldt »traurige Dinge« aus einem Gespräch, das sein Schwiegervater mit dem Außenminister Goltz geführt hatte. »Wie er mir gleich gestern abend erzählt hat«, heißt es in einem Brief vom 12. November an Karoline, »hat Goltz ganz geradehin gesagt, daß die Mission in Rom unterdrückt und ich zurückgerufen werden sollte.«

Humboldt war von diesen Nachrichten nicht angenehm berührt. Er neigte entschieden dazu, jedes Angebot für einen Dienst in der inneren Verwaltung abzulehnen, sofern er sich nicht frei zu entfalten vermochte und die Möglichkeit sah, seine Aufgaben nach eigener Einsicht und eigenen Plänen zu erfüllen. Er hing an Rom, das ihm fast zur Heimat geworden war, und er liebte seine Unabhängigkeit. Zudem fühlte er sich der ihm zugedachten Aufgabe nicht gewachsen; er war, meinte er, zu lange von Deutschland abwesend und zu wenig mit Preußens innerer Entwicklung vertraut, als daß er sich einer der schwierigsten Aufgaben, der Reform des Erziehungswesens, ohne größere Vorbehalte hätte widmen können. »Das Schwierigste wird sein«, schrieb er Karoline am 12. November aus Erfurt, »die Ehre zu retten, d. h. die Meinung zu entfernen, daß ich keinen tätigen Posten haben wolle und gegen das Wohl des Vaterlandes gleichgültig bin. Das ist der schlimmste Punkt in Wahrheit und dem Schein nach, denn das bloße Deprezieren[36], daß ich dem angetragenen Posten nicht gewachsen sei, wird man für Verstellung oder affektierte Bescheidenheit halten.«

So erwog er, noch ehe ein Ruf aus Berlin an ihn ergangen war, »nur kommissionsweise die Organisation des Erziehungswesens« zu übernehmen und »nach beendigten Geschäften« möglichst wieder nach Rom zurückzukehren. »Vielleicht zerschlägt sich auch alles«, meinte er in seinem Brief an Karoline vom 16. November, »wenn Stein, der vielleicht ganz falsche Begriffe von mir hat, mich sieht. Besteht er aber auf seinem Einfall, so siehst Du selbst, bleibt mir, liebe Li, nichts übrig, als nachzugeben und nur das temporäre Arrangement zu bewirken. Sonst leidet zugleich meine äußere Lage und mein Ruf, der bis jetzt intakt ist. Ich habe aber zu verstehen gegeben, daß ich noch mehr Gründe, als ich sage, gegen die Sache habe. Und in der Tat habe ich sie. Was läßt sich jetzt im Preußischen tun, wo man so wenig Mittel hat? Gelehrte dirigieren ist nicht viel besser, als eine Komödiantentruppe unter sich zu haben, und dies ganze Fach ist der Beurteilung, gerechter und ungerechter, eines jeden ausgesetzt.«

Die eigentlichen Verhandlungen mit Humboldt begannen erst nach der Entlassung Steins. Außer Scharnhorst gab es in der preußischen Regierung keinen Minister mehr, der dem Gebot der Stunde gewachsen war, die Stein-Hardenbergschen Reformen entschieden fortzuführen. Auch nach der Verordnung über die Umordnung der Verwaltung vom 16. Dezember 1812 blieben die Sektionschefs Untergebene des zuständigen Ministers. Für die Sektion Kultus und Unterrichtswesen aber, die Humboldt übernehmen sollte, war der Innenminister zuständig, Humboldts Studienfreund aus der Frankfurter Zeit, Graf Alexander Dohna.

Wilhelm von Humboldts Bedenken, die ihm zugedachte Aufgabe zu übernehmen, wuchsen von Woche zu Woche. Waren sie zunächst im wesentlichen persönlicher Art gewesen, überwog mehr und mehr die Befürchtung, er müßte unter den gegebenen Umständen notwendigerweise scheitern. Er kannte weder die Atmosphäre in Berlin noch die in Königsberg, wohin sich König und Ministerium wegen der Besetzung der preußischen Hauptstadt durch die Franzosen zurückgezogen hatten. Der vertrauliche Umgang mit Goethe im nahen Weimar war auch nicht dazu angetan, ihn in dem Glauben zu bestärken, er könnte seinem Vaterland in dieser Stunde von großem Nutzen sein. Doch macht man es sich zu leicht, wenn man, wie einige seiner Biographen, der Meinung huldigt, Humboldt habe in diesen Wochen und Monaten mehr an sich gedacht als an seine patriotische Pflicht.

Eine andere Frage ist es, ob Humboldt Minister werden wollte. Sein Selbstbewußtsein hätte ihn dazu verleiten können, nach einem öffentlichen Amt zu streben, das seinen Fähigkeiten und Erfahrungen entsprach. Zweifellos erwog Humboldt, ob nicht der Rang eines Ministers für ihn angemessen wäre, aber weniger aus Ehrgeiz, sondern weil er glaubte, nur in einer solchen selbständigen Position seine Pläne voll verwirklichen zu können. Konnte das besiegte Preußen dem klassischen Humanisten, dem Freund Schillers und Goethes, eine solche Stellung bieten? Lag sie für einen Mann, der weit mehr Deutscher als Preuße war, nach Steins Sturz im Bereich des Möglichen?

Der erste Eindruck, den er von Deutschland erhielt, war wenig ermutigend. »Wenn Du die Gegend aus dem Fenster sähest«, schrieb er seiner Karoline, nachdem er die Alpen überquert hatte. »Alles grau und grauer als grau. Und ein Windsgeheul, daß einem angst und bange wird!«

Humboldt strebte nicht nach Rangerhöhung, er sehnte sich

nach Rom, wo er Karoline und die Kinder wußte, nach der Cestiuspyramide, zu deren Füßen zwei seiner Söhne ruhten. Dennoch kehrte er nach Deutschland zurück. Er blieb auch nicht in Erfurt oder Weimar, die im Bereich der Rheinbundstaaten lagen, deren Gebiet doppelt, deren Bevölkerung dreifach so groß war wie die Preußens, des deutschen Landes, das ihn rief.

»Der deutsche Geist sitzt Ihnen zu tief, als daß Sie irgendwo aufhören könnten, deutsch zu empfinden und zu denken«, hatte in Schillers letztem an ihn gerichteten Brief gestanden. Nun beschäftigte er sich mit den nachgelassenen Schriften des Freundes und bekannte Karoline in einem Schreiben aus Weimar: »Er bleibt der größte und schönste Mensch, den ich je gekannt.« Wiederholt war er für einige Tage Goethes Gast, der »sehr voll« war von der Unterredung, die er mit dem Kaiser der Franzosen aus Anlaß des Fürstentreffens in Erfurt gehabt hatte. »Unendlich weh tut es einem«, schrieb Humboldt seiner Frau am 19. November 1808, »daß Goethe nicht wegen des fremden Einflusses, sondern wegen des inneren Unwesens an allem literarischen Heil in Deutschland verzweifelt... Er versichert darum, daß er sich nicht mehr um andere bekümmern, sondern nur seinen Gang gehen wolle, und treibt es so weit, daß er versichert, der beste Rat, der zu geben sei, sei, die Deutschen wie die Juden in alle Welt zu zerstreuen, nur auswärts seien sie noch erträglich.« Und am 21. November schrieb Humboldt an Jacobi: »Nicht leicht mag es in Deutschland eine zweite solche Gedankenöde, einen solchen Todesschlummer aller geistigen Kraft geben.«

Doch war er sich bereits in Italien bewußt geworden, daß er sich dem Ruf des Vaterlandes nicht verschließen dürfte, trotz der Fragwürdigkeit seiner Stellung im Ministerium, trotz der Unzulänglichkeit so manchen Ministers, trotz der völligen Neuartigkeit der Aufgabe, vor die er sich gestellt sah. Es ist ihm nicht leicht geworden, alle persönlichen und sachlichen Bedenken zu überwinden und den Ruf anzunehmen. Der Gang der Verhandlungen wie der Briefwechsel mit Karoline geben rückhaltlos Aufschluß über diese schwerwiegende und schwierigste Entscheidung, die Humboldt in seinem Leben getroffen hat.

Erst Anfang Dezember erfuhr Humboldt von Steins Entlassung. Er berichtete Karoline am 7. Dezember auch von dem Gerücht, die ursprünglich ihm zugedachte Stelle habe Wolf übernommen. Doch stellte sich bald heraus, daß dies ein Irrtum war. Am 18. Dezember teilte Humboldt Karoline mit, daß Dohna Minister des Innern geworden war. »Aber auf einmal kehrt, immer wieder durch Kunth, der Antrag auf eine Weise zurück, die mich in die äußerste Verlegenheit setzt.« Auf Veranlassung von Dohna und Altenstein war am 15. Dezember 1808 eine Kabinettsorder des Königs ergangen, die einer Berufung Humboldts gleichkam, aber ihm die Entscheidung über Annahme oder Ablehnung offenließ. »Du kennst mich ganz, liebe Li, meine Anhänglichkeit an Rom, meine Liebe zu Dir, weißt, wie ich gewiß weder ehrgeizig noch eitel bin. Aber ich gestehe Dir, zu sagen, daß ich schlechterdings in Rom sein will, auch wenn ich anderswo nützlicher sein kann, oder daß ich nichts annehmen will, wenn man mich nicht zum Minister macht, dazu habe ich kein Herz. Man kann nicht leugnen, daß man seinem Lande, seinem Namen selbst etwas schuldig ist. Ich bin also in ängstlicher Verlegenheit. Aber sei sicher, ich werde nichts tun, was meiner und Deiner unwürdig wäre.«

»Ich soll durchaus unabhängig sein und Sitz und Stimme im Staatsrat haben, und man verlangt mich eigentlich nur für die erste Organisation«, schrieb er Karoline im gleichen Brief, aber auch hierbei irrte er, wie sich später herausstellte. Noch immer zögerte er. Auf einem Ball anläßlich des Geburtstages des napoleonfreundlichen Königs von Sachsen führte er in Erfurt ein politisch nicht unwichtiges Gespräch mit dem Marschall Davout. Dann stand er in jener Fensternische des Dalbergschen Palais, in der er sich mit Karoline verlobt hatte. »Alles hat mir unendliche Erinnerungen gegeben, schmerzlich und süß«, schrieb er Karoline am 24. Dezember 1808. »Es waren bessere Zeiten, in denen man so harmlos umherging, ohne zu ahnen, was sie im Schoße trugen. In derselben Stube hat mir der Koadjutor einmal gesagt, ich würde noch einmal in große Unruhe und Bewegung kommen.«

Dalberg, der Koadjutor, hatte längst auf Napoleons Karte gesetzt. Er war der einzige geistliche Fürst des Reiches, für den im Reichsdeputationshauptschluß aus den Fürstentümern Regensburg und Aschaffenburg sowie der Grafschaft Wetzlar ein neuer Staat gebildet worden war; auch die Würde eines Kurerzkanzlers war ihm verliehen worden. Er hatte der Krönung Napoleons zum Kaiser der Franzosen in Paris beigewohnt und war nach Errichtung des Rheinbundes souveräner Fürstprimas und Vorsitzender der Bundesversammlung geworden. Man muß sich auch solcher Zusammenhänge erinnern, wenn man die Gründe abwägt, die Humboldt veranlaßten, die Entscheidung über den an ihn ergangenen Antrag wochenlang hinauszuzögern. Er weilte damals in Thüringen, das sich dem Rheinbund angeschlossen hatte, im Umkreis jener Menschen und jener Landschaft, in der er seine Wanderjahre durch den Bund des Ernstes und der Liebe mit Schiller und Goethe gekrönt hatte.

Was hätte wohl Schiller dem Freunde geraten, hätte er noch gelebt? Wilhelm von Humboldt verbrachte seit dem ersten Weihnachtsfeiertag wieder mehrere Tage als Gast Goethes in Weimar. Als er mit Karoline von Wolzogen in »des armen Schillers nachgelassenen Papieren« las, ging ihm das Demetriusfragment besonders nahe. »Noch im Delirium seiner Krankheit«, schrieb Humboldt am 28. Dezember seiner Frau nach Rom, »hat er sich unglaublich viel mit dem Stück beschäftigt, und einige seiner letzten Worte sind gewesen: ›Ist das euer Himmel, ist das eure Hölle?‹«

Die Kunde von Humboldts Berufung hatte sich inzwischen auch in Weimar verbreitet: »Ich habe den Ekel, sie von allen Ecken widerschallen zu hören... Kann man Gutes zu wirken hoffen in dieser Lage? Opfert man nicht bloß sich ohne reellen, viel weniger ohne großen Nutzen? Alles das geht mir entsetzlich im Kopf herum, und ich weiß noch nicht, ob ich nicht entschieden, was auch daraus werden möge, nein sage. Aber ich fürchte das Geschrei von Undankbarkeit, Mangel an Vaterlandsliebe,

Verlassen der Unglücklichen. Ich fürchte, man wird sagen, der Posten, zu dem man mich rufe, sei welcher er wolle, so sei ja damit nicht gesagt, daß ich sonst keinen Einfluß haben werde; es sei der erste Schritt zu jedem anderen; wenn ich nicht annähme, entziehe ich mich nicht bloß diesem Geschäft, sondern aller Teilnahme an der jetzigen in hohem Grade sorgenvollen Lage. Und Wahrheit ist freilich unleugbar darin ... Ich werde also vorzüglich meine Aufmerksamkeit darauf richten, ob man in der Tat Vertrauen auf mich setzt, ob dem König, seiner Umgebung an meinem Bleiben gelegen ist. Ist das, so nehme ich an, im entgegengesetzten Fall reiße ich mich, sei es auch mit einiger Gewalt, los.«

Wo immer Humboldt sich in diesen Wochen aufhielt, in Weimar, in Erfurt, in Rudolstadt, beschäftigte ihn der Gedanke an den Auftrag, den er offiziell noch immer nicht erhalten hatte. »Allein wenn nur im mindesten persönliches Vertrauen die Wahl bestimmt hat«, schrieb er dem Erbprinzen Georg von Mecklenburg-Strelitz, »so würde es mir unrecht und undankbar scheinen, jetzt irgend etwas, was es auch sei, auszuschlagen.«

Nichts deutet darauf hin, daß Goethe, seit 1791 »Kultusminister« in seinem Herzogtum, in irgendeiner Weise Humboldts Entscheidung beeinflußt hat. Unter den Nachrichten Humboldts über seinen freundschaftlichen Umgang mit Goethe findet sich keine Bemerkung darüber. Recht bitter lesen sich die folgenden Zeilen aus einem Brief an Karoline vom 9. Januar 1809: »Ohne das Legionkreuz«, den Orden der Ehrenlegion also, den ihm Napoleon in Erfurt verliehen, »geht Goethe niemals, und von dem, durch den er es hat, pflegt er immer ›mein Kaiser‹ zu sagen!« Knebel, Goethes »Urfreund«, drängte dagegen Humboldt, die Berufung nicht abzulehnen. Kein Zweifel, daß auch Schiller dem Freund entschieden zugeraten hätte, die große Aufgabe zu übernehmen.

So schwankte Humboldt zwischen Neigung und Pflicht, zwischen dem Streben, sich selbst zu leben und der Hingabe an eine Aufgabe, die er, wie er meinte, auf Grund seines Lebensganges und unter den gegebenen Verhältnissen nicht lösen könne. »Ich werde mit Klugheit handeln, wirken und nützen, wo ich kann«, schrieb er Karoline am 1. Januar 1809, »denn ist die Probe gemacht, daß ich nur einen Nutzen stifte, der das Opfer einer Existenz wie der unseren nicht wert ist, so hält mich auch niemand und nichts. Nur die Probe muß gemacht werden, wäre es auch bloß, weil die Leute nie so etwas ohne Probe glauben. Wenn man den Gerüchten trauen darf, so geht es sehr bunt bei uns zu, und ich werde auf einem sonderbaren Theater auftreten. Bedeutende Talente stehen weder neben noch über mir, man wird ohne Not hervorragen können. Aber die Unvorsichtigkeiten, die man begeht, sind so vielfach, die Wachsamkeit der immer aufmerksamen Macht so groß, es ist so wenig, so scheint es, festes und sicheres System, daß es schwer ist, an einen Bestand dieser schon durch den Krieg so zerrütteten Maschine zu glauben.«

Klarheit in allen diesen Fragen vermochte Humboldt indessen nicht in Thüringen, sondern nur an Ort und Stelle selbst, in Berlin oder in Königsberg, dem augenblicklichen Sitz der preußischen Regierung, zu gewinnen. »In solcher Lage muß man«, schrieb er Karoline weiter, »und das werde ich, Gutes wirken, wo man kann, und dafür kein Opfer scheuen, aber doch nur leicht den beweglichen Fuß aufsetzen und sich nicht verhehlen, welches das wahrscheinliche Ende sein wird.«

Als er am 4. Januar 1809 die offizielle Mitteilung über seine »Bestimmung zum neuen Posten« erhielt, begab er sich sogleich nach Berlin.

Schloß Tegel hatte im Jahre 1806 unter den Plünderungen der Franzosen sehr gelitten. Was gerettet werden konnte, war Alexander von Humboldt übergeben worden, der zusammen mit Kunth für die Sicherstellung gesorgt hatte. Auch die Korrespondenz der Jugendjahre war zerstreut und teilweise vernichtet worden. Wilhelm von Humboldt ließ sich vorerst in der Behrenstraße 60 nieder, in der er vorsorglich nur zwei Zimmer »mit den Überbleibseln der Tegelschen Plünderung« einrichtete.

Die Verhältnisse in Berlin waren nicht dazu angetan, ihn zu

einem positiven Entschluß zu ermutigen. Er war ein Fremder in einer fremden Stadt. Am 17. Januar 1809 schrieb er dem König: »Allein die Natur und der Umfang des Geschäfts, dessen Leitung mir anvertraut werden soll, ist von der Art, daß ich nach angestellter genauer und reiflicher Prüfung nicht den Mut besitze, mich demselben zu unterziehen.« Das Urteil, das in den Ministerien der Finanzen und des Innern, also von Altenstein und Dohna, über ihn gefällt wurde, sei zu günstig. »Ich bin eine so lange Reihe von Jahren hindurch nicht bloß von meinem Vaterlande, sondern auch von Deutschland entfernt gewesen, daß ich den Lokalverhältnissen unseres Staats und dem Zustande der deutschen Literatur (welche, wer diesem Posten gut vorstehen will, in dem genauesten Detail, besonders in Rücksicht auf die Personen, kennen muß) fast durchaus fremd geworden bin. Dieser Umstand aber muß notwendig von dem größten Nachteile in einem Augenblicke sein, in welchem alles drängt und Organisation und Personenwahl unmittelbar vorgenommen werden sollten. Ohne alle persönlichen Rücksichten müßte ich mich daher eines strafbaren Leichtsinns schuldig machen, wenn ich Ew. Königlichen Majestät nicht freimütig die Schwierigkeiten vorlegte, welche mich ... abhalten müssen, eine so bedeutende Verantwortlichkeit auf mich zu nehmen.«

Es ist verständlich, daß es Humboldt nicht reizen konnte, ohne jede Vorbereitung, ohne Kenntnis der Personalien und unter katastrophalen finanziellen Verhältnissen das Bildungswesen zu reformieren. Nach seinen Vorstellungen mußte es darum gehen, aus unwissenden Untertanen selbsttätige und verantwortungsbewußte Staatsbürger zu machen. Ohne diese Voraussetzung erschien die Demokratisierung des Staatswesens unmöglich. Dabei war zu befürchten, daß jeder Ansatz einer Reform in Junkerherrschaft und Untertanengesinnung erstickt werden würde.

Eine solche Aufgabe mußte ohne Stein und ohne Hardenberg, mit Männern wie Altenstein und Dohna gelöst werden. Das schien Humboldt nur erreichbar, wenn er selbständig und nur dem König verantwortlich hätte handeln können. Friedrich

Wilhelm III. deutete er nur an, daß neben den dargelegten »einige andere in der Natur des neuen Dienstverhältnisses selbst liegende« Schwierigkeiten ihn davon abhielten, das Angebot anzunehmen. Zu Goltz, Hardenberg und seinem künftigen Chef Dohna äußerte er sich offener. »Wie die Lage hier ist«, schrieb er am 19. Januar 1809 an Karoline, »ist allerdings Nutzen, und großer, zu stiften, allein mit Sicherheit auf die Dauer nicht, wenn man nicht zugleich Minister ist. Denn nur dann hat man eigentlichen Einfluß auf die Geschäfte zugleich, von denen die Sicherheit des Staats im allgemeinen abhängt. So ist die Lage zu unsicher und beschränkt.«

Friedrich Wilhelm III. ließ Humboldts Einwände gegen die Übernahme der Sektion für Kultus und Unterricht nicht gelten. Humboldt beugte sich. »Traurig, liebe Li, ist dies alles unendlich«, schrieb er seiner Frau am 4. Februar 1809. »Aber ich glaube nicht, daß ich mich der Pflicht zu wirken entziehen kann, uns selbst könnte es weh tun und reuen, wenn wir in Rom säßen und es hier auf eine Weise übel ginge, zu deren Änderung ich hätte beitragen können. Wir gehören einmal zu dem Lande, unsere Kinder auch, ganz müßig kann man dafür nicht bleiben. Hierin bin ich Deines Beifalls so gewiß, daß ich Deine Vorwürfe gefürchtet haben würde, wenn ich anders handelte.«

Humboldt erhielt durch Kabinettsorder vom 10. Februar 1809 seine Ernennung zum Geheimen Staatsrat und Direktor der Sektion für Kultus und Unterricht im Ministerium des Innern. »Ich erwartete, man würde mich einladen anzunehmen oder mir sagen, daß mein Hierbleiben nötig sei, statt dessen heißt es gegen alle Wahrheit, ich hätte angenommen«, schrieb Humboldt an Karoline am 28. Februar 1809. Humboldt blieb nichts anderes, als die ihm angewiesene Stelle anzunehmen. Er versicherte, er werde alle seine Kräfte anstrengen, dem ihm »dadurch geäußerten huldreichen Vertrauen zu entsprechen«, bat den König aber in einem Brief vom 28. Februar, »daß Allerhöchstdieselben geruhen, mir den Rückweg in meinen Römischen Posten allergnädigst vorzubehalten, und mir auch die Hoffnung nicht zu versagen, in der Folge zu anderen Missionen gebraucht zu werden«. Schon früher hatte er dem König mitgeteilt, ihm läge sehr an der Fortsetzung seiner diplomatischne Tätigkeit; dies sei die Laufbahn, auf die er sich seit langer Zeit vorbereitet habe.

Der peinliche Eindruck, den Humboldts Haltung in diesen Wochen hinterlassen haben mag, ist unberechtigt. Er sah sich vor eine äußerst schwierige Aufgabe gestellt. Von ihrer Lösung hing es ab, ob sich durch die Erziehung einer neuen Generation zu bewußten Staatsbürgern der preußische Untertanenstaat zur demokratischen Nation fortentwickeln könnte. Stein war nicht mehr der Träger kühner preußischer Reformen, Mittelmäßigkeit beherrschte Ministerien und Kanzleien, der König war nicht der Mann, der in der Lage gewesen wäre, sein Volk mitzureißen, er war ein Zauderer und Feigling.

Es ist also durchaus verständlich, daß Humboldt in voller Unabhängigkeit, das heißt als Minister und Kabinettsmitglied arbeiten wollte, nicht als mehr oder minder nachgeordneter Abteilungsleiter eines jüngeren und gewiß nicht hervorragend begabten Ministers. Als preußischem Untertan und königlichem Ministerresident war es ihm jedoch nicht möglich, diesen Standpunkt in aller Offenheit auch gegenüber seinem Monarchen zu vertreten.

In Humboldts Haltung kreuzten sich subjektive Motive mit objektiven Einsichten. Er war kein zur Tat drängender Mensch, sondern zog es vor, seinen Neigungen zu leben. Auch daraus erklärt sich, daß er nicht mit Begeisterung, sondern aus Pflichtgefühl eine ungewöhnliche und bedeutende Aufgabe übernahm und sie auf kluge, eines Staatsmannes würdige Weise zu lösen suchte. Die Neuorganisation des Unterrichtswesens war eine der schwierigsten und problematischsten Aufgaben, die Stein gestellt hatte. Humboldt, der seit Jahren in der Fremde gelebt und nie Zögling einer preußischen Schule gewesen war, mußte sich in Verhältnisse einarbeiten, die ihm unbekannt waren, und Schule und Universität einen neuen Weg weisen.

Er tat es mit bewunderswerter Zielsicherheit und widmete sich mit ganzer Kraft dem ihm übertragenen Amt. Als er sich eingearbeitet hatte, schrieb er am 28. Juli 1809 an Wolf: »Man muß auch am Rande des Abgrundes das Gute nicht aufgeben. Ich arbeite mit ununterbrochenem Eifer fort, und wie schlimm auch die Sachen kommen könnten, sehe ich doch den Zeitpunkt nicht, wo uns nicht von irgendeiner Seite ein lebendiges und nützliches Wirken übrigbliebe.«

Da sich die Berufung eines Leiters der Sektion des Kultus und Unterrichts verzögert hatte, fand Humboldt einige Staatsräte, deren Auswahl ihm nach Steins Vorschlag vorbehalten bleiben sollte, bereits vor. Es gelang ihm sehr schnell, ein enges Vertrauensverhältnis zu seinen Mitarbeitern in Berlin und Königsberg herzustellen.

Unter seiner Leitung bildete sich ein Arbeitskollektiv, wie es seinerzeit wohl nur noch bei Scharnhorst und seinen Heeresreformern bestanden haben dürfte. Das war um so erstaunlicher, als es Humboldt sonst schätzte, Selbstherrscher in seinem Reich zu sein. Doch er war klug genug zu erkennen, daß er auf die Mitwirkung von Fachleuten angewiesen und keineswegs in der Lage war, die sich ihm aufdrängenden Aufgaben allein zu lösen.

»Es muß Einheit in den Bestrebungen und ein guter lebendiger Geist herrschen«, schrieb er aus Königsberg am 31. Juli 1809 an Wolf, »es müssen Grundsätze festgestellt, ausgeführt und durch die Ausführung selbst wieder berichtigt werden, und darum kommt es erstaunlich darauf an, nicht die krummen und einseitigen Ansichten eines einzelnen, sondern das gemeinschaftliche Nachdenken mehrerer an die Spitze zu stellen. Darum behandle ich mit jedem Tage die Sektion mehr als Sektion, räume, ohne es auszusprechen, der gemeinschaftlichen Meinung den Vorzug vor der einzelnen, selbst der meinigen, ein und vertilge, soviel ich kann, das fatale ehemalige Ministerwesen, wo man nur den einzelnen als allmächtig für sein Fach ansah und seine Räte höchstens als Leute betrachtete, die das Recht hatten, in den Wind zu reden.« Der Individualist Humboldt achtete die Individualität der anderen und sicherte sich dadurch ihre uneingeschränkte Mitarbeit im Kollektiv. Das galt nicht nur für die

Sektion, sondern auch für die beratenden Gremien, die er ganz im Sinne der Reformen Steins auf dem Gebiete des Bildungswesens schuf.

Stein hatte im Zuge der Verwaltungsreform »wissenschaftliche Deputationen« gegründet. Sie bestanden aus Sachverständigen und sollten die Beamten beraten und bei ihrer Kontrolltätigkeit unterstützen. Humboldt hat sich dieser neuen Entwicklung weitgehend bedient und sich bemüht, die besten Gelehrten zur Mitarbeit in diesen Gremien zu gewinnen. Seine Sektion entwickelte sich zu einer Gemeinschaft, auf die sich Humboldt verlassen konnte. Seine Staatsräte hatten an seinen Erfolgen einen wesentlichen Anteil. Sie führten sein Werk nach seinem Ausscheiden fort und brachten es wenigstens auf einigen Gebieten zum Abschluß. Zu diesen Getreuen Humboldts gehörten die Staatsräte Nicolovius, Süvern, Uhden und Schmedding.

Humboldts Arbeitsgebiet umfaßte das Bildungswesen von der Dorfschule bis zur Universität und Akademie sowie die Angelegenheiten der Kirchen. Schon Stein hatte Bedenken gehabt, dem freisinnigen Humboldt die Sektion des Kultus, das heißt die staatliche Fürsorge für die Religion und ihre Diener zu übertragen. Es waren daher für die neugeschaffene Verwaltungseinheit zwei Unterabteilungen vorgesehen. Davon war die geistliche zwar Humboldt gleichfalls unterstellt, sie genoß aber eine gewisse Selbständigkeit unter der Leitung von Nicolovius, der zugleich als Humboldts Stellvertreter tätig war.

Georg Heinrich Ludwig Nicolovius, 1767 in Königsberg geboren, war der Sohn eines Obersekretärs bei der ostpreußischen Regierung. Er hatte in seiner Vaterstadt sprachliche und allgemeine Studien betrieben, war Schüler von Kant geworden und hatte sich dann für die Theologie entschieden. Auf Reisen war er mit Jacobi, den Grafen Stolberg, Lavater und Pestalozzi bekannt geworden; ihm wurde immer »einleuchtender, daß es ein elender Plunderkram sei mit aller philosophischen Moral«. In England hatte er sich mit allen Seiten des gesellschaftlichen Lebens vertraut gemacht. Humboldt hatte ihn 1796 auf seiner Reise nach Norddeutschland in Eutin kennengelernt. Dort war Nicolovius als Kammergerichtssekretär bei der Fürstbischöflichen Rentkammer angestellt. Er war mit der Tochter von Goethes einziger Schwester und seines Freundes Johann Georg Schlosser verheiratet und führte im Umgang mit Christian Graf Stolberg, Niebuhr, Baggesen, Gerstenberg, Matthias Claudius und Boie ein geistig angeregtes und zugleich pietistisch-frommes Leben. Nur zögernd folgte er im Frühjahr 1805 dem Ruf in die preußische Heimat. In Königsberg trat er als Konsistorialrat in die Dienste der Provinzialregierung und wurde noch vor der preußischen Katastrophe mit dem Schul- und Universitätswesen betraut. Stein zog den vielgebildeten, liberalen Mann als Mitarbeiter in das provisorische Departement für das geistliche, Schul- und Armenwesen. Vor dort gelangte Nicolovius in die Sektion des Kultus und Unterrichts, die er bis zur Amtsübernahme durch Humboldt leitete.

Humboldt hat mit diesem seinem engsten Mitarbeiter und Stellvertreter in harmonischer und fruchtbarer Weise zusammengearbeitet. Es hätte Goethes Empfehlung nicht bedurft, der am 27. Januar 1809 an Nicolovius schrieb: »In Berlin treffen Sie einen meiner wertesten Freunde, Herrn von Humboldt, und treten mit ihm, soviel ich weiß, in ein näheres Verhältnis. Es freut mich für beide; denn in der gegenwärtigen Lage der Hauptstadt sowohl als des Staates ist die Mitwirkung einsichtsvoller und aufrichtiger Männer höchst wünschenswert.«

Humboldt schrieb dem in Königsberg weilenden Nicolovius wenige Wochen nach der Übernahme seines Amtes, am 25. März 1809, aus Berlin einen Brief, in dem er die Grundsätze kollegialer Zusammenarbeit darlegte, die er während seiner Amtsführung eingehalten hat. Nicht zuletzt diesem Prinzip der Kollegialität, das bei einem so ausgeprägten Individualisten wie Humboldt überrascht, verdankte er seine Erfolge. Andererseits erwies sich auch hierbei sein ungewöhnliches Geschick im Umgang mit Menschen, besonders mit denjenigen, auf deren guten Willen er angewiesen war. Humboldt begrüßte in seinem Schreiben Nicolovius' Eifer und Wärme für die Sache, die sie gemeinsam betreuen wollten. Er bedauerte die örtliche Trennung und den mangelnden Kontakt mit den Männern, deren Rat er bedürfe; denn Humboldt arbeitete sich zunächst in Berlin in die Akten des Ministeriums ein, das sich in Königsberg befand. »Die sogenannten kurrenten Sachen abzumachen ist in der Tat das kleinste und geringfügigste. Es muß etwas geschehen, es muß entworfen und ausgeführt werden. Und dies unterbleibt jetzt ganz«, klagte er angesichts der schwierigen Arbeitsbedingungen, die er vorfand. »Bliebe der König unglücklicherweise noch länger von hier abwesend«, dann wollte Humboldt unverzüglich nach Königsberg reisen. »Alsdann würden wir auch auf die nähere Abgrenzung der beiden Unterabteilungen der Sektion für den Kultus und für den öffentlichen Unterricht denken können ... Ebenso sind Ew. Hochwohlgebornen auch sicherlich darin mit mir einverstanden, daß alles, was sich auf Schulen, auch die niedrigsten auf dem Lande nicht ausgenommen, bezieht, nicht bloß zugleich durch mich, sondern auch durch die ganze Sektion des Unterrichts gehen muß, da sonst keine Einheit der Prinzipien mehr möglich sein würde, und daß ich persönlich, da ich einmal den Namen von der ganzen Sektion führe und für sie verantwortlich bin, speziellen Anteil an der Entscheidung alles desjenigen sich auch bloß auf den Kultus Beziehenden nehmen muß, was in Rücksicht auf Sachen oder Personen irgend neu und nicht bloß Verfügung in dem einmal verabredeten Gange oder System ist.«

Zu Nicolovius' besonderen Arbeitsgebieten gehörte neben den Kirchenangelegenheiten auch das Volksschulwesen, die Basis der Bildungsreform; die eigentlichen Sachbearbeiter hierfür waren die Räte Süvern und Schmedding. Mit Süvern und Uhden arbeitete Humboldt auch an der Reform des höheren Bildungswesens einschließlich der Universitäten und der Akademien. Nach Kunths Zeugnis urteilte Humboldt über seine engsten Mitarbeiter: »Nicolovius sei rasch im Arbeiten, gewandt, auch wohl schlau; Süvern sei mehr wissenschaftlich, schreibe manches mit zuviel Salbung, ein wenig melancholisch und hartnäckig in Meinungen, aber gründlich; Uhden sei von bewunderungswürdiger Schnelligkeit, sehr gut zum Fortbringen und in Ordnung halten.« Gegenüber Wolf äußerte Humboldt später: »Nicolovius ist brav von Charakter, feurig, klar und bestimmt, wenn auch wohl nicht tief in seinen Ideen und nicht reich an neuen, heiter im Umgang und durch Reisen vielseitig gebildet.«

Humboldts Freisinn mag sich nicht immer mit Nicolovius' mystischen Neigungen vertragen haben, doch verband sie ihre politische Haltung, die Einsicht in die Notwendigkeit von Reformen. Auch hatten beide eine für preußische Beamte jener Zeit ungewöhnlich weite und tiefe Bildung. Ähnliches gilt für Uhden, Süvern und auch Schmedding.

Johann Daniel Wilhelm Otto Uhden, 1763 geboren, ist uns bereits als Humboldts Vorgänger in Rom bekannt geworden. Er wäre wohl gern als Humboldts Nachfolger nach Italien zurückgekehrt, doch konnte dieser Wunsch ihm nicht erfüllt werden. Da er sich bereit erklärte, als Mitarbeiter Humboldts in dessen Behörde einzutreten, wurde er am 7. März 1809 in beide Abteilungen berufen. Als Humboldt nach Königsberg übersiedelte, führte er die Geschäfte der Sektion in Berlin fort.

Nicht weniger vielseitig gebildet als der Philologe, Kunstfreund und Diplomat Uhden war Johann Wilhelm Süvern, als Sohn eines Predigers 1775 in Lemgo geboren. Er hatte in Jena zur Zeit Schillers und Fichtes studiert und war dann Schüler Wolfs in Halle geworden. Danach hatte er sich einige Jahre in Berlin an Gedikes pädagogischem Seminar betätigt; 1800 war er Rektor in Thorn und wenige Jahre später Direktor des Gymnasiums in Elbing geworden. Damals schon befaßte sich der erfahrene Pädagoge mit Plänen zu einer Schulreform, die nicht ohne Einfluß auf die ersten tastenden Maßnahmen zur Zeit von Steins Ministerium geblieben sind. Süvern, seit 1807 Professor der Philologie und der Geschichte an der Universität Königsberg, wirkte im Sinne Fichtes und gehörte zu den Vor- und Mitkämpfern des Reichsfreiherrn vom Stein. Er hat Stein mit einem damals rasch bekannt gewordenen Wort als »des Guten Grundstein, des Bösen Eckstein, der Deutschen Edelstein« gefeiert. Im Umgang mit Scharnhorst und Gneisenau, Grolman und Schön erwarb sich der energische und tatkräftige Mann bald großes Ansehen, so daß er als Mitarbeiter Humboldts vorgesehen war, noch ehe dieser das ihm zugetragene Amt angenommen hatte.

Der vierte unter Humboldts Räten – nicht alle Planstellen konnten, aus Mangel an geeigneten Persönlichkeiten wie aus Mangel an Mitteln, besetzt werden – war Schmedding, 1774 in Westfalen geboren. Ihm unterstanden vor allem die Angelegenheiten der katholischen Kirche. Er war an der Universität Münster Professor für Kirchenrecht gewesen und von Stein zum Kriegs- und Domänenrat in der westfälischen Kammer ernannt worden. Seine Berufung in die Unterrichtssektion hat Humboldt selbst veranlaßt. Wie Nicolovius einem toleranten Protestantismus huldigte, war Schmedding, der einzige Katholik in der Kultusabteilung, ein durchaus undogmatischer und aufgeklärter Christ, so daß auch er sich während der Amtszeit seines Chefs hervorragend in das kleine Kollektiv der Mitarbeiter Humboldts eingefügt hat.

Humboldt hatte gehofft, König und Regierung würden bald nach Berlin zurückkehren, um das halbierte Land von der im Zentrum gelegenen Residenz aus neu aufzubauen. Das erwies sich als Irrtum. Schon im Schreiben an Nicolovius vom 25. März 1809 hieß es: »Das Gefühl der Dauer und Sicherheit... muß wohl jedem mangeln, der ernsthaft denkt und sich nicht chimärischen Täuschungen hingibt.« Dennoch wollte Humboldt so handeln, als hätte er dieses Gefühl der Sicherheit und der Beständigkeit der Verhältnisse, und er ließ sich von der für ihn kennzeichnenden realistischen Einsicht leiten: »Erziehung ist Sache der Nation, und bereiten wir (was aber nur mit großer Behutsamkeit geschehen muß) vor, daß wir der Kräfte des Staats mehr entraten können und die Nation mehr in unser Interesse ziehen, so können wir, was uns anvertraut ist, auch unter manchen Stürmen erhalten und brauchen es, selbst im Fall des äußersten Unglücks, nur andern Händen zu übergeben.«

Preußen war im Jahre 1809 nicht mehr der spätfriderizianische Staat von 1791. Steins Reformen trugen demokratische

Züge, der Staat erneuerte sich in allen seinen Teilen und suchte die tätige Mitarbeit des Volkes, auf das er in dieser Notlage angewiesen war. Den reaktionären Kreisen ging es dabei freilich nur darum, das napoleanische Joch abzuwerfen, um dann das feudale Regime wiederherzustellen. Idee und Wirklichkeit des Staates wandelten sich in eine Richtung, die teilweise den Vorstellungen entsprachen, die der junge Humboldt vertreten hatte, als er das Primat der Nation, des selbsttätigen und selbstverantwortlichen Volkes vor dem absolutistischen Staat gefordert hatte.

Humboldt versuchte, von seinen Mitarbeitern unterstützt, seine Auffassungen über eine weitgehende Einschränkung der Machtbefugnisse des Staates innerhalb seines Ressorts und besonders im Bereich der Wissenschaften und der Künste zu verwirklichen. So näherte sich der Staatstheoretiker, der skeptisch über die Kompetenzen des Staates gedacht hatte, als Chef des preußischen Bildungswesens weniger dem Staat, sondern eher näherte dieser Staat, den die Reformer zu verbessern trachteten, sich zeitweilig Humboldts Vorstellung vom Staat. Dem preußischen Staat, bei dessen Veränderung er selbst mitwirkte, diente Humboldt nach langem Zögern. Für ihn setzte er sich mit aller Kraft ein, solange er dies vor seinem Gewissen verantworten konnte.

Humboldts Vorbehalte gegen den Staatsapparat blieben dabei unverändert. Er bemühte sich, der Enge des überkommenen Beamtenstaates nicht nur durch Kollegialität in seinem Arbeitsbereich, sondern auch durch das Einbeziehen von hervorragenden Köpfen seiner Zeit – Wolf, Schleiermacher, Fichte und vielen anderen – und darüber hinaus der Öffentlichkeit entgegenzuwirken. Unter den Trägern der preußischen Reformen blieb Humboldt insofern ein Außenseiter, als er auch dem neuen Staat, als obrigkeitlicher Institution, skeptisch gegenüberstand. Er war bestrebt, die Bürger dieses Staates selbst zu Trägern ihrer gemeinsamen Interessen und den Staat zu einem Instrument zu machen, dessen sich die Nation zu bedienen habe, um ihre Angelegenheiten nach außen wie nach innen regeln zu können. Sogar die Finanzierung des Schulwesens wollte er dem Staat streitig machen. »Ich habe einen großen Plan, die Schulen bloß von der Nation besolden zu lassen«, schrieb er seiner Frau am 4. März 1809. Das war nicht nur ein Versuch, der Finanznot des Staates zu entgehen, es entsprach auch Humboldts Prinzip, dem Staat möglichst wenig Einfluß auf den inneren Gang der Erziehung zu gewähren.

Humanitätsidee und Idee der Nation, Individualität des Menschen wie des Volkes blieben die Grundkomponenten des konstruktiven Denkens des Reformators des preußischen Bildungswesens und des Gründers der Universität Berlin. Ein Blick auf Humboldts engsten Mitarbeiterkreis zeigt, daß er kein Einzelgänger war; der Gedanke der Individualität und der Gedanke der Humanität waren Zeugnisse eines Zeitgeistes, den die besten Köpfe jener klassisch-bürgerlichen Epoche repräsentierten. Wilhelm von Humboldt fühlte sich berufen, diese Gedanken als ein organisches Ganzes zu verwirklichen, soweit dies in seinem Bereich möglich war.

Berlin wäre der günstigste Ort für seine Wirksamkeit in Preußen gewesen. Da aber der König noch immer nicht in die von den Franzosen besetzte Hauptstadt zurückkehren wollte, war Humboldt gezwungen, in den östlichsten Zipfel des Staates zu gehen. Dort konnte er, zwar frei im Denken, aber nicht frei im Handeln, als Geheimer Staatsrat mit den Ministern des Innern und der Finanzen und vielleicht sogar mit dem König konferieren, denn nur so war zu realisieren, was er und seine Mitarbeiter teils in Berlin, teils in Königsberg mit reformatorischem Eifer erarbeiteten. Er verließ Berlin am 8. April 1809 und traf fünf Tage später in Königsberg ein. Am 23. April gebar Karoline in Rom Humboldts vierten Sohn Hermann. Ihre Schwangerschaft und bevorstehende Niederkunft sowie auch sein unsteter Aufenthalt hatten Humboldt bestimmt, Frau und Kinder in Rom zu lassen. Auch in Königsberg blieb er – abgesehen von einer Inspektionsreise nach Memel im Herbst – nur bis Anfang Dezember 1809. Dann rief ihn der Tod seines Schwiegervaters zur Regelung der Erbschaft nach Thüringen. Ende Januar 1810 traf er in Berlin ein, wohin inzwischen auch der Hof und die Regierung zurückgekehrt waren.

Humboldt widmete sich fast ausschließlich seinen Amtspflichten. Er beschäftigte sich mit allen wichtigen und unwichtigen Vorgängen seines Ressorts und studierte sämtliche Pläne, die schon vor der Jahrhundertwende zur Reform des Schulwesens entworfen und wieder verworfen worden waren. Mit allen Denkschriften machte er sich vertraut, die von Beamten und Gelehrten über die Notwendigkeit neuer akademischer Einrichtungen, besonders einer Universität in Berlin, verfaßt worden waren. Sie wurden jetzt, da man Humboldt an der Spitze der Schul- und Hochschulverwaltung wußte, wieder in Erinnerung gebracht, ergänzt, erneuert und bereichert. Allein die äußere Arbeitsleistung des seiner Natur nach gemächlichen, das Leben auf seine Weise genießenden Humboldt war erstaunlich.

Seine Mitarbeiter waren hervorragende Helfer bei dem gemeinsamen Werk, aber keiner von ihnen war seinem intellektuellen Rang vergleichbar. Die Ideen stammten von ihm oder von Männern wie Fichte, Pestalozzi, Schleiermacher, Wolf. Ihre Anregungen griff Humboldt rasch und energisch auf und setzte sie in die Tat um.

Humboldt war der erste bedeutende Kulturpolitiker, den Deutschland besessen hat; denkend, emsig schaffend, sammelnd und handelnd, wurde er es fast über Nacht. Auch unter den Ministern war ihm an geistigem Rang und kühnem Zukunftsstreben keiner ebenbürtig. Eine Ausnahme bildete Scharnhorst. Humboldt kannte und schätzte ihn, hatte aber zu den Heeresreformern kein engeres Verhältnis. Auch wurden Kämpfer für die Befreiung des Vaterlandes vom napoleonischen Joch sofort gebraucht, während die Schule selbstbewußte und selbsttätige Staatsbürger erst allmählich bilden konnte. Humboldt sah die Notwendigkeit der Heeresreform ein. Ebenso wußten die Männer um Scharnhorst, wie wichtig Humboldts Tätigkeit war, wenn auch ihre finanziellen Bedürfnisse notwendigerweise den Vorrang vor denen des Kulturpolitikers hatten.

Humboldts Verhältnis zu seinem Minister, dem ehemaligen Studienkameraden Graf Dohna, war korrekt. Dohna war den Vorschlägen und Forderungen seines Sektionschefs gegenüber aufgeschlossen, doch ein menschlich enger Kontakt ergab sich nicht. Dagegen suchten Altenstein und Beyme dem geistigen Rang Humboldts mehr gerecht zu werden. Eine enge Gesinnungsgemeinschaft verband ihn mit Schön. Als »Lichtpunkt in der Finsternis« charakterisierte Schön ihn nach einer ihrer ersten Begegnungen, und Barthold Niebuhr bezeichnete Humboldt als »Chef der Gelehrsamkeit«. Zum Hof ergaben sich von Humboldt geschickt genutzte Beziehungen durch die Prinzessin Luise Radziwill, eine Schwester des bei Saalfeld gefallenen Prinzen Louis Ferdinand von Preußen. Im übrigen war es vor allem in der von Mitgliedern des Hofes und der Regierung überfüllten Provinzstadt Königsberg schwierig, geselligen Umgang zu pflegen. So wird es verständlich, wenn Humboldt in den Königsberger Monaten der Einsamkeit zu entfliehen suchte, indem er in nähere Beziehungen zu einer ungewöhnlichen Frau trat, zu Johanna Motherby.

Johannas Mann, der Arzt William Motherby, ein Schotte von Geburt, war ein philosophischer Kopf, Verehrer und Freund des erst 1804 verstorbenen Königsberger Philosophen Immanuel Kant. Der Verkehr mit dem gebildeten Motherby reizte Humboldt; doch wichtiger wurde für ihn bald die Freundschaft, die sich zwischen ihm und Motherbys Frau anbahnte. Humboldt berichtete Karoline anfangs von seinem Umgang mit der »kleinen, sehr klugen und guten, aber nicht hübschen, eigentlich häßlichen Doktorin Motherby«; denn zwischen ihm und seiner Frau bestand eine Offenheit, wie sie auch in jener mitteilsamen Zeit zwischen Eheleuten selten gewesen ist.

In Humboldts Leben hat die Beziehung zu Johanna Motherby nichts verändert, wenn sie auch über die Königsberger Zeit hinausreichte; aber sie ist kennzeichnend für die Vereinsamung, in die der Geheime Staatsrat schon wenige Monate nach der Übernahme seines Amtes geraten war.

Für Johanna Motherby war die Begegnung mit Wilhelm von

Humboldt eine Episode. Mutter zweier Kinder aus der Ehe mit Motherby, hatte sie ihre Gunst vor Humboldt dem Freiheitsdichter Max von Schenkendorf zugewandt und befreundete sich wenig später mit dem vaterländischen Dichter Ernst Moritz Arndt. Ihre Ehe wurde im Jahre 1824 geschieden. Sie heiratete den Berliner Chirurgen Ludwig Dieffenbach, von dem sie sich im Jahre 1833 trennte. Merkwürdig sind die glühenden, unbeantwortet gebliebenen Briefe, die Humboldt der Freundin noch als preußischer Gesandter in Wien geschrieben hat. Sie lassen sich nur erklären aus der gleichsam römischen Wärme, die Humboldt im Salon William Motherbys und dessen Frau in der Königsberger Enge und Verlassenheit wohltuend empfunden hatte.

Die ersten Versuche zur Vereinheitlichung und Erneuerung des zersplitterten und rückständigen preußischen Schulwesens gingen bis in die Zeit Friedrichs II. zurück. Der Geheime Staats- und Justizrat Karl Abraham von Zedlitz hatte bereits damals die Notwendigkeit erkannt, die Unterrichtsverwaltung von der kirchlichen Bevormundung zu lösen und die Aufsicht über die Schulen zu zentralisieren. Parallel damit lief das Bestreben, die Schule dem Staat dienstbar zu machen und die Bildung auf dessen Bedürfnisse auszurichten, wobei den Zeitströmungen, der Aufklärung und dem Philanthropismus, erste Zugeständnisse gemacht wurden. Aber Zedlitz, Anhänger der Philosophie Kants und Vertreter einer freien Geistesrichtung, geriet in Konflikt mit Friedrich II., als er sich weigerte, rechtswidrig zugunsten des Königs in dessen Prozeß mit dem Müller Arnold einzugreifen.

Unter Friedrichs II. Nachfolger geriet das Bildungswesen in die Hände des berüchtigten Ministers Johann Christoph von Wöllner. Für ein Jahrzehnt wurde jede fortschrittliche Entwicklung unterbrochen, auch wenn Wöllners Zensur- und Religionsedikte die herrschenden geistigen Strömungen nicht völlig zu unterdrücken vermochten. Das von Zedlitz geschaffene Oberschulkollegium, das den kirchlichen Einfluß auf das Schulwesen zugunsten des staatlichen begrenzen sollte, wurde zwar beibehalten; aber jeder Lehrer mußte, bevor er angestellt wurde, vor einer geistlichen Kommission eine Religionsprüfung ablegen und sich schriftlich in Bekenntnis und Lehre für die Orthodoxie erklären.

Nach dem Regierungsantritt Friedrich Wilhelms III. griff der neue Staats- und Justizminister von Massow als Leiter des geistlichen und Oberschuldepartements die aufklärerisch-fortschrittlichen Bestrebungen von Zedlitz' wieder auf. Er entwarf 1801 einen »Vorläufigen Plan zur Schulverbesserung«, der alle Zweige des Unterrichtswesens von der Volksschule bis zur Universität umfaßte. »Aber nirgends hatte er doch Fühlung mit den eben aufkommenden schöpferischen Bewegungen. So ging er an Pestalozzi verständnislos vorüber und schloß sich den Stimmen an, die die Verwandlung der Universitäten in höhere Fachschulen forderten.«[37] Grundsatz seiner Bestrebungen war, dem merkantilistischen Wirtschaftsprinzip entsprechend, die Nützlichkeit der jeweiligen Schulart für die gegebenen ökonomisch-politischen Klasseninteressen.

Massow dachte an drei Schultypen: die Landschulen, die kleinen Stadtschulen und die Elementarschulen (Real- und Bürgerschulen). Auf dem Lande brauchte man vor allem billige Arbeitskräfte; infolgedessen fiel der Unterricht während der Sommerzeit fast ganz aus, da die Kinder zur Erntearbeit herangezogen wurden, und war im übrigen auf die Brauchbarkeit der Gutsuntertanen für den Gutsherrn orientiert. In der Stadt sollten aus der Realschule drei obere Gymnasialklassen für konkrete Berufsvorbildung abgezweigt und statt der Universitäten Akademien für Ärzte und Staatsdiener gegründet werden. So suchte Massow der Feudalwirtschaft auf dem Lande und der beginnenden Industrialisierung in der Stadt durch ein entsprechendes Schulwesen auf höchst utilitaristische Weise Rechnung zu tragen. Er wünschte, daß »das System jeder Schule nach den Bedürfnissen der meisten Zöglinge, um derentwillen sie da ist, und nicht nach der Konvenienz der wenigen Kinder, die andere Gesichtspunkte ihrer Bildung haben, einzurichten sei«. Auch wandte er sich gegen die bisherigen Lateinschulen, weil dort die Schüler

»um einiger weniger willen, die studieren, ... viele Gegenstände treiben« müssen, »die sie später nicht brauchen«.

Massows Entwurf eines Schulreglements fand die grundsätzliche Billigung des Königs. Durch zahlreiche Visitationsreisen und in Schriften, die Gedike, Zöllner, der Oberkonsistorialrat Sack und andere Fachleute verfaßt hatten, wurde der jammervolle Zustand der Schulen in Preußen offenbar, die katastrophalen sozialen Verhältnisse und die mangelnde Bildung der Lehrer sowie die Unwissenheit der Kinder auf dem Lande. Eine umfassende Reform wurde gefordert und auf die Notwendigkeit hingewiesen, endlich ein einheitliches und zielstrebiges Bildungswesen zu schaffen. Dabei wurde schon bald nach der Jahrhundertwende auch die Frage gestellt, ob und wieweit Erziehung zur Entwicklung des Nationalgeistes beitragen könnte. Inzwischen hatte sich die Zersplitterung des Schulwesens und das Durcheinander der Schultypen in Preußen durch den Erwerb der fränkischen Herzogtümer und die Eingliederung polnischer Gebiete im Vergleich mit der friderizianischen Zeit noch wesentlich verschlimmert. Massow erkannte, daß eine Schulreform eine Verwaltungsreform voraussetzte. Doch noch ehe man zu einer klaren Konzeption gelangt war, brach die Katastrophe von 1806 über Preußen herein.

Eine einheitliche Schulgesetzgebung für den ganzen preußischen Staat, die Heranziehung der Gemeinden je nach den örtlichen Verhältnissen zur Schulverwaltung in Stadt und Land, die Zurückdrängung des Einflusses der Kirche und der Patronatsherren auf dem Lande, die bessere Ausbildung der Lehrkräfte – das waren wesentliche Forderungen, die auch von den Reformern um Stein gestellt wurden. Daher wurde in Königsberg auf Massows Pläne zurückgegriffen, soweit es sich um organisatorische Fragen handelte.

Anders verhielt es sich mit dem Bildungsziel, das bei den einzelnen Schultypen erstrebt wurde. Es ging unter den neuen politischen Verhältnissen nicht mehr in erster Linie darum, in Land und Stadt nützliche Kräfte für die verschiedenen Berufe heranzuziehen. Man brauchte Patrioten, Männer von vaterländischer Gesinnung, die bereit waren, für die Unabhängigkeit der geschlagenen Monarchie zu kämpfen. Darüber hinaus strebten die fortschrittlichsten unter den Reformern nach weitgehender Selbsttätigkeit und Selbstverwaltung der Städte und Gemeinden und nach demokratischer Mitverantwortung aller Bürger an dem erneuerten Staat. Es galt, nicht Untertanen, sondern Staatsbürger zu erziehen, Menschen, die so gebildet waren, daß sie die Verantwortung tragen konnten, auf der ein demokratisiertes Staatsgebilde aufgebaut werden mußte.

In Humboldts Sicht war ein demokratischer Patriot nur denkbar als ein freies Individuum, als ein zur Selbsttätigkeit erzogener, seiner Würde bewußter Mensch. Sein Ziel war Humanisierung der Erziehung, Schaffung von Bildungsmöglichkeiten für jedermann zur Entfaltung aller seiner individuellen Fähigkeiten, Sicherung der Menschenrechte in einem System von Bildungseinrichtungen, das weder des Staates noch der ökonomischen Nützlichkeit wegen geschaffen werden sollte. Die Schule sollte vielmehr dem Menschen zur freien schöpferischen Entfaltung seiner individuellen Fähigkeiten verhelfen.

Humboldt hatte eine zu hohe Vorstellung vom Menschen, als daß Massows bloßes Nützlichkeitsdenken ihn hätte befriedigen können. Ihm war der Mensch viel zu sehr Mittelpunkt seiner Weltanschauung, als daß er ihn ausschließlich oder auch nur vorwiegend unter dem Gesichtspunkt der augenblicklichen politisch-militärischen Lage Preußens hätte sehen können. Mit seinen Vorstellungen über Erziehung und Bildung drängte er über die Epoche hinaus, in der er selbst lebte. Sein pädagogisches Denken entsprang gewiß den Forderungen der Zeit und der besonderen Lage, in welcher sich der preußische Staat befand. Er begnügte sich aber nicht damit und unternahm es, ein allgemeingültiges humanistisches Bildungideal im Zuge der preußischen Reformen zu verwirklichen. Ein solches Werk aber mußte unter einem kaum vorstellbaren Mangel an Mitteln in Angriff genommen werden. Für die Schulen gab es kein Geld, die Lehrer erhielten nur ein kümmerliches Gehalt, und dementsprechend war auch meist ihre Qualität. Seit dem Zusammenbruch des Staates aber waren ihnen ebenso wie den Beamten monatelang diese kärglichen Bezüge gar nicht mehr gezahlt worden. Humboldts Bildungsreform wäre nicht denkbar gewesen ohne einen in der preußischen Geschichte bis dahin beispiellosen Opfermut der Menschen und ohne die Erwartung eines besseren Daseins, von der Stadt und Land im Zuge der Stein-Hardenbergschen Reformen und in der Hoffnung auf ein liberales und demokratisches Staatswesen ergriffen worden waren.

Humboldt ließ sich von dieser Strömung vaterländischer Begeisterung tragen; er bemühte sich zugleich, sie nach seinen Möglichkeiten zu fördern und den berechtigten Erwartungen des Volks gerecht zu werden. Nicht nur an sich selbst und an seine Mitarbeiter, an jeden Beamten und auch an den Lehrer stellte er hohe Anforderungen. »Nichts ist so wichtig bei einem höheren Staatsbeamten«, schrieb er, »als welchen Begriff er eigentlich nach allen Richtungen hin von der Menschheit hat, worin er ihre Würde und ihr Ideal im Ganzen setzt, mit welchem Grade intellektueller Klarheit er es sich denkt, mit welcher Wärme er empfindet; welche Ausdehnung er dem Begriff der Bildung gibt, was er darin für notwendig, was er gewissermaßen nur für Luxus hält; wie er sich die Menschheit in concreto vorstellt, welchen Grad der Achtung oder Nichtachtung er für die niederen Volksklassen hegt, wie er bürgerlich gesinnt ist, den Menschen mit Gleichgültigkeit in der Staatsform untergehen oder im Gegenteil diese sich in der Freiheit der Individuen auflösen sieht . . .; wie es endlich mit seinem Glauben an und mit seiner Lust zur Umbildung seiner Nation steht, ob er den Feuereifer des Reformators oder nur den starken Willen treuer Pflichterfüllung nach strengen Grundsätzen oder Lust am Experimentieren hat, bei dem am meisten nur der Experimentator selbst gewinnt, wie endlich alle diese Ansichten in ihm zusammenhängen . . . Dadurch bestimmt es sich, ob ein Mensch konsequent oder vielseitig ist, und zuletzt, ob es ihm mehr auf den Gedanken oder mehr auf die Wirklichkeit ankommt oder ob er, was die Ansicht des großen Staatsmannes ist, von der Überzeugung durchdrungen wird, daß das Ziel nur dann erreicht ist, wenn der erstere der Stempel der letztern geworden ist.« Das aber heißt, daß der Idealist Humboldt zugleich ein großer Realist war. »Der Mensch«, sagte er, »muß nie nach etwas anderem als nach der Notwendigkeit des Augenblicks handeln; der Erfolg muß ihn unbekümmert lassen.«

Vermöge der Kraft des Humanitätsgedankens die Wirklichkeit zu verwandeln war das Prinzip des staatsmännischen Wirkens Humboldts. Es war jener Humanitätsgedanke, wie er sich in der Begegnung mit Schiller und Goethe und in der Auseinandersetzung mit der französischen Gegenwart wie der römisch-griechischen Vergangenheit in ihm gebildet hatte. Staatliche Macht sollte auf der freien Entfaltung der individuellen Kräfte der Staatsbürger beruhen, der Staat Ausdruck der politischen Macht der Nation als der Gesamtheit der gesellschaftlich tätigen Bürger in Stadt und Land sein. Dem einzelnen die Möglichkeit zu geben, sich nach seinen Fähigkeiten und Möglichkeiten voll zum Individuum, der Gesamtheit aber, sich zur Nation zu entwickeln, wurde für Humboldt zum Ziel der staatlichen Bildungspolitik.

Nach seiner Entlassung als Leiter der Sektion für Kultus und Unterricht schrieb Humboldt seiner Frau am 28. Juli 1810: »Ich hatte einen allgemeinen Plan gemacht, der von der kleinsten Schule an bis zur Universität alles umfaßte und in dem alles ineinandergriff, ich war in jedem der Teile desselben zu Hause, ich nahm mich des kleinsten wie des größesten ohne Vorliebe mit gleicher Tätigkeit an, ich ließ mich durch keine Schwierigkeit abschrecken; wo ich für eine Sache augenblicklich schlechterdings nichts tun konnte, wandte ich mich sogleich auf eine andere; ich hatte, wie die wirkliche Niedergeschlagenheit bei meinem Abgang beweist, allgemeines Vertrauen.«

Hinterlassen hat Humboldt einen solchen alle Bildungseinrichtungen umfassenden Plan freilich nicht. Dabei ist zu berücksichtigen, daß die Zeit zu raschem und doch wohlüberlegtem Handeln drängte. Schulen, Universitäten und Akademien waren in ihrer Existenz von der Leistungsfähigkeit eines Volkes abhängig, das mit den Kriegskontributionen und den Kosten für den Wiederaufbau von Staat und Armee auf das äußerste belastet war. Dennoch sind Humboldts Spuren auf allen Gebieten der preußischen Kulturpolitik unverkennbar, auch da, wo es sich um Entwürfe und Anordnungen seiner Mitarbeiter handelt, und selbst dort, wo die Finanzlage oder das Unverständnis des Ministeriums Änderungen seiner Beschlüsse bewirkte. Man muß, um die Bedeutung der Kultur- und Bildungspolitik Humboldts in den sechzehn Monaten seiner Amtsführung würdigen zu können, seine Pläne und Maßnahmen auf den verschiedenen Gebieten der Sektion für Kultus und Unterricht gesondert verfolgen.

Das Fundament der Schulreform, die von den Männern um Stein als entscheidende Voraussetzung für die Liberalisierung des preußischen Staates und die Demokratisierung des gesellschaftlichen Lebens angesehen wurde, war die Neugestaltung des Elementarschulwesens. Auf diesem Gebiet hatte bereits Nicolovius wegweisende Schritte unternommen, bevor Humboldt die Leitung der Sektion übernahm. Nicolovius war ein Freund und Anhänger Pestalozzis und machte sich Bestrebungen zu eigen, die bis in das Jahr 1803 zurückgingen. Damals war der Direktor des Berliner Gymnasiums zum Grauen Kloster, Gedike, nach Iferten (Yverdon) entsandt worden, um dort Pestalozzis Lehrmethode zu studieren. Nicolovius erwirkte die Genehmigung des Königs, einige Seminaristen und Kandidaten der Theologie in der Schweiz von Pestalozzi ausbilden zu lassen, und durfte in Königsberg eine Normalschule nach der Methode Pestalozzis einrichten.

»Allgemeine Emporbildung der inneren Kräfte der Menschennatur zu reiner Menschenweisheit«, so lautete Pestalozzis pädagogisches Programm, »ist allgemeiner Zweck der Bildung auch des niedrigsten Menschen. Übung, Anwendung und Gebrauch seiner Kraft und seiner Weisheit in den besonderen Lagen und Umständen der Menschheit ist Berufs- und Standesbildung. Diese muß immer dem allgemeinen Zweck der Menschenbildung untergeordnet sein.« Klopstock und Wieland, Herder und Goethe hatten den Forderungen des bedeutendsten Pädagogen ihrer Zeit zugestimmt, Fichte war ihm nähergetreten und einer seiner beredtesten Fürsprecher in Deutschland geworden.

Der junge Humboldt war Pestalozzis Bestrebungen auf seiner Schweizer Reise skeptisch begegnet, bekannte sich nun aber rasch zu seinen Lehren und machte sich Nicolovius' Standpunkt zu eigen. Schon 1809 rühmte Pestalozzi in seiner Wochenschrift für Menschenbildung »Preußens Regierung, die mit gehaltvollem Ernste zuerst das Erziehungswesen nach den umfassendsten Gesichtspunkten als National-Angelegenheit ins Auge faßte«.

Ein Schüler Pestalozzis, Karl August Zeller in Heilbronn, wurde nach Königsberg berufen, wo er das Waisenhaus zu einem ersten »Normalinstitut« umbildete, dem weitere Anstalten, zunächst in den östlichen Provinzen, folgen sollten. Nicht nur Schüler wurden dort in einem neuen Geiste erzogen, auch Lehrer und Geistliche erhielten in diesem Institut ihre Ausbildung.

Humboldt nahm wiederholt am Unterricht teil, um sich ein klares Bild zu verschaffen. Er führte den König und einflußreiche Mitglieder des Hofes durch das Institut und versicherte sich vor allem der Anteilnahme der Reformer. Gemeinsam mit Nicolovius förderte Humboldt den Elementarunterricht nach den fortschrittlichen Grundsätzen Pestalozzis. Das geschah nicht, wie aus den Berichten an Karoline hervorgeht, weil er selbst allen zeitgenössischen pädagogischen Forderungen zustimmte, sondern weil er den starken Zug der Zeit in solchen Entwicklungen spürte und respektierte. Viele Stunden verbrachte er in den Elementarschulen, viele Tage auf Reisen in die östlichen Gebiete, um sich selbst ein klares Urteil zu bilden, bevor er Entscheidungen fällte. »Bisher taten das die Minister nicht und blieben der Sache und die Sache ihnen fremd. Ich komme«, schrieb er Karoline am 2. Juni 1809 aus Königsberg, »ohne daß man es weiß. Die Lehrer bleiben in Furcht, wenn sie schlecht sind, da ich ... mitfrage und korrigiere, und finden sich durch den Anteil erfreut, wo sie gut sind.« In der Schulpraxis, der Verbindung von Erziehung und Unterricht, nicht in der pädagogischen Theorie überwand Humboldt seine Vorbehalte gegen die Methode Pestalozzis. Ziel des Unterrichts in der neuen Elementarschule wurde die harmonische Entwicklung aller wissenschaftlichen Fähigkeiten der jungen Menschen.

Viele Widerstände und Schwierigkeiten mußten überwunden werden, ehe das ostpreußische Beispiel in andere Teile des Landes übertragen werden konnte. Humboldt hat sich mit Nachdruck für die Verwirklichung dieses Zieles eingesetzt, die Durchführung überließ er im wesentlichen seinen Mitarbeitern Nicolovius und Süvern.

Insbesondere Süvern hat sich um die weitere Entwicklung der Elementarschule, die eine echte Volksschule sein sollte, große Verdienste erworben. Auf der Einheitsschule für Stadt und Land beruhte sein späterer, nie verwirklichter, umfassender »Entwurf eines allgemeinen Gesetzes über die Verfassung des Schulwesens im preußischen Staate« aus dem Jahre 1819, der drei Stufen, die Elementarschule, die Stadtschule, das Gymnasium, vorsah. »Alle diese Schulen«, forderte Süvern ganz im Sinne Humboldts, »müssen auf ihren Endzweck so fest gerichtet sein, daß sie zusammen wie eine einzige große Anstalt für die Nationaljugendbildung betrachtet werden können.«

Humboldts besonderes Anliegen war es, neben der allgemeinen Volksschule für Land und Stadt keine besondere Bürgerschule zu entwickeln, von gewissen Spezialschulen abgesehen. Der Gedanke der Einheitsschule war revolutionär und blieb auch nach Humboldts Rücktritt Norm für die allgemeinen Schulreformen. Nach einer von Süvern verfaßten Verfügung vom 14. Mai 1810 an die geistlichen und Schuldeputationen wurde an der Elementarschule und der Gelehrtenschule, dem Gymnasium, als den beiden Grundtypen festgehalten. Zugelassen wurde lediglich eine »Höhere Stadtschule«, ein freilich höchst unzulänglicher Ersatz für die auf die ökonomischen Interessen des Bürgertums, auf Handel und Gewerbe ausgerichtete »Bürgerschule« nach den Vorstellungen Massows und anderer. Im ganzen aber – und das ist entscheidend für die Beurteilung von Humboldts Bildungspolitik – wurde versucht, die überkommene soziale Spaltung des Bildungswesens zu beseitigen. Nach Pestalozzis Muster wurde die allgemeine Volksschule zur Grundlage schulischer Erziehung gemacht, auf der sich das neuhumanistische Gymnasium und die Universität, als höchste universale Bildungsanstalt, aufbauten.

»Erziehung und Unterricht«, so lautete Humboldts Grundsatz für die Volksschule, »sind durchaus und schlechterdings immer miteinander verbunden. »Bei dem Unterricht geht der Gesichtspunkt nicht, wie bisher gewöhnlich, davon aus, daß das Kind nur lesen, schreiben, rechnen usf. lernt, sondern daß alle Hauptfähigkeiten seines Körpers und seiner Seele in möglichster Zusammenstimmung entwickelt und geübt werden, wodurch denn jene Fertigkeiten von selbst entstehen.« Alles »nur irgend Mechanische« müsse aus der Schule entfernt werden, das Kind müsse »immer das volle und deutliche Bewußtsein haben..., was es in jedem Augenblick hört, sagt und tut und warum so und nicht anders gehandelt wird«.

Obwohl Humboldt mit den speziellen Problemen der Volksbildung zunächst nicht vertraut gewesen ist, galt sein Interesse doch keineswegs in erster Linie den Gelehrtenschulen und Universitäten; er wußte um das Primat der Erziehung des Volkes, um die Notwendigkeit, zuerst Volksschulen in Stadt und Land zu gründen, wie sie in jener Zeit in Bayern und Österreich eingerichtet wurden.

Es war nicht nur eine patriotische Folgerung aus der preußisch-deutschen Katastrophe, wenn Humboldt und seine Mitarbeiter ein Schulsystem durchsetzen wollten, das »auf die ganze Masse der Nation« zu wirken vermochte. Humboldt zog die Summe seiner Lehr- und Wanderjahre, wenn er daranging, die Voraussetzungen für eine allseitige Bildung jedes Menschen zu schaffen. Alle Schulen, so schrieb er in seinem Litauischen Schulplan, »deren sich nicht ein einzelner Stand, sondern eine ganze Nation oder der Staat für diese annimmt, müssen eine allgemeine Menschenbildung bezwecken«. Das galt auch für die wenigen sozialen Schulinstitute jener Zeit, wie die Königliche Blindenschule und die Taubstummenanstalt. Humboldts besondere Fürsorge für diese Schulen wird verständlich, wenn man sich erinnert, wie sehr er während seiner Wanderjahre bestrebt ge-

wesen ist, auch menschliche Not und menschliches Leid kennenzulernen.

Im Bericht der Sektion des Kultus und Unterrichts an den
König vom 1. Dezember 1809 hieß es: »Es gibt schlechterdings
gewisse Kenntnisse, die allgemein sein müssen, und noch mehr
eine Bildung der Gesinnungen und des Charakters, die keinem
fehlen darf. Jeder ist offenbar nur dann guter Handwerker,
Kaufmann, Soldat und Geschäftsmann, wenn er an sich und
ohne Hinsicht auf seinen besonderen Beruf ein guter, anständi-
ger, seinem Stande nach aufgeklärter Mensch und Bürger ist.
Gibt ihm der Schulunterricht, was hierzu erforderlich ist, so erwirbt er die besondere Fähigkeit seines Berufs nachher sehr leicht
und behält immer die Freiheit, wie im Leben so oft geschieht,
von einem zum andern überzugehen.«

Humboldts besondere Neigung galt der Reform der höheren
Schule. Er ist der Schöpfer des humanistischen Gymnasiums, und
auch bei diesem epochalen Werk verdankt er vieles seinen Mitarbeitern, vor allem Süvern. Es spricht für die von Humboldt
und seinen Räten geleistete kollektive Arbeit, daß es laut Spranger »nie restlos gelingen« wird, »aus der gemeinschaftlichen Tätigkeit der Sektion des öffentlichen Unterrichts rein herauszu-
lösen, was Humboldts eigensten Ideen ursprünglich angehört«.
Voraussetzung für das gemeinsame Wirken war allerdings Humboldts Gedanke, eine höhere Schule zu schaffen, die den Schüler
anleiten sollte, alle seine Fähigkeiten zu einem harmonischen
Ganzen zu entfalten.

Bei der Reform der »gelehrten Schulen« ließ sich Humboldt
von zwei Gesichtspunkten leiten. Er glaubte, erkannt zu haben,
daß der griechische Mensch, so wie Wolf, Heyne und er selbst
ihn gesehen und wie er der deutschen Klassik von Winckelmann und Lessing bis zu Goethe und Schiller als Ideal vorgeschwebt hatte, sich zu reiner Harmonie gebildet hätte und dem
modernen Menschen als Vorbild eigener Selbstentfaltung dienen
könne. Zum anderen meinte Humboldt nach den Erfahrungen
seiner Wanderjahre in Frankreich, Spanien und Italien, unter

allen Kulturäußerungen eines Volkes, einer Nation gebühre der Sprache der Vorrang.

Im neuhumanistischen Gymnasium nahmen demnach die alten Sprachen, das Griechische gleichberechtigt neben dem Lateinischen, einen bevorzugten Platz ein. Doch wurden diese Sprachen nicht um ihrer selbst willen gelehrt; ihr Studium sollte den Zugang zur Kenntnis von Mensch und Menschheit erschließen. Die Sprache war nach einem Worte Humboldts als »Abdruck einer Welt« zu begreifen. »Bei dem Sprachunterricht aber«, berichtete er an den König, »wird die Sektion diejenige Methode immer allgemeiner machen, welche, wenn man auch die Sprache selbst wieder vergißt, doch ihre angefangene Erlernung, und nicht bloß als Gedächtnisübung, sondern auch zur Schärfung des Verstandes, zur Prüfung des Urteils und zur Gewinnung allgemeiner Ansichten, immer und auf die ganze Lebenszeit nützlich und schätzbar macht.« Der humanistische und demokratische Zug individueller Menschenbildung des Humboldtschen Gymnasiums, des charakteristischen Typs der höheren deutschen Schule im 19. Jahrhundert, ist unverkennbar.

Bei alledem darf man nicht übersehen, daß es Humboldt darum ging, »den mathematischen und historischen Unterricht gleich gut mit dem in den alten Sprachen einzurichten«. Humanistische Bildung war keine einseitige philosophische Bildung, sie trug den sich anbahnenden Entwicklungen der Naturwissenschaften ebenso Rechnung wie der Pflege der deutschen Sprache und der deutschen Literatur. Totalität in der Ausbildung der Fähigkeiten, Universalität des Wissens, Harmonie der individuellen Persönlichkeit waren Ziel einer humanistischen Erziehung, die nicht zuletzt als Vorstufe für das Studium an einer Universität geplant und gedacht war.

Mit diesem Ziel der höheren Bildung stellte sich Humboldt in vollen Gegensatz sowohl zu den überkommenen Standesschulen wie zu den Bestrebungen seiner Zeit, auch in den höheren Schulen vorwiegend praktische Kenntnisse zu vermitteln. Sein Erziehungsideal entsprach den Auffassungen führender Vertreter der klassisch-bürgerlichen Epoche Deutschlands. Der Unterricht in den alten Sprachen hatte nicht den Zweck, sich in die antike Kultur und Weltanschauung zu verlieren. Vielmehr sollten sich die Schüler am klassischen Beispiel bilden und sich dabei zu harmonischen Menschen entwickeln. Das bedeutet jedoch nicht, daß Humboldt und seine Mitarbeiter die Vermittlung spezieller Kenntnisse und eine besondere Berufsausbildung für überflüssig hielten. »Es geht ihnen darum, und das ist nicht nur der antifeudale, sondern progressive bürgerliche Zug ihrer Bemühungen, daß die Allgemeinbildung der speziellen Berufsausbildung vorangehe.«[38] Im Königsberger Schulplan heißt es darüber, erst auf den allgemeinbildenden Unterricht folgen »die Universität, eine Spezialschule oder der Eintritt in das bürgerliche Leben selbst«.

Humboldt beklagte es, daß sein eigener Sohn Theodor im Lateinischen nicht die gleichen schnellen Fortschritte machte wie in der Mathematik. Man dürfe das Lateinische nicht vernachlässigen, schrieb er am 13. Oktober 1809 aus Königsberg an Karoline. »Nicht gerade, daß es so wichtig wäre, daß er darin große Fortschritte machte, obgleich einige immer unumgänglich notwendig sind, allein weil eine Bildung immer einseitig bleibt, wenn gerade die Sprachform darin nicht hauptsächlich mit aufgenommen wird. Noch mehr ist das bei entscheidender Anlage zur Mathematik notwendig. Geist und Gemüt gewinnen dabei unmittelbar zu wenig, und das ganze Feld der Gedanken, alles, was den Menschen zunächst und zuerst angeht, selbst das, worauf Schönheit und Kunst beruht, kommt nur in die Seele durch das Studium der Sprache, aus der Quelle aller Gedanken und Empfindungen. Sie bleibt immer der Gegenstand, bei dem es am leichtesten wird, in sich selbst zurückzugehen, die Welt nur zu lieben, weil man das Gemüt daran erkennt, und Sehnsucht zu empfangen nach dem Höchsten, was nie als in der tiefen Einsamkeit des Geistes erscheint. Wem das fehlt, der bleibt doch immer nur halb würdig und halb glücklich.«

Humboldts Pläne konnten nur gegen erhebliche Widerstände und zum Teil erst nach seinem Rücktritt verwirklicht werden. Es war nicht nur die Armut von Staat und Volk, die sich im besonderen Maße auf die kulturpolitischen Maßnahmen auswirkte. Äußerst ablehnend reagierten Junker und orthodoxe Pastoren auf die liberalen und zugleich unitarischen Tendenzen der höheren Schulreform; auf keinem anderen Gebiete des intellektuellen Lebens hatten sich ständische Interessen so behauptet wie auf dem der höheren Bildung.

Doch auch die hohen Anforderungen an Schüler und Lehrer wirkten sich hemmend aus. Es gab kaum ein Dutzend Gymnasien von Rang im preußischen Staat, darunter allein fünf in Berlin. Nur an diesen Schulen waren Erzieher tätig, die für die großen Anforderungen ausreichend vorgebildet waren. Und Humboldts Absichten zu verwirklichen, bedurfte es daher einer Reihe von umwälzenden Maßnahmen im Rahmen der allgemeinen Staats- und Verwaltungsreform. Das höhere Schulwesen mußte unter staatliche Oberaufsicht gestellt und eine ausreichende Finanzierung durch öffentliche Mittel gesichert werden. Mit dem Prinzip der Standeserziehung mußte auch in den Provinzen rigoros gebrochen und alle Institute, die nur oder vorwiegend von Adligen besucht wurden, mußten von diesen Bindungen befreit werden. Ferner bedurfte es neuartiger Lehrerbildungsanstalten und einer grundlegenden Verbesserung der sozialen Verhältnisse der Lehrer, wenn die neuen Erziehungsziele erreicht werden sollten.

Humboldt und seine Mitarbeiter haben in kürzester Zeit ein erstaunliches Maß an Verwaltungsarbeit geleistet. Dabei zeigten sie einen realistischen Blick für die Maßnahmen, die bei größten Anstrengungen im Zuge der allgemeinen Volksbewegung und trotz der großen Not des Volkes durchgesetzt werden konnten. So erstrebten sie zielbewußt eine Vereinheitlichung des Schulwesens, besonders der Gymnasien in der Residenz wie in den Provinzen, trugen aber dennoch den unterschiedlichen Verhältnissen in den einzelnen Landesteilen Rechnung. Besondere Schulpläne regelten unter Berücksichtigung der jeweiligen Gegebenheiten das höhere Bildungswesen in Westpreußen, in Schlesien, in Königsberg, in den litauischen Landesteilen, in Berlin.

Die Berliner Gymnasien waren Humboldts Sektion unmittelbar unterstellt. Dennoch gelang es nicht, sie sofort und völlig nach seinen Ideen auszurichten. Besondere Schwierigkeiten hatte er in Schlesien. Dort ging es vor allem darum, die rein adligen Bildungsinstitute in moderne Gymnasien umzugestalten. Humboldt versuchte, die bereits 1646 gegründete und mit adligen Stiftungen ausgestattete, aber wenig besuchte Ritterakademie in Liegnitz in ein seinen Vorstellungen entsprechendes Gymnasium umzuwandeln. Dabei mußte er den Widerstand des Adels überwinden, denn Humboldt wehrte sich dagegen, dem überkommenen Vorurteil zuzustimmen, »daß eine adlige Erziehung von einer anderen verschieden sein müsse«. Er bemühte sich, diese Ritterakademie nach den Ansichten von Thaer, den er als »den wissenschaftlichsten Ökonom Deutschlands« schätzte, dem vorwiegend agrarischen Charakter Schlesiens entsprechend zu einer speziellen landwirtschaftlichen Bildunganstalt umzugestalten, gab aber auch dabei seine Forderungen nach Allgemeinbildung nicht auf.

Dieses Beispiel zeigt, wie eingehend sich Humboldt mit jeder einzelnen Anstalt beschäftigte, wenn sie eine besondere Tradition oder landschaftsgegebene Bindungen besaß, aus denen sie, ohne Schaden zu nehmen, nicht herausgelöst werden konnte. Das gilt auch für die Reform in den Schulen von Königsberg und Litauen. Humboldt befaßte sich an Ort und Stelle mit der Überprüfung der Verhältnisse. Dabei fand er eine verständnisvolle Unterstützung bei Schön, der aus seinem Amt als Geheimer Staatsrat in der Gewerbesektion ausgeschieden und Präsident der Provinzialregierung in Gumbinnen geworden war; beide traten in diesen Monaten in ein freundschaftliches Verhältnis, das zeitlebens gedauert hat.

Wie bereits erwähnt, hatte Stein in seinem Bericht über die oberste Leitung der Geschäfte vom 23. November 1807 die Einrichtung von wissenschaftlichen und technischen Deputationen vorgesehen, um der bereits sprichwörtlichen Enge der preußischen Verwaltung entgegenzuwirken. Dabei ging es ihm auch darum, den neuesten Stand von Wissenschaft und Technik für die Reformen des Staates unverzüglich nutzbar zu machen. Dies ist kennzeichnend dafür, wie hoch die Wissenschaft von den Reformern geschätzt wurde.

Es lag nahe, daß Humboldt solche Entwicklungen für seine Zwecke zu nutzen trachtete, zumal sich unter den bereits Ende 1808 vor Beginn seiner Amtszeit vorgesehenen vier Deputationen auch eine wissenschaftliche Deputation für den öffentlichen Unterricht befand. »Sie tritt an die Stelle des Ober-Schulkollegiums«, hieß es im Publikandum vom 16. Dezember 1808, »und hat zum Zweck, für den öffentlichen Unterricht zu leisten, was die technischen Deputationen für andere Zwecke der Staatsverwaltung leisten sollen. – Die vorzüglichsten Männer in allen Fächern, welche auf den öffentlichen Unterricht Einfluß haben, werden zu Mitgliedern der Deputation erwählt, selbst wenn sie abwesend sind. Sie ist die Examinationsbehörde für höhere Schulbedienstete. Ihre übrige Einrichtung wird durch eine besondere Verordnung bestimmt werden.«

Auf dieser rechtlichen Grundlage baute Humboldt ein Arbeitskollektiv auf. Mit Hilfe dieses Kollektivs und in enger Zusammenarbeit mit den Räten seiner Sektion wurde es ihm möglich, während seiner kurzen Amtszeit eine Vielfalt an äußeren und inneren Reformen im preußischen Bildungswesen durchzuführen oder sie in ihren geistigen Grundlagen und staatspolitischen Zielen maßgebend zu bestimmen. Er stellte der Deputation eine Reihe von mehr wissenschaftlichen als verwaltungstechnischen Aufgaben. Sie sollte neue Unterrichtsmethoden und Erziehungssysteme prüfen und auf deren Grundlage die Lehrpläne entwerfen. Ferner sollten von der Deputation Vorschläge für die Besetzung der wichtigsten Stellen an den Schulen, vor allem der Schulleiter, unterbreitet und die Qualität des Unterrichtes wie die Befähigung der Lehrkräfte an Ort und Stelle geprüft werden. Darüber hinaus sollte sie eine Brücke zwischen Verwaltung und Öffentlichkeit bilden, indem sie die einschlägige Literatur, Vorschläge aus den Kreisen der Bürger sowie öffentliche Stellungnahmen überprüfte und in diesen wie allen anderen Fragen der Sektion offen und ungehindert ihre Meinung mitteilte. Humboldt beabsichtigte, eine solche Deputation nicht nur in Berlin einzusetzen, sondern auch in Königsberg und in Breslau. Dort sollte sie die gleiche Stellung gegenüber der Provinzialregierung einnehmen wie in Berlin gegenüber der Sektion für den öffentlichen Unterricht.

Wäre es nach Humboldt gegangen, so hätte man an die Spitze dieser wichtigen Einrichtung Wolf als wissenschaftlichen Leiter und Uhden als Verwaltungschef gestellt sowie eine Anzahl lebenslänglicher Mitglieder mit den entsprechenden Besoldungen berufen. Die Finanzlage des preußischen Staates ließ das trotz allen Wohlwollens, das Minister Altenstein für Humboldts Pläne zeigte, nicht zu. So beschränkte sich Humboldt darauf, sechs ordentliche Mitglieder und einen Gelehrten als Direktor der Deputation vorzusehen, der zugleich für die Dauer seiner Amtszeit als Staatsrat Mitglied der Sektion sein sollte.

Humboldt hatte gehofft, sich die Mitarbeit Wolfs in diesem wichtigen Amt sichern zu können. Als Leiter der Sektion für Kultus und Unterricht sah er zwar die Notwendigkeit einer einheitlichen Verwaltung und eines einheitlichen Schulwesens ein. Getreu seinen staatstheoretischen Vorstellungen wünschte er jedoch keine absolute staatliche Reglementierung der Bildung und ihrer Einrichtungen. Ihm schwebte eine Art öffentlicher wissenschaftlicher Kontrolle seiner Sektion durch die Deputation vor. Das war freilich, wie er schnell erkannte, eine »zu metaphysische« Konstruktion für eine Institution, von der nicht mehr verlangt werden konnte, als daß sie »ewig auf Verbesserung spekulieren sollte«.

Pädagogen wie Bernhardi und Erman sowie der Historiker Woltmann gehörten zu den ordentlichen Mitgliedern. Der Mineraloge Karsten, der Botaniker Willdenow, der Chemiker Klaproth, der Kosmograph Ideler, der Archäologe Hirt wurden als Ratgeber in ihren speziellen Fächern zu außerordentlichen Mitgliedern der Deputation berufen. »Da aber die Sektion des öffentlichen Unterrichts hauptsächlich die Beförderung der allgemeinen Bildung im Auge hat, deren Erwerbung in den allgemeinen, keinem einzelnen Zweck besonders gewidmeten Schulanstalten beabsichtigt wird«, heißt es in Humboldts Denkschrift »Ideen zu einer Instruktion für die wissenschaftliche Deputation«, »da sie außerdem vorzugsweise bestimmt ist, soviel dies durch Staatsbehörden geschehen kann, dafür zu sorgen, daß die wissenschaftliche Bildung sich nicht nach äußern Zwecken und Bedingungen einzeln zersplittere, sondern vielmehr zur Erreichung des höchsten, allgemein menschlichen in einen Brennpunkte sammle – so wählt sie zu ordentlichen Mitgliedern ihrer Deputation ausschließend Männer, die sich dem philosophischen, mathematischen, philologischen und historischen Studium, mithin denjenigen Fächern widmen, welche alle formelle Wissenschaft umschließen, durch welche die einzelnen Kenntnisse erst zur Wissenschaft erhoben werden können und ohne welche keine auf das einzelne gerichtete Gelehrsamkeit in wahre intellektuelle Bildung übergehen und für den Geist fruchtbar werden kann.«

Doch mußten die Befugnisse der Deputation in mancher Hinsicht eingeschränkt werden, ehe sie wirksam werden konnten, denn die feudale Reaktion erhob Einwände, noch ehe die Deputation ihre Tätigkeit aufgenommen hatte. Immerhin hat die »Vorläufige Instruktion« vom 25. Februar 1810, die der Deputation das Recht zu weiteren Reformvorschlägen an die Sektion einräumte, bis zum Beginn der politischen Restauration im Jahre 1816 Geltung behalten. Gleichzeitig mit der »Vorläufigen Instruktion« wurde die wissenschaftliche Deputation und damit eine fortschrittlich-demokratische Einrichtung im preußischen Bildungswesen aufgehoben. An ihre Stelle traten 1825 die bis in unser Jahrhundert tätigen bürokratischen Provinzialschulkollegien.

Humboldt war enttäuscht, als sich Wolf der Bitte um Mitarbeit versagte. Auch Wolf teilte Humboldts Ideen und hielt ihre Realisierung für richtig. Doch sein fast maßloser Ehrgeiz und persönliche Vorbehalte machten die von Humboldt so sehnlich erwünschte Zusammenarbeit mit dem bedeutenden Gelehrten und verehrten Freund unmöglich. Wolf war ein schwieriger Mensch, wie schon Goethe erkannt hatte, als er die Absicht gehegt hatte, sich nach Schillers Tod mit Wolf näher zu befreunden. Humboldt redete dem verbitterten, kränklichen Manne geduldig zu, die für ihn ehrenvolle und bedeutende Aufgabe zu übernehmen. Goethe aber vertraute er an, Wolf sei »in einer Art Müßiggang verwildert«.

Schließlich entschloß sich Humboldt, Schleiermacher zum Leiter der Deputation zu berufen. Der theologische Reformator und volkstümlich-patriotische Prediger hat sich in diesem Amt, das er im Frühjahr 1810 übernahm, wie bei den Vorarbeiten für die Universität Berlin auf das beste bewährt, wenn auch die menschlichen Beziehungen zwischen Humboldt und ihm nie besonders eng gewesen sind. So unterschiedlich beide nach Veranlagung und Wesensart auch waren, so bemühten sie sich doch nach besten Kräften, eine wichtige nationale Aufgabe zu lösen.

Schleiermacher und mit ihm die wissenschaftliche Deputation förderten Humboldts Streben nach dem neuhumanistischen Gymnasium. Es gab aber außer der feudalistischen Opposition, der es um die Erhaltung der Privilegien des Adels ging, auch andere Gegner. Von ihnen wurden Forderungen erhoben, die der merkantilistischen Denkweise, aber auch der beginnenden Industrialisierung und dem Aufstieg des Bürgertums entsprachen und die bereits Massow in seinen Vorstellungen von einer Realschule vertreten hatte. Zu den Wortführern einer realistischen Fachschule gehörten Humboldts ehemaliger Lehrer, der Professor am Grauen Kloster, Fischer, sowie sein Erzieher und Freund Kunth, der als Staatsrat in der Gewerbesektion tätig war. Fischers Schrift »Über die zweckmäßige Einrichtung der Lehranstalten für die gebildeten Stände« (1806) und Kunths Bestrebungen, ein Realgymnasium neben dem humanistischen Gymnasium zu schaffen, eilten dem Denken Humboldts voraus. Humboldt berücksichtigte bei der Reform des höheren Schulwesens zwar die naturwissenschaftlichen Erkenntnisse, deren Repräsentant und Vorkämpfer für ein Menschenalter sein Bruder Alexander wurde. Dem Bedürfnis des Bürgertums nach einer seinen Interessen gemäßen fachlichen Ausbildung entsprach Humboldts Erziehungsideal nicht. Es scheint auch, als habe Kunth während der Amtstätigkeit Humboldts darauf verzichtet, seine eigenen Forderungen mit Nachdruck zu vertreten. Erst 1817 wurde seine Idee der höheren Gewerbeschulen wieder aufgegriffen, während Johann Wilhelm Süvern und Johannes Schulze weit über Humboldts Abgang hinaus bemüht waren, seinen Ideen eines humanistischen Gymnasiums uneingeschränkt Geltung zu verschaffen.

Humboldt hielt es für notwendig, daß Lehrer wie Schüler des humanistischen Gymnasiums Rechenschaft über ihre Fähigkeiten ablegten. Doch wie es in seiner kurzen Amtsführung nicht möglich war, einen allgemeinen und umfassenden Schulplan zu erarbeiten oder gar durchzuführen, so blieben auch seine Bemühungen um eine Abgangsprüfung unvollendet, die als Voraussetzung für das Studium vorgesehen war. Auch die Sicherung der Ausbildung eines wissenschaftlichen Lehrerstandes für die Gymnasien konnte er nicht mehr zu Ende führen, wobei der erfahrene Wolf ihm wesentlich hätte mithelfen können. Humboldt gelang es aber, die überkommenen Patronatsrechte bei der Entscheidung über die Anstellung von Schulamtsbewerbern einzuschränken.

So kurz bemessen die Zeit war, in der Humboldt selbst zu wirken vermochte, so lange währte die Epoche, in der sein Reformwerk fortwirkte, das im wesentlichen erst Süvern abgeschlossen hat.

GRÜNDER DER UNIVERSITÄT BERLIN

Bereits als Humboldt in Königsberg eintraf, beschäftigte ihn vor allen anderen Aufgaben die Errichtung einer Universität in Berlin und im Zusammenhang damit die Reform des preußischen Hochschulwesens. Fichte trug ihm in jenen Tagen seine Gedanken in Gegenwart von Schleiermacher und Nicolovius vor; alle drei gehörten zu den nachdrücklichsten Förderern des Plans einer Universität in Berlin.

In Fichte, mit dem er seit Jena vertraut war, begegnete Humboldt nach seinen eigenen Worten einem Mann, »welchen

Deutschland zu den ersten seiner Philosophen zählt und der auch in den letzten unglücklichen Zeiten die überzeugendsten Beweise der Festigkeit seines Charakters und der Reinheit seines Patriotismus gegeben hat«. Der patriotische Fichte hatte in Berlin seine Reden an die deutsche Nation gehalten; kaum ein anderer Universitätslehrer jener Zeit war bereit, so vorbehaltlos für die preußische Erneuerung einzutreten wie der Bandwirkerssohn aus Rammenau in der sächsischen Lausitz. Und in Schleiermacher, dem nicht minder mutigen Patrioten, sah Humboldt »sowohl einen der vorzüglichsten, jetzt so seltenen theologischen Universitätslehrer als auch einen der besten und beliebtesten Kanzelredner in Berlin und einen Mann von durchaus unbescholtenem Charakter«.

Der Philosoph wie der Theologe gehörten zu den zwar gelegentlich schwierigen, aber immer hilfsbereiten Ratgebern Humboldts bei den Erwägungen, die der Gründung der Universität Berlin vorangingen. Fichte wurde der erste frei gewählte Rektor der Universität, Schleiermacher Humboldts enger Mitarbeiter als Direktor der wissenschaftlichen Deputation. Das eine wie das andere Amt hätte Humboldt wohl lieber in Händen seines Freundes Wolf gesehen, doch auch bei der Gründung der Universität, für die sich Wolf ebenfalls ausgesprochen hatte, arbeitete er nicht unmittelbar mit.

Fichte, Schleiermacher und Wolf waren nur einige der Gelehrten, die sich um die Einrichtung einer Universität in der preußischen Hauptstadt bemühten. Die Bestrebungen, in Berlin eine wissenschaftliche Hochschule neben der Preußischen Akademie der Wissenschaften zu gründen, währten bereits viele Jahre. Sie waren besonders akut geworden, nachdem Preußen, vom kurzfristigen Besitz anderer Universitäten wie Münster, Paderborn, Erfurt, Duisburg, Göttingen abgesehen, mit den fränkischen Herzogtümern die Universität Erlangen und mit den linkselbischen Gebieten die Universität Halle verloren hatte. Preußen verfügte im wesentlichen nur noch über zwei Hochschulen, die universitas litterarum in Königsberg, der Kant erst vor kurzem zum Ruhm verholfen hatte, und über die einst so berühmte und längst verfallene Universität Frankfurt an der Oder, an der die beiden Humboldts ihre Studien begonnen hatten.

Humboldt hatte sich in Berlin in die Akten vertieft, um sich mit Reformbestrebungen im preußischen Hochschulwesen und besonders mit den Erwägungen zur Gründung einer Universität in Berlin vertraut zu machen. Noch ehe er zum Leiter der Unterrichtssektion im Ministerium des Innern ernannt worden war, hatte er seinen Dank für die Ehrenmitgliedschaft in der Akademie der Wissenschaften am 18. Januar 1809 mit einem Blick auf seine künftige Aufgabe verbunden. »In einem Augenblick«, hatte er vor den Akademiemitgliedern ausgeführt, »wo nach langen unglücklichen Stürmen die Ruhe und altgewohnte Ordnung zurückgekehrt, wo vieles, das in seinem Laufe und seiner heilsamen Wirksamkeit gestört war, hergestellt, manches neugegründet werden muß, was kann da wohltätiger, was notwendiger sein, als unverbrüchlich fest an Wissenschaft und Kunst zu halten und das Heiligtum treu zu bewahren, aus dem auf alle, auch die entferntesten Glieder des Staats Licht und Wärme ausströmt; welches die leitenden Ideen zu jeder, auch noch so sehr durch die Wirklichkeit bedingten Einrichtung enthält und auf dem größtenteils – ihr köstlichster Besitz – die Ehre der Nation beruht, die Achtung, welche die unsrige auch in dieser Rücksicht (man darf es mit Zuversicht als Deutscher und als Preuße sagen) seit langer Zeit bei dem gebildeten und unparteiischen Teile Europas zu genießen gewohnt ist? ...

Die Wissenschaft aber gießt oft dann ihren wohltätigen Segen auf das Leben aus«, fuhr er nach einer Huldigung an die ihn ehrende Akademie und nach dem Bekenntnis zu deren »schönem Vorrecht, die Wahrheit aus ihren eigensten Quellen zu schöpfen« fort, »wenn sie dasselbe gewissermaßen zu vergessen scheint. Denn sie nährt und bildet den Geist, daß alles, was er erzeugt, ihr Gepräge an sich trägt; ja sie stimmt ihn dergestalt glücklich, harmonisch und wahrhaft göttlich, daß jeder Ton rein und voll aus ihm hervorklingt, daß sich alles, was er behandelt, gleichsam ohne sein Zutun den höchsten Ideen anschmiegt und daß er den schwer zu entdeckenden Punkt nicht verfehlt, auf welchem Gedanke und Wirklichkeit sich begegnen und freiwillig ineinander übergehen. Denn es gibt in allen wichtigen Geschäften des Lebens einen solchen Punkt, den nur der mit der reinen Wissenschaft Vertraute erreichen und nur das wahrhaft praktische Talent nie überschreiten wird.«

Die Forderung nach unbedingter und unbeschränkter Unabhängigkeit wissenschaftlicher Forschung und Lehre beherrschte Humboldts Denken. Diesen Grundgedanken begegnen wir in der Denkschrift über die Umorganisation der Akademie aus dem Jahre 1809 wie in dem Bericht »An des Königs Majestät« vom 24. Juli 1809, der die Geschichte der Universität Berlin, die heute den Namen der Brüder Humboldt trägt, recht eigentlich begründet.

Die Absicht, eine neue akademische Lehranstalt einzurichten, war aus den Erfordernissen der Zeit entstanden. Weit älter war der Zweifel, ob eine Universität im überkommenen Sinne überhaupt noch geeignet wäre, den Forderungen der neuen Zeit gerecht zu werden. Fest stand, daß die zahlreichen aus landesherrlichem Geltungsbedürfnis gegründeten Klein- und Kleinstuniversitäten sich nur in seltenen Fällen über ein mittelalterliches Niveau erhoben hatten und erheben konnten. Viele Fakultäten und Korporationen erinnerten an Handwerkerzünfte und zeigten eine mittelalterliche Enge. Dogma und Besserwisserei züchteten an Stelle des kirchlichen ein weltliches Muckertum, das nicht minder wirklichkeitsfremd und fortschrittsfeindlich war. In der Mehrzahl der Universitäten wurde die fertige Lehrmeinung in das Kollegheft diktiert und nicht der wissenschaftliche Meinungsaustausch gepflegt. Das bloße Niederschreiben diktierten Stoffes statt einer kritischen Erarbeitung von neuem Wissen mußte selbstdenkende Studenten eher abweisen als anziehen, denn es war durchaus nicht die Regel, daß die Aufklärung sich im Lehrbetrieb der Universitäten durchgesetzt hatte.

Die beiden Humboldts hatten in Frankfurt bedrückende Erfahrungen gesammelt, lernten dann aber in Göttingen, an einer der jüngsten deutschen Universitäten, die Weite universalen Erkenntnisstrebens kennen. In Göttingen hatte sich dank des Mangels an traditioneller Erstarrung ein fortschrittlicher Geist in den Altertumswissenschaften und der Naturforschung durchsetzen können. In Jena war Wilhelm von Humboldt schließlich vertraut geworden mit den Problemen, welche die überlieferte Universität zu lösen hatte, denn dort hatte Fichte mit seinen Reformbestrebungen am akademischen Zusammenleben und an der wissenschaftlichen Erneuerung von Forschung und Lehre aus dem Geist idealistischer Philosophie begonnen.

Alexander von Humboldt dagegen hatte in Fachakademien, der Handelsschule in Hamburg und der Bergakademie in Freiberg, wissenschaftliche Förderung gesucht, zwei Anstalten zur unmittelbaren Berufsausbildung, wie sie im Zeitalter der Aufklärung auch in Deutschland entstanden waren.

Der Zug zur fachlich orientierten Hochschule und zur Beseitigung der wirklichkeitsfremd gewordenen Gelehrtenschule war in Deutschland seit der Mitte des 18. Jahrhunderts sehr stark geworden. Im wesentlichen sollte nach den Vorstellungen der Kritiker der überholten Zustände die wissenschaftliche Forschung den Akademien, die höhere Berufsausbildung indessen neu zu schaffenden Hochschulen vorbehalten bleiben. Fürsprecher solcher Bestrebungen in Preußen war Humboldts Vorgänger von Massow. »Aus der Fülle des Herzens unterschreibe ich die Meinung«, hatte er geäußert, »daß statt der Universitäten nur Gymnasien und Akademien für Ärzte, Juristen etc. sein sollten. Aber die Ausführung dieser in thesi sehr richtigen Idee erfordert so viele Vorbereitungen zu einer solchen wichtigen Reform und möchte für itzt so manche erheblichen Schwierigkeiten in einem Staat, wo einmal Universitäten sind, finden, daß in den ersten fünfzig Jahren wir wohl noch die anormalen Universitäten werden dulden müssen.«

Diese Gegebenheiten muß man, unabhängig von der besonderen Frage der Gründung einer Universität in Berlin, berücksichtigen, wenn man Humboldts Werk würdigen will. Sie begegnen uns in den Vorschlägen und Gutachten, die vor Humboldts Zeit eingeholt wurden, und daher auch in den Erwägungen, die Humboldt anzustellen hatte, bevor die Universität und die

Akademie reformiert und eine neue Universität in Berlin gegründet werden konnte.

Die ersten ernsthaften Pläne, in Berlin eine Universität zu errichten, gehen auf Karl Friedrich von Beyme zurück, den der junge Friedrich Wilhelm III. im Februar 1798 zum Geheimen Kabinettsrat ernannt hatte. Beyme steht als vertrauter Ratgeber eines absolut regierenden Monarchen noch immer in einem gewissen Zwielicht, obwohl er nach Varnhagens Urteil »durch Tat und Gedanken stets das Rechte, Gute und Schöne gepflegt und sich in treuester Anhänglichkeit an das bewährte Alte zugleich den freiesten Geistesblick für gedeihliche Entwicklungen der Zukunft offen erhalten hat«. Die Brüder Humboldt haben Beyme geschätzt. Doch zählte ihn Wilhelm wohl zu den etwas engen Geistern, die im preußischen Beamtentum jener Epoche nicht selten waren und teils am Überkommenen hingen, teils aber auch für Reformen eintraten.

Beymes früheste Vorstellungen von der Universitätsgründung beruhten nicht zuletzt auf den Plänen Engels, der ganz im Sinne der Berliner Aufklärer sehr um die Hebung des geistigen Lebens in Berlin und der preußischen Monarchie besorgt war. Beiden ging es um eine »Allgemeine Lehranstalt«, der sie zwar nicht den Charakter einer Universität zugedacht hatten, die aber auch nicht fachliche Vorbereitungsanstalt sein sollte. Beyme plante »vielmehr eine zu den Höhen wissenschaftlicher Erkenntnis führende, von den Interessen des Berufes und des Staates selbst befreite Bildungsanstalt für eine Auslese der besten Köpfe der Nation«[39].

Der zuständige Minister von Massow hat sich mit Engels und Beymes Projekt offenbar nicht ernstlich befaßt. Erst nach der Jahrhundertwende nahm er sich einer Erneuerung der bestehenden Universitäten – Königsberg, Frankfurt an der Oder, Halle, Duisburg, Erlangen – an, aber er wünschte eine den praktischen Bedürfnissen der Staatsverwaltung dienende Reform. Sein Ideal waren fachliche Hochschulen mit einer den unterschiedlichen Bedürfnissen von Staat und öffentlichem Leben entsprechenden

Alexander Georg von Humboldt,
der Vater der Brüder Humboldt 1720–1779
(Berlin, Märkisches Museum)

Marie Elisabeth von Humboldt, geb. Colomb,
die Mutter der Brüder Humboldt
Gemälde im Schloß Tegel

Karoline von Humboldt, geb. Dacheröden, um 1804
Gemahlin Wilhelm von Humboldts
Gemälde von Gottlieb Schick

Wilhelm von Humboldt 1767–1835 im Jahre 1827
Lithographie von Oldermann
nach einer Zeichnung von Krüger

Karoline von Humboldt,
älteste Tochter Wilhelm von Humboldts
Ölgemälde von Wilhelm Schadow, Rom, 1817

Fürst Karl August von Hardenberg 1750–1822

Die Berliner Universität um 1830
Radierung von Laurans + Dietrich
nach einer Zeichnung von Calau

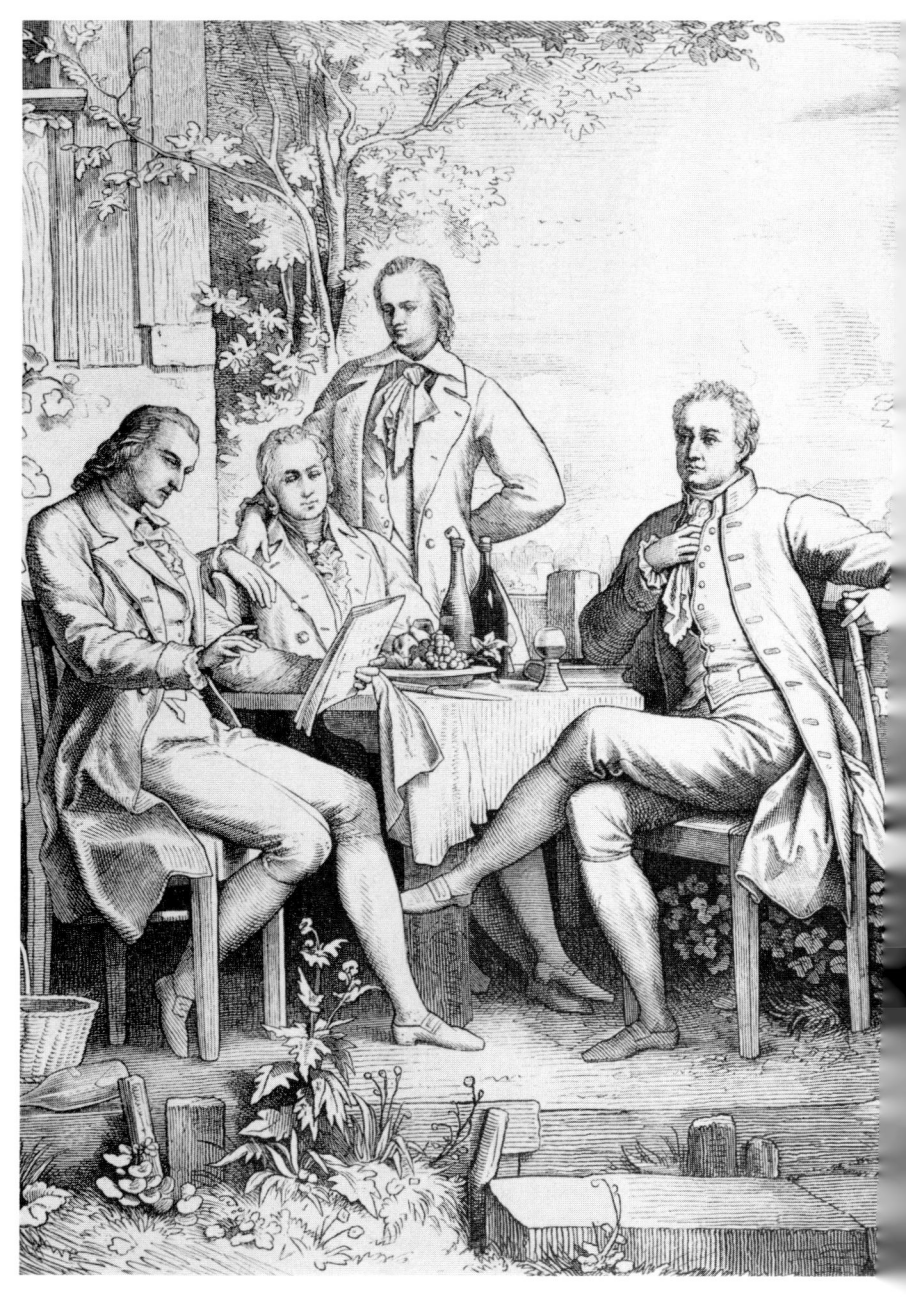

Von links nach rechts
Schiller, Wilhelm und Alexander von Humboldt,
Goethe in Jena
Holzschnitt nach einer Zeichnung von Andr. Müller

Ausbildung. Dafür gab es in Berlin bereits einige Einrichtungen, die später zum wesentlichen Bestandteil der neuen Universität werden sollten.

Bereits im Jahre 1724 hatte Friedrich Wilhelm I. das Collegium medico-chirurgicum gegründet, eine dem Machtstreben des preußischen Militärstaates entsprechende Fachschule für Militärchirurgen, an der später auch Landärzte ausgebildet wurden. Sie war im Unterschied zu den medizinischen Fakultäten der Universitäten auf das beste ausgestattet und mit hervorragenden Kräften besetzt; 1801 wurde Hufeland Direktor des Collegiums. Schon vorher, im Jahre 1710, war die Charité eröffnet worden, die seit 1726 als Bürgerspital benutzt wurde und zugleich dem medizinischen Unterricht diente. Der Botanische Garten, eine Tierarzneischule, ein Königliches Naturalienkabinett, die Königliche Bibliothek, das Anatomische Museum waren im Laufe der Zeit hinzugekommen, keinesfalls nur Sammlungen, sondern auch Lehrinstitute von teilweise bedeutendem Rang.

Neben der Medizin hatten alle Naturwissenschaften in diesen Instituten eine Heimstätte gefunden, Chemie und Physik, reine und angewandte Mathematik, Botanik und Zoologie. Massow war besonders bemüht, die Ausbildung praktischer Ärzte in der Hauptstadt zu konzentrieren, selbst wenn dadurch einzelne medizinische Fakultäten, wie etwa in Duisburg und Frankfurt, benachteiligt wurden. Reil in Halle und Hufeland in Berlin, in jener Zeit die wohl bedeutendsten Ärzte Preußens, die später bemerkenswerten Anteil an der neuen Universität nahmen, wurden schon damals als Gutachter hinzugezogen. Beide wandten sich gegen eine bloß technische Ausbildung. Hufeland betonte, »zur Bildung eines brauchbaren und nicht bloß handwerksmäßigen Arztes« gehöre die Allgemeinbildung eines Gelehrten, die er freilich zum Teil bereits in das Gymnasium vorverlegt sehen wollte. Aber keiner von ihnen dachte daran, das Medizinstudium samt der ärztlichen Ausbildung in Berlin einer neu zu gründenden Universität zu übertragen. So unterschiedlich auch ihre Auffassungen in der Frage waren, ob die klinische Ausbildung in der Charité selbst durchzuführen sei, sie stimmten darin überein, daß die Bildungsstätte für Ärzte eine medizinische Akademie sein müßte.

Im Jahre 1799 war Fichte nach Berlin gekommen. Er hatte sein Lehramt in Jena wegen seiner freiheitlichen Haltung aufgeben müssen. Der Philosoph wohnte wie der Schweizer Geschichtsschreiber und Historiograph der Hohenzollern, Johannes von Müller, nahe der Weidendammer Brücke. In einem Garten war dort auch das eisenfreie Häuschen errichtet worden, in dem Alexander von Humboldt im Winter 1805/06 mit seinem Freunde Gay-Lussac erdmagnetische Untersuchungen durchführte. Im Jahre 1804 wurde Albrecht von Thaer, der Wegbereiter der modernen Agrarwissenschaften, beauftragt, in der Umgebung Berlins eine landwirtschaftliche Lehranstalt zu gründen. Schleiermacher kehrte 1806 aus Halle, wo er zuletzt zwei Jahre als Professor der Theologie gelehrt hatte, nach Berlin zurück und wurde 1809 Prediger an der Trinitatiskirche.

Auch ohne daß es in Berlin eine Universität gab, sammelten sich namhafte Gelehrte und führende Köpfe des geistigen Lebens in der preußischen Hauptstadt, wie etwa Fichte und August Wilhelm Schlegel. Sie betätigten sich in Privatvorlesungen in einer Weise öffentlich, die einer modernen wissenschaftlichen Publizität entsprach. Im Mai 1806 siedelte auch Wolf nach zweiundzwanzigjähriger Lehrtätigkeit an der Universität Halle nach Berlin über; er war Mitglied der Akademie der Wissenschaften. Doch kränkelte er und war zumindest zeitweilig des Lehrens überdrüssig geworden.

Wolf und Fichte waren die ersten, die unabhängig voneinander den Plan einer Universitätsgründung in Berlin aufgriffen, unmittelbar nachdem die Katastrophe von 1806 über Preußen hereingebrochen war. Sie wandten sich an Beyme, der sich darüber sehr erfreut zeigte. »Eine solche Anstalt in Berlin war seit langer Zeit mein Lieblingsgedanke. Jetzt bringt ihn die Notwendigkeit zur Ausführung«, schrieb er am 5. September 1807 an Fichte. Am gleichen Tage versicherte er Wolf, die ihm mitgeteilte Idee, »in Berlin ein neues allgemeines Lehrinstitut zu errichten und mit der Akademie der Wissenschaften in angemessene Verbindung zu setzen«, habe er »schon vor acht Jahren als sehr nützlich gefaßt, mit dem seligen Engel« erörtert, »jetzt aber nach dem Frieden von Tilsit als eine Sache der ersten Notwendigkeit wieder hervorgesucht«.

Über die näheren Vorstellungen Beymes aus diesem Sommer und Herbst 1807 wissen wir wenig. Sein Kontakt mit Fichte, Wolf und anderen, von denen er Gutachten einholte, wie auch seine eigene Geistesrichtung machen es gewiß, daß er nicht in den utilitaristischen Bahnen Massows wandelte. Er huldigte vielmehr ähnlichen Tendenzen, wie sie – besonders bei der Verwirklichung der Konzeptionen sehr unterschiedlich – Fichte, Wolf, Schleiermacher und Wilhelm von Humboldt vertraten. Als Leiter der Sektion für Kultus und Unterricht sah sich dann Humboldt unvermittelt vor die Aufgabe gestellt, den lange gehegten Plan zu verwirklichen.

Zunächst galt es, die Zeitverhältnisse zu berücksichtigen. Napoleon hatte die Universität Halle geschlossen. Einige der dortigen Professoren schlugen vor, Lehrer und Studenten an eine neue, in Berlin zu gründende Universität zu überführen, besonders als nach dem Tilsiter Frieden Halle nicht mehr zu Preußen gehörte. Wortführer dieser Gruppe waren der Jurist Schmalz und der Mediziner Froriep. Sie reisten nach Memel, um dem König entsprechende Vorschläge zu unterbreiten. Doch Friedrich Wilhelm III. fürchtete zunächst, mit der Universitätsgründung in Berlin die französischen Machthaber herauszufordern. Immerhin erhielten Schmalz und Froriep wie auch Wolf von Beyme als dem Chef des Königlichen Kabinetts den Auftrag, Vorschläge für eine Neugründung in Berlin auszuarbeiten. Am 4. September 1807 erließ der König eine Vollmacht zur Errichtung einer allgemeinen Lehranstalt in Berlin, und zwar in angemessener Verbindung zur Akademie der Wissenschaften.

Schmalz und Froriep lag vor allem daran, den Lehrkörper der Hallenser Universität weitgehend nach Berlin zu überführen. Wolfs und auch Beymes Vorstellungen gingen dahin, die

neue Anstalt mit den in Berlin bereits vorhandenen Bildungseinrichtungen zu verbinden. Allerdings dachte Beyme an eine
Hochschule, bei der die Anzahl der Professoren und wissenschaftlichen Hilfskräfte das sonst in Deutschland übliche Maß
übertraf. Das eigentliche »Corpus universitatis« sollte aus 16 Or-
dinarien bestehen, von denen die Hälfte aus Halle berufen werden sollte. Insgesamt rechnete Beyme mit 60 bis 65 Lehrkräften
und 75 bis 80 Vorlesungen. Neben den sechzehn ordentlichen
Professoren sollten noch sechs außerordentliche und acht bis
zehn Dozenten berufen werden. Die übrigen Hochschullehrer
sollten aus Mitgliedern der Akademie der Wissenschaften und
anderen wissenschaftlichen Anstalten, wie dem Collegium medico-chirurgicum und der Tierarzneischule, aber auch der Kriegsschule und den Berliner Gymnasien bestehen.

Beyme wünschte schnelles Handeln und trachtete danach, unverzüglich die Personalverhältnisse zu klären. Sie schienen ihm,
wie er Wolf schrieb, »die wichtigsten, da alle Anstalten tot und
unfruchtbar bleiben, wenn sie nicht durch den Geist der Person
belebt werden«. Von Fichte versprach sich Beyme besonders
wertvollen Rat bei den allgemeinen Fragen der Organisation
und des Unterrichtes. Noch im Jahre 1807 kam es zur Berufung
der ersten Lehrkräfte, des Juristen Schmalz und der Mediziner
Froriep, Reil, Loder (der freilich bereits mit königlicher Genehmigung in Moskau weilte) und Bernstein aus Halle sowie
Fichtes und Hufelands und der Pröpste Hanstein und Ribbeck
aus Berlin. Weitere Gelehrte und Männer der Kirche wurden
ersucht, ihre Ansichten über die neue Einrichtung zu äußern.

Wolfs schwieriger Charakter zeigte sich bereits in jener Zeit.
Er hatte bei den Auseinandersetzungen mit der französischen
Besatzungsmacht um die Universität Halle keine rühmliche
Rolle gespielt und sich bei seinem Umzug nach Berlin wie bei
seinen ersten Vorschlägen zur Errichtung einer Universität in
der Hauptstadt keineswegs nur von sachlichen Erwägungen leiten lassen. Zu vielen seiner Kollegen hatte er kein gutes Verhältnis. »Einen wirklich nützlichen detaillierten Plan zu machen«, reichten seine allgemeinen Kenntnisse freilich nicht aus,

wie er in einem Brief an Beyme vom 19. September 1807 zugab. Einen neuen, größeren Plan zur Universitätsgründung wollte er später entwerfen und dabei auf alle Einzelheiten eingehen. Er schlug vor, den Plan eventuell in einer Kommission zu beraten, für die er neben Uhden und Hufeland auch Humboldt vorschlug. Wahrscheinlich dachte er dabei an den in Berlin weilenden Alexander von Humboldt und nicht an den noch in Rom lebenden Wilhelm.

Wolf äußerte sich wenig über Fragen der Organisation und über die Beziehung zur Akademie, weit mehr dagegen über Personalangelegenheiten. Als Gehalt für sich forderte er den für damalige Verhältnisse anspruchsvollen Betrag von 2500 Talern jährlich. Auch wollte er nicht dem Professorenkollegium, sondern nur der Akademie angehören und als deren Mitglied zugleich an der neu gegründeten Anstalt lehren. Beyme war es höchst unangenehm, daß Wolf seinen Plan, der lediglich als Beratungsunterlage gedacht war, einer Zeitung übergab und damit eine vorzeitige öffentliche Diskussion auslöste.

Empört über Wolfs Vorgehen war Fichte, der zweite Gutachter. Auch er war überzeugt, der einzige oder wenigstens der besondere Vertraute Beymes zu sein. Im Gartenhaus an der Weidendammer Brücke konzipierte er seine Ideen einer Nationalerziehung, die Bildung einer »Kunstschule des wissenschaftlichen Verstandesgebrauches«, ohne persönliche Ansprüche. Ihm ging es darum, seine kühnen Vorstellungen einer Hochschule zur Entfaltung des menschlichen Geistes zu verwirklichen. Fichte beriet sich in seiner selbstgewählten Abgeschlossenheit nur mit seinem Hausnachbarn Johannes von Müller. Doch wurde er enttäuscht, als der aus der Schweiz stammende Historiker, der Geschichtsschreiber der Hohenzollern, sich nicht der patriotischen Sache seiner Wahlheimat Preußen zur Verfügung stellte, sondern in die Dienste des Königs Jérôme von Westfalen trat.

Während Fichte noch an seinem Gutachten arbeitete, häuften sich bei Beyme erbetene und unerbetene Ratschläge, Bedenken und Einsprüche. Von manchem wurde eine umfassende Vereinigung aller Wissenschaften und Künste mit der Möglichkeit einer harmonischen Entfaltung in nahezu klösterlicher Abgeschlossenheit gewünscht. Andere wieder wollten eine fachlich eng begrenzte Ausbildung für die verschiedenen Bedürfnisse des individuellen wie gesellschaftlichen Lebens. Der preußische Staat müsse durch geistige Kräfte ersetzen, was er an physischen verloren habe, hatte der König gefordert. Dem stand die bittere Wirklichkeit mit ihren finanziellen und wirtschaftlichen Nöten entgegen. Beyme aber besaß nicht die Fähigkeit, die noch verbliebenen Möglichkeiten und die ihm vorgetragenen Gedanken und Pläne so zu nutzen, wie es die Zeit erforderte.

Massows Vorstellungen am nächsten standen die Gutachten des Mediziners Johann Christian Reil und des Professors der Beredsamkeit Christian Gottfried Schütz, der zu Schillers Zeit in Jena gelehrt hatte und später nach Halle gegangen war. Beide wünschten eine auch organisatorisch reinliche Scheidung zwischen Universität und Akademie. Reil ging es dabei um eine brauchbare wissenschaftliche Ausbildung von Medizinern, während Schütz in den Akademien eine Art Altersversorgung verdienter Gelehrter erblickte.

Bemerkenswert ist neben der Mißachtung der in der Tat damals verfallenen Akademie der Wissenschaften die bis zur Ablehnung gehende Skepsis gegenüber der Universität in ihrer überkommenen Gestalt. Hufeland beispielsweise, selbst Mitglied der Berliner Akademie, sah die Lösung in einer »Akademie der Wissenschaften und des öffentlichen Unterrichts«, einer Verbindung also von Akademie und Universität in der Einheit von Forschung und Lehre. Dabei vertrat er die Meinung, wer etwas zu sagen habe, wolle es auch mitteilen, so wie es die alten Philosophen immer gelehrt hätten. Unter der neuen Universität stellte er sich eine klar gegliederte und straff organisierte Anstalt vor; unverkennbar war, daß er das von ihm geleitete Collegium medico-chirurgicum als Vorbild betrachtete.

Theodor Anton Heinrich Schmalz entwarf einen überaus freiheitlichen Plan. Das überrascht um so mehr, als der spätere

Rektor der Universität Berlin nach 1813 bald zu den verhaßtesten Repräsentanten der Reaktion gehörte. Doch vorher war sein Ideal eine freie Bildungsanstalt. Sie sollte durch freie Entscheidung gegen Entgelt privat lehrender Gelehrter ohne Mitwirkung des Staates, wohl aber auf dessen Wunsch gebildet werden. »Hat nicht das Altertum solche freie Lehrer gehabt?« fragte er. »Es scheint also eine eigentliche Errichtung einer solchen Lehranstalt und Anstellung und Besoldung von Lehrern selbst überflüssig . . . Nur liberale Formen, nur kein Magnificus, keine Jurisdiction, keine Zunft unter dem Namen Fakultät! Aber doch so viele points de réunions, als die Leitung und Aufsicht des Ganzen notwendig macht.« Wenn eine »Königliche Akademie der Wissenschaft« aber dennoch als Staatseinrichtung gegründet werden sollte, so wünschte er jedenfalls freieste Konkurrenz der Lehrkräfte nach Art und Gegenstand ihrer Vorlesungen. Loder regte an, »solche anerkannt elenden Universitäten« wie Frankfurt und Königsberg mitsamt den beiden Fakultäten in Breslau aufzulösen. Statt dessen schlug er vor, ein neues akademisches Lehrzentrum in Berlin zu schaffen und nur die besten Lehrkräfte aus dem ganzen Land zu berufen.

Auch Wolf hatte den überkommenen starren Formen den Kampf angesagt, und sogar auf den Namen Universität wollte er verzichten. Alexander von Humboldt und andere, mit denen er sich beriet, brachten ihn von seiner Meinung ab. Kein anderes Wort als Universität, schrieb er an Beyme, »drückt die Sache aus, und kein anderes würde ebensogut die fremden Studierenden herlocken. Es ist auch nicht zu klein für das, was hier geleistet werden kann«. Mit der Beibehaltung der Bezeichnung Fakultäten für die vier ins 13. Jahrhundert zurückgehenden »ordines«, die theologische, rechtswissenschaftliche, medizinische und philosophische Fakultät, vermochte er sich nicht zu befreunden. Anstelle der »ganz aus der Barbarei konservierten« Fakultäten wünschte er eine Gliederung nach Sektionen. Ferner riet er zu einer Aufteilung der philosophischen Fakultät nach den philosophischen, mathematischen, naturgeschichtlichen, philologisch-altertumswissenschaftlichen und historischen Wissenschaften; eine Verschmelzung von Akademie und Universität lehnte er ab.

Am radikalsten dachte Fichte. Schon in Jena war es ihm um »die sittliche Hebung der Studentenschaft« gegangen, »es war der belebende Hauch seiner akademischen Wirksamkeit dort gewesen, wie er es in seinen Berliner Jahren von neuem werden sollte«[40]. Während seiner kurzen Lehrtätigkeit an der Universität Erlangen 1805/06 hatte er den Plan einer erneuerten Universität entworfen. Fichte dachte dabei nicht nur an die preußischen, sondern auch an die österreichischen und sonstigen Universitäten, an denen in deutscher Sprache gelehrt wurde. Jeder Zwang, eine bestimmte Universität zu besuchen, sollte aufgehoben, die Provinzial- in Landesuniversitäten umgewandelt und uneingeschränkte akademische Freizügigkeit gesichert werden. »Jede deutsche Universität«, verkündete er, »muß immerfort auf das ganze, wissenschaftlich zu bildende Deutschland wirken können, und sie muß durch nichts Äußeres verhindert werden, jedes Talent anzuziehen, dasselbe zu bilden und von ihm sich bilden zu lassen, das seine Verwandtschaft zu ihr in sich fühlt; und jeder deutsche Jüngling muß auf dem gemeinschaftlichen Boden Deutschlands diejenige Kultur aufsuchen können, die er für sich am angemessensten findet. Außer dem wird keine deutsche Akademie und kein aufblühendes deutsches Talent alles das, was es werden könnte.«

In Berlin entwarf Fichte dann den Plan einer Idealuniversität. Dabei war er sich bewußt, daß seine Vorstellungen von einer neuen Universität allenfalls an diesem in Berlin zu schaffenden Modell erprobt werden konnten. Ferner war ihm klar, daß auch dieses Modell nicht vollkommen und sofort, sondern unter Berücksichtigung der gegebenen Verhältnisse vorerst nur in den überkommenen Formen verwirklicht werden könnte. Überzeugt von der Richtigkeit seiner Ideen, zweifelte Fichte nicht daran, daß sich das neue Nationalinstitut beispielhaft entwickeln und durchsetzen werde. In seinem weltbürgerlich übersteigerten Nationalbewußtsein schien es ihm auch gewiß, daß seine Hohe Schule des Verstandes alle Lebensbezirke des neuen Staates und der Gesellschaft durchdringen und darüber hinaus anderen Staaten zum Vorbild und der Menschheit zum Wohle dienen werde.

Im Fichteschen Sinn einer umfassenden Welterkenntnis und erzieherischen Einwirkung auf den einzelnen wie auf die Menschheit stand die Philosophie im Mittelpunkt seiner Universitätsidee. An den Prinzipien der Philosophie wurden Wert und Zweck jeder Disziplin gemessen. Was in den Bereich des praktischen Lebens gehört und nur um seiner Nützlichkeit willen betrieben wird, hatte in Fichtes Konzeption keinen primären Rang. Es ging nicht so sehr darum, angelesenen Bildungsstoff und empirisch gesammeltes Wissen zu vermitteln, es sollte vielmehr gelehrt werden, wie der Verstand recht zu gebrauchen und das Leben zu gestalten sei.

Fichtes Idealismus entsprachen Forderungen an Lehrende und Lernende bei den Aufgaben, die er der neuen Universität stellte. Forschung und Lehre sollten eine Einheit bilden. Fichte war ein entschiedener Gegner der überkommenen Trennung von Akademie, die der Pflege reiner Forschung gewidmet war, und Universität, die in althergebrachtem Sinne der bloßen Wissensübermittlung diente. Radikal waren demgemäß auch seine Ansichten über die Organisation der neuen Universität. Über seine Erlanger Vorschläge hinausgehend, forderte er eine fast klösterliche Abgeschlossenheit und Gemeinsamkeit von Lehrenden und Lernenden. Wer sich einmal aus freiem Entschluß in das Fichtesche Nationalinstitut begeben hatte, sollte sich völlig der Förderung menschlicher Erkenntnis und der späteren Nutzanwendung im beruflichen Leben widmen. Eine in sich geschlossene Forschungs-, Lehr- und Bildungsanstalt schwebte ihm vor, eine Gemeinschaft von Lehrenden und Lernenden mit eigenem Haushalt, eigenen Einkünften und eigener Verwaltung, mit gleicher Lebensart und Lebenshaltung, mit Internaten, in denen Ernährung, Freizeit und Kleidung gleich sein sollten. Sein Nationalinstitut war eine Utopie, in der allerdings Ansätze zu Erneuerungen vorhanden waren, die sich unter den damals gegebenen Verhältnissen verwirklichen ließen.

Andere Vorschläge unterbreitete Schleiermacher, ohne Fichtes Ansichten zu kennen, zu Beginn des Jahres 1808 in seiner Schrift »Gelegentliche Gedanken über Universitäten im deutschen Sinne, nebst einem Anhang über eine neu zu errichtende«. Für Schleiermacher, der zwei Jahre an der Universität Halle Theologie gelehrt hatte, waren zwei Gesichtspunkte von besonderer Bedeutung. Er betonte den deutschen Charakter und die deutsche Aufgabe einer erneuerten Universität ohne besondere Rücksichtnahme auf die damaligen preußischen Verhältnisse. Ferner war er ein entschiedener Gegner der fachlich orientierten Hochschulen, wie sie im nachrevolutionären Frankreich entstanden waren. Nach seiner Meinung war im Menschen der Wille zu wissen primär. Dabei handele es sich aber nicht nur um die Erhaltung der eigenen Fähigkeiten, sondern um die Verbreitung und Weitergabe dessen, was man erfahren, erkannt und gelernt habe. Der Drang der Wissenschaft gehe ins Grenzenlose, während der Staat Begrenzung und Absperrung bedeute. Schleiermacher forderte zur Erhaltung der Freiheit des Geistes gegenüber dem Machtanspruch des Staates Selbstverwaltung und sogar Selbstregierung der Universitäten durch Rektor und Senat, Selbständigkeit der Fakultäten und akademische Freiheit für Lehrer wie für Lernende, eigene Gerichtsbarkeit und akademische Würden. Er wünschte nicht die Aufhebung der Akademien, sondern hob deren Eigenständigkeit neben der Universität hervor. Klarer, als es sonst geschah, wies er dem Gymnasium die Aufgabe einer Vorstufe zur Universität zu. In romantischer Weise bezog er sich auf den historischen Status der Universität und verkannte dabei völlig, daß Universitäten niemals freie Gründungen freier Männer, sondern kirchliche oder fürstliche Institutionen gewesen waren. »Es kam ihren Gründern wirklich nur darauf an, Lehrer, Theologen, Ärzte, Juristen für ihr Herrschaftsgebiet, ihren Staat zu gewinnen; auf Kenntnisse viel mehr als auf Erkenntnis war ihre Absicht gestellt.«[41]

Diese und andere widersprüchliche Pläne und Vorschläge häuften sich in Memel auf Beymes Arbeitstisch. Es ist fraglich, ob der ein wenig selbstherrliche, jeder kollektiven Entscheidung abgeneigte Kabinettschef der Aufgabe gewachsen gewesen wäre, aus dem Für und Wider der Meinungen und Projekte einen klaren Plan zu entwickeln und durchzusetzen.

Als der Reichsfreiherr vom Stein nach dem Tilsiter Frieden die Leitung der preußischen Staatsgeschäfte übernahm, blieb Beyme zwar Mitglied des Kabinetts; er erhielt aber lediglich das Amt eines Chefpräsidenten des Kammergerichtes. Stein aber hielt Berlin als Sitz einer Universität für wenig geeignet. Nach seiner damals weitverbreiteten Meinung glaubte er, die Universität könne ihre Aufgabe am besten abgeschieden vom Leben und Treiben der Großstadt erfüllen. Ausschlaggebend aber war letztlich, daß die Universität erst nach der Rückkehr von König und Regierung in die Hauptstadt Preußens eröffnet werden sollte. Da aber das ausgebeutete Land mit der Zahlung der Kontributionen in Verzug geraten war und die französischen Truppen in der Residenz der Hohenzollern blieben, verzögerte sich die Rückkehr des Monarchen und die beabsichtigte Aufnahme von Vorlesungen, die bereits für den Herbst 1807 und dann für das Frühjahr 1808 geplant war.

Den Franzosen waren die gegen Beymes Wunsch öffentlich erörterten Pläne zur Gründung einer Universität nicht unbekannt geblieben. Als Jerôme im Dezember 1808 in Kassel, der Hauptstadt des neugegründeten Königreichs Westfalen, einzog, eröffnete er die Universität Halle wieder und sicherte allen in Halle verbliebenen preußischen Professoren die Erhaltung ihres Lehramtes zu. Er wurde dabei beraten von seinem Staatssekretär Johannes von Müller, der mit den preußischen Absichten wohlvertraut war. Rektor und Kanzler der Universität Halle wurde der Theologe August Hermann Niemeyer. Ihm hatte Stein ursprünglich die später Humboldt übertragene Stelle des Sektionschefs zugedacht.

Die Überraschung in Preußen war groß. Wolf machte aus seiner Verärgerung über seine ungeklärte Lage kein Hehl. Von den bereits berufenen Professoren entschieden sich Schütz und Reil für ein Verbleiben in Halle; Froriep folgte einem Ruf nach Tübingen, und Loder ging nach Moskau. Schleiermacher und Schmalz kündeten private Vorlesungen an, Fichte hielt am 13. Dezember 1808 im Runden Saal der Akademie die erste seiner »Reden an die deutsche Nation«.

Beyme schrieb an Fichte im Februar 1809: »Der einmal gefaßte Beschluß, in Berlin eine Universität zu errichten, hat nie auch nur einen Augenblick gewankt und steht noch jetzt fest.« Nachdem Beyme im Juni 1809 Präsident des Kammergerichtes geworden war, wurde er von seiner Aufgabe als »Einrichtungskommissar der Universität Berlin« entbunden und die Universitätsgründung der zuständigen Sektion im Ministerium des Innern übertragen. Nach der Konvention von Paris vom 8. September 1808, die auch die Räumung der Preußen verbliebenen Gebiete durch die französischen Truppen vorsah, wäre der Augenblick gekommen gewesen, an dem Hof und Regierung nach Berlin hätten zurückkehren können. Die von Napoleon geforderte Entlassung Steins und ihre Folgen verzögerten abermals den Gang der Dinge.

Von der Ernennung Humboldts zum Chef der Sektion des Kultus und des Unterrichts bis zu seinem Antrag auf Errichtung der Universität Berlin vom 24. Juli 1809 vergingen nur fünf Monate. Diese knappe Zeit genügte Humboldt, um trotz vieler anderer, nicht minder wichtiger Aufgaben unter Berücksichtigung der Vorarbeiten einen konkreten Plan zu entwerfen und dem König zur Genehmigung vorzulegen. Dennoch hat er, von der Fülle der auf ihn wartenden Arbeiten und der Mannigfaltigkeit der vorliegenden Gutachten bedrückt, nur zögernd eigene Vorschläge entwickelt. Es ging jetzt auch nicht darum, eine weitere Meinung zu einem kulturpolitisch wichtigen Vorhaben zu äußern, sondern einen bei allen zeitbedingten Schwierigkeiten realisierbaren und zugleich zukunftweisenden Plan so rasch als möglich vorzulegen.

Nur langsam befreundete sich Humboldt mit dem Gedanken, daß die neue akademische Lehranstalt in der preußischen Hauptstadt errichtet werden müßte. An Schleiermacher schrieb er am

23. Mai 1809 zwar, er wäre »immer, obgleich nur bedingt, weil man Halle verloren hat, für die Berliner Universität«. Doch noch am 29. Juli 1809 hieß es in einem Brief an den Finanzminister Altenstein, auch er wäre überzeugt, »daß eine Universität in einem kleinen Ort unendlich besser und angemessener ist. Allein ich bin es auch ebensosehr, daß die Anstalten in Berlin schon ehemals zu weit gediehen waren, um sie noch jetzt verlegen oder unvollständig lassen zu können, und daß eine höhere und allgemeine Lehranstalt... nur dadurch noch mit Ernst und Solidität einer gewissen in Berlin gefürchteten Frivolität begegnen kann, wenn sie sich so streng, als es der Geist der Zeit erlaubt, an die Formen der bisherigen Universitäten bindet und diesem Namen getreu bleibt.« Goethe schrieb er noch weit später, daß »ein Kunst- und wissenschaftlicher Geist nur in einer Trennung von der Wirklichkeit gedeiht«.

Einen näheren Kontakt mit den Verfassern der ihm vorliegenden Gutachten suchte Humboldt nicht. Nur Wolf hätte er gern zu seiner Beratung und zur Mitarbeit gewonnen. Den allzu utopischen Fichte mied er zu dessen Kummer; mit Schleiermacher bahnte sich allmählich eine fruchtbare Zusammenarbeit an. Seine Hauptstützen wurden auch in der Universitätsfrage seine Staatsräte, besonders Süvern, Uhden und Nicolovius.

Humboldts Vorarbeiten litten darunter, daß er zunächst in Berlin weilte, während sich Hof und Regierung in Königsberg aufhielten, bis er sich schließlich entschloß, ebenfalls nach Ostpreußen zu gehen. Auf den Innenminister, den früheren Mitstudenten Dohna, konnte er sich in seinen dienstlichen Angelegenheiten verlassen. Wichtiger war es, für seine Absichten den Finanzminister Altenstein zu gewinnen, der in der schwachen Regierung der Stärkere war und bereits eigene Vorstellungen von einer Reform des Universitätswesens hatte. Da Humboldt als Sektionschef im Kabinett kein Vortragsrecht hatte, lag ihm sehr daran, seine Gedanken mit dem Minister auszutauschen, der die erforderlichen Mittel für alle seine Pläne bereitstellen mußte. So hatte er schließlich selbst auf seine Übersiedlung gedrängt, zumal in der Umgebung des Königs gegen den Universitätsplan erneut Bedenken auftauchten und Graf Dohna den ihm überlegenen Freund und Mitarbeiter bei allem förmlichen Wohlwollen lieber in Berlin als in seiner Nähe sah.

Es bedurfte, wie man sieht, eines großen diplomatischen Geschicks, um die formellen Voraussetzungen für eine rasche und sachliche Entscheidung über die Einrichtung einer neuen zentralen akademischen Lehr- und Bildungsanstalt zu schaffen. Diese Entscheidung konnte nur in Königsberg gefällt werden; Humboldts bereits erwähnter Antrag »An des Königs Majestät« wurde dort konzipiert und trägt das Datum vom 24. Juli 1809.

Der erste, vom 12. bis 14. Mai ausgearbeitete Entwurf Humboldts unterscheidet sich in einigen nicht unwichtigen Fragen von der endgültigen Fassung. Zwischen beiden liegen mündliche Verhandlungen, besonders mit Altenstein, ohne daß man in allen Einzelheiten mit Gewißheit sagen könnte, welche Fassung in welchen Punkten die persönliche Ansicht Humboldts wiedergibt und wo er sich genötigt sah, Zugeständnisse zu machen, oder wo er sich von Gegenargumenten überzeugen ließ. Entscheidend war sein fester Wille, die nun schon Jahre schwebende, sehr dringlich gewordene Gründung eines neuen akademischen Lehrinstitutes unverzüglich zu vollziehen.

Während sich im Aufstand in Tirol, in der österreichischen Erhebung und bei den Kämpfen in Spanien neue Entwicklungen auf militärischem und außenpolitischem Gebiet abzeichneten, setzte sich Humboldt dafür ein, die allgemeinen Erwägungen über die preußischen Universitäten endlich abzuschließen und vor allem die neue Universität in Berlin zu eröffnen.

Bei seinem ersten Entwurf ging es vornehmlich darum, die Unterstützung des Innenministers Graf Dohna und des Finanzministers Altenstein zu gewinnen. Staatspolitische und finanzpolitische Erwägungen standen im Vordergrund.

Es zeigte sich, daß Humboldt grundsätzlich an seinen staatstheoretischen Auffassungen der neunziger Jahre festhielt und dem Staat so wenig Einfluß auf das Universitätswesen einräumen wollte, wie irgend möglich war. Er forderte die Freiheit von Forschung und Lehre, den freien Wechsel der Universitäten

Preußens und sogar Deutschlands während des Studiums, das Recht auf Verleihung akademischer Grade und die Selbstverwaltung als Grundprinzipien der neuen, von ihren überkommenen Fesseln befreiten Hochschule. Ferner war er bestrebt, Universität und Lehrkörper auch in finanzieller Hinsicht weitgehend unabhängig vom Staat zu halten. Humboldt plante, staatliche Domänen im erforderlichen Ausmaß der neuen Hochschule wie auch den alten Universitäten Königsberg und Frankfurt als Finanzquelle zur Verfügung zu stellen. Er beabsichtigte vorerst nicht, die Universität Frankfurt an der Oder zu schließen. Doch mußte ihr Ausbau aus finanziellen Gründen zurückgestellt werden.

Die Absicht, eine finanziell vom Staat unabhängige, in Lehre und Forschung völlig freie neue Universität zu schaffen, war kühn und fortschrittlich. Dennoch konnte kein Zweifel daran bestehen, daß der Staat der Gebende sein mußte, wenn aus dem Plan Wirklichkeit werden sollte. Daher war klar, daß sich der Geldgeber und Stifter Staat zumindest die Rechte eines Schutzherrn, eines Fürsorgers und einer Aufsichtsinstanz vorbehalten mußte. Auch zeigte sich bald, daß der Staat nicht darauf verzichten konnte, die Zusammensetzung des Lehrkörpers maßgebend zu bestimmen und damit zugleich über den Rang der neuen Hochschule zu entscheiden.

Während der mit den Ministern geführten Gespräche tauchten neue Bedenken auf; sie waren teils sachlich, teils politisch begründet. Altenstein war zunächst ebenso wie Humboldt nicht dafür, die neue Universität nach Berlin zu verlegen. Einig waren sich beide aber darin, daß nur in Berlin günstige Voraussetzungen für eine Neugründung vorhanden waren und daß nur eine Universität in der preußischen Hauptstadt eine größere Anziehungskraft auch auf nichtpreußische Studenten ausüben würde. Humboldt befreundete sich schließlich mit Berlin als Sitz der neuen Universität auch deshalb, weil er sie sich als ein auf ganz Deutschland Einfluß nehmendes Forschungs- und Bildungszentrum wünschte.

Andererseits war die Lage der Hauptstadt nach wie vor prekär. Eine Anhäufung von wichtigen Einrichtungen und eine starke Konzentration patriotisch-fortschrittlichen Strebens in einem sich rasch entwickelnden Bildungsinstitut konnten Napoleon veranlassen, irgendein Versäumnis in der Erfüllung der Verpflichtungen als Vorwand für eine neue Besetzung Berlins zu benutzen. Erheblicher noch waren die Widerstände der reaktionären und orthodoxen Hofkreise gegen eine neue, von fortschrittlichem Geist getragene und von einem Ketzer wie Humboldt so beredt befürwortete Universität.

Altenstein erwies sich als wohlwollender Förderer der Pläne und Vorschläge Humboldts. Allerdings dürfte manche Humboldts Vorstellungen nicht immer entsprechende Änderung auf seinen Einspruch zurückzuführen sein. Im Lauf der Erörterungen wurde auch klar, daß die Akademien der Wissenschaften und der Künste, deren Verhältnis zur Universität sich Humboldt ähnlich wie Schleiermacher dachte, ebenfalls reformiert werden müßten. Humboldt erhielt die Vollmacht, diese Korporationen und andere Institute »in angemessene Verbindung mit der Universität zu setzen und demgemäß eine Reorganisation beider Akademien vorzunehmen«.

Das Scheitern des Tiroler Aufstands und der vergebliche Versuch Österreichs, sich gegen Napoleon zu erheben, nötigten Preußen, vordringlich an die Reform des Heeres und an die Möglichkeit eines sich ausweitenden Krieges zu denken statt an die Reform des Bildungswesens und die kostspielige Einrichtung einer neuen Universität. Humboldt wünschte daher die Bereitstellung eines Betrages von 100 000 Talern nur auf Widerruf. Auch war er damit einverstanden, die Eröffnung der Universität zu verschieben, falls es zum Kriege komme. Ferner sollten die verliehenen Domänen mit ihren für die Universität bestimmten Erträgen Eigentum der Nation bleiben und im Kriegsfall dazu beitragen, die übrigen Aufgaben der Sektion des öffentlichen Unterrichts finanziell zu sichern.

Humboldt redigierte eigenhändig die letzte Fassung des dem König vorzulegenden Memorandums und des Begleitberichtes, den Innen- und Finanzminister zu erstatten hatten. Süvern und Nicolovius gaben beiden Texten ihre Zustimmung. Altensteins Ansichten waren weitgehend berücksichtigt worden. Humboldt hatte das Memorandum mit diplomatischem Talent und psychologischem Geschick abgefaßt, denn es kam alles darauf an, den schwankenden und zögernden König, der letztlich allein zu entscheiden hatte und überdies der Hofkamarilla Gehör schenkte, für das Vorhaben zu gewinnen. In allem Grundsätzlichen hatte Humboldt, der Fürsprache Dohnas und Altensteins nunmehr gewiß, seine Auffassungen durchsetzen können und unterbreitete nun dem König den Antrag, die »Einrichtung einer allgemeinen und höheren Lehranstalt in Berlin zu genehmigen«.

»Es wird befremdend scheinen«, begann Humboldt mit kluger Überredungskunst, »daß die Sektion des öffentlichen Unterrichts im gegenwärtigen Augenblick einen Plan zur Sprache zu bringen wagt, dessen Ausführung ruhigere und glücklichere Zeiten vorauszusetzen scheint.« Er appellierte dann an das Verantwortungsgefühl des zwar schwachen, aber ehrgeizigen Monarchen für ganz Deutschland.

Außer Stein hätte kein anderer preußischer Staatsmann jener Zeit mit gleichem Nachdruck und aus innerer Überzeugung auf diese gesamtdeutsche Bedeutung der Einrichtung einer beispielgebenden Universität hinweisen können wie Wilhelm von Humboldt. »Weit entfernt, daß das Vertrauen«, argumentierte er gegenüber dem König, »welches ganz Deutschland ehemals zu dem Einflusse Preußens auf wahre Aufklärung und höhere Geistesbildung hegte, durch die letzten unglücklichen Ereignisse gesunken sei, so ist es vielmehr gestiegen. Man hat gesehen, welcher Geist in allen neueren Staatseinrichtungen Ew. Königl. Majestät herrscht und mit welcher Bereitwilligkeit auch in großen Bedrängnissen wissenschaftliche Institute unterstützt und verbessert worden sind. Ew. Königl. Majestät Staaten können und werden daher fortfahren, von dieser Seite den ersten Rang in Deutschland zu behaupten und auf seine intellektuelle und moralische Richtung den entschiedensten Einfluß auszuüben.« Gerade der Gedanke, daß eine solche allgemeine Lehranstalt in

Berlin errichtet werde, habe zur Stärkung dieses Vertrauens beigetragen. »Wenn Ew. Königl. Majestät nunmehr diese Einrichtung feierlich bestätigten und die Ausführung sicherten, so würden Sie sich aufs neue alles, was sich in Deutschland für Bildung und Aufklärung interessiert, auf das festeste verbinden, einen neuen Eifer und neue Wärme für das Wiederaufblühen Ihrer Staaten erregen und in einem Zeitpunkte, wo ein Teil Deutschlands vom Kriege verheert, ein anderer in fremder Sprache von fremden Gebietern beherrscht wird, der deutschen Wissenschaft eine vielleicht kaum jetzt noch gehoffte Freistatt eröffnen.«

Dieser Appell war weit mehr als nur ein Versuch, auf diplomatische Weise den eitlen König zu gewinnen. Im Gegensatz zu Friedrich Wilhelm III. dachte Humboldt deutsch und nicht preußisch. Gerade weil er jedem Studenten die Wahl seiner Universität überließ, wünschte er die neue Universität zu einer Anziehungsstätte für die deutsche Jugend aus allen Ländern zu machen, ganz im Sinne seines Bekenntnisses: »Es gibt doch nie ein Vaterland, dem man lieber angehören möchte als Deutschland.«

Der Hinweis auf die gesamtdeutsche Bedeutung der beabsichtigten Gründung war zugleich geeignet, Humboldts entscheidendes, vorerst nur angedeutetes Anliegen ein wenig zu verschleiern: die Schaffung einer kaum noch erhofften fortschrittlichen »Freistatt« der deutschen Wissenschaft. »Diese zusammentreffenden Umstände«, fuhr Humboldt in seinem Memorandum fort, »machen dann auch, und dies gibt einen zweiten wichtigen Grund ab, gerade jetzt mehr Männer von entschiedenem Talent als sonst geneigt, neue Verbindungen einzugehen.« Das heißt, Humboldt hoffte, fortschrittliche Gelehrte aus allen Teilen Deutschlands für die neue Universität zu gewinnen.

Er hatte inzwischen seine Bedenken, die geplante neue Hochschule in der preußischen Hauptstadt zu gründen, aufgegeben. Anlaß dafür war nicht nur die Möglichkeit, die in Berlin vorhandenen Institute mit der neuen Bildungsstätte zu verschmelzen. Wesentlicher war vielleicht noch die Anziehungskraft, die Berlin über Preußens Grenzen hinaus besaß. In seinem Memorandum berücksichtigte Humboldt die Gedanken Beymes und Engels und näherte sich sogar den utopischen Vorstellungen Fichtes, vor allem aber den Anregungen Schleiermachers. Er schlug vor, die Akademie der Wissenschaften, die der Künste, die wissenschaftlichen Institute, namentlich die klinischen, anatomischen und medizinischen, vor allem soweit sie rein wissenschaftlicher Art waren, ferner die Königliche Bibliothek, das Observatorium, den Botanischen Garten, die naturhistorischen und Kunstsammlungen »und die allgemeine Lehranstalt selbst dergestalt in ein organisches Ganzes zu verbinden, daß jeder Teil, indem er eine angemessene Selbständigkeit erhält, doch gemeinschaftlich mit den andern zum allgemeinen Endzweck mitwirkt«.

Im Namen der Sektion ersuchte Humboldt um die Erlaubnis, die neue Hochschule »mit dem alten und hergebrachten Namen einer *Universität* belegen und ihr, indem sie übrigens von allen veralteten Mißbräuchen gereinigt wird, das Recht einräumen zu dürfen, akademische Würden zu erteilen«. Die vorläufige Beibehaltung der Universität Frankfurt und das Fortbestehen der Universität Königsberg begründete Humboldt unter anderem damit, daß »jeder In- und Ausländer Freiheit behielte, Berlin entweder zu seiner ganzen oder, wie es ehemals so häufig mit Göttingen geschah, nur, nachdem er eine andere Universität besucht hatte, bloß zu seiner höhern und letzten Ausbildung zu wählen«.

Die Kosten für alle Anstalten schätzte Humboldt auf jährlich 150 000 Taler, wobei er auf seinen Lieblingsplan zurückkam und auf entsprechende Anweisungen aus der königlichen Kasse verzichtete. Er erklärte, die Sektion des öffentlichen Unterrichts werde sich bemühen, »es nach und nach (weil es auf einmal freilich unmöglich ist) dahin zu bringen, daß das gesamte Schul- und Erziehungswesen nicht mehr Ew. Königl. Majestät Kassen zur Last falle, sondern sich durch eignes Vermögen und durch die Beiträge der Nation erhalte. Die Vorteile dabei sind mannigfaltig. Erziehung und Unterricht, die in stürmischen wie in ruhigen Zeiten gleich notwendig sind, werden unabhängig von dem Wechsel, den Zahlungen des Staates so leicht durch die politische Lage und zufällige Umstände erfahren. Auch ein unbilliger Feind schont leichter das Eigentum öffentlicher Anstalten. Die Nation endlich nimmt mehr Anteil an dem Schulwesen, wenn es auch in pekuniärer Hinsicht ihr Werk und ihr Eigentum ist, und wird selbst aufgeklärter und gesitteter, wenn sie zur Begründung der Aufklärung und Sittlichkeit in der heranwachsenden Generation tätig mitwirkt. Es würde daher am zweckmäßigsten sein, wenn die Universität und die ihr verbundenen Institute ihr jährliches Einkommen durch Verleihung von Domänengütern erhielten«. Um die Einkünfte des Staates durch die Übergabe solcher Domänen nicht zu schmälern, empfahl er, gewiß im Einvernehmen mit Altenstein, im notwendigen Ausmaß kirchliche Güter in den Provinzen Schlesien und Westpreußen zu säkularisieren.

Manche nicht unwesentliche Einzelheit des Memorandums geht stärker auf Pläne und Vorstellungen aus der Zeit Beymes zurück, als dies im ersten Entwurf geschah. Humboldt befand sich in einer Zwangslage. Er konnte seinen Plan nicht selbst vortragen, sondern mußte ihn, da er kein Kabinettsmitglied war, durch Dohna und Altenstein vertreten lassen. Dazu kam, daß Humboldt die Einflüsse aus der Umgebung des wenig selbständig urteilenden Königs berücksichtigen mußte. Es kam ihm auf das Jawort des Königs an und auf die Ermächtigung, solche Männer berufen zu dürfen, die der neuen Universität Rang und Bedeutung verleihen konnten. Grundfragen der inneren Organisation wurden vermutlich mit Absicht offengelassen, um nicht den Zeitpunkt zu verpassen, an dem der dringend notwendige erste Schritt endlich getan werden konnte.

Humboldt suchte den Einfluß des Staates auf die Universität zu beschränken, weil er wußte, daß die den preußischen Staat beherrschenden Kräfte trotz aller Reformversuche Steins keineswegs die Interessen der Nation vertraten. Er wollte seiner Universität so viel Unabhängigkeit vom Staat geben, wie es bei einer zwar für Reformen aufgeschlossenen, aber überaus schwachen

Regierung in jener Übergangsepoche von Stein zu Hardenberg möglich war. Dabei dachte Humboldt auch während seiner Amtszeit als Sektionschef des öffentlichen Unterrichts trotz der turbulenten Zeitereignisse in größeren Zusammenhängen und weiteren Perspektiven. Stärker noch als in Rom glaubte er an Deutschland.

So ist auch sein Drängen zur Verantwortlichkeit der Nation zu verstehen. Humboldt vermochte sich Freiheit und Menschenwürde nur eingebettet in die Nation vorzustellen. Darunter verstand er das sich aus dem Bewußtsein menschlicher Würde allmählich bildende Volk, wie er es in Frankreich erlebt zu haben glaubte und in die Antike hineingeträumt hatte. Die Nation hielt er für dauerhafter als Preußen oder jeden anderen deutschen Einzelstaat. »Erziehung ist Sache der Nation«, hatte er bereits am 25. März 1809 an Nicolovius geschrieben, »und bereiten wir (was aber nur mit großer Behutsamkeit geschehen muß) vor, daß wir der Kräfte des Staats mehr entraten können und die Nation mehr in unser Interesse ziehen, so können wir, was uns anvertraut ist, auch unter manchen Stürmen erhalten und brauchen es selbst im Fall des äußersten Unglücks nur andern Händen zu übergeben. Denn daß wir persönlich uns unter keiner Bedingung vom Staate trennen würden, versteht sich von selbst.«

Am 16. August 1809 wurde die königliche Stiftungsurkunde für das neue Institut ausgestellt; sie umfaßte neben der Errichtung der Universität eine Reform der Akademien und eine Reorganisation der weiteren wissenschaftlichen Anstalten. Noch vor Ende des Monats traten die für die Ausführung Verantwortlichen zusammen, für das Innenministerium Humboldt, für das Finanzministerium Altenstein und Großkanzler Beyme als Justizminister. Humboldt vermochte nicht alle Wünsche durchzusetzen, gelangte im wesentlichen aber ans Ziel. Freilich zeigte sich erneut die Unhaltbarkeit seiner Stellung. »Wie die Dinge im Innern jetzt sind«, schrieb er am 10. Oktober 1809 auf Grund solcher Erfahrungen an Karoline, »können sie schlechterdings nicht bleiben. Es muß eins von den dreien entstehen: es muß, was jetzt gar nicht existiert, ein Staatsrat oder eine gemeinschaftliche Beratung der Ministerien zustande kommen; oder ich muß mit meinem Departement Minister werden; oder ich muß ins Auswärtige Departement zurückkehren.«

Auf Widerstand stieß Humboldt in den Kreisen der Akademie der Wissenschaften. Schon 1806 war die Akademie aufgefordert worden, Vorschläge zu ihrer Reorganisation einzureichen; sie kam jetzt diesem Ansuchen nach, um sich dagegen zu wehren, daß ihre Institute nach Humboldts Plan zugleich von der Universität genutzt wurden. Im übrigen zeigte sich in Humboldts Vorstellungen vom Verhältnis der Akademie zur Universität eine weitere Annäherung an Schleiermachers Gedanken. »Die Universität nämlich«, formulierte Humboldt, »steht immer in enger Beziehung auf das praktische Leben und die Bedürfnisse des Staates, da sie sich immer praktischen Geschäften für ihn, der Leitung der Jugend, unterzieht; die Akademie aber hat es rein nur mit der Wissenschaft an sich zu tun. Die Lehrer der Universität stehen untereinander in bloß allgemeiner Verbindung über Punkte der äußeren und inneren Ordnung der Disziplin; allein über ihr eigentliches Geschäft teilen sie sich gegenseitig nur, insofern sie eigene Neigung dazu führet, mit, indem sonst jeder seinen eigenen Weg geht. Die Akademie dagegen ist eine Gesellschaft, wahrhaft dazu bestimmt, die Arbeit eines jeden der Beurteilung aller zu unterwerfen.« Die Idee der Akademie erschien ihm als »die höchste und letzte Freistätte der Wissenschaft«, an ihr müsse als an der »vom Staat am meisten unabhängigen Korporation festgehalten werden«. Dieses Vorrecht dürfte von den Akademikern nicht wie in der Vergangenheit durch zu geringe und einseitige Tätigkeit mißbraucht werden.

Im übrigen blieb es trotz des Protestes der Akademie bei der von Humboldt vorgesehenen Regelung. Danach war bei allen Freiheiten der Staat auch für die Akademie ebenso wie für die Universität und die übrigen wissenschaftlichen Institute oberste Instanz: »Sie alle stehen, allein die beiden letzteren mehr, die erstere weniger, unter Leitung und Oberaufsicht des Staates.«

Nur scheinbar widersprach eine solche Regelung Humboldts Forderung nach Freiheit von Forschung und Lehre, nach akademischer Freizügigkeit und akademischer Selbstverwaltung. Für ihn war es die Pflicht des modernen Staates, alle Freiheitsrechte zu gewährleisten und zu schützen, die er den höchsten wissenschaftlichten Anstalten einzuräumen hatte. Daher brach Humboldt auch mit dem mittelalterlichen Zunftbrauch der Ergänzung des Lehrkörpers der Universität durch sich selbst, indem er das Recht der Ernennung von Universitätslehrern dem Staat vorbehielt, wie er der Akademie das Recht des Staates auf Bestätigung ihrer selbstgewählten Sekretäre abrang. Das war kein Rückfall in die Staatspraktiken des aufgeklärten Absolutismus, sondern ein Bekenntnis zu den Bestrebungen der preußischen Reformer und ein Ausdruck der Hoffnung, der sich bildende neue Staat werde dieses Schutzverhältnis zum geistig wissenschaftlichen Leben der Nation nutzen, um allen Widerständen zum Trotz eine freiheitliche Entwicklung von Lehre und Forschung zu sichern. »Aber freilich, der Mann, der das Pflichtverhältnis des Staates gegen den freien Geist der Wissenschaft und ihrer Diener, das er nicht schonend und zart genug hatte schildern können, für sich selbst und sein Amt in einer solchen Weise zu interpretieren wagte, war Humboldt.«[42]

Weit deutlicher als im Verhältnis der Universität zum Staat fand Humboldts Denken in der Idee der Universität seinen Ausdruck, im Wissenschaftsbegriff, den er seiner Schöpfung und durch sie der erneuerten Universitas litterarum mit auf den Weg zu geben bestrebt war.

Humboldt unterschied bei seiner Bildungskonzeption zwischen der allseitigen Ausbildung des Individuums zum harmonischen Menschen und der Vermittlung von speziellen Fertigkeiten für das berufliche Leben. »Was das Bedürfnis des Lebens oder eines einzelnen seiner Gewerbe erheischt«, argumentierte er, »muß abgesondert und nach vollendetem allgemeinen

Unterricht erworben werden. Wird beides vermischt, so wird die Bildung unrein, und man erhält weder vollständige Menschen noch vollständige Bürger einzelner Klassen. Denn beide Bildungen – die allgemeine und die spezielle – werden durch verschiedene Grundsätze geleitet. Durch die allgemeine sollen die Kräfte, d. h. der Mensch selbst gestärkt, geläutert und geregelt werden; durch die spezielle soll er nur Fertigkeiten zur Anwendung bringen.«

Dieser allgemeine Grundsatz seiner Bildungsidee galt sinngemäß für die Universität. Die Universität sollte keine Anstalt für akademische Berufsbildung sein, sondern eine Einrichtung, in der sich Lehrende und Lernende zum Zweck harmonischer Persönlichkeitsbildung und humaner Entwicklung der Menschheit durch Lehre und Forschung zusammenfanden. »Was man daher höhere wissenschaftliche Anstalten nennt, ist, von aller Form im Staate losgemacht, nichts anderes als das geistige Leben der Menschen, die äußere Muße oder inneres Streben zur Wissenschaft und Forschung hinführt«, erklärte er im Memorandum »Über die innere und äußere Organisation der höheren wissenschaftlichen Anstalten in Berlin«. »Auch so würde einer für sich grübeln und sammeln, ein anderer sich mit Männern gleichen Alters verbinden, ein dritter einen Kreis von Jüngern um sich versammeln. Diesem Bilde muß auch der Staat treu bleiben, wenn er das in sich unbestimmte und gewissermaßen zufällige Wirken in eine festere Form zusammenfassen will. Er muß dahin sehen, 1. die Tätigkeit immer in der regsten und stärksten Lebendigkeit zu erhalten; 2. sie nicht herabsinken zu lassen, die Trennung der höheren Anstalt von der Schule (nicht bloß der allgemeinen theoretischen, sondern auch der mannigfaltigen praktischen besonders) rein und fest zu erhalten. Er muß sich eben immer bewußt bleiben, daß er nicht eigentlich dies bewirkt noch bewirken kann, ja, daß er vielmehr immer hinderlich ist, sobald er sich hineinmischt, daß die Sache an sich ohne ihn unendlich besser gehen würde.« Da es nun aber in der Gesellschaft »äußere Formen und Mittel für jedes irgend ausgebreitete Wirken geben« müsse, habe der Staat die Pflicht,

»diese auch für die Bearbeitung der Wissenschaft herbeizuschaffen«.

Wäre eine solche äußere Organisation von seiten des Staates gesichert, so erkenne man leicht, »daß bei der inneren Organisation der höheren wissenschaftlichen Anstalten alles darauf beruht, das Prinzip zu erhalten, die Wissenschaft als etwas noch nicht ganz Gefundenes und nie ganz Aufzufindendes zu betrachten und unablässig sie als solche zu suchen.

Sobald man aufhört, eigentlich Wissenschaft zu suchen, oder sich einbildet, sie brauche nicht aus der Tiefe des Geistes heraus geschaffen, sondern könne durch Sammeln extensiv aneinandergereiht werden, so ist alles unwiederbringlich und auf ewig verloren; verloren für die Wissenschaft, ... und verloren für den Staat. Denn nur die Wissenschaft, die aus dem Innern stammt und ins Innere gepflanzt werden kann, bildet auch den Charakter um, und dem Staat ist es ebensowenig als der Menschheit um Wissen und Reden, sondern um Charakter und Handeln zu tun«.

Humboldt faßte die Wissenschaft als »reine Idee« auf, die »aus der Tiefe des Geistes« entspringt, also ganz im Sinne der idealistischen Philosophie. Auch hier spürt man indessen zugleich sein Suchen nach dem Leitbild der Antike, wenn er, unbeschadet alles Verständnisses für die Naturforschung, in der Philosophie Quelle und Vereinigungspunkt aller Wissenschaften, alles Einzelwissens in der Beziehung zum Ganzen sieht. Die Philosophie betrachtete er als den Höhepunkt der harmonischen Bildung des Menschen, wo immer auch der akademisch gebildete Bürger dereinst seinem Berufe nachgehen mag. »Wissenschaft als ›reine Idee‹, Wissenschaft, ›die aus dem Innern stammt‹, Wissenschaft ›aus der Tiefe des Geistes‹ – ... Fürwahr eine schöne Idee des Denkers Humboldt. Doch mit einem wirklich wissenschaftlichen Begriff von Wissenschaft stimmt sie nicht überein. Die echten Kriterien fehlen: die gesellschaftliche Praxis als Triebkraft der Entwicklung der Wissenschaft und die Widerspiegelung wesentlicher Eigenschaften, kausaler Zusammenhänge und Gesetzmäßigkeiten der Natur, der Gesellschaft und des

Denkens durch die Wissenschaft. Statt dessen konstruiert Humboldt das Weltganze von einer Idee her, die der Mensch in ihrer vielseitigen Erscheinungsform erkennen, in sich aufnehmen und in sich verarbeiten muß. Je hingebungsvoller und gründlicher er das tut, desto allseitiger und harmonischer entwickelt sich seine Persönlichkeit. Das ist der Kern des neuhumanistischen Bildungsideals.«[43]

Humboldt dachte und lebte bewußter als die meisten seiner Zeitgenossen in seiner Zeit, und er war empfindlicher für die unterschwelligen Strömungen der gesellschaftlichen Entwicklung als die Mehrzahl von ihnen. Mit kritischem Blick für die Schwächen seines Zeitalters, mit kühlem Kopf und mitunter heißem Herzen suchte er Wege, die eine bessere Wirklichkeit eröffneten. Nur der Mensch schien ihm solche Sehnsucht erfüllen zu können, der alle seine Fähigkeiten entwickelt und seinen Charakter gebildet hatte. Die Philosophie, die »reine Idee der Wissenschaft«, war in seinen Augen Lebenselement jener »Freistatt«, die er für die Wissenschaft und Forschung zu schaffen suchte. »Einsamkeit und Freiheit« müßten »die in ihrem Kreise vorwaltenden Prinzipien« sein. Das Leben selbst würde dann den Absolventen der Universität in alle jene »Lagen« versetzen, die seinen Charakter und sein Weltbild im Strome der Zeit formten. Humboldts Universitätsidee war eine eindeutige Absage an Feudalismus und Dogmatismus und ein Bekenntnis zu den demokratischen und liberalen Tendenzen des aufsteigenden Bürgertums.

»Aus der Verbindung von spekulativer idealistischer Philosophie und einem antikischen Menschenbild formuliert Wilhelm von Humboldt, sekundiert von einer Anzahl Philosophen und Wissenschaftler, die klassische deutsche Universitätsidee. Als Staatsmann tritt er dafür ein, daß dieses neuhumanistische Leitbild der neuen Universität Berlin zugrunde gelegt wird. Wenn ihm auch keine vollkommene Verwirklichung seiner Gedanken gelingt, gestaltet er doch die neue Hochschule in wesentlichen Zügen. Andere deutsche Universitäten passen sich dem Bild der Berliner Universität an, so daß Humboldt den Anstoß zu einer über Preußens Grenzen hinausgehenden deutschen Universitätsreform gibt. Ohne den Anteil anderer Persönlichkeiten wie Fichte, Schelling, Schleiermacher, Steffens zu unterschätzen, muß Wilhelm von Humboldt als der klarste Universitätsdenker und zugleich der eigentliche Universitätsgründer angesehen werden.«[44]

KULTURPOLITIK AUF WEITE SICHT

Am 20. November 1809 starb Karolines Vater. Da auch ihr Bruder nicht mehr lebte und das reiche Erbe ihr zufiel, war Humboldt genötigt, einen mehrwöchigen Urlaub zu nehmen, um die Erbschaftsangelegenheiten seiner Frau zu regeln. Er verließ Königsberg am 5. Dezember und kehrte nicht mehr dorthin zurück; von Erfurt begab er sich unmittelbar nach Berlin, wo er am 30. Januar 1810 seine Dienstgeschäfte wieder aufnahm.

Es galt nun vor allem, die erforderlichen Berufungen durchzuführen und die organisatorischen Vorbereitungen für die Aufnahme des Lehrbetriebes an der Berliner Universität im Herbst des Jahres zu treffen. Besonders mußte der Status der Institute und jener medizinischen Anstalten geklärt werden, deren Einbeziehung in den Forschungs- und Lehrbetrieb beabsichtigt war. Als Vorlesungsgebäude war das Palais Prinz Heinrich Unter den Linden vorgesehen, das noch heute das Zentrum der Universität bildet.

Schwierigkeiten bereitete vor allem die Neuordnung des medizinischen Ausbildungswesens, zumal die Ausbildung von Ärzten in Berlin bisher in besonderem Maße von der Armee gefordert und gefördert worden war. Die Militärbehörden bestanden darauf, ihre Ärzte auch weiterhin selbst auszubilden. Dagegen erhob Humboldt aus grundsätzlichen Erwägungen Einspruch. Er war gegen jede besondere Bildungsanstalt für spezielle Zwecke und Institutionen und verwandte sich daher für eine eindeutige Klärung der Verhältnisse zwischen Collegium medico-chirurgicum und medizinischer Fakultät der Universität. Er befürwortete die Schaffung einer medizinischen wissenschaftlichen Deputation, deren besondere Aufgabe es sein sollte, die Bedürfnisse der medizinischen Forschung und Lehre mit den staatlichen Erfordernissen auf Ausbildung sachkundiger Ärzte für die Bevölkerung wie für das Militär aufeinander abzustimmen. Dabei war er bestrebt, sich der Mitarbeit der besten Ärzte zu versichern; Humboldt sah für Hufeland die Stelle eines Staatsrates, für Reil die eines Direktors der Deputation vor.

Beide gehörten zu den ersten ordentlichen Professoren, die für die medizinische Fakultät gewonnen wurden. Reil nahm auf die weiteren Berufungen von Medizinern besonderen Einfluß, so auf die beiden zweiten Direktoren der Berliner Charité, Kohlrausch und Horn, wie ihm überhaupt die Verbindung zu den Krankenanstalten besonders am Herzen lag. Auf seine Veranlassung kam später auch Horkel aus Halle nach Berlin. Er wurde beauftragt, Mediziner an anderen deutschen Universitäten zu besuchen und für eine Tätigkeit an der neuen Berliner Universität zu gewinnen. Der Erfolg dieser und ähnlicher Unternehmungen entsprach keineswegs den Erwartungen. Humboldt mußte erfahren, daß die neugegründete Universität in der preußischen Hauptstadt bei weitem nicht die erhoffte Anziehungskraft auf namhafte Gelehrte in anderen Teilen Deutschlands ausübte.

Verständlicherweise lag Wilhelm von Humboldt wie seinem Bruder Alexander an der Gewinnung bedeutender Lehrkräfte für die philosophische Fakultät. Sie umfaßte neben einer Gruppe historisch-philologischer Disziplinen eine zweite Abteilung, in der die mathematischen und naturwissenschaftlichen Fächer vereinigt waren. Doch hat Wilhelm damals wie später nicht daran gedacht, selbst eine Lehrtätigkeit an der Universität zu übernehmen. Auch Alexander hat sich nicht entschließen können, die Arbeit an seinem großen wissenschaftlichen Reisewerk in Paris abzubrechen und in Berlin in Verbindung mit der Universität tätig zu werden; selbst nach seiner Rückkehr in die Heimat hat der Nestor der deutschen Naturforschung dem Lehrkörper der Universität seiner Vaterstadt nicht angehört.

Beide Humboldts wünschten die Übersiedlung des Princeps mathematicorum, des »Fürsten der Mathematiker«, Carl Friedrich Gauß von Göttingen nach Berlin. Gauß war auch ein namhafter Geodät, Physiker, Astronom und einer der vielseitigsten Forscher aller Zeiten. Obwohl Gauß' Arbeitsbedingungen in Göttingen nicht besonders günstig waren, gelang es nicht, ihn für die neue Universität zu gewinnen. Gauß entschloß sich nach Zusicherungen, die er in Hannover erhalten hatte, und seiner Familie wegen, zumindest einstweilen in Göttingen zu bleiben.

Die Erfahrung, die Humboldt trotz nachdrücklicher und geschickter Bemühungen mit Gauß machte, wiederholte sich aus unterschiedlichen Gründen bei anderen Gelehrten. Gewiß lag das – man denke nur an Wolf – bisweilen an den Eigenheiten des Menschen, um den es sich handelte. Doch darf man nicht übersehen, daß die äußere Lage Preußens wie die Ungewißheit der inneren Entwicklung nach Steins Sturz nicht unwesentlich dazu beigetragen haben, daß dieser oder jener Gelehrte die Tätigkeit an einer kleinen Landesuniversität der in der preußischen Hauptstadt vorzog. Auch war die von Humboldt selbst geteilte Ansicht, wahres wissenschaftliches Streben könne nur abseits des großen Welttreibens gedeihen, immer noch weit verbreitet. Der Astronom Jabbo Oltmanns, von Alexander von Humboldt empfohlen, zog es vor, in Paris zu bleiben, wo er die astronomischen und barometrischen Angaben für das Reisewerk Alexanders berechnete.

Wilhelm von Humboldt war also bei der Auswahl der Mitglieder des Lehrkörpers der Universität weit mehr auf Berliner Kräfte angewiesen, als er angenommen hatte und es ihm erwünscht war. Immerhin konnte er von der Akademie den berühmten Chemiker Klaproth, die Physiker Paul Erman und Karl Daniel Tourte, den Mathematiker Tralles, den Zoologen Lichtenstein, den Botaniker Willdenow, den Geographen Zeune und vom Collegium medico-chirurgicum den technologischen Chemiker Hermbstädt gewinnen, überwiegend bereits klangvolle Namen in der Naturforschung. Nur der Mineraloge Christian Samuel Weiß kam aus Leipzig, und das wohl vornehmlich deshalb, weil er dort nicht sein eigentliches Fach, sondern die Physik zu vertreten gehabt hatte.

Auf diese Weise war der erste Lehrbetrieb in den mathema-
tisch-naturwissenschaftlichen Disziplinen der philosophischen Fakultät im wesentlichen gesichert. Dagegen gelang es nur annähernd, die fachlichen und personellen Schwierigkeiten beim
Aufbau der historisch-philologischen Gruppe dieser Fakultät
während der wenigen Monate, die Humboldt noch Sektionschef
war, zu überwinden. Immerhin hat er auch hier die Grundlage
für den Aufbau der Fakultät und die Besetzung der Lehrstühle
geschaffen.

Fichte war von vornherein die markanteste Persönlichkeit der
philosophischen Fakultät. Gerade weil Humboldt den mann-
haften Patrioten hinsichtlich seiner Universitätspläne enttäuschen
mußte, lag ihm daran, den Philosophen und streitbaren Erzieher für die Universität zu gewinnen. Ohne daß Fichte sich
selbst darum bemüht hätte, sorgte Humboldt für eine unter
den gegebenen Umständen bevorzugte Besoldung. Wolf ließ
sich auch dadurch nicht gewinnen. Humboldts Absicht, den
Naturphilosophen Steffens zu berufen, wurde durch Intrigen
vereitelt.

Nächst der Philosophie hatten in dieser Fakultät die Staatswissenschaften eine besondere Bedeutung. Durch die Kameralia,
wie man sie nannte, sollten die späteren höheren Staatsbeamten
mit allen einschlägigen Kenntnissen versehen werden, wozu
nicht nur juristische, sondern auch ökonomische, besonders landwirtschaftliche, sowie gewerbe- und industriekundliche Studien
gehörten. In Massows Plänen einer allgemeinen Bildungsreform
war dieser Disziplin ein breiter Raum zugedacht gewesen. Der
1807 verstorbene Königsberger Professor der praktischen Philosophie und Kameralwissenschaften Christian Jakob Kraus, ein
Wegbereiter der liberalen Wirtschaftslehre des Engländers
Adam Smith in Deutschland, hatte dieses Fachgebiet noch in
sehr umfassender Weise als eine Art universalen staatstheoretischen und verwaltungspraktischen Grundwissens analysiert.
Humboldt gewann Kraus' Königsberger Nachfolger Johann
Gottfried Hoffmann, der mit seinen eigenen und Schleiermachers
Universitätsvorstellungen weitgehend übereinstimmte, für dieses

Lehrgebiet. Hoffmann ging es nicht so sehr darum, künftige Staatsbeamte auszubilden, er sah vielmehr, wie es in seiner Denkschrift hieß, »das eigenste Interesse des Staates« darin, »den gebildeten Teil dahin zu leiten, das öffentliche Interesse zu einem besonderen Gegenstande seines Nachdenkens und seiner Beobachtungen zu machen, und gebildete Staatsmänner für den öffentlichen Dienst heranzuziehen«. Mit Humboldt teilte er die Auffassung vom Primat der Nation vor dem Staat.

Wie sehr Humboldt auch bei diesem politisch so wichtigen Fachgebiet bemüht war, einen fortschrittlich denkenden Gelehrten zu berufen, ergibt sich aus der Absicht, den Göttinger Repräsentanten der Smithschen Nationalökonomie, Georg Sartorius, zu gewinnen. Das Vorhaben scheiterte jedoch an den unerfüllbaren Forderungen von Sartorius. Die spätere Berufung des Begründers der Landbauwissenschaften Albrecht Thaer ging ebenfalls auf Humboldt zurück. Thaer teilte seinem scheidenden Gönner mit, er werde mit Leib und Seele alles tun, was in seinen Kräften stehe. Darüber hinaus gab er der Hoffnung Ausdruck, Humboldt möge »die Leitung des öffentlichen Unterrichts auch in der Ferne beibehalten und alles zu einem großen Zweck – die Vervollkommnung der Menschen im Staate – vereinigen. Bloß für Gelehrte« wollte der Wegbereiter der modernen Landwirtschaftslehre nicht arbeiten.

Außerordentlich wichtig war auch die rechte Wahl der Historiker. Für den in Berlin lebenden Woltmann konnte sich Humboldt nicht entscheiden; er kannte ihn aus Jena und hielt ihn für flach und vorschnell im Urteil. Zwei der namhaftesten Historiker, Wilken in Heidelberg und Heeren in Göttingen, lehnten einen Ruf nach Berlin ab, so daß man sich für Rühs in Greifswald entschied. Ein großer Gewinn war es, daß sich Barthold Niebuhr, von Stein im Jahre 1806 in den preußischen Staatsdienst berufen und nach Meinungsverschiedenheiten mit Hardenberg wieder ausgeschieden, entschloß, den Lehrstuhl für alte Geschichte anzunehmen. Der Autor der »Römischen Geschichte« war von 1816 an als preußischer Gesandter am Vatikan tätig. Dort setzte er Humboldts kulturpolitische Mission auf das fruchtbarste fort, bis er im Jahre 1823 Professor an der Universität Bonn wurde.

Verständlicherweise lagen Humboldt die Besetzungen der Lehrstühle für klassische Sprachen und für Linguistik überhaupt am Herzen. Nur zögernd gab man später Lehraufträge an die Berliner Altphilologen Buttmann, Spalding und Bernhardi. Gottfried Hermann in Leipzig lehnte nach längeren Verhandlungen ab. Ostern 1811 kam der Philologe Philipp August Böckh aus Heidelberg, der Humboldt in seinen sprachwissenschaftlichen Auffassungen besonders nahestand. An seine Seite trat Heindorf, der bis dahin am Köllnischen Gymnasium in Berlin tätig gewesen war.

In der neueren Philologie war zunächst nur die deutsche Sprache hinreichend vertreten; Friedrich von der Hagen, der zu den Begründern der Geschichte der deutschen Sprache gehört, hatte als besonderes Lehrfach die germanische Altertumskunde gewählt. Er war, zumindest in den Augen der Einrichtungskommission der Universität, der Entwicklung der Philologie vorausgeeilt, denn die romanische und englische Philologie wurde zunächst nur von Lektoren, nicht von Professoren vertreten. Humboldt hat sich dieser Disziplinen, die sich vor allem im Zeichen der Romantik entwickelten, nicht mehr annehmen können.

In der juristischen und in der theologischen Fakultät gab es jeweils einen besonderen Mittelpunkt aller wissenschaftlichen Bestrebungen, wie ihn die philosophische Fakultät in Fichte besaß. Unter den Juristen war dies Savigny, bei den Theologen Schleiermacher.

Friedrich Karl von Savigny war Humboldt von dessen Schwager Achim von Arnim empfohlen worden; er lehrte damals als Professor für römisches Recht an der bayrischen Universität Landshut. Als Hauptvertreter der historischen Rechtsschule wurde er zugleich ein Wortführer der politischen Reaktion. Wie Savigny schloß sich nach den Befreiungskriegen Theodor Anton Heinrich Schmalz der Reaktion an, ein Schwager Scharnhorsts, der sich mehr mit staatswirtschaftlichen als mit staatsrechtlichen Fragen befaßte. Als die Universität ihre Lehrtätigkeit aufnahm, verfügte die juristische Fakultät nur über drei Professoren; der dritte, Extraordinarius für Kirchenrecht, war Humboldts Mitarbeiter Schmedding.

Die Berufungen an die theologische Fakultät erfolgten im wesentlichen erst, nachdem Humboldt aus seinem Amt ausgeschieden war. In den theologischen Disziplinen hatte er die Initiative weitgehend Schleiermacher überlassen, der ein Gegner jedweder Orthodoxie war und eine sehr liberale Haltung einnahm. Neben ihm wirkten, um nur die beiden bedeutendsten zu nennen, Wilhelm Martin Leberecht De Wette, der 1819 wegen seines Trostschreibens an die Mutter des Kotzebue-Mörders Sand als eines der ersten Opfer der Demagogenverfolgung seines Amtes enthoben wurde, und der Hegelianer Philipp Konrad Marheineke.

Humboldts Hoffnungen, zahlreiche namhafte Gelehrte zu gewinnen, erfüllten sich nicht. Die ersten Professoren der Universität waren im wesentlichen an Berliner wissenschaftlichen und medizinischen Anstalten tätig gewesen, oder sie hatten in Halle gelehrt. Aus Tübingen, Erlangen, Gießen, Marburg, Göttingen war keiner der Gelehrten gekommen, mit denen man verhandelt hatte; insgesamt hatten nur acht Universitätslehrer außerhalb Preußens einen Ruf angenommen. Dennoch war es gelungen, in kürzester Zeit einen Kreis vielversprechender Universitätslehrer um eine ausreichende Anzahl führender Persönlichkeiten der gelehrten Welt zu sammeln, so daß die Aufnahme des Lehrbetriebes im Herbst 1810 gerechtfertigt war. Ein besonderer Vorzug war das für damalige Verhältnisse überaus niedrige Durchschnittsalter der neuen Hochschullehrer.

Nur ein Teil der für das Gesicht der neuen Universität wesentlichen Berufungen, von denen wir berichteten, erfolgte noch zu Humboldts Amtszeit. Was er, ständig auch durch die anderen Aufgaben seiner Sektion in Anspruch genommen, an Vorarbeiten für die Einrichtung und Eröffnung der Universität selbst leisten konnte, hat er mit einem Eifer getan, der bei seinem Hang zu schöpferischer Muße erstaunlich ist. Er verstand es, auch bei dieser umfangreichen und vielseitigen Aufgabe Helfer zu gewinnen, mit denen er in kollegialer und bisweilen freundschaftlicher Weise zusammen wirkte, ohne die Leitung aus der Hand zu geben.

Humboldt hatte sein Entlassungsgesuch dem König bereits vorgelegt, als er im Nachgang zur Kabinettsorder vom 30. Mai über die Eröffnung der Universität eine Einrichtungskommission ins Leben rief. Sie sollte den Sektionschef und die Mitglieder der Sektion beraten und es ermöglichen, wie es im Erlaß über diese Kommission hieß, »auch andere sachkundige Männer über die Organisation der Universität bequemer und vollständiger zu Rate zu ziehen und diesem Organisationsgeschäft mehr Zeit widmen zu können, als die gewöhnlichen Sitzungen der Sektion erlauben würden«. Neben Uhden und Süvern berief er Schleiermacher in diese Kommission, die das Gründungswerk im Sinne Humboldts fortgeführt hat. Er selbst, endlich als Sektionschef entlassen und am 14. Juni zum außerordentlichen Gesandten in Wien ernannt, hat bis zu seiner Abreise in die österreichische Hauptstadt Ende August die Arbeiten zur Einrichtung der Universität weiterhin geleitet. Das geschah in freundschaftlicher Zusammenarbeit mit Nicolovius, dem bis zur Ernennung eines Nachfolgers die Wahrnehmung der Amtsgeschäfte Humboldts in der Sektion des Kultus und des Unterrichts übertragen worden war.

Die Kommission hat in kurzer Zeit eine Fülle von Fragen gelöst, dank der Vorarbeit, die noch unter Humboldts Leitung in der Sektion geleistet worden war. Matrikeln, Zeugnisse, Ferienordnung, akademische Gerichtsbarkeit, Gebührenordnung, Honorarwesen waren neben den Berufungen zu regeln; Vorsorge für die Hörsäle und Amtszimmer im Palais Prinz Heinrich mußte getroffen werden. Die ersten akademischen Behörden wurden von der Kommission eingesetzt. Schmalz, in der Universitätsverwaltung erfahren und als Staatsrechtler für die weitere Ausarbeitung der Universitätsordnung zuständig, wurde am 8. September designierter Rektor. Der erste frei gewählte Rektor der Humboldt-Universität war Johann Gottlieb Fichte, dem wie keinem anderen diese Ehre gebührte. Als erste Dekane waren von der Einrichtungskommission vorgesehen: Schleiermacher, Savigny, Hufeland oder Reil, Fichte. Nachdem die Sektion im Schlußbericht vom 22. September um die Ernennung der berufenen Professoren und die Bestätigung des designierten Rektors und der Dekane nachgesucht hatte, fand am 10. Oktober die erste Sitzung des Senates der Universität statt. Einundsechzig Studenten wurden immatrikuliert. Gegen Ende Oktober begannen die Vorlesungen in dieser bedeutendsten Schöpfung des Staatsmannes Wilhelm von Humboldt. Er selbst weilte bereits als preußischer Gesandter in Wien.

Bis zum 20. November leitete Nicolovius interimistisch die Sektion des Kultus und des öffentlichen Unterrichts. Dann wurde Kaspar Friedrich Freiherr von Schuckmann zum Nachfolger Humboldts ernannt. Er war seit 1795 als enger Mitarbeiter Hardenbergs, des neuen Staatskanzlers, in Franken tätig gewesen, ein Gegner Wöllners und Anhänger der Aufklärung in Preußen. Auch Stein hatte den tüchtigen und strebsamen Beamten geschätzt. Das hatte ihn nicht gehindert, ihn gelegentlich treffend als »Erzphilister« zu bezeichnen. Selbst Humboldt hatte, ehe er das Amt annahm, daran gedacht, Schuckmann dafür vorzuschlagen, den er freilich mehr aus den Erzählungen seines Bruders kannte. Doch je länger der aus Mecklenburg stammende Schuckmann im preußischen Staatsdienst tätig war, um so engstirniger und konservativer wurde seine Haltung. In der Universitätspolitik wurden die Reformgedanken Humboldts schnell zurückgedrängt. Die Einrichtungskommission wurde aufgelöst, die Kollegialität in der Sektion wieder aufgegeben. Der Chef regierte und regalierte die Universität wie die anderen wissenschaftlichen Anstalten, so daß es bald zu ernsten Konflikten kam. Im Jahre 1814 wurde Schuckmann Innenminister und zugleich einer der Organisatoren der Demagogenverfolgung in Preußen. Erst im Jahre 1817 wurde die Sektion für Kultus und Unterricht aus dem Ministerium des Innern herausgelöst und zu einem besonderen Ministerium umgebildet, wonach Humboldt vergeblich gestrebt hatte. Erster preußischer Minister der geistlichen, Unterrichts- und Medizinalangelegenheiten wurde Karl Freiherr vom Stein zum Altenstein, der zu Humboldts Zeiten das Finanzministerium geleitet hatte.

Für den Geist, der unter Schuckmann in der Sektion und damit im preußischen Bildungswesen sehr zum Kummer Humboldts, Schleiermachers und Fichtes zu herrschen begann, ist eine Kabinettsorder vom 20. November 1810 charakteristisch, in der es heißt: »Wie wesentlich der Einfluß des Euch anvertrauten Departements des Kultus und des öffentlichen Unterrichts für das Wohl des Staates und seiner Einwohner, ja für die Menschheit sei, leuchtet wohl selbst ein. Beförderung wahrer Religiosität ohne Zwang und mystische Schwärmerei, Gewissensfreiheit und Toleranz ohne öffentliches Ärgernis, dieses ist der Zweck, den die Sektion des Kultus unverrückt vor Augen haben muß. Als leitende Behörde des öffentlichen Unterrichts aber muß sie dafür sorgen, daß eine gründliche Erlernung der Wissenschaften und Erlangung der nötigen Kenntnisse für alle Stände stattfinden und daß gesunde, klare Begriffe und solche Gesinnungen verbreitet werden, wodurch Nutzen für das praktische Leben, wahre, sich in den Handlungen äußernde Moralität, Patriotismus, Anhänglichkeit an die Verfassung und Folgsamkeit gegen die Regierung bewirkt und erhalten werden; vorzüglich aber, daß kein Monopolgeist in der Wissenschaft aufkomme, welches nirgends verwerflicher ist als bei den Gegenständen der menschlichen Erkenntnis.«

Mit der äußeren Entwicklung seiner Schöpfung indessen durfte Humboldt zufrieden sein. Während des ersten Semesters wurden insgesamt 256 Studenten immatrikuliert, darunter 117 Mediziner, die überwiegend vom Collegium medico-chirurgicum kamen. Für die philosophische Fakultät hatten sich 57 Studenten entschieden, für die juristische 53 und für die theologische 29. Im zweiten Semester kamen 198 Neueinschreibungen hinzu, so daß die Zahl der Studenten gegen Ende des ersten Studienjahres etwa 450 betrug.

Zwar stand bereits das erste Wahlrektorat, das nur von der Rektoratsübergabe im Herbst 1811 bis zu Fichtes Entlassung als

Rektor im April 1812 dauerte, im Zeichen politischer Parteiungen und Verwirrungen, und im Januar 1813 wurde Schleiermacher wegen seines eifrigen Patriotismus verwarnt. Doch schon am 10. Februar wurde am Schwarzen Brett der Universität zu Freiwilligenmeldungen für den Befreiungskrieg aufgerufen; 25 Studenten meldeten sich noch am gleichen Tag, 258 bis zum 16. Februar. Die Hörsäle leerten sich, füllten sich aber nach Beendigung des Freiheitskrieges rasch wieder, so daß die Universität Berlin schnell zur größten Hochschule Deutschlands wurde. Im Wintersemester 1817/18 waren 942, im Wintersemester des nächsten Jahres 1161 Studenten immatrikuliert, darunter 714 Preußen und 447 Nichtpreußen.

Auch der deutsche Charakter der von Humboldt in Preußens Hauptstadt gegründeten Universität hatte sich durchgesetzt, vor allem dank des Geistes ihres Gründers. Dieser Geist wurde von der überwiegenden Mehrheit der sich rasch erhöhenden Zahl bedeutender Gelehrter auf die heranwachsenden Generationen übertragen.

Humboldt hat im Mai 1810 seinen letzten Generalbericht als Chef der Sektion für Kultus und Unterricht an den König erstattet. Dieser Bericht befaßte sich vornehmlich mit Fragen der Universität sowie der wissenschaftlichen Anstalten und berührte nicht das weite Gebiet der Schulpolitik, das wir in anderem Zusammenhang bereits betrachtet haben. Humboldt erläuterte noch einmal die besonderen Aufgaben der Universität, der Akademie der Wissenschaften, der wissenschaftlichen Institute und wies mit Recht darauf hin, es ließe sich hoffen, »daß diese Institute, vereinigt nach einem Plane, bei dem in jedem einzelnen Teile eigentümliche Kenntnisse von einem Gesichtspunkte aus benutzt werden, ein großes und schönes Ganzes bilden werden. Allein der Mittelpunkt desselben, von dem eigentlich alles abhängt, ist die Universität und ihr Emporkommen. Unmittelbar dem Unterricht und der Bildung der Jugend gewidmet, gibt sie auch erst den Arbeiten der Akademie das wahre Leben und die gehörige Brauchbarkeit, und die wissenschaftlichen Institute gewähren nur, von vielen besucht, bedeutenden Nutzen«.

Abermals hob Humboldt hervor, »daß die Überzeugung in Deutschland herrschend ist, daß Wissenschaft und Kunst und diejenigen, welche sich ihnen widmen, nirgend mit einem so liberalen und humanen Geist behandelt werden als von E. K. M.«. Dieses Lob, das Humboldt dem König spendete, hätte dieser freilich mit größerer Berechtigung seinem Sektionschef erteilen müssen. Humboldt wußte das und beschwor in seinem letzten Bericht als Leiter der Unterrichtsverwaltung den Monarchen: »Der höheren und wichtigeren wohltätigen Folgen der hiesigen Universität, der durch sie noch mehr zu verbreitenden geistigen und sittlichen Bildung, des Einflusses, den sie auf das ganze Gebiet der Wissenschaften gewinnen kann, der Achtung, die sie dem preußischen Staate fortdauernd erhalten muß, des Schutzes endlich, welchen E. K. M. durch sie der gesamten deutschen Sprache und Literatur gewähren, deren Erhalter E. K. M. in einem Zeitpunkte werden, wo vieles ihr unausbleibliches Verderben droht, brauche ich vor E. K. M. nicht ausführlicher zu erwähnen. Nur die einzige Bemerkung sei mir erlaubt, daß ein Staat wie ein Privatmann immer gut und politisch zugleich handelt, wenn er in einem Augenblick, wo ungünstige Ereignisse ihn betroffen haben, seine Kräfte anstrengt, irgend etwas bedeutend Wohltätiges dauernd für die Zukunft zu stiften und es an seinem Namen anzuknüpfen.«

Sollte Humboldt bei diesen beschwörenden Worten an sich selbst und sein Verhalten als Sektionschef gedacht haben, so wird man darin alles andere als billige Eitelkeit, sondern eher ein durchaus berechtigtes Selbstbewußtsein sehen dürfen. Zwar hatte er die Erneuerung der beiden Akademien nicht vollenden und keinen Erfolg bei seinen Forderungen nach Freiheit des Wortes und der Rede erzielen können, wie sich auch seine nachhaltigen Bemühungen um die Gleichstellung der Juden unter den Bedingungen seiner Zeit nicht voll auswirken konnten. Dennoch hatte er ein Recht, auf seine Leistungen stolz zu sein, selbst wenn er nur den Grundstein für ein neues Bildungswesen, für die Universität Berlin, für einen neuen wissenschaftlichen und humanen Geist legen konnte.

Die Akademie der Wissenschaften, im Jahre 1700 von Leibniz als Kurfürstlich-Brandenburgische Sozietät der Wissenschaften ins Leben gerufen, hatte bis zur Zeit der Berliner Aufklärung mehr und mehr an Ansehen verloren. Der junge Alexander von Humboldt hatte sie 1797 ein Siechenhaus genannt, in dem die Kranken besser schlafen als die Gesunden, und zu Beginn der Regierung Friedrich Wilhelms III. war im Sinne Massows gefordert worden, die in selbstzufriedener Abgeschlossenheit lebenden Akademiker zu praktischen Forschungs- und Lehraufgaben für Staat und Wirtschaft zu veranlassen. Der Verflachung und Selbstbeschaulichkeit war als einer der ersten Alexander von Humboldt entgegengetreten, nachdem er im Dezember 1805 in seine Vaterstadt, die »menschenleere Wüste«, gekommen war und das wissenschaftliche Leben in der preußischen Hauptstadt mit dem in Paris verglichen hatte. Er rügte im Juli 1806 auch den mangelnden Kontakt der Berliner Akademie mit den großen Gelehrten in anderen Teilen der Welt. Weder Männer wie Laplace, Jussieu, Cavendish gehörten zu ihren auswärtigen Mitgliedern noch Sömmering, Werner oder Gauß. Alexander selbst war seit 1800 außerordentliches Mitglied, seit 1805 ordentliches Mitglied.

Alexander von Humboldts Denkschrift wirkte sich wegen des Krieges gegen Frankreich zunächst nicht aus. Sie trug aber dazu bei, daß der König schon im Sommer 1807 die Einsetzung einer Kommission anordnete, die ein neues Statut ausarbeiten sollte. Sie trat im November 1807 unter dem Vorsitz Alexander von Humboldts zusammen, während Biester Sekretär wurde. Trotz unzähliger Beratungen kam die Kommission zu keinem sinnvollen Ergebnis. Alexander war bereits Mitte November 1807 nach Paris abgereist, blieb aber mit der Kommission in Verbindung und hat einige Reformvorschläge entwickelt, die viel mit den späteren Gedanken seines Bruders gemeinsam haben: »Wie nicht anders zu erwarten, ist Humboldts Entwurf in einem freien und wissenschaftlichen Geiste gehalten, zeichnet sich durch große Vollständigkeit aus und drängt überall auf das Praktische.«[45]

Wilhelm von Humboldt bemühte sich Ende August 1809, den inzwischen in der Akademie fertiggestellten Orientierungsplan zu erhalten. Dabei hoffte er, Direktorium wie Akademie, auf deren Vertrauen er immer den größten Wert setzen werde, würden in dieser Aufforderung nur seine Absicht erkennen, »in Verbindung mit der Akademie und mit Benutzung ihrer Einsichten und Erfahrungen dahin zu arbeiten, daß sie zwar eine so bestimmte, aber auch eine so freie Form erhalte, als nicht allein zur Erreichung ihrer wichtigen Zwecke, sondern auch zum angemessenen Zusammenwirken mit den übrigen wissenschaftlichen Instituten notwendig ist«. Der Beschluß, eine Universität in Berlin zu gründen, wurde der Akademie durch eine Kabinettsorder vom 22. September 1809 zur Kenntnis gegeben, und dabei wurde auch auf das Verhältnis der wissenschaftlichen Anstalten zueinander eingegangen. Es hieß dort, »daß jeder einzelne Teil eine angemessene Selbständigkeit erhalte, jedoch gemeinschaftlich mit den anderen zu dem allgemeinen Zwecke mitwirke... So wie nun hiernach die Akademie der Wissenschaften künftig einen selbständigen Teil der allgemeinen Lehranstalten ausmacht, so werden auch die mit der Akademie verbundenen Institute künftig von ihr getrennt, um zum gemeinschaftlichen Gebrauch der Universität und der Akademie zu dienen«.

Diese Maßnahme der Sektion erregte in Kreisen der Akademiker viel Ärgernis. Man wagte indessen weder einen Widerspruch, noch legte man eigene konstruktive Pläne vor. Viele der in der Tat nicht übermäßig schöpferischen Akademiker waren durch Humboldts kulturpolitische Initiative verstimmt. Wie richtig Humboldts Meinung war, neben der Reform der Akademie vor allem eine qualitative Erneuerung ihrer personellen Zusammensetzung anzustreben, zeigte sich bei der nach Humboldts Worten »himmelschreienden Wahl« eines völlig unbedeutenden Gelehrten zum ständigen Sekretär. Mit einigem Nachdruck wurden unter wenig schönen Begleitumständen Gelehrte von unterschiedlichem Rang zu Sekretären der vier Klassen gewählt,

Tralles für die mathematische, der jüngere Erman für die physikalische, Spalding für die philologische, Ancillon für die philosophische Klasse. Humboldts leitende Hand war auch bei den Neuberufungen spürbar, so bei Gauß und Oltmanns, Schleiermacher und Niebuhr, Rudolphi und Ideler. Übrigens wurde er auch selbst im Sommer 1810 ordentliches Mitglied.

Alle diese Neuberufungen ließen sich nur gegen teils offene, teils versteckte Widerstände der in ihrer Mehrheit mißtrauischen, senilen oder wenig schöpferischen Akademiker durchsetzen. Selbst der ältere Erman betrachtete Humboldts Willen zur Förderung einer zeitgemäß-fortschrittlichen Entwicklung als »ein rätselhaftes Ereignis«, das die »absolute Freiheit der Wahlen« gefährdet, »ohne die an keinen Flor unseres Vereins zu denken ist, und zwar geschieht dies gerade in einem Augenblick, wo wir hoffen konnten, die Freiheit der Wahlen auf immer begründet zu haben«. Solche Erfahrungen konnten nicht geeignet sein, Humboldts Eifer für eine Aufgabe zu fördern, der er sich ohnehin erst nach Überwindung großer Bedenken gewidmet hatte.

Erst nach dem Rücktritt Humboldts wurde die Arbeit an der Reform der Akademie beendet. Nicolovius bat Humboldt um seine Stellungnahme, »indem die Benutzung jener erleuchteten Ideen Ew. Exzellenz von Wichtigkeit sein wird«. Humboldt stellte seine Denkschrift Uhden zur Verfügung, der zusammen mit Niebuhr und Ancillon mit der Überprüfung des seinerzeit von der Akademie vorgelegten Organisationsplanes beauftragt worden war.

Nach Humboldts Meinung waren die Wissenschaften in Deutschland mehr durch die Universitätslehrer als durch die Akademiker gefördert worden. »Denn der freie mündliche Vortrag vor Zuhörern«, hieß es in seinem Bericht über die Organisation der wissenschaftlichen Anstalten, »unter denen doch immer eine bedeutende Zahl selbst mitdenkender Köpfe ist, feuert denjenigen, der einmal an diese Art des Studiums gewöhnt ist, sicherlich ebensosehr an als eine einsame Muße des Schriftstellerlebens oder die lose Verbindung einer akademischen Genossenschaft. Der Gang der Wissenschaft ist offenbar auf einer Universität, wo sie immerfort in einer großen Menge, und zwar kräftiger, rüstiger und jugendlicher Köpfe herumgewälzt wird, rascher und lebendiger. Überhaupt läßt sich die Wissenschaft als Wissenschaft nicht wahrhaft vortragen, ohne sie jedesmal wieder selbsttätig aufzufassen, und es wäre unbegreiflich, wenn man nicht hier, sogar oft, auf Entdeckungen stoßen sollte. Das Universitätslehren ist ferner kein so mühevolles Geschäft, daß es als eine Unterbrechung der Muße zum Studium und nicht vielmehr als ein Hilfsmittel zu demselben gelten müßte. Auch gibt es auf jeder großen Universität immer Männer, die, indem sie wenig oder gar nicht lesen, nur einsam für sich studieren und forschen. Sicherlich könnte man daher die Erweiterung der Wissenschaften den bloßen Universitäten, wenn diese nur gehörig angeordnet wären, anvertrauen und zu diesem Endzweck der Akademien entraten.«

Man darf bei solchen Urteilen nicht übersehen, daß die klassische Naturforschung, deren Nestor Alexander von Humboldt in Deutschland geworden ist, damals erst in den Anfängen stand und sich noch mit verhältnismäßig geringen Hilfsmitteln begnügte. Im übrigen urteilte Wilhelm von Humboldt aus der Sicht des Staatsmannes, der die Universität als eine Staat und Gesellschaft höchst nützliche Hochschule, die Akademie aber als Gesellschaft nur ihrer Wissenschaft lebender unabhängiger Gelehrter verstand, in der die Arbeit eines jeden der Beurteilung aller anderen Akademiker unterworfen werde. Doch trotz aller Mängel der damaligen Akademie der Wissenschaften bleibt es seine grundsätzliche Ansicht, die *Idee* einer Akademie müsse »als die höchste und letzte Freistätte der Wissenschaft und die vom Staat am meisten unabhängige Korporation festgehalten werden, ... weil die Idee in sich schön und wohltätig ist und immer ein Augenblick eintreten kann, wo sie auch auf eine würdige Weise ausgefüllt wird«.

Berlin entwickelte sich erst im Zeichen der Brüder Humboldt zu einer Metropole der Gelehrsamkeit. Dagegen blühten die bildenden Künste, seit im Jahre 1696 die Akademie der Künste und der mechanischen Wissenschaften gegründet und sie von Männern wie Schlüter, Chodowiecki und Schadow geleitet worden war. Friedrich Wilhelm I., der »Soldatenkönig«, hatte ihr allerdings einen bedeutenden Teil der Einkünfte entzogen, und sie hatte 1743 bei einem Brand des Marstallgebäudes wertvollen Kunstbesitz verloren. Auch war sie zugunsten des ersten Berliner Kaffeehauses aus ihren Räumen verdrängt worden. Doch der Staatsminister Friedrich Anton von Heinitz, der in preußische Dienste übergewechselte Gründer der sächsischen Bergakademie in Freiberg, hatte sich als Vorsitzender ihres Kuratoriums der Nöte der Akademie der Künste angenommen. Er sorgte dafür, daß sie neben für damalige Verhältnisse beträchtlichen Mitteln im Jahre 1790 auch ein neues Reglement erhielt, das erst 1875 durch ein anderes ersetzt wurde.

Nach den Vorstellungen von Heinitz, die ganz im Sinne der Kameralistik lagen, war es Aufgabe der Kunstakademie, »nicht sowohl lauter eigentliche Künstler als Maler, Bildhauer und Kupferstecher durch die Akademie anzuziehen (weil deren zu große Zahl dem Staate, der sie nicht alle beschäftigen und ernähren kann, im Grunde mehr schädlich als nützlich ist), sondern die Akademie hauptsächlich zur Pflegemutter und Beförderin des guten Geschmacks in allen Zweigen der Nationalindustrie, die in ihren Fabrikaten durch Anwendung regelmäßiger Zeichnungen einer Verschönerung und Vervollkommnung fähig sind, zu machen«.

Humboldt fand also eine nach den Bedürfnissen des Merkantilismus reformierte Akademie vor. Er beschränkte sich darauf, die Einrichtung eines Kurators aufzuheben und die Akademie der Künste direkt der Aufsicht seiner Sektion zu unterstellen. Ferner wurde die 1799 gestiftete Bauakademie im Juli 1809 mit der Akademie der Künste vereinigt.

Die Aufhebung des Kuratoriums begegnete dem Widerspruch mancher Akademiker, die sich mit den Grundsätzen der Stein-Hardenbergschen Staatsreformen nicht vertraut gemacht hatten und eine Einflußnahme und Bevormundung wie in einem absolutistischen Staat fürchteten. Humboldt vertrat demgegenüber nachdrücklich den Standpunkt, daß die Kuratorialverfassung den allgemeinen Reformen widerspreche. Seine Sektion solle »nicht bloß ein Oberschulkollegium, sondern die höchste wissenschaftliche Behörde sein und daher nicht allein die Aufsicht über die Lehranstalten, sondern zugleich über alle höheren wissenschaftlichen und Kunstvereine führen... Daß übrigens Vereine für Wissenschaft und Kunst (wenn sie, was freilich leider bei unseren Akademien noch nicht der Fall ist, durchaus gut besetzt und organisiert sind) die nötige Freiheit genießen müssen, erkennt die unterzeichnete Sektion gewiß zuerst und willig an. Allein sie glaubt mit Zuversicht behaupten zu können, daß dieselben diese Freiheit mehr von ihr als von einem Kurator erwarten dürfen, der, wenn er ein Prinz des Königlichen Hauses ist, doch die Leitung dieser Angelegenheit einem Geschäftsmann übergibt«, schrieb er an Dohna am 29. Mai 1809.

Goethes Fürsprache für seinen Altersfreund, den Maurermeister und Leiter der Singakademie Karl Friedrich Zelter, ließ den vielbeschäftigten Humboldt auch auf dem Gebiet der staatlichen Musikpflege bahnbrechend tätig werden, obwohl ihm, wie er Goethe schrieb, für Musik »der Sinn am wenigsten gegeben war«. Humboldt bat Zelter noch während seines Berliner Aufenthaltes zu sich und ließ ihn von seinem Anliegen berichten. Zelter wiederholte in einer Denkschrift vom 11. März 1809 die Wünsche, die er bereits Hardenberg vorgetragen hatte. Es ging ihm sowohl um die Ordnung der Kirchenmusik als um die Förderung der Volksmusik, wie sie Stadtpfeifer, Singchöre und Singschulen pflegten. Der musizierende Handwerksmeister hatte sich bereits auf uneigennützige Weise große Verdienste um das Musikleben in der Hauptstadt erworben, er wurde zu einem der Wegbereiter musischer Erziehung und musikfreudigen Bürgerlebens.

Humboldt nahm sich Zelters Anliegen an und richtete am 14. Mai 1809 eine Denkschrift an den König. Sie trug zwar den Titel »Über geistliche Musik«, befaßte sich aber allgemein mit der nach seiner Auffassung zu Recht erhobenen Klage, »daß der Einfluß zu wenig benutzt würde, welchen die Musik auf den

Charakter und die Bildung einer Nation ausüben kann«. Auffallend fand er es, daß die Tonkunst bisher aus dem Wirkungskreis der Akademie der Künste ausgeschlossen geblieben war. Der Mentalität des Königs und seiner Umgebung entsprechend, wies er auf die Musik als »einen wesentlichen Teil des öffentlichen Gottesdienstes« hin, befaßte sich aber in seinen weiteren Ausführungen vorwiegend mit der Musikpflege in der Schule und im gesellschaftlichen Leben. Er schlug die Einrichtung einer »ordentlichen musikalischen Behörde« vor »durch die Ernennung eines geschickten Tonkünstlers zum Professor und Aufseher der öffentlichen Musik bei der Akademie der Künste... Von dieser Behörde müßte die Verbesserung der öffentlichen Musik nach und nach ausgehen, ihr Geschäft müßte vorzüglich in Aufsicht, Prüfung und Bildung der im Dienste des Staats und der Gemeinen anzustellenden Musikanten bestehen«. Für diese Professur schlug er Zelter vor. »Er ist ein Mann von unbescholtenem Charakter und ein geschickter und gründlicher Tonkünstler und hat an der Singakademie bewiesen, daß ihm die Gabe, zu bilden und zu dirigieren, eigen ist.« Humboldt sah zugleich vor, Zelter an der Universität als theoretischen Lehrer der Musik einzusetzen.

Humboldt konnte auch hier nicht zu Ende führen, was er begonnen hatte. Doch Zelter wurde nach seinen Vorschlägen Professor und darüber hinaus damit beauftragt, sich der Neuordnung der Kirchenmusik anzunehmen und ein allgemeines Choralbuch für die Schulen zu schaffen. Später wurde er Referent im Ministerium der geistlichen und Unterrichtsangelegenheiten.

Nicht im gleichen Maße wie bei der Vorbereitung der Universitätsgründung oder bei den Neuwahlen der Akademie der Wissenschaften vermochte sich Humboldt in der Akademie der Künste personellen Fragen zu widmen. Doch tat er auch hier, was ihm möglich war. Die Unterstützung des in Italien weilenden Bildhauers Rauch wurde wesentlich erhöht, auch Schinkel und Johann Gottfried Schadow wurden gefördert. Der Plan eines Museums, das die vielfach zerstreuten Kunstschätze aufnehmen sollte, konnte zunächst nicht verwirklicht werden.

Immerhin veranlaßte Humboldt die Kabinettsorder vom 20. Mai 1810, durch die das Hofmarschallamt beauftragt wurde, ein Verzeichnis aller in den königlichen Schlössern vorhandenen Kunstschätze anzulegen. Zwanzig Jahre später konnte Humboldt als Vorsitzender der Kommission für die innere Einrichtung des Neuen Museums abschließen, was in den wenigen Monaten seiner amtlichen Wirksamkeit begonnen worden war.

Eine besonders schwierige und heikle Aufgabe war für Humboldt die seit der Reform der Verwaltung seinem Ressort zugeteilte Zensur aller Veröffentlichungen mit Ausnahme der politischen Schriften, für die das Ministerium des Auswärtigen verantwortlich war.

Die Zensur hatte sich als Attribut des Absolutismus auch im Zeitalter der Aufklärung erhalten. In Preußen bestand sie, gesetzlich geordnet, seit dem Zensuredikt Friedrichs II. aus dem Jahr 1749. In der Epoche Wöllners war sie verschärft und zugleich kompliziert worden, indem sie nunmehr von sechs verschiedenen staatlichen Behörden ausgeübt wurde. Zur gleichen Zeit wurde im Zuge der Aufklärung und der Auswirkungen der Französischen Revolution immer dringender die Pressefreiheit als ein Recht des freien Bürgertums gefordert.

Humboldts Jugendfreund Gentz hatte sich in einem Sendschreiben an Friedrich Wilhelm II. gewandt und neben anderen Bürgerrechten das der Freiheit des Wortes und der Schrift gefordert. Nicolai und andere Aufklärer hatten sich in Gutachten, Eingaben und öffentlichen Verlautbarungen immer wieder um eine Milderung der bestehenden Vorschriften bemüht. Nach der preußischen Katastrophe und im Zuge der Stein-Hardenbergschen Reformen war die Frage, in welcher Weise die im Prinzip nicht mehr geleugnete Einschränkung einer staatlichen Überprüfung literarischer und politischer Veröffentlichungen verwirklicht werden könnte, eher komplizierter geworden; denn aus außenpolitischen Gründen mußte die Regierung der in der sogenannten »Schand- und Schmähliteratur« mehr oder minder offen vertretenen feindlichen Gesinnung gegen die Besatzungsmacht entgegentreten, um neue französische Sanktionen zu vermeiden.

Humboldt war nach Übernahme seines Amtes von Dohna, dem Innenminister, beauftragt worden, den Fragen der Zensur seine besondere Aufmerksamkeit zuzuwenden, und Goltz, der Außenminister, hatte ihn gebeten, die Aufsicht über die in Berlin erscheinenden politischen Schriften zu übernehmen. Zensor war seit 1809 Berlins Polizeipräsident Justus von Gruner, ein Parteigänger des Reichsfreiherrn vom Stein. Er wurde von Humboldt ersucht, Zeitungen und Intelligenzblätter scharf zu überprüfen, die von wohlbekannten Publizisten herausgegebenen Zeitschriften indessen einer Art von Selbstkontrolle zu überlassen. Uhden war, um ein Beispiel zu nennen, dafür, daß die angesehene Berlinische Monatsschrift zensurfrei bliebe; der vorsichtige und diplomatische Humboldt schloß sich dieser Meinung zwar nicht an, stimmte aber zu, daß Biester, ihr Herausgeber, auch ihr Zensor wurde.

Dem überzeugten freisinnigen Individualisten Humboldt sagte diese Tätigkeit ganz und gar nicht zu. Doch als Sektionschef hatte er sie nicht nach eigenem Befinden, sondern als Repräsentant der Staatsräson einer absoluten Monarchie wahrzunehmen, die komplizierte innere und äußere Wandlungen erfuhr. Wo und wie immer es angängig war, suchte er seinen liberalen Standpunkt auch in der Praxis zu wahren. Er las viele der bedenklichen Schriften selbst und formulierte seine Grundsätze so, daß die bei der Polizei, im Konsistorium, beim Kammergericht, im Collegium medicum tätigen Zensoren sicherer in ihrem meist ohnehin wohlwollenden Urteil wurden. Einer der lästigsten Gegenspieler war der moralisierende König selbst. Auch handelte es sich bei diesen Überprüfungen keineswegs nur um außenpolitisch gefährliche oder fortschrittliche Literatur, sondern auch um Veröffentlichungen und Traktate, die bei orthodoxen Geistlichen oder standesbewußten Feudalen Anstoß erregen konnten.

Humboldt wies seine Mitarbeiter an, so zu verfahren, »daß man auf keine Weise von den bisherigen in unserem Staate herrschend gewesenen liberalen Grundsätzen abweichen muß, und daß es besonders den nachteiligen Eindruck hervorbringen müßte, wenn gerade die Behörde, welche den Unterrichtsanstalten vorgesetzt ist, ihre Wirksamkeit mit der Einführung strenger Zensurgrundsätze anfinge; sie muß vielmehr, glaube ich, gerade das Gegenteil tun«.

Das tat er, indem er sich zum Ziel setzte, die Zensur ausschließlich auf politische Schriften zu beschränken und allenfalls periodisch erscheinende Druckschriften einer laufenden Kontrolle zu unterwerfen.

Humboldt verfaßte einen Entwurf zu einer Verordnung über die Veränderung und Vereinfachung der Zensurbehörden, den er dem Grafen Dohna am 8. April 1809 zuleitete. »Die wohltätige Absicht dieser Veränderung ist keine andere«, heißt es darin, »als der Entwicklung der geistigen Kräfte, insofern solche durch schriftstellerische Produkte befördert wird, den höchsten Grad der Freiheit zuzusichern, welcher nur immer mit der augenblicklichen und allgemeinen, äußeren und inneren Sicherheit des Staates verträglich ist«, ein Grundsatz, den man auf das gesamte Wirken des Sektionschefs Humboldt beziehen darf.

Der Entwurf ist niemals Gesetz geworden, aber er kennzeichnet die Haltung, die Humboldt in einer der schwierigsten Fragen staatlicher Politik jener Epoche eingenommen hat. Er war bestrebt, unter einer schwachen Regierung seine Ansichten und Ziele auch auf diesem Gebiet soweit wie möglich zu verwirklichen. »Er hielt völlige Zensurfreiheit für das wünschenswerteste; war sie nicht durchführbar, so sollte wenigstens auf eine möglichst liberale Art verfahren werden.«[46] »Man kann«, betonte Humboldt, »die Preßfreiheit nicht genug schützen, und auch für die Beförderung des Buchhandels und der Buchdruckerei ist es notwendig, auf alle Weise Vorsorge zu tragen.«

Noch entschiedener setzte sich Humboldt für die Reform der bürgerlichen Verhältnisse der Juden ein, die in Preußen noch immer unter Ausnahmerecht lebten. Für diese im Zuge der allgemeinen Reformen dringlich gewordene Neuregelung war nicht Humboldts Sektion und nicht einmal das Innenministerium zuständig, sondern das Justizministerium, dessen Minister von Schroetter einen Entwurf vorgelegt hatte, der darauf abzielte, »die Juden mit der Zeit zu nützlichen Staatsbürgern zu machen«. Auch Humboldt war um eine Stellungnahme ersucht worden, die er in einer umfangreichen Darlegung vom 17. Juli 1809 erstattete.

Humboldt begann mit einem historischen Abriß über das Zustandekomen der Sonderstellung der Juden in den Ländern, in denen sie lebten. Nach seiner Auffassung war es nicht möglich, durch die Gesetzgebung eines einzelnen Staates die entstandenen Schwierigkeiten ganz zu überwinden. »Es bleibt jedoch immer klar und unleugbar, daß jede Gesetzgebung über die Juden in dem Grade besser ist als eine andre, in dem sie die Absonderung unmerkbarer und die Verschmelzung inniger macht. Allein hier gehen wieder zwei Systeme auseinander, das eine, das die Absonderung auf einmal, das andre, das sie allmählich aufheben will. Betrachtet man diese an sich, und ich möchte sagen, rein logisch, so ist wohl nicht zu bestreiten, daß nur eine plötzliche Gleichstellung aller Rechte gerecht, politisch und konsequent ist.«

Für gerecht hielt Humboldt die sofortige Gleichstellung der Juden, »denn es läßt sich kein möglicher Rechtsgrund denken, warum der Jude, der alle Pflichten des Christen erfüllen will, nicht auch der Rechte teilhaftig sein soll«.

Auch aus politischen Gründen setzte sich Humboldt für die unmittelbare Gleichstellung der Juden mit den denkwürdigen Worten ein: »Auch soll der Staat nicht gerade die Juden zu achten lehren, aber die inhumane und vorurteilsvolle Denkungsart soll er aufheben, die einen Menschen nicht nach seinen eigentümlichen Eigenschaften, sondern nach seiner Abstammung und Religion beurteilt und ihn gegen allen wahren Begriff von Menschenwürde nicht wie ein Individuum, sondern wie zu einer Rasse gehörig und gewisse Eigenschaften gleichsam notwendig mit ihr teilend ansieht. Dies aber kann der Staat nur, indem er laut und deutlich erklärt, daß er keinen Unterschied zwischen Juden und Christen mehr anerkennt.«

Schließlich erläuterte Humboldt, warum er auch aus Gründen der Konsequenz für die sofortige Gleichstellung der Juden eintrete, »denn eine allmähliche Aufhebung bestätigt die Absonderung, die sie vernichten will, in allen nicht mit aufgehobenen Punkten, verdoppelt, gerade durch die neue größere Freiheit, die Aufmerksamkeit auf die doch noch bestehende Beschränkung und arbeitet dadurch sich selbst entgegen«.

Humboldts humane und vorurteilsfreie Stellungnahme wurde von allen seinen Räten gebilligt; als ebenbürtig kann allenfalls das Urteil Scharnhorsts und der Militärdeputation bezeichnet werden. Die grundsätzliche Gleichstellung der Juden aber erfolgte erst lange nach Humboldts Ausscheiden aus dem Innenministerium durch ein Edikt vom 11. März 1812, und zwar in durchaus anderer Weise, als es Humboldt für wünschenswert gehalten hatte.

Humboldts freiheitlich-fortschrittliche Gesinnung, sein Humanismus, seine Toleranz erwiesen sich auch in der Behandlung der zu seiner Sektion gehörenden kirchlichen Angelegenheiten. Zwar war Nicolovius Leiter der zuständigen Abteilung und Ancillon der keineswegs reformatorisch-tolerante Sachbearbeiter der evangelischen, Schmedding der aufgeschlossene Referent der katholischen Angelegenheiten. Aber über formelle Zuständigkeiten hinaus fühlte sich Humboldt aus Pflichtbewußtsein und allgemeiner Weltansicht mitverantwortlich für die Entscheidungen seines ersten Mitarbeiters und dessen Gehilfen. Dabei befaßte er sich, seiner römischen Erfahrungen wegen durchaus dazu befugt, lieber mit Angelegenheiten des Katholizismus als des lutherischen Protestantismus; er selbst war seiner Erziehung nach Kalvinist.

Dennoch machte er aus seinem religiösen Freisinn keinen Hehl. Sein Grundprinzip war Toleranz in allen Fragen der Weltanschauung und der Religion. In seinen Denkschriften an den König unterstrich er zwar die »wohltätigen Folgen aufgeklärter Religiosität« in den Regierungsmaßnahmen, doch war er gegen Versuche, »Religiosität durch einzelne geflissentliche Anstalten geradezu zu befördern«. Die Folge war, daß manche auf Nicolovius zurückgehende, von der orthodoxen Geistlichkeit mit Befremden oder gar Ablehnung aufgenommene Maßnahme dem »Heiden« Humboldt zugeschrieben wurde. Die Stellung des Sektionschefs Humboldt zur Religion und zur Kirche, damals nicht unbedeutenden Kräften auch der staatlichen Politik, entsprang »einer edlen, menschlich hochstehenden Lebensauffassung« und der recht freien Aneignung Kantscher Philosophie. Aber eben diese Auffassungen »weichen doch wesentlich von den Anschauungen ab, welche Generalsuperintendent und Hofprediger zu vertreten pflegen«. Und so ist es wohl zu verstehen, »daß ein Monarch und ein Minister, die gewohnt waren, sich von diesen in kirchlichen Dingen beraten zu lassen, durch die Ausdrucksweise des Sektionschefs fremdartig berührt wurden und zu ihm kein Vertrauen fassen konnten«[47].

Es gibt Zeugnisse dafür, wie stark sich der Einfluß der orthodoxen Geistlichkeit und der auch in religiösen Fragen engstirnig-reaktionären Junker auf den König und die Hofkamarilla zuungunsten Humboldts ausgewirkt hat. Die Geistlichen seien in einer Art Aufstand, meinte Kunth, und der besorgte Spalding schrieb an Stein, selbst die wohlmeinendsten Geistlichen hielten Humboldt für nichts weniger als fromm. »Ich für mein Teil bin überzeugt, daß mit soviel Geist und Gründlichkeit des Charakters ein solcher Unfrommer nützlich werden kann, als tausend Eiferer mit Unverstand. Aber wer glaubt es mir? Glaubt nicht vielmehr, ich selber sei ein Unfrommer, da ich von so etwas überzeugt sein könnte?«

Ebenso wie für Kirchenfragen setzte sich Humboldt auch für die Medizinalbehörde persönlich ein. Sie sollte nach einer Verordnung vom 24. November 1809 ebenfalls im Ministerium des Innern eingerichtet werden und neben den Angelegenheiten der Medizinalpolizei vor allem für die Gesundheitspflege zuständig sein. Auf Antrag von Dohna und Altenstein wurde Humboldt zum Chef dieser neuen Einrichtung ernannt. In der kurzen Zeit seiner Amtstätigkeit konnte Humboldt nicht mehr tun als einen Organisationsplan entwerfen und die Anforderungen des zivilen mit denen des militärischen Medizinalwesens abstimmen. Dieser Plan wurde im Dezember 1809 durch Kabinettsorder genehmigt, und Hufeland trat als Staatsrat in die von Humboldt geleitete Medizinalsektion ein. Ein erster Schritt zur staatlichen Förderung der Volksgesundheit war getan. Was Humboldt begonnen hatte, setzten Hufeland und Kohlrausch fort.

Die Spanne Zeit, die dem Kulturpolitiker Humboldt zur Verfügung stand, war begrenzt. Er hatte die Last der Verantwortung ungern auf sich genommen, da er wußte, wie beschränkt die Möglichkeiten einer freien schöpferischen Entfaltung in seiner Stellung als Geheimer Staatsrat sein würden. Daher war er von Anfang an bestrebt gewesen, seine Position zu stärken, das heißt, entweder Minister zu werden oder seinen persönlichen Einfluß im Kabinett und vor allem auf den König zu steigern. Nur so konnte er annähernd verwirklichen, was er für notwendig hielt. Als Sektionschef war Humboldt durchaus Realist. Er betrieb mit nüchternem Blick für die Gegebenheiten der Zeit und die Unzulänglichkeiten des Übergangskabinetts Dohna-Altenstein die Kulturpolitik als eine Kunst des Möglichen. Überaus geschickt, auf das Ziel bedacht und diplomatisch klug ist die Sprache seiner Denkschriften. Es ist unvorstellbar, daß bei der übergroßen Fülle der Aufgaben ein anderer in diesen sechzehn Monaten mehr geleistet hätte als Wilhelm von Humboldt.

Warum dann harrte er nicht aus? Humboldts kulturpolitisches Reformwerk war unvollendet, als er es aus der Hand gab. Warum gab er es auf?

»Man beruft eben tüchtige Männer und läßt das Ganze sich ankandieren«, war einer seiner Grundsätze, besonders in der Universitätspolitik, gewesen. Eine solche These zu verwirklichen hatte sich als weit schwieriger erwiesen, als er gedacht hatte. »Mit wie vielen Schwierigkeiten ich bei dem allem zu kämpfen habe«, schrieb er an Karoline, als er aus dem Amt schied, »wie die Gelehrten – die unbändigste und am schwersten zu befriedigende Menschenklasse – mit ihren sich ewig durchkreuzenden Interessen, ihrer Eifersucht, ihrem Neid, ihrer Lust zu regieren, ihren einseitigen Ansichten, wo jeder meint, daß nur sein Fach Unterstützung und Beförderung verdiene, mich umlagern, wie dann noch jetzt Unannehmlichkeiten und Zänkereien mit anderen Kollegien und Menschen hinzukommen, davon hast Du, teures Kind, keinen Begriff.«

Humboldt erfuhr während seiner Amtszeit als Sektionschef zahlreiche menschliche Enttäuschungen. Die größte war gewiß, daß sich Wolf versagte, um den er geworben hat wie um keinen zweiten. Es läßt sich nicht übersehen, daß solche Erfahrungen den empfindsamen und leicht verstimmten Humboldt auf die Dauer nicht unbeeindruckt ließen. Auch war er ein zu überzeugter Individualist, als daß er sich nicht immer wieder die Frage vorgelegt hätte, ob es sinnvoll wäre, sich unter den gegebenen Umständen einem so mühevollen und in den Erfolgsmöglichkeiten problematischen Wirken zu widmen.

Ferner sah sich Humboldt in innere Konflikte gestürzt, denn es erwies sich, daß der Kulturpolitiker nicht verwirklichen konnte, was der Staatstheoretiker und Humanist erdacht hatte. Der Staat, dem er diente, ruhte auf Reformen, die der Obrigkeit in den Staatsbürgern und dem Volksheer neue starke Kräfte und gutwillige, hoffnungsvolle Träger zuführten. Dieser Staat existierte, der deutsche Nationalstaat, jenes Wunschgebilde freiheitlich-selbstbewußter Bildungsbürger, dagegen noch nicht.

Im Rahmen seiner Universitätspläne war der Staat Humboldt nur deshalb notwendig erschienen, um der im übrigen möglichst freien Hochschule die äußere Form, den rechtlichen Schutz, die finanziellen Mittel zu gewähren. Wo immer der Staat sich in innere Angelegenheiten der Universität einmische, sei er hinderlich. Der Staat müsse sich daher bewußt bleiben, daß es ohne ihn unendlich besser gehen würde.

Ob Humboldt an die volle Realisierbarkeit einer solchen These glaubte oder nicht, ist im Grunde gleichgültig. Fest steht, daß all das, was er auf dem Gebiet der Bildung leistete, in den freiheitlichen Grundlagen von Lehre und Forschung, in der Hervorkehrung ihrer Einheit, der weitgehenden akademischen Selbstbildung, der Freizügigkeit der Studenten, von seiner Persönlichkeit geprägt ist. Sein Werk wurde beispielgebend und gewann säkulare Bedeutung in der Geschichte des deutschen Hochschulwesens.

Dennoch gestand Humboldt dem Staat in zwei entscheidenden Fragen einen bestimmenden Einfluß auf Leben und Wirken der Universität zu. Das war zunächst die Finanzierung aus Staatsmitteln, denn die Idee, durch Zuteilung von staatlichen Domänen eine eigene Finanzquelle zu schaffen, erwies sich nur zu schnell als unausführbar. Das zweite wesentliche Zugeständnis bestand in dem Recht des Staates, die beamteten Hochschullehrer zu ernennen, und in der staatlichen Aufsicht, mochte sie durch die Sektion und später durch das Ministerium der geistlichen und Unterrichtsangelegenheiten oder durch den vom Staat bestellten Kurator ausgeübt werden. Humboldt erkannte, daß »die Beschaffenheit der Universitäten zu eng mit den unmittelbaren Interessen des Staates verbunden« war, als daß eine andere als die von ihm durchgeführte Regelung des Verhältnisses zwischen Staat und wissenschaftlichen Anstalten realisierbar gewesen wäre.

Zwei Gedanken, von Fichte wie von Schleiermacher und Wolf in ihren Gutachten und ihrer wissenschaftlichen Lehre vertreten, vermochte Humboldt bei der Gründung der Universität Berlin, beispielgebend für die gesamte deutsche Hochschulpolitik im 19. Jahrhundert, zu sichern: Die Universität wurde keine Fachhochschule. Es gelang ihm, »das Prinzip zu erhalten, die Wissenschaft als etwas noch nicht ganz Gefundenes und nie ganz Aufzufindendes zu betrachten und unablässig sie als solche zu suchen«. Er wies der Universität die Aufgabe zu, Menschen im klassisch-bürgerlichen Sinne der Individualität zu bilden und nicht Fachleute, mit brauchbarem Wissen ausgerüstete Spezialisten, zu erziehen. Zum anderen führte er eine klare Trennung zwischen Universität und höherer Schule durch. Das Gymnasium hatte nicht, wie früher die Lateinschule, mit der Universität zu wetteifern, sondern gesichertes Wissen zu vermitteln, »da die Schule es nur mit fertigen und abgemachten Kenntnissen zu tun hat«, die Universitäten hingegen »Wissenschaft immer als ein noch nicht ganz aufgelöstes Problem behandeln und daher immer im Forschen bleiben«.

Als Staatsmann hatte Humboldt in seiner Bildungs- und Hochschulreform die Widersprüche zwischen Idee und Realität überwunden, in die er als Staatstheoretiker geraten war. Humboldt, der Preußens und Deutschlands bedeutendster Kulturpolitiker seiner Epoche geworden war, postulierte: »Der Staat muß seine Universitäten weder als Gymnasien noch als Spezialschulen behandeln und sich seiner Akademie nicht als einer technischen oder wissenschaftlichen Deputation bedienen. Er muß im ganzen... von ihnen nichts fordern, was sich unmittelbar und geradezu auf ihn bezieht, sondern die innere Überzeugung hegen, daß, wenn sie ihren Endzweck erreichen, sie auch seine Zwecke, und zwar von einem viel höheren Gesichtspunkte aus, erfüllen, von einem, von dem sich viel mehr zusammenfassen läßt und ganz andere Kräfte und Hebel angebracht werden können, als er in Bewegung zu setzen vermag.«

Auch der Individualist Humboldt, der für den Forscher und Lehrer wie für den Studierenden »Einsamkeit und Freiheit« forderte, im Unterschied zur Erziehungsgemeinschaft, zu Fichtes »Bund freier Männer«, verkannte die Bedeutung der Gemeinsamkeit im Forschen und Lehren nicht, ebensowenig wie er sie im Planen und Gestalten seiner Sektion verkannt hatte. In seiner Denkschrift über die Organisation der höheren wissenschaftlichen Anstalten in Berlin heißt es darüber: »Da aber auch das geistige Wirken in der Menschheit nur als Zusammenwirken gedeiht, und zwar nicht bloß, damit einer ersetze, was dem anderen mangelt, sondern damit die gelingende Tätigkeit des einen den anderen begeistere und allen die allgemeine, ursprüngliche, in den einzelnen nur einzeln oder abgeleitet hervorstrahlende Kraft sichtbar werde, so muß die innere Organisation dieser Anstalten ein ununterbrochenes, sich immer selbst wieder belebendes, aber ungezwungenes und absichtsloses Zusammenwirken hervorbringen und unterhalten.«

Der Sektionschef Wilhelm von Humboldt, der Reformator des preußischen Bildungswesens, hatte sich allen seinen Aufgaben mit parteilichem Eifer gewidmet. Keine hatte ihn so mit sich selbst konfrontiert, keine war so ureigen seine Aufgabe gewesen wie die Gründung der Universität in der preußischen Hauptstadt. An Schweighäuser schrieb er am 16. Juli 1810: »Ich glaube mit Recht behaupten zu können, daß das Unterrichtswesen im hiesigen Staat durch mich in einen neuen Schwung gekommen ist und daß, ob ich gleich nur ein Jahr etwa mein Amt verwaltet habe, doch viele Spuren meiner Verwaltung zurückbleiben werden. Etwas, was mir noch eigentümlicher als alles andere persönlich angehört, ist die Errichtung einer neuen Universität hier in Berlin.«

Als das Jahr 1813 vorübergegangen war und auch die Universität vaterländische Taten in den Jahren der Erhebung ehrte, standen die Namen der Generale Blücher, Yorck, Bülow, Kleist, Tauentzien, Gneisenau und der des Staatskanzlers Hardenberg auf der Liste der Ehrendoktoren. Der Name Wilhelm von Humboldt fehlte. Im Jahre 1815 schrieb der Hofrat Böttiger an den Professor der Beredsamkeit Schütz: »Der Geheime Staatsrat von Bülow und viele preußische Verwaltungsbehörden erklärten sich laut gegen das Humboldtsche Kind, die Berliner Universität, und prognostizierten ihr ein baldiges Ende!«

Entscheidend für Humboldts Rücktritt war die rückläufige Entwicklung der von Stein eingeleiteten Staatsreform. Schwerwiegende sachliche Gründe verstärkten seinen persönlichen Unwillen und machten es einem Humboldt endlich unmöglich, sein Amt unter den veränderten, objektiv verschlechterten und ihm nicht zumutbaren Bedingungen fortzuführen. Humboldt hat sich seinem Charakter und seiner Weltansicht entsprechend entschieden und war überzeugt, daß er nach bestem Wissen und Gewissen handelte.

Humboldt hatte seine Aufgabe in der festen Absicht übernommen, sein Bestes zu geben, das heißt auch, die Voraussetzungen dafür zu schaffen, daß er nach seinen Kräften wirken könnte. Er war der durchaus berechtigten Ansicht, eine solche sachlich wie persönlich voll befriedigende Tätigkeit wäre nur möglich, wenn sein Departement unabhängig würde, und zwar als selbständiges Ministerium, oder wenn der von Stein vorgesehene Staatsrat als ein kollegiales Regierungsorgan endlich verwirklicht würde. Humboldt hat jede Möglichkeit genutzt, in dieser Richtung bei den Ministern und beim König vorstellig zu werden.

Schon einen Tag nach seiner Ankunft in Königsberg, am 14. April 1809, führte er ein »langes und sehr ernsthaftes Gespräch« mit dem König. Damals war Schön, der Chef der Sektion für die Gewerbepolizei, aus den gleichen Gründen, die Humboldt bedrängten, zurückgetreten. Mit Schön, der inzwischen Oberpräsident in Gumbinnen geworden war, blieb er seither in enger Verbindung. »Den Mann, gewiß den geistvollsten unter uns hier, keinen ausgenommen«, schrieb er an Wolf, »hat man gehen lassen und damit gleichsam Fingerzeige gegeben, wer ihm noch nachfolgen soll.«

Humboldt schöpfte neue Hoffnung, als sich am 15. Oktober 1809 bei einer Geburtstagsfeier für den Kronprinzen die Gelegenheit bot, den König längere Zeit unter vier Augen zu sprechen. Wie er Schön am 31. Oktober berichtete, hatte er dem König seine »Meinung über die jetzige Verfassung frei und ausführlich« gesagt und gebeten, ihn in das auswärtige Departement zurückzuversetzen. Auf die Frage nach den Gründen habe er dem König erklärt, daß seiner Meinung nach sein Departement ein Ministerium sein müsse, er aber nicht hoffen könne, dessen Chef zu bleiben. »Von da kamen wir auf den Staatsrat«, fuhr Humboldt fort, »auf das Verhältnis der Sektionschefs zu den Ministern, die Oberpräsidenten und die Notwendigkeit, die Verfassung, wie sie jetzt ist, entweder vollständig zu machen oder umzuändern.« Er fand den König »vernünftig und klarsehend«, darüber klagend, daß man ihm über die hinausgeschobene Einrichtung eines Staatsrates keine Vorschläge gemacht habe. Etwas zu ändern hindere ihn vornehmlich die

Idee, »daß es ein ewiges, der Regierung nicht anständiges und die Nation beunruhigendes Ändern einmal festgesetzter Formen sei. Indes bedürfte es nur eines gehörigen Impulses, um gerade das Beste und Zweckmäßigste durchzusetzen.«

Friedrich Wilhelm III. erklärte, immer der Meinung gewesen zu sein, daß das geistliche Departement ein Ministerium sein müsse. Er sehe es auch nicht für notwendig an, daß Humboldt »bei einer solchen Umwandelung dasselbe verlöre, nur sei die Sache zu wichtig, als daß er sich deshalb gleich entscheiden könne«.

Humboldt war sich »der delikaten und schwierigen Lage« bewußt, in der er, der Sektionschef, in Abwesenheit und ohne Wissen seines Ministers sich befand. »Um nicht das Ansehen zu haben«, daß er sich selbst zum Minister vorschlage, bat er um seinen Austritt aus dem Innenministerium.

Humboldt hat diesem Gespräch eine viel zu große Bedeutung zugemessen. Er meinte, das Eis wäre gebrochen. Er kannte den unentschlossenen und mißtrauischen, wenig fähigen Zauderer auf dem Thron noch zu wenig. Sonst hätte er nicht annehmen können, sein freimütiges Gespräch habe den König für den Gedanken gewonnen, die Reform des Reichsfreiherrn vom Stein in der preußischen Verwaltungsspitze fortzusetzen, sobald vom Ministerium aus die Initiative dazu ergriffen werde.

Humboldt hatte bereits am 2. Juli 1809 mit dem üblichen Monatsbericht seiner Sektion seinem Minister einen Antrag auf Errichtung des Staatsrates vorgelegt. Graf Dohna war als Innenminister für die Verfassungsfragen zuständig, und sehr dringlich hieß es in Humboldts Memorandum: »Sektionen und Staatsrat hängen nun dermaßen voneinander ab, daß nur unter der Voraussetzung eines Staatsrats die Sektionen noch nützlich, ohne denselben aber durchaus gefährlich und verderblich werden.«

Dohna ließ sich einige Wochen Zeit. Dann teilte er seinem Sektionschef mit, daß die Einrichtung eines Staatsrates in Arbeit wäre. Kein Wunder also, daß Humboldt nach seinem Gespräch mit dem König den sehr nüchtern-skeptischen Schön, einen der engsten Parteigänger des geächteten Stein, wissen ließ, auf Dohna sei »durchaus nicht zu rechnen. Er ist bloß dafür, daß die jetzige Lage der Dinge sich so lange fortschleppe, bis der Zufall sie zerstört oder ihre eigene Nichtigkeit in sich zerfällt. Altenstein ist weder für den Staatsrat noch für mehrere Minister. Er strebt dahin, daß sich die Macht um sein Ministerium konzentriere, und dazu, weiß er wohl, bedarf es der Handlungen und keiner Verfassung«.

Humboldts Urteil über Dohna und Altenstein, die beiden Eckpfeiler des Ministeriums, traf durchaus zu. Sein Gespräch mit dem König dürfte beider Argwohn gegen diesen überragenden Kopf unter ihren Mitarbeitern nur verstärkt haben. Der König aber, den »für alle liberalste Ideen zu gewinnen« Humboldt für leicht hielt, ließ die Dinge untätig treiben. Nichts tat sich, bis Humboldt am 5. Dezember 1809 Königsberg verließ, um sich der Regelung seiner Erbschaftsangelegenheiten zu widmen. Als er nach seinem Aufenthalt in Erfurt, Weimar und auf den Dacherödenschen Gütern am 30. Januar 1810 wieder in Berlin eintraf, war er infolge der Erbschaft in seinen Entschlüssen noch unabhängiger von materiellen Erwägungen als vorher.

Er hatte Königsberg in der Überzeugung verlassen, daß man ihn »hinausdrängen möchte«, wie er seiner Frau am 28. November 1809 schrieb, wozu er gewissermaßen selbst die Hand biete, indem er oft vom Abschiednehmen rede. Noch immer meinte er den König auf seiner Seite zu haben, der ihm »über Verdienst« gewogen sei. Man habe ihm versichert, teilte Humboldt seiner Frau weiter mit, der König warte nur auf eine Gelegenheit, ihn zum Minister zu machen, doch fügte er hinzu: »Ich glaube daran nicht.« Humboldts Informationen dürften schon damals aus der Umgebung der Königin gestammt haben, vor allem von der Hofdame Karoline Friederike von Berg, deren er sich wiederholt bediente, um seine Meinung den Majestäten zu Gehör zu bringen. Wie stark er sich nach wie vor mit seinem Amt verbunden fühlte, beweisen nicht zuletzt die Bemühungen um Wolf, die er sogar aus Erfurt in geradezu selbstloser Weise fortsetzte.

Unmittelbar nach Humboldts Abreise aus Königsberg hatte der König in einer Kabinettsorder vom 8. Dezember 1809 die Minister Dohna, Altenstein und Beyme wissen lassen, daß er »in der neuen Organisation, weil sie nur teilweise ausgeführt ist, noch Lücken finde und besonders die beabsichtigte Einheit, teils die Teilnahme der Nation, soweit sie stattfinden kann, vermisse«.

Hier hätte sich eine Möglichkeit ergeben, im Sinne der Steinschen Verwaltungsreformen weiter voranzuschreiten. Doch die Minister verhielten sich ablehnend in einem auch vom Außenminister Goltz und vom Kriegsminister Scharnhorst unterzeichneten Immediatbericht an den König. In einem Staatsrat Steinscher Prägung erblickten sie eine Verminderung der moralischen Gewalt, so daß sie nicht zu dessen Einführung raten könnten. Eine aus so vielen und so ungleichartigen Mitgliedern zusammengesetzte Behörde sei nicht geeignet, das Staatsruder im Sturm der Zeit mit Kraft zu führen. Steins Plan ginge darauf hinaus, daß »die Geheimen Staatsräte als Sektionschefs den Anordnungen der Minister Folge leisten, als Mitglieder des Staatsrates aber mit den Ministern eine gleiche Stimme haben sollen. Diese Einrichtung allein müßte mit der Zeit das Grab aller Subordination werden und die ganze Kraft der Minister lähmen«. Der Bericht lief auf den Vorschlag hinaus, »daß das Staatsministerium ... sich wöchentlich regelmäßig an einem bestimmten Tage auf dem königlichen Schlosse zur gemeinsamen Beratung über alle Gegenstände von allgemeinem Interesse für den ganzen Staat versammle, darüber gemeinschaftlich verfüge und berichte und dazu diejenigen Geheimen Staatsräte und Staatsräte zuziehe, welche bei der Bearbeitung der vorkommenden Gegenstände konkurrieren«. Dohna, Altenstein und Goltz wollten weder einen Premierminister, worauf Stein abgezielt hatte, noch wünschten sie Humboldt, der sie alle überragte, mit Wort und Stimme in ihrem Kreise oder gar als Minister an ihrer Seite zu sehen.

In einer Kabinettsorder vom 31. März 1810 genehmigte

Friedrich Wilhelm III. die ihm unterbreiteten Vorschläge; am 9. April arbeiteten die Minister die näheren Einzelheiten aus. Dohna unterrichtete seine Geheimen Staatsräte in einer Zirkularverfügung vom 17. April. Schon am 14. April ersuchte Humboldt seine Frau, die endlich geplante Abreise aus Rom abermals zu verschieben. Er war entschlossen, seine Entlassung zu fordern. »Mein Entschluß ist genommen, und wenn ich gleich gar nicht fest aussehe, verstehe ich es doch zu sein. Dann kann der König es nur abwenden, wenn er mich zum Minister macht oder eine Ausnahme für mich bildet, und dies wäre ein solcher Beweis von Gnade, daß ich, ob er mir gleich jetzt große Proben seines Vertrauens gegeben hat, sie nicht voraussetzen kann.«

Noch bevor die Kabinettsorder ihm offiziell zur Kenntnis gebracht worden war, hatte er sich am 12. April 1810 an Frau von Berg mit dem Ersuchen gewandt, bei der Königin zu intervenieren. »Das Publikandum vom 16. Dezember« (1808), heißt es in diesem Schreiben Humboldts, »suspendierte den Staatsrat, änderte aber nichts in demselben ab. Ich und alle damalige Geheime Staatsräte mit mir waren berufen, im Pleno des Staatsrates den Ministern durchaus gleich zu sein. Jetzt stellt man uns den bloßen Staatsräten gleich und nimmt uns alle entscheidende Stimme.« Darin sei eine Zurücksetzung enthalten, die zu ertragen gegen die einfachsten Gefühle der Ehre streite. Aber nichts, was irgend persönlich heißen könne, würde ihn bewegen, »den Dienst, vorzüglich in einer so gefahrvollen Lage des Staates, zu verlassen«. Sein Rücktritt sei auch eine Pflicht mit Rücksicht auf die ihm anvertrauten Angelegenheiten, da er in dem neuen »Verhältnis nichts Erhebliches mehr würde wirken können«. »Endlich, und das ist die Hauptsache, kann ich, wenn die Geheimen Staatsräte auf diese Weise gegen die Minister zurückgesetzt sind, daß sie sogleich in der Gegenwart dieser ihrer sonstigen Untergebenen den Staatsräten gleich werden, nicht mehr eine gewisse Unabhängigkeit und Autorität als Sektionschef zu haben hoffen, und diese ist die erste Bedingung alles kraftvollen und heilsamen Wirkens, vorzüglich in meiner Partie, wie es oft auf persönliche, schwer mitzuteilende Ansichten ankommt.« Er habe mehreren Ministern, darunter Dohna und Altenstein, gesagt, daß er mit einer solchen Zweckbestimmung des Staatsrates die Fortsetzung seines Amtes für unverträglich halte. »Das Herz blutet mir, den König, die Königin und mein Vaterland in diesem Augenblick zu verlassen, da ich ihnen, solange ich es vermöchte, zu dienen bereit wäre. Allein auch für die edelsten Zwecke muß man das Wirken nie länger fortsetzen, als es sich mit reichlich erwogenen Grundsätzen und den Gefühlen der Ehre verträgt.«

Am 25. April 1810 wandte er sich, gewiß von Frau von Berg beraten, unmittelbar an die Königin. Er begründete seinen Entschluß, um seine Entlassung als Sektionschef zu bitten. Dabei wies er auf das Versprechen des Königs hin, ihn, »wenn ihm sein gegenwärtiger Posten nicht angemessen sein sollte, in dem Departement der auswärtigen Angelegenheiten in« seine »alten Verhältnisse zurückzuversetzen«. An Rom dachte er dabei nicht mehr, die Gesandtschaft am Vatikan dünkte ihn unter den gegebenen Verhältnissen »mit Recht weniger als ein dem Staat zu leistender Dienst«.

Einige Zeilen an Frau von Berg begleiteten dieses ungewöhnliche Schreiben. Sehr deutlich sprach er darin aus, die Kabinettsorder sei von den Ministern unter anderem veranlaßt, um ihn »als einen der letzten, denen man nach Schöns und Vinckes Abgang mehr Kopf und Selbständigkeit zutraut, zu entfernen«. Er müßte alles Selbstgefühl verloren haben, wenn er sich nicht nur Ministern überhaupt, sondern namentlich diesen, denen er keine Superiorität über sich zuerkennen könne, auf diese Weise unterordnen wollte. »Es ist also gewiß«, schrieb er der Vertrauten, »daß ich in dieser Lage auf keinen Fall und unter keiner Bedingung bleibe.«

Am 29. April übersandte er dem König sein offizielles Entlassungsgesuch, in dem diplomatischer, aber nicht weniger sachlich und eindringlich begründet wird, weshalb er nicht weiterhin Sektionschef im Ministerium des Innern bleiben könne. Er würde gegen seine Pflicht handeln, wenn er dem König nicht freimütig erklärte, daß er außerstande sei, »Geschäften ferner vorzustehen, die nach dieser Abänderung nur von dem Minister selbst mit Fortgang geleitet werden können«. Er scheute sich nicht, offen auszusprechen, es gebe »bei dem Dienste im Staate ein Ehrgefühl, das mit dem Pflichtgefühl so enge verbunden ist, daß sich nicht das eine oder das andre abstumpfen läßt«. Der Staatsrat wäre freilich suspendiert worden, aber nirgends wäre verlautet, »daß er überhaupt, geschweige denn in seinen wesentlichsten Bestimmungen, geändert werden sollte«. Und eben das sei geschehen.

Er bescheide sich daher gern, sich in die Einsamkeit zurückzuziehen. Abschließend wiederholte er die Bitte, ihn nicht länger in einer Lage zu lassen, in der er nicht mehr nützlich werden könne, in der es ihm außerdem nicht mehr möglich sei, »mit Mut und Freudigkeit zu arbeiten«, und die aus diesen beiden Gründen sein Leben notwendig verbittern müßte.

Wochenlang wartete Humboldt auf eine Antwort seines Königs und obersten Dienstherrn. Inzwischen machten die Minister von ihren Vollmachten Gebrauch. Das Staatsministerium verweigerte die schon vor längerer Zeit von der Sektion des Kultus vorgeschlagene Verlegung des Bußtages und empfahl, die Vorlage zu vertagen. Nicolovius entwarf eine Beschwerde, die Humboldt mit scharfen Randbemerkungen versah. Er ließ den Minister Dohna wissen, unter Umständen, wie sie jetzt Brauch würden, höre »alle zweckmäßige Geschäftsverwaltung, aller Mut zu neuen, wichtigeren Operationen, alle Hoffnung auf Erfolg auf«. Am gleichen Tage, dem 25. Mai, wiederholte er in einer Eingabe an den König sein Entlassungsgesuch. »Es sind jetzt wiederum mehrere Wochen verstrichen«, schrieb er, »und neue Vorfälle haben mir in dieser Zeit überzeugend dargetan, daß, weit entfernt, mich in den nachteiligen Folgen zu irren, die ich von den letzten Einrichtungen für die freie Wirksamkeit der Sektionschefs besorgte, ich die Sache damals noch nicht für bedenklich genug ansah und daß in der Tat jetzt das Ministerium eine wahre Zwischeninstanz zwischen Ew. Königlichen Majestät und den Sektionen bildet.«

Humboldts Entlassungsgesuch war vom König wohl nicht zuletzt deshalb hinhaltend behandelt worden, weil neben der Anteilnahme der Königin an seinem Anliegen die seit langem schwebende Kabinettskrise akut geworden war.

Die Königin Luise hatte Hardenberg veranlaßt, zu ermitteln, ob Humboldts »Fähigkeiten wirklich so groß sind, als manche es sagen ... Wir haben leider keine eminente Köpfe zuviel, es wäre daher schade, wenn wir diesen (bewährt er sich als solchen) verlören«. Am 3. Juni wurde das Ministerium Dohna-Altenstein entlassen, Hardenberg wurde zum Premierminister ernannt. »Das Ministerium Dohna-Altenstein, das zunächst die Nachfolge Steins angetreten hatte, war freilich gegenüber den Junkern wie den Franzosen so willfährig, daß es geradezu den Bestand der Monarchie gefährdete. In der Innenpolitik ließ man wieder die Junker nach ihrem Gutdünken walten, aber im Heer und im Bildungswesen gelang es den Patrioten, die Reformen weiterzuführen. Das Ministerium vermochte jedoch nicht einmal, die vom König angeordnete Reform der gutsherrlichen Polizeigewalt durchzusetzen, sondern wich vor dem widerspenstigen Adel zurück. Dohna und Altenstein scheiterten aber auch auf dem Gebiet der Finanz- und der Außenpolitik. Da sie keine Mittel zur Begleichung der französischen Forderungen aufzutreiben verstanden, schlugen sie vor, nicht weniger als die ganze Provinz Schlesien zur Besänftigung Napoleons abzutreten. Daraufhin raffte sich sogar der zögernde Friedrich Wilhelm III. zu einem Entschluß auf und verabschiedete das Ministerium.«[48]

Nun sah es für einen Augenblick so aus, als würden Hardenberg und Humboldt zu schöpferischer Gemeinsamkeit zusammenfinden. »Das Ministerium des Innern«, argumentierte Hardenberg »würde mit dem Geheimen Staatsrat von Humboldt besetzt werden können. – Wer der Sektion des Kultus an dessen Stelle vorzusetzen sei, ob nicht vielleicht rätlicher befunden werde, demselben einen eigenen Minister vorzusetzen, würde noch einer Überlegung unterzogen werden können. Vielleicht bequemte sich der Graf Dohna dazu, diese Stelle anzunehmen.« Die Zusammenarbeit zwischen dem großen Autokraten Hardenberg und dem klassischen Individualisten Humboldt kam jedoch nicht zustande.

Welche Erwägungen bei der nun folgenden Entscheidung den Ausschlag gaben, läßt sich nicht im einzelnen rekonstruieren, da die Quellen nicht vollständig sind. Dohna war unter Berufung auf frühere Einwände Steins und seine eigene dreiundzwanzigjährige Bekanntschaft gegen die Ernennung Humboldts zum Innenminister. Der frömmelnde König ließ sich gewiß von dem Einwand beeindrucken, Humboldt habe gegen die geistlichen Angelegenheiten immer Kälte und Widerwillen gezeigt. Dohna empfahl Nicolovius als Nachfolger Humboldts, Humboldt selbst als Minister des Auswärtigen. Nach Anmerkungen der Prinzessin Luise Radziwill verwandte sich auch die Königin Luise für die Übertragung des Ministeriums des Äußeren an Humboldt. Der König indessen hat, gewiß schon damals unter dem Einfluß Wittgensteins und der Hofkamarilla, im entscheidenden Gespräch mit Hardenberg so starke Bedenken gegen Humboldt geäußert, daß der neue Premierminister Humboldt zwar die Leitung der Außenpolitik in Aussicht gestellt, sie dann aber doch abermals dem gefügigen Goltz übertragen hat.

Am 14. Juni 1810 wurde Humboldts Entlassungsgesuch bewilligt. Laut Kabinettsorder wurde er gleichzeitig zum außerordentlichen Gesandten und bevollmächtigten Minister in Wien mit dem Charakter eines Staatsministers ernannt. Minister des Innern blieb Dohna, Minister des Äußeren Goltz. Altenstein, Scharnhorst und Beyme erhielten ihren Abschied, Hardenberg war am 6. Juni, einem »Tag großer Bouleversements«[49], wie Humboldt seiner Frau am 9. Juni schrieb, »Staatskanzler, d. h. Premierminister« geworden.

Humboldt schlug seinen Bruder als seinen Nachfolger in der Sektion für Kultus und Unterricht vor. Dohna erhob gegen den jüngeren Humboldt ähnliche Einwände wie gegen den älteren. Alexander lehnte ab, so daß Nicolovius mit Ausnahme der Kommission für die Gründung der Universität, die Wilhelm von Humboldt bis zu seiner Abreise nach Wien behielt, die kommissarische Leitung der Sektion übertragen wurde, bis Schuckmann am 20. November 1810 zum Leiter ernannt wurde.

»Zwei Dinge haben mich hier weggebracht«, schrieb Humboldt an Karoline am 19. Juni 1810 im Anschluß an die vielsagende Bemerkung, daß er über die ganze Veränderung »wenig schriftlich zu sagen« wisse: »Erstlich Hardenbergs überwiegende Neigung, mich in der auswärtigen Karriere zu sehen, und dann Dohnas Abneigung, sein Ministerium zu teilen. Denn ohne Minister zu werden, wäre ich freilich nicht hiergeblieben. Minister zu sein ist, wenn man einmal dient, immer sehr gut. Man kann nie wieder in eine abhängige Lage geraten.«

Auch Humboldt gehörte zu den Staatsmännern, von denen Hardenberg Gutachten über die von ihm beabsichtigte Neuorganisation der obersten Verwaltung angefordert hatte. Humboldt ging in seiner Stellungnahme, der letzten jener Berliner Epoche, davon aus, daß der preußische Staat in der gegenwärtigen Situation darauf bedacht sein müßte, sich in eine äußerlich möglichst sichere und feste Lage zu setzen. Die innere Verwaltung habe große und bedeutende Mängel, sie sei »zu wenig planmäßig, energisch und schnell, zu wenig die physischen Kräfte der Nation schonend, zu wenig ihre moralischen entwickelnd«. Nicht so sehr in den Personen als vielmehr in den Institutionen liege der Fehler. »Alles Drängen auf Energie, Schnelligkeit und Ordnung, alles Anstellen neuer Arbeiter, alles Verwenden von Summen auf Verbesserungen, alles Wirken durch Religion und Erziehung hilft nur halb, wenn nicht jede dieser Triebfedern nach einem allgemeinen konsequenten Plan in Bewegung gesetzt wird, und dies wiederum ist unmöglich ohne Einheit und gehörige Abgrenzung der Behörden.«

Diese Einheit sah er im Zusammenwirken eines Kabinetts, das als Zentralpunkt der gesamten Verwaltung aus fünf Ministern bestehen und unter wechselndem Vorsitz tagen sollte. Als weitere Behörde schlug er einen Staatsrat vor, der in allen die allgemeinen Verhältnisse von Staat und Volk angehenden Fragen gehört werden sollte. Die zwischen beiden Institutionen liegende Grenze sei schwer zu ziehen, aber beide seien notwendig, weil »die wahre Administration das freie Schalten eines Kopfes fordert, die Gesetzgebung aber sowie ferner die Beurteilung der Zweckmäßigkeit der Administrationsmittel im allgemeinen (und abgesehen von dem bestimmten einzelnen, manchmal momentanen Zweck) durch Beratung unter vielen gewinnt und weil die Administration oft ein Geheimnis und eine Schnelligkeit erfordert, die viele Personen zuzulassen verbieten«.

Humboldts Vorschläge zeugen von einem klaren Blick für die inneren Verhältnisse des preußischen Staates und für die außenpolitische Lage, in der sich das machtlose, aber nach Erneuerung drängende und die Befreiung ersehnende Land befand. Am Schluß seiner Stellungnahme heißt es: »Das Vertrauen zur Regierung würde durch eine solche Verwaltung aufs neue belebt werden, da die Nation sehen würde, daß jeder auf dem ihm angewiesenen Platz mit Muße nachdenken und mit Freiheit handeln könnte. Jetzt, da diese Überzeugung fehlt, wirken auch die besten Wahlen nur wenig aufs Publikum. Außerdem ist die Klage über den Mangel einer obersten Einheit allgemein und selbst diejenige Einheit, welche in den Ministerkonferenzen wirklich existiert, dem Publikum unbekannt. Nichts aber schadet allen Maßregeln der Regierung so sehr, als wenn einmal die Meinung der Langsamkeit, Planlosigkeit und Unordnung gegen sie herrschend geworden ist, und diese Meinung wird nicht durch ein allmähliches Verbessern dieser Unvollkommenheit in dem bisherigen Geschäftsgang, sondern nur durch eine in die Augen fallende Umänderung dieses Ganges selbst aufgehoben.«

Ähnlich wie der Reichsfreiherr vom Stein erstrebte Humboldt eine gemäßigte, eine konstitutionelle Monarchie. Dabei dachte er an eine Regierung, an deren Spitze sich – nach allgemeiner Beratung unter den Ministern und abschließendem Votum durch den König – die leitenden Beamten unter eigener Verantwortung im Rahmen der Beschlüsse frei entfalten konnten. Von einem Premierminister, einem Staatskanzler ist in Humboldts Erwägungen nicht die Rede. Ebendies dürfte Hardenberg mit bestimmt haben, Humboldt, dessen hohe staatsmännische Begabung er erkannt hatte, möglichst fern von Berlin, fern von den Ämtern zu halten, in denen die wichtigsten Entscheidungen vorbereitet oder gar gefällt werden mußten.

Was Humboldt als Sektionschef geleistet hat, faßte Bruno Gebhardt, einer seiner frühen Biographen, wie folgt zusammen: »Kurz war die Zeit seiner Wirksamkeit, aber von weittragender geschichtlicher Bedeutung. In Zedlitz hatte in der preußischen Unterrichtsverwaltung die berechtigte und nützliche Richtung der Aufklärung ihren Vertreter und in seinen Maßnahmen ihren Ausdruck gefunden; nach der kurzen Wöllnerschen Pietismus-episode drangen mit Massow utilitaristische Tendenzen ein, die dem geistigen Leben der Nation die schwerste Schädigung bereitet hätten, wenn sie zur vollen Wirkung gekommen wären. Wilhelm v. Humboldt aber brachte im preußischen Unterrichts-wesen den hehren Idealismus, der seine eigene Seele erfüllte, zu siegreicher Geltung und wies damit der ganzen folgenden Entwickelung die echte und rechte Bahn.«[50]

Über die Nachwirkung des Gründers der Universität aber urteilte Heinrich Deiters, einer der führenden Pädagogen unserer Zeit: »Alles, was die Universität Berlin seit ihrer Eröffnung für die Wissenschaft in Deutschland und in der Welt geleistet hat, steht in ursächlichem Zusammenhang mit dem Werk des Gründers und den Anstößen, die er seiner Schöpfung mitgegeben hat, aber nur an einzelnen Stellen läßt sich dabei noch die Nachwirkung seiner Persönlichkeit nachweisen. Seine Gedanken über die Universität aber, soweit er sie schriftlich festgehalten und damit der Nachwelt zugänglig gemacht hat, dauern als unvergängliches Dokument seiner Individualität. Durch sie allein vermag er, auch über Zeiten der Vergessenheit hinweg, immer wieder unmittelbar auf spätere Geschlechter zu wirken.«[51]

GESANDTER IN WIEN

Humboldt verließ Berlin am 15. August 1810, wegen des Todes der ihm besonders zugetanen Königin Luise später, als er beabsichtigt hatte. Er reiste gemächlich durch Böhmen und hatte

in Prag seine erste persönliche Begegnung mit dem Reichsfreiherrn vom Stein.

In Wien traf der neue preußische Gesandte am 22. September
ein. Er ließ sich zunächst in der »Wollzeil Nr. 818 im schmecken-
den Wurm« nieder; »die Namen der Häuser sind hier gräßlich«,
schrieb er an Karoline. »Die Ankunft in einer Stadt, in der ein
der Dauer nach unbestimmtes Leben angehen soll, ist immer
etwas Wunderbares, und ich bin mit sonderbaren Empfindungen
am stillen Abend beim schönsten Sternenschein durch die lange
Vorstadt gefahren. Alles ist ungewiß. Man fühlt sich fremd bei
jedem Schritt, und ich hätte die Mauern ordentlich bitten mögen,
uns freundlich aufzunehmen und zu beschützen.«

Am 21. Oktober kam Karoline mit den in Rom bei ihr verbliebenen Kindern in Wien an, auch Theodor, der älteste, in
Deutschland erzogene Sohn, fand sich im Elternhaus ein. Mitte
Oktober 1808 hatte Wilhelm von Humboldt mit seinem Sohn
Theodor Rom und die Seinen verlassen, nach zwei Jahren war
die Familie wieder vereint; seinen vierten, am 23. April 1809
in Rom geborenen Sohn Hermann schloß der Vater zum erstenmal in seine Arme.

Karoline war auf Wunsch Humboldts mit den Kindern vor
der Rückkehr aus Italien nach Neapel, Pompeji und Herkula-
num gereist, gemeinsam mit ihrem Schützling, dem jungen Christian Daniel Rauch, der später auf der Heimreise Gast Humboldts in Wien war. Kunstwerke von Rang, die auf dieser Reise
erworben wurden, und aus Humboldts früheren Käufen in Rom
schmückten bald das Schloß in Tegel. »Ich werde mich im Wagen
an dem Gedanken laben, wieder in Deiner geliebten Nähe zu
sein«, schrieb Karoline aus Süditalien an Humboldt, »wenn das
Herz an der Trennung von Rom blutet.«

Humboldt hatte seine Karoline ein Jahr zuvor wissen lassen:
»Jedes menschliche Leben hat ein Ziel. Mir wird nichts gerade
sichtbar nachbleiben, was ich getan hätte. Ich bringe schwerlich
etwas hervor, was mich überlebt«, eine Voraussage, die der
Gründer der Universität Berlin und Reformator des preußischen
Bildungswesens ein Jahr später gewiß nicht wiederholt hätte.

»Aber eine Sache glaube ich getan zu haben. Dich durchs Leben begleitet zu haben, wie es wenigstens Deiner nicht unwert war, gemacht zu haben, daß Du in Freiheit und Schönheit walten, das Leben tief und rein empfinden konntest im Glück und im Unglück, was das einzige ist, was der Mensch, der sich und sein Schicksal versteht, wünschen muß.«

Humboldt zog seinen Lebenskreis wieder enger. Vorzugsweise widmete er sich dem Selbststudium, dem Umgang mit Karoline, mit den heranwachsenden Kindern, mit vertrauten Freunden, jenem Leben also, wie es der wieder ganz auf sich selbst gestellte Individualist so gern genoß. Er hätte es weit lieber im vertrauten Rom als im fremden Wien geführt und dort fortgesetzt, wo er es zwei Jahre vorher unterbrochen hatte. Die ersten Wiener Jahre waren eine Rückkehr zur »stillen Beschäftigung mit sich selbst«, wie er es selbst ausdrückte, »an den Pforten Italiens«, wobei er sich vortäuschte, »im Grunde nur die Schwelle Deutschlands betreten zu haben«. Er ist in Wien nie heimisch geworden, hatte keinen Sinn für das rokokohaft Gemütvolle der Wiener Lebensweise und die Lieblichkeit der Landschaft, geschweige denn für die Metropole zeitgenössischer Musik; den Namen Haydn, Mozart, Beethoven in seinen Berichten oder doch seinen Briefen zu begegnen, hofft man vergebens.

Viel Zeit widmete Humboldt der Beschäftigung mit antiken Werken und sprachwissenschaftlichen Spekulationen. Er arbeitete an der endgültigen Fassung seiner Übersetzung des »Agamemnon« und nahm die baskischen Studien wieder auf. Aus der Ferne näherte er sich auch wieder dem alten Freunde Wolf. Er wäre nun wieder der alte, schrieb er ihm noch 1812, das Gesandtengeschäft sei so locker und lose, daß es ihn nicht über Gebühr beschäftige, »und so, wie weiland Rubens dabei große Bilder malte«, könne auch er »vielerlei treiben, habe es getan und tue es noch«.

Blieb das Studium der Alten eine Liebhaberei, so gewannen die sprachwissenschaftlichen Forschungen mehr und mehr eine Breite und Tiefe, die für das Alterswerk Humboldts charakteristisch sind. Zum Vergleich europäischer Sprachen und dem Erforschen des Baskischen trat die Untersuchung amerikanischer Sprachen. Humboldt hatte damit bereits in Rom begonnen. Dort hatten nach der Aufhebung des Jesuitenordens aus Südamerika vertriebene Missionare wertvolle Materialien zusammengetragen, deren Abschrift ihm gestattet worden war. Alexander hatte weiteres Material über die Indianersprachen von seiner westindischen Reise mitgebracht und regte im Frühjahr 1811 den Bruder an, in einem besonderen Beitrag seines »Amerikanischen Reisewerks« die Sprachen Amerikas zu behandeln. Wilhelm von Humboldt nahm sich in seinen Mußestunden dieses Vorhabens an. Doch nur der Anfang ist erhalten geblieben, eine Erörterung allgemeiner, sprachphilosophischer Fragen. Humboldt hoffte dabei, sichere Grundlagen für sein wissenschaftliches Lieblingsanliegen zu gewinnen, nämlich aus der Sprache Aufschlüsse über die Menschengemeinschaft und die Nation zu gewinnen, die sich ihrer bedienten.

Alexander von Humboldt reiste im November 1811 von Paris, wo er mit einem Stab wissenschaftlicher Mitarbeiter aus mehreren Ländern die Ergebnisse seiner Reise in die Äquinoktialgegenden auswertete, nach Wien. Er kam, um von dem Bruder und dessen Familie wieder für längere Zeit Abschied zu nehmen, denn er plante eine zweite große Reise, und zwar nach Asien. Nicht zuletzt sein Widerwille gegen die politische Lage Europas trieb ihn abermals in die Ferne, aber eben diese politische Lage verhinderte die Durchführung seines Plans.

Während seines Aufenthaltes in der österreichischen Hauptstadt war Alexander Mittelpunkt des Salons, den seine Schwägerin Karoline wie in Paris und Rom auch hier unterhielt. Wilhelm von Humboldt dagegen lebte zurückgezogener und zeigte sich weniger als früher in Gesellschaft. So namhaft auch die Frauen und Männer waren, die in diesen Wiener Jahren in seinem Haus am Minoritenplatz ein und aus gingen, weit mehr als in Rom oder gar in Paris suchten sie den Staatsmann und Diplomaten auf als den Gelehrten und umfassend gebildeten Menschen. Den Besuch des Bruders genoß Humboldt mit großer

Freude, wenn ihn auch das Aufsehen, das Alexander in Wien erregte, im behaglichen Zusammensein und im Gedankenaustausch über Alexanders Reisewerk störte.

Weniger angenehm war für ihn der Umgang mit einigen Romantikern, die teils zum Katholizismus konvertiert waren, teils statt preußischer österreichische Dienste genommen hatten. Das waren Adam Müller, der in seiner Staats- und Wirtschaftslehre ausgesprochen katholisch-reaktionäre Tendenzen vertrat, und die Brüder August Wilhelm und Friedrich Schlegel. »Es ist jetzt, da Wilhelm Schlegel und Müller hier sind, einige Ideenbewegung um mich her«, schrieb Humboldt am 15. Juli 1811 an Körner. »Aber ob ich gleich für vieles in jedem der drei im guten und wieder guten Sinn des Wortes anspruchsreichen Menschen Achtung hege, nicht die mir eigentlich gemütliche.« Wie unterschiedlich sie auch wären, »Freiheit der Ansicht, rechte Objektivität fehlen allen«. Er sehnte sich nach einem ausführlichen Gespräch mit Körner, dessen poetisch hochbegabter Sohn Theodor damals Sohnesrecht in Humboldts Haus genoß, von dem aus er als deutscher Patriot unter dem Beifall Humboldts der Fahne Lützows folgte; er fiel während des Waffenstillstandes im Sommer 1813 im Befreiungskrieg.

Den damals viel beachteten Wiener Vorlesungen der Brüder Schlegel vermochte Humboldt keinen Beifall zu zollen. »Wenn sie über Goethe und Schiller sprechen und man sich an ein lebendiges Gespräch jener beiden über ähnliche Gegenstände erinnert, ist es einem, als stritten Pygmäen auf den Gräbern von Heroen«, lautete sein hartes Urteil. Der alte Gegensatz zwischen den Romantikern und dem Parteigänger der Klassik regte sich wieder, ohne die konventionellen Beziehungen sehr zu stören. Friedrich Schlegels Sprachforschungen, betitelt »Über die Weisheit und Sprache der Indier«, regten Humboldt zum philosophischen und sprachwissenschaftlichen Gedankenaustausch an.

Unter den deutschen Gästen in Humboldts Wiener Salon war Friedrich Gentz die problematischste Erscheinung.[52] Der ehemalige preußische Kriegsrat und Fürsprecher einer fortschrittlichen Entwicklung hatte sich bereits zum Parteigänger der Restauration gewandelt. Er nahm englische Gelder und stand, bald österreichischer als Metternich gesinnt, in Habsburger Diensten. Karoline von Humboldt hat ihren Mann immer wieder vor seinem Jugendfreund gewarnt, wie sie später ihre Freundin Rahel Levin beschwor, Gentz, der echte Liebe nicht kenne, nicht zu trauen. »Er liebt die Unseren nicht, unsere Preußen, verstehst Du«, klagte sie aus der intimen Kenntnis, die sie und ihr Mann in den Wiener Jahren aus dem Umgang mit dem Schatten Metternichs gewonnen hatten. »Der eigentliche Geist, der die Nation begeistert hat, der sich klar in Tat und Wort bei Tausenden ausgesprochen hat, den hat er nicht erkannt.«

Für den preußischen Gesandten in Wien erwies sich Gentz als eine gute Informationsquelle; die Jugendfreunde öffneten einander das Herz, Humboldt gewiß mit politischen Vorbehalten und Absichten, während Gentz es genoß, von seinen Beziehungen und seinem Wissen einen mitunter ein wenig prahlerischen Gebrauch zu machen. Gentz, der seit 1802 in österreichischen Diensten stand und seit 1806 mit besonderen politisch-diplomatischen Aufgaben betraut wurde, bildete die wichtigste Brücke Humboldts zu Metternich. Der »Verfechter der Restaurationstendenzen«, wie Gentz sich selbst nannte, war zum ersten Gehilfen und brauchbaren Werkzeug Metternichs in jenen Jahren geworden, in denen Humboldt als preußischer Diplomat tätig war.

Humboldt hatte Berlin besorgt verlassen. Ungern sah er die Geschicke des Landes in die Hände Hardenbergs gelegt, zumal er »um Hardenberg in den ersten Posten keinen Menschen von wahrem Kopf sah«. Seinem eigenen Nachfolger, Schuckmann, traute er »nur niedrige, nur Nützlichkeits- und Aufklärungsprojekte« aus der alten Berliner Periode zu. Die gesamte Einrichtung seines Lebens in Wien zeugte von seiner Absicht, »immer mehr von öffentlichen Geschäften abzusehen« und sich in sich selbst »einzuspinnen«, wie er Nicolovius am 26. Februar 1811 schrieb. Was lag näher, als eine Aussprache mit dem Manne zu suchen, dessen Geist auch seine eigenen Reformen atmeten, mit dem Reichsfreiherrn vom Stein?

Nachdem Stein auf Verlangen Napoleons entlassen worden war, lebte er als Emigrant in Prag, wo er seinen Lebensunterhalt aus dem Erlös geretteten Silbers und einer kleinen Pension bestritt. Anderthalb Jahre später folgte er einer Einladung des Zaren Alexander nach Moskau, um von dort aus für seinen Plan zu wirken, ganz Deutschland aus der Unterjochung zu befreien und ein geeintes Reich zu schaffen.

Die Begegnung Steins mit Humboldt war von großer Bedeutung. Wie sich im Verlauf der Ereignisse zeigen wird, stimmten sie in ihren politischen Ansichten keineswegs immer überein; auch war der zögernde, selten zur Tat drängende Humboldt anders geartet als der tatenfreudige nassauische Reichsfreiherr. Humboldt äußerte sich darüber im Jahre 1813 mit folgenden Worten: »Zwischen mir und Stein ist ein ordentlich närrischer Unterschied. Wir sind immer in der Liebe des Guten einstimmig. Das Schlechte begnüge ich mich als schlecht anzuerkennen. Schon der Haß kommt nicht in meine Seele. Indes ist das vielleicht nicht lobenswürdig. Aber er ist auch nicht zufrieden, wenn er den Haß nicht beständig ausläßt und gleichsam zur Schau trägt.«

Stein hatte Humboldts Wirken in Berlin aus der Ferne mit Interesse und Billigung verfolgt. Er hatte Hardenberg geraten, Humboldt neben seinem Amt als Sektionschef des Kultus und des Unterrichts das Ministerium des Auswärtigen zu übertragen, da er den Grafen Goltz für unfähig hielt. Damit hat er vielleicht das Mißtrauen verstärkt, das Hardenberg, den Rang Humboldts wohl erkennend, damals schon gegen ihn als einen möglichen Nebenbuhler hegte.

Humboldt empfand nun erst, wie abträglich es für sein Berliner Wirken gewesen war, daß er sein Amt nach der Entlassung des großen preußischen Reformers unter der Leitung durchschnittlicher, wenn nicht unbedeutender Nachfolger hatte antreten müssen. Leidenschaftliche Äußerungen lagen ihm nicht. Um so schwerer wiegt, was er wenige Wochen nach seiner Ankunft in Wien an Stein am 18. Oktober 1810 mit »sicherer Gelegenheit«, das heißt durch einen Boten und in der Gewißheit, daß weder die österreichischen noch die preußischen Polizeispitzel seinen Brief lesen würden, geschrieben hat: „Wenn Sie das herzliche und lebhafte Verlangen, das ich, Sie, verehrungswürdigster Mann, zu sehen, hatte, befriedigt haben, so haben Sie doch selbst noch stärker das Bedauern in mir erweckt, nicht zu der Zeit in Deutschland gewesen zu sein, wo Sie bei uns tätig waren. Mit und unter Ihnen zu arbeiten würde mir jetzt doppelte Freude und Beruhigung sein. Männer von großem Kopf und Energie können allein noch der Not der Zeit abhelfen, und daß es an ihnen mangelt, ist das wahre und bedeutendste Unglück.«

Nur wenige vertrauliche Briefe hielten die Verbindung zwischen Stein und Humboldt aufrecht, bis sich Stein nach Moskau begab; aber diese wenigen Briefe zeugen von Humboldts herzlicher Verehrung für den Staatsmann, dessen große Bedeutung für die weiteren deutschen und europäischen Entscheidungen er erkannt hatte und dem er sich seit jenem ersten Zusammentreffen im Spätsommer 1810 in Prag verbunden wußte.

Humboldts Besuch bei Stein dürfte Hardenbergs mißtrauische Zurückhaltung gegenüber Humboldt weiter verstärkt haben. Der preußische Gesandte in Wien wurde nur kärglich über die Ereignisse in der Heimat und die Ansichten seiner Regierung unterrichtet. Die für ihn bestimmten Weisungen waren spärlich. Der Staatskanzler bediente sich in prekären Missionen am Wiener Hof bis in den Befreiungskrieg hinein dritter Personen, mitunter ohne den bevollmächtigten Minister seines Königs beim Kaiser von Österreich davon zu unterrichten. Humboldt sah sich in die Rolle eines »Neuigkeitenschreibers« zurückversetzt, die er in Rom innegehabt hatte. Wenn es ihm dennoch gelang, verhältnismäßig schnell, wenn auch nur vorübergehend Metternichs Vertrauen zu gewinnen, so verdankte er das einerseits dem engen Verhältnis seines Freundes Gentz zu dem österreichischen Außenminister und zum anderen dem Rang seiner eigenen Persönlichkeit, von der sich auch ein Metternich angezogen fühlte.

Klemens Lothar Wenzel Graf und später Fürst von Metternich war im Jahre 1809 österreichischer Minister des Auswärtigen geworden und damit Inhaber eines Amtes, das er 39 Jahre lang leiten sollte. Erst 1848, nachdem er 1821 auch österreichischer Staatskanzler und längst führender Staatsmann der Restaurationszeit geworden war, mußte er den Stürmen der Revolution weichen. Die Leitung der österreichischen Außenpolitik war dem erfahrenen Diplomaten übertragen worden, als die österreichische Erhebung gegen Napoleon mißlungen war. Neue Wege einer politischen Orientierung mußten gefunden werden. Man suchte sie in einer Art Verständigungpolitik mit Napoleon, dem man die Kaisertochter Luise zur Frau gab, und grollte – durchaus zu Recht – Preußen, von dem Österreich beim Aufstand gegen die napoleonische Fremdherrschaft im Stich gelassen worden war.

Österreichs innere Schwierigkeiten waren durch die unglücklichen Kriege wesentlich gewachsen. Das Heer war verrottet, die Finanzen zerrüttet, die wirtschaftlichen Hilfsquellen erschöpft, die Staatsschuld ins Unermeßliche angestiegen. Zudem wurde es immer schwieriger, den Vielvölkerstaat unter der Krone der Habsburger zusammenzuhalten, während andererseits das Verlangen nach Ausdehnung des Länderbesitzes zum Ausgleich für die oberitalienischen Verluste wuchs. Waren von jeher polnische Gebiete Ziel dieses Expansionsdranges gewesen, richtete man das Augenmerk nun auch auf die von den Türken unterjochten Länder an den östlichen Grenzen der österreichisch-ungarischen Monarchie. Darin begegnete man sich mit England, dessen Kolonialpolitik mehr und mehr zur balance of power, zum Gleichgewicht zwischen den europäischen Mächten, tendierte und Napoleons Vorherrschaft zwar vernichtet, aber nicht durch die des russischen Zaren ersetzt wissen wollte.

Rußlands Erfolge im Krieg gegen die Türken stießen also auf österreichische wie auf britische »Interessen«. England ging es im wesentlichen darum, durch Subsidien und Waffenhilfe sich jener Festlandmächte zu versichern, die imstande waren, Napoleons Angriff auf England abzuwehren. Entscheidend für die englische Politik war, daß der Sieger über Napoleon auf dem Kontinent nicht die britische Vormachtstellung auf den Meeren beeinträchtigte.

Metternich war sich der Schlüsselstellung bewußt, die das zerrüttete, auf keinen Krieg vorbereitete Österreich in der weltpolitischen Auseinandersetzung jener Jahre einzunehmen vermochte, wenn es mit Geschick durch die heranreifenden Konflikte geführt wurde. Er war vielseitig gebildet, klug, gewandt, im Leben wie in der Politik ein Spieler, er konnte überaus verbindlich und wiederum eiskalt sein und war seiner wachsenden Macht im Wiener Kabinett wie in den europäischen Kabinetten überhaupt alsbald völlig sicher. Humboldt reizte es, seine Kräfte mit diesem Mann zu messen, den er schon nach kurzer Bekanntschaft erstaunlich treffend charakterisierte. »Da Graf Metternich in Berlin hinreichend bekannt ist«, berichtete er Hardenberg am 17. Februar 1811, »so brauche ich nicht zu sagen, daß er äußerst kalt und zurückhaltend ist, wenn er es sein will, daneben aber eine offenbare Leichtigkeit und natürliche Neigung hat, zu plaudern und zu erzählen. Er besitzt eine absolute Herrschaft über sich selbst ... Sein Verhalten kann darum nur auf die Berechnung seines Verstandes gegründet sein.«

Metternich war ein konsequenter Doktrinär. Humboldt dagegen lebte auch als Staatsmann und Diplomat bei allem Realismus in »Ideen«. So unterschiedlich ihre Charaktere und Denkweisen waren, die Gegensätze zogen sich an; beide reizte es, einander zu messen.

Sie begegneten sich zunächst in den Wiener Salons. Schon nach kurzer Zeit begann ein in der Epoche der Geheim- und Kabinettspolitik erstaunlich vertrauliches Verhältnis, obwohl Humboldt wegen seiner Reformen im Bildungswesen und seines Treffens mit Stein in den Hofkreisen von Anfang an als ein Repräsentant der liberalen und demokratischen Kräfte beargwöhnt wurde. Freilich war Metternich so vorsichtig, was bei der Ohnmacht Wiens gegenüber Paris durchaus verständlich war, »daß er Humboldt vertraulich ersuchte, sich möglichst fern von ihm zu halten, da ein in bisheriger Weise fortgesetzter gesellschaftlicher Verkehr mit einem intimen Freunde Steins ihn dem Kaiser Napoleon gegenüber kompromittieren würde«[53].

Schon bald nach seiner Ankunft in Wien war Humboldt ver-

dächtigt worden, Mitglied oder doch Nutznießer des Tugendbundes zu sein. Dieser »sittlich-wissenschaftliche Verein« war im
Frühjahr 1808 in Königsberg gegründet worden. Er hatte sich
die Aufgabe gestellt, das patriotische Bewußtsein zu fördern
und alles zu tun, was der Befreiung des Vaterlandes vom napoleonischen Joch nützlich sein könnte. Humboldt hat ebensowenig
wie Stein oder Gneisenau dieser von König Friedrich Wilhelm III. schon Ende 1809 verbotenen Vereinigung angehört.
Für die maßgebenden Kreise in Österreich, die jede liberale und
demokratische Tendenz als demagogisch und revolutionär fürchteten und verfolgten, genügte bereits das Gerücht von einer Verbindung mit dem Tugendbund, um Humboldt verdächtig erscheinen zu lassen. Kaiser Franz ließ in Wien und Berlin Nachforschungen anstellen, deren Ergebnisse Metternich in der Meinung zusammenfaßte, Humboldt habe sich wie Stein des Tugendbundes mehr als Hilfsmittel zur Erreichung eigener Absichten
bedient.

Immerhin galt der preußische Gesandte in Wien mit Recht
als ein Repräsentant der Reformer und des Fortschritts in Preußen und in Deutschland. In Berlin, wo Hardenberg einstweilen
Steins Reformwerk noch fortsetzte, beargwöhnte man weniger
seine Gesinnung als seinen Ehrgeiz. Hierin vollzog sich erst ein
Wandel, als Hardenberg feststellen mußte, daß Humboldt in
seinen Berichten Österreichs Verhalten im sich anbahnenden
französisch-russischen Konflikt richtig vorausgesagt hatte.

Während eines Urlaubs im Sommer 1812, den Humboldt in
Thüringen verbrachte, trafen sich Staatskanzler und Gesandter
im August zu einer klärenden Aussprache in Berlin. Nachdem
sich das persönliche Verhältnis zwischen beiden gebessert hatte,
traten sie in einen vertraulichen Briefwechsel. Das ermöglichte es
Humboldt, seine Meinung rückhaltloser auszusprechen als in seinen amtlichen Berichten an den Außenminister. Wie erleichtert
Humboldt war, schrieb er Hardenberg am 13. Januar 1813. »Ich
leugne nicht, daß ich mich während dieser letzten Monate in
lebhafter Unruhe befand, aus der mich die Erlaubnis, meine Berichte direkt an Sie richten zu dürfen, vollständig gezogen hat.

In der Art, wie ich hier gestellt bin, da ich von den wahren Intentionen des Königs und Ew. Exzellenz nichts kannte, die Eröffnungen des Grafen Metternich weniger als offizielle Eröffnungen wie als freundschaftliche Mitteilungen empfing, deshalb allzu spät und oft unregelmäßig, und oft nicht wagte, in den Berichten an die Regierung davon Gebrauch zu machen, konnte ich in keiner Art für den Dienst des Königs wirken und war selbst als einfacher Beobachter meiner Berichte nicht sicher, die nur verstanden werden konnten, wenn man beständig diese besondere Lage im Auge hatte und sie unter diesem Gesichtspunkt betrachtete. Diese Lage war mir äußerst peinlich.«

Indessen hatte sich Humboldt bereits vor der napoleonischen Invasion in Rußland als nüchterner realistischer Beobachter und kühler Prognostiker der europäischen politischen Lage, der österreichischen Verhältnisse und der voraussichtlichen österreichischen Außenpolitik erwiesen. Er ging davon aus, daß Preußen sich Österreich nähern mußte, wenn es seine Freiheit und Unabhängigkeit wiedererlangen und in dem Wettstreit der europäischen Großmächte Frankreich, England, Rußland einige Bedeutung und damit europäischen Rang gewinnen wollte. Das war um so mehr notwendig, als die Wiederherstellung des Reiches, wenn auch nur als bundesstaatlich gegliederte deutsche Kulturnation, ohne Zusammenwirken zwischen Österreich und Preußen nicht denkbar war. Der weitgereiste und vielerfahrene Humboldt täuschte sich von Anfang an nicht darüber, daß die mehr und mehr aufflammenden Bestrebungen, ein geeintes Deutschland zu schaffen, nicht nur auf den Widerstand der deutschen Dynastien, sondern auch der europäischen Staaten stoßen würden, die eine weitere Großmacht im Herzen Europas nicht wünschen konnten.

Humboldt berichtete über die reale innere Lage in Österreich nach Berlin, um vor jeder Überbewertung eines möglichen Bundesgenossen zu warnen. Er war sich darüber klar, daß nach dem Scheitern des Aufstandes von 1809 für die österreichische Politik nicht mehr patriotische Gefühle bestimmend waren, sondern nur noch die Staatsräson. Auch wußte er, daß Metternichs Blick nicht auf das Reich und am allerwenigsten auf das »ganze Deutschland« im Sinne Steins und Arndts gerichtet war, sondern ausschließlich auf Europa und die um Vorherrschaft in Europa wetteifernden Großmächte. Immer wieder analysierte Humboldt die inneren Schwächen des Vielvölkerstaates sowie alle in Österreich wirksamen politischen und wirtschaftlichen Kräfte. Seine Berichte machten »dem Einfühlungsvermögen und der politischen Weitsicht des Gesandten alle Ehre und gewannen für den preußischen Staatskanzler um so mehr an Bedeutung, je stärker sich im Laufe des Jahres 1811 die französisch-russischen Beziehungen zuspitzten«[54].

Die patriotischen Kräfte in Preußen drängten zum Krieg gegen Frankreich an der Seite Rußlands, gegen das Napoleons Heere aufmarschierten. Humboldt wies darauf hin, daß sich Österreich einem gemeinsamen Kampf gegen Napoleon nicht anschließen werde, sosehr es die Wiederherstellung des europäischen Gleichgewichtes wünsche. Die Finanzlage sei schlecht, das Heer desorganisiert, die russische Balkanpolitik beeinträchtige österreichische Interessen. Österreich werde neutral bleiben oder sich sogar dem französischen Druck beugen.

Am 24. Februar 1812 schloß Preußen das Bündnis mit Napoleon. Humboldt war ein Gegner dieser Allianz gewesen. Im Blick auf die Weltlage im allgemeinen und die Verhältnisse in Österreich im besonderen resignierte er: »Ich hege die lebhaftesten Wünsche, daß diese einzige Partei, die im gegenwärtigen Augenblick zu nehmen übrigblieb, die glücklichsten Folgen habe.«

Am 14. März unterzeichnete auch Österreich einen ähnlichen Pakt mit Frankreich. »Humboldt hat doch recht gehabt«, merkte Hardenberg an. Im Juni 1812 fiel die Große Armee in Rußland ein, der Vaterländische Krieg gegen das napoleonische Frankreich begann. Metternich und Gentz rechneten zwar mit einem Sieg Napoleons, aber auch mit einer Schwächung seiner Machtstellung. Daraus erhofften sie sich eine Besserung der Lage der Donaumonarchie, auch in ihrer Position gegenüber Rußland, dessen Konkurrenz auf dem Balkan sie, wenn nicht ausgeschaltet, so doch eingeschränkt wissen wollten. Rußland und Frankreich würden sich erschöpfen, erklärte Metternich dem preußischen Gesandten, und das sei für Preußen und Österreich günstig. »Aber«, fügte der weit skeptischere Humboldt seinem Bericht nach Berlin hinzu, »wird Napoleon, wenn er in diesem Feldzug zu kühn verfuhr, im nächsten nicht vorsichtiger sein? Und ist Österreich sicher, dann nicht widerstandslos zu einer aktiven Teilnahme gezwungen zu werden? Und wird sich Rußland immer dem Frieden widersetzen, ihn nicht vielmehr unter Bedingungen schließen, die ihm günstig, seinen Nachbarn drückend sind? Und wenn Napoleon dort nichts Großes erlangt, wird er nicht noch mehr auf den Teil Europas, der schon durch seine geographische Lage nicht Widerstand leisten kann, drücken?«

Wien wurde zeitweilig zum wichtigsten Außenposten der preußischen Außenpolitik, nachdem bereits im Oktober 1812 Napoleons Rückzug aus Rußland begonnen hatte. Der Zeitpunkt der preußischen Erhebung rückte näher. Für die Entscheidungen, die in Berlin gefällt werden mußten, war es von wesentlicher Bedeutung, ob und unter welchen Voraussetzungen sich Österreich einer preußischen Allianz mit dem russischen Zaren anschließen würde. Der Mann, dem die Aufgabe zufiel, Österreich an die Seite der Gegner Napoleons zu führen, war Wilhelm von Humboldt.

Er sah die Lage sehr realistisch. Erst am 19. Dezember 1812 wurde bekannt, daß Napoleon durch Warschau westwärts geflüchtet war. Doch bereits am 2. Dezember hatte Humboldt in seinem Bericht die Stellung vorausgesagt, die Österreich in den nächsten Monaten in der Tat einnahm: »Der Wiener Hof wird nicht brüsk das System wechseln, wie auch die Wechselfälle des Krieges sein werden; eine Änderung des Systems wird nur eintreten, wenn Napoleon billige Bedingungen zurückweist; manche glauben, er werde ohne einen neuen Feldzug einen allgemeinen Frieden schließen; ich glaube es nicht, daß ein so großes Resultat so leicht zu erreichen sei; ich bilde mir ein, daß Napoleon eher im Kampf wird unterliegen wollen; seine Position in Frankreich erlaubt ihm gar nicht, anders zu handeln.«

Humboldt hatte keine genauen Nachrichten über den Stand der preußischen Aufrüstung und über die Absichten seiner Regierung. Er kannte weder die Stärke der russischen Heere noch die Ziele des Zaren. Er verfügte indessen über eine genaue Kenntnis des österreichischen Potentials und der österreichischen Politik. Daher riet er noch zu Beginn des Jahres 1813, nicht ohne weiteres mit Frankreich zu brechen. Er drängte, auf diplomatischem Wege ein Einvernehmen zwischen Rußland und Österreich herzustellen, da seine und anderer Erkundungen in Wien eindeutig ergeben hatten, daß Metternich entschlossen war, sich zunächst nicht festzulegen. An dieser österreichischen Haltung änderte sich vorerst nichts, auch nicht, als Preußen nach der Konvention von Tauroggen am 30. 12. 1812 Ende Februar 1813 in Kalisch ein Kriegsbündnis mit Rußland abgeschlossen und am 16. März Frankreich den Krieg erklärt hatte. Am Tage darauf unterzeichnete Friedrich Wilhelm III. den Aufruf »An mein Volk«, weniger aus eigenem Antrieb als in der Furcht, die Volksbewegung würde sich sonst über das preußische Königtum hinwegsetzen.

Die wichtigste Aufgabe Humboldts war zunächst, sich laufend über die österreichisch-französischen Beziehungen zu informieren und sich dafür einzusetzen, daß Rußlands Verhältnis zu Österreich verbessert wurde. Er riet ferner, möglichst viele kleine deutsche Staaten für die Erhebung gegen Frankreich zu gewinnen; denn er war sicher, Metternich werde um so eher zur Teilnahme am Kampf gegen Frankreich bestimmt werden können, je schneller die Auseinandersetzung mit Napoleon zu einem deutschen Befreiungskrieg würde. Jedem Anwachsen des preußischen Einflusses in Deutschland mußte Österreich, das sich noch immer als Kaisermacht fühlte und mit dem Gedanken einer Restauration des alten Reiches spielte, zuvorzukommen suchen. Da die von den Franzosen befreiten deutschen Gebiete vorerst unter einen von Stein präsidierten Zentralverwaltungsrat gestellt werden sollten, galt es auch hier, Österreich zu beruhigen, das kein Übergewicht Preußens oder gar Rußlands in diesem für die künftige territoriale Gliederung Deutschlands wichtigen Organ wünschen konnte.

In diesen Monaten erreichte Humboldts diplomatische Laufbahn ihren Höhepunkt. Vom Sieg gegen Napoleon überzeugt, wirkte er mit äußerster Intensität und mit großem Geschick, vorsichtig drängend in Wien, zur Geduld mahnend in Berlin und Moskau. Ihm war von vornherein klar, daß das schwerste Stück Arbeit, die Neuregelung der Verhältnisse in Deutschland und Europa, noch bevorstand. »Denn wenn selbst, wie ich hoffe, der Erfolg der verbündeten Heere den Krieg sehr abkürzen wird«, heißt es in seinem Bericht vom 1. Mai 1813, »so werden die Abmachungen, die nachher folgen werden und die uns fürs erste nicht erlauben werden, die Waffen niederzulegen, die vollkommenste Übereinstimmung zwischen den Alliierten Mächten und dem Wiener Hof erfordern.«

Weniger in der Kanzlei des preußischen Gesandten als im Salon seiner Frau wurde versucht, Österreich für das Bündnis gegen Napoleon zu gewinnen. Karoline gab an ihrem Teetisch die neuesten Nachrichten weiter, die man aus Berlin, aus Breslau, von den Fronten erhielt. Humboldt selbst mußte sich zurückhalten, da seine Mission durch die Kriegserklärung Preußens an den Verbündeten des Kaisers von Österreich außerordentlich schwierig geworden war und er von französischer wie auch von österreichischer Seite bespitzelt wurde. Je mehr der Freiheitskampf zu einer Volkserhebung wurde, um so argwöhnischer wurde Kaiser Franz, der im preußischen Reformwerk ohnehin nur eine Form des Jakobinismus gesehen hatte.

Gentz behauptete freilich, Humboldt hätte sich 1813 nur unter dem Einfluß seiner Frau betont preußisch und patriotisch gegeben. Gewiß hat Karoline leidenschaftlich an Preußens Geschick und an der Volkserhebung Anteil genommen. Zeitgenossen berichten darüber, und ihre eigenen Briefe bezeugen es. Doch Humboldt setzte sich genauso für die Befreiung vom napoleonischen Joch ein, auch wenn er sich im Ausdruck seiner Gefühle bezähmte. Seinem in Heidelberg studierenden sechzehnjährigen Sohn Theodor gestattete er sogar, als Freiwilliger in die Garde einzutreten. Es zieme sich für den Jüngling, schrieb er an Karoline von Wolzogen, »an dem Kriege Anteil zu nehmen, der einmal sein und der Seinigen Dasein sichern soll«.

In jenen Wiener Jahren, in denen auch seine fragmentarischen »Betrachtungen über die Weltgeschichte« entstanden sind, näherte sich Humboldt dem Volke mehr als bisher. »Glaube mir, teure Li«, schrieb er, noch ehe das erste Jahr des Befreiungskrieges vorüber war, an Karoline am 13. Dezember 1813 aus Darmstadt, »es gibt nur zwei gute und wohltätige Potenzen in der Welt: Gott und das Volk. Was in der Mitte ist, taugt reinweg nichts, und wir selbst nur insofern, als wir uns dem Volke nahestellen.«

Er hatte erkannt, daß das Volk Träger des Kampfes war und daß die Fürsten und Herren nur ihrem eigenen Interesse folgten und diesem die schöpferische Kraft des Volkes aufzuopfern bereit waren. Seine Vorstellungen darüber, wie die Verhältnisse in Deutschland verbessert werden könnten, wurden klarer. Das Leitbild suchte er nach wie vor in der Antike, zumal ihm die neue, die »eiserne« Zeit Menschen von einer anderen Art zu fordern schien, als sie manche Romantiker mit ihren deutsch-christlichen Idealen und Schwärmereien für das Mittelalter ersehnten. Doch nur in seinen kargen Mußestunden träumte er von der Zukunft. Vorerst galt es, dazu beizutragen, daß der Krieg schnell und entschieden gewonnen wurde.

Am nachdrücklichsten wirkte in dieser Richtung der Reichsfreiherr vom Stein, der am Hofe Alexanders I. die Seele der deutschen Befreiungsbewegung gewesen war. Er hatte den Zaren maßgeblich dazu bestimmt, der Stimmung des russischen Volkes zu entsprechen und mit Napoleon auch dann nicht Frieden zu schließen, als die Große Armee Moskau erobert hatte. Mit den siegreichen russischen Truppen war Stein nach Deutschland zurückgekehrt. Der Kaiser von Rußland und der König von Preußen hatten ihn mit der Leitung des Zentralverwaltungsrates für Deutschland beauftragt, der am 4. April 1813 unter dem Druck der deutschen Patrioten gebildet geworden war. Dem Verwaltungsrat waren ferner unbeschränkte Vollmachten zur Neuordnung der Herrschaftsverhältnisse in den meisten Rheinbundstaaten in Aussicht gestellt worden, sobald auch für sie die Freiheit erkämpft worden sei.

Es war das erste Versprechen an die Vorkämpfer deutscher Freiheit und Einheit. das gebrochen wurde. Denn schon im November 1813 traten Preußen und Rußland einem im Oktober zwischen Österreich und Bayern geschlossenen Vertrag bei, der dem bayrischen König »den freien und ruhigen Genuß sowie die volle und unbeschränkte Souveränität der Länder, Städte, Domänen und Festungen« Bayerns garantierte. Ähnliche Zusicherungen für andere verräterische Fürsten folgten alsbald. Dieses Verhalten zeigte die künftige Entwicklung und ließ Stein und Humboldt erkennen, daß es im Grunde nicht um das Volk als eine »der guten und wohltätigen Potenzen in der Welt« ging, sondern um die Dynastien, deren Restauration zum Hauptziel des Krieges wurde, noch ehe der Sieg errrungen war.

DIPLOMAT IM BEFREIUNGSKRIEG

Napoleon war es gelungen, nach seiner Flucht aus Rußland neue Heere aufzustellen und den Verbündeten entgegenzuwerfen. Der Frühjahrsfeldzug 1813 brachte den russischen und preußischen Truppen anfänglich Erfolge. Nach verlustreichen Kämpfen und Niederlagen mußten sie sich jedoch nach Schlesien zurückziehen. Napoleon nutzte diese Schwächung zu einem Verhandlungsangebot, in der Absicht, während des Waffenstillstandes Reserven aus Frankreich heranzuführen und, wenn irgend möglich, Österreichs Eintritt in den Krieg an der Seite seiner Feinde zu verhindern. »Ich darf Ihnen nicht verhehlen«, schrieb er damals an Eugène Beauharnais, »was mich bestimmt, den Gang meiner Siege zu unterbrechen. Es ist die Rüstung Österreichs und der Wunsch, Zeit zu gewinnen.«

Dieses Ziel erreichte Napoleon. Allen Mahnungen der Patrioten zum Trotz schlossen die Verbündeten am 4. Juni einen zunächst bis zum 20. Juli 1813 begrenzten und später mehrfach verlängerten Waffenstillstand, den sie ihrerseits benutzen wollten, Österreich auf ihre Seite zu ziehen.

Für Humboldt begannen ereignisreiche Monate. Er war Teilnehmer und oft auch preußischer Verhandlungsleiter auf den Kongressen, die zunächst in Reichenbach in Schlesien und dann in Prag stattfanden. In Reichenbach kam es zu einem Vertrag zwischen Preußen und England über die Höhe der englischen Hilfsgelder für die kontinentale Kriegführung, zu einem Kriegsbündnis zwischen Rußland und England und schließlich Ende Juni 1813 zu dem eigentlichen Reichenbacher Vertrag zwischen Österreich, Rußland und Preußen. In diesem Vertrag wurde bereits deutlich, daß die Rheinbundfürsten ihren Besitz wiedererhalten würden und Preußens Einfluß in Deutschland begrenzt werden sollte, obwohl Preußen damals bereits die Hauptlast des Befreiungskrieges trug. Österreich sagte seine Teilnahme am Krieg gegen Napoleon für den Fall zu, daß der Kaiser der Franzosen die von den Alliierten gemeinsam vorgeschlagenen Bedingungen für einen Frieden ablehnen sollte. Metternich traf sich mit Napoleon am 26. Juni in Dresden, um zwischen den gegnerischen Mächten zu vermitteln. Die neunstündigen Besprechungen zwischen Napoleon und ihm führten lediglich zur Vereinbarung gemeinsamer Friedensverhandlungen, die am 11. Juli in Prag begannen und am 10. August ergebnislos abgebrochen wurden.

Einige Wochen bevor Humboldt Wien verließ, hatte er seine Auffassung über Österreichs Bereitschaft, in den Krieg einzutreten, in einem Brief an Scharnhorst vom 21. Mai 1813 dargelegt. »Meiner Ansicht nach steht die Sache kurz so«, heißt es darin, »Österreich, der Kaiser und sein Minister, ist gewiß und ganz aufrichtig gut für die Alliierten, vorzüglich für Preußen gesinnt. Es will sich mit uns verbinden, wenn es zum Kriege kommt; es will auch zum Kriege kommen, wenn der Kaiser Napoleon nicht in vernünftige Friedensunterhandlungen eingehen will ... Allein auf der anderen Seite hat man doch den

Krieg nicht gern hier und zöge einen herzustellenden Frieden vor.« Er übermittelte eine vertrauliche Äußerung Metternichs, »die nicht einmal für Depeschen gemacht ist« und charakteristisch für das Denken des österreichischen Außenministers war, der nun schnell in den Vordergrund des weltpolitischen Geschehens trat: »Wenn wir und die Alliierten, sagte er, ein Souverän, ein Kabinett, eine Armee wären, so wäre Napoleon verloren; allein wir sind viele, da sind Fehler unvermeidlich; Rußland kann auch des Krieges müde werden, man muß also behutsam gehen.« Was Metternich als Fehler bezeichnete, waren im Grunde die Folgen der auf unterschiedlichen Interessen beruhenden, rasch offenbar werdenden Meinungsverschiedenheiten und Eifersüchteleien der alliierten Monarchen, Kabinette und Heeresleitungen.

In Reichenbach, am Sitz des preußischen Hauptquartiers, wohin Humboldt berufen worden war, stimmte er mit Hardenberg in der Überzeugung überein, daß der Krieg fortgesetzt und mit den Waffen entschieden werden müsse, wie es die Militärs forderten, und daß es die wichtigste diplomatische Aufgabe sei, das zögernde Österreich für die Teilnahme am Krieg zu gewinnen. Auch darin waren sich die beiden Diplomaten einig, daß es ruhiger Besonnenheit bedürfe, um zu diesem Ziel zu gelangen. Scharnhorst dagegen, der am 28. Juni 1813 in Prag den Folgen seiner bei Großgörschen erlittenen Verwundung erlag, und Gneisenau drängten zu entschiedenem Handeln.

Humboldts Voraussagen bestätigten sich, und sein diplomatisches Geschick erwies sich in einer für den Staatskanzler überraschenden Weise. Der Reichenbacher Vertrag wurde »äußerlich sein größter politischer Erfolg..., und gerade weil dieses Ergebnis den Leitern der preußischen Politik, dem König und dem Kanzler, ganz unerwartet kam«, fand es »eine fast überschwengliche Anerkennung, überschwenglich zumindestens verglichen mit der sonstigen Kälte, mit der er [Humboldt] behandelt zu werden gewohnt war«[55].

Humboldts Erfolg wog um so schwerer, als schon damals, unmittelbar nach Scharnhorsts Tod, reaktionäre Höflinge auf die politischen Entscheidungen des Königs Einfluß gewannen und auch bei Hardenberg ein offenes Ohr fanden. Wortführer waren vor allem der Staatsrat Ancillon, seit 1810 Erzieher des nachmaligen Königs Friedrich Wilhelm IV. und später Geheimer Legationsrat im Ministerium der auswärtigen Angelegenheiten, sowie des Königs erster Generaladjutant von dem Knesebeck. Dieser märkische Junker war auf seinen Wunsch von Friedrich Wilhelm III. im Jahre 1812 nach Petersburg gesandt worden, um Zar Alexander zum Nachgeben gegenüber Napoleon zu überreden. Er hatte sich nach Ausbruch des Befreiungskrieges Blüchers und Gneisenaus kühnen Plänen widersetzt und trug die Verantwortung dafür, daß die unglückliche Schlacht von Bautzen vorzeitig abgebrochen wurde. Ancillon und Knesebeck hatten dem König zur Vorsicht und Zurückhaltung geraten und damit die Bemühungen Hardenbergs und Humboldts um ein entschiedenes und zielbewußtes diplomatisches wie militärisches Vorgehen durchkreuzt.

Knesebeck hatte in einer Denkschrift geraten, Preußen solle sein halbiertes Staatgebiet östlich der Elbe erweitern. Der preußische Staat könne zur Not ohne Magdeburg bestehen, wenn er durch Mecklenburg und Schwedisch-Vorpommern abgerundet werde und sich eine feste Position an der Weichsel schaffe. Hardenberg hatte dieses Memoire Humboldt zur Kenntnis gegeben. Angewidert von einem solchen Vorschlag zu dynastischem Länderschacher wandte sich Humboldt in einem empörten Brief an den Staatskanzler und fragte, auf welche Weise wohl zu rechtfertigen wäre, »daß ein Krieg, der damit anfing und auch in dem Grundsatz festgesetzt wurde, Recht und Billigkeit herzustellen, keine andere Veränderung in Deutschland zur Folge hätte als die Vernichtung uralter deutscher, mit beiden alliierten Souveränen verwandter Fürstenhäuser«.

Ancillon, damals wohl der intimste Berater Friedrich Wilhelms III., überreichte dem König Anfang Juli zwei weitere Denkschriften. In der einen forderte er die Einbeziehung des Friedens zur See in die Prager Verhandlungen über einen Frieden zu Lande, womit Humboldt im Prinzip einverstanden war.

In der zweiten Denkschrift zeichnete Ancillon die politische Lage Preußens im Juni 1813 in so düsteren Farben, daß den preußischen Unterhändlern eine Beendigung des Krieges nach österreichischen Vorstellungen als einzig richtige Lösung erscheinen mußte. Humboldt wehrte sich gegen diesen Pessimismus und vertraute auf den Sieg der verbündeten Preußen und Russen auch ohne Hilfe Österreichs. In klarer Einschätzung seiner Position verzichtete er auf kritische Einwände zu den innerpolitischen Verhältnissen und beschränkte sich auf die Darlegung der abträglichen außenpolitischen Folgen eines faulen Kompromisses, der Preußen weder Sicherheit noch Unabhängigkeit bringen konnte.

Am 12. Juli traf Humboldt als preußischer Unterhändler in Prag ein, wo sich auch Metternich und Anstett als Beauftragte für Österreich und Rußland einfanden. Der französische Gesandte in Wien, Narbonne, hielt sich bereits in Prag auf; er besaß jedoch keine Vollmachten für die Verhandlungen mit den Alliierten. Man begegnete einander nicht am Verhandlungstisch, sondern in den Salons der Fürstin Esterhazy oder der Herzogin von Sagan; nachts promenierten Metternich, Humboldt und Gentz, in Gespräche vertieft, durch die schmalen Gassen der Prager Altstadt. »Der Ausgang unseres singulären und bizarren Kongresses scheint mir nicht zweifelhaft«, berichtete Humboldt am 23. Juli, noch auf Metternichs Einsicht vertrauend, doch ein wenig sarkastisch an Hardenberg. Österreichs Heer war endlich kampfbereit, und in den Nachrichten aus Frankreich wurden die Friedenswünsche und das Friedensbedürfnis der Franzosen laut.

Am 20. Juli sollte Österreich nach dem Reichenbacher Vertrag in den Krieg eintreten, falls Napoleon bis dahin nicht gewisse Mindestbedingungen für einen Friedensschluß angenommen hätte. Zu diesem Zeitpunkt befand sich der französische Sonderbevollmächtigte Caulaincourt noch gar nicht in Prag. Er kam am 28., und der Waffenstillstand wurde bis zum 10. August verlängert. Caulaincourt und Narbonne zögerten die Verhandlungen hinaus, man verkehrte noch immer nicht direkt, sondern tauschte Noten aus, die durch die Hand Metternichs liefen.

Humboldt bewahrte Haltung, während Unwillen und Groll im Volk wie im Heer wuchsen. Er durchschaute Metternichs Versuch, mit einem Kompromiß davonzukommen, der Österreichs diplomatische Geltung aufwertete. »Wir andererseits«, schrieb er am 21. Juli der Prinzessin Luise Radziwill, gewiß in der Absicht, daß der König davon erfuhr, »hätten gewiß nichts dagegen, daß ein Frieden zustande käme, allein ein Arrangement, das uns nicht sichere Garantien seiner Dauer gäbe, würde doppelt von Übel sein und würde alle unsere Leiden verschlimmern; daß wir aber zu einem wirklich guten gelangen könnten, das halte ich, seit ich hier bin, noch für weniger wahrscheinlich als früher.« Da er in Berlin als ein gemäßigter Politiker bekannt war und sich nur zögernd entschlossen hatte, einen Krieg zu befürworten, wog seine Stimme für eine Entscheidung durch die Waffen statt durch Verhandlungen besonders schwer.

Humboldt blieb nach wie vor bestrebt, Österreich zur Erfüllung seiner Verpflichtungen zu veranlassen und deshalb ein Scheitern der Verhandlungen mit den Franzosen herbeizuführen. Doch zeigte er sich von einer ungewöhnlichen Geduld und Zähigkeit in diesem wahrlich »bizarren« diplomatischen Gespräch. »Es gibt nichts Wunderlicheres«, berichtete er Hardenberg am 30. Juli, »als unser sogenannter Kongreß; vom 12. bis 30. waren wir müßig, vom 30. bis 5. werden wir die Zeit mit Diskussionen über nichts verbringen, und vom 5. bis 10. werden wir wahrscheinlich Anträge erhalten, von denen das Schicksal Europas abhängen wird.«

Es gab Anzeichen, daß die Entscheidung über die Fortsetzung des Krieges im Sinne der preußischen Patrioten und damit auch Humboldts fallen würde. Am 21. Juli war Schweden der Koalition gegen Napoleon beigetreten. Aus Spanien kam die Nachricht, daß Wellington den Franzosen bei Vittoria eine empfindliche Niederlage beigebracht und den aufständischen Spaniern fühlbare Entlastung verschafft hatte. In Preußen wuchs der Haß gegen Napoleon, als sich die Nachricht von einem Überfall rheinbündischer Truppen auf das Lützowsche Korps während des Waffenstillstandes verbreitete. Schließlich entschied sich auch Österreich am 11. August 1813, am Kampf gegen Napoleon teilzunehmen.

Es gab aber auch Anzeichen dafür, daß der preußische König und sein Staatskanzler entschlossen waren, aus der Volkserhebung einen dynastisch geführten Krieg zu machen. Der Landsturm wurde aufgelöst, den man erst vor wenigen Monaten aufgerufen hatte, da man in ihm mit Recht einen Träger demokratischen Volkswillens sah. Die den Vorkämpfern deutscher Einheit und Freiheit zugesicherten landständischen Verfassungen wurden nicht erlassen. Bereits im Sommer 1813 war es gefährlich, über die Neuordnung Deutschlands und die künftige Verfassung öffentlich zu diskutieren.

Die Zensur wurde verschärft, die ersten Dossiers für »Demagogen« angelegt. Arndt, der Stein nach Petersburg gefolgt war und wortgewaltig für »das ganze Deutschland« warb, wurde in reaktionären Berichten aus jener Zeit als »berüchtigter Vielschreiber« und Görres, damals beredter demokratischer Vorkämpfer eines deutschen Nationalstaates, als »gedungener Journalist« bezeichnet. Humboldts früherer Mitarbeiter Niebuhr, einer der Herausgeber des »Preußischen Correspondenten«, des Organs freisinniger patriotischer Bestrebungen, trat nach Meinung des Zensors »ganz unvorteilhaft als politischer Schriftsteller und Hofpublizist auf«. Eines der ersten Opfer der Reaktion wurde im Juli 1813 ein anderer Mitarbeiter Humboldts bei der Gründung der Universität Berlin, der Theologe Schleiermacher.

»Mit tiefer Betrübnis« hatte Schleiermacher im »Preußischen Correspondenten« vom 14. Juli 1813 zu Gerüchten über Sinn und Zweck des Prager Kongresses Stellung genommen. Nach seiner Auffassung glaubten die »nach außen und innen hellsehenden« Beurteiler im Unterschied zu den Befürwortern eines Kompromißfriedens, »daß bei den bisherigen Resultaten des Krieges noch kein Friede zu erwarten ist, der Sicherheit gegen einen baldigen neuen Krieg gäbe, und daß, wenn ein solcher auch zwischen den einzelnen Mächten geschlossen werden könnte, dennoch Deutschland im allgemeinen und unser Staat insbesondere, um zu einem würdigen Zustande zu kommen, ... dieser noch einer ungeheuren Kraftentwicklung bedarf«. Schleiermacher deutete an, daß nur das im Befreiungskampf aufgestandene Volk »den Grund zu einer künftigen Form legen könne, den man Mühe haben würde im Frieden zu finden. Denn was sich Deutschland von einer Verfassung versprechen kann, welche durch die Willkür sich durchkreuzender diplomatischer Verhandlungen begründet wäre, das wissen wir seit dem Westfälischen Frieden, der Deutschland zerstörte, indem er es zu bilden glaubte«.

Der König hatte darauf die Dienstentlassung und Landesverweisung Schleiermachers gefordert. Hardenberg hatte zwar eine Milderung erreicht, Schleiermacher seines Benehmens wegen »ernstlich« verwiesen und ihm bedeutet, »daß eine Wiederholung desselben aufs nachdrücklichste und mit unfehlbarem Verlust seiner Dienststelle wird geahndet werden«. Dennoch ist bekannt, daß auch Hardenberg empört und beunruhigt über Schleiermachers Äußerungen war, denn er wußte, daß sich hier die Stimme des Volkes Geltung verschafft hatte. Das aber war, wie Schleiermacher erklärt wurde, »nach deutlicher Bestimmung des Landrechtes ... Hochverrat«.

Humboldt war über diese Entwicklung zutiefst beunruhigt. Wir wissen von Gentz, daß er und Metternich bei den gemeinsamen nächtlichen Gängen durch Prag »gegen Humboldt in den Waffen« waren. Zwei Jahrzehnte zuvor, in Berlin, hatte Gentz vor Humboldt die Französische Revolution verteidigt. Jetzt war Humboldt zum Sprecher der fortschrittlichen Kräfte geworden.

Wenige Wochen später, am 9. September 1813, wurden in Teplitz die formellen Bündnisverträge zwischen den drei Kontinentalmächten Österreich, Rußland, Preußen und der Seemacht England abgeschlossen. In ihnen zeigte sich das Streben Österreichs nach diplomatischer Vormachtstellung unter den Verbündeten und zugleich die Tendenz, die feudalistische Zersplitterung Deutschlands und damit die Rechtlosigkeit der Untertanen zu restaurieren. Humboldt wurde mehr und mehr isoliert, Hardenberg legte sich nicht mehr fest, sondern wartete ab. »Ihre Ideen, Ihr Anstoß, Ihr Feuer fehlen uns oft«, klagte Humboldt in einem Brief an Stein aus Teplitz vom 4. Oktober 1813, »und die Sache ist ja jetzt in ihrem prägnantesten Momente.«

Der Prager Kongreß war ganz so verlaufen, wie es Humboldt erwartet hatte. Nachdem Österreich endlich Frankreich den Krieg erklärt hatte, war es möglich geworden, mit militärischen Mitteln zu erreichen, was auf diplomatischem Wege unerreichbar war: die Wiederherstellung der Unabhängigkeit und Sicherheit Preußens, eine Neuorganisation Deutschlands und, als innenpolitisches Ergebnis des Krieges, den Erwartungen der Patrioten entsprechende demokratische Rechte für die Staatsbürger.

Humboldt hatte ein Recht darauf, sich zu diesem Ausgang zu beglückwünschen. Sein Mißtrauen gegen die Absichten Österreichs blieb wach, sein erst vor Jahresfrist gefaßtes Vertrauen in Hardenberg begann zu wanken. Da seine ursprüngliche Mission in Wien erfüllt war, legte er dem Staatskanzler nahe, ihn als Verbindungsmann im Hauptquartier des österreichischen Kaisers zu belassen, ein Vorschlag, dem Hardenberg nur zu gern zustimmte.

Vorerst war Humboldt zum Nichtstun verurteilt. In Prag und Teplitz fühlte er sich »wie in einer neuen Welt«, er las Homer und lernte Tschechisch. »Ich war nie aufgelegter, zu tun, was die Umstände geben, und werde keine Gelegenheit versäumen. Es ist eigentlich vielleicht schlecht, so zu reden in einer Zeit, wo so viel Unglück ist; aber gewiß ist es nun einmal in mir, daß wenigstens für mich das Leben immerfort so unendliche und so neue Genüsse der tiefsten Art hat, daß ich immer in einem fortwährenden Dank gegen das Schicksal lebe«, schrieb er am 3. September 1813 aus Prag an Karoline von Wolzogen, und am 9. September teilte er ihr aus Teplitz mit, er wäre froh in einer Tätigkeit, die er sich selbst schaffe. »Meine ganze innere Neigung geht eigentlich vielmehr auf ruhige und betrachtende Existenz; allein ich bin nun durch einen Zufall einmal in das Weltgetriebe hineingeworfen, und nun freut mich auch am meisten das dichteste und ärgste Gewirre. Ich behalte doch mitten darin immer meine Einsamkeit, die mich nie verlassen wird ... Es ist das der poetische Grund des Lebens, indem man immer über den Sachen und Begebenheiten ist und nicht von ihnen erdrückt und gebunden wird.«

Besorgt blickte er auf die Menschen, mit denen er verkehrte. Er vermißte große Charaktere und bedeutende Köpfe, Stein ausgenommen, dem er von Woche zu Woche nähertrat. »Es ist überhaupt schrecklich, daß in dem Moment, wo das Größeste vorgeht, was die Geschichte seit langer Zeit gesehen hat, doch kaum ein einziger Mensch auftritt, der des Augenblicks würdig wäre«, schrieb er seiner Frau am 17. August 1813 aus Prag. »Ein kleines, selbstsüchtiges Geschlecht, schwach und frivol, hilflos und doch nicht geneigt, sich kräftig helfen zu lassen. Dies kann noch dem Ausgang der Sache Verderben bringen, und tut es auch das nicht, so wird man immer das traurige Beispiel sehen, daß die größten Erfolge kein großes Gemüt adeln oder die Kleinen und Schwachsinnigen den Ruhm dessen davontragen, was gewissermaßen hinter ihrem Rücken geschehen ist.«

Bald kamen Tage, die Humboldts ganze Arbeitskraft in Anspruch nahmen. Er widmete sich seinen diplomatischen und staatsmännischen Aufgaben mit der gleichen Hingabe und Selbstlosigkeit, mit der er Jahre zuvor das preußische Bildungswesen reformiert und die Eröffnung der Universität Berlin vorbereitet hatte. Dennoch wahrte er auch in jener Zeit Distanz gegenüber seinem eigenen Tun und gegenüber den Menschen, denen er begegnete. Er verlor nie den kritischen Blick für die Gegebenheiten seiner Zeit und für die Stärken und Schwächen der handelnden Persönlichkeiten. Die Beurteilung der zahlreichen Denkschriften jener Jahre wird nicht erleichtert dadurch, daß er zu unterscheiden wußte zwischen dem, was nach seiner Einsicht wünschenswert war, und dem, was unter den gegebenen Machtverhältnissen eben noch erreichbar schien. Humboldt war entschlossen, sich abermals zurückzuziehen, falls er keine reale Möglichkeit sah, das mindeste von dem zu verwirklichen, was nach seiner Überzeugung verwirklicht werden mußte, wenn Kraftaufwand und Opfer des Volkes einen Sinn haben sollten. Im Dienste seines Königs und als engster Mitarbeiter des Staatskanzlers kannte er seine Pflicht; er war bereit, sie zu erfüllen, nicht aber, ihr bessere Einsicht und besseres Wissen unterzuordnen.

Humboldt hatte in Prag das Eintreffen König Friedrich Wilhelms III. abgewartet und war vier Tage danach, am 22. August 1813, nach Wien aufgebrochen, um einige wenige Tage bei seiner Familie zu verbringen. Schon Ende des Monats verließ er die österreichische Hauptstadt wieder, um über Prag nach Teplitz zu reisen, wo sich vorerst das diplomatische Zentrum der Verbündeten befand.

Eine unerfreuliche, den Staatsmann wie den Menschen tief enttäuschende Periode seiner Wirksamkeit begann trotz der raschen und überaus günstigen militärischen, aber politisch nicht genutzten Entscheidungen, die in diesen Monaten fielen. Humboldt wurden viele der Aufgaben, nicht aber die Kompetenzen eines Außenministers übertragen; Hardenberg verwandte ihn als Unterhändler mit den Alliierten, den man in den Vordergrund stellen, aber auch je nach Bedarf aus der ersten Linie ziehen konnte.

Österreich war immer nachdrücklicher auf die Wiederherstellung seiner Vormachtstellung in Deutschland bedacht und unterstützte die Ansprüche der Rheinbundfürsten auf Restaurierung ihrer Staatsgebiete wie auf uneingeschränkte Unabhängigkeit. Es wünschte eine Expansion Rußlands weder in Osteuropa noch auf dem Balkan. Daher war Österreich an einer totalen Niederlage Napoleons, für die Preußen und Russen in den Kampf gezogen waren, uninteressiert. Die englischen Vorstellungen von den kontinentalen Kriegszielen der Verbündeten waren so verworren, daß es im alliierten Kriegsrat fast so viele Meinungen wie Mitglieder gab.

Unter diesen Umständen litt auch die Kriegführung der Verbündeten an mangelnder Einheitlichkeit der militärischen Leitung. Napoleon hatte seine Armee reoganisieren können. Nach Beendigung des Waffenstillstandes im August 1813 hatte er 450 000 Mann Feldtruppen diesseits der französischen Grenzen; er verfügte also fast über die gleiche Heeresstärke wie die Verbündeten, die rund 500 000 Mann aufgeboten hatten, darunter 184 000 Russen, 162 000 Preußen, 128 000 Österreicher, 27 000 Schweden. Preußen hatte zusätzlich noch 112 000 Mann Landwehr mobilisiert, so daß jeder sechste Mann des kleinen Landes eine Waffe trug.

Die Alliierten hatten drei Armeen aufgestellt, die Böhmische Armee unter dem österreichischen Fürsten von Schwarzenberg, die Schlesische Armee unter Blücher und die Nordarmee unter dem schwedischen Kronprinzen Bernadotte, dem früheren Marschall Napoleons. Blücher hatte an der Katzbach am 26. und 27. August 1813 gesiegt und das Gesetz des Handelns an sich gerissen; er überschritt Anfang Oktober 1813 die Elbe. Diese kühne Initiative Blüchers und seines Stabschefs Gneisenau veranlaßte auch die beiden anderen Armeen, sich in Bewegung zu setzen, und es gelang, Napoleon in der Ebene von Leipzig zu stellen. Die Völkerschlacht vom 16. bis 19. Oktober 1813 entschied praktisch den Krieg. Napoleon wurde unter schweren Verlusten geschlagen und mußte sich fluchtartig zum Rhein zurückziehen. Der Rheinbund löste sich auf, ein Herrscher nach dem anderen, noch eben Fürst von Napoleons Gnaden, lief zu den Alliierten über mit dem einzigen Ziel, Thron und Land zu retten.

Militärisch kam der Krieg abermals zum Stehen, da sich die Verbündeten nicht darüber einigen konnten, ob sie Napoleon unverzüglich über den Rhein nachsetzen und seiner Herrschaft in Frankreich selbst ein Ende bereiten sollten. Humboldt unterstützte weiterhin die Forderung der preußischen Militärs auf ein entschiedenes Vorgehen. Führer der Verhandlungspartei war Metternich, er erwies sich als ein Meister der Verschleppungstaktik. Humboldt aber besaß nicht den Einfluß Metternichs;

ohne die Zustimmung Hardenbergs konnte er nichts unternehmen. Überhaupt spielte Preußen bei den Verhandlungen nicht die Rolle, die ihm auf Grund seiner militärischen Anstrengungen gebührte.

Zwei Fragen traten in den Mittelpunkt der Erörterungen. Zunächst ging es um die territoriale Neuordnung Deutschlands. Hierbei war zu erwägen, ob und in welcher Weise die Wiederherstellung eines gesamtdeutschen Staatenverbandes angestrebt werden sollte, nachdem sich das Heilige Römische Reich Deutscher Nation durch den Verzicht Franz' II. von Österreich auf die Kaiserkrone im Jahre 1806 formell aufgelöst hatte. Ebenso wichtig war es, zu prüfen, wie dem Drängen der kämpfenden Untertanen auf Staatsbürgerrechte und auf Mitverantwortung an der politischen Entwicklung entsprochen werden sollte.

Beide Fragen stellten sich um so dringlicher, als die gegen Napoleon aufgestandenen Untertanen besonders in Preußen, von den Führern der Volksbewegung ermutigt, deutsche Einheit und Volksrechte für alle Deutschen forderten. Repräsentant des deutschen Einheitswillens wurde, bald als »heimlicher Kaiser« der Deutschen romantisch verehrt, der Reichsfreiherr vom Stein. Der Wortführer der Gegenkräfte, der dynastischen Restauration wie der politischen Reaktion, war Graf Metternich. Doch wie Humboldt, Steins bedeutendster Mitkämpfer, durch seine nachgeordnete Stellung in seinen Wirkungsmöglichkeiten beschränkt war, litt Steins Position von vornherein an der Ohnmacht des Zentralverwaltungsrates, an dessen Spitze er stand.

Der von Stein angeregte und auf Vorschlag des Zaren Alexander im März 1813 durch den preußisch-russischen Vertrag gegründete Verwaltungsrat für die ehemals rheinbündischen deutschen Gebiete wurde am 21. Oktober 1813 in ein Zentralverwaltungsdepartement umgebildet, dem neben Preußen, Rußland, England, Schweden und einem der vertriebenen Fürsten nun auch Österreich angehörte. Er stand zwar weiterhin unter der Leitung von Stein, wurde aber in seiner Tätigkeit durch das Mißtrauen Metternichs behindert.

Humboldt hatte in Teplitz mit Hardenberg und Stein einen Vertrag entworfen, der den Verwaltungsorganen der Verbündeten in den von Napoleon befreiten Ländern weitgehende Vollmachten einräumen sollte. Der Entwurf sah in diesen Gebieten zwischen Elbe, Yssel, Rhein und Thüringer Wald zudem die Mitwirkung der Landstände bei der Neuordnung von Regierung und Verwaltung vor. Metternich billigte gesprächsweise die ihm von Hardenberg vorgelegten Vorschläge, wünschte aber die Meinung des Zaren zu hören. Alexander erklärte sein Einverständnis, behielt jedoch die Papiere zur Unterschrift zurück. Das geschah, wie Humboldt vermutete, auf Veranlassung Metternichs, der weder einen preußischen Machtzuwachs in Sachsen noch die Ausbreitung demokratischer Tendenzen in den deutschen Staaten wünschte und hierbei schon damals mit der Zustimmung Alexanders rechnen konnte. Die dann am 21. Oktober unterzeichnete Vereinbarung sah während der Dauer des Krieges nur noch eine alliierte Aufsicht über die restaurierten Landesbehörden vor. Dagegen erhielt das Zentralverwaltungsdepartement nicht die Befugnis, territoriale Neugliederungen oder gar demokratische Reformen durchzuführen.

Stein führte in Teplitz mit den Diplomaten der Verbündeten auch einen Meinungsaustausch über die künftige deutsche Verfassung, jedoch konnte er keinen der preußischen Staatsmänner für seinen Plan einer Wiederherstellung von Kaiser und Reich gewinnen. Wohl aber fand Stein bei Humboldt Verständnis und Unterstützung für seine Forderung, den einzelnen deutschen Staaten eine repräsentative Verfassung zu geben. Humboldt begann bereits damals, seine Gedanken über diese Frage schriftlich niederzulegen, ein Vorhaben, das er in Frankfurt abschloß. Aus einem »Neuigkeitenschreiber« wurde ein Denkschriftenschreiber.

Humboldt hatte Anfang Oktober mit dem österreichischen Hauptquartier Teplitz verlassen. Am 16. Oktober hörte er in Chemnitz den Donner der Kanonen in der Ebene von Leipzig. »Leipzig ist in unseren Händen«, teilte er seiner Frau am 19. Oktober aus Rötha mit, in »Metternichs Stube« schreibend. »Die Niederlage der Franzosen ist entscheidend und fürchterlich gewesen.«

Kurz danach war Humboldt in Leipzig. »Hier in der Stadt gibt es manchmal noch die wunderbarsten und ergreifendsten Anblicke«, schrieb er Karoline am 21. Oktober. »In einer der engsten und besuchtesten Straßen hatten sich die französischen Verwundeten ein Etablissement auf einer Matratze gemacht, wo ich sie seit gestern habe essen und schlafen sehen, indes die Wagen unmittelbar an ihren Köpfen hingingen. Ein Franzose hatte sich das Bein abnehmen lassen, und gleich darauf nahm er ein Stück Holz und half sich damit wie mit einer Krücke fort, und als es nach wenigen Schritten nicht mehr ging, setzte er sich zum Ausruhen auf ein totes Pferd. Alles dies geht mitten in der Stadt vor. Als ich heute morgen von Hermann in mein jetziges Quartier ging, sah ich vor der Thomaskirche, wo ein Lazarett von Franzosen ist, einen so hohen Haufen von Toten liegen, daß ich es von weitem bloß für Lumpen und alte Kleidungsstücke hielt. Es sind aber auch mehr als 20 000 verwundete Franzosen hier.«

Vermutlich um sich von solchen Eindrücken abzulenken, diskutierte er mit dem Philologen Gottfried Hermann über seine Übersetzung des Agamemnon. »Etwas ganz Ausgefülltes und Ausgearbeitetes in dieser Art gemacht zu haben hat einen großen Reiz, und es ist eine ganze reiche innere Welt in dem einen Stück«, schrieb er Karoline am 22. Oktober. »Zugleich sehe ich diese Übersetzung als das Ziel und die Vollendung meiner ehemaligen Beschäftigungen in unserer Einsamkeit an, wo wir einfacher und idealischer, weniger berührt von der Wirklichkeit lebten. Es kommt mir noch jetzt manchmal sonderbar vor, wie die wichtigen Begebenheiten, die auch damals vorgingen, mich wenigstens so äußerst wenig ergriffen. Ich kann es nicht gerade billigen, aber es war doch, weil mich das Leben mit Dir und in Dingen, die für uns beide individuell Reiz hatten, ganz zu sich hinzog.«

Der Brief ist vor der Begegnung mit Goethe geschrieben, den

er am 26. Oktober in Weimar aufsuchte. Humboldt wohnte »wieder nach alter Art« im Haus am Frauenplan. Das Wiedersehen der Freunde stand unter keinem günstigen Stern.

Goethe hatte sich vor dem turbulenten Geschehen in sich selbst zurückgezogen. »Wie sich in der politischen Welt irgendein ungeheures Bedrohliches hervortat, so warf ich mich eigensinnig auf das Entfernteste«, vermerkte er über das Jahr 1813 in den »Annalen oder Tag- und Jahresheften«. Nach seiner Rückkehr aus Karlsbad widmete er sich »mit ernstlichstem Studium dem Chinesischen Reich«. Über den Besuch Humboldts notierte er, es wurden »geographische Karten zu sinnlicher Darstellung der über die Welt verteilten Sprachen« erörtert.

Goethe hat sich in einem Gespräch mit dem Historiker Luden im November 1813 gegen den Vorwurf gewehrt, er wäre gleichgültig »gegen die großen Ideen Freiheit, Volk, Vaterland« gewesen. Aber er hatte eine andere Vorstellung vom deutschen Volk, als sie Stein und Humboldt oder gar Luden besaßen; er hielt »es für so achtbar im einzelnen und so miserabel im ganzen« und glaubte, in der Wissenschaft und der Kunst die Schwingen gefunden zu haben, »durch welche man sich darüber hinwegzuheben vermag: denn Wissenschaft und Kunst gehören der Welt an, und vor ihnen verschwinden die Schranken der Nationalität«. Den Glauben an Deutschlands Zukunft halte er fest. »Ja, das deutsche Volk verspricht eine Zukunft. Das Schicksal der Deutschen ist, mit Napoleon zu reden, noch nicht erfüllt.« Und die Gelegenheit dazu vermöge ein menschliches Auge nicht vorauszusehen.

Humboldts nächtliches Gespräch mit Goethe eine Woche nach der Völkerschlacht bei Leipzig und die kleinen menschlichen Schwächen des großen Freundes waren nicht dazu angetan, ihn zu ermutigen. Obwohl Humboldt selbst dazu neigte, sich zurückzuziehen und seinen Neigungen zu leben, enttäuschte es ihn, daß einer der bedeutendsten Menschen seines Zeitalters dem Befreiungskrieg und der Volksbewegung so kühl und skeptisch gegenüberstand.

Diese Enttäuschung spiegelt sein Brief wider, den er nach dem langen nächtlichen Gedankenaustausch mit Goethe an Karoline am 26. Oktober 1813 richtete: »Die Befreiung Deutschlands hat noch bei ihm keine tiefe Wurzel geschlagen. Er glaubt zwar ernstlich daran, aber stellt mit vielen Umschweifen, unbestimmten Phrasen und Gebärden vor, daß er sich an den vorigen Zustand einmal gewöhnt habe, daß alles da schon in Ordnung und Gleis gewesen sei und der neue nun hart falle. Die Verheerungen der Kosaken, die wirklich arg sind, nehmen ihm alle Freude an dem Spaß. Er meint, das Heilmittel sei übler als die Krankheit, man werde der Knechtschaft loswerden, aber zum Untergehn. Ich habe mich wenig darauf eingelassen, diese Dinge zu bestreiten, es kam mir mehr darauf an, es zu kennen und aus ihm zu hören. Übrigens sieht er's sehr locker und lose an. Die Weltgeschichte, meint er, habe auch diesen Spaß haben müssen. Alles dies wird den kleinen Mädchen, wenn sie es hören, ein Greuel sein und ist auch sehr arg. Sonst aber ist Goethe eine wunderschöne Natur, mit der ich immer unendlich gern bin.«

Humboldt hat diese Begegnung in Weimar noch monatelang beschäftigt. Je mehr er sich selbst Entscheidungen konfrontiert sah, auf die er immer weniger Einfluß nehmen konnte, um so fragwürdiger erschien ihm seine Stellung zwischen den Mächtigen. Daher hatte er auch ein gewisses Verständnis für Goethes Zurückhaltung, wenn er sie auch nicht billigte. »Goethen kann ich mir vorstellen«, schrieb er am Neujahrstag 1814 seiner Frau aus Freiburg. »Er gehört durchaus zu den gleichgültigen Naturen für alles Politische und Deutsche. Egoismus, Kleinmütigkeit und zum großen Teil ganz gerechte Menschenverachtung, die man aber nur nicht so anwenden muß, tragen zusammengenommen dazu bei.«

Kleinmut war Humboldt fremd, Egoismus im Sinne einer auf die Entfaltung der eigenen Persönlichkeit bezogenen Lebens- und Verhaltensweise war ihm, dem großen Individualisten, zumindest so eigen wie Goethe, Menschenverachtung, die der Enttäuschung über die vielen ihrer Würde und ihrer Rechte noch nicht bewußten Menschen entsprang, war geradezu eine Zeitkrankheit der vom Ausgang der Französischen Revolution befremdeten deutschen Intellektuellen jener Zeit. Bei fortschrittlichen Männern und Frauen jener Epoche aber war sie ein Ausdruck der Empörung über das verächtliche Verhalten der Mächtigen. Humboldt selbst wurde wieder und wieder von Männern enttäuscht, denen er sich in gemeinsamem Wirken verbunden fühlte.

Sein Verhältnis zu Hardenberg kühlte sich bald ab, nicht zuletzt infolge der Intrigen Metternichs. Während der Verhandlungen in Teplitz waren die gegensätzlichen Meinungen zwischen Metternich und Humboldt über die Regelung der deutschen Angelegenheiten nach innen wie nach außen immer deutlicher in Erscheinung getreten. Briefe Humboldts an Karoline waren aufgefangen und Metternich zur Kenntnis gebracht worden. Sie enthielten auch vertrauliche Mitteilungen über seine politischen Geschäfte und nur für Karoline bestimmte Äußerungen über seine Umgebung. Damals wünschte Metternich abermals einen raschen Verständigungsfrieden mit Napoleon, während Humboldt in der entschlossenen Fortführung des Krieges die einzige Voraussetzung dafür sah, das »doppelte Ziel« zu erreichen, das er sich schon früher gestellt hatte. Bereits in einem Brief aus Teplitz an seine Frau vom 17. September 1813 hatte er es klar umrissen: »1. Zu einem ordentlichen, dauerhaften und glorreichen Frieden mitzuwirken; dann 2. eine Administrationsveränderung im Innern herbeizuführen.«

Er hatte auch seine Loyalität gegenüber Hardenberg betont, fuhr dann aber fort: »Seine Administration ist schon ihrer Form nach verderblich, und man muß suchen, eine ordentliche Minister-Regierung unter seinem Präsidio herzustellen. Ich glaube, daß das mit seiner Einwilligung durchzusetzen ist. Ist dies, so nehme ich gern ein Ministerium an. Ist dies nicht, so entferne ich mich von der Sache, sei's, daß ich in Wien bleibe, oder sei's, daß ich in London, oder, wenn es da dann so steht, daß man mit Ehren da sein kann, Paris suche . . . So, liebe Li, habe ich Dir kurz geschrieben, wie die größten und wichtigsten Dinge stehen. Du wirst daraus sehen, daß ich nicht müßig bin, daß ich im stillen weiter strebe und daran denke, den Jahren, in denen mich mehr der Zufall als mein Wille in Geschäfte geführt hat, ein Ziel und ein bedeutendes Resultat zu geben. Aus Ehrgeiz handle ich wirklich nicht; denn Gott weiß, daß ich viel lieber in ganz einsamer Ruhe mit Dir und den Kindern säße und jeden Tag bereit bin, dahin zurückzukehren.«

Für Metternich waren solche Bekenntnisse eine willkommene Information, um Hardenbergs mißtrauische Eifersucht gegenüber Humboldt erneut zu schüren. »Schon während des Prager Kongresses hatte er sich sehr unmutig geäußert, jetzt verleumdete er ihn, und bald darauf sprach er auf den wichtigen Konferenzen in Langres dem Staatskanzler indirekt den Wunsch aus, Humboldt von den Verhandlungen fernzuhalten.«[56] Metternich sah unter seinen Widersachern in allen deutschen und europäischen, militärischen wie politischen Fragen in Humboldt »den gefährlichsten von allen«.

Um so enger schloß sich Humboldt aus politischer Überzeugung und sachlichen Erwägungen, aber auch aus menschlicher Zuneigung und vorbehaltlosem Vertrauen dem Reichsfreiherrn vom Stein an. Doch auch der »heimliche Kaiser« der Deutschen begann zu zweifeln, ob es ihm wohl möglich sein würde, der deutschen Entwicklung voranzuhelfen.

Die einst »unbeschränkten Vollmachten« des Zentralverwaltungsrates wurden mehr und mehr ausgehöhlt, während die feudalistische Zersplitterung restauriert wurde. Nachdem dem König von Bayern die unbeschränkte Souveränität zugesichert worden war, erhielten auch andere Rheinbundstaaten, wie Württemberg, Baden, Hessen-Darmstadt, thüringische Fürstentümer, norddeutsche Staaten und Freie Reichsstädte, ähnliche Garantien. Der Zentralverwaltung blieben nur mehr »herrenlose Gebiete«, die als künftige Tauschobjekte dienen sollten, wie Sachsen, Westfalen und linksrheinische Länder.

Metternich hatte erneut mit Napoleon Friedensverhandlungen aufgenommen. Dabei wurde deutlich, daß er nur das französische Übergewicht beseitigen wollte, aber durchaus bereit war, die »natürlichen Grenzen« Frankreichs wie Pyrenäen und Alpen anzuerkennen und Napoleon sogar alle linksrheinischen deutschen Gebiete zu überlassen. Unter den Staatsmännern vertraten allein Stein und Humboldt die Auffassung der Militärs unter Führung Gneisenaus, den Krieg über den Rhein zu tragen und in Frankreich zu beenden.

Das Hauptquartier war inzwischen nach Frankfurt am Main verlegt worden, und auch Humboldt war dort am 6. November 1813 im Gefolge der beiden Kaiser eingetroffen. So emsig er um die territoriale Neuordnung bemüht war, sosehr ihn Metternichs Friedensverhandlungen verdrossen, so unzufrieden war er mit seiner Stellung, die ihm zuwenig Einfluß und Entscheidungsfreiheit gab. Damals bereits überlegte er, ob er »ein Ministerium unter Hardenberg« im Innern anstreben sollte. »Ich bin nach reifer Überlegung nicht dafür«, schrieb er Karoline am 1. Dezember 1813 aus Frankfurt. »Ich denke nicht daran, aufzuhören zu dienen. Wenn man einmal darin ist wie ich, kann man nur mit einiger Gewalttätigkeit herauskommen. Meine Rechnung ist darüber längst mit mir gemacht, und ich diene fort, solange es nun so geht. Auf der andern Seite ist auch keine Frage, daß ich mit Eifer und wahrer Lust dem Lande, das sich nun im Kriege so edel betragen hat, im Frieden helfen würde . . .

Das Beste und Höchste, wohin man gelangte, würde noch sein, immer wieder durch Persönlichkeit sich Unabhängigkeit zu erringen, vielleicht sogar nach und nach dem Höheren die Gewalt aus den Händen zu winden und sich so in eine freiere Epoche hinüberzuarbeiten. Allein das ist eine mühselige und keine würdige Rolle.«

Anders verhielte es sich allerdings, wenn es statt des Staatskanzlers jenes Ministerkollegium unter wechselndem Vorsitz geben würde, das er vor Jahren in Berlin gefordert hatte. »Kommt eine Zeit, wo es einmal keinen Staatskanzler gibt, so werde ich fast ohne allen Zweifel Minister der auswärtigen Angelegenheiten und habe dann eine unabhängige Lage, in der ich wahrhaft verantwortlich sein kann. Ich liebe übrigens den Staatskanzler sehr«, versicherte er Karoline, »und selbst das bestärkt mich in meinem Räsonnement. Könnte ich mir je erlauben oder nur je verzeihen, auch gegen ihn zu arbeiten, so würde ich eine Stelle unter ihm suchen, um bald nicht mehr unter ihm zu stehen. Dazu bin ich gewiß ebenso geschickt als ein anderer. Aber das will und werde ich nie.«

Im Dezember 1813 entstand Humboldts Denkschrift über die deutsche Verfassung. Er wollte damit eine Diskussionsgrundlage für die Lösung der deutschen Frage schaffen, denn die Behandlung der deutschen Angelegenheiten durch die Verbündeten wurde immer problematischer. Der Empfänger der Aufzeichnung war Stein; von ihm war die Anregung zu einer schriftlichen Fixierung der zur Erörterung überreifen Fragen ausgegangen, und er war der einzige, der in der gleichen Richtung wie Humboldt dachte und wirkte.

Stein begann einzusehen, daß man in Wien die Wiederherstellung eines Erbkaisertums unter den Habsburgern gar nicht wünschte. Er begriff mehr und mehr, daß seine reichsritterlichen Vorstellungen eines Reiches, wie es etwa im Mittelalter bestanden hatte, der modernen Entwicklung nicht gemäß waren. Auch er wünschte, daß den einzelnen Ständen, vor allem den Bürgern, die ihnen zukommenden und zugesicherten Rechte in der äußeren wie der inneren Verfassung des Reiches gewährt würden. Innerhalb des deutschen Reiches war er zunächst bereit gewesen, Österreich eine Vorrangstellung einzuräumen. Dann aber erkannte er die wachsende Bedeutung Preußens an, das er mit dem wiederhergestellten Reich »zur Mitsorge für Deutschlands Erhaltung« und als »ewiger Garant seiner Verfassung und Integrität« verbunden wissen wollte. Die Verbündeten hatten freilich in ihren Manifestationen die deutsche Frage nur unverbindlich erwähnt; in Kutusows »Aufruf an die Fürsten und Völker Deutschlands« vom 25. März 1813 war ganz allgemein nur von der »Wiedergeburt eines ehrwürdigen Reiches« gesprochen worden.

Je mehr sich der Befreiungskrieg seinem Ende näherte, um so dringlicher wurde es für die beteiligten Staatsmänner und

Monarchen, die Konzeption einer deutschen Neuordnung auszuarbeiten. Humboldts Denkschrift trug keinen amtlichen Charakter und konnte nicht einmal als die Meinung der preußischen Regierung gewertet werden. Dennoch hatte sie nur Sinn, wenn sie nicht lediglich einen persönlichen Standpunkt enthielt, sondern Überlegungen, die Humboldt später als preußische Verhandlungsbasis verwerten zu können hoffte. Dabei war sein Blick immer auf Stein als den einzigen Bundesgenossen gerichtet, auf den er in der Auseinandersetzung mit den Verbündeten rechnen konnte.

Humboldt dachte an die Vorlage eines Entwurfes, dessen ernstliche Diskussion trotz aller Interessengegensätze und unterschiedlicher Machtverhältnisse möglich erschien. Für die Beurteilung seiner eigenen Haltung zur deutschen Frage sind weniger die einzelnen Vorschläge für eine künftige deutsche Verfassung wesentlich als die Grundgedanken, die er in seiner Anschrift an Stein ausgeführt hat.

Humboldt ging davon aus, daß nach der Auflösung des Rheinbundes entschieden werden müsse, was aus Deutschland werden solle, »und selbst wenn man keinerlei Art der Vereinigung wollte, wenn alle Staaten einzeln fortbestehen sollten, so müßte doch auch dieser Zustand zugerichtet und gesichert werden«. Nachdrücklich warnte er davor, eine solche Entscheidung ausschließlich unter dem »beschränkten Gesichtspunkte« zu treffen, »Deutschland gegen Frankreich sichern zu wollen«. Das äußere Sicherheitsbedürfnis allein könne nicht »zur Richtschnur bei der Grundlegung zu einem dauernd wohltätigen Zustand für eine große Nation dienen«.

»Deutschland muß frei und stark sein«, so lautete Humboldts politisches Bekenntnis, »nicht bloß, damit es sich gegen diesen oder jenen Nachbarn oder überhaupt gegen jeden Feind verteidigen könne, sondern deswegen, weil nur eine auch nach außen hin starke Nation den Geist in sich bewahret, aus dem auch alle Segnungen im Innern strömen; es muß frei und stark sein, um das, auch wenn es nie einer Prüfung ausgesetzt würde, notwendige Selbstgefühl zu nähren, seiner Nationalentwicklung ruhig und ungestört nachzugehen und die wohltätige Stelle, die es in der Mitte der europäischen Nationen für dieselben einnimmt, dauernd behaupten zu können.«

Die Antwort auf die Frage, ob die verschiedenen deutschen Staaten einzeln fortbestehen oder ein gemeinschaftliches Ganzes bilden sollten, könnte, so meinte Humboldt, nicht zweifelhaft sein. Die kleineren Fürsten bedürften einer Stütze, die größeren einer Anlehnung, »und selbst Preußen und Österreich ist es wohltätig, sich als Teile eines größeren und, allgemein genommen, noch wichtigeren Ganzen anzusehen ... Auch läßt sich das Gefühl, daß Deutschland ein *Ganzes* ausmacht, aus keiner deutschen Brust vertilgen, und es beruht nicht bloß auf Gemeinsamkeit der Sitten, Sprache und Literatur (da wir es nicht in gleichem Grade mit der Schweiz und dem eigentlichen Preußen teilen), sondern auf der Erinnerung an gemeinsam genossene Rechte und Freiheiten, gemeinsam erkämpften Ruhm und bestandene Gefahren, auf dem Andenken einer engeren Verbindung, welche die Väter verknüpfte und die nur noch in der Sehnsucht der Enkel lebt«. Dann beschwor Humboldt die Gefahr der Kleinstaaterei. »Das vereinzelte Dasein der sich selbst überlassenen deutschen Staaten (selbst wenn man die ganz kleinen größeren anfügte), würde die Masse der Staaten, die gar nicht oder schwer auf sich selbst ruhen können, auf eine dem europäischen Gleichgewichte gefährliche Weise vermehren, die größeren deutschen Staaten, selbst Österreich und Preußen, in Gefahr bringen und nach und nach alle deutsche Nationalität untergraben.

Es liegt in der Art, wie die Natur Individuen in Nationen vereinigt und das Menschengeschlecht in Nationen absondert, ein überaus tiefes und geheimnisvolles Mittel, den einzelnen, der für sich nichts ist, und das Geschlecht, das nur im einzelnen gilt, in dem wahren Wege verhältnismäßiger und allmählicher Kraftentwicklung zu erhalten; und obgleich die Politik nie auf solche Ansichten einzugehen braucht, so darf sie sich doch nicht vermessen, der natürlichen Beschaffenheit der Dinge entgegenzuhandeln. Nun aber wird Deutschland in seinen nach den

427

Zeitumständen erweiterten oder verengerten Grenzen immer im Gefühle seiner Bewohner und vor den Augen der Fremden eine Nation, ein Volk, ein Staat bleiben.

Die Frage kann also nur die sein: wie soll man wieder aus Deutschland ein Ganzes schaffen?«

Man muß sich immer vergegenwärtigen, daß es sich bei dieser Denkschrift des preußischen Bevollmächtigten im österreichischen Hauptquartier, gerichtet an den Leiter der Zentralverwaltung der befreiten Gebiete, nicht um ein offizielles preußisches Dokument handelt, aber auch nicht um eine persönliche politische Studie, etwa im Sinne der staatstheoretischen Arbeiten des jungen Humboldt. Es war ein kühner, ein wenig schon resignierender Versuch eines in seinen Wirkungsmöglichkeiten eingeschränkten, sich seiner Verantwortung bewußten Politikers, sich den Anforderungen der Zeit zu stellen. Im nüchternen Blick auf die Möglichkeiten und die Gefahren der Entwicklung ging es ihm darum, zunächst für Stein, dann auch für Gentz und damit für Metternich Gedanken schriftlich zu fixieren, denen endlich niemand ausweichen konnte und durfte, der an der politisch-staatsrechtlichen Gestaltung der deutschen Zukunft beteiligt war. Was das Pflichtgefühl ihm diktiert hat, war zugleich eine Auseinandersetzung mit sich selbst, dem Staatstheoretiker wie dem Staatsmann, dem Preußen wie dem Deutschen, dem Bürger wie dem Diener des Königs.

Der junge Humboldt hatte sich einst vom absolutistischen Staat abgewandt und dem Staat nur die Machtbefugnisse zuerkannt, die für die Sicherheit nach außen und die Ordnung im Innern unerläßlich waren. Er hatte den Staat als ein notwendiges Übel betrachtet, das den einzelnen in seiner freien Entfaltung eher behindere als schütze, geschweige denn fördere. Die natürliche Verbindung der Menschen gleicher Sprache und Kultur war in seinen Augen die Nation, nicht der Staat, und der Nation hatte er noch als Reformer des preußischen Bildungswesens und Gründer der Universität die ideelle wie die materielle Verantwortung für die Erziehung der Kinder und die Fürsorge für Forschung und Lehre übertragen wollen. Erst als er selbst über das Reflektieren hinaus zum verantwortlichen Handeln gezwungen wurde, hat er die Notwendigkeit des Staates anerkannt. Ihm war bewußt geworden, daß niemand in der Isolierung von der Gemeinschaft und ohne rechtliche Ordnung zu leben und sich zu entfalten vermochte.

Ohne von seiner Auffassung, Deutschland sei das »Ganze«, abzugehen, erkannte Humboldt die geschichtlich gewordene deutsche Vielstaaterei mitsamt dem österreichisch-preußischen Dualismus als eine zumindest vorerst gegebene Realität an. Er hat nie aufgehört, die deutsche Kultur als eine Einheit zu betrachten und überall dort, wohin er als Vertreter preußischer politischer Interessen kam, zugleich als Botschafter deutscher Kultur zu wirken.

Doch in dem gleichen Maße, in dem sein extrem individualistisches Staatsdenken sich zu einem tätigen Bekenntnis zumindest zu einer konstitutionellen Monarchie wandelte, wurde Humboldt nicht nur ein sehr bewußter Vertreter der deutschen Kulturnation, sondern zugleich auch ein Träger des preußisch-patriotischen Staatsbewußtseins. Sein Anteil an der Entwicklung des Bildungs- und Hochschulwesens in Preußen und seine diplomatische und staatsmännische Wirksamkeit während der Befreiungskriege bis zu seiner Entlassung kennzeichnen eine markante Phase seiner Entwicklung zum Vertreter der Interessen des Bürgertums in Preußen und Deutschland. Daß der Staat, wie ihn Humboldt wünschte, auch bei seiner die bestehenden Verhältnisse berücksichtigenden Vorstellung betont liberale Züge tragen sollte, versteht sich von selbst. Das Ausmaß der Machtbefugnisse staatlicher Gewalt sollte auf das Unerläßliche begrenzt, Regierung und Verwaltung einer öffentlichen Kontrolle unterstellt werden.

So ging es ihm in der Denkschrift über die deutsche Verfassung hauptsächlich darum, zwei Fragen zur Diskussion zu stellen: wie die Vereinigung zu einem politischen Ganzen bewirkt werden könnte und wie es möglich sei, in den Einzelstaaten gesetzlich begründete Rechtszustände zu sichern.

Nicht fremde Gewalt allein habe das alte Reich zerstört, so argumentierte Humboldt, sondern die Glieder strebten, zumindest seit der Reformation, auseinander. Niemand zweifelte daran, daß der alte Reichsverband die Selbständigkeit Deutschlands nur unzulänglich habe sichern können. Daher müsse man »neue Gestalten schaffen«.

Er untersuchte die Frage, welches der »zwei Bindungsmittel für ein politisches Ganzes« verwirklicht werden könnte, »eine wirkliche Verfassung« oder »ein bloßer Verein«, und er kam zu der Auffassung: »Eine Verfassung ist unstreitig einem Verein vorzuziehen«, doch glaubte er immer noch wie in seinen staatstheoretischen Jugendschriften: »Sie rein nach Prinzipien der Vernunft und Erfahrung gründen zu wollen ist im hohen Grade mißlich.« Er gelangte zu dem Schluß: »Auf die Frage, soll Deutschland eine wahre Verfassung erhalten, läßt sich daher meines Erachtens nur so antworten: Sprechen zu der Zeit, wo die Frage entschieden werden muß, Haupt und Glieder aus, daß sie Haupt und Glieder sein wollen, so folge man der Anzeige und leite nur und beschränke. Ist das aber nicht, verlautet nichts als das kalte Verstandesurteil, daß ein Band für das Ganze dasein muß, so bleibe man bescheiden beim Geringeren stehn und bilde bloß einen Staaten*verein*, einen Bund.«

Humboldt war auf Grund seiner unmittelbaren Beziehungen zu den leitenden Ministern Österreichs und Preußens überzeugt, daß diese beiden größten Staaten des ehemaligen deutschen Reichs wie auch die übrigen Verbündeten an einem deutschen Einheitsstaat oder auch nur an einer Wiederherstellung des alten Reichs nicht interessiert waren. Daher glaubte er »bescheiden beim Geringeren« stehenbleiben zu müssen, einem Staatenbund, als dessen Voraussetzung er »die Übereinstimmung Österreichs und Preußens« ansah.

Diese Auffassung suchte er näher zu begründen, unter anderem auf folgende Weise: »Der Deutsche ist sich nur bewußt, daß er ein Deutscher ist, indem er sich als Bewohner eines besonderen Landes in dem gemeinsamen Vaterlande fühlt, und seine Kraft und sein Streben werden gelähmt, wenn er mit Aufopferung seiner Provinzial-Selbständigkeit einem fremden, ihm durch nichts ansprechenden Ganzen beigeordnet wird. Auch auf den Patriotismus hat dies Einfluß, und sogar die Sicherheit der Staaten, für welche der Geist der Bürger die beste Gewährleistung ist, möchte am meisten bei dem Grundsatz gewinnen, jedem seine alten Untertanen zu lassen. Die Nationen haben wie die Individuen ihre durch keine Politik abzuändernden Richtungen. Die Richtung Deutschlands ist, ein Staatenverein zu sein«, das heißt ein Bund souveräner Staaten.

Zwischen Humboldt und Stein bestand Übereinstimmung darin, daß die Gründung eines deutschen Staatenbundes nicht schlechthin die Restauration der deutschen Fürsten bedeuten könnte, die das Reich und ihre Völker verraten hatten. Sie waren sich aber auch klar darüber, daß die Mehrzahl der Dynastien, deren Ansprüche von den Verbündeten bereits garantiert worden waren, bestrebt sein würde, die Zentralgewalt dieses Staatenbundes so schwach wie möglich zu halten und vom preußisch-österreichischen Dualismus zu profitieren. Man spürt die leise Resignation Humboldts, wenn er zu diesem Thema abschließend schrieb: »Ein Staatenverein fordert eine größere Anzahl, und man hat nur zwischen der nun einmal unmöglichen (und meiner Meinung nach keineswegs wünschenswürdigen) Einheit und dieser Mehrheit die Wahl. Zwar kann es wunderbar scheinen, wenn man gerade die Fürsten des Rheinbundes beibehält und wenn die Herstellung der Gerechtigkeit das Werk der Ungerechtigkeit und Willkür bestätigt. Allein einzelne Änderungen können immer getroffen werden, und übrigens gewinnt in politischen Gegenständen das einmal Geschehene und seit Jahren Bestehende nicht abzuleugnende Ansprüche – einer der wichtigsten Gründe, sich Ungerechtigkeiten gleich von Anfang standhaft entgegenzusetzen.«

Das versuchte er, freilich im bisweilen kleinmütigen Blick auf die Machtverhältnisse, indem er die wichtigsten Punkte einer künftigen deutschen Bundesversammlung thesenhaft formulierte. »Alle deutschen Fürsten«, so heißt es in Ziffer 1 des Entwurfes, »vereinigen sich durch ein gegenseitiges Verteidigungsbündnis zu einem politischen Ganzen.« Dieses Bündnis sollte eine vollkommen freie und gleiche Verbindung souveräner Fürsten darstellen. Ziffer 2 lautete: »Der Zweck dieses Bündnisses ist die Erhaltung der Ruhe und Unabhängigkeit Deutschlands und die Sicherung eines auf Gesetze gegründeten rechtlichen Zustandes in den einzelnen deutschen Staaten.« Im nächsten Punkt wurde vorgesehen, dieses Bündnis durch die außerdeutschen großen europäischen Mächte, namentlich die Verbündeten Rußland und England, garantieren zu lassen.

Jeder deutsche Fürst sollte verpflichtet sein, alle Kräfte seines Staates zur Verteidigung des gemeinschaftlichen Vaterlandes einzusetzen. Die Erklärung aber, ob und wann ein solcher Bündnisfall gegeben sei, sollte nur gemeinsam von Preußen und Österreich abgegeben werden. Nur diesen beiden stärksten Staaten Deutschlands wollte Humboldt, und beiden nur gemeinsam, das Recht anvertrauen, für den Bund Krieg zu erklären und Frieden zu schließen.

»Obgleich jeder Fürst mit allen Souveränitätsrechten innerhalb seiner Staaten begabt wäre, so müßten doch in jedem deutschen Staat Stände errichtet oder hergestellt werden«, lautete Humboldts erste Forderung zum Thema »Inneres Staatsrecht«. Er begründete die Einrichtung von Ständen mit dem Hinweis darauf, daß sie nicht nur eine nötige Schutzwehr gegen die Eingriffe der Regierung in die Privatrechte bildeten, sondern auch das Gefühl der Selbständigkeit in der Nation erhöhten. »Bei Bestimmung der Rechte der Stände müssen gewisse Grundsätze, als allgemein durch ganz Deutschland geltend, angenommen werden«, wobei die unterschiedliche Entwicklung in den einzelnen deutschen Ländern berücksichtigt werden könnte. Eine solche Verschiedenheit sei notwendig, »um in jedem Lande die Verfassung genau an die Eigentümlichkeit des Nationalcharakters anzuschließen«.

Humboldt begründete diesen Standpunkt, der für seine Auffassung über den Charakter der Nationen kennzeichnend ist, in folgender Weise: »Die der neuesten Zeit sehr eigne Methode, allgemeine, theoretisch gebildete Reglements ganzen Ländern vorzuschreiben und dadurch alle Mannigfaltigkeit und Eigentümlichkeit niederzuschlagen, gehört zu den gefährlichsten Mißgriffen, die aus einem unrichtig verstandenen Verhältnis der Theorie zur Praxis entspringen können.«

Die Grundsätze selbst, »welche indes wirklich allgemein gemacht werden müßten«, führte er in seiner Studie nicht aus; er beschränkte sich auf den Hinweis, sie »würden eine genauere Ausführung in dem Bündnisse selbst erfordern«.

Auch über die Grundrechte der Bürger in den Einzelstaaten äußerte sich Humboldt. Im Kapitel »Gesetzgebung« forderte er die uneingeschränkte Freizügigkeit aller Deutschen in allen deutschen Staaten sowie die uneingeschränkte Freiheit der Studierenden, an allen deutschen Universitäten zu studieren. Die fortschrittlichen Tendenzen seines Entwurfes erweisen sich endlich darin, daß er eine Art Zollunion vorsah. »Die deutschen Staaten schließen einen allen ihren gegenseitigen Verkehr umfassenden Handelsvertrag, in welchem wenigstens das Maximum aller Eingangs- und Ausgangszölle im Innern von einem deutschen Staat in den andern bestimmt wird.«

»Dies wären etwa meine hier erst flüchtig hingeworfenen Vorschläge«, schloß Humboldt seine an Stein gerichtete Denkschrift vom Dezember 1813. »Sie müssen aber nie vergessen, daß dieser ganze Aufsatz nur ein Versuch ist, zu zeigen, was noch geschehen kann, wenn einmal die Wiederherstellung einer Verfassung unter einem wahren Reichsoberhaupte, wie ich glaube, unmöglich ist.« Und Gentz schrieb er aus Freiburg am 4. Januar 1814: »Sie wissen, liebster Freund, daß ich meine Vorschläge zu einer künftigen deutschen Verfassung vorzüglich deswegen aufgesetzt habe, damit etwas vorhanden wäre, woran sich andere Ideen, sollten sie auch die meinigen umstürzen, anschließen könnten.«

Die Diskussion hatte bereits begonnen, abgeschlossen wurde sie erst auf dem Wiener Kongreß. Eine gewisse Resignation Humboldts zeigte jedoch bereits seine Denkschrift, in der er unter den gegebenen Umständen nur einen losen Staatenbund für möglich hielt.

Napoleon zog die Friedensverhandlungen hinaus, um Zeit zu gewinnen. Metternich bot ihm vergeblich die »natürlichen Grenzen« Frankreichs einschließlich des linken Rheinufers an, Napoleon beharrte auf den »konstitutionellen Grenzen des Kaisertums«. Schließlich setzten sich die Heere der Verbündeten wieder in Bewegung. Mitten im diplomatischen Streit, in dem Preußen auf Sachsen Ansprüche erhob und Rußland polnische Gebiete forderte, wurde das Hauptquartier nach Freiburg im Breisgau verlegt.

Humboldt und Metternich bestiegen gemeinsam den Münsterturm und blickten in die Lande, aber ihr gegenseitiges Mißtrauen wuchs. »Nie gab es eine denkwürdigere Zeit«, schrieb Humboldt am 22. Dezember 1813 an die Fürstin Radziwill, »und über die Haltung der Preußen gibt es nur eine Stimme; alle Welt gesteht von freien Stücken, daß man ihnen zum größten Teil oder wenigstens zu zwei Dritteln alle Erfolge verdankt; ... aber wer wird Preußen in seiner alten Unabhängigkeit und in seinem alten Glanz wiederherstellen?«

Preußen verlor diplomatisch weiterhin an Einfluß. Humboldt wurde Metternich lästig. Der österreichische Außenminister äußerte gegenüber dem preußischen Staatskanzler den Wunsch, Humboldt von den komplizierten Verhandlungen möglichst fernzuhalten. Humboldt sah sich immer stärker isoliert, ähnlich wie Stein, Blücher, Gneisenau. Die Militärs, die ihrem Unwillen über die politische Führung unverhohlen Ausdruck verliehen, waren freilich auch mit Humboldt unzufrieden, dessen unermüdliche Betriebsamkeit und höhnisch-spöttische Bemerkungen sie mißverstanden.

Blüchers Truppen überschritten in der Neujahrsnacht bei Kaub den Rhein. Die Hauptarmee marschierte durch die Schweiz, in ihrem Gefolge reisten die Diplomaten. Schon im Februar kam der Vormarsch abermals ins Stocken, weil in Châtillon erneut über einen Friedensschluß verhandelt wurde, ohne daß die Kampfhandlungen gänzlich eingestellt wurden. Trotz der Intrigen Metternichs wurde Humboldt zum preußischen Unterhändler bestimmt. Er mokierte sich über das Unternehmen, da er überzeugt war, daß nur mit den Waffen über das Schicksal Napoleons und den Friedensschluß entschieden werden könnte.

Mehr noch als er selbst spürte Karoline in Wien, wie rückständig Österreich war. »Es ist, mein ich so in mir«, schrieb sie ihm nach Freiburg, »das Land, dem die nächsten großen Veränderungen in Europa bevorstehen. Dazu ist es so verschiedenartig und heterogen in seinen Kräften gemischt, in den Nationalitäten, aus denen es besteht, daß ich alles wetten möchte, daß es noch in diesem Jahrhundert aufhören wird, eine deutsche Macht zu sein. Deutschland, deutsche und nationale Deutschheit ist offenbar noch im Wachsen, und damit hält Österreich nicht Schritt. Den Geist der Zeit aufzuhalten, dazu ist offenbar keine Macht stark genug, und die Geschichte gibt große Aufschlüsse über das, was die Zukunft noch verbirgt. Aber freilich lesen wohl die Herren sie nicht.«

Humboldt mochten Karolines Ansichten ermutigen. Er selbst enthielt sich aller politischen Spekulationen und widmete sich ganz den Aufgaben des Tages, die aufreibend und mühsam genug waren. Doch seine Mußestunden wurden auch in diesen Monaten von seinen literarischen und wissenschaftlichen Liebhabereien ausgefüllt.

Metternich wünschte unter allen Umständen einen Kompromiß mit Napoleon. Die Verhandlungen zogen sich in die Länge. Am 17. Februar 1814 ersuchte Metternich Hardenberg, Humboldt nahezulegen, den Friedensschluß auch als den Wunsch Friedrich Wilhelms III. zu betrachten. »Er hat die Art«, schrieb Metternich, »die Sache ein wenig als Spaß zu behandeln, nach einem Bericht von heute morgen, und ich kenne Humboldt genug, um zu wissen, daß, wenn Sie ihm nicht *fest* befehlen, er menagieren und sich eine Hinterpforte gegenüber den Jakobinern von Nord und Süd offenhalten wird.« Es hätte eines solchen Wunsches nicht bedurft, denn der Staatskanzler hatte bereits tags zuvor Humboldt wissen lassen, der König wünsche den Frieden.

Es lag nicht an den Verbündeten, sondern an Napoleon, wenn

es dennoch nicht zu einem vorzeitigen Ende der Kampfhandlungen kam. Noch immer hoffte der Kaiser der Franzosen, die Differenzen im Lager der Alliierten ausnutzen und das Glück der Waffen wenden zu können. Preußische Militärs und deutsche Patrioten forderten immer nachdrücklicher ein entschiedenes militärisches Vorgehen. Im Vertrag von Chaumont wurde am 1. März 1814 das Bündnis der Gegner Napoleons erneuert. Dabei wurde in einer besonderen Klausel »die Einigung der souveränen Fürsten Deutschlands durch ein föderatives Band, das die Unabhängigkeit Deutschlands sichern und verbürgen sollte«, ausdrücklich vereinbart. Stein und Humboldt konnten daraus neue Zuversicht für eine den Verhältnissen angemessene Regelung der deutschen Frage schöpfen, zumal die Verhandlungen mit Napoleon Mitte März endgültig scheiterten. Danach näherten sich die verbündeten Armeen schnell Paris, das am 30. März kapitulierte. Tags darauf zogen Zar Alexander von Rußland und König Friedrich Wilhelm III. von Preußen in die französische Hauptstadt ein.

Napoleon dankte am 6. April ab. Der Krieg war zu Ende, erneut hatten die Diplomaten das Wort. Die verbündeten Monarchien ließen zu, daß Ludwig XVIII., der Bruder des während der Französischen Revolution hingerichteten Ludwig XVI., den französischen Thron bestieg. Die Restauration der Bourbonen in Frankreich war ein weiteres Anzeichen für das Vordringen der Reaktion in Europa. Keines der Ziele der preußischen Militärs zum Schutze der Westgrenzen Deutschlands wurde erreicht; Frankreich behielt nicht nur seine Grenzen von 1792 einschließlich des Elsaß und Teilen des Saarlandes; ihm wurden auch keinerlei Kriegsentschädigungen auferlegt.

Humboldt allein hatte sich als preußischer Unterhändler den französischen Gebietsforderungen widersetzt, aber sich gegen Metternich und den russischen Diplomaten Nesselrode nicht durchsetzen können. Vergeblich war auch sein Bemühen, wenigstens einen Teil der hohen Kontributionen zurückzuerlangen, die Preußen seit 1808 an Frankreich hatte zahlen müssen. Die

Rückgabe der geraubten Kunstschätze konnte er gegen Talleyrands Widerstand wenigstens zum Teil durchsetzen.

Der Kaiser von Österreich, der russische Zar und der König
von Preußen fühlten sich bereits solidarisch mit dem wieder-
eingesetzten Bourbonen und begnügten sich mit der Vertreibung
des korsischen Usurpators. Die Kräfte der Beharrung sammelten
sich, um den als Jakobiner verschrieenen Vertretern des Fortschritts den Garaus zu machen. Daher wurden im Pariser Frie-
densvertrag vom Frühjahr 1814 keineswegs die europäischen
Probleme gelöst; auch die Neugestaltung Deutschlands wurde
einem Kongreß vorbehalten, der im Herbst nach Wien einberufen werden sollte. Am bittersten war wohl für Humboldt, daß
es ihm, hauptsächlich wegen der Lässigkeit Hardenbergs, nicht
gelungen war, schon in Paris die preußischen Gebietsansprüche
an Sachsen nachdrücklich und erfolgreich zur Sprache zu bringen.

Mehr als je sah er sich in seinen Bestrebungen als preußischer
Unterhändler vereinsamt. Hardenberg, der als Staatskanzler
das entscheidende Wort in der preußischen Delegation hatte,
nahm Humboldts Arbeitskraft und sein Beharrungsvermögen
bei den Verhandlungen wie schon früher nur allzugern in Anspruch; aber er selbst ließ sich nach Humboldts Meinung mancherlei Mißgriffe und Versäumnisse zuschulden kommen. Es erscheint fraglich, ob es Humboldt, wie sein Biograph Rudolf
Haym behauptet, lediglich an Widerstandskraft und Energie
fehlte, um sich gegen Hardenberg durchzusetzen, zumal es sich
vorwiegend um eine Machtfrage handelte.

Gewiß wäre es besser gewesen, wenn Humboldt mit Stein
statt mit Hardenberg hätte zusammenarbeiten können, aber
nicht ohne Grund hatten die herrschenden Kreise Stein keine
maßgebende Position mehr eingeräumt. Er befand sich zwar
zeitweilig in Paris, besaß aber kein Mandat für die Friedensverhandlungen. Und Männer wie Blücher und Gneisenau lernte
Humboldt, von ihnen weithin verkannt, erst in Paris näher kennen.

Humboldts Wege führten in Paris des öfteren in die Häuser
alter französischer und deutscher Freunde. Er sah Germaine

de Staël und Benjamin Constant wieder, er suchte Karolines Vertrauten, den Grafen Schlabrendorf, auf, traf den Publizisten Oelsner und August Wilhelm Schlegel. Auch sein Sohn Theodor, der zum Offizier befördert worden war, hielt sich in Paris auf. Ferner erfreute sich Humboldt des Umgangs mit dem Bruder Alexander, der während des Krieges still und unbelästigt in der französischen Hauptstadt seiner wissenschaftlichen Arbeit nachgegangen war.

Gewiß hatte auch Wilhelm von Humboldt wenig Neigung gehabt, sich »in die Welthändel zu mischen«, aber er hatte sich verpflichtet gefühlt, »in irgendeine Tätigkeit und am allereinfachsten in die militärische bei der Landwehr« einzutreten, wenn man ihn nicht mit diplomatischen Aufgaben betraut hätte. Des Bruders Verhalten hatte er mißbilligt. »Ja, ich gestehe Dir frei«, hatte er am 6. Dezember 1813 noch aus Frankfurt an Karoline geschrieben, »was ich sonst nicht sage, daß ich auch an Alexander sein Bleiben in Paris nicht billige. Er konnte allerdings nichts für den Krieg tun, das mit dem, was er dort treibt, vergleichbar wäre. Es war auch allerdings ein mit dem, was er tun konnte, ganz unverhältnismäßiger Verlust, wenn er im Kriege verunglückte. Aber das Rechte besteht eben darin, daß man nicht in solchen Fällen den Nutzen abwägt, und auf seine Person Wichtigkeit legen und sich in solcher Art schonen ist wenigstens außer aller Charakterschönheit.«

Dennoch war der ältere Bruder überglücklich, den jüngeren in die Arme schließen zu können, obwohl Alexander »diplomatische Posten« weder damals noch früher »für das arme Vaterland« als so wichtig angesehen hatte und es seines schöpferischen Tätigkeitsdranges wegen auch abgelehnt hatte, Wilhelms Nachfolger als Sektionschef für das preußische Bildungswesen zu werden.

Es bereitete Wilhelm von Humboldt auch eine gewisse Genugtuung, daß Friedrich Wilhelm III. während seines Aufenthaltes in Paris Alexander in seinen engsten Kreis zog und damit jenes Verhältnis zu dem Naturforscher anbahnte, das Jahre später dessen Rückkehr nach Berlin wesentlich erleichtert hat.

In jenen Pariser Wochen gewann der Name der Brüder Humboldt beim König wohl den besten Klang, den er jemals gehabt hat.

So war es auch nicht verwunderlich, daß Wilhelm von Humboldt neben Hardenberg zu den Begleitern Friedrich Wilhelms III. gehörte, als dieser mit dem Zaren im Juni 1814 zu einem Besuch nach London reiste. Schon vorher war entschieden worden, daß Humboldt weiterhin im diplomatischen Dienst bleiben sollte.

»Wir gehen in einigen Tagen nach England«, schrieb er aus Paris am 1. Juni 1814 an Nicolovius, »nachher nach Wien zu einem Kongreß, von dem ich wünsche, daß ein deutscher Geist auf denen walten mag, die daran teilnehmen. Mit diesem Kongreß ist dann die wichtigste Epoche der Zeit beendet, alles Künftige, insofern es Geschäfte betrifft, ist mir gleichgültiger. Ich bin bestimmt, hier Gesandter zu sein.« Freilich sollte ihm die Erneuerung seiner guten Bekanntschaft mit Paris ebensowenig vergönnt sein wie ehedem die Erfüllung des Wunsches, wieder in Rom leben zu können.

In London erfreute sich Humboldt des besonderen Wohlwollens des Prinzregenten und der ihm durch die Verhandlungen meist schon bekannten Staatsmänner. Nach der Rückkehr begab er sich von Paris aus Anfang Juli nach der preußischen Enklave Neuchâtel in der Schweiz, die von den Franzosen okkupiert worden war und nun wieder vom König von Preußen in Besitz genommen wurde. Humboldt nahm an der Huldigungsreise des Monarchen durch das Ländchen teil. In der Schweiz sah er Karoline und die Kinder wieder; Frau von Humboldt hatte, als die Berufung Humboldts nach Paris so gut wie fest stand, den Wiener Haushalt aufgelöst und sich in die Schweiz begeben. Sie beabsichtigte, vorerst so bald wie möglich ihren Wohnsitz in Berlin zu nehmen. Mit den Kindern traf sie Anfang November in der preußischen Hauptstadt ein, während Humboldt, von Hardenberg gedrängt, bereits Anfang August zur Vorbereitung des Wiener Kongresses aus der Schweiz direkt nach Österreich abgereist war.

Mit dem Wiener Kongreß fand »die ruhmvolle Zeit, wo die deutsche Nation seit Jahrhunderten wieder zum ersten Male sich erhebt und auswärtiger Unterdrückung in ihrer ganzen Kraft und Größe sich gegenüberstellte« (Friedrich Engels), ihren für alle fortschrittlich gesinnten Deutschen zutiefst enttäuschenden Ausgang. Die acht Monate, die der Kongreß währte, waren die an Arbeit und Mißerfolgen reichste Spanne in Humboldts Leben. Niemals bekam Humboldt, der Hardenberg zugeordnete zweite preußische Vertreter, die Abhängigkeit von Krone und Kanzler und die Ohnmacht seiner Stellung stärker zu spüren als auf dem Wiener Kongreß. Inmitten diplomatischer Geschäftigkeit und geselligen Treibens, während er immer neue Denkschriften konzipierte, packte ihn wieder und wieder die Sehnsucht nach einsamer Beschäftigung mit Fragen der Wissenschaft und der Literatur, nach besinnlicher Stille und Ferne von der Betriebsamkeit der Menschen. Noch resignierte er nicht, noch überwand er den Überdruß an der öffentlichen Wirksamkeit, noch fühlte er sich verpflichtet, das Seine zur Lösung brennender Schicksalsfragen beizutragen; denn noch war er davon überzeugt, daß er, ließe man ihn nur wirken, imstande wäre, die Entwicklung zur Humanität in den Beziehungen zwischen den Menschen und zwischen den Völkern zu fördern.

Um dem Verhalten Humboldts in jener entscheidungsschweren Epoche gerecht werden zu können, muß man sich die Problematik des Kongresses und den Gang der Verhandlungen in den wesentlichen Zügen vergegenwärtigen; man muß zum andern Humboldts Stellung unter den Verhandlungsleitern ebenso berücksichtigen wie sein persönliches Verhältnis zu seinem Vorgesetzten, dem Staatskanzler Hardenberg.

Der Pariser Frieden hatte die napoleonischen Kriege beendet. Aber er hatte den Kontinent nicht neu geordnet, weder die Beziehungen zwischen den europäischen Großmächten noch das Verhältnis der deutschen Länder und Ländchen untereinander. Ungelöst war ferner die Frage geblieben, ob und in welcher

Weise die Herrschenden bereit waren, dem Anspruch der Beherrschten auf demokratische Rechte Rechnung zu tragen. Daher sollten in Wien allgemeine Vereinbarungen über das Zusammenleben der Staaten und Völker in Europa getroffen werden. Auch über die Zukunft der von Napoleon und seinen Trabanten befreiten Länder mußte entschieden werden. Schließlich sollte die Frage einer Erneuerung des deutschen Reiches geklärt und der künftige Anteil der Bürger deutscher Staaten an der Regierung ihrer Länder festgelegt werden.

Ende September hatten sich die Repräsentanten der Hauptmächte in Wien versammelt: Metternich für Österreich – er war zugleich Präsident des Kongresses und Gentz sein Protokollführer –, Castlereagh für England, Nesselrode für Rußland, Talleyrand für Frankreich, Hardenberg für Preußen. Stellvertreter für den schwerhörigen und durch dieses Leiden in seiner Tätigkeit ziemlich gehemmten Hardenberg war Humboldt. »Weder in den Sitzungen der fünf Großmächte, in welchen die europäischen Angelegenheiten, noch in denen der ... deutschen Mächte, welche über Deutschlands Verfassung verhandelten, fehlte er jemals. Und nicht etwa nur als stummer Beisitzer oder schreibender Protokollführer, sondern als Werk- und Wortführer, welcher die von ihm verfaßten Anträge des preußischen Kabinetts zu verteidigen, den Anmaßungen eines Gegners wie Talleyrand entgegenzutreten, die englischen Bevollmächtigten sich geneigt zu erhalten, die heimlichen Umtriebe Metternichs zu vereiteln die Aufgabe hatte.«[57] Aber er war eben nie bevollmächtigter Verhandlungsführer Preußens, sondern Stellvertreter, wenn nicht gar bloßer Begleiter des schwerhörigen Hardenberg. Ebendiese nachgeordnete Stellung, die Humboldt trotz der persönlichen Geltung, die er sich verschaffte, einnahm, erklärt manchen Mißerfolg, den er in Wien erlitten hat. Gerade weil er manchen Wortführer anderer Delegationen an Schärfe des Verstandes und diplomatischem Geschick überragte und von seinen Fähigkeiten uneingeschränkten Gebrauch machte, gab er Anlaß zu Verdruß und Kritik bei empfindlichen Gesprächspartnern in den verschiedenen Kommissionen des Kongresses.

Humboldts schärfster Gegner war der Diplomat, der ihm allein ebenbürtig war, der französische Hauptdelegierte Talleyrand. In der durchaus richtigen Voraussicht, daß Talleyrand alle Meinungsverschiedenheiten und Interessengegensätze der Alliierten zum Vorteil des eben besiegten Frankreich nutzen werde, hatte sich Humboldt zu Beginn des Kongresses zum Sprecher des allgemeinen deutschen Volksempfindens gemacht und gegen die Zulassung Frankreichs als vollwertigen Partner Einspruch erhoben. Talleyrand revanchierte sich durch freilich vergebliche Proteste gegen die Anwesenheit eines zweiten preußischen Vertreters, nämlich Humboldts neben Hardenberg, im Rat der »Großen Fünf«. Allen restaurativen Kräften auf dem Wiener Kongreß – und das waren sämtliche Großmächte außer England – erschien Humboldt als der höchst unwillkommene Repräsentant liberaler und demokratischer fortschrittlicher Gesinnungen. Nicht einmal Hardenberg war bereit, sich den Auffassungen seines Stellvertreters anzuschließen; am wenigsten aber billigte er seine Vorstellungen von der künftigen Verfassung Deutschlands und der deutschen Länder. »Preußen«, meinte Humboldt am Ende des Kongresses, »ist jetzt mehr als je eine Macht, der viele die Vernichtung geschworen haben, und es ist lange nicht kräftig genug, als daß die Sache unmöglich sein sollte. Was jetzt geschehen ist, kann nur Stufe sein. Wenn auch König, Minister, jedermann das Gegenteil will, die Natur der Dinge und der Geist, der in diesem Jahrhundert weht, reißt alles mit sich fort.«

Talleyrand war der naturgegebene politische Gegner Humboldts. Humboldts Rang erkannte er an, indem er zugab. daß er ein Staatsmann sei, wie Europa zur Zeit nicht drei oder vier zähle. Er bezeichnete Humboldt als »le Sophisme incarné« und behauptete, selbst er könne mit dieser leibhaftigen Spitzfindigkeit nicht fertig werden. Metternich vertrat gegenüber Humboldt ein mehr und mehr ins Reaktionäre absinkendes restauratives Ordnungsprinzip. Für Humboldt persönlich war es am schmerzlichsten, daß sich Hardenbergs teilweise aus dem physischen Leiden resultierendes Mißtrauen von Monat zu Monat stärker gegen ihn richtete und daß Hardenberg zu argwöhnen begann, er wolle sein Nachfolger als preußischer Staatskanzler werden.

Auf dem Wiener Kongreß war Humboldts Anteil an den Entscheidungen wie an den verpaßten Gelegenheiten zur Neugestaltung Europas von Gegebenheiten überschattet, die zu einem wesentlichen Teil im Ringen der europäischen Mächte um den Vorrang auf dem Kontinent zu suchen sind. Auch der Geltungsdrang und die Eifersucht der in Wien versammelten Staatsmänner erschwerten seine Lage. Humboldt fand sich immer wieder allein. Nicht einmal Stein, der zwar zeitweilig in Wien weilte, aber als Berater des Zaren kein offizielles Mandat besaß, vermochte ihm zu helfen. Für Humboldt war es überaus schwierig, seine persönlichen Anschauungen mit den restaurativen, dynastisch-preußischen Interessen zu vereinbaren, die er zu vertreten hatte. Er gab sich »klar und kalt, wie die Dezembersonne«, schrieb Görres über Humboldts Verhalten im »Rheinischen Merkur«.

Die Verhältnisse zwangen Humboldt, seine Vorlagen und Entwürfe immer wieder zu überarbeiten. Meist schwächte er sie ab, da Preußen, vor allem seiner territorialen Ansprüche wegen, mehr und mehr isoliert wurde. Auch zeigte der König in der deutschen Frage wie bei der Neugestaltung Europas keine klare Haltung, sondern ließ sich allzu oft vom russischen Zaren, mitunter auch von den Ideen des österreichischen Staatskanzlers beeinflussen. Humboldt entbehrte in Wien den Umgang mit Persönlichkeiten, die ähnlich wie er dachten. Er lebte sehr zurückgezogen, ganz seiner politischen Tätigkeit und in den kargen Stunden der Muße seinen wissenschaftlichen Neigungen hingegeben. Karoline war in Berlin geblieben. Daher war es nicht möglich, wie früher einen Salon zu unterhalten. Allerdings entfiel damit auch die Gelegenheit, im zwanglosen Gespräch manches zu verhandeln, was sich offiziell weit schwieriger erörtern ließ. Humboldt erschien zwar, flüchtig meist und selten aufgeschlossen, in den Wiener Salons, in denen sich die Diplomaten einfanden. An den Festlichkeiten, durch die der Wiener Kongreß eine traurige Berühmtheit erlangt hat, nahm er kaum teil. Ihm waren alle diese Belustigungen »in den Tod verhaßt«, er fand sie »nichtiger, leerer, einförmiger denn je«. An den mittäglichen Spaziergängen auf der Bastei, wo sich die Teilnehmer am Kongreß zu treffen pflegten, beteiligte sich der zweite Vertreter des Königs von Preußen ebenfalls nicht. Dagegen hat er in den Sitzungen der Großmächte wie der deutschen Staaten nie gefehlt. Er gehörte auch fast allen Sonderausschüssen an, unter anderen dem für die Freiheit der Flußschiffahrt, den Ausschüssen für die Angelegenheiten der Schweiz, zur Bestimmung des Ranges der diplomatischen Vertreter und für die Redaktion der Kongreßakte. Auftragsgemäß mußte er sich vorwiegend mit den territorialen Neuregelungen beschäftigen, das heißt mit dem Streit um Sachsen und Polen; lebhaft interessiert und innerlich beteiligt aber war er in erster Linie bei den Verhandlungen im deutschen Verfassungsausschuß.

Preußen war zugesichert worden, daß sein Staatsgebiet im Zuge der territorialen Neuordnung Deutschlands wieder den Umfang erhalten sollte, den es 1805 gehabt hatte. Als Entschädigung für Gebiete, die aus diesem oder jenem Grunde nicht wieder mit Preußen vereinigt werden konnten, beanspruchte es ganz Sachsen, dessen König zu Napoleons engsten Vasallen gehört hatte. Diesen Anspruch begründete Preußen auch mit der Forderung Rußlands, das vormalige Herzogtum Warschau einschließlich der zeitweilig Preußen angegliederten Weichselgebiete zu einem in Personalunion mit Rußland vereinigten Königreich Polen umzugestalten.

Der Streit um Sachsen und Polen führte zu einer Krise, die fast einen neuen Krieg, diesmal zwischen den Alliierten, ausgelöst hätte. Denn Österreich wünschte nicht, daß sich Preußen zu einer Großmacht entwickelte. Ebensowenig war die österreichische Regierung interessiert an einer weiteren Ausdehnung Rußlands nach Westen, nachdem das Zarenreich durch seine Erwerbungen an der Donaumündung bereits eine Ausgangsstellung für eine aktive Balkanpolitik gewonnen hatte. England unterstützte Österreichs Bestrebungen, weil es weder eine Restauration der französischen Vorherrschaft noch statt der französischen eine russische Vormachtstellung auf dem Festland wünschte. Während also Österreich gegen die Ansprüche Preußens wie Rußlands Einspruch erhob und zunächst auch Preußen sich gegen Rußlands Forderungen wandte, versuchte Großbritannien, Polen als souveränen Staat, wie er vor den polnischen Teilungen bestanden hatte, wiederherzustellen. Falls das nicht durchführbar erschien, waren die englischen Diplomaten für eine neue Teilung Polens unter Rußland, Preußen und Österreich.

Humboldts Stellung in diesem Länderschacher war um so problematischer, als es ihm oblag, in Verhandlungen und Denkschriften die preußischen Maximalforderungen zu vertreten. Allerdings war er wegen des Anteils, den Preußen an den Befreiungskriegen gehabt hatte, keineswegs gegen die preußischen Gebietsforderungen. Die Entscheidung aber lag bei Hardenberg und in letzter Instanz bei dem wankelmütigen König.

Die Verhandlungen waren überaus verwickelt. In den Vorbesprechungen hatten Metternich für Österreich und Castlereagh für England den preußischen Forderungen zugestimmt, falls Preußen sich ihrem Einspruch gegen die Angliederung Polens an Rußland anschlösse. Eine solche Haltung in der polnischen Frage entsprach im wesentlichen auch Humboldts Auffassung. Er legte sie in einer seiner zahlreichen Denkschriften nieder, die bestimmt waren, König und Staatskanzler auf bestimmte Prinzipien der preußischen Politik festzulegen. Kurz darauf fand eine Unterredung zwischen Zar Alexander und König Friedrich Wilhelm statt, an der zwar Hardenberg, nicht aber Humboldt teilnahm, mit dem Ergebnis, daß der preußische König seinem Staatskanzler untersagte, weiterhin mit Österreich und England gegen Rußland zusammenzuarbeiten.

Humboldt legte in einer neuen Denkschrift vom 9. November 1814 die schwierige diplomatische Lage dar, in die Preußen durch diese Entscheidung seines Königs unvermeidlich geraten würde. Er wußte, daß er neben der Feindschaft Talleyrands von nun an auch mit der Abneigung des Zaren rechnen mußte und zugleich mit einer Trübung seines Verhältnisses zu Friedrich Wilhelm III., der sich Alexander eng verbunden fühlte. Preußen müsse sich einer der beiden Parteien anschließen, schrieb er. Er wog Vorteile und Nachteile jeder möglichen Haltung ab und kam zu der Feststellung, daß Preußen Österreich und England unterstützen müsse.

Freilich sei es nötig, daß sich Preußen für eine solche Stellungnahme von den beiden Mächten den Besitz Sachsens zuerkennen und garantieren lasse. Immer neue Gründe führte er an, um seinen Souverän von der Notwendigkeit eines Zusammengehens mit Österreich und England zu überzeugen. »Ruhe, Gleichgewicht und Sicherheit lassen sich nicht mehr denken, wenn Preußen sich ohne die gerechtesten und triftigsten Gründe von seinem natürlichen politischen System, der Verbindung mit Österreich, Deutschland, England und Holland, trennt.«

Es konnte kein Zweifel daran bestehen, daß ein solcher Vorschlag mit der königlichen Weisung unvereinbar war. Dennoch verschloß sich Hardenberg den Grundgedanken Humboldts nicht. Am 2. Dezember 1814 glaubte er Metternich nach Verhandlungen mit dem Zaren mitteilen zu können, der Zar werde, falls ganz Sachsen an Preußen falle und Mainz Bundesfestung werde, auf Thorn und Krakau verzichten und sie zu neutralen freien Städten erklären; der König von Sachsen solle durch Münster, Paderborn und Corvey entschädigt werden. Metternich durchschaute die Winkelzüge des Zaren wie die Hardenbergs und lehnte diese Vorschläge ab. Aus einer Beilage zu seinem Brief vom 10. Dezember ging hervor, daß er allenfalls bereit war, Preußen ein Fünftel des sächsischen Gebietes zuzuerkennen.

Nun stellte sich Preußen eindeutig auf die russische Seite; das höchst unerfreuliche Feilschen um Sachsen und Polen nahm seinen Fortgang. Es half Preußen nichts, daß es in den napoleonischen Kriegen die schwersten Gebietsverluste erlitten und im Befreiungskrieg die Hauptlast getragen hatte. Auf Betreiben der österreichischen und französischen Diplomatie wurde am

3. Januar 1815 ein Kriegsbündnis zwischen England, Österreich, Frankreich und den ehemaligen Rheinbundstaaten gegen Preußen und Rußland unterzeichnet.

Napoleons überraschende Rückkehr beendete diese bedrohliche Krise. Jetzt riet England zur Mäßigung, und auch Österreich ließ sich für eine Teilung Sachsens gewinnen. Zwei Fünftel dieses Landes, außerdem aber Westfalen und die Rheinprovinz wurden Preußen zuerkannt, das dennoch um 600 Quadratmeilen verkleinert aus den napoleonischen Kriegen hervorging, während Rußland den größten Teil Polens erhielt. Frankreich wurde in die Grenzen zurückgedrängt, die es vor den Eroberungskriegen gehabt hatte. England befestigte seine Stellung als die alle Weltmeere beherrschende Macht, indem es sich neben anderen Gebieten Malta, Ceylon und das südafrikanische Kapland zusprechen ließ.

Humboldts Anteil an den Verhandlungen über die Neugestaltung der europäischen Landkarte beschränkte sich auf die Aufgaben, die ihm als einem der preußischen Verhandlungsführer gestellt waren. Dabei bemühte er sich, freilich vergeblich, zwar unverkennbar preußische, aber in ihrer Tendenz realpolitische Gesichtspunkte durchzusetzen. Als seine Hauptaufgabe sah er die politische Neuordnung an, das heißt den Kampf um die Einigung Deutschlands und um die Gewährung und Sicherung demokratischer Rechte des Volkes im Reich wie in den Einzelstaaten. Auch als diplomatischer Vertreter Preußens betrachtete er es als seine besondere Verpflichtung, sich für eine Lösung der deutschen Frage einzusetzen. Das erschien ihm um so dringender, als Preußen nun in zwei völlig getrennte Landesteile zerfallen und im Norden Deutschlands zu einem Gegengewicht Österreichs geworden war. Auch war Preußen jetzt ein überwiegend deutsches und nicht mehr »ein halb polnisches Gemeinwesen« (Franz Mehring) wie noch im Jahre 1805. So mußte der preußische Staat ein dringendes reales Interesse an der Regelung der deutschen Frage haben, soweit es um die Nachfolge des Reiches ging, dessen Krone Franz von Habsburg im Jahre

1806 niedergelegt hatte. Humboldt lag besonders an der Klärung der entscheidenden Frage, ob und inwieweit der König von Preußen bereit war, das seinem Volke gegebene Verfassungsversprechen einzulösen und es darüber hinaus zum Bestandteil seiner deutschen Politik zu machen.

Humboldt war wohlvorbereitet zur Erörterung der deutschen Frage nach Wien gekommen. Er hatte seine Gedanken bereits vorher schriftlich niedergelegt, mit Hardenberg, mit Stein diskutiert und war auch über die Haltung Österreichs unterrichtet. Metternich hatte eingesehen, daß es nicht anginge, Deutschland nur noch als einen geographischen Begriff gelten zu lassen, wie er es für Italien wünschte. Irgendeine Art föderativen Bandes schien ihm für Deutschland unerläßlich, während der Reichsfreiherr vom Stein die Wiederherstellung des Kaiserreiches, freilich mit weitgehenden Rechten der Stände, wünschte. Die Großmächte Rußland, England und Frankreich waren zwar an den Verhandlungen über die deutsche Frage nicht unmittelbar beteiligt, machten aber ihren Einfluß auf unterschiedliche Art geltend; keiner dieser Mächte war an der Schaffung eines kraftvollen deutschen Einheitsstaates gelegen. Je lockerer und problematischer der Zusammenschluß der deutschen Staaten von vornherein war, um so weniger störte es das Streben der anderen nach Vorherrschaft beziehungsweise nach Sicherung des Gleichgewichts der Kräfte auf dem europäischen Kontinent, wie es besonders von England für wünschenswert gehalten wurde.

Zunächst und vor allem war die deutsche Frage eine Angelegenheit der Deutschen selbst. Aber die Restauration der Fürsten war bereits so weit fortgeschritten, daß eine unmittelbare Einflußnahme des Volkes auf die Wiener Entscheidungen nicht möglich war. Ernst Moritz Arndt lehnte es ab, als Korrespondent der »Augsburger Allgemeinen Zeitung« nach Wien zu gehen, »weil ein solcher politischer Ketzer dort unangenehm sein würde«. Der Turnvater Jahn war nur eine viel bespöttelte Randerscheinung auf dem »europäischen Hochzeitsball«, wie Arndt es nannte, Görres und andere vermochten trotz eifriger publi-

schen Bundesakte, nach dem in allen Bundesstaaten eine landständische Verfassung eingeführt werden sollte, galt es zu verwirklichen, das Fürstenwort einzulösen und wenigstens zu einem
Teil die Wünsche und Forderungen des Volkes zu erfüllen, für
die es gekämpft hatte. Es ging darum, die autoritäre Regierungsform endlich zu beseitigen, die Restaurationstendenzen
energisch zu bekämpfen und durch Bestrebungen zu ersetzen,
die einen Fortschritt ermöglichten, besonders auf dem Gebiet
der Wirtschaft und der staatlichen Finanzen. Zu alledem aber
fehlten Humboldt am Bundestag in Frankfurt Vollmacht und
Wirkungsmöglichkeiten.

In einem Schreiben an Gneisenau vom 4. Januar 1816 betonte
Humboldt, er lebe in Frankfurt höchst einsam, beschäftige sich
vorwiegend mit Fragen, die nur ihn persönlich interessierten,
und genieße eine Muße, wie sie ihm seit dem Ende des Jahres
1812 nicht mehr zuteil geworden sei. Diese Behauptungen treffen nur bedingt zu. Humboldts Blick war mit steigender Unruhe nach Berlin gerichtet, wo Hardenberg die Geschäfte immer
mehr dem reaktionären Hofklüngel überließ. Es kann als gewiß angesehen werden, daß Humboldt auf eine Ministerstelle
in Berlin hoffte, denn er wußte nicht nur von Karoline, daß
viele Preußen mit der unterschiedlichsten politischen Einstellung
in ihm den Nachfolger Hardenbergs vermuteten oder wünschten. Aber auch Hardenberg wußte davon, und er war bestrebt,
den Nebenbuhler in der Ferne zu halten.

Die persönlichen Beziehungen, die er zum preußischen Hof
hatte, nutzte Humboldt erst in London, und auch nur, weil die
Behandlung, die er von den preußischen Dienststellen erfuhr,
kränkend geworden war. Aber da war es schon zu spät, und
Humboldt war zu stolz, um persönlich zum König zu gehen
und ihm als Mahner gegenüberzutreten. Auch hätte er ohnehin
den reaktionären Kurs nicht aufhalten können. Der Gedanke,
Hardenberg zu stürzen, ist ihm gewiß nie gekommen; so zynisch
Humboldt sich geben konnte, Intrigen verabscheute er als würde-
los. »Eine Partei, weiß ich, werde ich haben in allen Sachen, für
die man mehr Vertrauen auf mich haben wird wie auf andere«,

schrieb er an Karoline am 18. Juni 1816 aus Frankfurt, »und das ist die einzige Partei, die man in Geschäften haben muß. Mir eine Partei machen werde ich nie, weil man dadurch immer abhängig von andern wird und ich sehr gut allein gehen kann.«

Dennoch verfolgte Humboldt mit Besorgnis und bald mit Bitterkeit, was in Berlin geschah oder vielmehr nicht geschah. Die ständische Verfassung war ein weiteres Mal feierlich versprochen worden, und Hardenberg schien ihr bis jetzt nicht abgeneigt zu sein. Dennoch blieb das Verwaltungssystem des Staates starr und unbeweglich, die Polizei wurde zum Büttel der Demagogenverfolgung, die Lösung aller wichtigen Fragen wurde verschleppt, und jeder Monat, der ins Land zog, diente der Festigung der Restauration.

Humboldts Mißfallen, zunächst ausschließlich gegen eindeutige reaktionäre Tendenzen gerichtet, wandte sich allmählich auch gegen Hardenberg, der untätig und abwartend verharrte. »Ich bin gar nicht tadelsüchtig«, heißt es in Humboldts Brief an seine Frau, »ich liebe wirklich den Fürsten unendlich und halte die Fortdauer seiner Tätigkeit für die Urbedingung alles Guten und alles Glücks bei uns, ich weiß auch an den übrigen wohl das Gute herauszufinden, ich mißbillige gar nicht einmal, was geschieht. Allein ich sehe, daß eine furchtbare Langsamkeit in allem ist, daß keiner die Maschine im ganzen übersieht, daß man immer nur abmacht, was einem in einem Aktenstück vorgebracht wird, allein viel zuwenig an das Viele und Wichtige denkt, was geschehen sollte und nicht geschieht.«

So scharf und klar er sah, er war nicht gewillt, von sich aus irgend etwas zu unternehmen, um in ein Amt zu gelangen, in dem er entscheidenden Einfluß auf den Gang der Dinge in Preußen hätte nehmen können. »Ich überlasse es dem Schicksal«, schrieb er Karoline, »ob es mich tief in Staatsgeschäfte führen wird oder nicht. Geschieht es, so wird es auch gut sein. Geschieht es nicht, so würde es nur zum Schlimmen ausschlagen, wenn ich es erzwingen wollte. Ich habe keine Begierde danach, ich habe gottlob in mir ein einfacheres und mich mehr beglückendes Leben.« Karoline teilte diese Meinung nicht. Wer teilnehmen wolle am Regieren der Erde, müsse sie berühren, antwortete sie. Doch dazu war Humboldt noch nicht bereit.

Einstweilen war Humboldt genötigt, sich mit langwierigen Verhandlungen über noch immer ungeklärte Gebietsabgrenzungen zu beschäftigen; auch Vertreter Österreichs, Englands und Rußlands nahmen daran teil. Besonders geschäftig waren die Beauftragten der beteiligten deutschen Fürsten, die von einem Bevollmächtigten zum andern wanderten, um ihn für ihre Absichten in diesem unerfreulichen Länderschacher geneigt zu machen. Humboldt konferierte mit Langmut, ohne innere Beteiligung, um zumindest dem formalen Recht zu genügen. Es war eine Kärrnerarbeit, die ihm die Unzufriedenheit mindestens einer der jeweils beteiligten Parteien, mitunter auch beider Parteien eingetragen hat.

Die Arbeiten der Territorialkommission zogen sich bis zum Januar 1817 hin. Es gab Gebietsstreitigkeiten zwischen Österreich und Bayern, zwischen Bayern und Baden, Streit um die Festung Mainz und Luxemburg. Die Übergabe des Herzogtums Westfalen an Preußen wurde von Hessen bis in den Sommer 1816 verzögert, so daß der Oberpräsident von Vincke, bald einer der Wortführer des fortschrittlich-industriellen preußischen Westens gegen den rückschrittlich-großagrarischen Osten, Humboldt verärgert vorwarf, mit etwas mehr Angriffsgeist wäre vielleicht manche Verstimmung zu vermeiden, mancher böse Wille leichter zu brechen gewesen.

Es gehörte wahrlich die Geduld eines Humboldt dazu, sich den langwierigen Auseinandersetzungen, der Fülle an pedantischem Schreibwerk, dem Unmaß an Kleinarbeit zu stellen. Dabei handelte es sich darum, jene Verwirrung und jenes Durcheinander in den Besitzrechten deutscher Fürsten und Fürstchen auszuräumen, die seit dem Reichsdeputationshauptschluß und in den napoleonischen Kriegen im Territorium des ehemaligen Heiligen Römischen Reiches Deutscher Nation entstanden waren. Humboldt widmete sich diesen Geschäften mit stoischer Ruhe und humorvollem Gleichmut, da er im Augenblick keine andere Möglichkeit hatte, dem Staat zu dienen. Hardenberg schrieb Humboldt am 12. Dezember 1816, als dieser seine Geschäfte dem neu ernannten Vertreter Preußens am Bundestag übergab: »Sie haben sich in diesen mannigfaltigen und schwierigen Verhältnissen neuerdings so viel Verdienste um den Staat erworben, daß auch ich mich verpflichtet fühle, Ihnen darüber meinen verbindlichen Dank abzustatten.«

Diese Bemerkung bezog sich nicht nur auf Humboldts Tätigkeit in der Territorialkommission, sondern auch auf die Wahrnehmung der Interessen Preußens im Bundestag, mit der er provisorisch beauftragt worden war. Das war notwendig geworden, als die Ernennung des bisherigen preußischen Gesandten in Hessen, von Hänlein, kurzfristig zurückgenommen wurde und Graf von der Goltz, der zum preußischen Vertreter am Bundestag ernannt worden war, nicht rechtzeitig zur Eröffnung anreisen konnte. Humboldt hatte Preußen ursprünglich nur während der Vorbereitungen zum Zusammentritt des Bundestages vertreten sollen, während zur feierlichen Eröffnung selbst Goltz anwesend sein sollte. Da aber fast alle Gesandten bereits versammelt waren, konnte man den Beginn der Arbeiten des Bundestages nicht weiter hinauszögern, so daß Humboldt zunächst für sein Land bevollmächtigt wurde.

Humboldt war wenig glücklich über den neuen Auftrag. »Dieser Bund ist die dümmste und langweiligste Sache der Welt«, schrieb er an Hardenberg. Zwar gehörte er zu denen, die sich noch in Wien vorgenommen hatten, darauf hinzuwirken, daß die Bundesversammlung die schlimmsten Mängel der Bundesverfassung beseitigte. Er war daher durchaus geneigt, den Versuch zu unternehmen, als Bevollmächtigter Preußens beim Bund wenigstens das eine oder andere Ziel noch zu erreichen, das man in Wien hatte aufgeben müssen. Schon während der sieben Präliminarkonferenzen, die in der Zeit vom 1. Oktober bis 4. November 1816 der Eröffnung vorausgingen, hatte er indessen erfahren müssen, daß solche Hoffnungen illusorisch waren. Zudem gehörte Graf Buol-Schauenstein, der Österreich vertrat, zu Metternichs Befehlsempfängern, »ein Mensch«, wie Humboldt urteilte, »der niemals Ideen haben wird und schwer die Ideen anderer adoptiert«.

Bereits bei den Vorkonferenzen und Protokollfragen zeigte sich, daß Gruppenbildungen und Intrigen die Arbeit der Bundesorgane auf das äußerste beeinträchtigen würden. Das persönliche Vertrauen, das Humboldt bei Vertretern kleinerer Länder genoß, wog das allgemeine Mißtrauen, das die Teilnehmer am Bundestag gegeneinander hegten, nicht auf. Auch war Buol laut Bundesakte Präsidialgeschäftsführer. Die Zustimmung zu Humboldts Argument aber, daß nur ein gemeinsames Vorgehen Österreichs und Preußens den Bundestag zu einem wirksamen Instrument machen könne, war vom guten Willen des Partners abhängig. Das Gewicht der eigenen Persönlichkeit hätte er jedoch nur dann in die Waagschale werfen können, wenn es sich bei seinem Auftrag nicht um ein Provisorium gehandelt hätte. Immerhin erlangte Humboldt von Buol das Zugeständnis, daß nichts ohne vorherige Beratung mit ihm und ohne gemeinschaftliche Beschlußfassung vor die Bundesversammlung gebracht werden sollte.

Obwohl Graf von der Goltz am 3. November 1816 in Frankfurt eintraf, war es Humboldt, der Preußen bei der Eröffnung des Bundestages am 5. November zu vertreten hatte. Graf Buol ließ von vornherein keinen Zweifel daran, daß revolutionäre Einwirkungen nicht geduldet werden würden; darüber hinaus verwies er, mit einer deutlichen Spitze gegen Preußen, auf »jene glückliche, zum gegenseitigen Vertrauen berechtigende Lage, daß Österreich auf deutschem Boden ebensowenig eine Eroberung als eine eigenmächtige Erweiterung seines Standpunktes im Deutschen Bunde beabsichtigen will oder auch nur beabsichtigen kann«, sein Kaiser betrachte sich als vollkommen gleiches Bundesmitglied.

Humboldt berichtete darüber nach Berlin. Er hielt Graf Buols Anspielung für »unangemessen genug, indem die Anführung der glücklichen geographischen Lage Österreichs, als jedes Mißtrauen entfernend, so leicht aussieht, als sollte damit ein ungünstiger Seitenblick auf Preußen getan werden, indem es für

Österreich selbst nicht anständig ist, die Unmöglichkeit des Mißtrauens nur aus dieser Lage abzuleiten, und endlich es hier gar nicht der Ort war, der Macht Österreichs zu gedenken«.

Humboldt antwortete Buol, indem er sich darauf beschränkte, in überaus nüchterner Weise, wie er nach Berlin berichtete, »einfach und kurz das zu sagen, was die Gelegenheit gleichsam von selbst herbeirief, als mit der vorsitzenden Gesandtschaft in dem viel zu schriftstellerischen Ton ihrer Rede zu wetteifern«. Humboldt führte aus, die Gründung des Deutschen Bundes gewährleiste über alle Einzelverträge hinaus für die deutschen Staaten noch diejenige Ruhe und Eintracht, »welche aus einem allgemeinen und beständigen Gesamtvertrage hervorgeht, dessen Wesen nach außen und innen sichernd, bewahrend und erhaltend ist und welcher das Zusammenwirken selbständiger, unabhängiger und in ihren Rechten gleicher Staaten zum gemeinschaftlichen Wohl durch gemeinschaftlich festgestellte gesetzliche Formen und Einrichtungen möglich macht. Indem der Deutsche Bund auf diese Weise in wohltätigen, allgemeinen Beziehungen mit dem europäischen Staatensystem steht, bildet er zugleich aufs neue Länder zu einem politischen Ganzen, deren Bewohner durch gemeinsame Abstammung, Sprache, Andenken und eine ehemalige ehrwürdige Verfassung unauflösbar verbunden sind«.

Das war Humboldts erstes und letztes Auftreten im Taxisschen Palais in der Eschenheimer Gasse, in dem sich der Deutsche Bund niedergelassen hatte. Auch wenn er in Frankfurt am Main nicht besonders hervortreten konnte, hatte er doch die Gelegenheit benutzt, seinen Standpunkt zur Stellung Preußens im Bund dem Staatskanzler offiziell mitzuteilen. Er ging von dem Grundsatz aus: »Nichts ist bei allem praktischen Beginnen so wichtig, als die Dinge gerade so aufzufassen, wie sie sind, es sei nun, daß man sie so lasse oder weiterzuführen versuche.« Preußen habe die Errichtung des Bundes nicht aus Hegemoniestreben betrieben, auch nicht aus »zu großer Begünstigung deutsch-vaterländischer und liberaler Ideen«. Der Bund wäre eine nationale und europäische Notwendigkeit gewesen. Man müsse ihn nutzen »als ein die politische Ruhe sicherndes und Besorgnisse entfernendes Mittel«. Darüber hinaus dürfe man einen günstigen Einfluß auf das Innere der deutschen Staaten und einen Nutzen für die gemeinsame Verteidigung erwarten. Das eine erreiche man durch die Fortbildung der lückenhaften Bundesverfassung, was Preußen schon in Wien vergeblich angestrebt habe, wie Ständeverfassung, Bundesgericht und ähnliches. Es gehöre »zur moralischen Stärke, welche Preußen sich verschaffen muß, der Beschützer und Wiederhersteller des verdunkelten Rechts zu sein«. Humboldt forderte in diesem Sinne eine Einwirkung des Bundes auf die öffentliche Meinung in Deutschland; dann werde Preußens »durchaus konsequente, bestimmte und immer auf Bewahrung oder Herstellung des Rechts dringende Sprache« den günstigsten Eindruck hinterlassen. Den Einfluß auf die deutschen Staaten müsse man zu fördern suchen durch »ein kluges, ruhiges, leidenschaftsloses und ungemein vorsichtiges Benehmen« und dadurch, »daß man auf die Verhältnisse mit den einzelnen deutschen Höfen, vorzüglich den kleineren, die größte Aufmerksamkeit wende, mit der größten Gerechtigkeit, Schnelligkeit und Freundlichkeit, aber auch mit der größesten Konsequenz und Festigkeit gegen sie handle«. Dagegen dürfe man die Leistungen Preußens in den letzten Kriegen nicht zu oft hervorheben.

Humboldt hielt es bei seiner Einschätzung der preußischen Bundespolitik für notwendig, vor der Behandlung jeder Frage im Bund ein vorheriges Übereinkommen mit Österreich zu erzielen. Zum anderen erschien ihm ein unmittelbarer zweiseitiger Kontakt mit den einzelnen deutschen Mittel- und Kleinstaaten wichtig. In besonderen Denkschriften vom 6. und 9. Januar 1816 äußerte er sich zur Stellung der katholischen Kirche in Preußen, eine Frage, die durch den Erwerb katholischer Gebiete im Westen Deutschlands besonders dringend geworden war, und zur Pressefreiheit. Beide Probleme hatten ihn seit seiner Tätigkeit als Sektionschef des Kultus und des Unterrichts unablässig beschäftigt.

In der Denkschrift über die Pressefreiheit hielt Humboldt an seinen Grundsätzen der Toleranz und der Liberalität fest. Aber im nüchternen Blick auf die fortschreitende Restaurierung der feudalen Machtverhältnisse in Österreich wie in Preußen und in den anderen deutschen Staaten suchte er nach gesetzlicher Sicherung eines Höchstmaßes unter den gegebenen Umständen erreichbarer Freiheiten. Im Hinblick auf die Verpflichtung, eine Verfassung zu schaffen, dachte Humboldt an eine »nicht bloß wie jetzt auf der Billigkeit der Regierung und ihrer Behörden, sondern auf festen und bleibenden Einrichtungen beruhende Pressefreiheit«. Dabei schlug er vor, »Verantwortlichkeit vor Gericht an Stelle der Zensur zu setzen«.

Wie vor sieben Jahren blieben seine Vorschläge, die auf die Selbstverantwortung des Schriftstellers und des Publizisten hinzielten und nach denen polizeiliche wie gerichtliche Maßnahmen auf das äußerste eingeschränkt werden sollten, ohne Wirkung auf die mehr und mehr in die Reaktion absinkende preußische Staatsführung. Humboldt sah diese Entwicklung. Er war zu ohnmächtig, um ihr entgegenzuwirken, doch er bemühte sich, den Staatskanzler vom verhängnisvollen Weg der Restauration abzuhalten, ob es sich um die Stellung Preußens zum Deutschen Bund oder um Preußens eigene Entwicklung handelte, um Toleranz gegenüber der katholischen Kirche oder um die Sicherung der Freiheit der öffentlichen Meinung. Nüchterner noch als während seiner diplomatischen Tätigkeit in Wien und während der Befreiungskriege betrachtete er die realen Möglichkeiten einer Entwicklung Preußens, des Deutschen Bundes, Europas und zog daraus seine Schlüsse für die Entscheidungen des Tages.

Was Humboldt für die Zukunft erhoffte, sagte er in keiner dieser Denkschriften mehr. »Aber indem er seinen Staat möglichst stark und selbständig und doch wieder in wohltätiger Verbindung mit dem übrigen Deutschland erhalten wollte und ihm die Pflicht auferlegte, durch sein vorbildliches Wirken moralische Eroberungen zu machen, hat er den Weg angedeutet, der zu einer besseren Zukunft führen konnte.«[59]

Während Wilhelm von Humboldt, der designierte Gesandte in Frankreich, zur Regelung der Territorialangelegenheiten in Frankfurt am Main tätig war, wurde Preußen in Paris provisorisch vertreten. Man hatte bei der Neubesetzung der Stelle an Alexander von Humboldt gedacht, der ohnehin seit vielen Jahren in der französischen Hauptstadt seinen wissenschaftlichen Interessen lebte; aber er hatte wiederholte Angebote abgelehnt, so daß der bisherige Gesandte in München, Graf von der Goltz, ein Namensvetter des preußischen Vertreters am Bundestag, mit der Wahrnehmung der Geschäfte eines Gesandten betraut worden war. Aus diesem Provisorium wurde eine vollendete Tatsache, als Talleyrands Nachfolger, der Herzog von Richelieu, in seinem und seines Königs Namen erklärte, bei dem Anteil, den Wilhelm von Humboldt am Pariser Frieden genommen habe, müsse es das französische Nationalgefühl verletzen, ihn als Gesandten in den Tuilerien zu sehen.

Hardenberg fügte sich den Pariser Wünschen, die er Humboldt übermittelte. »Ich wußte seit längerer Zeit«, antwortete ihm Humboldt am 23. Oktober 1816, »daß ich dort nicht gern gesehen war ... Die Gründe, warum man mich nicht will, können mir nur Ehre machen.«

Es war die Zeit, in der die Wortführer der Patrioten sich bereits ihrer Haut wehren mußten. Gneisenau forderte seinen Abschied, der von Görres geleitete Rheinische Merkur, noch immer das Hauptorgan derjenigen, die die Gewährung der verheißenen Verfassung forderten, wurde verboten. Schmalz, Professor der Rechte und der Staatswissenschaften an der Universität Berlin, erhielt einen hohen Orden, weil er die erste Schmähschrift gegen die nationale Begeisterung der letzten Jahre geschrieben hatte. Humboldt beharrte nicht auf der ihm zugesicherten Gesandtschaft in Frankreich; das Paris von 1817 war nicht mehr das Paris von 1800, in dem er seine Lehr- und Wanderjahre abgeschlossen hatte.

Da der Posten eines Gesandten in London frei geworden war, in dem Lande, das zum Schrittmacher der ökonomisch-industriellen Entwicklung geworden war, war er damit einverstanden, als Vertreter Preußens statt an die Seine an die Themse zu gehen.

Wilhelm und Karoline von Humboldt verließen Frankfurt am Main im Januar 1817. Über Weimar, wo sie Goethe besuchten, reisten sie nach Burgörner, um dort einige Wochen in stiller Muße zu verbringen und private Angelegenheiten zu regeln. Humboldt befand sich in einer niedergedrückten, entmutigten Stimmung, sowohl der allgemeinen Entwicklung als auch seiner persönlichen Verhältnisse wegen. Seinem ehemaligen engen Mitarbeiter Nicolovius schrieb er am 13. Februar 1817 aus Burgörner, unzufrieden mit der Art, in der Österreich und Preußen den Deutschen Bund behandelten, er würde sich nicht dazu verdammen lassen, »leeres Stroh zu dreschen. Denn die Bundesgesandten können freilich nichts tun, solange ihre Höfe nicht wissen, was sie mit dem Bunde anfangen wollen oder sollen«. Er würde wahrlich nicht auf seinen Gütern sein, wenn er das mindeste versäumte. »Nach Berlin hinderte mich auch die Scheu, mich dort, mit Warten auf meine Abfertigung, fruchtlos herumtreiben zu müssen ... Es ist mehr als je jetzt die Zeit, wo man nichts tun kann, als sich in seinem Geschäft zu isolieren und da so gut und viel zu wirken, als die Lage erlaubt.«

Humboldt traf am 5. März 1817 in Berlin ein. Am 20. März wurde der Staatsrat durch eine Kabinettsorder eröffnet. Humboldt gehörte diesem Gremium seit dem Jahre 1809 an; er war entschlossen, von den Möglichkeiten einer Einrichtung Gebrauch zu machen, die auf die Gewährung der versprochenen Verfassung Einfluß gewinnen und eine Reform der obersten Verwaltung anstreben und vielleicht sogar erzwingen konnte.

Die preußische Regierung stand seit 1815 vor ungewöhnlichen Aufgaben. Kriege und feindliche Besetzungen hatten große Opfer gefordert und große Schäden hinterlassen. Die neu erworbenen, ökonomisch meist fortgeschritteneren Landesteile, räumlich vom ostelbischen Preußen getrennt, mußten mit den Stammländern zu einer wirtschaftlichen und politischen Einheit verschmolzen werden. Die von Stein begonnene und von Hardenberg fortgeführte Regierungs- und Verwaltungsreform war nicht zu Ende gebracht worden. Der Selbstverwaltung der Städte und Gemeinden mußte eine allgemeine Verfassung folgen, wie sie Friedrich Wilhelm III. am 22. Mai 1815 versprochen hatte. Seine Versicherung: »Es soll eine Repräsentation des Volkes gebildet werden!« war nicht vergessen worden, die Einlösung dieser letzthin erneuerten Zusage wurde trotz aller reaktionären Gegenströmungen immer nachdrücklicher und lauter gefordert.

Eigentlich befand sich Humboldt in Berlin im Urlaub zur Vorbereitung auf seinen Londoner Posten. Hardenberg war es durchaus nicht angenehm, daß Humboldt seinen Aufenthalt in der Residenz bis in den Sommer hinein ausdehnte; Karoline verließ mit den Kindern Tegel schon Mitte April, um nach Italien zu reisen. Humboldt betrachtete seine Anwesenheit in Berlin als Dienst und als besondere patriotische Verpflichtung. An den Sitzungen des Staatsrats nahm er regelmäßig teil und wurde vor allem als Vorsitzender des Finanzausschusses tätig.

Hardenberg befand sich in einer sehr schwierigen und für ihn persönlich unwürdigen Lage. Zu seiner Schwerhörigkeit kam zunehmende körperliche Hinfälligkeit, doch seine maßlose Eitelkeit bestimmte ihn, unter allen Umständen das Amt des Staatskanzlers zu behalten. Aus dem Kampfgenossen des Reichsfreiherrn vom Stein und dem Vertreter liberaler Reformen war ein schwächlicher Kompromißler geworden, der sich vom Günstling des Königs und Chef der politischen Polizei, Fürsten zu Sayn-Wittgenstein, abhängig gemacht hatte und nur Männer ohne eigenen Willen und von fragwürdigen Fähigkeiten wie den Finanzminister Grafen von Bülow, seinen Neffen, und den Innenminister Freiherrn von Schuckmann in seinem Kabinett gern sah. Die aristokratische Hofpartei hatte die Abwesenheit der Staatsmänner während der Kriege und des Wiener Kongresses genutzt, um allen Reformen entgegenzuwirken und die Überwachung aller fortschrittlichen Kräfte zu organisieren. Diesen Mächten war Hardenberg ebensowenig gewachsen wie den

491

österreichischen und russischen Einflüssen auf den preußischen König.

Es ist verständlich, daß Humboldt unter dem Eindruck dieser Vorgänge Karoline am 3. Mai 1817 schrieb: »Ich sage mir sehr oft mit Falstaff, nämlich in Beziehung auf mich: Ich wollt, es wäre Schlafenszeit und alles, alles aus. Ich kann, wie ich die Sache sehe, nicht mit Heiterkeit in die Zukunft blicken und habe auch kein Gemüt dafür, mich abzusondern, was ich freilich sehr leicht könnte. So geht man denn so fort von Tag zu Tage und Woche zu Woche und Jahr zu Jahr. Es liegt etwas Wüstes und Irres in der Zeit, das mir sehr zuwider ist. Mir selbst ist es, Deine Trennung abgerechnet, kaum je besser geworden. Gute äußere Umstände, eine gelingende Tätigkeit und Übereinstimmung in dem, was ich tue, mit denen, die täglich Zeuge davon sind. Das ist alles gut, aber ich weiß nicht, mir ist doch nichts weniger als heimlich. Es ist immer, nicht in unseren eigenen häuslichen Dingen, aber im ganzen und großen, als wäre etwas verborgen, was auf einmal losbrechen würde, oder als sinke, was besteht, so allmählich und unvermerkt ineinander, ohne daß ein Halten oder Verbessern dabei wäre.«

Eine solche Gemütsstimmung hinderte Humboldt keineswegs daran, im Staatsrat und vor allem im Finanzausschuß sachliche Kritiken und Reformvorschläge vorzubringen. Der Finanzminister Graf Bülow wollte den zerrütteten Finanzverhältnissen und dem steigenden Bedarf des Staates an Mitteln durch neue indirekte Steuern begegnen, dabei aber die ungleichen, die Großgrundbesitzer bevorzugenden Grundsteuern beibehalten. Sein Gesetzentwurf wurde in der Steuerkommission des Staatsrates abgelehnt. Dies war vornehmlich ein Verdienst des Vorsitzenden dieses Gremiums, nämlich Humboldts, der die Mißwirtschaft Bülows schonungslos aufdeckte und dessen Entwurf heftig kritisierte. »Über das Auftreten Humboldts in dieser Versammlung«, notierte Varnhagen, »erscholl ... eine einstimmige Bewunderung, sein scharfes und kühnes Eindringen in die Sachen wurde von Freund und Feind staunend anerkannt.« Humboldt forderte, mit der Verfassungsreform eine Steuerreform zu verbinden, ein »zweckmäßiges und mehr zusammenhängendes Steuersystem«, wobei ihm vor allem eine Entlastung der breiten Schichten des Volkes durch die Abschaffung der indirekten Besteuerung der Verbrauchsgüter vorschwebte. Damit werde, wie er meinte, zugleich »ein neuer Schritt zur Anordnung einer ständischen Verfassung geschehen und dadurch aufs neue die Erwartung von baldiger Errichtung, vorzüglich der Provinzialstände erregt«.

Die Niederlage Bülows war so vernichtend, daß Hardenberg seinem Neffen das Finanzministerium nehmen mußte. Bülow erhielt ein besonderes, damals neu gebildetes Ressort, das des Handels. Auch diese Einrichtung war zu einem guten Teil Folge der Erörterungen, die unter dem Vorsitz und der maßgeblichen Anteilnahme Humboldts in der Steuerkommission stattgefunden hatten.

Humboldt hatte seine Auffassungen, wie er es liebte, in einer Denkschrift niedergelegt. Die Gedanken, die er, unterstützt von Männern wie Schön, Johann August Sack und Rother, vortrug, lagen in Richtung seiner liberalen Anschauungen; sie waren nicht eigentlich das Ergebnis theoretischer nationalökonomischer und staatswirtschaftlicher Studien, sondern sie waren die Folge praktischer Einsichten und Erfahrungen. Überraschend waren sie nur für diejenigen, die mit Humboldts Lebensgang und Gedankenwelt nicht vertraut waren. Humboldt war jedem Zwang abgeneigt und wünschte die freie Entfaltung der Individualität nicht nur im Bereich von Bildung und Kultur, sondern auch im Staat, im Erwerbsleben und in der Gesellschaft.

Dabei war er bedacht auf die wirtschaftliche Einheit des geteilten preußischen Territoriums und darüber hinaus des Wirtschaftsgebiets, das politisch durch den Deutschen Bund vertreten wurde. Als nächstliegendes Ziel forderte er die Aufhebung aller Steuern und Abgaben, die den Handelsverkehr innerhalb des Staates störten, also der Binnenzölle und städtischen Akzisen, sowie die Verlegung der Zölle an die Grenzen des Staates. Er forderte die Aufhebung aller Unterschiede zwischen Stadt und Land und die gleiche Behandlung aller Landesteile. Ferner wünschte er die uneingeschränkte Handelsfreiheit mit maßvollen Zöllen für Einfuhr und Durchfuhr, wenn es darum ging, heimischen Gewerben einen Schutz gegen ausländische Konkurrenz zu geben. Dabei schwebte ihm schon eine Art Erziehungszoll vor, der nur zeitweilig gewährt werden sollte, um den Landesprodukten die Wettbewerbsfähigkeit mit ausländischen Waren zu sichern. Im Grundsatz aber sollte Handelsfreiheit gelten, so daß »auch diesseits der Weser dasselbe Handelssystem anzunehmen, also in ihnen gleichfalls fremden Manufakturen der Eingang zum inneren Verbrauch unter mäßigen Abgaben zu gestatten sei«, wie es im Protokoll vom 24. April 1817 heißt.

Bezeichnend für den Weitblick und das soziale Verantwortungsbewußtsein der Männer um den Staatsrat Humboldt ist ein Zusatz zu diesem Protokoll, der auf Rothers Antrag angefügt wurde, daß nämlich »für die etwa brotlos werdenden Fabrikarbeiter von seiten des Staats so lange durch Unterstützung zu sorgen sei, bis sie in anderen Gewerben und Beschäftigungen wieder Unterhalt finden«.

Humboldts Tätigkeit im Staatsrat blieb nur eine Episode in seiner diplomatischen und staatsmännischen Laufbahn. Dennoch kennzeichnet sie treffend die fortschrittliche Gesinnung und die großen Fähigkeiten dieses Mannes, sich kraft seiner Weltanschauung, seines umfangreichen und tiefen Wissens, seiner für damalige Begriffe weltweiten Erfahrungen in kürzester Zeit mit den unterschiedlichsten Problemen der Staatsführung vertraut zu machen und alle speziellen Fragen von einer allgemeinen fortschrittlichen Konzeption aus zu lösen. Stets suchte er seine Überzeugung im Rahmen seiner Möglichkeiten durchzusetzen. Dabei waren Irrtümer nicht ausgeschlossen, und bisweilen unterlag er auch Stimmungen; aber selbst ein so tatkräftiger Mann wie sein Gesinnungs- und Kampfgenosse Schön wußte in der wahrlich bedrückenden Lage des preußischen Staatsgefüges keinen anderen Rat zu geben als den, »dem Zufall und den Schicksalen das Weitere zu überlassen«.

Humboldt indessen meinte damals, als man die Kompetenzen

seiner Kommission beschneiden wollte, um ihr den reformerischen Elan zu nehmen: »Unser Recht kann hier nichts anderes als unsere Pflicht sein, und wenn ich mich zur Untersuchung des Staatsbedarfs berufen hielte, würde ich keinen Teil desselben übergehen zu dürfen glauben.«

Humboldts Angriff gegen Bülow war ein Angriff gegen das System und damit gegen den Staatskanzler Hardenberg, der dieses System aufgebaut hatte und in seiner Person verkörperte. Zwar stimmte Hardenberg noch in vielem mit Humboldt überein, und Humboldt war noch immer der Meinung, Hardenberg sollte an der Spitze freilich nicht eines autoritären, sondern eines kollegialen Ministeriums bleiben. Aber Hardenberg war müde, kränkelte, er wollte Staatskanzler bleiben und nur in kleinsten Schrittchen dem Fortschritt Zugeständnisse machen.

Die täglichen Begegnungen Humboldts mit Hardenberg, die etwa einhundertundfünfzig Briefe, die er in den Jahren von 1815 bis 1818 Hardenberg schrieb, während Hardenberg noch nicht zwei Dutzend Schreiben an Humboldt richtete, alle Beschwörungen in Gesprächen und Denkschriften vermochten den Staatskanzler nicht zu bestimmen, seinen Kurs zu ändern, noch gar den Jüngeren und Stärkeren an maßgeblicher Stelle in sein Kabinett zu berufen. Im Gegenteil: Hardenberg teilte Humboldt im Juni 1817 mit, die Steuerkommission werde im Herbst noch einmal zusammentreten müssen, und er fügte hinzu: »Sie werden dann freilich nicht präsidieren können, der Posten in London kann nicht länger unbesetzt bleiben.« Das war nichts anderes als die Ankündigung der Verbannung des unbequemen Mahners und Drängers vom Ort der Entscheidung an die Peripherie politischen Geschehens.

Humboldt war nicht nur Vorsitzender der Finanzkommission, sondern auch Mitglied der Verfassungskommission des Staatsrates. Hier wären noch weitergehende Möglichkeiten eines fortschrittlichen Wirkens vorhanden gewesen, wenn diese Kommission sich ebenso hätte entfalten können wie der von Humboldt geleitete Ausschuß.

Doch sie trat nur einmal, am 7. Juli 1817, zusammen. Sie sollte sich mit der Ausarbeitung einer Verfassung beschäftigen. Die Kabinettsorder vom 30. Mai 1817 knüpfte an eine Verordnung vom 22. Mai 1815 an, in der die Einsetzung einer Kommission – unter Vorsitz des Staatskanzlers – angeordnet war, »die aus einsichtsvollen Staatsbeamten und Eingesessenen der Provinzen bestände, um sich mit der Organisation der Provinzialstände, der Landespräsidenten und der Ausarbeitung einer Verfassungsurkunde« zu beschäftigen. Der Krieg und andere Umstände hätten die Durchführung jener Verordnung aus dem Jahre 1815 bisher verhindert. »Da jetzt der Staatsrat errichtet ist, so will Ich die zu der gedachten Kommission zu bestimmenden Staatsbeamten aus seiner Mitte nehmen ... Die Kommission soll sich zuerst mit der Zuziehung der Eingesessenen aus den Provinzen beschäftigen, ihre Arbeiten sollen dem Staatsrate vorgetragen und von diesem Mir die Vorschläge eingereicht werden, worauf Ich das Weitere verfügen will.«

Zwar wurden Männer wie Humboldt und Boyen, Stägemann und Gneisenau, Savigny und Eichhorn neben ausgesprochenen Höflingen in diese Kommission berufen. Aber die Kommission war abhängig vom Staatskanzler, und die Aufgaben, die ihr gestellt wurden, waren eng begrenzt, so daß mit einem raschen und die Erwartungen der Öffentlichkeit einigermaßen befriedigenden Fortschreiten der Arbeiten nicht gerechnet werden konnte. Gerade die Einbeziehung fortschrittlicher Männer in diesen Ausschuß war dazu angetan, die Erfüllung des Versprechens auf eine Verfassung vorzutäuschen. Auftragsgemäß aber war vorerst nur eine Fülle von Erhebungen und Untersuchungen in den Provinzen anzustellen, deren ständischer Status durch die Erwerbung der rheinischen Gebiete noch vielgestaltiger als früher geworden war.

Als die Kommission zusammentrat, zeigte sich sogleich, daß der Staatskanzler entschlossen war, den Fortgang der Arbeiten möglichst hinauszuzögern. Er regte an, zunächst die landständischen Verhältnisse genauestens zu erkunden und Kommissarien in die verschiedenen Provinzen zu entsenden, um an Ort und Stelle Erhebungen zu veranstalten. Dies geschah auch, und unter diesen Umständen blieb Humboldt und seinen Gesinnungsfreunden kaum eine Möglichkeit, auf die weitere Tätigkeit der Verfassungskommission Einfluß zu nehmen.

Humboldt hatte, von Hardenberg bei seiner Ankunft in Berlin um seine Meinung ersucht, in vorsichtiger Weise den Staatsrat, eine Schöpfung des Staatskanzlers, als »zu groß, zu verwickelt und der Schnelligkeit und Zweckmäßigkeit der Verwaltungsmaßregeln leicht nachteilig« bezeichnet. Statt dessen hätte er »ein bloßes, sich aber regelmäßig und oft versammelndes und über alle wichtigen Gegenstände gemeinschaftliches Ministerkonseil« vorgezogen, »unter dem Vorsitz des Staatskanzlers, zu dem wenige, aber sehr tüchtige, in keiner Verwaltung teilnehmende Räte zugezogen worden wären«. Manche seiner Anregungen hatte der Staatskanzler berücksichtigt, im Prinzip aber hatte er an der Organisation, der Zusammensetzung und den recht begrenzten Kompetenzen des Staatsrates nichts geändert.

Trotz der eingeschränkten Wirkungsmöglichkeiten der Verfassungskommission bemühte sich Humboldt in Denkschriften und Memoranden, die Entwicklung zu liberalen Verhältnissen wenigstens auf Teilgebieten voranzutreiben. Seine Denkschrift »Gemeindeordnung für das platte Land« aus dem Frühjahr 1817 blieb unvollendet; ähnliche Vorstellungen, die den Steinschen Reformen entsprachen, legte er in der »Disposition zur Kommunalordnung« und in der Denkschrift: »Über die Stellung und die Befugnisse der Oberpräsidenten« vom 4. Juni 1817 nieder, die durch eine Eingabe der Oberpräsidenten an den König veranlaßt wurde. Darin ging es um eine Klarstellung des Verhältnisses der Oberpräsidenten zu den Ministern, eine genaue Bestimmung ihrer Pflichten und um die Gewährung der Mittel, die zur Durchführung ihrer Aufgaben erforderlich erschienen. Die neue Instruktion für die Oberpräsidenten vom 23. Oktober 1817 stärkte die selbstverantwortliche Stellung dieser obersten Organe der Provinzialverwaltung, sie zeigte auch Spuren der Forderungen, die Humboldt in seiner Denkschrift erhoben hatte. Ein grundsätzlicher Wandel wurde freilich auch hier nicht geschaffen. Er hätte eine Neuordnung der obersten Staatsbehörden vorausgesetzt, für die Hardenberg nicht zu gewinnen war. Indessen blieb er nach wie vor bereit, Humboldts Meinung zu hören. Daher entschloß sich Humboldt in einem Schreiben an Hardenberg vom 14. Juli 1817 zu einer offenen Darlegung seiner Ansichten über die organisatorischen und personellen Mängel.

Humboldt dankte in diesem Brief zunächst Hardenberg für das vertrauensvolle Verhältnis der letzten Jahre und Monate. Da sie sich nun auf längere Zeit trennen würden, fühle er sich verpflichtet, einige Eröffnungen hinzuzufügen, welche zwar unangenehme Verhältnisse berührten, allein notwendig und unvermeidlich seien. Es wäre ihm möglich gewesen, sich eine vollständige Kenntnis der äußeren und inneren Lage des Staates zu verschaffen; wenn er sich überhaupt ein Urteil zutrauen dürfe, so könne er »ein richtiges und vollständiges über diese Lage fällen«.

Im Innern wenigstens könne die Lage nicht befriedigend genannt werden. »Der Zustand der Finanzen ist zwar, meiner Überzeugung nach, nicht an sich schlecht, aber doch unsicher und prekär, und durch die bisherige Verwaltung, wenn nicht schleunig geholfen wird, sogar höchst gefährlich geworden; die Kräfte der Nation sind angespannt und werden doch bloß zur einfachen Erhaltung des Vorhandenen verwendet, ohne daß große wohltätige Landesanstalten gemacht oder Hilfsmittel für außerordentliche Ereignisse gesammelt werden; ... in der Nation herrscht an mehreren Orten Unzufriedenheit und nirgends, und am wenigsten im ganzen, die lebendige Bereitwilligkeit, mit der ein Volk nach so glorreichen Begebenheiten seiner Regierung folgen und mit ihr fortstreben müßte. Man hat deshalb neue Einrichtungen gemacht und bereitet andere vor; der Staatsrat ist gestiftet, Stände sollen versammelt, den Provinzen eine zweckmäßige Verwaltung gegeben, eine neue Staatsverfassung angeordnet werden. Allein alle diese Mittel können nicht wirken, diese Einrichtungen selbst müssen gelähmt werden, ja sogar eine schiefe und nachteilige Richtung nehmen, wenn nicht das

Grundübel geheilt wird, und dieses Grundübel ist nach meiner festen Überzeugung, daß die Verwaltung in fast allen ihren Teilen fehlerhaft ist.«

Das sei nicht Hardenbergs Schuld, räumte Humboldt ein. Denn was noch von Geist, von liberalen Grundsätzen, von edlen Gesinnungen in der Verwaltung einzelner sich finde, sei einzig und allein Hardenberg zuzuschreiben. Die Schuld läge in den Ministerien, unter denen er das von Boyen geleitete Kriegsministerium ausnehme; Boyen selbst war damals in engem Einverständnis mit Humboldt ebenfalls um Reformen bemüht. Doch die übrigen Ressorts kritisierte Humboldt hart. In den Ministerien der Justiz und des Innern, die von Kircheisen und Schuckmann geleitet wurden, seien »bloßer und reiner Mechanismus und Ertötung alles Geistes an der Tagesordnung«. In der Sektion des Kultus und des Unterrichts, an deren Spitze er selbst einmal gestanden hatte, sei seit Dohnas Abgang außer der Verlegung der Universität Frankfurt nach Breslau (die Humboldt erstaunlicherweise als eine »sehr überflüssige Stiftung« bezeichnete) »nichts geschehen, was nur einigermaßen der Reihe der seitdem verflossenen Jahre und dem Wiederaufblühen des Staates entspräche, dagegen manches untergegangen«. Vom Polizeiministerium unter der Leitung des Fürsten Wittgenstein, eines der Häupter der Demagogenverfolgung, sei er »nicht imstande etwas zu sagen; es ist im Frieden unbedeutend und wäre viel besser ein bloßer Teil des Ministerii des Innern. Die traurige, aber natürliche Folge hiervon ist nun, daß dies gesamte Ministerium (immer das des Krieges ausgenommen) schlechterdings keines Vertrauens weder in den Provinzen noch bei den Regierungen, noch endlich bei den Zentralbehörden der Hauptstadt genießt«.

Es mag dahingestellt sein, wieweit Humboldt damals noch vom guten Willen des Staatskanzlers überzeugt war; gewiß hielt er dessen Stellung für so fest und sicher, daß er einen Wandel nur mit ihm und nur dann für möglich hielt, wenn die Mehrzahl der weniger reaktionären als unfähigen Minister durch andere, fortschrittliche Männer ausgetauscht würde. Er sprach offen aus, er könne Hardenbergs Meinung nicht teilen, daß dem Übel durch verschärfte Kontrolle, durch eine andere Gliederung der Ministerien und ähnliche formelle Maßnahmen zu steuern wäre. Er hielt »eine gänzliche Veränderung in den Personen« für geboten und für das Mittel, die innere Lage des Staates zu ändern; »die Sache befindet sich noch gleichsam auf dem Scheidewege ... Es gehört aber allerdings dazu, daß das Ministerium einig unter sich und einig mit Ew. Durchlaucht sei. Beides ist jetzt nicht der Fall.«

Humboldts überaus freimütiger Brief an Hardenberg wird nur verständlich, wenn man hinzufügt, daß der Staatskanzler abermals die Absicht geäußert hatte, Humboldt »in einiger Zeit zum zweiten Kabinettsminister« zu machen. Das war jedoch ebenso unverbindlich gemeint wie während der Pariser Verhandlungen die gesprächsweise Andeutung, er wünsche ihn als Außenminister in seinem Ministerium. Humboldt hielt es für unerläßlich, den Staatskanzler gewisse Voraussetzungen, um nicht zu sagen, Bedingungen wissen zu lassen, die erfüllt werden müßten, bevor er sich zum Eintritt in das Ministerium bereit erklären würde.

Die eine Forderung bezog sich auf eine Änderung der Kabinettsverfassung. Humboldt verlangte zwar nicht ausdrücklich ein kollegiales Kabinett unter Vorsitz des Kanzlers, deutete dies aber an, indem er den Kanzler davon zu überzeugen versuchte, daß dessen »jetzige Stellung« und die seines Büros nicht die richtige sei; Hardenberg könne nicht leugnen, daß den Ministern oft Vorwände und manchmal sogar wirkliche Gründe zur Beschwerde geboten würden. »Die Wirkungskreise sind nicht bestimmt genug geschieden, und es kann damit keine reine und volle Verantwortlichkeit, welche die einzige Gewährleistung und die Seele aller guten Verwaltung ist, bestehen. Ich halte für die einzige angemessene Stellung eines Staatskanzlers die eines Präsidenten des Ministeriums und Staatsrates. Das entscheidende Übergewicht, die ganz selbständige und nur von dem Könige allein abhängige Leitung der gesamten Regierungsgeschäfte«, fügte er dieser des Staatskanzlers Vollmacht beschrän-

kenden Darlegung hinzu, »behalten Ew. Durchlaucht immer dadurch, daß Sie Präsident mit dem Recht, ohne alle Rücksicht auf
die Stimmenmehrheit im Ministerium zu entscheiden, sind und
allein den Vortrag bei Sr. Majestät haben.«

Ganz kategorisch forderte Humboldt indessen personelle Veränderungen. Er erklärte, daß er, »solange der jetzige Finanzminister und Minister des Innern Mitglieder des Ministeriums
sind, nicht jenen sonst so gütigen Antrag annehmen und nicht
in das Ministerium eintreten könnte. Es ist meine tiefste Überzeugung, daß durch den einen die materiellen, durch den
anderen die moralischen Kräfte des Staates gefährdet werden
und daß, wenn die Verwaltung wie jetzt fortgeht, das Verderben
des Staates unvermeidlich ist«.

Humboldt stand mit seiner Kritik nicht allein. Boyen vertrat
ähnliche Auffassungen, und mehrere Oberpräsidenten unter-
stützten aus ihrer Sicht beider Forderungen. Obwohl Hardenberg die Unfähigkeit des Finanzministers Bülow und des Innenministers Schuckmann kannte, entschloß er sich nicht zu grundlegenden Änderungen. Schuckmann mußte nur die geistlichen,
Unterrichts- und Medizinalangelegenheiten, die von nun an ein
selbständiges Ministerium bildeten, an Altenstein abgeben, und
Hardenbergs Neffe, Bülow, wurde zwar als Finanzminister abgelöst, erhielt aber dafür das neugeschaffene Handelsministe-
rium. Eine strukturelle Veränderung der Kabinettsverfassung
erfolgte nicht, von einer Berufung Humboldts in das Ministerium war vorerst keine Rede mehr. Hardenberg begann vielmehr, Humboldt zu drängen, sein Amt in London unverzüglich
anzutreten.

Bevor Humboldt abreiste, teilte er dem Reichsfreiherrn vom
Stein freimütig seine Auffassung über die preußische Regierung
mit. »Alle Ministerien, das des Krieges allein ausgenommen,
sind in jeder Rücksicht erbärmlich und führen den Staat einem
sicheren Verderben zu«, schrieb er ihm am 16. September 1817.
»Vom Finanzministerium ist dies aktenmäßig auf eine Weise
dargelegt worden, die wohl noch in keinem Lande erhört gewesen ist. Es gibt nach aller Vernünftigen Urteil kein Hilfs-

mittel als Änderung der Personen. Der Staatskanzler fühlt dies unstreitig, allein es scheint ihm an Entschluß zu mangeln, es zu ändern. Er war übrigens während der letzten Wochen seines Aufenthalts so krank, wenigstens so schwach, daß erst die nächste, nun kommende Zeit entscheiden muß, wie es mit seiner Gesundheit gehen wird. Ich gehe nach London und kann Ew. Exzellenz versichern, daß nie weder bei dem König noch bei dem Staatskanzler je ein anderer Gedanke gewesen ist als der, daß dies geschehen sollte. Der Staatskanzler hat mir zwar gesagt, er wünsche mich zum zweiten Kabinettsminister, was ich auch angenommen, allein immer erst so, daß ich in einiger, natürlich unbestimmter Zeit zurückberufen würde.«

Vielleicht beneidete Humboldt den Reichsfreiherrn vom Stein, der nach einem tatenreichen Leben eine schöne Muße genießen konnte. Doch war er sich bewußt, daß es seiner unwürdig gewesen wäre, aus dem Staatsdienst auszuscheiden, ohne auf einen Wandel der Dinge in Preußen hingewirkt zu haben. Das vermochte und wollte er nicht *gegen* den Staatskanzler, aber er konnte es auch nicht mehr *unter* dem Staatskanzler, solange dieser sich nicht bereit erklärt hatte, das Kabinett in eine kollegiale Behörde unter seinem Vorsitz umzuwandeln. Das aber war der Punkt, über den Hardenberg nicht mit sich verhandeln ließ.

Wir wissen nicht, ob Humboldt von Hardenberg mündlich oder schriftlich eine Antwort auf seinen Brief erhalten hat. Von einem Eintritt in das Ministerium ist jedenfalls in der Zeit, die er noch in Deutschland verbrachte, nicht mehr die Rede gewesen.

GESANDTER IN LONDON

Wenige Wochen vor seinem fünfzigsten Geburtstag, den Humboldt fern von der in Italien weilenden Karoline verbrachte, am 12. Mai 1817, schrieb er der Lebensgefährtin einen Brief, der zu seinen schönsten und aufschlußreichsten gehört. Ihm sei es vorzüglich eigen, heißt es darin, mehr auf den Menschen und die Natur als auf alle gemachten Verhältnisse, wie wichtig sie sein mögen, zu achten und, ohne ändern und modeln zu wollen, nur eine reine Freude zu haben an dem, was ist. »Ich bin bei weitem mehr und in allem kontemplativ als handelnd und bin ins Handeln wirklich nur so durch den Zufall gestoßen. Darum hätte ich auch sehr gern, ehe ich stürbe, einige Jahre bloße Ruhe, reine Abgezogenheit von den irdischen Dingen der Welt.«

Humboldt war siebzehn Jahre jünger als Hardenberg, auf der Höhe seines Lebens, während der Staatskanzler verbraucht und krank war. Preußen brauchte einen Mann wie Humboldt, der in wohldurchdachten Schritten Reformen durchsetzen und den Staatsbürgern zu ihren Rechten verhelfen wollte. Humboldt war ehrgeizig, aber er war nicht bereit, sich gegen den Staatskanzler zu erheben und zu dessen Sturz beizutragen, wenn irgendwo im Lande eine solche Tat vorbereitet und durchgeführt worden wäre.

Humboldt ist immer nur ungern öffentlich tätig gewesen, wenn auch das Tätigsein ihn mehr erfüllte und befriedigte, als er selbst zugab. Am stärksten bedrängte ihn, daß es unter den gegebenen Verhältnissen geradezu aussichtslos war, seine Kraft zum Wohle des Staates einzusetzen. Er zog vorerst nicht die Folgerungen Steins und Gneisenaus und begab sich noch nicht in das Refugium von Tegel, wo wissenschaftliche und literarische Aufgaben auf ihn warteten. Er diente weiter, noch immer in der Hoffnung, seine Stunde werde an der Seite Hardenbergs oder unter dessen Nachfolger kommen. Dennoch sehnte sich der Fünfzigjährige nach einer unbeschwerten Zeit schöpferischer Muße, wie er sie zeitlebens ersehnt hatte. »Ich habe gar keine Besorgnis vor dem Tode«, schrieb er in jenem Brief an Karoline, »und es käme mir gar nicht menschlich vor, ihn nicht, wie er ist, mit dem Leben befreundet und verschwistert anzusehen. Aber es würde mir sein, als hätte meinem Leben etwas gefehlt, wenn ich nicht so eine leere, rein müßige Zeit vor ihm gehabt hätte. Dennoch muß man jetzt noch im Strome fort und sich ohne Schonung und Besorgnis hingeben.«

London war Verbannung und Flucht zugleich. Humboldt brauchte nach den kampfreichen Monaten in Berlin eine Zeit der Selbstbesinnung und Selbstverständigung. In London mußte es sich entscheiden, ob er den Kampf um das Erbe Steins, um die Erneuerung Preußens in einem liberalen und demokratischen Geiste fortsetzen konnte oder resignieren würde.

Humboldt brach Ende Juli 1817 von Berlin auf und reiste zunächst nach Schlesien, wo er auf Grund der königlichen Dotation das an der Neiße gelegene Gut Ottmachau auswählte, das er erst nach einer sehr unerfreulichen Auseinandersetzung mit Gneisenau, der auf den gleichen Landsitz Anspruch erhob, im Mai 1821 als Eigentum betrachten konnte. Über Prag fuhr er nach Karlsbad, wo er mit Hardenberg zusammentraf. Der Staatskanzler gab sich freundschaftlich, wie immer im persönlichen Verkehr, und bat Humboldt, ihn am Rhein zur gemeinsamen Besichtigung der neuerworbenen Gebiete zu erwarten. Humboldt reiste nach Frankfurt weiter. Dort erhielt er von Hardenberg, der anderen Sinnes geworden war, die Aufforderung, sich ohne weiteren Verzug nach London zu begeben, wo er am 5. Oktober 1817 eintraf, ohne Karoline, der von den Ärzten angeraten worden war, einen Aufenthalt auf der »Nebelinsel« zu vermeiden. Die erneute Trennung von Karoline war ein weiterer Grund für Humboldt, den Dienst in London von vornherein als eine sehr vorübergehende Unterbrechung seiner eigentlichen staatsmännischen Tätigkeit zu betrachten, die er sich nun kaum noch anderswo als in Berlin vorzustellen vermochte.

Der preußische Gesandte in London hatte damals keinen Aufgabenkreis von besonderer Bedeutung. Im Vordergrund standen repräsentative Verpflichtungen, da der König von Preußen bei seinem englischen Vetter seit Jahren nur durch einen Geschäftsträger vertreten war und die Beziehungen von Hof zu Hof vernachlässigt worden waren. Friedrich Wilhelm III. lag besonders an einer Verbesserung des Verhältnisses seiner Schwägerin Prinzessin Friederike von Mecklenburg-Strelitz zur englischen Herrscherfamilie; die Schwester der verstorbenen Königin Luise hatte den Prinzen Ernst August, Herzog von Cumberland, geheiratet, den späteren König von Hannover. Für Humboldt war diese Verbindung insofern fruchtbar, als sie ihm vertrauliche Einblicke in die englischen Zustände ermöglichte. Dabei unterstützte ihn besonders die Hofmeisterin der Herzogin, Karoline Friederike von Berg.

In Humboldts Tagebuch aus der Londoner Zeit sind keine hervorragenden Ereignisse verzeichnet, es gleicht eher einem Terminkalender, in dem ähnlich wie in Goethes Tagebüchern über den täglichen Umgang und die täglichen Beschäftigungen berichtet wird. Gesandtschaftssekretär war Heinrich von Bülow, der seit 1816 mit Humboldts Tochter Gabriele verlobt war. Im September 1818 traf Alexander von Humboldt mit seinem Pariser Freund Achille Valenciennes zu einem zweiwöchigen Besuch in London ein. Der jüngere Humboldt plante damals eine Forschungsreise nach Indien und war gekommen, um die Meinung der Engländer über ein solches Unternehmen zu erkunden. Er hatte, von Dominique Arago begleitet, den Bruder bereits kurz nach dessen Ankunft in England aufgesucht und einen Monat, vom 31. Oktober bis 2. Dezember 1817, bei ihm verbracht. Zu den Deutschen, denen sich Humboldt in London näher anschloß, gehörte Franz Bopp, der Begründer der vergleichenden indogermanischen Sprachwissenschaft, der damals in den Londoner Sammlungen Sanskritstudien trieb.

Zwei Fragen der internationalen Politik, an denen England interessiert war, wurden damals in London erörtert. Über das eine der beiden Probleme, die Abschaffung des Sklavenhandels, war schon in Wien und Paris verhandelt worden; nun wurden Spanien und Portugal hinzugezogen, in deren Kolonien der Menschenhandel noch immer eine Rolle spielte. Preußen war mehr als Beobachter denn als Interessent an den Verhandlungen beteiligt und förderte die Bestrebungen, den Handel mit Sklaven zu beseitigen, denen sich vor allem die überseeischen Sklavenhändler widersetzten. Humboldts Aufgabe bestand weniger darin, Einfluß zu nehmen, als seine Regierung über den Gang der Verhandlungen zu unterrichten.

Das galt auch für die sogenannte Barbareskenfrage. Dabei ging es um die Rechts- und Machtverhältnisse der drei türkischen Regentschaften Algier, Tunis und Tripolis, von denen aus die Seeräuber die Schiffahrt im Mittelmeer störten. Die Unsicherheit der Lage war nicht zuletzt eine Folge der Rivalität der Großmächte und der Schwäche des osmanischen Reiches. Humboldt regte an, die Türkei zu den Verhandlungen hinzuzuziehen. Daran war den Engländern keineswegs gelegen, da sie keine Stärkung des Einflusses der Pforte auf die nordafrikanischen Staaten wünschten. Humboldt schrieb eine Denkschrift, »Über Maßregeln gegen die Raubzüge der Barbaresken«, und wies darin auf den Widerstreit der Interessen der Großmächte hin. »England«, so führte er aus, »kennt seine maritimen Interessen im Mittelmeer und will allein unter diesem Gesichtspunkt handeln; Rußland scheint mehr eine Gelegenheit zu suchen, die Pforte in Abhängigkeit von sich zu bringen oder ihr Verlegenheiten zu bereiten. Österreich ist nur bedacht, größere Ausgaben zu vermeiden.« Von Hardenberg erhielt Humboldt die Anweisung, eng mit dem russischen Gesandten zusammenzuarbeiten.

Im Unterschied zu seinen Aufenthalten in Paris und Italien, seinen Reisen in Spanien und in das Land der Basken beeindruckte ihn England nicht sonderlich. Das mag an den Pflichten des ortsgebundenen Gesandten und auch am vorgeschrittenen Lebens- und Erfahrungsalter gelegen haben, vor allem aber galt für Humboldt: »Rom bleibt die ewige Heimat.« Schon 1816 hatte er Goethe geschrieben: »Alles Neue ekelt mich an.« So zog er sich wieder in das »Leben in Ideen« zurück, das seit dem Beginn seines staatsmännischen Wirkens zugleich zur Erprobung der Idee an der Wirklichkeit geworden war. Klar und nüchtern beobachtete er, und kritisch registrierte er seine Eindrücke, um sie mit seinen Gedanken und Prinzipien zu vergleichen.

Humboldt interessierte in England, dem Musterland des Liberalismus, besonders das öffentliche Leben. Sehr schnell erkannte er, daß sich hier ein für Deutschland »unerreichbares

Muster« herausgebildet hatte. Nach einer eingehenden Schilderung der Parlamentswahlen schrieb er seiner Frau am 19. Juli 1818: »Man kann sich aber auch nicht erwehren, dabei zu denken, wie wirklich kindisch es ist, wenn Menschen sich einbilden, daß man so etwas nach Deutschland oder irgendwohin verpflanzen kann... Eine andere Nation würde mit ihrer Eigentümlichkeit notwendig selbst etwas anderes daraus machen.« Diese Einsicht zeigt, wie realistisch Humboldt in seinen Staats- und Gesellschaftsanschauungen geworden war und wie sehr er seiner Zeit aus der nüchternen und klaren Sicht der Gegenwart im Denken und Streben vorauseilte. Es war gewiß kein Zufall, daß er sich in England zum ersten Mal mit einem eigenen Entwurf für eine preußische Verfassung beschäftigt hat.

Bald schon zog es ihn zurück nach Berlin, nach Preußen, zum Brennpunkt deutschen Geschehens und deutscher Entscheidungen, zurück aber auch zu schöpferischer Muße an der Seite der kränkelnden Gattin. Seine Unzufriedenheit über den Mißbrauch seiner Fähigkeiten durch König und Kanzler wuchs von Monat zu Monat. Er suchte die Entscheidung und wollte entweder in das Kabinett eintreten und ein einflußreiches Ressort übernehmen oder aber den Staatsdienst ganz aufgeben, um zur wissenschaftlichen Arbeit ohne alle Ämter und öffentliche Verpflichtungen zurückzukehren. »Ich trage eigentlich einen zweifachen Menschen in mir«, bekannte er Karoline, »einen, der immer von der Welt ab nach der Einsamkeit gerichtet ist, und einen, der sich durch die Umstände und manchmal zu leicht durch die Lust, sich in einer Lage zu versuchen, nach der Welt hinstoßen läßt. Daraus entsteht ein sonderbares Gemisch in mir, das die Menschen allerdings nicht begreifen mögen, das ich auch weit entfernt bin, eigentlich und durchaus zu billigen, an das ich aber einmal gewöhnt bin, um dabei das nötige Gleichgewicht zu bewahren.«
Sechs Monate nach seiner Ankunft in England, am 4. April 1818, wandte sich Humboldt an den König mit der Bitte, ihn

aus London abzuberufen. Er versicherte, daß ausschließlich persönliche Gründe – der schlechte Gesundheitszustand seiner Frau und die langjährige Trennung von der Familie – dieses Ersuchen veranlaßt hätten, und betonte, daß er seinen Wunsch keineswegs mit der »Aussicht auf eine anderweitige Anstellung« verbinde. »Ich kann Ew. Königlichen Majestät auf das feierlichste versichern, daß ich ... keine andere Absicht habe, als auf das Land zu gehen und dort zu bleiben, den Fall und die Zeit ausgenommen, wo Ew. Königliche Majestät zu befehlen geruhen möchten, daß ich den Sitzungen des Staatsrats beiwohnen sollte.«

Gerade das aber wünschte Hardenberg nicht. Ihm lag in diesen Monaten entschieden daran, Humboldts Rückkehr zu verzögern. Das Außenministerium war neu zu besetzen. Nichts hätte nähergelegen, als Humboldt, Hardenbergs erfahrensten Mitarbeiter und bewährten Repräsentanten der preußischen Außenpolitik in den letzten Jahren, die Leitung der auswärtigen Angelegenheiten anzuvertrauen, zumal Hardenberg selbst keinen deutschen Staatsmann oder Diplomaten kannte, dem er das Humboldt bereits 1815 zugedachte Amt hätte anbieten können. Der preußische Staatskanzler verfiel auf einen Ausweg, den Humboldt als schwere persönliche Kränkung empfinden mußte. Er trug im April 1818 dem dänischen Staatsbürger und Gesandten am preußischen Hof, Grafen Günther Christian von Bernstorff, die Leitung des preußischen Außenministeriums an, während er Humboldts Ersuchen, ihn aus London abzuberufen, zunächst schweigend zur Kenntnis nahm, ohne es an den König weiterzuleiten.

Noch bevor Humboldt von diesen Intrigen wußte, hatte er Karoline von Wolzogen mitgeteilt, er wäre fest entschlossen, »nicht mehr, wie bis jetzt der Fall war, in einer halben Lage zu zu bleiben« und sich »als Talent zu diesem und jenem benutzen zu lassen«. Er verlange gar keine Wirksamkeit, aber wolle auch keine andere annehmen als eine, für die er selbst und nur er allein verantwortlich sei. »Ich würde am liebsten bestimmt mich losmachen und unter keiner Bedingung wieder eingreifen. Nur

weil das eine egoistische Denkungsart ist, die sich nicht verteidigen läßt, wenn man wie ich einen Teil der Bahn gemacht hat,
so werde ich, solange ich Kraft habe, nicht so handeln, aber gewiß auch nicht länger um eine unbedeutende, schiefe oder halbe
Wirksamkeit mich selbst, das Leben mit den Meinigen und
meinen individuellen Plan aufgeben.«

Vergebens wartete Humboldt auf seine Abberufung, ja nur
auf eine klärende Antwort aus Berlin. Jenes »sonderbare Gemisch«, jener »zweifache Mensch«, den er in sich wußte, regte
sich immer wieder im brieflichen Zwiegespräch mit Karoline
und den Freunden daheim, unter denen, bemerkenswert genug,
wieder Karoline von Wolzogen lebhaft in sein Bewußtsein trat.
In einem Brief an sie vom 18. Juli 1818 zog er gleichsam die
Summe seiner Existenz. Erneut schrieb er, daß er gern einsam
leben würde, »ich setze aber auch, wenn es Erfolg haben kann,
meine ganze Existenz an meine öffentliche Tätigkeit«. Besorgt
äußerte er sich über den Gesundheitszustand seiner Frau und
fuhr dann fort: »Ich habe, wie niemand so noch es gesehen hat
als Sie, mein Leben mit der Idee angefangen, nur mit ihr und in
diesem häuslichen Dasein eingeschlossen zu leben. Zeit und
Umstände haben es hernach anders gewandt, und ich bin gegen
meinen Willen in vielfach andre Tätigkeit gestoßen worden, die
uns nie einen Augenblick innerlich getrennt, aber äußerlich
ganz voneinander geführt hat. Das ändert aber den eigentlichen Zweck meines Lebens nicht, d. h., ich kehre natürlich, sowie ich nur kann, zu ihm zurück. Man kann auch und gern und
in der besten Deutung nach außen hin nicht wirken, wenn man
nicht sein inneres, auf Ideen und Empfindungen gebautes und
von allem Äußeren ewig unabhängiges Dasein in frischer und
reger Kraft erhält; und wenn man so lange, als wir jetzt, und
immer in gleicher Innigkeit miteinander fortgelebt hat, so läßt
sich das eigne Dasein nicht mehr von dem des andern trennen.
Es ist daher wohl meine geheime Sehnsucht, von jetzt an, solange es nur noch währen mag, wieder so vereinzelt aufeinander
zu leben, als wir es im Beginnen getan haben, und wenigstens
kann ich das Verlangen darnach nur für etwas Wichtiges und

was jenes Verhältnis wenigstens nicht so, wie es in diesen Jahren gewesen ist, gänzlich zerreißt, aufgeben.«

Das Leben auf dem nachgeordneten Londoner Posten vermochte Humboldt um so weniger auszufüllen, als er es fern von jenen Menschen verbringen mußte, denen er nicht zuletzt seine Entwicklung zu einer eigenständigen Persönlichkeit von hohem Rang verdankte. Auch bedrückte es ihn, entfernt zu sein von wichtigen Aufgaben für Staat und Gesellschaft, an denen er Wissen und Können und Tatendrang hätte bewähren können. Er sei zwar nicht abgeneigt, erfuhr auch Karoline von Wolzogen, in das öffentliche Leben einzuwirken, wohl aber sei er es im höchsten Grade satt, »das Treiben eines einzelnen, in das Ganze nur zufällig und wenig entscheidend eingreifenden Postens fortzuwälzen«. Humboldt hegte nun keinen Zweifel mehr daran, daß ihn Hardenberg und die Umgebung des Königs nicht in Berlin wünschten. »Auch können Sie mir sicher glauben«, schrieb er Schillers Schwägerin aus London, »daß diejenigen, welche mich schlechterdings auf einen solchen Posten haben wollen, dabei gar nicht andres beabsichtigen als nur, daß es den Schein haben soll, ich sei sehr wichtig beschäftigt, aber daß in Wahrheit jedes wichtige Geschäft von mir entfernt bleibe. Davon habe ich die unverkennbarsten Spuren. Selbst auf Frankfurt kommen sie nur in der Not, weil es nun einmal nicht gut möglich ist, mich hier festzuhalten.«
Hardenberg hatte in der Tat Humboldt geraten, statt der Londoner eine andere Gesandtenstelle anzunehmen, und dabei auch Frankfurt neben Italien genannt. Humboldts Gesuch an den König aber hatte er nicht nur zurückgehalten, sondern, wie Humboldt an Stein am 7. Juni 1818 schrieb, dieses Ersuchen »für ein Zurückziehen aus dem Dienst genommen«. Humboldt aber war entschlossen, eine erneute Verbannung auf einen Gesandtenposten auszuschlagen. Vor Stein glaubte er sich rechtfertigen zu müssen, daß er nicht nach Frankfurt am Main gehen würde, um Preußen im Deutschen Bund zu vertreten: »Für den Bundestag kann man nur in Berlin und in Wien nützlich sein, in Frankfurt

ist man ein bloß abhängiges Werkzeug und kommt gewiß in die Lage, tun und sagen zu müssen, was man nicht für angemessen hält . . . Wenn bei uns etwas Gutes gewirkt werden soll und wenn man irgendeinem dazu Kräfte zutraut, so muß es im Mittelpunkt geschehen. Man muß also dort hingehen und mit redlicher und freimütiger Gesinnung, ohne Intrige und eigennützige Absichten wirken, was man wirken kann.«

Im August 1818 erschien in der dänischen Hofzeitung die Meldung vom Übertritt Bernstorffs in preußische Dienste, und kurz darauf erfuhr Humboldt von dessen Ernennung zum Außenminister. Alexander von Humboldt brachte die »abenteuerliche Nachricht« aus Paris mit nach London, die vom Bruder zunächst als schlechte Erfindung zurückgewiesen wurde. Humboldt gehörte zu Bernstorffs Freunden, aber es war auch für ihn, von der persönlichen Zurückstellung ganz abgesehen, »eine ganz neue Erscheinung, . . . daß ein Gesandter an dem selben Ort Minister der auswärtigen Angelegenheiten wird«. An Geist und Wissen übertreffe Humboldt Bernstorff unendlich, schrieb Stein an Gagern, und er »bewundere die Geschicklichkeit des Staatskanzlers, alle tüchtigen, talentvollen Männer lahmzulegen. Der Geist des Herrn ist von ihm gewichen, der Segen des Himmels fehlt dem alten Sünder, nichts gedeiht unter ihm, nichts gelingt ihm«.

Humboldt konnte diese Maßnahme Hardenbergs nicht anders verstehen, als daß er in Berlin unerwünscht war. Unverzüglich, am 14. September 1818, erneuerte er sein Gesuch um Abberufung, das er diesmal direkt an den König richtete. Er erbot sich abermals »ausdrücklich und ernstlich zur Arbeit im Staatsrat« und bat, ihn »von der Annahme anderer Gesandtenposten huldreichst zu entbinden« mit der Begründung, er habe nun lange genug von Familie und Besitz getrennt gelebt und könne dem König im Lande nützlichere Dienste leisten.

In einem zornigen Brief an Hardenberg vom gleichen Tage betonte Humboldt nachdrücklich, er habe nicht die Absicht, aus dem Dienst auszuscheiden, wohl aber würde er es auch jetzt ablehnen, in das Ministerium einzutreten, »nicht aus Laune, nicht aus einer gerechten oder ungerechten Animosität gegen dieses oder jenes Individuum, sondern aus Überzeugung«. Er glaube, »daß das Gesamtministerium, als dessen Chef mit vollem Rechte zu entscheiden ich Sie betrachte, dem Könige und sich selbst für das Wohl des Staates verantwortlich sein muß, und ich glaube diese Verantwortung nicht auf mich nehmen zu können, weder nach der gegenwärtigen Lage des Ministeriums gegenüber dem Könige, Ihnen und Ihrem Bureau noch mit einigen von den Personen, die es bilden«. In seinem Alter, mit dem Geschmack, den er für ernste Beschäftigungen habe, könne es ihm nicht mehr gefallen, seine »Tage an Höfen, in frivolen Gesellschaften und mit interessenlosen Besuchen zu verlieren«. Er wünsche auch keine Beurlaubung, sondern seine Abberufung. Dabei wies Humboldt abermals auf seine Tätigkeit im Staatsrat hin, die keineswegs ein »nominelles Dienen« zu sein brauche, wie Hardenberg es verstanden haben wollte. Doch räumte er ein, als vorläufiger Ausweg bliebe die Leitung der Abschlußverhandlungen der Territorialkommission in Frankfurt am Main.

Diese Anregung griff Hardenberg sofort auf, da dadurch die Gerüchte um Humboldt wenigstens einstweilen zum Schweigen gebracht werden konnten und er einen neuen Aufschub erhielt, eine ihm selbst genehme Lösung zu finden. So erhielt Humboldt durch Kabinettsorder vom 19. Oktober 1818 die Weisung, sich nach Frankfurt am Main zu begeben; über seine weitere Verwendung wurde in diesem königlichen Reskript nichts gesagt, seine Rückkehr nach London blieb offen. »Also haben meine lebhaftesten und inständigen Bitten doch nicht von Ihrer Freundschaft den Verzicht auf diese Idee (der Rückkehr nach London) erlangen können?« fragte er Hardenberg erbittert in einem Brief vom 27. Oktober 1818. »Übrigens leugne ich nicht, daß es für mich sehr demütigend ist, daß Sie nichts anderes mehr, wozu ich gut bin, wissen, als über die spanischen Kolonien, die norwegische Schuld und die Barbaresken zu verhandeln. Was soll ich danach von Ihren Versicherungen halten, daß meine Dienste von so großer Wichtigkeit für den Staat seien?«

Inzwischen war in Aachen der erste Kongreß der Heiligen Allianz zusammengetreten, auf dem sich der russische Zar, der österreichische Kaiser und der König von Preußen über ihre weitere Politik zur Eindämmung demokratischer Bewegungen und liberaler Strömungen verständigen wollten. Alexander von Humboldt fuhr nach dem Besuch seines Bruders von London nach Aachen, wohin ihn der König gerufen hatte, um mit ihm seine asiatischen Reisepläne zu erörtern. Friedrich Wilhelm III. sagte eine jährliche Unterstützung von 12 000 Talern und die Übernahme der Kosten für die wissenschaftliche Ausrüstung zu, während der Zar sich abwartend verhielt. Die Reise kam erst ein Jahrzehnt später zustande, mit veränderten Zielen und durch andere Gebiete, als es zunächst geplant war.

Wilhelm hatte den Bruder nicht sofort begleiten können, sei es, weil er in London aufgehalten wurde, wo der junge Bülow seine Vertretung übernahm, sei es, daß ihn die Aufforderung, sich in Aachen einzufinden, noch nicht erreicht hatte. Er verließ die englische Hauptstadt nach einjährigem Aufenthalt am 30. Oktober 1818 und begab sich nach Aachen, wo die wesentlichsten Entscheidungen bereits gefallen waren und er – zum ersten Mal seit 1813 – nur mehr am Rande einer bedeutenden Konferenz ein Schattendasein führte. An seiner Stelle wirkte Bernstorff neben Hardenberg. Nichtstoweniger sah man weithin in Humboldt den kommenden Kanzler, obwohl der Vormarsch der Reaktion bereits begonnen hatte und des Königs persönliche Neigung weit mehr Alexander als Wilhelm von Humboldt galt. Neben Metternich dürfte in Aachen Zar Alexander vor dem des Jakobinismus verdächtigen Wilhelm von Humboldt gewarnt haben.

Zu einer klärenden, entscheidenden Aussprache zwischen Hardenberg und Humboldt ist es in Aachen nicht gekommen. Auch wenn der Staatskanzler nicht jeden Brief gelesen haben sollte, den Humboldt, noch immer arglos in der Wahl seiner Worte, nach Deutschland geschickt hatte, sah er in dem treuen Gefährten von Wien und Paris nunmehr einen gefährlichen Gegner. Humboldt hatte nicht verhehlt, daß er eine Änderung der autoritären Stellung des Staatskanzlers wünschte, und stellte für seine Mitarbeit personelle Forderungen. Laut und vernehmlich verlangte er ferner die Einlösung des Verfassungsversprechens und vertrat Vorstellungen, die weit über das hinausgingen, was Hardenberg und die preußische Regierung den Staatsbürgern zu gewähren bereit waren. Humboldt mißbilligte vor allem, daß die Regierung insgesamt völlig unzulänglich war, »gar nicht in den obersten Stellen eine Vereinigung von Menschen, wie sie die Nation auf der Stufe, auf welcher sie steht, und nach den Beweisen von Kraft, Anhänglichkeit an den König und Vaterlandsliebe, die sie gegeben hat, verdient«.

Hardenberg hatte bereits im Sommer 1817 derartige, nicht allein von Humboldt vorgetragene Forderungen bei der Neugliederung der Regierung berücksichtigen müssen. Abermals versuchte er, einen Kompromiß zu schließen und Humboldt durch halbe Zusagen doch noch an sich zu binden und ihn damit, auf seine Loyalität bauend, ungefährlich zu machen. Ein letztes Mal ließ sich Humboldt täuschen. »Hardenberg hatte sich überzeugt, daß es unmöglich sei, den Einfluß seines Rivalen länger durch Gesandtschafts- und Scheingeschäfte fernzuhalten, und er fühlte, daß es der öffentlichen Meinung gegenüber unmöglich sei, ihn müßig zu lassen. Er sollte also ins Ministerium eintreten. Es ward ihm versprochen, daß die Organisation der Verwaltung eine andre werden solle. Es ward hinzugefügt, daß er genau diejenige Stellung und Beschäftigung erhalten solle, die er sich selbst auswählen würde. Nur einstweilen möge er einwilligen, sich einem anderweitigen Geschäft zu unterziehen, welches sich in ganz kurzer Zeit und von niemand rascher und besser zu Ende führen lasse als von ihm.«[60]

Bei dieser Aufgabe handelte es sich um die abschließenden Verhandlungen der Territorialkommission in Frankfurt am Main. Auch der König empfing – wohl durch die Vermittlung des Bruders – Wilhelm von Humboldt, dankte für seine Dienste in London und ließ verlauten, man werde, während er in Frankfurt tätig sei, eine für ihn passende Stelle *suchen*.

Wenn Humboldt nach längerem Zögern dieser Zwischenlösung zustimmte, so wohl deshalb, weil Hardenberg in seinen Angeboten recht weit ging. Er war bereit, das Amt eines dirigierenden Ministers der Rheinprovinzen zu schaffen und Humboldt zu übertragen. Humboldt durchschaute den neuen Versuch, ihn aus Berlin zu verbannen, und lehnte mit der Begründung ab, er wolle seine ersten Erfahrungen in der ihm noch unbekannten inneren Verwaltung nicht »an der Hälfte des Königsreiches und an vier Millionen Menschen« sammeln. Er deutete an, daß ihm das Ministerium der auswärtigen Angelegenheiten als ihm gemäße Wirkungsstätte erscheine oder der Vorsitz des Staatsrates – »ob als Erster oder Letzter, hier bin ich der Wirkung, die ich wünsche, immer gewiß«. Auch handelte es sich dabei um ein unbesoldetes Amt, in dem er seine volle Unabhängigkeit gegenüber jedermann hätte wahren können. Während Humboldt die Angebote Hardenbergs ablehnte, zeigte sich dieser für Humboldts Wünsche taub. Hardenberg wollte die Auseinandersetzung noch einmal vertagen, wußte aber, daß sie früher oder später ausgetragen werden mußte, auch vor der Öffentlichkeit, deren Meinung man nicht mehr unberücksichtigt lassen konnte und auf die sich bald Hardenberg, bald Humboldt beriefen.

Zunächst begab sich Humboldt Anfang Dezember nach Frankfurt am Main, wo er sich im »Gasthaus zum Schwanen« einlogierte, da er nur mit einem Aufenthalt von wenigen Wochen rechnete. Doch verbrachte er ein halbes Jahr in Frankfurt, denn erst am 22. Juli 1819 konnte er die Reise nach Berlin antreten. Freilich war er bereits am 11. Januar 1819 zum Minister für Ständische Angelegenheiten ernannt worden. Er nutzte die Zeit, die er bis zum Abschluß der territorialen Fragen noch in Frankfurt bleiben mußte, zur intensiven Vorbereitung auf seine Berliner Tätigkeit im Ministerium und im Staatsrat. Die »Denkschrift über Preußens ständische Verfassung« entstand in jener Zeit in engem freundschaftlichem Kontakt mit dem Reichsfreiherrn vom Stein, der den Winter in seiner Stadtwohnung in Frankfurt verbrachte und Humboldt sehr oft bei sich sah.

Humboldt trat seine Dienstgeschäfte in Berlin am 9. August 1819 an, ein knappes halbes Jahr nach dem Attentat des Stu-

denten Sand auf den russischen Staatsrat und Gegner aller fortschrittlichen Bestrebungen Kotzebue und drei Tage nach dem
Beginn jenes unseligen deutschen Ministerkongresses in Karlsbad, der zu den berüchtigten Karlsbader Beschlüssen führte.

OPFER DER REAKTION

Berufung und Amtsübernahme Humboldts tragen deutliche
Spuren des Machtkampfes zwischen Fortschritt und Rückschritt
in der preußischen Entwicklung. In jener Zeit hatte die Reaktion bereits unverkennbar die entscheidenden Positionen bezogen. Hardenberg war ihr Spielball geworden, während Humboldt wie viele andere ihr Opfer wurde. Man geht wohl nicht
fehl in der Annahme, daß die Kamarilla um den König Humboldts Eintritt in das Kabinett nur duldete, weil der öffentlichen
Meinung dieses Zugeständnis gemacht werden mußte. Doch
hätte der unschlüssige Hardenberg Humboldt ohne die nach-
drückliche Fürsprache Witzlebens, des Generaladjutanten des
Königs, vermutlich dennoch nicht in sein Kabinett aufgenommen. Witzleben wie dem Staatskanzler war daran gelegen, den
verhängnisvollen Einfluß Wittgensteins, des Chefs der politischen Polizei und des maßgeblichen Führers der Reaktion, auf
die Entschlüsse des Königs, und das hieß auf die preußische
Politik, einzuschränken.
   Dem freimütigen, aufrechten Witzleben gelang es, vom zögernden Hardenberg nur ungern unterstützt, den König zu bestimmen, den Polizeiminister Fürst Wittgenstein seines bisherigen Amtes zu entheben und zum Minister des königlichen
Hauses zu ernennen. Damit war für die Angelegenheiten der
Polizei wieder das Ministerium des Innern zuständig geworden,
das gleichzeitig durch die Kabinettsorder vom 11. Januar 1819
in zwei Ressorts geteilt wurde. Beide Ressortchefs waren Minister. Während Schuckmann neben den allgemeinen auch die
polizeilichen Angelegenheiten übertragen erhielt, wurde für
Humboldt ein besonderer Arbeitsbereich ausgegliedert. Er um-

faßte die ständischen Angelegenheiten und die Verhandlungen mit den Landständen, die städtischen und Gemeindesachen und dazu das Provinzial- und Kommunalschuldenwesen, die landschaftlichen Kreditsysteme und auch gewisse Fragen der Heeresergänzung und Leistungen für das Heer, soweit diese Gebiete nicht direkt dem Kriegsministerium unterstanden. Schließlich wurde die Verwaltung des in der Schweiz gelegenen preußischen Fürstentums Neuchâtel aus der unmittelbaren Zuständigkeit des Staatskanzlers in die des neu geschaffenen Ministeriums übertragen.

Diese Lösung trug deutlich den Charakter eines Kompromisses, des Versuches nämlich, Humboldt wesentliche Aufgaben innerhalb des Kabinetts zuzuweisen, ohne ihm indessen unter dem Staatskanzler die volle Verantwortung für die gesamte innere Politik zuzugestehen. Selbst Witzleben mag vorausgesehen haben, daß einem so auf Klarheit der Kompetenzen bedachten und zudem prinzipienfesten Mann wie Humboldt die Annahme eines solchen Vorschlages kaum zugemutet werden konnte; er wandte sich daher in einem persönlichen Schreiben an den ihm nur flüchtig bekannten Humboldt und bat ihn dringend, den ihm angetragenen Posten nicht abzulehnen. Eine Woche nach der Ankündigung Witzlebens, am 21. Januar 1819, erhielt Humboldt das auf dem normalen Postweg eingelaufene Kabinettsschreiben vom 11. Januar, durch das er endgültig aus London abberufen und ihm »Sitz und Stimme« im Ministerium erteilt wurde, »dessen Wirkungskreis neuerlich sehr erweitert und genauer bestimmt« worden sei.

Hardenberg hatte der königlichen Kabinettsorder ein kurzes persönliches Schreiben beigefügt, in dem er zu verstehen gab, der König habe zugleich auf Humboldts Wünsche »und auf das Beste des Staats gesehen«. Beides habe er nach des Staatskanzlers Überzeugung so vereinigt, daß er hoffe, Humboldt werde »keine Einwendungen dagegen machen«. Alle Bedenken, die er gegen die Zusammensetzung des Ministeriums erhoben habe, wären beseitigt, »bis auf die persönlichen, die wegfallen müssen, wenn Sie nicht mit einer förmlichen Anklage in die Schranken treten wollen ... Eine Weigerung Ihrerseits würde dem König höchst unerwartet und auffallend sein. Sie hätten auch wirklich gar keine gültige Entschuldigung dafür«.

Humboldt sah sich zwar vor die Erfüllung seiner Wünsche gestellt, indessen unter Voraussetzungen, die es ihm von vornherein als fraglich erscheinen ließen, ob er wirklich in der von ihm angestrebten und von der Öffentlichkeit erwarteten Weise werde wirken können. Er sah sich im Kreise von Ministerkollegen, denen er bis auf wenige Ausnahmen Fähigkeit oder guten Willen absprach, und in einer Stellung, deren ministerielle Kompetenzen unklar waren. Glaubte er, dem Erlaß des Königs entnehmen zu dürfen, daß die Vorbereitung einer preußischen Verfassung vornehmlich in seine Zuständigkeit fallen würde – und eben das war sein entschiedenes Anliegen –, so mußte er in einer Nachbemerkung Hardenbergs zu dessen Brief lesen: »Ich arbeite jetzt an einer Konstitution, deren Beschleunigung der König nun ernstlich will. Davon nächstens mehr.«

Humboldt mußte diesen Zusatz Hardenbergs so verstehen, daß er formell zwar der für Verfassungsfragen zuständige Minister werden solle, der Staatskanzler sich aber die Verwirklichung des Verfassungsversprechens des Königs, nämlich die Ausarbeitung der Verfassung, vorbehielt. Unvermeidlich war daher, daß Humboldt in allen grundsätzlichen Fragen innerpolitischer Reformen auf eigene Vorstellungen und Bestrebungen Hardenbergs stoßen würde. Daran vermochte auch die gleichzeitig ergangene Anweisung des Königs nichts zu ändern, daß die Minister öfter als bisher Gelegenheit haben sollten, in Gegenwart des Staatskanzlers Vortrag zu halten. In diesem Erlaß wurde auch auf die öffentliche Unzufriedenheit mit den Maßnahmen der Regierung und auf die daraus resultierenden Forderungen eingegangen. Diese Fragen sollten in der kurzen ministeriellen Tätigkeit Humboldts alsbald eine entscheidende Bedeutung erlangen.

Wie wenig der ihm zugedachte Auftrag Humboldts Vorstellungen entsprach, erhellt aus einem Brief vom 22. Januar 1819 an die noch in Italien weilende Karoline: »Ich erhielt die Sachen gestern nachmittag, wo ich eben zu Tisch ausgehen mußte, und schickte sie gleich dem, den Du denken kannst.« Damit war, wie Karoline wußte, der Reichsfreiherr vom Stein gemeint. »Den Abend dachte ich selbst darüber nach, und heute habe ich mich ordentlich mit dem beraten, was ich zu tun habe ... Wir haben verabredet, daß ich dem König jetzt auf das wärmste für sein Vertrauen danke, allein sage, daß ich mich erst in Berlin selbst definitiv erklären kann und daß ich dem Staatskanzler ziemlich kalt antworte und daß ich dem, der mir neulich durch eine Estafette schrieb«, dem Generaladjutanten von Witzleben also, »mein Bedenken ausführlicher darlege.«

Das Ergebnis der Beratung mit Stein war, daß Humboldt versuchte, den König auf seine eigene Ausdeutung des königlichen Erlasses festzulegen und darüber hinaus dahin zu wirken, daß die Stellung der Minister zum König in einer Weise geklärt werde, wie er sie immer gefordert und Hardenberg sie ebenso beharrlich abgelehnt hatte. Er wünschte nach wie vor eine Umwandlung des Präsidialkabinetts in ein kollektives Ministerium. »Ich sehe das mir zugedachte Geschäft dergestalt an«, schrieb er am 24. Januar 1819 dem König, »daß ich bestimmt bin, das Organ im Staatsministerium zu sein, durch welches die Vorschläge zu der beabsichtigten ständischen Verfassung an E. M. gelangen, und das ganze Gebäude derselben, welches, um Gefahrlosigkeit und Nutzen zu gewähren, mit der äußersten Vorsicht und nach und nach aufgeführt werden muß, in die Wirklichkeit treten zu lassen.«

So las er in den Erlaß des Königs hinsichtlich seiner Zuständigkeiten genau das hinein, was Hardenberg durch den Zusatz zu seinem Begleitbrief unmißverständlich ausgeschlossen wünschte. Der Staatskanzler war nicht bereit, Humboldt bei dem für Preußen wichtigsten Problem, der Verfassungsfrage, andere als nachgeordnete Befugnisse zuzugestehen. Auch wenn es nicht um eine Grundsatzfrage gegangen wäre, hätte sich Humboldt bei seiner bisweilen verhängnisvollen Neigung zur Klärung von Formfragen gewiß nachdrücklich bemüht, ihm zugedachte Zuständigkeiten und Verantwortungen eindeutig festzulegen. Aus diesem Hang zum Formalen, aber auch aus der Erkenntnis der ihm bevorstehenden Schwierigkeiten dürfte es sich erklären, wenn er nach dieser Interpretation seiner Befugnisse den ihm erteilten Auftrag nicht sofort annahm, sondern meinte, streng und gewissenhaft prüfen zu müssen, ob er die schwere Verantwortung der ihm zugedachten Stellung auf sich nehmen könne. Mit seinerzeit seltenem Freimut sprach er in seinem Schreiben an den König aus, worum es ihm ging. »E. M. wollen auf eine Weise, bei der Zweck und Mittel gleich treffend aufgefaßt sind, durch ein solidarisch verantwortliches Ministerium eine schnelle, kräftige und konsequente Verwaltung bilden.« Da er seit längerer Zeit den inneren Geschäften ferngestanden habe, wolle er nicht schon von Frankfurt aus, sondern erst nach seiner Ankunft in Berlin eine Erklärung darüber abgeben, ob er sich imstande fühle, das ihm angetragene Ministerium zu übernehmen.

Die Schreiben an Hardenberg und Witzleben tragen gleichfalls das Datum vom 24. Januar. Hardenberg ließ er, wie er Karoline berichtete, »ziemlich kalt« wissen: »In demjenigen, was Sie, liebster Fürst, von Anklage in Ihrem Briefe sagen, muß wohl ein Mißverständnis liegen. Wenn zu Geschäften berufene Personen nicht gemeinschaftlich das nämliche führen wollen, ist nicht von Beschuldigung, sondern nur von Verschiedenheit der Meinungen und Grundsätze die Rede. Hierzwischen ist ein wichtiger Unterschied, und E. D. waren so lange in England, daß Sie sich gewiß erinnern, wie unverhohlen solche Verschiedenheit von Männern erklärt wird, die sich übrigens gegenseitig schätzen und ehren.«

Noch ehe Humboldt sein neues Amt angetreten hatte, warf er dem Staatskanzler notgedrungen den Fehdehandschuh hin. Hardenberg nahm ihn auf.

Witzleben gegenüber erklärte sich Humboldt noch deutlicher: »Es ist nicht möglich, und ich habe es oft unverhohlen gesagt, als Minister dem König verantwortlich zu sein, wenn der Staatskanzler seine Autorität in der ganzen Ausdehnung ausüben, Verfügungen suspendieren, selbst verfügen, dem König für sich in

Sachen eines Ministeriums Vorträge machen kann.« Ihm bleibe nichts, als entweder auf die Gnade des Königs zu verzichten oder aber sich ausdrücklich auszubedingen, daß in Angelegenheiten seines Departements durch keinen anderen als durch ihn, wo immer er es für nötig finde, »mündlich ein Antrag bei dem König gemacht werden könne«. Selbstverständlich sei er bereit, dem Staatskanzler genaue Rechenschaft zu leisten und ihm jede Maßregel zuvor anzuzeigen.

Die Notwendigkeit einer solchen unmittelbaren Verantwortung gegenüber dem König begründete Humboldt mit dem Hinweis, daß Hardenberg ihm geschrieben habe, er arbeite selbst an einer Konstitution. »Ich habe entweder gar keine Idee von der mir angetragenen Stelle«, schrieb er an Witzleben und ähnlich auch an Hardenberg, »oder diese Arbeit wäre meines Berufs. Ich kann nicht die Ständischen Angelegenheiten in einem Augenblick führen, wo Führen noch immer erst Bilden heißt, wenn eine Konstitution vorher und auf diese Weise gemacht ist.« Humboldt erwähnte nicht, daß er selbst einen fertigen Entwurf einer preußischen Verfassung mit nach Berlin bringen würde, plädierte aber dafür, daß die künftige Verfassung »das Resultat des Nachdenkens der Fähigsten und Charaktervollsten« sein müßte. »Da ich dies Departement haben soll, so kann man von mir fordern, daß ich einen Plan habe, wie man die Verfassung, die nicht sowohl ein Blatt Papier als eine zusammenhängende Reihe von Einrichtungen und politischen Handlungen ist, ins Leben führen könne. Diesen muß ich vorlegen, er muß in der Kommission und im Staatsrat geprüft und diskutiert werden. Nur so kann die Sache gehen, und das Schlimmste, was uns betreffen könnte, wäre Übereilung in diesem Geschäft nach dreijährigem Nichtstun. Wer dies verhindert, macht sich um König und Vaterland verdient.« Humboldt hatte auch Hardenberg keineswegs im Zweifel darüber gelassen, daß der Vorschlag einer Konstitution von ihm und seinem Departement ausgehen müsse, »und ich kann Ihnen nicht leugnen, welche Schwierigkeit ich darin finden würde, eine so wichtige Angelegenheit nach fremden Ideen zu leiten«.

Die Antwort des Königs in seiner Kabinettsorder vom 31. Januar 1819, die selbstverständlich Hardenberg entworfen hatte, war überaus »ungnädig«, wie Humboldt an Boyen am 7. Februar schrieb. »Es läßt sich gar nicht absehen«, zürnte Friedrich Wilhelm III., »wie Sie bei Ihren Talenten und Erfahrungen und nachdem Sie so lange und so verschiedenartige Geschäfte, sowohl innere als auswärtige, rühmlich bearbeitet, jetzt einer vorherigen Selbstprüfung bedürfen könnten, bevor Sie die Ihnen zugedachte Stelle annehmen.« Er, der König erwarte, daß Humboldt ihm nun ungesäumt die Anzeige machen werde, daß er die ihm übertragene Aufgabe zu übernehmen bereit sei.

Zur Verfassungsfrage heißt es: »Übrigens steht in meinem Kabinettsschreiben vom 11. d. M. kein Wort davon, daß Sie das Organ des Staatsministeriums sein sollen, durch welches die Vorschläge zu der beabsichtigten ständischen Verfassung an mich gelangen sollen. Ich habe die Grundlagen derselben teils schon früher bestimmt, teils werde ich sie noch selbst bestimmen sowie die Art und Weise, wie sie vor der Festsetzung sorgfältig geprüft und erwogen werden soll... Ursprünglich hatte Hardenberg noch den Schluß zugefügt: ›Daß ich Sie, da Sie künftig danach mit den Ständen handeln und die Geschäfte mit ihnen zu leiten haben werden, vorzüglich mit zur Beratung darüber zuziehen werde, versteht sich von selbst‹, aber dieses Versprechen dann wieder gestrichen.«[61]

Gegenüber Boyen beklagte sich Humboldt in seinem Schreiben vom 7. Februar über den Widersinn, ihn zum Minister für die ständischen Angelegenheiten zu ernennen und ihm gleichzeitig vorzuwerfen, daß er sich anmaßen wolle, selbst Vorschläge zur Konstitution zu machen. Den Mann, den er gewinnen wollte – »Trete ich noch ein, so ist mein größter Trost, auf Sie rechnen zu können« –, ließ er nicht im Zweifel darüber, daß er das Spiel Hardenbergs und der Hofkamarilla durchschaue. »Was man, versteht sich, nicht der König, mit mir tut, ist sehr einfach«, schrieb er dem Gesinnungsfreund zwei Tage später. »Alles Geschehene hat gar nicht zum Zweck, mich zu benutzen (man hat mir ja goldene Berge geboten, nach London zurückzugehen), sondern nur, da ich ohne Eklat nicht mehr zu entfernen bin, zu machen, daß ich nicht anders als festgebunden zurückkomme und ja kein Mittel habe, mich mündlich mit dem König zu erklären.« Nicht einmal zur mündlichen Erörterung seiner Bedenken rief man Humboldt nach Berlin, und er selbst stellte in seiner betont formalen Einstellung zu den Pflichten eines Beamten auch nicht den Antrag, zur Erörterung seines Anliegens nach Berlin berufen zu werden.

So unternahm es Humboldt, dem König schriftlich darzulegen, was ihn veranlaßt habe, sich eine Entscheidung über die Annahme des an ihn ergangenen Angebotes vorzubehalten. In einem ausführlichen Schreiben vom 9. Februar 1819 an den König brachte er seine Einwände gegen Hardenbergs Stellung und Politik unmittelbar vor den Thron, um vor seinem Eintritt in das Kabinett Klarheit über seine Auffassung, und das heißt seine Meinungsverschiedenheiten mit dem Staatskanzler zu schaffen. Dabei zweifelte er keineswegs, daß sein Appell an den König durch die Hand des Staatskanzlers gehen würde. Dieses mutige Unternehmen Humboldts war nicht frei von Eigensinn und Ehrgeiz; entscheidend ist, daß es vom Gefühl höchster Verantwortung gegenüber dem König wie gegenüber dem preußischen Volk getragen war. Kaum zuvor dürfte jemand eine solche Sprache vor dem König gewagt haben.

Sein erstes und hauptsächlichstes Bedenken, so führte Humboldt aus, wäre gewesen, ob er den Grad der Unabhängigkeit besitzen würde, ohne den die Verantwortlichkeit unmöglich wäre, welche der König von seinen Ministern fordere. Das war ein Angriff auf die Stellung des Kanzlers. Hardenberg hatte jene von Humboldt so verurteilte bürokratische Monarchie vollendet, indem er sich zum Vorgesetzten seiner Minister erhob und damit ein entscheidendes institutionelles Hindernis für die von Humboldt erstrebte konstitutionelle Monarchie bildete.

»Was will er denn für Unabhängigkeit haben?« merkte Hardenberg am Rand des Schreibens an, ehe er es dem König vorlegte. »Er soll dieselbige ja haben wie alle anderen Minister. Er greift nur mich an. Der König entscheide, ob ich entbehrlich sei oder nicht. Wäre das erste, ich zöge mich gleich willig zurück. Solange Se. Majestät aber meine Dienste für nützlich halten, werde ich meine mir verliehene Autorität aufrechterhalten und bin dazu verpflichtet.«

So und noch schärfer glossierte Hardenberg Humboldts Bemühen, im Zuge einer fortschrittlichen Entwicklung Preußens das autoritäre Regime des Kanzlers durch ein kollektives Leitungssystem unter weitgehender unmittelbarer Verantwortung des jeweiligen Ministers abzulösen. Diese Forderung war für Humboldt gewiß auch eine Frage seines Selbstbewußtseins; sie war nicht weniger ein Stück der institutionellen Reformen, die unlöslich mit seiner Vorstellung von einer Liberalisierung des öffentlichen Lebens verbunden waren.

Das zweite Bedenken, das Humboldt dem König vortrug, betraf die Kompetenz seines Ressorts. Er wehrte sich gegen den Vorwurf, aus dem ersten Erlaß des Königs etwas herausgelesen zu haben, was nicht in ihm enthalten gewesen wäre. Die Verhandlungen mit den Landständen wären ausdrücklich als zu seinem Departement gehörig bezeichnet worden. »Es scheint hiernach, als sollte ich der einzige unter den Ministern sein, welcher in allen Gelegenheiten und Verhältnissen mit ihnen verhandelte. Hierbei kommt es teils auf die Natur der gegebenen Verfassung, teils auf die Organisation des Ministeriums an.« Dazu merkte Hardenberg an: »Beides ist daher abzuwarten.«

Wenn die ersten Entwürfe einer solchen Verfassung nicht von seinem, Humboldts, Ministerium kämen, so müßte er sie zumindest kennen, bevor er die Leitung dieses Ministeriums übernehmen könne. Humboldt schloß seine ausführlichen Darlegungen mit dem Satz: »Haben E. M. diejenige Stellung im Auge gehabt, die ich zuerst gewagt habe, hier vorzüglich in Absicht des ersten und zweiten Punktes zu schildern, so werde ich mich glücklich schätzen, je früher ich werde in den mir bestimmten Wirkungskreis eintreten können.« Hardenbergs Kommentar für den König lautete: »Ein Kapitulieren hierüber ist unschicklich und unzulässig. Er kennt die Umstände genug, um sich zu erklären.«

Der König ließ darauf Humboldt durch die Kabinettsorder vom 17. Februar 1819 wissen: »Ihre Vorstellung vom 9. d. M. enthält entweder Dinge, die Mir bekannt sind, oder solche, über die Ich Mich bereits ausgesprochen habe, oder endlich solche, darüber Ich Gutachten des Ministeriums erwarte, um Mich zu entscheiden. Der Wirkungskreis, den Ich Ihnen jetzt bestimmt habe, ist in Meiner Kabinettsorder vom 11. ganz genau angegeben. Es steht Ihnen völlig frei, ihn mit der Ihnen angebotenen Stelle unter den gegenwärtig bestehenden, Ihnen hinreichend bekannten Verhältnissen anzunehmen oder nicht. Wollen Sie aber überhaupt in Meinem Dienst bleiben, so muß Ich Ihre unbedingte Erklärung hierüber unverzüglich fordern.«

Das dieser Kabinettsorder vorausgehende Schreiben Humboldts an den König war im Hinblick auf die damaligen preußischen Verhältnisse gewiß ungewöhnlich. Nicht minder ungewöhnlich aber war das vertrauliche Schreiben, das Witzleben, der Generaladjutant des Königs, am 19. Februar an Humboldt sandte. Veranlaßt durch Anhänglichkeit an den König und Achtung für Humboldt war es von beispielloser Offenheit. Witzleben hob hervor, Humboldt könne von des Königs Gesinnung unter veränderten Nebenumständen noch alles Gute erwarten. Der königliche Erlaß aber sei diktiert von der »sehr gereizten Persönlichkeit des Staatskanzlers«. Hardenberg habe die Verfassung als den Schlußstein seines eigenen politischen Wirkens betrachtet und sähe in Humboldt nun den Mann, »der ihm den Ruhm streitig machen, die Frucht entreißen wollte«. Daher versuchte Hardenberg, Humboldt indirekt zu zwingen, die Berufung ins Ministerium auszuschlagen. »Ihre Anstellung hat im Publikum einen sehr guten Eindruck gemacht. Wenn Sie herkommen und die Mängel der Verwaltung kennenlernen, so werden Sie dem allen mit Kraft entgegentreten. Dies fürchtet man.« Man dürfe dem Staatskanzler keinen Vorwand geben, vor der preußischen Öffentlichkeit zu erklären, Humboldt habe den königlichen Auftrag ausgeschlagen. Deshalb müsse er nach Berlin kommen, »es bleibt Ihnen nach Ihrem Eintreffen ja doch alles zu tun überlassen ... Eine ganz unbedingte Ergebung in den königlichen Willen wird auf den König einen sehr guten Eindruck machen«.

Humboldt beugte sich dem Rat des ihm wohlgesinnten Witzleben. »Du wirst finden, liebe Li«, schrieb er am 26. Februar 1819 seiner Frau, »daß dies ein unendlich vernünftiger und guter Brief ist ... Es ist ganz eigen, daß gerade einer, den ich nicht kenne und der mich nicht kennt, den ich nur zweimal im Leben sah und mit dem ich nie über einen wichtigen Gegenstand sprach, mit wahrhaft ausharrender Geduld sich meiner Sache annimmt ... Dieser Brief, ich leugne es nicht, änderte fast unmittelbar meine und noch mehr des Hiesigen«, des in Frankfurt weilenden Reichsfreiherrn vom Stein, »Ansicht. Er enthielt zwei Dinge, die man als Tatsachen ansehen konnte, die Stimmung des Königs und die Absichten der Widersacher.«

Humboldt durfte Karolines Zustimmung sicher sein, wenn er sich nunmehr entschloß, den an ihn ergangenen Ruf anzunehmen, obwohl er und auch Stein zunächst für die Ablehnung gewesen waren. »Es ist allerdings jetzt eine harte Sache«, schrieb er Karoline weiter, »im Widerspruch und Kampf ein schon an und für sich schwieriges, verwickeltes und von Hindernissen aller Art umgebenes Werk zu beginnen. Allein zu solchen Unternehmungen muß man Mut und Ruhe haben, und an beidem wird es mir nicht fehlen. Übrigens aber bin ich doch weit entfernt, eigentlich Hoffnungen zu haben. Es wird mir sehr schwer sein, das Gute durchzusetzen, selbst nur das Nötige zu tun.«

Humboldts Versuch, die erforderlichen institutionellen und persönlichen Voraussetzungen für ein erfolgreiches Wirken zu schaffen, noch ehe er sein Amt antrat, war gescheitert. Sein Streben war verständlich, die Möglichkeiten für eine fortschrittliche Politik im rückschrittlichen Preußen zu verbessern, bevor er selbst an ein Amt gefesselt wurde. Um so mutiger war sein Entschluß, dennoch das fast Unmögliche zu versuchen und als Mitglied des Kabinetts durchzusetzen, was er als Bedingung für seinen Eintritt in das Ministerium nicht erreichen konnte.

Er unternahm es unverzüglich, Gleichgesinnte um sich zu

scharen. Stein konnte hier nicht helfen; er saß fern von Berlin und ohne unmittelbaren Einfluß auf das politische Geschehen auf seinem Schloß in Nassau. Humboldt hoffte vor allem auf Witzleben und Boyen, den Generaladjutanten und den Kriegsminister, mit deren Solidarität er rechnen konnte.

Noch bevor Humboldt den König durch sein Schreiben vom 26. Februar 1819 wissen ließ, daß er das ihm »angetragene Ministerium in tiefster Ehrerbietung« annehme, versicherte er sich des weiteren Wohlwollens seines Fürsprechers Witzleben. Doch ließ er keinen Zweifel darüber, daß er sich der Schwierigkeiten bewußt sei, denen er entgegenging. »Ich kann meine Überzeugung nicht ändern«, schrieb er Witzleben am 26. Februar, »daß die Teilung der Ministerien die Geschäfte verwirrt, die Schreiberei vermehrt, den Etat erhöht, die Kraft des Ministeriums schwächt und dagegen keinen Nutzen in der Sache gewährt, ebensowenig die, daß Verantwortlichkeit der Minister sich nicht mit den bisher vom Fürsten Staatskanzler ausgeübten Rechten verträgt, und ich gehe jetzt, wie ich sehr gut weiß, freiwillig in diese Verhältnisse ein.«

Boyen versicherte er am 2. März, daß er getan habe, was er konnte und gewissermaßen mußte. Nicht nur Loyalität gegenüber dem König bestimmte ihn zu seinem Entschluß, sondern der Wille, als Minister seine dem König und Kanzler bekannten Reformbestrebungen dennoch durchzusetzen. Daß er daran scheitern werde, kalkulierte er von vornherein als möglich und sogar als wahrscheinlich ein. »Mich nicht der Möglichkeit zu berauben, die dem König von mir beigebrachte nachteilige Meinung wieder aufzuheben«, war der persönliche, bei seinem Ehrgeiz und Selbstbewußtsein durchaus verständliche Grund seines Nachgebens. Entscheidend aber war die Notwendigkeit, »die Sache, an der uns allen für den König und den Staat liegt, nicht fahrenzulassen«.

Humboldts Entschluß, in das Kabinett einzutreten, wurde in weiten Kreisen der Öffentlichkeit begrüßt. Daß Freunde wie Niebuhr in Rom in ihn ihre »einzige Hoffnung« setzten, überraschte nicht; doch auch der oft gescholtene Jugendfreund Dohna gab seiner Genugtuung Ausdruck, und Gneisenau, mit dem Humboldt wegen der schlesischen Dotation in Fehde lag, urteilte: »Für Humboldt ist hier eine ganz zahlreiche Partei. Erstens der größere Teil der Konstitutionellen, indem sie meinen, Humboldt werde die Konstitution vorwärtsbringen; zweitens die Gelehrten; drittens diejenigen Militärs, die für die neuen Armeeeinrichtungen sind und gegen Herrn v. Bülow im Jahre 1817 gekämpft haben mit Ausnahme meiner Person, der ich ebenfalls zu diesen Kämpfern gehörte.«

Stein schrieb am 25. Februar 1819 an den Freiherrn von Spiegel, der wie Humboldt dem Staatsrat angehörte: »Humboldt tritt unter höchst ungünstigen Umständen seine Stelle an. Er ist durch das unvermeidliche Verhältnis gegen den Staatskanzler beschränkt. Dieser stumpfe, seichte, aufgeblasene, falsche und egoistische Mann reißt alles an sich, um zu untergraben, zu lähmen, zu verpfuschen. Er ist unfähig, etwas Tüchtiges zu machen, weil er nur sich und sein elendes Ich, nicht das Edle, Große, Gute im Auge hat. Herr v. Humboldt hat sich nur auf die Bitten seiner Freunde entschlossen, die Stelle anzunehmen, nicht in der Hoffnung, etwas Gutes zu bewirken, sondern in der Absicht, das wirklich verderbliche Tolle zu verhindern.«

Wenn Humboldt angenommen hatte, daß seiner Zustimmung zum Eintritt in das Ministerium alsbald die Abberufung aus Frankfurt nach Berlin folgen würde, so sah er sich abermals getäuscht. Hardenberg zögerte die Abreise von Frankfurt hinaus. Monat um Monat verging, und der Minister von Humboldt wurde immer noch durch unwichtige Geschäfte von Berlin ferngehalten, wo sich inzwischen die Bedingungen für ein erfolgreiches Wirken von Monat zu Monat in höchst nachteiliger Weise veränderten. Hardenberg wollte Zeit gewinnen, um seinen Verfassungsplan fertigzustellen, ehe Humboldt mit eigenen Ansprüchen und Plänen wirksam in Erscheinung treten konnte. Anfang Mai legte Hardenberg seinen Entwurf vor und bemühte sich, den König zu einer schnellen Entscheidung zu veranlassen. »Die vorgeschlagenen Bestimmungen festzustellen, nehme Ich jedoch Anstand«, antwortete der König am 3. Juli und verfügte die Bildung einer kleinen Kommission, der Hardenbergs Entwurf als brauchbares Material zur Beratung unterbreitet werden sollte. Die Kommission sollte unter Vorsitz Hardenbergs und Hinzuziehung Humboldts tagen; ihr sollten weiterhin Humboldts Ministerkollege im geteilten Ministerium des Innern, von Schuckmann, und die Staatsräte Ancillon, Daniels und Eichhorn angehören. Dabei wurden die Befugnisse der Kommission ausdrücklich auf das formale Verfassungsversprechen vom 22. Mai 1815 begrenzt. Weiterhin hieß es, daß die Kommission rückfragen soll, falls sie nähere Bestimmungen brauche.

Erst am 13. Juli bekam Humboldt die Weisung, seine Geschäfte in Frankfurt abzuschließen und nach Berlin zu kommen. Er verließ Frankfurt am 22. Juli und reiste über Erfurt und Weimar in die preußische Hauptstadt. Karoline war inzwischen aus Italien zurückgekehrt. Humboldt war ihr entgegengefahren und hatte sie Ende Juni zwischen Heidelberg und Bruchsal getroffen. Bevor er seine Frau zu einem längeren Kuraufenthalt nach Ems brachte, blieb die Familie einige Tage vereint in Frankfurt am Main. Humboldt war glücklich, Karoline nach langer Zeit wiederzusehen, die ihn erneut in seinen Entschlüssen und Entscheidungen bestätigte und stärkte. »Der Umgang mit meiner Frau«, bekannte Humboldt am 4. Juli 1819 dem Freiherrn vom Stein, »ist immer in mein ganzes Leben verwebt; er hat (das habe ich selbst in den Zeiten gefunden, wo ich ihn nur schriftlich haben konnte) den entschiedensten Einfluß auf meine Art zu denken und zu handeln, auch in öffentlichen Geschäften. Ich liebe nicht, gerade in den letzteren alles zu sagen und im einzelnen Rat zu fragen, denn ihre Ansichten, ihre Grundsätze, ihre Gesinnungen leiten, stärken, befestigen, ermuntern im ganzen; man sieht das Ziel, wohin man gelangen soll, reiner und klarer und läßt sich durch Schwierigkeiten und Zufälligkeiten der Ausführung weniger auf Abwege bringen.«

Stein gegenüber durfte Humboldt eine solche Huldigung seiner Frau vorbehaltlos aussprechen; der Reichsfreiherr und der preußische Baron waren in den Frankfurter Monaten einander nahegekommen, und Stein gehörte zu den Verehrern Karoline von Humboldts. Es war gewiß von großem Vorteil für Humboldt und für den Verlauf der Dinge, daß Karoline in den entscheidenden Monaten des Kampfes Wilhelm von Humboldts um Liberalität der Gesinnung und Fortschreiten der gesellschaftlichen Entwicklung an der Seite ihres Mannes gestanden hat. Sie hat ihn in seinem Patriotismus wie in seinen demokratischen Bestrebungen, wo immer sie konnte, bestärkt und den bisweilen recht schwierigen Gatten in seinen harten Auseinandersetzungen mit der Reaktion unterstützt.

Während seines Aufenthalts in Frankfurt schließlich »auf absolutes Nichtstun reduziert«, hatte Humboldt seine unfreiwillige Muße dazu benutzt, um in ständigem Meinungsaustausch mit dem Reichsfreiherrn vom Stein seine Gedanken über eine preußische Verfassung zu klären.

Das Ergebnis war eine umfangreiche Denkschrift, nicht für die Öffentlichkeit, sondern für das Gespräch mit Stein bestimmt, ein Dokument, das einen tiefen Einblick in das politische Denken Humboldts gewährt und ihn als politischen Realisten ausweist. Da der Verfassungsminister bei seinem Wirken von dieser Denkschrift ausging, ist es notwendig, wenigstens in großen Zügen auf die Vorstellungen einzugehen, die Wilhelm von Humboldt vom Ziel seiner amtlichen Tätigkeit hatte. Ein solcher Einblick verliert auch dann nicht an Wert, wenn man vorwegnehmend anmerkt, daß nicht die Verfassungsfrage und auch nicht das damit unlösbar verbundene Ringen um die Reorganisation des Regierungssystems, sondern der Kampf gegen die Karlsbader Beschlüsse schneller als erwartet zu Humboldts Entlassung geführt hat.

Humboldts Stellung zum Staat hatte sich von der Zeit seines Werdens bis zu der seines Wirkens grundlegend gewandelt. Als junger Referendar hatte er seine Abkehr vom spätfriderizianischen feudalen Beamtenstaat mit unerbittlicher Folgerichtigkeit vollzogen. In seinen staatstheroretischen Versuchen war er von so tiefer Skepsis gegenüber dem absoluten Staat jener Zeit erfüllt gewesen, daß er den Staat als ein unvermeidliches und daher in seinen Wirkungsmöglichkeiten auf das äußerste einzuschränkendes Übel ausschließlich der freien Entfaltung der Individualität dienstbar machen wollte. Später ließen ihn das Studium der Antike sowie besonders das fremder Völker und Nationalitäten die Nation als die eigentliche Triebkraft menschlicher Entwicklung zu einer staatlichen Ordnung vermuten. Der Reformator des preußischen Bildungswesens hatte dann seine Auffassung vom Staat bereits wesentlich geändert. Er begann ihn als einen Träger gesellschaftlicher Entwicklung zu betrachten, und zwar als Instrument eines politisch bewußt gewordenen und handelnden Volkes, eben der Nation.

Damals bereits zeigte sich die Wechselwirkung, die in der Verfassungsdenkschrift betont wird: Der Übergang vom Untertanenstaat zum Bürgerstaat kann in Humboldts Sicht nur durch die Erziehung des Untertans zum Staatsbürger vollzogen werden. Nur auf diese Weise wird der Bürger fähig, die wachsende Verantwortung in der Anleitung und Kontrolle der Staatsgeschäfte zu übernehmen. Erzieher des Staatsbürgers kann aber nur der Staat selbst sein, denn er stellt die Institutionen zur Verfügung, die der Untertan zu seiner Bildung und zur Entfaltung seiner Fähigkeiten benötigt. Dazu gehört auch das Vermögen, im öffentlichen Leben nach anfänglich kleinen und örtlich begrenzten Pflichten zunehmend größere und schließlich das gesamte Gemeinschaftsleben umfassende Aufgaben zu bewältigen. Humboldt ist dabei die Bedeutung der Umweltbedingungen für die Entwicklung der menschlichen Individualität noch nicht voll bewußt geworden.

Seine Vorstellung vom Staat war die eines Bildungsstaates im besten Sinne des Wortes geworden, eines Staates, der zugleich ein Instrument der menschlichen Gemeinschaft wird und dennoch eine möglichst freie Entfaltung der Fähigkeiten des Menschen gewährleistet. Zum Wohl der menschlichen Gemeinschaft wie des einzelnen aber muß jedem Bürger neben seinem freien Schaffen im Beruf auch eine tätige verantwortliche Mitwirkung in den Institutionen des Staates ermöglicht werden. Der gebildete Bürger wird hierbei als Träger der staatlichen und gesellschaftlichen Entwicklung betrachtet.

In einer solchen Anschauung, deren Grundtendenz aufkläre-risch-optimistisch ist, liegt das wohl wesentlichste Element einer zeitgemäßen Verfassung, wie sie sich Humboldt vorstellte. Zugleich ist diese Auffassung die entscheidende Ursache dafür, daß er nach höchster Verantwortung im Kabinett drängte, um von oben her den Staat und mit ihm die Gesellschaft im fortschrittlichen Sinne umzuformen. Der Reformator des preußischen Bildungswesens fühlte sich fähig, auch den Staat zu reformieren.

Sein Verfassungsplan war mehr als der Versuch, einen absolut regierten Staat in eine konstitutionelle Monarchie umzuwandeln. Humboldts Ziel bestand darin, die Untertanen des Königs zu bewußten Trägern politischen Willens und politischer Macht in politischer Verantwortung heranzubilden. Dabei stellte er die zeitlichen Gegebenheiten realistisch in Rechnung und knüpfte an das Überkommene und Vorhandene an, um daraus allmählich Neues und Zukunftsweisendes zu entwickeln. Er konnte sich auf eine breite bürgerliche Oppositionsbewegung stützen, die nach den Befreiungskriegen in wachsendem Maße politische Forderungen anmeldete. »Der Berufung Humboldts schenkten vor allem die alten Freunde aus dem Kreis der Reformer, wie der Freiherr vom Stein, große Beachtung. Sie hofften, daß Humboldt nun das 1807 begonnene Reformwerk in Preußen vollenden werde.«[62]

Wilhelm von Humboldt wollte Staat und Gesellschaft reformieren, nicht revolutionieren. Nicht zufällig hatte ihn in jenen entscheidenden Monaten der Reichsfreiherr vom Stein stark beeinflußt. An sein Reformwerk knüpfte Humboldt an, weit bewußter und umfassender als während seiner Tätigkeit im preußischen Bildungswesen. Zugleich aber war er auch kritischer gegenüber dem Freund, dem er sich mit jener Offenheit erschloß wie in der klassischen Epoche seiner Wanderjahre Friedrich Schiller. Die Namen Stein und Schiller in dieser Verbindung nennen bedeutet zugleich, den weiten Gang der Entwicklung zu markieren, die Wilhelm von Humboldt seither genommen hatte.

Humboldt wollte in völliger Übereinstimmung mit Stein das Volk an den Staatsgeschäften beteiligen. Ihre Pläne beruhten weniger auf den Ideen der Französischen Revolution und dem Gedanken der Volkssouveränität, wie sie weithin von der demokratischen Bewegung vornehmlich im Südwesten Deutschlands propagiert wurden, als vielmehr auf der Überzeugung von der Mündigkeit des Menschen, sobald man ihm nur die Möglichkeit gäbe, sich zu bilden und seine Fähigkeiten zu entfalten. Beide waren Gegner des feudalen Absolutismus und des bürokratischen Beamtenstaates. Während Stein alte ständische Selbstverwaltungsrechte zu beleben und zu erweitern wünschte, dachte Humboldt an den aus seiner Unmündigkeit befreiten, aufgeklärten Menschen seines Zeitalters. Er stellte sich ihn vor als einen selbsttätigen und selbstverantwortlichen Bürger, der das Recht habe, mehr und mehr auch die Angelegenheiten der Gemeinde, der Stadt, der Provinz, des Landes und damit des Staates zu lenken. Wie Stein einst den ersten entscheidenden Schritt im Jahre 1808 mit der Städteordnung getan hatte, so galt es jetzt, das unterbrochene Reformwerk in raschen Schritten bis zur Staatsspitze fortzusetzen, zunächst auf dem Lande und in den Kreisen, dann aber auch mit wachsenden Anforderungen an die Vertreter des Volkes in den einzelnen Provinzen und in ganz Preußen.

Humboldt wünschte die Mitwirkung des Volkes im öffentlichen Leben, überzeugt davon, »daß eine solche dahin führen wird, dem Staat in der erhöhten Kraft der Nation und ihrem belebten und zweckmäßig geleiteten Anteil eine größere Stütze zu verschaffen«. Er dachte dabei nicht nur an vermehrte Rechte für den Bürger, sondern an das Wohl der Gemeinschaft, des Staates wie der Krone, denn der Bürger werde »durch die Teilnahme an der Gesetzgebung, Beaufsichtigung und Verwaltung mehr Bürgersinn und Bürgergeschick erhalten, dadurch für sich selbst sittlicher werden und seinem Gewerbe und individuellen

Leben, indem er beide näher an das Wohl seiner Mitbürger knüpft, eine höhere Geltung geben«.

Humboldt sah daher auch ein direktes Wahlrecht für die Wahlkörperschaften vor und schenkte den Rechten des einzelnen, ganz im Sinne seiner unerfüllten Hoffnungen auf die Bundesakte, besondere Beachtung. In beiden Fragen unterschied er sich von den Vorstellungen Hardenbergs. Nach dessen Auffassung sollten die regionalen Vertretungen in drei Stufen auseinander erwachsen, wobei die Kreisversammlungen die unterste Stufe darstellten. Humboldt wie Stein sahen demgegenüber in der Selbstverwaltung der ländlichen Gemeinden und der Kreise ein besonders belebendes und erziehendes Element für das Gemeinschaftsbewußtsein und die Mitwirkung des einzelnen am gesellschaftlichen und politischen Leben. Der regionalen Gliederung des Staates und der Unterschiedlichkeit der einzelnen Landschaften entsprechend, sollten Provinzialstände und als Krönung des Ganzen Landstände gebildet werden. Sie sollten regional wie gesamtstaatlich auf dem Zweikammersystem beruhen: Die erste Kammer sollte, ähnlich wie das englische Oberhaus, aus dem hohen Adel und einigen berufenen Mitgliedern bestehen. Dagegen sollte die zweite Kammer aus direkten Wahlen hervorgehen. Das entsprach weitgehend den Vorstellungen des demokratischen Bürgertums von einer Repräsentativverfassung.

Humboldts Denkschrift »Über Einrichtung landständischer Verfassungen in den preußischen Staaten« umfaßt rund siebzig Druckseiten. In ihr setzte er sich oft auch mit Niederschriften Dritter auseinander, unter anderen mit Arbeiten von Stein und Vincke, der damals Oberpräsident der neugeschaffenen Provinz Westfalen war. Es handelte sich also um Stimmen aus dem Westen Deutschlands, wo der Einfluß der Französischen Revolution stärker gewesen war als im Osten. Andererseits vertrat Humboldt, etwa in der Frage der Stellung des Adels, weit fortschrittlichere Gedanken, als sie auch damals noch von Stein verfochten wurden. Im ganzen zeigte er sich bestrebt, an die in den einzelnen Landesteilen vorhandenen Überlieferungen behutsam bewahrend anzuknüpfen und doch eine allgemein gültige Neuordnung zu schaffen. Diese sollte sich nicht auf bestimmte Rechtsformen beschränken, sondern sich im Laufe der Zeit zu einem lebendigen, von unten nach oben durchgegliederten Organismus entfalten, der von der ländlichen Gemeinde bis zur kollegialen Staatsregierung eine Gemeinschaft von freien und frei sich entfaltenden Staatsbürgern darstellte.

Humboldt wünschte nicht, daß die Vertretungen des Volkes als Opposition zur Krone aufgefaßt würden, sondern als Mitträger der politischen Verantwortung. »Strenge Verantwortlichkeit«, kontrolliert von den dazu berufenen Organen, war ihm neben festen Prinzipien der obersten Verwaltungsbehörden »die einzige äußere Bürgschaft für die Güte eines Ministeriums. Die Verantwortlichkeit aber wächst auf eine doppelte Weise, einmal gegen die Landstände und dann gegen den König, der in den Landständen, zu seiner eigenen Hilfe und Leistung, einen strengen und sachkundigen Beurteiler seiner Minister erhält.« Humboldt wollte jedoch nicht, daß die Ständeversammlungen »ein Element unberufener Neuerungen werden«. Ihn schreckte noch immer das Beispiel Frankreichs. Daher sollten die Rechte der Volksvertretungen nicht einfach auf der Souveränität des Volkes beruhen, man müsse vielmehr »den Wirkungskreis dieser Versammlung« genau abgrenzen. »Die Sicherung, welche das Volk durch eine Verfassung erhält, ist eine doppelte, die aus der Existenz und der Wirksamkeit der Landstände mittelbar hervorgehende und diejenige, welche als Teil der Konstitution unmittelbar mit ihr ausgesprochen« wird. Zu diesen Grundrechten, wie wir heute sagen würden, zählte er als unabdingbar die individuelle, persönliche Sicherheit, nur nach dem Gesetz behandelt zu werden, die Sicherheit des Eigentums, die Freiheit des Gewissens und die Freiheit der Presse.

Wie eng Humboldts Verfassungspläne mit seinem jahrelangen Bemühen um die Reform der obersten Verwaltung einschließlich des Kabinetts verbunden waren, erhellt daraus, daß ihm als ein Hauptzweck seines Verfassungswerkes »die Vereinfachung des Regierens« vor Augen stand. Ziel der Ständeversammlung sollte nach seinen Vorstellungen sein, »daß ihr belebendes Prinzip nicht Lust zum Mitregieren des Ganzen, sondern echter, auf Entbehrlichmachung vielen Regierens durch zweckmäßiges Ordnen der einzelnen Verhältnisse gerichteter Gemeinsinn sein muß – die einzige wahre Grundlage des innern Wohls jedes Staats«.

Weiter heißt es: »Das Leben im Staat hat drei Gattungen, oder wenn man will, Stufen der Tätigkeit und Teilnahme am Ganzen: das passive Fügen in die eingeführte Ordnung, was jeder Bewohner, selbst Schutzverwandter oder Fremder, tun muß; die Teilnahme an der Gründung und Erhaltung der Ordnung aus dem allgemeinen Beruf als tätiges Mitglied der Staatsgemeinschaft, was das eigentliche Geschäft des Staatsbürgers ist; die Teilnahme aus besonderem Beruf, als Staatsdiener.« Das sind weit über die Zeit hinausweisende Gedanken einer Staatsordnung, die auf der lebendigen Anteilnahme der Staatsbürger an der Gestaltung des gesellschaftlichen Lebens beruht.

»Eine fast gänzliche Umänderung der jetzt bestehenden Verwaltung« schien Humboldt Sinn und Wesen der Verfassung zu sein, »wie gelinde und allmählich sie auch vorgenommen werden möge«, auch unter »Entäußerung eines Teils der königlichen Rechte.« Sie sollte der Regierung nicht vom Volke abgedrungen werden oder als ein Zugeständnis an den »Zeitgeist« gewährt werden. Den Begriff Zeitgeist hält Humboldt für »eine verderbliche und im Grunde sinnlose Phrase, da man doch nur dem vernünftigen Zeitgeiste folgen könnte und man alsdann lieber die ihn selbst leitenden Vernunftgründe an die Stelle dieses unbestimmten Wortes setzt«. Der entscheidende Grund für den Erlaß einer Verfassung müßte vielmehr die Überzeugung sein, »daß eine solche dahin führen wird, dem Staate in der erhöhten sittlichen Kraft der Nation und ihrem belebten und zweckmäßig geleiteten Anteil an ihren Angelegenheiten eine größere Stütze und dadurch eine sicherere Bürgschaft seiner Erhaltung nach außen und seiner inneren fortschreitenden Entwicklung zu verschaffen«.

Danach sei »nun aber auch die Einrichtung selbst zu machen«, führte Humboldt im sechzehnten der einhundertsiebenundfünfzig Paragraphen umfassenden Denkschrift aus. »Es muß nicht einseitig bezweckt werden, Stände als Gegengewicht gegen die Regierung und diese letztere wieder als den Einfluß jener beschränkend zu bilden und so ein Gleichgewicht von Gewalten hervorzubringen, was oft vielmehr in ein unsicheres und schädliches Schwanken ausartet; sondern die gesetzgebende, beaufsichtende und gewissermaßen auch die verwaltende Tätigkeit der Regierung muß dergestalt zwischen Behörden des Staats und Behörden des Volks, von ihnen selbst in seinen verschiedenen politischen Abteilungen und aus seiner Mitte gewählt, verteilt sein, daß beide immer unter der Oberaufsicht der Regierung, aber mit fest gesonderten Rechten, sich in allen Abstufungen ihres Ansehens zusammenwirkend begegnen, daß von jeder Seite zum höchsten Punkt der Beratung über die allgemeinen Angelegenheiten des Staats nur also gesichtete, einander schon nähergetretene, aus dem Leben der Nation selbst gewonnene und mithin wahrhaft praktische Vorschläge gebracht werden. Es kommt nicht bloß auf die Einrichtung von Wahlversammlungen und beratenden Kammern, es kommt auf die ganze politische Organisation des Volks selbst an.«

Humboldt war dagegen, »die Stände bloß zu beratenden Behörden zu machen... Das natürlichste, einfachste und zweckmäßigste scheint daher immer, den Ständen ein wirkliches, auf die Angemessenheit der ihnen gemachten Vorschläge selbstgegründetes Entscheidungsrecht zuzugestehen und dieses auch auf alle eigentlichen und allgemeinen Gesetze sowie auf jede Veränderung in der allgemeinen Besteuerung auszudehnen; zugleich aber, um der Regierung gehörige Freiheit und Sicherheit für die Ausführung ihrer Zwecke zu lassen, den Begriff der Gesetze und die Art der Steuerbewilligung genau zu bestimmen und die Form der auszusprechenden Mißbilligung zu erschweren«.

Ein so geartetes konstitutionelles Ineinanderspiel von Obrigkeit und ständischer Vertretung sollte sich entsprechend der Verteilung der Verwaltungskompetenzen auf drei Ebenen vollziehen. Humboldt hielt »drei Arten vom Volke bestellter Behörden« für erforderlich, die Vertreter von Landgemeinden, Städten und Kreisen, sodann von Provinzialständen und endlich von Landständen. »Die Wahl der Mitglieder dieser dreifachen Behörden muß vom Volke, nicht die der einen von der andren ausgehen.« Gewählt werden sollte nach Korporationen; die natürlichste Einteilung dieser »Bürgerkorporationen« sei die in Staatsbürger, welche Landbau, Handwerke und Handel betrieben. Seine recht komplizierte Gliederung sah in größeren Städten besondere Korporationen für Kleinhandel und Großhandel, erforderlichenfalls auch für Fabrikanten und endlich eine für alle nicht gewerblich tätigen Bürger vor, in der unter anderem die Gelehrten und Künstler und ähnliche freie Berufe vereinigt sein sollten.

Es gab noch keine politischen Parteien, die den Willen der Wähler hätten vertreten können. Die natürliche Gliederung des Volkes vollzog sich noch immer in den aus der mittelalterlichen Ordnung überkommenen Ständen, wenn auch der beginnende Übergang zur fabrikmäßigen Produktion und die wachsende Macht des Bürgertums, vor allem der Einfluß der Intelligenz, zur Lockerung alter gesellschaftlicher Bindungen und zum Entstehen neuer Berufsgruppen beigetragen hatten. »Dem allgemeinen Begriffe des Volks nach gibt es aber in einer Nation sehr viele Stände und fast ebensoviele als Beschäftigungen.«

Trotz dieses gesellschaftlichen Entwicklungsprozesses war Humboldt der Meinung, daß die Bildung der Provinzialversammlungen und der Landstände nicht »bloß nach der Zahl der Einwohner«, sondern »nach den Ständen derselben« geschehen sollte. Er sah in der Berufszugehörigkeit das entscheidende Element der Orientierung des tätigen, seine Fähigkeiten entfaltenden Menschen auch in Fragen der kommunalen, der provinziellen, der staatlichen Angelegenheiten. »Die Gründung volksvertretender Versammlungen nach bloß numerischen Verhältnissen«, so argumentierte er, »setzt offenbar eine völlige Vernichtung alles Unterschieds der einzelnen Genossenschaften voraus und würde, wo ein solcher noch vorhanden wäre, ihn nach und nach zerstören.«

Humboldt war sich der Problematik einer solchen ständischen Gliederung der Bevölkerung durchaus bewußt. Er erkannte, daß sich nicht nur neue Berufsgruppen, sondern auch neue ökonomische Interessengemeinschaften bildeten, wie die der Fabrikanten, der Großhändler, der Bankiers. Er sah in diesen »Genossenschaften« nicht nur aus der gesellschaftlichen Entwicklung überkommene »natürliche« Einheiten, sondern auch Grundeinheiten beruflich-ökonomischer Interessen, von denen die Mitwirkung des tätigen Menschen in Gemeinde, Provinz und Stadt bestimmt werde. Das zeigte sich auch in seiner Stellung zum Adel, bei der Steins Einfluß trotz aller Unterschiede ihrer Auffassungen im einzelnen unverkennbar ist.

»Der Adel«, führte Humboldt zwar nicht in seiner Denkschrift, aber in einem späteren Schreiben vom 4. April 1823 an den Reichsfreiherrn vom Stein aus, »hat schon vor der Einwirkung der Revolution durch eigene Lauigkeit und Schlaffheit, frivole Verschuldung, Veräußerung seiner Güter, wo ihm nur das Gesetz nicht geradezu in den Weg trat, Abweichen von der Einfachheit und Reinheit vorväterlicher Sitte sich selbst die Grube gegraben ... Es hat sich ein Mittelstand erhoben, der weder zu den ehemaligen Zünften noch zum Adel gehört, dem man Tüchtigkeit, Betriebsamkeit, Intelligenz und wohlwollenden Vaterlandseifer nicht absprechen kann. Dieser Mittelstand dringt auf der einen Seite in den Bauernstand, auf der andern in den Adel, indem er bäuerliche und adlige Güter kauft ... Als Landbesitzer macht er den Bauern- und Adelsstand zu Zwittergestalten, da er weder Bauer noch Adliger ist. In dieser und zum Teil in einer noch schlimmern Verfassung findet der Versuch, Ständeversammlungen zu machen, den zu bearbeitenden Stoff. Dieser Zustand ist aber nicht bloß Folge fehlerhafter Gesetzgebungen und revolutionärer Gesinnungen, er entsteht vorzüglich aus der Erweiterung und Vervielfachung, welche die ganze industrielle und kommerzielle Tätigkeit in der Welt erfahren hat, daher, daß man das rohe Material, das sich von jeher zur Benutzung darbot, auf ganz andere Weise zu bearbeiten, in Umlauf zu bringen und daraus nun Mittel zu schaffen gelernt hat und gewohnt worden ist. So wie aber dies nicht ohne intellektuelle Tätigkeit möglich war, so wirkt es auf diesselbe zurück, und die Ansicht wird auch freier und läßt sich auch weniger in gewisse Formen binden.«

Grundsätzlich bejahte Humboldt in seiner Denkschrift vom Jahre 1819 das Fortbestehen des Adels und dessen Teilnahme als Grundeigentümer an den Landständen. Er meinte auch, man würde den Adel »seines ganzen politischen Charakters entblößen«, wenn man ihn mit anderen, bürgerlichen Landeigentümern vermischte. Andererseits dürfe »diese Korporation auch keine andere Beziehung auf politische Rechte als in Hinsicht der Landstandschaft haben«, und nur der »mit liegenden Gründen« in der Provinz »angesessene« Adlige dürfe in seiner Korporation wählen und gewählt werden.

Humboldt war nicht für eine rigorose Gleichstellung des Adels mit den anderen Ständen. Er knüpfte auch hier an überkommene gesellschaftliche Einrichtungen an, aber er wünschte zumindest einen Abbau unzeitgemäßer Vorrechte des Adels, indem er forderte, daß dem Ankauf adliger Güter durch Bürgerliche kein Hindernis in den Weg gelegt werden dürfe, und indem er die Fortdauer der in einigen Provinzen noch bestehenden Steuerfreiheit des Adels als unmöglich bezeichnete. Zum andern empfahl er in den Provinzen und für den gesamten Staat zwei Kammern, nach englischem Vorbild also eine Art Ober- und Unterhaus, wobei die »Landstandschaft in der einen erblich, in der andern auf Wahl beruhend ist«. Das Oberhaus oder die »Herrenbank« sollte im wesentlichen auf Grund von »Grundreichtum«, nicht von »Geldreichtum« zusammengesetzt sein. Ihr sollten neben den Erbständen und der hohen Geistlichkeit Grundbesitzer mit fideikommissarisch gebundenem Besitz einer bestimmten Mindestgröße, aber auch gewerbliche Steuerzahler eines besonders hohen Steuersatzes angehören. Ausdrücklich vermerkte Humboldt, daß nur bei den Erbständen und der hohen Geistlichkeit die Zugehörigkeit zum Adel erforderlich sei, »und die adligen Wahldeputierten von geringem Steuersatz nähmen in der untern Kammer ihren Platz«.

Zweifellos wollte Humboldt die bevorrechtigte Stellung des Adels einschränken, aber nicht beseitigen, doch auch den Geltungsanspruch des Bürgertums ließ er nicht außer acht. Man muß dabei bedenken, daß er von den gegebenen Verhältnissen ausgehen mußte, um nicht von vornherein jede Chance zu verlieren, seine Vorstellungen verwirklichen zu können. Es erschien ihm ratsam, »zur Wahl zu Abgeordneten in den allgemeinen Ständen einen höheren Steuersatz zu bestimmen als zur Wahl zu den Provinzialständen«. Es sei »auch eher möglich, aus dem Kreise beschränkter Verhältnisse die Angelegenheiten der Provinz als die des ganzen Landes mit Richtigkeit zu beurteilen«. Ferner wünschte Humboldt, daß die Universitäten durch besondere, gewählte Abgeordnete in der zweiten Kammer vertreten seien, und er forderte, daß alle Wahlen unmittelbar vom Volke ausgehen und die verschiedenen Stände nur eingesessene Personen aus ihrer Mitte wählen sollten.

Humboldt wollte, daß die landständische Verfassung stufenweise verwirklicht würde. »Den Gang der Einführung bestimmt alles bisher Entwickelte von selbst. Eine Städteordnung ist vorhanden. Nun müßte eine Gemeindeordnung für das platte Land folgen; dann müßten die Kreisbehörden gebildet werden, darauf die Provinzialstände zusammentreten«, spätestens im Jahre 1821; »endlich den Schlußstein die allgemeinen ausmachen«, wofür äußerstenfalls das Jahr 1823 vorgesehen war. »Kann man noch mehr beschleunigen, so ist es gewiß besser, aber dieser Zeitraum scheint, wenn er gut angewendet wird, vollkommen hinlänglich, jede Art von Übereilung zu verhindern.«

Humboldts Entwurf ist vom Vertrauen zum Volk, aber auch von der Hoffnung auf die Einsicht des Monarchen getragen. Seit den Leistungen des Volkes in den Befreiungskriegen war er davon überzeugt, daß die Untertanen des Königs von Preußen reif und würdig seien, freie Staatsbürger zu werden, fähig zum Rat wie zur Mitwirkung an den Aufgaben der Gemeinden, der Provinzen und des Staates. Er vertraute aber auch darauf, daß der

König einer Beschränkung seiner Allmacht zugunsten einer auf der verantwortlichen Mitarbeit der Bürger beruhenden konstitutionellen Monarchie zustimmen würde. Dem liberal gesinnten Individualisten erschien es vernünftig, daß die Förderung der freien Entfaltung der Fähigkeiten des einzelnen auch dem Interesse der Gesamtheit dienen müsse. Tätigkeitsdrang und Verantwortungsbewußtsein sollten, durch Freiheitsrechte geschützt, sich nicht nur in der privaten Sphäre auswirken, sondern auf die öffentlichen Aufgaben gelenkt und für das Wohl von Staat und Nation genutzt werden. »Fessellose Freiheit«, sagte er später, »frommt nie auf Erden.« In seiner Einleitung zur Abhandlung über die Kawisprache forderte er, daß man »Gesetzmäßigkeit mit der Freiheit verbinde, das heißt, ihr durch Schranken das eigene Dasein sichere«. Das Gesamtstreben der Menschheit bezwecke »im letzten Resultate nichts anderes, als Gesetzmäßigkeit forschend zu finden oder bestimmend zu begründen«. Aus einer solchen Einsicht verfaßte er seine Denkschrift, die Varnhagen von Ense, der Chronist seiner Zeit, als »bewunderungswürdig an Scharfsinn und Freiheit, an fester Gliederung und Durchführung« bezeichnet hat.

Erst wenn man sich mit Humboldts Verfassungsdenkschrift vertraut gemacht hat, wird man ganz verstehen, warum er so hartnäckig um eine Klärung seiner Kompetenzen als Verfassungsminister gerungen hat, bevor er sich schweren Herzens entschloß, das ihm angetragene Amt anzunehmen. Zum andern darf, wer aus der Sicht unserer Tage über diese entscheidende Epoche im Leben Humboldts und ihren tragischen Ausgang urteilt, die Verhältnisse jener Zeit nicht unberücksichtigt lassen, in der sich Humboldt im preußischen Ministerium an verantwortlicher Stelle betätigte und seine Vorstellungen einer konstitutionellen Monarchie zu verwirklichen suchte.

Manchem Zeitgenossen Humboldts schienen seine Gedanken nicht fortschrittlich genug, vor allem den entschiedenen Demokraten im westlichen Teile Deutschlands. Dagegen waren Kenner der preußischen Verhältnisse eher besorgt, Humboldt könnte noch nicht scharf genug die harten Realitäten in Betracht gezogen haben, die in diesen Jahren und Monaten, von Wien und Petersburg weitgehend beeinflußt, Sicht und Handeln der Mächtigen in Berlin bestimmten. Jedenfalls geht Humboldts Verfassungskonzeption vor allem hinsichtlich der Neugestaltung des gesamten Staatswesens und der gesellschaftlichen Ordnung über das hinaus, was 1814 in Nassau, 1816 in Sachsen-Weimar, 1818 in Bayern und Baden statuiert worden war und 1819 in Württemberg, 1820 in Hessen-Darmstadt Recht werden sollte. Dabei muß berücksichtigt werden, daß diese Verfassungen die herrschende Stellung des Adels unangetastet ließen, daß aber der politische Entwicklungsprozeß des Bürgertums durch die Verfassungsbewegung beschleunigt wurde. Doch bereits seit der Gründung der Heiligen Allianz war diese fortschrittliche Entwicklung, die sich überwiegend unter dem Einfluß des benachbarten Frankreich vollzogen hatte, bei den kontinentalen Großmächten in Restauration und Reaktion umgeschlagen.

Die Auseinandersetzung mit Demokraten und Liberalen hatte schon während der Freiheitskriege begonnen, als man die Pressezensur verschärfte und Männer wie Schleiermacher maßregelte. Dieser Kampf erreichte einen ersten Höhepunkt, als man der fortschrittlich gesinnten Patrioten nicht mehr bedurfte, um sich gegen Napoleon zu behaupten und die verlorenen Länder zurückzugewinnen. Schon auf dem Wiener Kongreß machte der preußische Hofrat Janke seinen Staatskanzler auf »das wilde Freiheitsgeschrei« eines Ernst Moritz Arndt aufmerksam. Die Kontrolle der öffentlichen Meinung und die Überwachung des persönlichen Umgangs Verdächtiger wurde solchen Männern wie dem zum Polizeidirektor aufgestiegenen Geheimen Oberregierungsrat von Kamptz und dem Mitglied des Oberappellationssenats am Kammergericht und Professor Anton Heinrich Schmalz anvertraut. Schmalz erhob Anklage gegen die »Jakobiner« und rechnete Steins Vertrauten Ernst Moritz Arndt zu den »Verderbern und Verführern« des Volkes.

»Die Zeit läßt sich weder durch Edikte noch Anklagen mehr aufhalten«, schrieb Arndt seinem Verleger Reimer; »aber freilich jeder tue das Seinige offen und ruhig.« Bereits vorher, am 12. Juni 1815, hatten Studenten in Jena die Allgemeine Burschenschaft gegründet. Kotzebue wetterte in seinem »Literarischen Wochenblatt« gegen »Jakobinerbanden« und Pressefreiheit. Am 18. Oktober 1817 feierte die Burschenschaft das Andenken an die Reformation und die Völkerschlacht von Leipzig auf der Wartburg. Am Abend wurden auf dem Wartenberg Schriften der reaktionären Wortführer wie Kotzebue, Haller, Kamptz, Schmalz samt einem Ulanenschnürleib, einem Zopf und einem Korporalstock verbrannt. Humboldt schrieb darüber aus London am 8. November 1817 an seine Frau in Rom: »Von dem großen Fest auf der Wartburg wird wohl auch Kunde zu Dir gedrungen sein. So etwas wäre ehemals in Deutschland unerhört gewesen, und der Geist hat sich, wie man auch daran ersieht, wahrhaft gehoben. Ein Glück ist es auch, daß die Wartburg gerade Weimar gehört. Der Herzog hat immer einen guten und geraden und Freiheit gewährenden Sinn.« Der russische Staatsrat Stourdza jedoch bezeichnete in seiner für die Heilige Allianz bestimmten »Denkschrift über den gegenwärtigen Zustand Deutschlands« die deutschen Universitäten als »Pflanzstätten des revolutionären Geistes«.

Diese Denkschrift, die Denunziationen der Kamptz und Schmalz, das Wühlen von Gentz und Metternich zielten besonders gegen die Unruhe an den Hochschulen Deutschlands, gegen die Burschenschaft, aber auch gegen diejenigen Hochschullehrer, die sich aus der Masse der Müden, Gleichgültigen und Unpolitischen mutig heraushoben, wie die »gefährlichen Jenenser« Oken, Schweitzer, Kieser, Fries; denn Schillers und Fichtes Freiheitsstreben war in der thüringischen Universität lebendig geblieben. In Preußen aber waren vor allem Jahns Turnplätze, auf denen sich junge Patrioten aller Stände trafen, Quellen des Ärgernisses für die Schnüffler der politischen Polizei.

Jede demokratische und liberale Regung, selbst die durch Steins Reformen geschaffenen städtischen Magistrate wurden verdächtigt. Schon 1815 hatte der Berliner Polizeipräsident dem König nach Paris über den »gesteigerten Geist der Opposition«

berichtet, »namentlich auch in den selbständigen Beschlüssen der Stadtversammlung«. Der König hatte am 1. September 1815 geantwortet: »Der Parteigeist, der in der jetzigen Zeit so sehr um sich greift, verdient genaue Aufmerksamkeit. Ich werde ihn in meinen Staaten ... auf keine Weise aufkommen lassen, vielmehr will Ich, daß allem, was ihn nährt und aufregt, mit Nachdruck begegnet werde.«

Träger dieses »Parteigeistes«, des Fortschrittes also, waren vor allem das gebildete Bürgertum sowie aktive Vertreter des selbstbewußt gewordenen Kleinbürgertums. Wenige Adlige bekannten sich schon damals zu dieser sich eben formierenden politischen Macht, darunter besonders Humboldt. In dem bereits zitierten Schreiben an Stein vom 4. April 1823 erkannte er die Tüchtigkeit, Betriebsamkeit, Intelligenz und den Patriotismus des Mittelstandes an und war daher bereit, ihm einen Einfluß auf die Geschicke des Staates zuzugestehen. Das Bürgertum schuf sich durch Zeitungen und Zeitschriften, durch die Salons eine wachsende Publizität. Das »Publikum«, die öffentliche Meinung, begann zu einem beträchtlichen Faktor des gesellschaftlichen Lebens zu werden. Freilich mußten alle Publizisten, denen an einem offenen und deutlichen Wort gelegen war, sich in deutschen Kleinstaaten niederlassen, um der österreichischen und preußischen Zensur zu entgehen, die auch maßvolle Kritik zu unterdrücken suchte.

Der Adel dagegen bildete, von Ausnahmen abgesehen, das Lager der Reaktion. Der Landadel wünschte eine Aufhebung der Agrarreform, die Stein eingeleitet und Hardenberg fortgeführt hatte; der Militäradel wehrte sich gegen das Eindringen der Bürger in das Offizierskorps und damit gegen den Geist der Reformen Scharnhorsts; der Beamtenadel kämpfte gegen jede Art von Konstitution um die Erhaltung der Bürokratie. Im Staatsapparat freilich gab es wie an den Universitäten meist jüngere Adlige, die sich für liberale Neuerungen einsetzten, während andere, die sich einst durchaus zum Fortschritt bekannt hatten, dem Zuge der Zeit und dem Vorbild des Staatskanzlers folgend, sich der Reaktion zur Verfügung stellten. Mit dem

Junkertum verbunden war die einflußreiche orthodoxe Geistlichkeit. Sie bekämpfte fortschrittliche Theologen wie Schleiermacher, den Reformator der protestantischen Theologie, und
De Wette. Die Fürsprecher der Reaktion am Hof waren vor
allem Wittgenstein und Ancillon, denen der König mehr noch
vertraute als seinem Staatskanzler.

Hardenberg hatte nur noch ein Ziel: seine Position zu halten. Unter den gegebenen Verhältnissen war das bei einem
entschiedenen Eintreten für den Fortschritt nicht möglich. Daher
bemühte er sich um einen Kompromiß mit der übermächtigen
inneren Reaktion und den starken Einflüssen von Petersburg
und Wien. Von seinen einstigen Reformbestrebungen suchte er
das wenige in einer Konstitution zu retten, was er dem offen-
kundigen Rückschritt abtrotzen zu können glaubte, ohne seine
mißtrauisch verteidigte Machtstellung zu gefährden oder gar
einzubüßen.

Instrument der Reaktion im Kampf gegen den Fortschritt war
die politische Polizei, die vorwiegend einen unterirdischen Feldzug gegen »Jakobiner und Demagogen« führte. Die Empörung
über das skrupellose Vorgehen der Polizeischergen hatte zur
Ablösung Wittgensteins geführt, obwohl durch seine Ernennung
zum Minister des Hofes sein Einfluß auf den König eher gestärkt als gemindert worden war. Das Attentat des Studenten
Karl Ludwig Sand auf den vormaligen russischen Staatsrat von
Kotzebue am 23. März 1819 war ein willkommener Anlaß, um
einen entscheidenden Schlag gegen alle Kräfte des Fortschritts
zu führen. »Es ist nunmehr wohl ausgemacht«, schrieb Humboldt
am 27. April an Stein, »daß Sand keinen Mitwisser gehabt hat,
und noch mehr, daß man keinem durch die Untersuchung auf
die Spur kommen wird. Allein deshalb werden die Menschen
nicht aufhören zu sagen, daß, wenn es auch keine Mitwisserschaft
für diese einzelne Tat gibt, doch eine allgemeine in der Verbreitung der Gesinnung liegt, welche sie hervorgebracht hat.«

Es blieb nicht bei allgemeinen Verdächtigungen, denen sogar
Humboldt ausgesetzt war. Die Wittgenstein, Kamptz, Schmalz
griffen zu. Am 13. Juli 1819 veröffentlichte die »Preußische

Staatszeitung« unbelegte Behauptungen von »höchst wichtigen Beweisen über das Dasein und die hochverräterische Tendenz entdeckter geheimer demagogischer Verbindungen«. In Preußen wurden die Turnplätze geschlossen, der Turnvater Jahn wurde verhaftet, Schleiermacher überwacht, Gneisenau bespitzelt, Reimers Briefwechsel beschlagnahmt. In Bonn drang die »kleine Polizeijagd« am 14. Juli auf Kamptz' Befehl in Arndts Haus, durchwühlte die Wohnung, beschlagnahmte alle Papiere und verhaftete den Professor und seine beiden Bonner Amtskollegen, den Rechtsgelehrten Karl Theodor Welcker und dessen Bruder, den Altertumsforscher Friedrich Gottlieb Welcker, der in Rom Hauslehrer bei der Familie Humboldt gewesen war und zu Humboldts Freundeskreis gehörte. Rektor und Senat der Bonner Universität legten Verwahrung gegen das ungesetzliche Vorgehen ein, die Studenten drohten mit dem Boykott der Universität, die Stadt geriet in Aufruhr. Arndt wurde nach wenigen Stunden freigelassen, ohne seine Manuskripte, seine Schriften, seine Briefe, seine Aufzeichnungen zurückzuerhalten. Das Kesseltreiben, das trotz aller Gegenwehr gegen ihn fortgeführt wurde, währte viele Jahre.

In den Staatskanzleien in Berlin, Wien und Petersburg wuchs die Sorge und mit ihr der Wunsch nach Sondermaßnahmen zur radikalen Bekämpfung aller demokratischen und liberalen Bestrebungen. Metternich ergriff die Initiative. Er traf sich, aus Karlsbad kommend, in Teplitz mit Friedrich Wilhelm III., der im Juli in Begleitung von Wittgenstein dort zur jährlichen Kur weilte. Der ängstlich gewordene König versicherte dem österreichischen Staatskanzler, daß er Preußen keine allgemeine Volksvertretung geben wolle, sondern lediglich Provinzialstände, aus deren Mitte ein Landesausschuß gewählt werden sollte. In Teplitz wurde der Plan gefaßt, in Karlsbad ein Ministertreffen ausschließlich zu dem Zweck zu veranstalten, alle Mitglieder des Deutschen Bundes zu rigorosen Maßnahmen gegen die »Demagogen« zu veranlassen. Der Kongreß tagte vom 6. bis zum 31. August. Hardenberg und der Außenminister Graf Bernstorff führten für Preußen die Verhandlungen, ohne daß die Mitglieder des Kabinetts unterrichtet wurden; auch Humboldt, der am 9. August sein Amt als Minister für Ständische Angelegenheiten angetreten hatte, wurde nicht ins Vertrauen gezogen.

Die Karlsbader Beschlüsse wurden am 16. September im Bundestag verlesen und am 20. September angenommen. Die neuen Gesetze sollten »sogleich in allen Bundesstaaten in Vollziehung treten«. Sie wurden in Preußen am 18. Oktober 1819 veröffentlicht. »Ich hoffe«, triumphierte Metternich, »die deutsche Revolution mit Gottes Hilfe zu schlagen, wie ich den Eroberer der Welt besiegt habe.«

Metternichs wichtigstes Anliegen war die Aufhebung des Artikels 13 der Bundesakte, in dem es hieß: »In allen Bundesstaaten wird eine landständische Verfassung stattfinden.« Das gelang nur teilweise. Die ehemaligen Rheinbundstaaten Württemberg, Bayern, Baden, Nassau wünschten keine mittelalterliche Restauration des ehemals reichsunmittelbaren Adels; Österreich und Preußen mußten diesen Bedenken Rechnung tragen und begnügten sich vorerst mit der allgemeinen Zustimmung zu der Formel, daß dieses Verfassungsversprechen nur eine »der Aufrechterhaltung des monarchischen Prinzips und des Bundesvereins vollkommen angemessene Auslegung« erfahren dürfe. Später dann, in der Wiener Schlußakte vom 15. Mai 1820, wurde der Inhalt des Artikels 13 weiterhin eingeschränkt, indem das monarchische Prinzip zur Grundlage jeder Verfassung gemacht wurde. »Die gesamte Staatsgewalt muß in dem Oberhaupt des Staates vereinigt bleiben, und der Souverän kann durch eine landständische Verfassung nur in der Ausübung bestimmter Rechte an die Mitwirkung der Stände gebunden werden«, lautete eine der einschränkenden Bestimmungen. Eine andere hieß: »Die im Bund vereinten souveränen Fürsten dürfen durch keine landständische Verfassung in der Erfüllung ihrer bundesmäßigen Verpflichtungen gehindert oder beschränkt werden.«

Von unmittelbarer Auswirkung waren die anderen, in Karlsbad getroffenen Beschlüsse. Sie engten die geringen bestehenden Freiheiten auf ein Minimum ein und schufen die Voraussetzung für eine allgemeine Überwachung des öffentlichen Lebens durch Bespitzelung und Schnüffelei sowie für eine Polizeijagd auf willkürlich der Geheimbündelei verdächtigte und wegen ihrer freiheitlichen Gesinnung bekannte Staatsbürger. Die Universitätslehrer und Studierenden sollten durch besondere Organe überwacht, alle Professoren von »verderblichem« Einfluß amtsenthoben, alle nicht über zwanzig Druckbogen starken Schriften unter strenge Zensur gestellt, jede freisinnige Auslegung des Artikels 13 der Bundesakte unterbunden werden.

In Mainz wurde eine »Bundes-Zentral-Untersuchungskommission« geschaffen. Ihre Aufgabe war die Untersuchung »des Ursprungs und der mannigfachen Verzweigungen der gegen die bestehende Verfassung und innere Ruhe sowohl des ganzen Bundes als einzelner Bundesstaaten gerichteten revolutionären Umtriebe und demagogischen Verbindungen«. Damit wurden wesentliche polizeiliche Befugnisse und Hoheitsrechte der souveränen deutschen Staaten auf den Bund übertragen. Von einer Angstpsychose erfaßt, holte die Reaktion zu einem entscheidenden Schlag gegen jede demokratische und liberale Regung und gegen das deutsche Einheitsstreben aus. Metternich war das Haupt der Verschwörung gegen den Fortschritt; Hardenberg, einst Steins Nachfolger im preußischen Reformwerk, jetzt nur mehr mißtrauisch um die Sicherung seiner Machtstellung bedacht, konvertierte endgültig ins Lager der Heiligen Allianz und entwürdigte sich zum Büttel der Reaktion.

Vor diesem düsteren Hintergrund begann der preußische Verfassungsminister von Humboldt seine Tätigkeit. Sein Ziel war klar: Er wünschte die preußischen Reformen im Sinne seiner Verfassungsdenkschrift fortzuführen und erstrebte eine Reorganisation der obersten Staatsführung nach den wieder und wieder von ihm dargelegten Grundsätzen.

Humboldt war ein Gegner jeder Reaktion, hatte aber auch Vorbehalte gegen den Überschwang und die Radikalität mancher Patrioten. Er sah in deren Treiben »eine Art der Verblendung und des Irrwahns«, verwahrte sich aber sehr energisch gegen das Kurieren von Symptomen einer Krankheit, die sehr tief liegende Ursachen habe. »Ich kann die Art, wie man die hochverräterischen Umtriebe behandelt, nicht billigen«, schrieb er am 10. Oktober 1819, schon mitten im Kampf um seine Stellung im Ministerium, an Stein. »Rein inquisitorisch ... zu verfahren, die Idee der Gefahr auf das äußerste zu steigern und, was nun eigentlich das gefährliche ist, in tiefes (zum größten Teil auch uns im Staatsministerium nicht enthülltes) Geheimnis zu hüllen; sich, nachdem man sich fast über nichts hat einigen können, darüber am Bundestag zu verbinden und dieser so, wie Sie sie kennen, beschaffenen Versammlung eine solche Gewalt beizulegen, die Souveränitätsrechte der einzelnen, namentlich Preußens, in einigen Dingen für immer so zu beschränken und in anderen wenigstens ein Beispiel zu geben, wie sie beschränkt werden können – heißt, meines Erachtens, ganz über dasjenige hinausgehen, was hier notwendig und was heilsam war. Alles bloß polizeiliche Treiben verfehlt allemal seinen Zweck, es macht das Übel in seiner Wurzel immer schlimmer und kommt nie dahin, alle Ausbrüche zu hemmen, ja nur zu entdecken. Meines Erachtens mußte man polizeilich bloß aufmerken, aber gerichtlich und gesetzlich strafen, disziplinarisch mit Strenge und ernster Tätigkeit verfahren, Vertrauen der Regierungen auf ihre Autorität und auf die Stimmung und Gesinnung der großen Masse zeigen, Verfassungen nicht, wie man immer sagt, liberal, aber ehrlich und vernünftig gründen und die möglichste Ordnung, Sparsamkeit und Gerechtigkeitsliebe in die Verwaltungen bringen.«

Das könnte als ein vorsichtig formuliertes Arbeitsprogramm des Verfassungsministers gedeutet werden. Eine ganz entschiedene Haltung allerdings nahm Humboldt in der Ablehnung der Karlsbader Beschlüsse ein, die er als schändlich, unnational, ein denkendes Volk aufregend bezeichnete. Nach der einen wie nach der anderen Seite richtete sich seine Mahnung in einem Brief an Alexander Dohna vom 18. November 1819: »Man muß immer nur mit dem auftreten, was sich vollkommen durchführen läßt.«

Fraglich blieb nur, ob Humboldt die Reaktion nicht dennoch unterschätzte. Gewiß war, daß er von seinem nüchtern erarbeiteten Standpunkt nicht abgehen würde, selbst wenn er unterlag. Nur allzubald sollte er Gelegenheit finden, seine Standhaftigkeit zu erproben und sich in seiner vernünftig-ehrlichen Gesinnung zu bewähren.

Friedrich Wilhelm III. brachte sein Mißfallen darüber zum Ausdruck, daß seine Kabinettsorder vom 11. Januar 1819, in der er auch die Arbeit des Ministeriums beanstandet hatte, noch nicht beantwortet worden war. Der König hatte damals Vorschläge zur Behebung von Mißständen gefordert, um die kritischen Stimmen zum Schweigen zu bringen. Die durch die politische Spannung, Unruhe und Kriege erregte Kraft suche eine andere Wirksamkeit, die sich auf die inneren Angelegenheiten richte. Ein durchaus unberufenes Tadeln, meinte der König, wende sich gegen die Regierungsmaßregeln. Unzufriedenheit, unpassende Forderungen und noch schlimmere Folgen würden drohen. Das Ministerium solle Mittel dagegen vorschlagen wie auch zur Änderung der Geschäftsordnung. Im königlichen Erlaß wurde die mangelnde Subordination der Beamten, die zwiespältig, tadelsüchtig, indiskret, ehrsüchtig seien, beklagt. Andererseits erklärte der König, daß das ganze Ministerium für allgemeine Gegenstände und besonders für den Staatshaushalt verantwortlich sei und daß daher Einigkeit im Kabinett herrschen müsse. Den Ministern wurde das Recht verliehen, in Gegenwart des Staatskanzlers Vortrag beim König zu halten.

Im gleichen Erlaß beklagte sich der König über Mängel in der Erziehung, die nach seiner Meinung zu einer zu frühen Teilnahme der Jugend am öffentlichen Leben geführt hätten. Um die patriotische Turnbewegung besser kontrollieren zu können, ordnete er an, Leibesübungen in den Schulunterricht einzubeziehen. Ferner verlangte er, daß mit Liebe und Sorgfalt eine Vervollkommnung der staatlichen Einrichtungen zum Wohle der Bürger angestrebt und das Alte zeitgemäß umgestaltet werde. Selbstverständlich vergaß der König nicht die politische Publizistik, die Unruhe und Spannung bewirke, und forderte verdoppelte Wachsamkeit, die sich vor allem auch auf die Veröffentlichungen im Auslande, das heißt in anderen Bundesländern richten müsse.

Die königliche Order trug unverkennbar das Signum Hardenbergs und nicht das Wittgensteins, der eben aus dem Polizeiministerium entlassen worden war. Aber sie war vor dem Mord an Kotzebue und vor der großen Initiative Metternichs und der preußischen Reaktionäre ergangen. Nach diesen Vorgängen verlangte der König ungnädig und verärgert die Beantwortung. Zwar hatten die einzelnen Minister ihre Meinung in Denkschriften niedergelegt. Besonders Boyen und Beyme hatten auch Vorschläge zur Änderung der Kabinettsverfassung gemacht, die den von Humboldt seit Jahren vertretenen Forderungen weitgehend entsprachen, die Macht des Staatskanzlers einzuschränken. Doch die einzelnen Denkschriften wurden nicht beachtet; die Minister handelten nicht gemeinsam, und niemand war bereit, dem König im Namen aller zu erwidern.

Humboldt nutzte die Gelegenheit, die sich ihm hier bot, und entwarf in kürzester Zeit eine umfangreiche Antwort an den König. Das Memorandum trug die Unterschrift sämtlicher Minister mit Ausnahme des Finanzministers von Klewitz und des Außenministers von Bernstorff, die sich nicht in Berlin befanden; an der Sitzung nicht teilgenommen hatten bezeichnenderweise der Minister des königlichen Hauses, Fürst Wittgenstein, und der Handelsminister von Bülow. Die Niederschrift wurde am 26. August 1819 dem Staatskanzler vorgelegt, der sich bis zum 10. September Zeit ließ, bevor er sie, mit seinen Randbemerkungen versehen, an den König weiterleitete.

Humboldt mußte es darum gehen, daß sein Memorandum von möglichst allen Kabinettsmitgliedern gebilligt wurde. Tatsächlich erreichte er, daß neben seinen engeren Gesinnungsfreunden, dem Kriegsminister von Boyen und dem Großkanzler Beyme, auch der Kultusminister von Altenstein, der Justizminister Kircheisen, der Innenminister von Schuckmann und der Schatzminister Graf Lottum der Vorlage zustimmten. Doch bedurfte es des besonderen diplomatischen Geschickes Humboldts, um eine Fassung zu finden, die seinem wesentlichen Anliegen Rechnung trug und der dennoch fast alle seiner Ministerkollegen zustimmten. Daher räumte Humboldt einleitend ein: »Wir sind allesamt überzeugt, daß die gegenwärtige außerordentliche Zeit die höchste Herrscherweisheit und -kraft in der innigsten Vereinigung erfordere, um den Sturz zu beschwören, womit die Zukunft die in allen ihren Verhältnissen aufgeregte, bewegte und erschütterte bürgerliche Gesellschaft in der gebildeten Welt bedroht. Die huldvoll ausgesprochene allerhöchste Überzeugung, daß der bei weitem größere Teil der Nation noch von einem besseren Geiste beseelt sei, ... ist für sich allein keine hinlängliche Bürgschaft.«

Hier schon meinte Hardenberg in einer Randbemerkung, es wäre notwendig gewesen, »tiefer in die Materie hineinzugehen«. Er jedenfalls sei der Ansicht, daß gegen die revolutionäre Minderheit »die kräftigsten und konsequentesten Mittel angewendet werden müßten«, damit ihr »Gift nicht die Masse ergreife«.

Humboldt hingegen zeichnete mit wenigen Strichen die Umwälzung, die sich in den vergangenen Jahrzehnten vollzogen hatte. »Die großen Weltbegebenheiten seit dem letzten Viertel des abgelaufenen Jahrhunderts haben nicht bloß in einzelnen Köpfen, sondern auch in den Völkern selbst eine so gewaltige Veränderung in der religiösen und politischen Denkart gewirkt, daß die Weltgeschichte kein Zeitalter kennt, in welchem ein so tiefes Gefühl der Mängel und Unvollkommenheiten des Vorhandenen und ein so lebhaftes Sinnen und Streben, abzustellen und zu bessern, was den allgemein gefühlten Bedürfnissen nicht zusagt, vorhanden war, als sich jetzt täglich mehr unter den gebildeten und mächtig sich fortbildenden Völkern verbreitet. Eine solche Zeit müßte überall große Veränderungen hervorbringen. Alle europäischen Völker befinden sich daher bald mehr, bald weniger in dem Standpunkt zwischen dem Untergang älterer Einrichtungen, die Jahrhunderte hindurch die Stützen der bürgerlichen Gesellschaft waren, und dem Schwanken neuer Anstalten und Organisationen.«

Im einzelnen wiederholte und begründete Humboldt dann die Forderungen, die er dem König bereits vor seiner Berufung schriftlich vorgetragen hatte. Jetzt aber legte er sie als Ansicht der Mehrheit der Mitglieder des Staatsministeriums mit der Schlußfolgerung dar, daß bei der gegenwärtigen Organisation der Verwaltung in Stadt und Provinzen über dem gerügten Staatsministerium »sowohl in der Gesamtheit als über die einzelnen Ministerien der Staatskanzler die Oberaufsicht und Kontrolle jeder Verwaltung hat und insofern an der Spitze einer jeden steht«. Als Folge davon sei »von dem Begriff einer Zentralisierung der Verwaltung im Staatsministerium mit gemeinsamer Verantwortlichkeit kaum eine Spur zu erkennen«. Daraus ergab sich für Humboldt, daß das Ministerium in seiner Gesamtheit die ihm durch die Kabinettsorder auferlegte Verantwortung nicht übernehmen könne, solange nicht die Organisation geändert würde.

Besonders kühn war Humboldts Kritik an der Tätigkeit der Polizei und damit an dem hintergründigen und untergründigen Treiben der Schergen Wittgensteins und Kamptz'. Das Ministerium werde, wie es der König gefordert hatte, seine Wachsamkeit verdoppeln und mit Kraft und Festigkeit handeln. Das ginge aber nicht in der Art, daß die abgeschaffte geheime Polizei wiederhergestellt würde. »Es kommt vielmehr bei diesem Teile der Polizei nur darauf an, die öffentliche Meinung zu beobachten, um zu erfahren, was derselben zusagt und wohin sie gerichtet ist. Alsdann kann sie auf Berichtigung der Irrtümer in derselben mit hinwirken und was zur Befriedigung derselben zulässig sein dürfte, zur Sprache bringen. Diese höhere Polizei hat zu keiner Zeit das Licht zu scheuen; ihr hierin beizustehen kann der würdige Beruf der achtbarsten Staatsbeamten und Bürger sein.« Humboldt hielt es für unvermeidlich, daß manche polizeilichen Nachforschungen geheimgehalten würden. »Aber die darauf zu gründenden Folgen, Wirkungen und Strafen dürfen nie geheim sein, sondern immer nur im gesetzlichen Wege erfolgen. Auch da muß die Polizei in dem, was sie getan hat, das Licht nicht scheuen.« Geheime Nachforschungen dürften nur in

Ausnahmefällen angeordnet werden, damit Mißbräuche vermieden werden können. Eine weitere Bürgschaft liege im »liberalen Geist der Regierung und ihrem Sinn für Gerechtigkeit«.

Weder dem König noch Hardenberg konnte zweifelhaft sein, daß aus dem Memorandum der sieben Minister der Einfluß sprach, den Humboldt bereits zu Beginn seiner Tätigkeit selbst auf die wankelmütigen Kollegen ausübte. Demgegenüber war Humboldts Verhältnis zum König wie zum Kanzler von Anbeginn schlecht. Den König habe er nach seiner Ankunft in Berlin nicht mehr gesehen, klagte Humboldt in seinem Brief an Stein vom 10. Oktober 1819. Mit dem Staatskanzler habe er die ehemaligen freundschaftlichen Beziehungen nicht wieder angeknüpft. »Wir sehen uns nur, wenn er mich mit den übrigen Ministern zum Tisch einladen läßt. Alsdann sind wir natürlich kalt miteinander, obgleich in allgemeiner Freundlichkeit.«
Staatskanzler und Staatsministerium lebten nebeneinanderher, denn Hardenberg kam nicht mehr in das Gesamtministerium. Humboldt erfüllte diese Tatsache mit wachsender Sorge, zumal die Beschlüsse von Karlsbad und die weiteren Entscheidungen, die man auf einem Kongreß in Wien treffen wollte, mit den wichtigsten Humboldt anvertrauten Angelegenheiten in engster Verbindung standen. »Die guten Erwartungen, die ich Ihnen nach meiner Ankunft äußerte«, hieß es in dem Schreiben an Stein weiter, »kann ich Ihnen jetzt nicht auf die gleiche Weise bestätigen. Ich verliere indes den Mut nicht; ich arbeite mit Ernst und Anstrengung, ich denke, auch mit Konsequenz, und die Schwierigkeiten heben mich mehr, als sie mich niederschlagen.« Der Bericht schloß mit den bezeichnenden Sätzen: »So arbeite ich mit Resignation, mit Eifer, und ich kann sagen, selbst mit Heiterkeit. Allein ich kann, wenn es nicht besser geht und ich keine Änderung bewirke, es nur höchstens bis zum Frühjahr fortsetzen. Dann sinkt auch das Vertrauen, das man jetzt noch zu mir hegt, und ohne Vertrauen macht man im Verwalten nichts . . .«
Zwei Tage darauf, am 12. Oktober, trat zum ersten Mal die

Verfassungskommission des Staatsrates zusammen. Hardenberg gab seinen eigenen Verfassungsentwurf zur Kenntnis, ein überaus geschickter Schachzug, der den bereits zur Reaktion eingeschwenkten Leiter der preußischen Staatspolitik als gemäßigten Liberalen empfahl. Am 18. Oktober wurden die Karlsbader Beschlüsse in Preußen veröffentlicht und damit der reaktionäre Kurs offen eingestanden. Am 28. Oktober trat die Verfassungskommission zum zweiten Mal zusammen. Die Meinungen Hardenbergs und Humboldts prallten heftig aufeinander.

Die Diskussion über die Verfassung war praktisch illusorisch geworden, da sich König und Kanzler gegenüber Metternich und dem Deutschen Bund inzwischen in einer Weise festgelegt hatten, die jede echte konstitutionelle Entwicklung ausschloß. Zudem war die Auseinandersetzung zwischen Staatsministerium und Krone über die Reform der Regierung in ein neues, krisenhaftes Stadium getreten, da der König am 21. Oktober die Eingabe der sieben Minister höchst ungnädig zurückgewiesen und Einzelvoten der Minister angefordert hatte, um deren Einheit zu sprengen. Das war eindeutig die Kampfansage an Humboldt als Wortführer der Mehrheit des Kabinetts. Die Minister reagierten, wie Hardenberg es wohl erwartet hatte: Bernstorff und Wittgenstein nahmen an den Kabinettssitzungen nicht mehr teil. Nur Boyen und Beyme standen vorbehaltlos an der Seite Humboldts, während die anderen bemüht waren, sich aus dem Kampf herauszuhalten.

In der weiteren Auseinandersetzung traten die Auswirkungen der Karlsbader Beschlüsse auf das öffentliche Leben in Preußen naturgemäß in den Vordergrund. Schon bevor Humboldt sein Amt übernommen hatte, waren besorgte Stimmen im Ministerium über die Demagogenverfolgungen laut geworden. Dabei hatte besonders Beyme Mut und Gerechtigkeitssinn gezeigt. Vom Staatskanzler wurde die Übertragung der Untersuchungen an das Ministerium der Justiz gefordert, um zu erreichen, daß die Nachstellungen aus der Willkür der Polizei in die relative Rechtssicherheit der Justizbehörden übergingen. Hardenberg hatte diese Forderung, gestützt auf ein Gutachten von Kamptz, zurückgewiesen.

Am 8. September 1819 hatten sich die Minister ohne Schuckmann und Bernstorff, aber mit dem inzwischen in sein Amt eingewiesenen Humboldt abermals an den König gewandt. Unter Hinweis auf zweifellos willkürliches, ja rechtswidriges Verhalten der Polizei – unter anderem wurde auf die Verfolgung Jahns verwiesen – baten sie um die Einsetzung einer Justizkommission zur Untersuchung sogenannter demagogischer Umtriebe. Eine solche Einrichtung schließe den schwerfälligen Gang der Gerichte aus, behindere die Polizei nicht in ihren Beobachtungen, genieße aber größeres Vertrauen in der Öffentlichkeit, da sie nicht nach Willkür verfahre und den üblichen langwierigen Rechtsweg verkürze und vereinfache.

Die von Hardenberg veranlaßte Antwort vom 19. September 1819 war ungnädig. Den Ministern wurde vorgeworfen, sie hätten die Angelegenheit mangelhaft geprüft, tadelhaftes Mißtrauen gegen die königlichen Absichten gezeigt und seien von irrigen Voraussetzungen ausgegangen. Es wurde ihnen eine Vorlage über die Karlsbader Beschlüsse, über den bisherigen Gang der Untersuchungen und über eine Erweiterung der polizeilichen Untersuchungskommission durch Justizbeamte angekündigt, unter denen sich auch der Kammergerichtsrat und Dichter E. T. A. Hoffmann befand. Jetzt erst erhielt das Gesamtministerium durch Hardenberg offiziell Kenntnis von dem Präsidialantrag, den die zehn an den Karlsbader Beschlüssen beteiligten Staaten dem Deutschen Bundestag am folgenden Tage vorlegen würden, sowie einen Bericht über Untersuchungen gegen »Demagogen«.

Die Reform der Kabinettsverfassung und die Vorbereitung einer Konstitution waren nunmehr unlösbar verknüpft mit der Durchführung der Karlsbader Beschlüsse. Sie wiesen die Richtung, in der sich in Zukunft Preußen entwickeln sollte, dessen Universitäten bespitzelt, dessen Presse schärfstens zensiert, dessen freisinnige Geister gejagt und verfolgt wurden wie Kriminelle. Humboldt wurde im Ministerium zum unerschrockenen

Anwalt einer ehrlichen, vernünftigen und gerechten Staatspolitik, er wurde zum Führer der Opposition im Kabinett.

Bereits Mitte September legte er seine Gedanken in einem Entwurf für eine Antwort des Staatsministeriums nieder. »In Absicht der Tatsachen«, hieß es da unter anderem, »beschränkt sich das Staatsministerium auf die ehrfurchtsvolle Besorgnis, daß Verirrungen und allgemeinen sträflichen Absichten ... wohl besser unmittelbar durch disziplinarische Mittel auf Schulen, Universitäten und Staatsdienst und mittelbar durch strenge und konsequente Verwaltung als auf dem Wege polizeilicher Untersuchung begegnet werden dürfte.« Nur wirklich zur Vorbereitung von Verbrechen gereifte Verirrungen müßten gerichtliche und strenge Bestrafung erfahren.

Diese Aufzeichnung war von der tiefen Sorge getragen, daß die Karlsbader Beschlüsse und der Verzicht Preußens auf wesentliche Hoheitsrechte zugunsten des Bundes die krisenhafte Entwicklung, in der sich das Land befand, zuspitzen könnten.

Das Wort in einem Briefe Schöns vom »furchtbaren Drängen der Zeit« war Humboldt »aus der Seele geschrieben«, wie er ihm am 3. September 1819 antwortete. »Niemand fühlt es so wie ich; und daher wünsche ich weder auf dem alten bekannten Weg zu gehen noch zu sitzen, dum defluit amnis[63].« Er glaube, daß man ans Werk gehen und versuchen müsse, was man tun könne.

Humboldts Briefe aus jener Zeit an seine Vertrauten waren von höchstem Verantwortungsbewußtsein für sein Amt und für das Staatswohl getragen. Er betonte immer wieder den tiefen Schmerz über die Absonderung des Kanzlers vom Ministerium und daß es darauf ankäme, aus dem Gesamtministerium »eine wirklich handelnde und einwirkende Behörde zu machen«.

Ähnliche Gedanken äußerte er auch in einem Brief an Niebuhr vom 22. September 1819, den er dem jungen Bildhauer Rudolf Schadow mit nach Rom gab, da er ihn weder der Post noch dem Kurier anvertrauen konnte. Über die Umtriebe selbst wisse er nichts Bestimmtes, »weil man das Ministerium nicht in Kenntnis gesetzt hat«. Er zweifle, »daß sich nur irgend etwas

Bedeutendes so gebildet hätte, daß es die Konsistenz eines zur Tat führenden Anschlags hatte«. Man hätte daher die Sache disziplinarisch und nicht inquisitorisch behandeln müssen »und der verkehrten Stimmung außerdem entgegenarbeiten durch gerechte und ordentliche Verwaltung. Wenn die Verwaltungen weniger Blößen geben und die Völker weniger gerechten Grund zum Klagen finden, werden der Regierung entgegenarbeitende Bestrebungen nachher von selbst ausgestoßen«.

Schon in der zweiten Hälfte des Monats September mußte Humboldt erkennen, daß ihm die Mehrzahl der Minister in seiner entschiedenen Haltung gegen die schändliche und unnationale Politik von Karlsbad nicht folgen werde, obwohl sie sich vor den Beschlüssen des Bundestages noch darüber einig gewesen waren, daß der Polizeiwillkür Einhalt geboten und die autoritäre Stellung des Staatskanzlers zwischen König und eigentlicher Regierung verändert werden müßte.

Humboldt entschloß sich daher, abermals eine umfassende Denkschrift zu diesem Fragenkreis zu verfassen; er legte sie seinen Kollegen im Staatsministerium am 5. Oktober vor. Sie enthielt in teils gemäßigten, teils verschärften Formulierungen seine bereits bekannten Auffassungen und richtete sich, mit des Königs Selbstbewußtsein rechnend, nicht unmittelbar gegen die Karlsbader Beschlüsse, wohl aber gegen die Unterordnung Preußens unter den Bund. »Der Bundestag soll nicht bloß vorschreiben können, was der einzelne Staat tun soll, nicht bloß beurteilen, ob er seiner Verpflichtung deshalb Genüge leistet, sondern den einzelnen Fall behandeln, eingreifen, für sich entscheiden, und alle Bundesstaaten sollen unbedingt gehorchen müssen, ohne daß ihnen ein anderes Urteil dabei verstattet wird als dasjenige, was sie während der Beratung durch ihre Stimmen ausüben.« Stimmte man dem zu, so wäre zu befürchten, daß durch solche Beschlüsse der Weg gebahnt werde, auf dem künftig die Macht des Bundestages erweitert werden könne. Die letzte Folge aber wäre, daß schließlich die gesamte Gesetzgebung Preußens von Beschlüssen des Bundestages abhängig werde. Es bleibe dann nichts weiter als Unterwerfung oder Widerstand und damit Kampf gegen den Bund übrig.

Auch bei seiner Interpretation des Artikels 13 der Bundesverfassung rechnete Humboldt mit der Eitelkeit des Königs. Das Ministerium habe nie geglaubt, formulierte er, daß diese Bestimmung der Bundesakte den preußischen Staat angehen könne, da der König aus eigener Bewegung seinem Volke eine Verfassung versprochen habe; es dürfe nicht so scheinen, als ob die Konstitution statt dessen von fremder Beratung abhängig sei.

Schließlich wird die Bitte ausgesprochen, den Außenminister zu ermächtigen, alle Angelegenheiten, die auf die inneren Verhältnisse Preußens Einfluß haben, mit dem Gesamtministerium oder den zuständigen Ressortministern zu beraten, ehe die nötigen Weisungen an den Bundesgesandten ergehen. Zwar sollten an Umtrieben Beteiligte bestraft werden, aber nach den Gesetzen, »damit die unbestimmte, sich im stillen verbreitende Besorgnis und das gegenseitige Mißtrauen aufhöre; wir fügen auch noch dem hinzu, daß außer den gegenwärtigen richterlichen, polizeilichen und beschränkenden Maßregeln, bei denen es immer zweifelhaft bleibt, ob sie nicht durch Aufregung des Gefühls noch mehr irreführen und grade die entgegengesetzte Wirkung ausüben, auch in ganz Deutschland die übrigen Mittel in Anwendung kommen mögen, welche das Übel auszurotten imstande sind. Denn es hat uns immer geschienen, daß, wenn erst die Regierungen überall in Deutschland, was von ihnen abhängt, getan haben werden, um durch Vereinfachung ihrer Organe, durch Übung durchgängiger Gerechtigkeit, durch große Ordnung und Konsequenz der Verwaltung, durch strenge Sparsamkeit, durch Eröffnung der Möglichkeit, daß das Volk auf gesetzmäßigem Wege an dem öffentlichen Wesen Anteil nehme, die Lasten der Untertanen zu vermindern, den Beschwerden zuvorzukommen und die Zufriedenheit unter allen Klassen zu erhöhen, der Geist strafbarer Neuerungssucht und heimlichen Widerstandes von selbst verschwinden wird«.

Ebenso erstaunlich wie der Mut ist die Hartnäckigkeit, mit

der Humboldt immer wieder die höchst unwillkommene Wahrheit über die Mängel und Fehler der Politik Hardenbergs und seiner Hintermänner dem König zu Bewußtsein zu bringen trachtete, um einen grundsätzlichen Wandel in der Verfassung wie in der Verwaltung des preußischen Staates wenigstens anzubahnen. Er war zutiefst besorgt über die Willkür, mit der die Reaktion sich die staatlichen Organe unterwarf, und über das sterile Beharren Hardenbergs auf seiner Autorität, die von den einen mißbraucht und von den andern als diktatorisch, erniedrigend und die eigene Verantwortung hemmend empfunden wurde. Besorgt war Humboldt aber auch über die Auswüchse demokratischen Fortschrittswillens, die der Reaktion nur zum bequemen Vorwand dienten, ihre Maßnahmen gegen alle fortschrittlichen Bestrebungen zu verschärfen.

Damals wie später ist die Frage gestellt worden, ob es nicht besser gewesen wäre, wenn Humboldt versucht hätte, zu einem Einverständnis mit Hardenberg zu gelangen, um ihn vom Druck der Reaktion zu befreien und ihn für ein gemeinsames Vorgehen in der Verfassungsfrage wie in der Auseinandersetzung mit der demokratischen Opposition im Lande zu gewinnen. Doch in jener Zeit war ein Ausgleich mit Hardenberg nicht mehr möglich, auch wenn Humboldt weniger selbstbewußt gewesen wäre und weniger entschieden seine die Allmacht des Kanzlers bekämpfende, im übrigen durchaus gemäßigte liberale Haltung vertreten hätte. Damals gab es nur noch die Alternative, daß Humboldt sich Hardenberg unterwarf, damit dieser ihn als seinen Nachfolger empfehle. Eine solche Haltung aber war mit dem Selbstbewußtsein Humboldts unvereinbar; sie war aber auch nicht mit den Anschauungen in Einklang zu bringen, die Humboldt mit Nachdruck und Beharrlichkeit seit Jahren vertreten hatte. Er war sich bewußt – die Briefe an Stein, Schön, Niebuhr bewiesen es –, daß der Kampf, den er führte, im Interesse des preußischen Staates und des Fortschreitens der gesellschaftlichen Entwicklung durchgestanden werden mußte, auch wenn er ahnte, ja wußte, daß er in dieser Auseinandersetzung unterliegen würde. Wie die Dinge lagen, konnte dieser

Kampf nicht mit, sondern nur gegen Hardenberg geführt werden.

Humboldts Denkschrift vom 5. Oktober blieb Material für die Erörterungen im Kreis seiner Kollegen; gemeinsam beschlossene Vorlage an den König wie noch das Memorandum vom 26. August 1819 wurde sie nicht. Hatte bereits die Bekanntgabe der Bundestagsbeschlüsse unter den wankelmütigen Mitgliedern des Kabinetts große Besorgnis erregt, so verursachten die ungnädige Antwort des Königs vom 21. Oktober auf die gemeinsame Vorstellung und sein Ersuchen um Einzelvoten der Kabinettsmitglieder Verwirrung und Unbehagen. Nur Beyme und Boyen blieben, entschiedener denn je, an der Seite Humboldts, der kategorisch feststellte: »Ein Staatsminister, ein Minister des Auswärtigen, überschreitet seine Befugnisse, wenn er verspricht, preußische Untertanen fremden Gerichten zu unterwerfen, und ich trag darauf an, den Minister Bernstorff in Anklagestand zu versetzen und die ganze Maßnahme zu kassieren, zugleich aber festzusetzen, daß hinfüro solche Projekte allemal zuvor an das Staatsministerium gebracht werden müssen.«

Hardenberg sah sich nun vor die Entscheidung gestellt, zumindest in der Frage der Stellung der Minister zu ihm nachzugeben oder aber auf der Abberufung Humboldts zu bestehen. Im Grunde hatte er sich bereits durch die Karlsbader Politik endgültig auf den reaktionären Kurs festgelegt. »Wir wissen«, schrieb Metternichs Vertrauter Gentz Ende Oktober 1819 an Adam Müller, »daß die preußische Regierung in sich gespalten und zerfallen ist, aber die, welche an ihrer Spitze stehen (Wittgenstein, Bernstorff, Hardenberg) haben in der letzten Zeit und bis auf den heutigen Tag auf dem mit Österreich gemeinschaftlich betretenen Wege Treue und Festigkeit bewiesen, die wir dankbar anerkennen müssen.«

Hardenberg war noch zu Jahresbeginn bemüht gewesen, den unheilvollen Einfluß Wittgensteins auszuschalten. Doch jetzt verband er sich mit ihm und den beiden »Hofpfaffen« Ancillon und Eylert, die dem Staatskanzler beflissen die segensreiche Wirkung der Karlsbader Beschlüsse auf die Untertanen

Seiner Majestät bestätigten. »Wittgenstein bewies dem Kanzler, daß die Opposition gesprengt werden müsse. Ein großer Teil des Adels war in Bewegung. Das Wiener und Petersburger Kabinett, denen der Sturz der Opposition nur erwünscht sein konnte, mochten nicht als müßige Zuschauer dabeistehen. Humboldt namentlich war den Russen längst zuwider. Österreich war seiner Sache noch nicht gewiß; noch ein paar Schritte wie diese Humboldtschen gegen die Karlsbader Beschlüsse, und der Wiener Reaktionsplan war vernichtet.«[64]

Der König, wohl von Witzleben gewarnt, zögerte. Inzwischen veranlaßte ein Streit über die Organisation der Landwehr Boyen dazu, seine Entlassung zu verlangen, die ihm nach einigem Hinhalten gewährt wurde. Kurz danach schied von Grolman, wie Boyen ehedem einer der engsten Mitarbeiter Scharnhorsts und jetzt Reorganisator des Generalstabs, aus seinem Amt aus. »Der Kriegsminister ist fort«, notierte Hardenberg, »– ist viel, hilft aber nichts, wenn Beyme und Humboldt zusammenbleiben und die Maßregel nicht zweckmäßig genommen wird. B. und H. müssen dispensiert werden.«

Hardenberg hatte sich entschlossen, Humboldts Entlassung durchzusetzen. Doch war er sich des Königs noch nicht sicher. Daher beschuldigte er Humboldt völlig grundlos, er werde unmittelbar nach der Ernennung eines neuen Finanzministers der Erhebung notwendiger neuer Steuern widersprechen und von selbst aus dem Amt ausscheiden, um sich bei der Öffentlichkeit beliebt zu machen. »Ob dieses eines Staatsministers und Staatsbürgers, eines treuen Anhängers seines Herrn, würdig sei, überlasse ich der höchsten Beurteilung«, schloß er geschickt. Doch es blieb nicht bei diesem einen Vorwurf gegen Humboldt. Auch Beyme, der eine Anklage gegen Görres wegen demokratischer Umtriebe verhindert hatte, denunzierte er vor dem König. Mit den Anschuldigungen gegen Humboldt und Beyme verband Hardenberg eigene Versprechungen, besonders über eine Finanzreform, und forderte endlich, der König möge sich zwischen ihm und Humboldt entscheiden.

Friedrich Wilhelm III. verhielt sich so, wie es Hardenberg

erwartet hatte. Am 31. Dezember 1819 wurden Humboldt und Beyme aus dem Ministerium entlassen. Am 4. Januar teilte die »Preußische Staatszeitung« im Anschluß an die Nachricht vom Ausscheiden der Generale von Boyen und Grolman der Öffentlichkeit mit: »Auch haben des Königs Majestät die Staatsminister von Beyme und Freiherr von Humboldt von den Geschäften des Staatsrates und des Staatsministeriums sowohl als der ihnen anvertrauten Departements vorerst und bis ihre Tätigkeit wieder in Anspruch genommen werden kann zu dispensieren geruht.«

Humboldt ließ den König am 1. Januar 1820 wissen, er scheide aus seinem Amt »im Bewußtsein, immer nur Ew. Königlichen Majestät und des Staates Wohl vor Augen gehabt und nach meinen Kräften gestrebt zu haben, die mir auferlegten Pflichten zu erfüllen«. Die ihm vom König ausgesetzte Besoldung eines Staatsministers von sechstausend Talern im Jahr schlug er mit der Begründung aus, es würde ihm ein peinliches Gefühl sein, eine Besoldung zu genießen, ohne im Staatsdienst tätig zu sein.

Humboldt war der Meinung, daß nicht seine und seiner beiden Gesinnungsfreunde Memoranden an den König gegen die Karlsbader Beschlüsse und seine Auseinandersetzung mit Hardenberg Ursache seiner Entlassung gewesen wären. Man habe vielmehr, wie er am 22. März 1820 an Stein schrieb, alles angewendet, um ihn »in Rücksicht auf die demagogischen Umtriebe verdächtig zu machen. An sich ist das zwar unmöglich, da ich in den zahlreichen weggenommenen Korrespondenzen nie genannt bin, da ich mit keinem Menschen dieser Art in irgendeiner anderen als zufälligen oder vorübergehenden Verbindung gestanden habe und da vielmehr diese Menschen großes Mißtrauen in mich setzten. Allein da ich die Maßregeln gegen dies gewiß wahre und große Übel, so wie man sie nimmt, nicht billigen kann, da ich, ob ich mich gleich jetzt nie irgend öffentlich darüber äußere, dies, wo es an seiner Stelle war, als Minister immer gesagt habe, so übertreibt man dies und verdreht es«.

Weiter hieß es in dem Brief an Stein: »Ew. Exzellenz kennen meine Gesinnung, die ja der Ihrigen auch gleich ist, daß man nicht vom Aktentisch ins Grab taumeln muß. Mein herzlicher Wunsch ist, daß man nie wieder an mich für ein Amt denke, daß aber die Sachen durch andere als mich gut gehen mögen.« Pläne wissenschaftlicher Art hatte er in Fülle, und Tegel sollte ihm die schöpferische Muße schenken, nach der er sich im Grunde seit Jahren gesehnt hatte, um in Ruhe und Abgeschiedenheit vom Getriebe der Politik weiter an seiner Bildung und seinem wissenschaftlichen Werk zu arbeiten.

Wittgenstein und Metternich, Humboldts schärfste Gegner, frohlockten; Stein und Humboldts ehemalige Mitarbeiter auf kulturpolitischem Gebiet beklagten sein Ausscheiden aus dem Staatsdienst. In der Öffentlichkeit wurden Sorge und Bestürzung laut. Selbst in der königlichen Familie besaß Humboldt Freunde, die sich weiter zu ihm bekannten; der Kronprinz und Prinzessin Luise Radziwill, eine Schwester des Prinzen Louis Ferdinand, legten Wert auf den Umgang mit ihm. Die Kamarilla am Hofe aber, die orthodoxen Theologen, das ganze Lager der Reaktion in Berlin, Wien und in Petersburg waren sich darüber einig, daß einer ihrer gefährlichsten Gegner mundtot gemacht worden war. »Humboldt galt für einen politisch Geächteten; nicht sein Charakter und seine Verdienste schützten ihn vor den Verdächtigungen der Schmalzianer und vor den Unverschämtheiten der geheimen Polizei, die ihr allmächtiges Regiment zu entfalten begonnen hatte. Seine Briefe wurden erbrochen; seine Opposition gegen die antidemokratischen Maßnahmen genügte, auf ihn als auf einen Mitschuldigen der revolutionären Umtriebe hinzudeuten.«[65]

Nach Humboldts Ausscheiden aus dem Amt gab es im Kabinett keinen Widerstand mehr gegen das Wüten der Reaktion. Hardenberg versuchte, obwohl er die Karlsbader Politik billigte, sein Verfassungsprojekt zur Diskussion zu stellen, das der ehemalige Reformer, nicht zuletzt vom schlechten Gewissen getrieben, als Abschluß seines Lebenswerkes betrachtete.

Der König lehnte im Jahre 1821 den Entwurf ab. Hardenberg fand nicht den Mut, sein Amt niederzulegen; er starb auf einer Reise in Genua im November 1822.

Als sich Varnhagen von Ense mit dem Gedanken trug, eine Darstellung des Lebens Hardenbergs zu schreiben, bat er auch Humboldt um seine Meinung. Humboldts Antwort vom 7. Mai 1830 ist für ihn bezeichnend: »Meine Empfindungen für diesen Mann sind in allen Zeiten, auch wo wir voneinander gänzlich abwichen, immer dieselben geblieben, und es freut mich daher, daß er bei Ihnen gewiß zugleich die würdigende und schonende Behandlung erfahren wird, welche er verdient. Man kann mit Wahrheit von ihm sagen, daß, wenn man die Begebenheiten von 1810 bis 1816 wie die Entwickelung eines Dramas betrachtet, ein Dichter keinen geeigneteren Charakter hätte finden können, dieselbe für Preußen herbeizuführen, als den seinigen. Ich habe dies in der Mitte dieser Begebenheiten oft gefühlt und in Momenten, wo er gefährlich zu leiden schien, für den Ausgang gezittert. Dagegen ist es gewiß auch wahr, daß man für sich selbst vielleicht eher auf den Anteil an diesem Drama verzichtet hätte, um in entschiedenerer Größe und Festigkeit über den Begebenheiten zu stehen.«

SCHÖPFERISCHE EINSAMKEIT IN TEGEL

Drei Jahrzehnte hindurch hatte Humboldt vorwiegend in der Fremde gelebt. Er hatte weite Teile des westlichen und des südlichen Europa mit seiner Familie bereist und lange als Privatmann oder als Diplomat in fremden Hauptstädten geweilt. Jena und Paris, Rom und Wien, Frankfurt und London hatten Humboldts Selbstbildung in den Wanderjahren, aber auch noch in der Zeit seiner diplomatischen und staatsmännischen Wirksamkeit stärker beeinflußt als die preußische Hauptstadt. Zu Beginn des sechsten Jahrzehnts seines Lebens kehrte er nach Berlin zurück und wurde erst jetzt dort wirklich heimisch. Die letzten anderthalb Jahrzehnte seines Daseins verbrachte er in schöpferischer Einsamkeit vorwiegend in Tegel. Solange Karoline von Humboldt lebte, hielt sich Humboldt mit seiner Familie nur im Sommer auf dem Landsitz am Tegeler See auf, während man im Winter in der Berliner Innenstadt im Eckhaus Behrenstraße–Charlottenstraße, später dann am Gendarmenmarkt in der Französischen Straße 42 wohnte und lebhaften Anteil am gesellschaftlichen Leben der Stadt nahm.

Am liebsten weilte Humboldt in Tegel. Er hatte Sehnsucht nach einem »stillen Leben« und suchte die Einsamkeit. Der See, die bewachsenen Inseln, die Hügel und Kiefernwälder rund um das Jagdschloß des Kurfürsten Friedrich Wilhelm umrahmten Garten und Park, Früchte liebevoller Arbeit des Vaters der Brüder Humboldt. Alleen von Kastanien und Platanen spendeten Schatten und erinnerten ein wenig an die geliebte römische Landschaft. Humboldt ging unmittelbar nach seiner Entlassung daran, seinen Besitz umzugestalten. Als Zeichen seiner Verbundenheit mit der Welt der Alten fanden seine Antikensammlungen hier eine Heimstätte. Vor allem wollte er sich in der Abgeschlossenheit der lieblichen Landschaft einen Platz schaffen, an dem er wissenschaftlich tätig sein konnte.

Rauch, der der Familie seit den römischen Jahren eng verbunden war, wurde zu Rate gezogen. Er habe »Tegel unendlich hübsch gefunden und lauter Pläne zum Bauen des Hauses gemacht«, teilte Humboldt der zur Kur weilenden Karoline am 5. Juni 1820 mit. »Seiner Idee nach müßte das eigentliche Haus stehenbleiben, wie es ist, und zum Museum eingerichtet werden. Von Baufälligkeit hat auch Schinkel so im Herumgehen nichts bemerkt.« Im Gegenteil, Berlins großer Baumeister entwarf noch im gleichen Monat einen Umbauplan, der, wie es in einem späteren Briefe an Karoline heißt, »wirklich an Ingeniosität alles übertrifft, was man hätte erwarten können«.

Im Jahre 1822 wurde mit dem Umbau begonnen, und am 31. Oktober 1824 konnte das Schlößchen eingeweiht werden, das zu einem kleinen Meisterwerk Schinkels geworden ist. Es bot Raum für die musealen Neigungen seines Besitzers und zugleich jene Atmosphäre der Stille und Abgeschlossenheit, die mehr und mehr zum Lebensbedürfnis Humboldts geworden war. Er brachte in das Schloß – eine Bezeichnung, die er durchaus nicht liebte – den größten Teil der Schätze, die Karoline und er in Rom gesammelt hatten, antike Originale, Gipsabgüsse, Werke von Thorwaldsen, Friedrich Tieck und Rauch. Nun war dem Verehrer der Antike, der sich noch immer nach Italien zurück sehnte, vergönnt, »unter lauter schönen Gestalten umherzuwandeln«, wie er Gentz am 21. Mai 1827 aus der »Wohnung mit den Gipsen und Marmor« in der Gewißheit schrieb, daß sie auch dem Jugendfreund Freude machen würde.

Im Sommer verließ Humboldt Tegel nur, um auf den thüringischen und Mansfelder Gütern seiner Frau nach dem Rechten zu sehen oder wenn ihn die Verwaltung von Ottmachau beanspruchte. Diese Bürden nahm er ungern auf sich und verband sie mit Besuchen in Weimar und Jena, in Rudolstadt und Schulpforta, in Breslau und Glogau, um alte Freunde zu besuchen oder neue Eindrücke zu sammeln. In Burgörner wie in Ottmachau liebte er es, Söhne und Töchter zu frohem und unbeschwertem Zusammensein um sich zu versammeln.

Die älteste Tochter Karoline, die nicht geheiratet hatte, lebte bei den Eltern in Tegel und vertrat nach der Mutter Tod die Hausfrau. Auch Adelheid von Hedemann und Gabriele von Bülow, die jüngeren Töchter, weilten oft im Elternhaus; August von Hedemann war Generalleutnant und Gouverneur von Erfurt; Heinrich von Bülow, Humboldts Londoner Attaché, wurde 1827 zunächst Gesandter in London, dann in Rom und schließlich Minister der auswärtigen Angelegenheiten. Die Söhne Humboldts, Theodor, der den Namen Humboldt-Dacheröden annahm, und Hermann, haben die Hoffnungen der Eltern wohl nicht erfüllt; sie teilten später die Herrschaft Ottmachau unter sich auf. Theodor erhielt aus dem väterlichen Nachlaß auch Auleben, während Burgörner und Tegel an Karoline fielen, mit der Bestimmung, daß der Besitz an beiden im Erbgang von einer Schwester auf die nachfolgende überginge.

Sosehr Humboldt den Umgang mit Frau und Töchtern genoß, am liebsten war er allein. »Es treibt mich jetzt so oft zu einsamen Spaziergängen«, schrieb er am 14. August 1826 seiner

Frau, die nach Böhmen gereist war. »Die Kinder gehen ihren eigenen Weg, und in mir ist mein Leben eigentlich geschlossen, kein Vernünftiger kann immer nur so denselben Knäuel weiter aufwickeln wollen, wenn sich doch nichts gerade Neues oder innerlich oder äußerlich Bedeutendes entspinnen kann ... Die Erde bietet ihren Schoß zur Ruhe, und der Himmel öffnet seine Räume zu ungehemmtem Streben. Wer den Tod so fühlt, dem wird er zu einer plötzlich erscheinenden sanften Lösung des Lebens, und einer Lösung bedarf das Leben doch. Denn es ist Fessel und Rätsel.«

Mehr noch als früher gab Humboldt Stimmungen nach, die dem Erlebnis der Natur oder dem der Umwelt, dem grübelnden Nachsinnen oder still versonnenen Forschen entsprangen. Frühzeitig meldete sich das Alter, nun da er sich nach einem von den Stürmen der Zeit erfüllten Leben zurückgezogen hatte. Doch Humboldt war weder verbittert, noch verzichtete er auf die Freuden eines Lebens, das reich war an schöpferischen Leistungen und förderlichen Begegnungen.

Einen Salon freilich wie Rahel Varnhagen, Henriette Herz oder Bettina von Arnim haben die Humboldts weder im entlegenen Tegel noch in ihrer Stadtwohnung unterhalten. Sie hatten viele gute Freunde und liebe Gäste, doch Humboldts Hang zur Ungebundenheit widersprach es, mit einer gewissen Regelmäßigkeit die gleichen Menschen im Gespräch um sich zu versammeln. Zu Humboldts Umgang gehörten Jugendfreunde wie Henriette Herz und Rahel Varnhagen sowie der treue Kunth, Künstler wie Rauch und Schinkel. Auch Chamisso kam und das Ehepaar Achim und Bettina von Arnim; Gelehrte fanden sich ein, wie Hegel und Schleiermacher, auch Wolf, der leider bereits im August 1824 in Marseille starb.

Im Frühjahr 1827 ließ sich Alexander von Humboldt, aus Paris heimkehrend, in Berlin nieder. Das menschlich wie wissenschaftlich fruchtbare Zusammenleben der beiden Brüder bestimmte in der preußischen Hauptstadt eine ganze Epoche der Entwicklung der Wissenschaften und Künste.

Neben Frauen und Männern aus dem kulturellen Leben Berlins empfing Humboldt manchen Freund und Mitarbeiter aus den Jahren seiner diplomatischen und staatsmännischen Wirksamkeit. Boyen und Clausewitz und Grolman kamen, Witzleben suchte den Umgang des Mannes, den er noch immer für den besten Staatsmann Preußens hielt, Nicolovius und Eichhorn fanden sich ein. Humboldt sah den in preußische Dienste getretenen Körner wieder, um dessen Berufung nach Berlin er sich 1815 bemüht hatte. Der Oberpräsident von Vincke, der liberal gesinnte Rother, der Oberpräsident von Motz, die zu den fortschrittlichsten preußischen Beamten gehörten, suchten das Gespräch mit Humboldt; auch Stein besuchte den Freund in Tegel und in Burgörner, Karl August von Sachsen-Weimar und Goethes Freund Johann Heinrich Meyer waren in Tegel zu Gast. Oft konnte Humboldt in seinem Hause den Kronprinzen und die Prinzessin Radziwill begrüßen; sie hielten gemeinsam mit Witzleben die Verbindung zum König aufrecht, bis sich Friedrich Wilhelm III. selbst entschloß, Humboldt, der sich vom Hof ferngehalten hatte, aufzusuchen.

Nur noch einmal trat an den entlassenen Staatsmann die Versuchung heran, in die Politik zurückzukehren. Humboldt hatte darauf verzichtet, sich zum Sprecher der Opposition zu machen; nicht nur, weil er gegenüber dem Herrscherhaus Loyalität üben zu müssen meinte, auch wenn er illoyal behandelt worden war, sondern weil er nicht mehr daran glaubte, eine wesentliche Änderung der preußischen Politik bewirken zu können.
Als Hardenberg Ende November 1822 in Genua starb, wurden viele Stimmen im Lande laut, die Humboldts Berufung an die Spitze des Kabinetts wünschten. Mehr als das: Witzleben machte seinen Einfluß auf den König geltend und empfahl, Humboldt mit der Leitung der Staatsgeschäfte zu beauftragen. Wenn Humboldt auch nach Witzlebens Auffassung die öffentliche Meinung für sich hatte, waren die allgemeinen politischen Verhältnisse in jener Zeit doch so, daß Humboldt als preußischer Staatskanzler schwer denkbar war.
Der Geist von Karlsbad beherrschte weiterhin die preußische

*Brief Wilhelm von Humboldts
an den Verlagsbuchhändler Dümmler
vom 1. Februar 1821*

571

Politik. Hardenberg hatte nicht für einen Nachfolger gesorgt, obwohl er seit vielen Jahren krank und nicht voll arbeitsfähig war. In Preußen wütete weiter die Reaktion; in der Außenpolitik hatten die Kongresse von Troppau, Laibach und Verona den von Metternich vorgezeichneten Kurs fortgesetzt.

Nach Hardenbergs Tod geriet der Hof in arge Verlegenheit, wen man zu seinem Nachfolger bestimmen sollte. Zunächst entschied man sich für den Staatsminister von Voß, der des Königs besonderes Vertrauen genoß, der aber bereits im Januar 1823 starb. Den Generalfeldmarschall Kleist von Nollendorf, der nunmehr in Aussicht genommen wurde, ereilte der Tod Mitte Februar. Wittgenstein protegierte den Minister von Lottum, Witzleben empfahl nachdrücklich Humboldt. Die Öffentlichkeit sei einhellig für ihn, trug er dem König vor und wies darauf hin, daß der Kronprinz, »wenn er unter eigener Verantwortung zu handeln hätte, ... ohne Scheu den Minister von Humboldt wählen würde, ihn dem Könige vorschlagen könne er aber nicht«. Friedrich Wilhelm III. erklärte, daß auch er Humboldt für den fähigsten Nachfolger Hardenbergs halte, entschied sich aber für Lottum mit der Begründung, daß Humboldt weder in Wien noch in Petersburg das erforderliche Vertrauen besäße.

Humboldt blieb in diesen Wochen untätig. Er hätte sich einem Ruf des Königs nicht versagt und noch einmal versucht, seine Verwaltungs- und Verfassungspläne soweit wie möglich zu verwirklichen. Irgend etwas zu tun, um seine Berufung zu befördern, lag ihm ferner als je; nur ungern hätte er den Landsitz in Tegel mit dem Amtssitz des Staatskanzlers vertauscht. Nur allzu klar sah er, daß die Aussichten, nach bestem Wissen und Gewissen die Verwaltung zu reorganisieren und Preußen eine konstitutionelle Verfassung zu geben, außerordentlich gering waren. »Jetzt zittere ich eigentlich vor jeder neuen Einrichtung«, hatte er im März 1820 an Stein geschrieben, »und es ist mir ordentlich beruhigend, daß man die Konstitutionssache ganz ruhen läßt, wie es scheint.« Er hatte einsehen müssen, daß die Möglichkeiten einer fortschrittlich-liberalen Entwicklung im vergangenen Jahrfünft vertan worden waren. Die Reaktion hatte sich soweit festigen können, daß es nicht mehr denkbar war, Steins Reformen in der von Humboldt entwickelten Richtung fortzusetzen.

Am öffentlichen Leben nahm Humboldt nur noch wenig Anteil. Mit Stein blieb er im Gedankenaustausch über politische Fragen und äußerte sich kritisch zu den Vorschlägen und Auffassungen Vinckes, Schöns und anderer Repräsentanten des liberalen Bürgertums. Eine Denkschrift Schöns gab ihm noch einmal Anlaß, seine Grundsätze für eine geordnete Verwaltung von Staat und Provinzen darzulegen, wie sie uns im wesentlichen bereits aus seinen Äußerungen vor der Entlassung bekannt sind. Er hielt nichts von Schöns Vorschlag einer Dezentralisierung der Verwaltung in der Weise, daß neben sechs Fachministerien acht Provinzialminister stehen sollten. Erster Verwaltungsgrundsatz war nach seiner Meinung, »daß die Verwaltung von ihrem höchsten Punkt bis zum untersten eine ununterbrochene Reihe bilden und die oberste Hand noch in dem untersten Druck fühlbar sein muß. Wo das nicht ist, kann man weder für die Güte der Normen noch für die der Ausführung einstehen. Der politische Ausdruck der Einheit aber ist die Subordination; wo in eine Reihe Koordination eintritt, da sind zwei und nicht mehr eins«. Er hielt es für »das intelligente Leben eines Staates« – und ohne ein solches, kluges Staatsgebaren würde kein Staat und am wenigsten der preußische lange bestehen – »notwendig, daß die Verwaltung einen freien und ungehemmten Kreislauf von den äußersten Enden zum Mittelpunkt und zurück habe«.

Doch das waren alles nur mehr theoretische Betrachtungen, eher die eines Gelehrten als die eines Politikers. Allmählich beschränkte sich Humboldts Anteilnahme an den öffentlichen Angelegenheiten fast ausschließlich auf den Bereich der Wissenschaft und Künste. Er wurde Mitarbeiter der im Jahre 1826 gegründeten Jahrbücher für wissenschaftliche Kritik, die man, nach ihrem geistigen Vater und um eine bestimmte Tendenz zu kennzeichnen, alsbald »Hegelzeitung« nannte, obwohl in ihr keineswegs nur Hegelianer zu Worte kamen. »Wiederhergestellte Würde der Literatur, Freiheit der Ansicht und des Mitwirkens,

Unparteilichkeit in der Sache mit gewahrtem Anstande der Form nach, Verbannung der Anonymität« waren nach Eduard Gans »ungefähr die Grundsätze, wie sie im Hinundherreden über die Sache hervortraten.« Mit Hegel, Varnhagen und Gans hatten Männer wie Böckh und Bopp, Hufeland und Marheineke, Ritter und von Raumer ihren Namen unter das Zirkularschreiben gesetzt, das zur Mitarbeit einlud. Neben Humboldt und Goethe suchte man Boisserée und Carus, August Wilhelm Schlegel und Rückert, Stägemann und Welcker, Creuzer und Ewald für eine sachkundige Würdigung aller wissenschaftlichen Neuerscheinungen zu gewinnen.

Humboldt stand »äußerlich sehr gut« mit Hegel, wie er Gentz am 1. März 1828 schrieb. Er erkannte auch Hegels Wirkung an; er gehöre nicht zu den Philosophen, die diese Wirkung »bloß ihren Ideen überlassen wollen, er macht Schule und macht sie mit Absicht«. Er selbst konnte sich mit Hegels Philosophie »auf keine Weise« befreunden und war »mit Fleiß in die Gesellschaft« für wissenschaftliche Kritik eingetreten, um einer einseitigen Orientierung entgegenzuwirken.

Schon vor den Jahrbüchern für wissenschaftliche Kritik war im Jahre 1825 in Berlin ein Verein der Kunstfreunde gegründet worden, dessen Ziel es war, den in Rom studierenden und arbeitenden heimischen Künstlern zu helfen. Humboldt, den die Sehnsucht nach Rom nie verlassen hat, war gern bereit, an diesem kulturpolitisch bedeutsamen Unternehmen mitzuwirken, dessen Aufgaben ebenso rasch wuchsen wie die Anzahl der Mitglieder. Er übernahm den Vorsitz und widmete sich mit großem Eifer der Förderung von Kunst und Künstlern. Seit dem Januar 1826 legte er Jahr für Jahr bis zum März 1835 Rechenschaft über die Tätigkeit des Vereins ab.

Nach Rom, das den Humboldts nicht zuletzt durch die Gräber der Söhne an der Cestiuspyramide teuer war, kamen Karoline und Wilhelm von Humboldt nicht mehr; der Wunsch, nach Italien zurückzukehren und Griechenland kennenzulernen, wurde dem Bewunderer und Verehrer der Antike nicht erfüllt. Aber

Paris und London hat Humboldt wiedergesehen und in der französischen wie in der englischen Hauptstadt einige Wochen, reich an Begegnungen und Erlebnissen, verbracht. Im Frühjahr 1827 war Bülow Gesandter in England geworden. Wilhelm und Karoline von Humboldt entschlossen sich, ihre Tochter Gabriele und deren Kinder nach London zu begleiten; auch die älteste Tochter Karoline nahm an dieser Unternehmung teil – die Humboldts waren es ja aus ihren jungen Jahren gewohnt, sich mit der ganzen Familie auf die Reise zu begeben.

Sie verließen Berlin am 31. März 1828 und kamen am 15. April in Paris an, wo sie einen Monat verweilten, um alte Erinnerungen aufzufrischen und neue Eindrücke zu sammeln. Auch auf der Rückreise hielten sie sich in Paris eine Woche auf; neben den eigenen Bekannten nahmen sich die Freunde des im Vorjahr nach Berlin heimgekehrten Alexanders der Besucher an. Wilhelm von Humboldt wurde als Sprachforscher gefeiert. Er hielt in der Académie des inscriptions et belles-lettres, der Akademie der Inschriften und schönen Wissenschaften, deren Mitglied er 1825 geworden war, eine Vorlesung und knüpfte eine nähere Verbindung an zu dem Orientalisten Jean-Pierre-Abel Rémusat, dem Sinologen Jacquet und dem Ägyptologen Jean-François Champollion. Humboldt war von Paris und besonders von dem regen geistigen Leben so beeindruckt, daß er den Gedanken erwog, später ein ganzes Jahr wissenschaftlicher Arbeit in der französischen Hauptstadt zu verbringen.

In London verweilten die Reisenden vom 19. Mai bis zum 19. Juli. Humboldt wurde hoch geehrt und von König Georg IV. ausgezeichnet; die schönsten Stunden auf der britischen Insel verlebte er indessen im Kreis der Familie im Haus des Schwiegersohns von Bülow.

Letztes Ziel der Reise war Gastein, wo Karoline bereits früher Heilung gesucht hatte. Man blieb auch dort einen Monat und traf erst Anfang Oktober wieder in Berlin ein. Karolines Zustand verschlechterte sich sichtlich, so daß der Chirurg Johann Friedrich Dieffenbach zur Kranken gerufen wurde. Er und seine Frau Johanna Motherby gehörten nun zum engeren Freundeskreis in Tegel und in der Französischen Straße in Berlin, wohin die Humboldts bereits Ende Oktober übersiedelten. Schon im Dezember unterrichtete Dieffenbach Humboldt über das nahe Ende seiner Frau. Am 26. März 1829 starb Karoline von Humboldt, eine der bedeutendsten Frauen jener Zeit. Sie wurde zur letzten Ruhe im Park von Tegel gebettet, an einer Stelle, die sie selbst gewählt hatte und die zur Begräbnisstätte der Familie Humboldt geworden ist.

Humboldt verlor mit der Lebensgefährtin den verständnisvollsten Menschen, dem er begegnet war. Karoline hatte seinen Weg mit treuer Hingabe begleitet. Wie es bereits die Brautleute vereinbart hatten, gab sie dabei von ihrem eigenen Leben nicht mehr auf, als ihrem Wesen gemäß war. Sie hatte ihren Mann in seinem Patriotismus und seiner liberalen Gesinnung bestärkt, ihm zugeraten, den Versuch zu unternehmen, wenigstens einen Teil seiner Ideen im politischen und gesellschaftlichen Leben seines Landes zu verwirklichen. Wenn er zu verzagen drohte, hatte sie ihn ermutigt und ihm immer wieder die Kraft geschenkt, deren er bedurfte, um sich den Entscheidungen zu stellen, die ihm das Leben abforderte. Bei aller Freisinnigkeit der Anschauungen beider Gatten waren sie ihren Lebensweg durch alle Prüfungen gemeinsam gegangen, von einem fast unbegrenzten Vertrauen und einer aufrichtigen Verehrung füreinander erfüllt.

Humboldt hat seiner Gattin kein schöneres Denkmal setzen können als die Statue der Hoffnung auf ihrem Grabmal, eine von Friedrich Tieck angefertigte Nachbildung jenes Monumentes, das sie selbst noch bei Thorwaldsen bestellt hatte. Die Grabstätte im Park wurde zum täglichen Ziel von Humboldts Spaziergängen. Tegel war ihm nun der einzige Platz auf der Welt, wo er, mit dem Blick auf das Grabmal der Gefährtin seines Lebens, seine letzten Jahre zu verbringen wünschte.

»Mein innerstes Dasein wird durch diesen Tod noch mehr als das Leben zerstört. Das weiß ich, wie man eine Naturgegebenheit voraus weiß«, schrieb Humboldt an seinen Schwiegersohn von Hedemann. Dieser Riß in seinem Dasein sollte sich in den sechs Jahren, die er selbst noch zu leben hatte, nicht mehr schließen. Dennoch wurde sein Bedürfnis nach menschlicher Vertrautheit und Austausch der Gedanken weitgehend gestillt durch die Nähe Alexanders, der, nun schon Nestor der deutschen Naturforschung und gereift durch fast einzigartige Erfahrungen seines Forscher- und Gelehrtenlebens, heimgekehrt war und immer wieder das Gespräch mit dem Bruder suchte.

Alexander von Humboldt hatte sich in der Berliner Öffentlichkeit durch die berühmten »Kosmos«-Vorlesungen eingeführt, die im Winter 1827/28 zunächst in der Universität, dann des unerwarteten Andranges wegen in der Singakademie stattfanden. Nicht nur »Kappen und Mützen«, Professoren, Lehrer und Studenten, kamen. Der König, der Kronprinz, Gneisenau, Schinkel, Rauch zählten zu den Hörern; Fürsten und Handwerker, Offiziere und Bürger, Männer und Frauen drängten sich zu den Kosmos-Vorlesungen, die das vielbesprochene Ereignis dieses Winters waren. Alexander gewann schnell das Vertrauen, das sein Bruder seit langem genoß; auch er hatte wie Wilhelm bald einen unversöhnlichen Gegner, den reaktionären alteingesessenen Adel. Eine Gräfin Goltz, so berichtete Varnhagen, ereiferte sich »in Schimpfreden gegen die Humboldtsche Familie, dieses hergelaufene Volk, das Vornehmen den Platz nehme, diese bürgerlichen Bastarde«. Die einen argwöhnten, die anderen hofften, Alexander werde alsbald das staatliche Amt einnehmen, dessen Wegbereiter sein Bruder war: das des preußischen Kultusministers.

Alexander von Humboldt enttäuschte die Befürchtungen der einen und die Hoffnungen der anderen. Er widmete sich wie sein Bruder seiner wissenschaftlichen Arbeit. Unter seinem Vorsitz tagten im September 1828 deutsche Naturforscher und Ärzte in Berlin, um von der gemeinsamen Forschung im gemeinsamen deutschen Vaterland Kunde zu geben. Im April 1829, nur wenige Wochen nach dem Tod seiner Schwägerin, begann er, vom König zum »Wirklichen Geheimen Rat mit dem Prädikate Exzellenz« ernannt, als Gast des Zaren seine asiatische Reise, von der er in den letzten Tagen des gleichen Jahres nach Berlin zurückkehrte. Er hatte seinen Weltruhm abermals gerechtfertigt und lebte nun als Kammerherr des Königs in seiner Vaterstadt. Auch für ihn war die Epoche vorüber, in der er nach seines Bruders Worten versucht war, »gar viel wirken zu wollen, und das außer sich«. Er hatte im Bereich der Naturforschung Bahnbrechendes geleistet und beschränkte sich nun darauf, ohne Amt und Würden seine vielfältigen Beziehungen spielen zu lassen, um Forschern und Gelehrten und besonders dem wissenschaftlichen Nachwuchs im Interesse des Fortschritts der menschlichen Erkenntnis zu helfen. Unübersehbar ist die Zahl der Pioniere der Wissenschaft, die Alexander von Humboldt eine ideelle und materielle Förderung ihrer Entwicklung verdanken.

Wilhelm hatte lange Zeit um des Bruders »Deutschheit« gefürchtet und dessen Aufenthalt in Frankreich, vor allem während der napoleonischen Kriege, bei allem Verständnis für die besonderen Voraussetzungen seiner wissenschaftlichen Arbeit nicht gebilligt. Wenn es auch zwischen den Brüdern darüber nie zu einem Zerwürfnis gekommen war, so bestand doch eine gewisse Spannung, bis Alexander durch seine Werke den Beweis für die Notwendigkeit seines jahrzehntelangen Aufenthalts in Paris, dem damaligen Zentrum der naturwissenschaftlichen Forschung, vorlegte. Nach seiner Rückkehr in die preußische Hauptstadt war er wieder und wieder Gast des Bruders in Tegel. Sie standen einander in gegenseitiger Achtung und aufrichtiger Vertrautheit wie zwei sehr enge Freunde nahe, ganz abgesehen davon, daß der Naturforscher und der Sprachforscher sich wechselseitig befruchteten und einen lebhaften, für beide und viele andere förderlichen Gedankenaustausch pflegten. Unter allen Gästen, die Tegel aufsuchten, war Alexander dem Hausherrn und seinen Kindern der liebste.

Ein öffentliches Amt zu übernehmen, lehnte Alexander von Humboldt ab. Während er im Ural weilte, war sein Bruder, den man hindern wollte, »sich in Tegel einzumauern«, mit der Leitung einer Kommission betraut worden, die das von Schinkel gebaute Neue Museum einrichten sollte. Alexander war zum

Direktor des Museums vorgeschlagen worden. Wilhelms Meinung, er könne sich »der Stellung nicht entziehen«, hatte Alexander »erschreckt«. »Ich soll meine Stellung in Paris aufgegeben haben«, empörte er sich in einem Brief aus Jekaterinburg, dem heutigen Swerdlowsk, »ich soll in meine Heimat zurückgekehrt sein, um Direktor einer Gemäldegalerie zu werden . . ., um mich mit Dingen zu beschäftigen, die allem, was mir in der Welt einen Ruf verschafft hat, diametral entgegengesetzt sind . . . Ich werde nicht nur den Direktorposten ablehnen, sondern auch jede Leitung oder dauernden Vorsitz einer leitenden Kommission.«

Wilhelm mißbilligte den Entschluß des Bruders, er bedauerte es, daß er sich ebenso wie früher jedem öffentlichen Amt versagte. Er selbst bewirkte gemeinsam mit Schinkel, Rauch, Hirt, Wach und anderen eifrig die Eröffnung des Museums. Es ging darum, die richtige Anordnung für die Aufstellung der römischen und griechischen Bildwerke zu treffen, die Gemäldegalerie, das Antiquarium, die Vasensammlung einzurichten.

Schließlich konnte das Neue Museum Anfang August 1830 der Öffentlichkeit übergeben werden.

Humboldts Bericht über die Arbeit der Kommission an den König, die letzte seiner zahlreichen Denkschriften, veranlaßte Friedrich Wilhelm III. zu einer Kabinettsorder, in der er seine »vollkommene Zufriedenheit« mit den unter Humboldts Leitung getroffenen Einrichtungen zu erkennen gab und ihm den Schwarzen Adlerorden verlieh. Wichtiger war, daß er mit der gleichen Kabinettsorder das Humboldt angetane Unrecht wenigstens teilweise wiedergutzumachen versuchte, indem er schrieb: »Ich wünsche zugleich, daß Ihre Gesundheit es Ihnen gestatten möge, wiederum eine Wirksamkeit bei dem Staatsrate zu übernehmen. In dieser Voraussetzung habe ich den Staatsrat von Ihrer erneuten Teilnahme an den Sitzungen und Arbeiten desselben in Kenntnis gesetzt.« Sein Bruder habe »eine Art Restauration gemacht«, merkte Alexander von Humboldt an, er hoffe, sie solle dauerhaft sein.

Es bereitete Wilhelm von Humboldt indessen keine Freude,

dem Staatsrat wieder anzugehören. Doch er fühlte sich gegenüber dem König verpflichtet, an den Sitzungen mit einer gewissen Regelmäßigkeit teilzunehmen, erstmalig am 23. November 1830 und zum letztenmal am 7. Mai 1834. »Es war (im Vertrauen unter uns beiden gesagt) nie meine Absicht«, schrieb er am 5. Februar 1835 an Nicolovius, »die Beratungen eigentlich mitzumachen. Dagegen möchte ich auch nicht ausdrücklich noch stillschweigend durch gänzliches Ausbleiben mich schlechterdings von den Sitzungen lossagen. Meine Absicht war daher, mich, wie Wittgenstein und einige andere tun, von Zeit zu Zeit zu zeigen.«

Humboldt ist im Staatsrat nicht mehr in Erscheinung getreten. Er war in diesem Kreis gleichsam das mahnende Gewissen der Nation und hat durch manche kritische, gelegentlich auch sarkastische Bemerkung zum Guten zu wirken versucht, ohne sich erneut zum Kampf zu stellen. Auch wenn er es nicht wahrhaben wollte, so wußte er doch, daß seine Gesundheit bereits sehr geschwächt war. Sein Hausarzt Johann Nepomuk Rust warnte vor der Teilnahme an diesen Sitzungen, und auch Nicolovius hatte sich besorgt geäußert. Wenn Rust ernste Bedenken gegen seine Teilnahme am Staatsrat habe, so wäre keine Begierde so leicht zu zügeln wie die nach den Staatsratssitzungen, versicherte Humboldt. »Auf deutsch bin ich kein Leidender, sondern führe vielmehr mit meinen Kindern und einsam zwischen Arbeiten und Träumen, in Erinnerungen der Vergangenheit und heiterm Denken an die Zukunft ein stillglückliches Leben.«

Es war wohl mehr Trotz als Pflichtgefühl, wenn er seinen Platz im Staatsrat so oft wie möglich einnahm. Es wird ihm nicht entgangen sein, daß man »offenbar nicht den Mann, sondern den Namen des Mannes wollte. Dieser Name wenigstens sollte zu einer kleinen Sühne für das Unrecht benutzt werden, welches man an den Erwartungen und Bedürfnissen der Nation im Jahre 1819 begangen hatte. Durch eine homöopathische Dosis von Liberalismus wollte man der kritischen Aufgeregtheit der öffentlichen Stimmung begegnen«[66].

Macht gab man dem Manne nicht, dessen »reine Stimme der

Wahrheit und der Vernunft« zu hören ohnehin manchem Verdruß genug bereitete. Man wußte um seine Reformpläne und fürchtete sie nach wie vor. Er selbst war in seinen Ansichten noch wirklichkeitsnäher geworden, als er es vor einem Jahrzehnt gewesen war. »Durch Kampf terrassieren aber«, schrieb er am 29. Dezember 1830 an Karoline von Wolzogen, »oder durch List beschwichtigen läßt sich diesmal die Tendenz nicht, die in dieser Macht (der Zeit) liegt und die an sich in ihrem Geist und Sinn nicht niedergekämpft zu werden braucht. Das Kunstvolle und die Aufgabe der nächsten Jahre und Jahrzehnte wird sein, die Zeit über sich selbst zu belehren, dem, was sie sucht, einen heilsamen Sinn unterzulegen, und dies, indem man den Sturm beschwört, friedlich ins Leben zu führen. Wenn man es mit heller Einsicht, großem Mut und beharrlicher Liebe zur Gründung alles Edlen auf Erden anfängt, so halte ich dies für möglich. Lassen Sie uns harren und mutig bleiben.«

Während Alexander, tief beeindruckt von seinem erneuten Aufenthalt im Herbst 1830 in Paris, im Gespräch über die Julirevolution zu Gans äußerte: »Die Nation ist noch immer betrogen worden, und sie wird wieder betrogen«, enthielt sich Wilhelm, soweit wir wissen, jedes Urteils. Am Gang der Dinge außerhalb Deutschlands nahm er noch geringeren Anteil als an den preußischen und deutschen Angelegenheiten. Er las kaum mehr Zeitungen und ließ sich allenfalls im Gespräch über politische Vorgänge berichten.

Seit dem Sommer 1829 machte ihm ein Rückenleiden zu schaffen. Er besuchte jährlich Gastein, später Norderney; ohne zu klagen, nahm er körperliche Beschwerden als eine Begleiterscheinung des Alters hin. Der Kreis der Gefährten seines Lebens lichtete sich. Der treue Kunth starb und fand eine Ruhestätte im Park von Tegel, auch Therese Forster ging heim; im Jahre 1831 verlor er den Jugendfreund Dohna, Schillers unvergeßlichen Förderer Körner, den tief verehrten Stein sowie den wieder versöhnten Gneisenau. Das Jahr 1832 aber nahm ihm neben Gentz den Mann, dem er bis in die letzten Wochen seines Lebens zutiefst verbunden blieb: Goethe.

Goethe hatte den Lebensweg Wilhelm und Alexander von Humboldts mit reger Anteilnahme verfolgt. Daß sie unter seinen »Augen aufzustreben anfingen, war von der größten Wichtigkeit«, äußerte er am 12. Mai 1825 zu Eckermann und fügte hinzu: »Es sind mir daher unnennbare Vorteile entstanden.« Wenn sich auch im Verlauf der Zeit der Kontakt gelegentlich lockerte, man blieb miteinander in Fühlung durch Briefe und gelegentliche Besuche, sofern Alexander oder Wilhelm ihren Reiseweg über Weimar nehmen konnten. An der Richtung von Goethes Geist lag es, daß die Arbeiten des Naturforschers ihm mehr zusagten als die des Sprachwissenschaftlers. Dafür war der menschliche Kontakt zum älteren Humboldt enger als zum jüngeren. Die gemeinsame Freundschaft zu Schiller und die Erinnerung an Jenas klassische Zeit verband beide im Alter im besonderen Maße.

Humboldt besuchte Goethe im November 1823, wo er ihn, wie er Karoline schrieb, »leider krank gefunden«. Bei dieser Gelegenheit äußerte Goethe die Absicht, seinen Briefwechsel mit Schiller zu veröffentlichen. Hier mag wohl zum erstenmal auch Humboldt daran gedacht haben, seinen Briefwechsel mit Schiller drucken zu lassen. Er gab damals Goethe die Briefe, die Schiller an ihn gerichtet hatte, mit der Bitte, sie Lotte Schiller weiterzugeben, und führte ihm »so indirekt zu Gemüte..., daß von Schiller geschriebene Briefe von seinen Freunden billig als Eigentum der Kinder angesehen werden«. Es handelte sich dabei um eine Streitfrage zwischen Goethe und der Familie Schiller, und Humboldt wurde von beiden Seiten gebeten, wegen der Briefe Schillers an Goethe zu vermitteln. Er schied damals »in wahrer Wehmut von Goethe«, wie er Karoline am 23. November 1823 aus Schulpforta schrieb. »Ich habe seine noch immer sehr schöne Stirn, die so das Bild seines freien, weiten, unbegrenzten Geistes entfaltet, mehrere Male, da er eben saß und ich ihn nicht aufstehen lassen wollte, geküßt, und ich zweifle, daß ich ihn je wiedersehe. Es geht unendlich viel mit ihm dahin, meinem Glauben nach mehr, als je wieder in deutscher Sprache aufstehen wird.«

Sie haben einander wiedergesehen, abermals in Weimar, in einer wahrhaft erschütternden Begegnung, wie uns nur wenige aus dem Leben des einen wie des anderen überliefert sind. Schiller war 1805 in einem Gewölbe des Jakobkirchhofes beigesetzt worden. Goethe hatte nun zwei Jahrzehnte später Schillers Gebeine bergen lassen. »Heute nachmittag«, berichtete Humboldt seiner Frau am 29. Dezember 1826, »habe ich bei Goethe Schillers Schädel gesehen. Goethe und ich – Riemer war noch dabei – haben lange davor gesessen, und der Anblick bewegt einen gar wunderlich. Was man lebend so groß, so teilnehmend, so in Gedanken und Empfindungen bewegt vor sich gesehen hat, das liegt nun so starr und tot wie ein steinernes Bild da. Goethe hat den Kopf in seiner Verwahrung, er zeigt ihn niemand. Ich bin der einzige, der ihn bisher gesehen, und er hat mich sehr gebeten, es hier nicht zu erzählen. Zuerst mußt Du wissen, daß man den Kopf nicht absichtlich vom Rumpf getrennt hat. Die oberen Särge hatten in dem Gewölbe, wo Schiller vorläufig hingestellt war, die unteren zerbrochen. Das Gewölbe war außerdem feucht gewesen. So waren die Gebeine der einzelnen Begrabenen auseinandergegangen und lagen entblößt. Man suchte nach den Schillerschen und fand das ganze Skelett bis auf einige Teile. Goethe nahm nur den Schädel und ließ die übrigen Gebeine in der Bibliothek in einen Kasten niederlegen. Da sollen diese ruhen, bis er selbst stirbt. Dann hat er auf dem neuen Kirchhof, wo sich auch der Großherzog eine Familiengruft errichtet hat, eine Gruft neben dieser zurichten lassen. In dieser will dann er mit Schiller begraben sein.« – Humboldt fand, daß »in der Vereinigung zweier großer Männer, die sich so nahe im Leben standen, auch im Grabe etwas Schönes und edel Empfundenes« läge.

Goethe sprach damals »von seinem eigenen Tode mit einer großen Ruhe und Gelassenheit«. Doch Humboldt hatte diesmal den Eindruck, daß »glücklicherweise der Zeitpunkt noch weit entfernt ist«.

Diese erneute Begegnung mit Weimar und Jena – Humboldt besuchte auch Karoline von Wolzogen und Goethes »Urfreund«, den 82jährigen Knebel – und besonders mit dem toten Schiller ließ in Humboldt den Gedanken reifen, dem teuren Freund auch seinerseits ein postumes Denkmal zu errichten. Goethes Arbeit an dem »Briefwechsel zwischen Schiller und Goethe«, der in sechs Bänden in den Jahren 1828 bis 1829 in der J. G. Cottaschen Buchhandlung in Stuttgart und Tübingen erschien, bestärkte ihn in der Absicht, auch den eigenen Briefwechsel mit Schiller zu veröffentlichen.

Humboldt hatte bald nach dem Tode des Freundes darüber nachgedacht, ob er der Mitwelt nicht Zeugnis geben sollte vom Wesen Schillers, wie er es erlebt und verstanden hatte. »Seit Schiller, derjenige unter allen Menschen, den er am meisten geliebt und an dem er mit einer schwärmerischen Begeisterung gehangen hatte, ihm so plötzlich entrissen worden war, hatte Humboldt den innigen Wunsch und das lebhafte Bedürfnis empfunden, sich öffentlich über ihn zu äußern und sein Bild vor der undankbaren Nachwelt, die sich von der abgünstigen Beurteilung der romantischen Führer beeinflussen ließ, so darzustellen, wie es auf Grund intimster persönlicher Kenntnis vor seinem inneren Auge lebte«, schrieb Albert Leitzmann, der verdienstvolle Herausgeber der Werke Humboldts. Körner hatte ihn im Jahre 1812 aufgefordert, die von ihm besorgte erste Gesamtausgabe der Werke Schillers einzuleiten. Damals hatte Humboldt gezögert, seine Gedanken über Schiller zu äußern, nicht zuletzt, weil er meinte, Goethe, Schillers Partner im »Bund des Ernstes und der Liebe«, gebühre das erste Wort.

Nachdem nun Goethe den »Briefwechsel zwischen Schiller und Goethe« ohne ein persönliches Wort über den großen Freund veröffentlicht hatte, entschloß sich Humboldt, seinem Briefwechsel mit Schiller eine »Vorerinnerung über Schiller und den Gang seiner Geistesentwicklung« vorauszuschicken, in der er es unternahm, das Wesen des Freundes und Dichters Schiller zu charakterisieren. Zahlreiche Briefe waren verlorengegangen, und nach Leitzmann kürzte Humboldt »etwas allzu grausam«. Dennoch erschien, fünfundzwanzig Jahre nach Schillers Tod, ein Werk, das auch heute noch als »ein reiches, vielseitiges Bild der brüderlichen Freundschaft und geistigen Verwandtschaft zweier hochgebildeter, genialer Individualitäten«[67] gelten darf.

Für Humboldt war die Vorerinnerung an Schiller eine Rückerinnerung und mehr als das. Er beschäftigte sich in den einsamen Tegeler Jahren wieder und wieder mit seiner Vergangenheit und bei der Besinnung auf die Jahrzehnte des Werdens vor allem mit der fruchtbaren Gemeinsamkeit, seiner »Dreieinigkeit« mit Schiller und Goethe. Wie er Schiller Ehrfurcht, Verbundenheit und Dankbarkeit in der Herausgabe ihres Briefwechsels erwies, so bekannte er sich zu Goethe im gleichen Jahr 1830, indem er sich im Septemberheft der »Berliner Jahrbücher für wissenschaftliche Kritik« sehr liebevoll unter dem Titel »Über Goethes zweiten römischen Aufenthalt vom Juni 1787 bis April 1788« mit dem 29. Band von Goethes Werken (in der Ausgabe letzter Hand) beschäftigte. »Es gibt«, hieß es in Humboldts Einleitung zu seinem Briefwechsel mit Schiller, »ein unmittelbareres und volleres Wirken eines großen Geistes als das durch seine Werke. Diese zeigen nur einen Teil seines Wesens. In die lebendige Erscheinung strömt es rein und vollständig über. Auf eine Art, die sich einzeln nicht nachweisen, nicht erforschen läßt, welcher selbst der Gedanke nicht zu folgen vermag, wird es aufgenommen von den Zeitgenossen und auf die folgenden Geschlechter vererbt. Dies stille und gleichsam magische Wirken großer geistiger Naturen ist es vorzüglich, was den immer wachsenden *Gedanken* von Geschlecht zu Geschlecht, von Volk zu Volk immer mächtiger und ausgebreiteter emporsprießen läßt.«

So erfaßte er Schiller als »eine ganz einzige Erscheinung in seinem Jahrhundert«, und ebenso erschien ihm Goethe in verehrungsvoller Verbundenheit nicht nur als Dichter, sondern als Mensch von ungewöhnlicher Größe. Dabei ging es Humboldt nicht darum, zu schmeicheln oder billiges Lob zu erteilen; seine Absicht war es, beiden, mit denen er eine Wegstrecke gemeinsam gegangen war, ein dankbares Gedenken zu widmen. »Mir haben«, schrieb Goethe an seinen Altersfreund Zelter am 29. Oktober 1829, Humboldts Äußerungen über den römischen

Aufenthalt »zu Erinnerung und Nachdenken viel Gelegenheit gegeben. Es ist merkwürdig, wie er alles an- und aufregt, wie er sich in die dortigen Zustände versenkt hat und mich daselbst betrachtet. Ihm von innen heraus entgegenzugehen, fand ich alle Ursache und bin auf mancherlei Betrachtungen über mich selbst zurückgeführt worden.«

Humboldts liebevolle Darstellung Goethes in Rom, in die eigene Erinnerungen an die geliebte Stadt verwebt waren, kann in ihrer Wirkung auf die Zeitgenossen kaum hoch genug eingeschätzt werden. »Wir können uns heute schwer in den Wust von teils gehässigen, teils sinnlosen Mißurteilen, andererseits auch von kritiklosen Schmeicheleien hineinversetzen, die damals die Gestalt Goethes vor den Augen der Zeitgenossen besudelten. Haß und Liebe stritten miteinander, und auch wo sie schwiegen, sah sich der prüfende Verstand durch die Masse der von Goethe ausgehenden Einwirkungen verwirrt und fand nicht den Zauberstab, der aus diesem Wirrsal ein Bild entstehen lassen konnte. Demgegenüber war Humboldts kongeniale Durchdringung von Goethes Wesen eine Tat, die nur von ihm damals getan werden konnte.«[68] In diesen beiden Arbeiten, der über Schiller wie der über Goethe, erwies sich Humboldt als der klassische Interpret der beiden großen Dichter, der persönlichen Freunde, der Förderer seiner eigenen Entwicklung. Dankbarkeit und Verehrung trübten indessen nicht den kritischen Blick des Kunstfreundes und Kunsttheoretikers.

Humboldt hat Goethe nach jenem Besuch im Dezember 1826 nicht wiedergesehen. Sie blieben indes im Briefwechsel verbunden. Hatte Humboldt den Tod Karolines zu beklagen, so mußte sich Goethe 1828 mit dem Tod des Großherzogs Karl August und schließlich 1830 mit dem Verlust des eigenen unglücklichen Sohnes abfinden. Goethe lebte seither ebenso wie Humboldt sehr zurückgezogen. Humboldts letzter Brief, den Goethe gelesen hat, trug das Datum vom 6. Januar 1832. Goethe antwortete am 17. März 1832, fünf Tage vor seinem Tode, im letzten Brief, den wir von ihm besitzen.

Humboldt hatte dem Freunde in seinem Schreiben »mit der liebevollsten Verehrung« von seinen Beschäftigungen berichtet. Er meinte, er wäre mehr, als es je der Fall gewesen sei, auf den Punkt gekommen, auf den sich alle seine früheren Arbeiten und Studien in eins zusammenzögen. »Ich sehe dies als eine Mahnung an, der Dauer der Folgezeit nicht zuviel zu vertrauen, sondern die Gegenwart zu benutzen, das, was ich wohl fühle, was aber noch unentwickelt und zum Teil unerwiesen in mir liegt, dargestellt und ausgeführt zugleich mit mir davonzutragen und hinter mir zurückzulassen.« Er dachte dabei gewiß an seine sprachwissenschaftlichen Arbeiten, die ihn beschäftigten, seine Muße schöpferisch machten und sein öffentliches Wirken ergänzten durch eine in der Stille vollbrachte, dem Fortschritt der Wissenschaft dienende Leistung. »Man besitzt in Ideen nur ganz, was man außer sich dargestellt in andere übergehen lassen kann, und wie dunkel auch alles Jenseitige ist, so kann ich es nicht für gleichgültig halten, ob man vor dem Dahingehen zur wahren Klarheit des im langen Leben in Ideen Erstrebten gelangt oder nicht. So weit kann sich die Individualität nicht verlieren, und da es einmal in der Welt zwei Richtungen gibt, die wie Aufzug und Einschlag das geschichtliche Gewebe bilden, das immer abbrechende Leben der Individuen und ihre Entwicklung und die Kette des durch ihre Hilfe vom Schicksal zusammenhängend Bewirkten, so kann ich mir einmal nicht helfen, das Individuelle für die Hauptsache anzusehen, von welcher der Weltgang eine gewissermaßen notwendige Folge ist. Die Klarheit vor mir selbst bleibt mir daher, wenn ich nicht glaube, viel zu versäumen zu haben, das dringendste Motiv zur unausgesetzten Arbeit, und ich fühle mich glücklich, daß diese sich jetzt in mir in festeren Richtungen bewegt.«

Dann ging er auf Goethes Mitteilungen über den »Faust« ein. Der Dichter hatte das Manuskript versiegelt, um nicht mehr in die Versuchung zu geraten, daran zu arbeiten, »ein wahrhaft grausames Beginnen«, wie Humboldt meinte. »Solch ein versiegeltes Manuskript gleicht einem Testamente, das man immer zurücknehmen kann, dagegen stellt nichts ein eigenes Produkt dem Verfasser so außer sich und reißt es von ihm los als der Druck«.

»Zu jedem Tun«, antwortete Goethe, »daher zu jedem Talent, wird ein Angebornes gefordert, das von selbst wirkt und die nötigen Anlagen unbewußt mit sich führt, deswegen auch so geradehin fortwirkt, daß, ob es gleich die Regel in sich hat, es doch zuletzt ziel- und zwecklos ablaufen kann.

Je früher der Mensch gewahr wird, daß es ein Handwerk, daß es eine Kunst gibt, die ihm zur geregelten Steigerung seiner natürlichen Anlagen verhelfen, desto glücklicher ist er: was er auch von außen empfange, schadet seiner eingebornen Individualität nichts. Das beste Genie ist das, welches alles in sich aufnimmt, sich alles zuzueignen weiß, ohne daß es der eigentlichen Grundbestimmung, demjenigen, was man Charakter nennt, im mindesten Eintrag tue, vielmehr solches noch erst recht erhebe und durchaus nach Möglichkeit befähige.

Hier treten nun die mannigfaltigen Bezüge ein zwischen dem Bewußten und Unbewußten; denke man sich ein musikalisches Talent, das eine bedeutende Partitur aufstellen soll: Bewußtsein und Bewußtlosigkeit werden sich verhalten wie Zettel und Einschlag, ein Gleichnis, das ich so gerne brauche.

Die Organe des Menschen durch Übung, Lehre, Nachdenken, Gelingen, Mißlingen, Fördernis und Widerstand und immer wieder Nachdenken verknüpfen ohne Bewußtsein in einer freien Tätigkeit das Erworbene mit dem Angebornen, so daß es eine Einheit hervorbringt, welche die Welt in Erstaunen setzt...

Es sind über sechzig Jahre, daß die Konzeption des ›Faust‹ bei mir jugendlich von vorne herein klar, die ganze Reihenfolge hin weniger ausführlich vorlag. Nun hab' ich die Absicht immer sachte neben mir hergehen lassen und nur die mir gerade interessantesten Stellen einzeln durchgearbeitet, so daß im zweiten Teil Lücken blieben, durch ein gleichmäßiges Interesse mit dem Übrigen zu verbinden. Hier trat nun freilich die große Schwierigkeit ein, dasjenige durch Vorsatz und Charakter zu erreichen, was eigentlich der freiwillig tätigen Natur allein zukommen sollte. Es wäre aber nicht gut, wenn es nicht auch nach einem so langen tätig nachdenkenden Leben möglich geworden wäre, und ich lasse mich keine Furcht angehen, man werde das Ältere vom Neueren, das Spätere vom Früheren unterscheiden können, welches wir denn den künftigen Lesern zur geneigten Einsicht übergeben wollen.

Ganz ohne Frage würd' es mir unendliche Freude machen, meinen werten, durchaus dankbar anerkannten, weit verteilten Freunden auch bei Lebzeiten diese sehr ernsten Scherze zu widmen, mitzuteilen und ihre Erwiderung zu vernehmen. Der Tag aber ist wirklich so absurd und konfus, daß ich mich überzeuge, meine redlichen, lange verfolgten Bemühungen um dieses seltsame Gebäu würden schlecht belohnt und an den Strand getrieben, wie ein Wrack in Trümmern daliegen und von dem Dünenschutt der Stunden zunächst überschüttet werden. Verwirrende Lehre zu verwirrtem Handel waltet über die Welt, und ich habe nichts angelegentlicher zu tun, als dasjenige, was an mir ist und geblieben ist, wo möglich zu steigern und meine Eigentümlichkeiten zu kohobieren, wie Sie es, würdiger Freund, auf Ihrer Burg ja auch bewerkstelligen.«

»Treu angehörig«, schrieb Goethe mit eigener Hand unter diesen diktierten Brief, der das Zwiegespräch zwei der bedeutendsten Vertreter ihres Zeitalters beendete. Humboldt gedachte Goethes als der »großen und einzigen Persönlichkeit« und des Einflusses, den der Verschiedene auf sein Zeitalter und seine Zeitgenossen ausgeübt hatte, als er am 1. Mai 1832 im Verein der Kunstfreunde seinen Jahresbericht erstattete.

Bei jenem letzten öffentlichen Gedenken an den verstorbenen Freund wies Humboldt auf die Sprache hin, »welche allein ihm die Möglichkeit des Ausdrucks seiner Individualität verstattete, die er aber wieder so kräftig und seelenvoll gestaltete«. Während der anderthalb Jahrzehnte in sich gekehrten Schaffens in Tegel beschäftigte sich Humboldt überwiegend mit Fragen der allgemeinen und der vergleichenden Sprachwissenschaft.

Mit Sprachforschung hatte sich Humboldt schon früher eingehend befassen wollen. »Ich fühle«, hatte er bereits Ende 1799 aus Madrid an Wolf geschrieben, »daß ich mich künftig noch ausschließender dem Sprachstudium widmen werde und daß eine gründlich und philosophisch angestellte Vergleichung mehrerer Sprachen eine Arbeit ist, der meine Schultern nach einigen Jahren ernstlichen Studiums vielleicht gewachsen sein können.« Die Beschäftigung mit dem Baskischen gab damals erste Anregungen zum Studium der Beziehung zwischen Sprache und Nation wie zu sprachvergleichenden Forschungen; zu den ersten sprachwissenschaftlichen Arbeiten, die Humboldt nach seiner Entlassung aus dem Staatsdienst abschloß, gehörte die »Prüfung der Untersuchungen über die Urbewohner Hispaniens vermittelst der baskischen Sprache« (1821).

In Rom wurde im Zusammenhang mit seinen antiken Studien die Sprache besonders in ihrer Beziehung zum Nationalcharakter Gegenstand mannigfaltiger Überlegungen. In dem 1806 entstandenen Fragment »Latium und Hellas« bezeichnete Humboldt die Sprache als »den Odem, die Seele der Nation selbst«. Sie war ihm damals der Schlüssel zum Nationalcharakter; ohne sie »wäre jeder Versuch ihrer Nationaleigentümlichkeit vergeblich, da nur in der Sprache sich der ganze Charakter ausprägt«. Schon damals versuchte er, das Wesen der Sprache zu erklären: »Die Sprache ist nichts anderes als das Komplement des Denkens, das Bestreben, die äußeren Eindrücke und die noch dunklen inneren Empfindungen zu deutlichen Begriffen zu erheben und diese zu Erzeugung neuer Begriffe miteinander zu verbinden. Die Sprache muß daher *die doppelte Natur der Welt und des Menschen annehmen,* um die Einwirkung beider aufeinander wechselseitig zu befördern; oder sie muß vielmehr in ihrer eigenen, neu geschaffenen, die eigentliche Natur beider, *die Realität des Objektes und Subjektes, vertilgen* und von beiden nur die ideale Form beibehalten.« Das Wort wurde ihm zu einem eigenen Wesen als Mittler zwischen Objekt und Subjekt, die Sprache in dialektischer Wechselwirkung zum Mittler zwischen Mensch und Umwelt.

Finden sich schon in diesen frühen Arbeiten Ansätze zu einer eigenen Philosophie der Sprache, so begannen in Rom und dann

in Wien intensive Bemühungen um eine Erweiterung der Sprach-
kenntnisse über die klassischen und wichtigsten europäischen
Sprachen hinaus. Humboldt wurde in diesem Vorhaben von seinem Bruder unterstützt, der ihm interessantes Material über
amerikanische Idiome zur Verfügung stellte. Er hatte in Rom
auch die Bekanntschaft des Jesuitenpaters Hervasy gemacht,
der in einem »Katalog aller bekannten Sprachen« annähernd
dreihundert aufgezählt hatte. In Rom und später auch in London
fand Humboldt große linguistische Schätze, die im Zeitalter der
Reisen und Entdeckungen auf allen Kontinenten gesammelt,
nach Europa gebracht und noch kaum ausgewertet worden
waren.

Humboldt bemühte sich, wo immer er weilte, seine Kenntnis
fremder Sprachen und sein philologisches Wissen zu erweitern.
Wie stets ins Universale strebend, faßte er den Plan, alle ihm
bekannt werdenden Idiome miteinander zu vergleichen, um
den Gesetzen, dem Wesen und der Funktion der Sprache im
menschlichen Leben auf die Spur zu kommen. Er machte sich mit
dem Sanskrit vertraut, dessen Kenntnis im 18. Jahrhundert zunächst nach England gekommen war, und studierte die Arbeiten
Champollions, dem 1822 die Entzifferung der altägyptischen
Hieroglyphen gelungen war. Neben dem Sanskrit, der Hoch-
sprache der klassischen altindischen Literatur, befaßte er sich mit
dem Chinesischen, ferner mit dem Kawi, der alten Literatur-
sprache Javas, sowie mit den Idiomen des weitverbreiteten ma-
layischen Sprachstammes von Madagaskar bis zur Osterinsel.

Humboldts Beschäftigung mit den verschiedensten Sprachen
ging in die Breite wie in die Tiefe. Die letzten Jahre seines
Lebens widmete er fast ganz der Sprachforschung, sie war weitgehend Selbststudium und Selbstbildung. Nur einen Teil der
Ergebnisse seiner Studien übergab er zu seinen Lebzeiten der
Öffentlichkeit, meist in Form von Vorlesungen in der Preußischen Akademie der Wissenschaften. Wie sein Bruder verzichtete er auf eine akademische Lehrtätigkeit. Doch sorgte er dafür,
daß Franz Bopp, dessen Bekanntschaft er in London gemacht
hatte, im Jahre 1821 an die Universität Berlin berufen wurde.

Bopp hatte bereits 1816, erst fünfundzwanzig Jahre alt, die Verwandtschaft der indoeuropäischen Sprachen erkannt; er schuf die vergleichende Grammatik der indoeuropäischen Sprachen und wurde gemeinsam mit dem Dänen Rasmus Kristian Rask sowie Jacob Grimm und Wilhelm von Humboldt zum Begründer der vergleichenden Sprachwissenschaft.

Grundlage der sprachwissenschaftlichen Arbeiten Humboldts waren nicht Spekulationen, sondern während seines langen Aufenthalts in anderen Ländern erworbene Kenntnisse und Erfahrungen eines universal gebildeten Gelehrten. Humboldt hatte die verschiedensten Sprachen untersucht und empirisch durchforscht, er hatte die Ausdrucksweise der Gebildeten wie der einfachen Menschen studiert. Neben seiner Muttersprache hat er französisch, italienisch, englisch gesprochen, sich das Spanische angeeignet und sich mit dem Baskischen und Provenzalischen beschäftigt. In Königsberg machte er sich mit dem Litauischen und in Wien mit dem Ungarischen und Tschechischen vertraut. Das Studium der klassischen Sprachen des Altertums bereicherte ihn ebenso wie die Entdeckungen seiner späten Jahre, als er Schlüsse aus vergleichenden Untersuchungen alter und neuer, europäischer wie amerikanischer und asiatischer Sprachen zog. Kaum jemand dürfte zu seiner Zeit einen so umfassenden Einblick in das Wesen toter wie lebender Sprachen gewonnen, so große linguistische Kenntnisse besessen haben wie Wilhelm von Humboldt.

Neben den zu Lebzeiten veröffentlichten Untersuchungen hat Humboldt eine beträchtliche Anzahl sprachwissenschaftlicher Arbeiten, zum Teil als Fragment, hinterlassen, so zum Beispiel annähernd dreißig fragmentarische Grammatiken und Wörterbücher amerikanischer Sprachen, die ein interessantes Material für die wissenschaftliche Forschung darstellen. Sie erregten in der gebildeten Welt kaum weniger Aufsehen als die Ergebnisse der klassischen Naturforschung und der Reisen in fremden Erdteilen. Humboldts zahlreiche Akademievorlesungen, besonders zu Problemen des Sanskrits, der Hieroglyphenforschung, zu Fra-

Über

die Kawi-Sprache auf der Insel Java,

nebst

einer Einleitung

über

die Verschiedenheit des menschlichen Sprachbaues

und ihren Einfluss auf die geistige Entwickelung des
Menschengeschlechts.

Von

WILHELM von HUMBOLDT.

———

Erster Band.

———

Berlin.

Gedruckt in der Druckerei der Königlichen Akademie
der Wissenschaften.

1836.

In Commission bei E. Dümmler.

593

gen grammatischer Formen trugen wesentlich zum Fortschritt der Sprachwissenschaft bei. Dabei muß man sich der Tatsache bewußt sein, daß seine Sprachforschungen nicht Selbstzweck waren, sondern ein ihm eigentümlicher Weg zur Erkenntnis der Individualität Mensch, der Individualität Nation, der Menschheit. Auch in seinem letzten, unvollendet gebliebenen Hauptwerk »Über die Kawi-Sprache auf der Insel Java« wählte er in seinem hoch bedeutsamen Einleitungsband das Thema »Über die Verschiedenheit des menschlichen Sprachbaues und ihren Einfluß auf die geistige Entwicklung des Menschengeschlechtes«.

Aus der Sprache suchte Humboldt den Menschen zu erkennen, der sich ihrer bediente; in der Verschiedenheit der Sprachen sah er eine Möglichkeit, Schlüsse zu ziehen auf die Verschiedenheit der Nationen und die Entwicklung der Menschheit. »Man muß eben schlechterdings die Sprachen als einen Teil der Geschichte des Menschengeschlechts und als das wichtigste Mittel in der Ökonomie der intellektuellen Natur ansehen«, schrieb er am 7. September 1812 an Goethe. Einschränkend bemerkte er allerdings schon damals, »hilft eigentlich die ganze Kenntnis der Einwirkung der Sprachen im ganzen auf den Geist und die Sinnesart der Nationen nur wenig für das eigentliche Sprachstudium, wenn man nicht zugleich zu erkennen weiß, auf welchen einzelnen Beschaffenheiten ihrer Bestandteile diese Wirkung beruht«. Erkenntnis des Menschen und seiner geschichtlichen Existenz im Wandel der Zeit einerseits, Wesen der Sprache und Besonderheit ihres Entstehens als nationale Sprache andererseits, das waren die Fragen, die sich Humboldt im Verlauf seiner Sprachforschungen immer wieder stellte. Für die Erkenntnis des Menschen, einer Nation, der Menschheit nahm die Sprache in Humboldts Untersuchungen eine zentrale Stellung ein. Dabei bildeten die Literaturen und andere schriftliche Aufzeichnungen seine wichtigste empirische Quelle.

In seiner Akademievorlesung aus dem Jahre 1820 »Über das vergleichende Sprachstudium in Beziehung auf die verschiedenen Epochen der Sprachentwicklung« setzte sich Humboldt mit dem Entstehen der Sprache, der Grundfrage aller Sprachforschung, auseinander. Herder und Grimm waren dieser Frage nachgegangen und hatten die Sprache als eine freie Erfindung des Menschen bezeichnet. Humboldt meinte, so natürlich die Annahme sei, die Sprachen hätten sich allmählich ausgebildet, so hätte doch »die Erfindung nur mit einem Schlage geschehen« können. »Der Mensch ist nur Mensch durch Sprache; um aber die Sprache zu erfinden, müßte er schon Mensch sein.«

Der Begriff Sprache war ihm unlösbar mit dem Wesen Mensch verbunden, die Sprache »unmittelbar in den Menschen gelegt«, sie war und ist die »natürliche Entwicklung einer den Menschen als solchen bezeichnenden Anlage ... Als Werk seines Verstandes in der Klarheit des Bewußtseins ist sie durchaus unerklärbar. Es hilft nicht, zu ihrer Erfindung Jahrtausende und abermals Jahrtausende einzuräumen. Die Sprache ließe sich nicht erfinden, wenn nicht ihr Typus schon in dem menschlichen Verstande vorhanden wäre«. Gewiß gehe die gesprochene Sprache nur »nach und nach« aus dem Menschen hervor, aber eben doch in einer Art, »daß ihr Organismus nicht zwar als eine tote Masse im Dunkel der Seele liegt, aber als Gesetz die Funktion der Denkkraft bedingt und mithin das erste Wort schon die ganze Sprache antönt und voraussetzt«.

Unerklärlich bleibe freilich, »wie eigentlich der Gedanke sich mit dem Wort verbindet«. So blieb für Humboldt die Frage unentschieden, ob die Sprache vor dem Denken (richtiger wohl: der Denkfähigkeit) vorhanden war oder ob der Fähigkeit des Menschen zu denken der Vorrrang eingeräumt werden müßte.

Es ist für die Betrachtung des Werdens und Wirkens Humboldts nicht entscheidend, wie viel oder wie wenig von seinen Sprachforschungen und seiner Sprachphilosophie durch neuere Erkenntnisse überholt ist. Wesentlich ist die Tatsache, daß ebenso wie in seinen Lehr- und Wanderjahren und in der Epoche seines staatsmännischen Wirkens auch gegen Ende seines Lebens in seinen sprachwissenschaftlichen Untersuchungen der Mensch Ursprung und Ziel seines Denkens und Handelns gewesen ist.

Sprache und Leben des Menschen waren ihm unzertrennliche

Begriffe. »Man muß die *Sprache* nicht sowohl wie ein totes *Er-zeugnis,* sondern weit mehr wie eine *Erzeugung* ansehen«, als ein Produkt der »Gesamtkraft des Menschen«, der ihm innewohnenden Lebensenergie. Für Humboldt war die Sprache das »bildende Organ des Gedankens«, sie war das Mittel, durch das der Mensch sich selbst entdeckte und sich der Umwelt mitteilte, denn »nichts in dem Innern des Menschen ist so tief, so fein, so weit umfassend, das nicht in die Sprache überginge und in ihr erkennbar wäre«.

Doch nicht nur Selbsterkenntnis und Selbstmitteilung ermöglicht die Sprache. Mit ihrer Hilfe deutet der Mensch seine Umwelt, versucht er sich ihrer zu bemächtigen und seine Eindrücke über sie mitzuteilen. Wie die Sprache also »bildendes Organ des Menschen ist«, wie sie dem Menschen hilft, sich selbst verständlich zu machen, so ermöglicht sie es ihm, zu einer Einsicht in seine Umwelt, zu einer »Welt-Anschauung« zu gelangen. »In die Bildung und den Gebrauch der Sprache geht aber notwendig die ganze Art der *subjektiven Wahrnehmung* der Gegenstände über. Denn das Wort entsteht eben aus dieser Wahrnehmung, ist nicht der Ausdruck des Gegenstandes an sich, sondern des von diesem in der Seele erzeugten Bildes.« Dieses Bild ist individuell, ist subjektiv, vermag sich zu wandeln, zu ändern, wobei die Sprache des wahrnehmenden und denkenden Menschen zu einer »Fundgrube« wird, »in welcher der Geist immer noch Unbekanntes entdecken und die Empfindung noch nicht auf diese Weise Gefühltes wahrnehmen kann«.

Der Mensch ist in Humboldts Vorstellung Individualität, aber er lebt und ist nur lebensfähig in der Gemeinschaft. Sprache dient der Selbsterkenntnis, der Deutung der Umwelt, sie dient vor allem der Verständigung mit dem anderen Menschen, zunächst mit dem, der die gleiche Sprache spricht, dann aber auch mit dem Menschen, der in einer anderen Sprache aufgewachsen ist. Verstehen zwischen Menschen gleicher Sprache und zwischen Menschen unterschiedlicher Sprach- und Nationalitätszugehörigkeit waren weitere Fragen, die sich ein so weitgereister und vielgebildeter Erforscher menschlicher Beziehungen und internationaler Kontakte bei seinen linguistischen Forschungen immer aufs neue gestellt hat. »Der Mensch lebt mit den Gegenständen hauptsächlich, ja, da Empfinden und Handeln in ihm von seinen Vorstellungen abhängen, sogar ausschließlich so, wie die Sprache sie ihm zuführt. Durch denselben Akt, vermöge dessen er die Sprache aus sich herausspinnt, spinnt er sich in dieselbe ein, und jede zieht um das Volk, welchem sie angehört, einen Kreis, aus dem es nur insofern herauszugehen möglich ist, als man zugleich in den Kreis einer anderen hinübertritt.«

Dieses Verstehen zwischen Völkern, das Eindringen in die Spracheigentümlichkeiten eines anderen Volkes, einer anderen Nationalität war für Humboldt im Blick auf das Zusammenleben der Staaten und Völker von nicht geringerer Bedeutung als die Verständigung zwischen Mensch und Mensch gleicher Sprache. Der einzelne Mensch hänge immer mit einem Ganzen zusammen, erkannte er; sein Leben, von welcher Seite man es auch betrachten möge, sei an Geselligkeit geknüpft. Wer sich verständlich machen will, müsse sich eines Ausdrucksmittels bedienen, das der andere versteht. »Der artikulierte Laut reißt sich aus der Brust los, um in einem anderen Individuum einen zum Ohre zurückkehrenden Anklang zu wecken ... Die Sprache ist kein freies Erzeugnis des einzelnen Menschen, sondern gehört immer der ganzen Nation an.« Die Sprache sei »gleichsam die äußerliche Erscheinung des Geistes der Völker; ihre Sprache ist ihr Geist, und ihr Geist ihre Sprache; man kann sie beide nie identisch genug sehen«. Die Sprache sei eigentlich die »wahre Heimat« des Menschen, heißt es in den »Briefen an eine Freundin«.

Die Existenz vieler Sprachen als Mittel der Verständigung zwischen Menschen unterschiedlicher Nationalitäten hat Humboldt besonders beschäftigt. Er fragte sich, ob diese Schöpfung der menschlichen Lebensenergie wirklich auf ein Individuum zurückgehen könne, und meinte, daß »Nationen als solche eigentlich und unmittelbar schöpferisch« sein müßten; denn jedes Volk habe eine eigene Sprache entwickelt, mit unterschiedlichen Begriffen für gleiche Erscheinungen in der Umwelt, mit unterschiedlichem Sinngehalt für das Wort, das im »Feld« der jeweiligen Sprache angesiedelt ist. Durch diese Feststellung wurde sich Humboldt zugleich der Schwierigkeiten bewußt, die einer sinngemäßen, gültigen Übertragung aus einer Sprache in die andere im Wege stehen.

Indessen hat Humboldt nachdrücklich unterstrichen, daß die Sprachen, obwohl sie Schöpfungen der Nationen sind, dennoch »Selbstschöpfungen der Individuen« bleiben, »indem sie sich nur in jedem einzelnen, in ihm nur so erzeugen können, daß jedes das Verständnis voraussetzt, und alle dieser Erwartung genügen ... Erst im Individuum erhält die Sprache ihre letzte Bestimmtheit«. Diese letzte Bestimmtheit liegt in Selbstverständnis und Selbstdarstellung, in der Anschauung der Umwelt und der Verständigung mit dem anderen Individuum gleicher oder unterschiedlicher Sprache. »Dadurch, daß sich in ihr die Vorstellungsweise aller Alter, Geschlechter, Stände, Charakter- und Geistesverschiedenheiten desselben Volksstamms, dann durch Übergang von Wörtern und Sprachen verschiedener Nationen, endlich, bei zunehmender Gemeinschaft, des ganzen Menschengeschlechtes mischt, läutert und umgestaltet, wird die Sprache der große Übergangspunkt von der Subjektivität zur Objektivität, von der immer beschränkten Individualität zu alles zugleich in sich umfassendem Dasein.«

Die Forschung unserer Tage ist an Humboldts sprachwissenschaftlichen Arbeiten nicht vorübergegangen.[69] Im Rahmen einer allgemeinen Einschätzung seines Lebens und Wirkens ist vor allem hervorzuheben, daß Humboldt selbst seine Arbeiten zur Sprachforschung mit Recht als wichtigsten Beitrag seines wissenschaftlichen und literarischen Schaffens betrachtet hat. Sie beruhten auf einer ungewöhnlichen Fülle sorgsam studierten Materials, setzten sprachwissenschaftlichen Spekulationen, wie sie in der Romantik beliebt waren, weithin ein Ende und waren auch literarisch eindrucksvoller als Humboldts Schriften aus seinen Lehr- und Wanderjahren.

Während zunächst sein Interesse an der Sprache rein ethnographisch-historischer Art war, wurde in den Tegeler Jahren die Sprachwissenschaft zum eigentlichen Anliegen seiner Forschung, so daß sogar seine Untersuchungen über die Aufgabe des Historikers von seinen linguistischen Interessen beeinflußt wurden. Das Sprachstudium war für Humboldt nicht mehr »Hilfswissenschaft des Geschichts- und Völkerstudiums«, sondern eine eigene, sich zu seinen Lebzeiten entwickelnde und von ihm mitgeschaffene wissenschaftliche Disziplin. Es sei, schrieb er an Niebuhr in Rom, seit zwanzig Jahren eine seiner Lieblingsideen gewesen, »dem vergleichenden Sprachstudium, das bisher auf eine höchst oberflächliche, unphilosophische und verkehrte Art behandelt worden ist, eine bessere Gestalt zu geben«.

Doch ging es Humboldt auch bei seinen sprachwissenschaftlichen Studien nicht in erster Linie um eine öffentliche Wirksamkeit. »Der Hauptzweck meines Lebens«, schrieb er an Welcker, »ist eigentlich nie weder das Schreiben noch das Tun gewesen, sondern der, durch Schreiben und Tun soviel als möglich (und durch so nahekommende Anschauung als möglich) von den verschiedenen Arten des menschlichen Seins und der menschlichen Bemühungen in sich aufzunehmen.« Er habe die bestimmte Idee, daß man, ehe man dieses Leben verlasse, möglichst viel von »inneren menschlichen Erscheinungen« kennen und in sich aufnehmen müsse. »Das geringe Talent äußerer Hervorbringung, das ich besitze, ist auch gar nicht zu vergleichen mit dem, wie ich wahrhaft sagen kann, viel ausgezeichneteren, Verschiedenartiges und Tiefes in mich aufzufassen und innerlich zu verknüpfen, und jeder Mensch muß doch seiner Individualität und seinem charakteristischen Talent nachgehen.«

Wie intensiv Humboldt während seiner diplomatischen und staatsmännischen Tätigkeit in Mußestunden seinen wissenschaftlichen Interessen gelebt hatte, erwies sich, als er kurz nach seiner Entlassung die bereits erwähnte Untersuchung »Über das vergleichende Sprachstudium« und im Jahr darauf neben der »Prüfung der Untersuchungen über die Urbewohner Hispaniens vermittelst der baskischen Sprache« seine Abhandlung »Über die

Ueber

die Aufgabe des Geschichtschreibers.

———————

Eine

in der Königl. Preufs. Akademie der Wissenschaften

vorgelesene Abhandlung

von

Wilhelm von Humboldt.

———————————————————

Berlin 1822.

Aufgabe des Geschichtschreibers« verfaßte, die er am 12. April 1821 in der Akademie las. Im Januar 1822 trug er ebenfalls in der Akademie seine Arbeit »Über das Entstehen der grammatischen Formen und deren Einfluß auf die Ideenentwicklung« vor.

»Auffassen der Welt in ihrer Individualität und Totalität« – mit diesen Worten hatte Humboldt im Jahre 1816 in seinen autobiographischen Aufzeichnungen sein Bestreben umschrieben, durch Erleben und Erforschen in das Wesen und die Geschichte der Menschheit einzudringen. Auf die Fragmente eigener Geschichtschreibung aus seinen römischen Jahren griff er nicht mehr zurück. Auch zum Zeitgeschehen hat er, der Zeuge sich überstürzender Ereignisse geworden war, öffentlich nicht Stellung genommen. So wie er nach seiner Entlassung aus dem Staatsdienst nicht mehr aktiv in die Politik eingriff, verzichtete er auf eine kritische Darstellung der Epoche, in der er selbst verantwortlich tätig gewesen war. Doch über die Aufgabe des Geschichtschreibers reflektierte er in Gedankengängen, die in manchem an den dichterischen Einschlag in Schillers historischen Arbeiten erinnern.

Die Aufgabe des Geschichtschreibers sei es, heißt es zu Beginn seiner Abhandlung, das Geschehene darzustellen. »Das Geschehene aber ist nur zum Teil in der Sinnenwelt sichtbar, das Übrige muß hinzuempfunden, geschlossen, erraten werden... Mit der nackten Absonderung des wirklich Geschehenen ist aber noch kaum das Gerippe der Begebenheit gewonnen... Die Wahrheit alles Geschehenen beruht auf dem Hinzukommen jenes oben erwähnten unsichtbaren Teils jeder Tatsache, und diesen muß daher der Geschichtschreiber hinzufügen.«

Die objektive Tatsache mußte nach Humboldts Auffassung notwendigerweise subjektiv gedeutet werden, um Material für den Historienschreiber abzugeben. Wenn man die unbedeutendste Tatsache zu erzählen versuche, führte Humboldt aus, aber nur streng das sagen wolle, was sich wirklich zugetragen habe, so bemerke man bald, wie Falschheiten oder Unsicherheiten entstünden. »Daher ist nichts so selten als eine buchstäbliche wahre Erzählung, nichts so sehr der Beweis eines gesunden, wohlgeordneten, rein absondernden Kopfes und einer freien, objektiven Gemütsstimmung; daher gleicht die historische Wahrheit gewissermaßen den Wolken, die erst in der Ferne vor den Augen Gestalt erhalten; und daher sind die Tatsachen der Geschichte in ihren einzelnen verknüpfenden Umständen wenig mehr als die Resultate der Überlieferung und Forschung, die man übereingekommen ist für wahr anzunehmen . . .«

Das bedeutete jedoch nicht Resignation vor der Möglichkeit, aus dem Gang der Geschichte Schlüsse auf das Fortschreiten der menschlichen Entwicklung zu ziehen. Humboldt wußte um das Vorhandensein »wirkender Kräfte« in der Geschichte, ohne freilich ihre Gesetze zu erkennen. Die Schicksale des Menschengeschlechtes, meinte er, »rollen fort, wie die Ströme vom Berge dem Meere zufließen, wie das Feld Gras und Kräuter sprießt, wie sich Insekten einspinnen und zu Schmetterlingen werden, wie Völker drängen und sich drängen lassen, vernichtet und aufgerieben werden . . . Die Kraft des Universums« sei »ein umfassendes Fortwälzen; und nicht daher aus wenigen Jahrtausenden herausgegrübelte, einem fremden, mangelhaft geführten und noch mangelhafter erkannten Wesen angedichtete Absichten, sondern die Kraft der Natur und der Menschheit muß man in der Weltgeschichte erkennen. Da aber das Ganze nur am einzelnen erkennbar ist, so muß man Nationen und Individuen studieren«. Diese Einsicht hatte er bereits im Jahre 1812, lange vor seiner Untersuchung über die Aufgabe des Geschichtschreibers ausgesprochen. Seine Abhandlung aus dem Jahre 1821 schloß er, nachdem er den Unterschied zwischen Dichtung und Geschichtschreibung behandelt hatte, mit dem Rat an den Geschichtschreiber: »Er muß vor allen Dingen sich hüten, der Wirklichkeit eigenmächtig geschaffene Ideen anzubilden oder auch nur über dem Suchen des Zusammenhanges des Ganzen etwas von dem lebendigen Reichtum des einzelnen aufzuopfern.«

Mitte der zwanziger Jahre beschäftigte sich Humboldt besonders mit dem Bhagavad-Gita, dem »Lied der Gottheit«, einem der bedeutendsten indischen Lehrgedichte religionsphilosophischen Inhalts, dessen Bekanntschaft er August Wilhelm von Schlegel verdankte. Schlegel hatte mit seiner »Indischen Bibliothek« (1823–1830) in Deutschland die wissenschaftliche Beschäftigung mit der indischen Literatur eingeleitet. Humboldt befaßte sich mit dem indischen Epos als Sprachwissenschaftler und als Philosoph und rühmte darüber hinaus, daß ihn darin »das Handeln, gleichsam als handle man nicht« besonders angezogen habe. »Das stimmt mit meiner Individualität wunderbar überein«, schrieb er an Welcker. Er kam der Romantik recht nahe, als er nach diesen Studien bekannte, »Poesie und Philosophie entwachsen beide demselben Boden«. Dabei wünschte er sich freilich auch die philosophische Dichtung nicht als »dialektisches Gedicht«, sondern als »wirkliche Naturphilosophie«. Für die Akademie der Wissenschaften verfaßte er eine zweiteilige Abhandlung »Über die unter dem Namen Bhagavad-Gita bekannte Episode des Maha-Bharata« und »Über die Bhagavad-Gita«. Diese Arbeiten trug er 1825 und 1826 in der Akademie vor.

Hauptwerk seiner sprachwissenschaftlichen Forschungen und wichtigster Beitrag Humboldts zur Philologie ist seine Untersuchung »Über die Kawi-Sprache auf der Insel Java, nebst einer Einleitung über die Verschiedenheit des menschlichen Sprachbaues«. Das Schwergewicht dieses Werkes liegt in der »Einleitung«, in der Humboldt die Fülle seiner Einsichten und Erkenntnisse sprachwissenschaftlicher Art von der »Ankündigung« im Jahre 1812 bis zu den akademischen und sonstigen Abhandlungen seiner Spätjahre dargestellt hat.

Seit 1827 etwa waren die malaiisch-polynesischen Sprachen zum Mittelpunkt seiner Arbeit geworden, weithin ein neues Gebiet der Sprachforschung überhaupt; als Sprachtypus regten sie ihn zum Vergleich mit dem chinesischen und indogermanischen – oder, wie man damals sagte, sanskritischen – an. Er wollte in diesem Werk über die vielschichtigen Ergebnisse seiner sprachphilosophischen Betrachtungen Rechenschaft ablegen und dabei die historisch-ethnographische Gründlichkeit und die empirische Breite seiner Forschungen hervorheben. Humboldt konnte dieses Unternehmen nicht mehr abschließen. Was ihm zu vollenden versagt war, hat sein Mitarbeiter Johann Karl Eduard Buschmann unter der treuen Obhut Alexander von Humboldts zu Ende geführt und in den Jahren 1836 bis 1840 der Öffentlichkeit übergeben.

Drei Grundthesen lassen sich aus Humboldts linguistischem Spätwerk herausarbeiten: Alle Menschen sprechen; jede Sprache entwickelt sich vom Primitiven des Mutterlallens zur Verkehrssprache; es gibt keine allgemeine Sprache für alle Menschen. »Der Mensch ist ein singendes Geschöpf, aber Gedanken mit den Tönen verbindend.« So gab es von vornherein neben dem Laut, dem Material, auch die Ausdrucksform des Lautes, den Gedanken. Das Wort ist bereits Produkt der Bedingungen, die dem Menschen durch Organismus und Umwelt auferlegt sind. Die Fortbildung des Sprechens und die Entwicklung des Kommunikationsmittels Sprache erfolgt von Geburt an durch den Umgang des Menschen mit dem Menschen in den verschiedenen menschlichen Gemeinschaften. Das Sprechen ist für Humboldt jedoch nur die äußere Ausdrucksform der »Totalität des Sprechens«. Die Sprache ist nichts Fertiges, nicht ein Ergon, sondern eine Energeia, eine Kraft, ein stetes Zeugen, das sich nur erfassen läßt »als die sich ewig wiederholende Arbeit des Geistes, den artikulierenden Laut zum Ausdruck des Gedankens fähig zu machen«.

Daß sich keine einheitliche Sprache entwickeln konnte, erklärte sich Humboldt aus der Natur der Erde und den historischen Bedingungen der Entwicklung des Menschengeschlechts. »Wenn demnach eine erste und letzte ideale Einigung des Menschengeschlechtes als das Wesentliche vorleuchtet, so ist sie nur in der Sprachfähigkeit zu finden, und die erscheinenden Eigentümlichkeiten dieses Wesens sind nur in einer Gruppierung der Völker und ihrer Sprachen festzuhalten; und bei der Gruppierung dieser Typen, bei welcher er sich noch gegen den Vorzug des einen Sprachen- und Völkertypus vor dem anderen verwahrt, bleibt Humboldt stehen. Sein letztes Wort darüber heißt:

›Die Geisteseigentümlichkeit und die Sprachgestaltung eines Volkes stehen in einer solchen Innigkeit der Verschmelzung miteinander, daß, wenn die eine gegeben wäre, die andere müßte vollständig daraus abgeleitet werden können.‹«[70]

Nach Humboldts Tod hat sich der Bruder des wohlverdienten Nachruhms des Sprachforschers angenommen. Seit vielen Jahren mit Wilhelm von Humboldts Arbeit vertraut, stand Alexander auch ein Urteil über den Sprachforscher zu. Er hat es nicht öffentlich ausgesprochen. Es war ihm unmöglich, wie er Anfang Juni 1835 an den befreundeten Naturhistoriker Martin Heinrich Karl Lichtenstein schrieb, »über den so innigst geliebten Bruder zu sprechen oder zu schreiben«. Befangenheit nehme die Freiheit, und ohne freie Zuversicht bringe man nichts Befriedigendes hervor. Lichtenstein vertraute er über die Sprachforschungen des Bruders Gedanken an, die Philipp August Böckh zum Teil in seine Gedenkrede vom 9. Juli 1835 übernommen hat. »Er hat neben sich entstehen sehen«, schrieb Alexander von Humboldt, »und mächtig gefördert eine neue allgemeine Sprachwissenschaft, ein Zurückführen des Mannigfaltigen im Sprachbau auf Typen, die in geistigen Anlagen der Menschheit gegründet sind: Den ganzen Erdkreis in dieser Mannigfaltigkeit umfassend, jede Sprache in ihrer Struktur ergründend, als wäre sie der einzige Gegenstand seiner Forschungen gewesen, als verdiene sie die Aufmerksamkeit, welche damals nur Idiomen gegönnt wurde, auf welche der Glanz einer vollendeten Literatur zurückstrahlt, war der Verewigte nicht nur unter seinen Zeitgenossen derjenige, welcher die meisten Sprachen grammatikalisch studiert hatte; er war auch der, welcher den Zusammenhang aller Sprachformen und ihren Einfluß auf die geistige Bildung der Menschheit am tiefsten und sinnigsten ergründete.«

Die Jahresberichte im Kunstverein und die Vorlesungen in der Königlichen Akademie stellten in Humboldts letzten Lebensjahren die einzige Verbindung dar, die er mit dem öffentlichen Leben Berlins aufrechterhielt. Nach Karolines Tod hatte er sich mehr und mehr von der Umwelt abgeschlossen. Sein Leben war fortan der Erinnerung, dem Umgang mit vertrauten Freunden, der wissenschaftlichen Arbeit und der unermüdlichen Weiterbildung gewidmet.

Die Briefe an Charlotte Diede, der er 1828 auf der Reise nach London einen kurzen Besuch in Kassel abstattete, gehören in ihrem fast regelmäßigen Monatsrhythmus ebenso in dieses Bild bewußter Abschließung wie die Sonette, die er seit dem Jahresbeginn 1832 allabendlich zu verfassen pflegte, 1183 an der Zahl. »Nun, mein Lieber, nehmen Sie ein Quartblatt«, pflegte er, oft mitten in der Nacht, den Schreiber zu ermuntern. Recht unterschiedlich in ihrem poetischen Wert und ebenso wie die Briefe an Charlotte Diede keineswegs für die Öffentlichkeit bestimmt und zu Lebzeiten selbst den Vertrautesten verschwiegen, stellen die Gedichte eine Art poetisches Tagebuch dar. Sie wurden vorwiegend im Rückblick auf frühere Stationen des Lebens geschrieben und sind auch dem Kenner von Humboldts Werden und Wirken oft rätselhaft verschlossen.

Dabei war der einsam Lebende, wie seine wissenschaftlichen Arbeiten und die Zeugnisse der Zeitgenossen beweisen, keineswegs ein Sonderling geworden. Sein Tag hatte einen klar gegliederten Ablauf und war in sinnvollem Wechsel mit Arbeit und Muße ausgefüllt. Er sei durchaus entschlossen, von jetzt an sein »inneres Sein keiner gesellschaftlichen Konvenienz mehr zu opfern«, schrieb Humboldt nach dem Tod seiner Frau an Karoline von Wolzogen, und seine Lage gestatte es, das durchzuführen. »Die große innere Angelegenheit des Menschen, ja man kann sagen, die große innere Pflicht ist es, sich in allen Wendungen des Schicksals mit seiner äußeren Lage ins Gleichgewicht zu setzen.«

Selbst im Schmerz fand der »Weise von Tegel« eine tröstende Kraft. »In jedem Menschenschicksal liegt ein Keim eigener geistigen Entfaltung und zugleich wieder innerer Befriedigung, wenn das Gemüt nur still und empfänglich genug ist, sich ganz in das zu versenken, was das Geschick Freudiges und Schmerzliches bringt. – Jeder mag sich seinen Lebenszweck stecken, wie es ihm seine Muße gebietet, und ich möchte mit keinem darüber rechten. Aber der meinige, mein wahres inneres Lebensprinzip, ist immer das gewesen und wird es ewig bleiben: alles, was das Leben herbeiführt, alle menschlichen Schicksale, die mich treffen können, immer voll in mich aufzunehmen, sie mich ganz durchwirken zu lassen, sie in Einklang mit dem zu bringen, was unwandelbar in mir ist und in jedem sein muß, und so mit dem Gefühl von der Erde zu scheiden, alles, was sie mir darbot, genossen und gelitten und mein Erdenschicksal erfüllt zu haben.«

Er fügte sich in die »großartig anziehende Anordnung« des irdischen Daseins, »daß, indem das Wirken jedes einzelnen immer vorübergehend und kurzdauernd ist, es nun auch Mittel gibt, die das Wirken fortpflanzen und sogar gewissermaßen verewigen, und daß, indem das Schicksal des einzelnen lauter abgerissene Fäden bildet, wir wieder sehr lange und in sichtbarem, auch idealischem Zusammenhange durch große Teile der Erdgeschichte gehen, so daß sich daraus ein dem Ganzen des Menschengeschlechts und dem Planeten selbst angehörender Zusammenhang bildet«. So bedurfte er auch nach dem Verlust der Lebensgefährtin keines Trostes, ja nicht einmal mehr der Menschen, mit Ausnahme des Bruders, der Kinder und Kindeskinder. Mehrere Jahre vor seinem Tode sah er bereits »die Erdendinge wie aus einem fernen Gesichtspunkt an«.

Humboldt hat nach Karolines Tod Reisen nur noch zu seiner Erholung unternommen. Bis zum Jahre 1833 suchte er in Gastein und Norderney Linderung der Altersbeschwerden, vor allem eines Rückenleidens, das ihn im Sommer 1829 befallen hatte, aber seine geistige Frische und Schaffensfreudigkeit kaum verminderte. Die allgemeine Nervenschwäche, die gebückte Haltung und besonders das Zittern am ganzen Körper nahmen während des Winters 1834 auf 1835 sehr zu. Doch wurde sein Befinden dadurch nicht wesentlich beeinträchtigt, wie Alexander von Humboldt berichtet, der sich mit Wilhelm von Humboldts Töchtern in diesen letzten Wochen oft bei dem Bruder aufhielt.

Bei einem Gang zum Grabe Karolines an ihrem Geburtstag,

dem 23. Februar 1835, hatte sich Humboldt eine Erkältung zugezogen. Dennoch änderte er seine Lebensweise nicht und weilte
auch am Todestag seiner Frau, dem 26. März, zu Füßen des
Monumentes, das »Hoffnung« verheißt. Tags darauf trat zum
erstenmal ein Zustand ein, der einer Ohnmacht glich. Die Anfälle wiederholten sich. Der Kranke »sprach mit größter Bestimmtheit und voller Ruhe von seinem nahen Tode und dik-
tierte ein Kodizill zu seinem Testament«, heißt es in dem Bericht
Alexanders. Wilhelm von Humboldt bestimmte, daß er an der
Seite Karolines begraben sein wollte. »Weinet nicht, gedenket
meiner immer in Heiterkeit und nur so«, tröstete er Töchter,
Sohn und Schwiegersohn. »Ich habe viel Glückliches und Freudiges erlebt.«

Tagen der Benommenheit folgten Stunden, in denen der Ster-
bende bei vollem Bewußtsein war. Am 5. April teilte Alexander
von Humboldt Varnhagen mit, daß keine Hoffnung mehr bestehe, doch erst am 8. April starb sein Bruder. Am Morgen bat
er seine älteste Tochter, ihre beiden Schwestern zu rufen. Er
ließ sich dann von ihnen die Zeichnung ihrer Mutter geben, betrachtete sie lange und sagte mehr zu ihr als zu den Kindern:
»Nun adieu.« Er starb gegen Abend, als eben die Sonne unter-
ging, im Alter von achtundsechzig Jahren.

»Ich glaube«, schrieb Alexander von Humboldt wenige Wochen später an Lichtenstein, »daß nichts mehr den Verewigten
charakterisierte als die Tiefe, mit der er in Geist, Anmut der
Sitten, Heiterkeit des Gemüts, Stärke und Würde des Charakters, Freiheit des Sinnes, Unabhängigkeit von den einseitigen
Bedrückungen der Gegenwart von dem Geiste des Altertums
als Staatsmann, als Gelehrter, Freund und Verwandter durchdrungen war. Er erschien mir immer als der Reflex von dem,
was in der höchsten Blüte der Menschheit uns aus vergangenen
Jahrhunderten entgegenstrahlt.«

Wilhelm von Humboldt wurde am 12. April 1835 unter großer
Anteilnahme der Öffentlichkeit beigesetzt. Gegen elf Uhr setzte
sich der lange Trauerzug vom Schloß Tegel zum Grabe unter

der Thorwaldsen-Säule in Bewegung. Am 9. Juli hielt August Böckh in der öffentlichen Sitzung der Preußischen Akademie der Wissenschaften die Gedenkrede. Dann wurde es still um den Gründer der Universität Berlin und Reformator des preußischen Bildungswesens, den Staatsmann, Gelehrten und Schriftsteller. Seine überragende Bedeutung als Sprachforscher wurde weiteren Kreisen erst mit den Veröffentlichungen aus seinem Nachlaß bekannt. Auch die »Ideen zu einem Versuch, die Grenzen der Wirksamkeit des Staates zu bestimmen«, lagen erst 1851 vollständig gedruckt vor. Humboldt selbst hatte nichts unternommen, um seinen Nachruhm zu sichern. Ihm war das Werden immer wesentlicher gewesen als das Wirken, das für sich selbst sprechen mußte, wenn es Anrecht auf Anerkennung und Bestand in sich barg.

In Berlin hatte in jener Zeit die Romantik den Vorrang vor der Klassik, und Wilhelm von Humboldt, einst Botschafter der deutschen Klassik in Frankreich, galt in der preußischen Residenz als der geistige Repräsentant des bürgerlich-klassischen Deutschland. Die Reaktion nahm den Tod eines ihrer entschiedenen Widersacher mit Erleichterung hin; seine wenigen einflußreichen politischen Freunde bedauerten den Verlust eines ihrer Repräsentanten, der schließlich darauf verzichtet hatte, einen sinnlos gewordenen politischen Kleinkrieg zu führen. Erst 1848, im Jahre der Revolution, wurde das Interesse für Wilhelm von Humboldt, vor allem in bürgerlichen Kreisen, wieder wach.

In der gelehrten Welt erfreuten sich beide Humboldts großer Verehrung und Zuneigung; wenn man aber – und das schon in den dreißiger Jahren – von Humboldt sprach, so war in der Regel Alexander gemeint und nicht Wilhelm. Vorsorge für eine gewisse Publizität gehörte zu den liebenswerten Schwächen des jüngeren der beiden großen Brüder, während der ältere, auch ehe er zurückgezogen in Tegel lebte, vielen seiner Mitbürger und selbst einigen seiner Freunde in mancher Hinsicht rätselhaft erschienen war.

Nur wenigen hatte er sich ganz erschlossen, vor allem seiner Frau, Schiller, Karoline von Wolzogen und dem Bruder. Varnhagen von Ense, der als einer der ersten Zeitgenossen und politischen Gesinnungsfreunde Humboldt eine Würdigung widmete, die im Jahre 1838 erschien, urteilte: »Nach wiederholter, allseitiger Prüfung und im Aufblicke von dem Minderwesentlichen und Zweifelhaften zu dem wahrhaft Großen und Entschiednen wird für Humboldt immer als letztes Ergebnis feststehen, daß er einer der außerordentlichsten Menschen war, die unsere Zeit gesehen hat, und daß hohe Bildung und Wissenschaft und unverletzte Würde des Charakters in ihm ein reiches bewegtes Leben mit jedem Ruhm erfüllt haben.« Trotz der hohen Wertschätzung, die aus diesen Worten spricht, bleibt der Vorbehalt unüberhörbar. Auch im Zeitalter des Persönlichkeitskultes war es, wie selbst Goethe erfahren mußte, nicht leicht, als überragende Persönlichkeit anerkannt zu werden.

Wilhelm von Humboldt gehört zweifellos zu den überragenden Persönlichkeiten seiner Zeit. Er war im Werden und Wirken Wegbereiter einer neuen Epoche der menschlichen Gemeinschaft, Künder und Förderer einer Humanität, die er, gebunden an die Gegebenheiten seiner Zeit, im persönlichen wie im gesellschaftlichen Leben zu verwirklichen suchte.

»Ich kann kaum der Begierde widerstehen«, hatte er gegen Ende seiner Wanderjahre an Friedrich Schiller geschrieben, »soviel als nur immer und irgend möglich ist, sehen, wissen, prüfen zu wollen. Der Mensch scheint doch einmal dazu dazusein, alles, was ihn umgibt, in sein Eigentum, in das Eigentum seines Verstandes zu verwandeln, und das Leben ist kurz. Ich möchte, wenn ich gehen muß, sowenig als möglich hinterlassen, das ich nicht mit mir in Berührung gesetzt hätte.« Er hat dieser Begierde nicht widerstanden, und seine günstigen äußeren Verhältnisse ermöglichten es ihm, viel zu sehen und kennenzulernen, zu wissen und zu prüfen. Doch hat er es bei illusionslosen Einsichten und harten Urteilen nicht bewenden lassen, sondern das Seine getan, um die Menschen wissender zu machen, ihnen Wege in eine menschlichere Zeit zu weisen. Er hat in »Ideen« gelebt, von dem Wunsche erfüllt, der Menschheit voranzuhelfen, und ohne dabei die grausame Wirklichkeit seiner Epoche träumerisch zu übersehen. Er kämpfte gegen den Rückschritt, wo er ihn erkannte, und zog sich vom öffentlichen Leben zurück, als er einsah, daß er sich selbst hätte aufgeben müssen, wenn er weiter einer Klasse diente, aus der er herausgewachsen war.

»Die persönlichen Seiten«, las Karoline von Wolzogen im Jahre 1831 in einem Brief aus Tegel, »mit denen der Mensch unmittelbar auf den Menschen wirkt im täglichen Dasein, verlöschen im Leben, die Geschichte deutet sie kaum an, sie sind aber doch die Angeln der Weltbegebenheiten, da sie von Geschlecht zu Geschlecht das Innerste der Menschen anregen und bilden.«

Humboldts »Idee« der Geschichte beruhte trotz aller Enttäuschungen und Bitternisse, die er in seinem Leben hatte erfahren und erleiden müssen, auf dem unerschütterlichen Glauben an die fortschreitende Entwicklung der Menschheit, auf der Überzeugung, es werde der wachsenden Einsicht des Menschen endlich doch gelingen, alle Gegensätze innerhalb der menschlichen Gesellschaft zu überwinden. In dieser Gewißheit war er sich mit seinem Bruder Alexander einig, der sich noch viele Jahre später im »Kosmos« ausdrücklich zu Wilhelm von Humboldts Worten bekannte, die als ein Vermächtnis beider Humboldts an die Nachwelt zu werten sind:

»Wenn wir eine Idee bezeichnen wollen, die durch die ganze Geschichte hindurch in immer mehr erweiterter Geltung sichtbar ist; wenn irgendeine die vielfach bestrittene, aber noch vielfacher mißverstandene Vervollkommnung des ganzen Geschlechtes beweist: so ist es die Idee der Menschheit, das Bestreben, die Grenzen, welche Vorurteile und einseitige Ansichten aller Art feindselig zwischen die Menschen gestellt, aufzuheben; und die gesamte Menschheit ohne Rücksicht auf Religion, Nation und Farbe als einen großen, nahe verbrüderten Stamm, als ein zur Erreichung eines Zweckes, der freien Entwicklung innerer Kraft, bestehendes Ganzes zu behandeln. Es ist dies das letzte, äußere Ziel der Geselligkeit und zugleich die durch seine Natur selbst in ihn gelegte Richtung des Menschen auf unbestimmte Erweiterung seines Daseins.«

ANMERKUNGEN

1 Die Bezeichnung *Geschäftsmann* verwandte man damals auch für einen im öffentlichen Dienst Stehenden, im Sinne von Staatsmann, Staatsbeamter.

2 Vgl. Herbert Scur.a: Alexander von Humboldt. Sein Leben und Wirken 7. Aufl. Berlin 1969.

3 Charlotte Diede. Briefe von Wilhelm von Humboldt an eine Freundin. Leipzig 1847.

4 Der Verfasser darf hier auf sein Buch: Begegnungen mit Rahel. Der Salon der Ranel Levin, 4. Aufl. Berlin 1966, verweisen, in dem der Leser eine Darstellung der Berliner Salons und eine ausführliche Auseinandersetzung mit dem Berliner Geistesleben jener Zeit findet.

5 Gustav Schlesier: Erinnerungen an Wilhelm von Humboldt. Stuttgart 1842–1845.

6 Eines ersten Gelehrten Deutschlands.

7 Wilhelm Rößle in: Wilhelm von Humboldt. Briefe. München 1952.

8 Claus Träger: Aufklärung und Jakobinismus in Mainz 1792/93. In: Weimarer Beiträge, Zeitschrift für deutsche Literaturgeschichte, IV, 1963.

9 Vgl. Herbert Scurla: Alexander von Humboldt.

10 Über die Haltung der deutschen Intellektuellen zur Französischen Revolution vgl. auch Herbert Scurla: Begegnungen mit Rahel, S. 35 ff. Dort wird näher eingegangen auf die politische, ökonomische und kulturelle Situation des preußischen Bürgertums im Zeitalter der Französischen Revolution sowie auf das auch für Humboldts Einstellung charakteristische Verhältnis von Geist und Macht.

11 Campe berichtete darüber in: Reise des Herausgebers von Braunschweig nach Paris im Heumonat 1789. Braunschweig 1805, und in: Briefe aus Paris zur Zeit der Revolution geschrieben, Braunschweig 1790. Siehe auch: Johann Heinrich Campe. Briefe aus Paris . . ., herausgegeben von Helmut König. Berlin 1961.

12 Rudolf Haym: Wilhelm von Humboldt. Lebensbild und Charakteristik. Berlin 1856.

13 Siegfried A. Kaehler: Wilhelm von Humboldt und der Staat. München und Berlin 1927.

14 Vgl. dazu: Herbert Scurla: Begegnungen mit Rahel, S. 304–352.

15 Friedrich Schaffstein: Wilhelm von Humboldt. Ein Lebensbild. Frankfurt a. M. 1952.

16 Friedrich Schaffstein, a. a. O.

17 Bruno Gebhardt: Wilhelm von Humboldt als Staatsmann. Stuttgart 1896–1899.

18 Friedrich Schaffstein, a. a. O.

19 Johann Albrecht von Rantzau: Wilhelm von Humboldt. Der Weg seiner geistigen Entwicklung. München 1939.

20 Friedrich Schaffstein, a. a. O.

21 Friedrich Schaffstein, a. a. O.

22 Vgl. das Kapitel »Ferne und Nähe« in: Bund des Ernstes und der Liebe. Die Freundschaft zwischen Goethe und Schiller im Spiegel ihres Briefwechsels, dargestellt von Herbert Scurla. Berlin 1955.

23 Johann Albrecht von Rantzau, a. a. O.

24 Des Kampfes müde.

25 Otto Harnack: Wilhelm von Humboldt. Berlin 1913.

26 Der an den Beziehungen zwischen Humboldt und Schiller näher interessierte Leser darf auf den nach dem neuesten Stand der Forschungen von Siegfried Seidel herausgegebenen »Briefwechsel zwischen Friedrich Schiller und Wilhelm von Humboldt«, Berlin 1962, verwiesen werden. – Nach Seidels Nachbemerkung sind von Schiller 21, von Humboldt 95 Briefe, zum Teil nur fragmentarisch, erhalten; aus den Notizen beider Briefschreiber ergibt sich, daß 67 Briefe Schillers und 19 Humboldts als verloren anzusehen sind.

27 Gustav Schlesier, a. a. O.

28 Siegfried A. Kaehler, a. a. O.

29 Siegfried A. Kaehler, a. a. O.

30 Friederike Brun hat offenbar die damals 10jährige Karoline für einen Knaben gehalten. Bei den übrigen Kindern handelt es sich um den 8jährigen Wilhelm und den 5jährigen Theodor; das »kleine Kind, welches geht«, ist die 2jährige Adelheid, das »ganz kleine, sorgsam eingewickelte« die erst im Mai 1802 geborene Gabriele.

31 Otto Harnack, a. a. O.

32 Gustav Schlesier, a. a. O.

33 Wilhelm Rößle, a. a. O.

34 Johann Albrecht von Rantzau, a. a. O.

35 Joachim Streisand: Deutschland von 1789 bis 1815, Berlin 1959.

36 Entschuldigen.

37 Eduard Spranger: Wilhelm von Humboldt und die Reform des Bildungswesens. Berlin 1910.

38 Helmut König: Die Bildungsidee Wilhelm von Humboldt und ihre Verwirklichung. In: Wissenschaftliche Zeitschrift der Humboldt-Universität zu Berlin, Gesellschafts- und Sprachwissenschaftliche Reihe, Jg. XVII, Heft 3. Berlin 1968.

39 Max Lenz: Geschichte der Königlichen Friedrich-Wilhelm-Universität zu Berlin. Halle 1910–1918.

40 Max Lenz, a. a. O.

41 Max Lenz, a. a. O.

42 Max Lenz, a. a. O.

43 Otto Rühle: Idee und Gestalt der deutschen Universität. Tradition und Aufgabe. Berlin 1966.

44 Otto Rühle, a. a. O.

45 Bruno Gebhardt, a. a. O.

46 Bruno Gebhardt, a. a. O.

47 Otto Harnack, a. a. O.

48 Joachim Streisand, a. a. O.

49 Tag großer Umwälzungen.

50 Bruno Gebhardt, a. a. O.

51 Heinrich Deiters: Wilhelm von Humboldt als Gründer der Universität Berlin. In: Forschen und Wirken, Festschrift zur 150-Jahrfeier der Humboldt-Universität zu Berlin. Berlin 1960.

52 Zum Charakterbild von Friedrich Gentz vgl. Herbert Scurla: Begegnungen mit Rahel, S. 304 ff.

53 Fr. Förster: Geschichte der Befreiungskriege 1813,1814, 1815, 3. Band. Berlin 1866.

54 Friedrich Schaffstein, a. a. O.

55 Ernst Howald, Wilhelm von Humboldt. Erlenbach-Zürich 1944.

56 Bruno Gebhardt, a. a. O.

57 Fr. Förster, a. a. O.

58 Friedrich Schaffstein, a. a. O.

59 Bruno Gebhardt, a. a. O.

60 Rudolf Haym, a. a. O.

61 Bruno Gebhardt, a. a. O.

62 Karl Obermann: Wilhelm von Humboldt und die bürgerliche Um-
gestaltung (1817–1819). In: Wilhelm von Humboldt. Erbe – Gegenwart – Zukunft. Halle (Saale) 1967.

63 Während der Strom weiterfließt.

64 Gustav Schlesier, a. a. O.

65 Rudolf Haym, a. a. O.

66 Rudolf Haym, a. a. O.

67 Siegfried Seidel in: Der Briefwechsel zwischen Schiller und Wilhelm
von Humboldt, 2 Bände. Berlin 1962.

68 Otto Harnack, a. a. O.

69 Siehe auch die Untersuchung von Gertrud Pätsch: Humboldt und die
Sprachwissenschaft, in: Wilhelm von Humboldt. Erbe – Gegenwart –
Zukunft. Halle (Saale) 1967.

70 F. Bratranek: Goethe und die Gebrüder von Humboldt. In: Goethes
Briefwechsel mit den Gebrüdern von Humboldt. Leipzig 1876.

BLICK IN DIE LITERATUR

Aus der überaus umfangreichen Literatur sind nachfolgend nur die wichtigsten Veröffentlichungen über Humboldts Werden und Wirken aufgeführt, wobei vor allem die nach 1955 erschienenen größeren Veröffentlichungen berücksichtigt wurden. Die vor dieser Zeit erschienene Literatur über Humboldt findet der Leser in der Bibliographie, die Fritz G. Lange im »Grundriß zur Geschichte der deutschen Literatur« von Karl Goedeke (Band XIV, 1956, Seite 502–578) zusammengestellt hat.

Auf den Nachweis von Gesamtdarstellungen der geschichtlichen Epoche von der Französischen Revolution von 1789 bis zum Vormärz mußte verzichtet werden. Der Leser, der sich mit den historischen und gesellschaftlichen Hintergründen jener Zeit näher zu befassen wünscht, sei auf die Bände 5 und 6 des »Lehrbuchs der deutschen Geschichte«, Berlin 1959 und 1963, verwiesen (Joachim Streisand: »Deutschland 1789–1815«; Karl Obermann: »Deutschland 1815–1848«) sowie auf die entsprechenden Beiträge der beiden Autoren in Band 2 der »Deutschen Geschichte in drei Bänden«, Berlin 1967. Aus der älteren Literatur muß Franz Mehrings »Deutsche Geschichte vom Ausgange des Mittelalters« genannt werden. Aus Platzgründen ist es an dieser Stelle auch nicht möglich, Hinweise auf die Quellenwerke aufzunehmen, die herangezogen wurden, um Humboldts Beziehungen zu den bedeutendsten Zeitgenossen wie Stein, Hardenberg, Metternich, Goethe, Schiller, Forster u. a. darzustellen.

Humboldt hat den Nachruhm gefürchtet. Die Menschen würden darin gewissermaßen zu Schattengestalten, lesen wir in einem Brief an Charlotte Diede vom 2. August 1833. »Vieles, was sie an sich tragen, erlischt, und das Übrigbleibende wird nun zu einer ganz andren Erscheinung. Dabei wird noch, was man von ihnen weiß, nach dem Geist der jedesmaligen Zeit aufgenommen.«

Zum Ruhme der meisten Biographen Humboldts darf indessen gesagt werden, daß sie ihn davor bewahrt haben, zu einer Schattengestalt der Vergangenheit zu werden. Sie haben überwiegend dazu beigetragen, dem Werden und Wirken Humboldts an den Quellen nachzuspüren und aus seinen eigenen und anderen zeitgenössischen Aufzeichnungen und amtlichen Unterlagen ein festumrissenes Bild seiner Persönlichkeit zu entwickeln. Um die Erschließung des gesamten Nachlasses und des Briefwechsels haben sich besonders Albert Leitzmann und Bruno Gebhardt in der Akademie-Ausgabe verdient gemacht. Die von Andreas Flitner und Klaus Giel besorgte und von uns vornehmlich benutzte neue kritische Ausgabe der Werke liegt noch nicht abgeschlossen vor.

Die Urteile der Biographen über den Diplomaten und Staatsmann Humboldt weichen – wie nicht anders zu erwarten ist –, je nach dem weltanschaulichen Standpunkt der Verfasser, beträchtlich voneinander ab. Der im wesentlichen bürgerlich-liberalen Einstellung der Autoren des 19. Jahrhunderts folgen konservativ-reaktionäre Urteile. So hat das 1927 erschienene, sehr materialreiche Buch Siegfried A. Kaehlers jene Ablehnung mit vorbereitet, der Humboldt, ein Vorkämpfer der Judenemanzipation, in der Zeit des Nationalsozialismus weitgehend anheimfiel. Unter den westdeutschen Autoren, die sich darum bemühen, das, was man von Humboldt weiß, »nach dem Geist der jedesmaligen Zeit« aufzunehmen, sind Friedrich Schaffstein und Eberhard Kessel zu nennen.

In der Deutschen Demokratischen Republik hat sich die Forschung vor allem im letzten Jahrzehnt damit befaßt, Wilhelm von Humboldts Vermächtnis wie das seines Bruders Alexander neu zu durchdenken und für unsere Zeit zu erschließen. Die Universität Berlin trägt den Namen der beiden großen bürgerlichen Humanisten; ihr hundertfünfzigjähriges Bestehen im Jahre 1960 und der zweihundertste Geburtstag ihres Gründers boten den äußeren Anlaß, in mehreren Sammelwerken die bisherigen Ergebnisse der Spezialforschung der DDR auf den verschiedenen Gebieten des Wirkens Wilhelm von Humboldts zu veröffentlichen.

In den Beiträgen »Wilhelm von Humboldt 1767–1967. Erbe – Gegenwart – Zukunft«, veröffentlicht von der Humboldt-Universität zu Berlin anläßlich der Feier des zweihundertsten Geburtstages ihres Gründers, legen Erich Paterna, Henny Maskolat und Karl Obermann Betrachtungen zum Leben und zum politischen Wirken Wilhelm von Humboldts vor. Wilhelm Girnus untersucht Humboldts Philosophie vom Menschen, während Gertrud Pätsch Humboldts Leistungen als Sprachwissenschaftler würdigt. Heinrich Deiters und Otto Rühle setzen sich auf der Grundlage ihrer älteren Untersuchungen erneut mit Humboldts Ansichten vom Wesen der Universität bzw. mit Humboldts Universitätsidee auseinander. Von der Tradition der Humboldtschen Universitätsidee ausgehend, wirft Berndt Musiolek einen Blick auf die Entwicklung des Hochschulwesens in Westdeutschland.

Wie diese speziellen Untersuchungen dienen auch die Ansprachen und Diskussionsbeiträge auf dem akademischen Festakt aus Anlaß des 200. Geburtstages Humboldts (abgedruckt in der Wissenschaftlichen Zeitschrift der Humboldt-Universität zu Berlin, Heft 3/1968) dem Ziel, Humboldts Vermächtnis für unsere sozialistische Gegenwart fruchtbar zu machen. Heinz Mohrmann hielt die Festansprache über Wilhelm von Humboldts Bildungskonzeption und unsere aktuellen Aufgaben. Auf der Wissenschaftlichen Konferenz sprach Joachim Streisand über Wilhelm von

Humboldt und die gesellschaftlichen Wandlungen seiner Zeit. Gottfried Stiehler behandelte Humboldts Weltanschauung und Helmut König die Bildungsidee Wilhelm von Humboldts und ihre Verwirklichung, Hermann Ley setzte sich mit der Auffassung des Individuums bei Humboldt auseinander. Philologischen Themen galten die Ausführungen von Gertrud Pätsch, Eugen Seidel, Kurt Huber und Johannes Irmscher.

Wesentliche Schritte sind bereits getan, um das Erbe des großen Humanisten neu zu durchdenken und für unsere Zeit zu erschließen. Den Weg dazu hat Wilhelm von Humboldt in seiner »Theorie der Bildung des Menschen« selbst gewiesen. »Was verlangt man von einer Nation, einem Zeitalter, von dem ganzen Menschengeschlecht, wenn man ihm seine Achtung und seine Bewunderung schenken soll? Man verlangt, daß Bildung, Weisheit und Tugend so mächtig und allgemein verbreitet als möglich unter ihm herrschen!«

———

Wilhelm von Humboldt: Gesammelte Werke. Herausgegeben von Carl Brandes, 7 Bände. Berlin 1841–1852.

Wilhelm von Humboldt: Gesammelte Schriften. Ausgabe der Preußischen Akademie der Wissenschaften. Herausgegeben von Albert Leitzmann, Bruno Gebhardt, Wilhelm Richter u. a., 17 Bände. Berlin 1903–1936.

Wilhelm von Humboldt: Werke in 5 Bänden. Herausgegeben von Andreas Flitner und Klaus Giel. Darmstadt und Berlin 1960 ff. (Bis zum Abschluß des Manuskriptes lagen vor: Erster Band: Schriften zur Anthropologie und Geschichte, 1960; Zweiter Band: Schriften zur Altertumskunde und Ästhetik, Die Vasken, 1961; Dritter Band: Schriften zur Sprachphilosophie, 1963; Vierter Band: Schriften zur Politik und zum Bildungswesen, 1964).

Wilhelm und Karoline von Humboldt in ihren Briefen. Herausgegeben von Anna von Sydow, 7 Bände. Berlin 1906–1916.

Wilhelm von Humboldt: Politische Briefe. Herausgegeben von Wilhelm Richter, 2 Bände. Leipzig 1935–1936.

Wilhelm von Humboldt: Briefe. Auswahl von Wilhelm Rößle mit einer Einleitung von Heinz Gollwitzer. München 1952.

Wilhelm von Humboldt in seinen Briefen. Ausgewählt und eingeleitet von Karl Sell. Leipzig und Berlin 1909.

Wilhelm von Humboldt im Verkehr mit seinen Freunden. Eine Auslese seiner Briefe. Herausgegeben von Theodor Kappstein. 1917.

Wilhelm von Humboldt. Sein Leben und Wirken, dargestellt in Briefen, Tagebüchern und Dokumenten seiner Zeit. Ausgewählt und zusammengestellt von Rudolf Freese. Berlin 1955.

Goethes Briefwechsel mit Wilhelm und Alexander von Humboldt. Herausgegeben von Ludwig Geiger. Berlin 1909.

Briefwechsel zwischen Schiller und Wilhelm von Humboldt, mit einer Vorerinnerung über Schiller und den Gang seiner Geistesentwicklung von Wilhelm von Humboldt. Stuttgart und Tübingen 1830.

Der Briefwechsel zwischen Friedrich Schiller und Wilhelm von Humboldt. Herausgegeben von Siegfried Seidel, 2 Bände. Berlin 1962.

Wilhelm von Humboldt. Über Schiller und Goethe. Aus den Briefen und Werken gesammelt und erläutert von Eberhard Haufe. Weimar 1963.

Charlotte Diede. Briefe von Wilhelm von Humboldt an eine Freundin, zwei Teile. Leipzig 1847.

Charlotte Diede. Briefe von Wilhelm von Humboldt an eine Freundin. Zum ersten Male nach den Originalen herausgegeben von Albert Leitzmann, zwei Bände. Leipzig 1909.

Anna von Sydow: Gabriele von Bülow, Tochter Wilhelm von Humboldts. Ein Lebensbild, aus den Familienpapieren Wilhelm von Humboldts und seiner Kinder. Berlin 1893.

Lina Haarbeck: Die Familie Humboldt. Nach den Familienpapieren von Wilhelm und Karoline von Humboldt und ihrer Tochter Gabriele. Reutlingen 1932.

Gustav Schlesier: Erinnerungen an Wilhelm von Humboldt. Stuttgart 1842–1845.

Rudolf Haym: Wilhelm von Humboldt. Lebensbild und Charakteristik. Berlin 1856.

Fr. Förster: Geschichte der Befreiungskriege 1813, 1814, 1815, Band 3. Berlin 1866.

Bruno Gebhardt: Wilhelm von Humboldt als Staatsmann, 2 Bände. Stuttgart 1896–1899.

Eduard Spranger: Wilhelm von Humboldt und die Humanitätsidee. Berlin 1909.

Eduard Spranger: Wilhelm von Humboldt und die Reform des Bildungswesens. Berlin 1910.

Otto Harnack: Wilhelm von Humboldt. Berlin 1913.

Albert Leitzmann: Wilhelm von Humboldt. Charakteristik und Lebensbild. Halle 1919.

Siegfried A. Kaehler: Wilhelm v. Humboldt und der Staat. Ein Beitrag zur Geschichte deutscher Lebensgestaltung um 1800. München und Berlin 1927.

Paul Binswanger: Wilhelm von Humboldt. Frauenfeld und Leipzig 1937.

Johann Albrecht von Rantzau: Wilhelm von Humboldt. Der Weg seiner geistigen Entwicklung. München 1939.

Ernst Howald: Wilhelm von Humboldt. Erlebenbach–Zürich 1944.

Friedrich Schaffstein: Wilhelm von Humboldt. Ein Lebensbild. Frankfurt a. M. 1952.

Karl August Varnhagen von Ense: Denkwürdigkeiten und vermischte Schriften, Band 4. Mannheim 1838.

August Böckh: Etwas über Wilhelm von Humboldt. Gesprochen in der öffentlichen Sitzung der Königlich Preußischen Akademie der Wissenschaften am 9. Juli 1835.

Alfred Dove: Die Gebrüder von Humboldt. In: Ausgewählte Aufsätze, herausgegeben von Friedrich Meinecke. München 1925.

F. Bratranek: Goethe und die Gebrüder von Humboldt. In: Goethes Briefwechsel mit den Gebrüdern von Humboldt (1795–1832). Leipzig 1876.

Max Lenz: Geschichte der Königlichen Friedrich-Wilhelm-Universität zu Berlin, 4 Bände. Halle 1910–1918.

Die Humboldt-Universität gestern – heute – morgen. Zum einhundertfünfzigjährigen Bestehen der Humboldt-Universität zu Berlin und zum zweihundertfünfzigsten Bestehen der Charité. Berlin 1960.

Heinrich Deiters: Wilhelm von Humboldt als Gründer der Universität Berlin. In: Forschen und Wirken, Festschrift zur 150-Jahrfeier der Humboldt-Universität zu Berlin 1810–1860. Berlin 1960.

Wilhelm von Humboldt. Erbe – Gegenwart – Zukunft. Beiträge, vorgelegt von der Humboldt-Universität zu Berlin anläßlich der Feier des zweihundertsten Geburtstag ihres Gründers. Halle (Saale) 1967.

Das Jahrhundert Goethes. Kunst, Wissenschaft, Technik und Geschichte zwischen 1750 und 1850. Weimar 1967.

Historische Leistung und gegenwärtige Bedeutung Wilhelm von Humboldts. In: Wissenschaftliche Zeitschrift der Humboldt-Universität zu Berlin, Gesellschafts- und Sprachwissenschaftliche Reihe, Jahrgang XVII, Heft 3, 1968.

Wilhelm von Humboldt. Auswahl und Einleitung von Heinrich Weinstock. Frankfurt a. M. 1957.

Emil Staiger: Wilhelm von Humboldt. In: Berliner Geist. Fünf Vorträge der Bayrischen Akademie der Künste. Berlin, Frankfurt, Wien 1963.

Clemens Menze: Wilhelm von Humboldts Lehre und Bild vom Menschen. Ratingen 1965.

Eberhard Kessel: Wilhelm von Humboldt. Idee und Wirklichkeit. Stuttgart 1967.

Herbert Scurla: Alexander von Humboldt. Sein Leben und Wirken. Berlin 1955.

Herbert Scurla: Begegnungen mit Rahel. Der Salon der Rahel Levin. 4. Aufl. Berlin 1966.

Otto Rühle: Idee und Gestalt der deutschen Universität. Tradition und Aufgabe. Berlin 1966.

Arnim, Achim von (1781–1831), romantischer Dichter; Mitherausgeber von »Des Knaben Wunderhorn«; verheiratet mit Bettina Brentano · 352, 569

Arnim, Bettina von, geb. Brentano (1785–1859), eine der hervorragenden Frauengestalten des 19. Jahrhunderts; Schwester von Clemens Brentano, verheiratet mit Achim von Arnim; als Schriftstellerin hervorgetreten 67, 569

Arnold, Johann, Besitzer einer Mühle, wegen eines Prozesses bekannt geworden, in den Friedrich II. unmittelbar eingegriffen hat · 296

Äschylus (um 525–456 v. u. Z.), griechischer Dramatiker · 119, 128, 169, 170, 475

Augustenburg, Erbprinz von, s. Christian, Friedrich

Baggesen, Jens (1764–1826), Professor in Kiel, später Justizrat in Kopenhagen; Dichter in deutscher und dänischer Sprache, sehr verdient um die Pflege der Beziehungen zwischen deutschem und dänischem Geistesleben · 147, 288

Basedow, Johann Bernhard (1723–1790), verdienter Pädagoge, gründete 1774 das Philanthropinum in Dessau · 23, 30

Beauharnais, Eugène (1781–1824), Stiefsohn Napoleons I.; 1805 Vizekönig von Italien · 405

Becker, Rudolf Zacharias (1752–1822), Erzieher Ernst und Karoline von Dacherödens, Volksschriftsteller in Gotha; wurde 1811 wegen seiner patriotischen Schriften von der französischen Polizei verhaftet · 67

Beethoven, Ludwig van (1770–1827) · 390

Berg, Karoline Friederike von (1760–1828), Hofdame der Königin Luise, später der Herzogin von Cumberland · 379–381, 505

Berlepsch, Emilie von, geb. von Opel (1757–1830), Freundin Jean Pauls 39

Bernadotte, Jean-Baptiste-Jules (1763–1844), Marschall von Frankreich, als Karl Johann 1810 zum Kronprinzen von Schweden gewählt, seit 1818 als Karl XIV. König von Schweden und Norwegen; 1813 Befehlshaber der Nordarmee der Verbündeten · 416

Bernhardi, August Ferdinand (1769–1820), Schriftsteller und Sprachforscher, später Direktor des Friedrichswerderschen Gymnasiums in Berlin · 312, 352

Bernstein, Professor der Medizin in Halle · 324

Bernstorff, Günther Christian Graf von (1769–1835), dänischer Gesandter, von 1811 bis 1816 in Wien, dann in Berlin; von 1818 bis 1831 preußischer Minister des Auswärtigen · 508, 511, 513, 547, 552, 556, 557, 562

Beulwitz, Friedrich Wilhelm Ludwig von (1755–1829), schwarzburg-rudolstädtischer Legationsrat, später Kanzler, von 1780 bis 1790 verheiratet mit Karoline von Lengefeld · 68

Beulwitz, Karoline von, s. Karoline von Lengefeld

Beyme, Karl Friedrich von (1765–1838), seit 1788 im preußischen Staatsdienst, 1798 Geheimer Kabinettsrat, 1806 Minister des Auswärtigen, von 1808 bis 1810 Geheimer Staats- und Justizminister; unter Hardenberg vorübergehend in nachgeordneten Stellungen verwendet; 1817 Rückkehr in das Ministerium, 1819 mit Humboldt und Boyen entlassen · 237, 239, 274, 295, 320, 322–327, 330–332, 339–341, 380, 385, 552, 556, 562–564

Biester, Johann Erich (1749–1816), Herausgeber der »Berlinischen Monatsschrift«, des Hauptorgans der Berliner Aufklärung · 29, 43, 44, 49, 62, 63, 70, 76, 92, 96, 108, 359, 367

Biot, Jean-Baptiste (1774–1862), mit Alexander von Humboldt befreundeter namhafter französischer Physiker und Astronom · 200

Blücher, Gebhard Leberecht von (1742–1819), volkstümlicher Heerführer der Befreiungskriege; 1813 Befehlshaber der schlesischen Armee, 1814 Feldmarschall · 376, 408, 416, 434, 437, 463

Blumenbach, Johann Friedrich (1752–1840), Mediziner und Naturforscher, Professor in Göttingen, Begründer der modernen Anthropologie 37

Böckh, Philipp August (1785–1867), klassischer Philologe, Schüler Wolfs; seit 1807 Dozent in Heidelberg, seit 1811 Professor in Berlin · 7, 8, 352, 574, 605, 609

Böhmer, Johann Franz (1754–1788), Bergmedikus, erster Gatte der Karoline Schlegel · 168

Boie, Heinrich Christian (1744–1806), Schriftsteller aus dem Kreis des Göttinger Dichterbundes · 288

Boisserée, Sulpiz von (1783–1854), Kunsthistoriker und Kunstsammler; Freund Goethes · 574

Bokelmann, Georg Wilhelm (1779–1847), Kaufmann, lebte in Spanien, später in Hamburg; begleitete Humboldt auf der spanischen Reise 206, 227

Bonaparte, Napoleon, s. Napoleon I.

Bonpland, Aimé (1773–1858), französischer Naturforscher und Arzt, begleitete Alexander von Humboldt auf dessen Amerikareise · 217

Buol-Schauenstein, Johann Rudolf Graf von (1763–1834), österreichischer Diplomat, von 1815 bis 1822 erster Präsident des Deutschen Bundestages · 484–486

Burckhardt, Jacob (1818–1897), schweizerischer Kultur- und Kunsthistoriker · 130

Burgsdorff, Friedrich Wilhelm von (1772–1822), märkischer Adliger, befreundet mit Karoline und Wilhelm von Humboldt · 89, 168, 192, 206, 219

Buschmann, Johann Karl Eduard (1805–1880), Sprachforscher, Mitarbeiter der Brüder von Humboldt, sehr verdient um die Herausgabe des Werkes über die Kawisprache · 604

Buttmann, Philipp (1764–1829), Philologe; 1796 Sekretär an der Königlichen Bibliothek in Berlin, 1800 daneben Professor der griechischen Sprache am Joachimsthalschen Gymnasium; seit 1806 Mitglied der Akademie der Wissenschaften · 352

Campe, Joachim Heinrich (1746–1818), Hauslehrer der Brüder Humboldt; 1773 Feldprediger in Potsdam, 1775 abermals im Haus Humboldt, 1776 Eduktionsrat am Dessauer Philanthropinum; 1777 gründete er eine eigene Erziehungsanstalt in Hamburg; wirkte seit 1786 als vielseitiger Pädagoge und Schriftsteller in Braunschweig · 22, 23, 29, 53–57, 62, 67, 224

Carus, Karl Gustav (1789–1869), vielseitig interessierter und auch künstlerisch tätiger Arzt; seit 1814 Professor der Entbindungskunst und Direktor der geburtshilfischen Klinik in Dresden · 574

Cäsar, Gajus Julius (100–44 v. u. Z.), römischer Staatsmann und Feldherr · 25, 170

Castlereagh, Henry Robert Stewart, Marques of Londonderry (1769 bis 1822), englischer Diplomat und Staatsmann; Staatssekretär des Auswärtigen seit 1812; Vertreter reaktionärer Tendenzen · 441, 445, 449

Cato, Marcus Porcius (234–149 v. u. Z.), römischer Staatsmann und Schriftsteller · 25

Caulaincourt, Armand-Augustin-Louis Marquis de (1773–1827), französischer Diplomat und Minister; Vertrauter Napoleons · 409

Cavendish, Henry (1731–1810), englischer Chemiker und Physiker, erkannte u. a. die Zusammensetzung der Luft und des Wassers · 359

Chamisso, Adelbert von (1781–1838), Naturforscher und Dichter in der Übergangzeit zum Vormärz · 569

Champollion, Jean-François (1790–1832), französischer Ägyptologe, entzifferte die Hieroglyphen · 575, 591

Dacheröden, Frau von, geb. Hopfgarten, Mutter der Karoline von Humboldt · 66

Dalberg, Karl Theodor Anton Maria Freiherr von (1744–1817), Statthalter von Erfurt und Koadjutor des Erzbistums Mainz, seit 1802 (letzter) Erzbischof und Kurfürst von Mainz; nach der Säkularisation 1803 in Regensburg; durch französische Protektion Kurerzkanzler; Bewunderer Napoleons und 1806 Fürstprimas des Rheinbundes; von 1810 bis 1813 Großherzog von Frankfurt, danach Erzbischof von Regensburg · 31, 72, 84, 92, 101–104, 107–109, 123, 279, 280, 461

Daniels, Heinrich Gottlieb Wilhelm, Jurist, 1817 preußischer Geheimer Staatsrat und erster Präsident des rheinischen Apellationsgerichtshofes in Köln; 1819 Mitglied der Verfassungskommission · 529

Danton, Georges-Jacques (1759–1794), französischer Revolutionär, mit Robespierre und Marat bedeutendste Persönlichkeit der Französischen Revolution · 96

David, Jacques-Louis (1748–1825), französischer Maler, während der Revolution Jakobiner, schuf Revolutionsbild: Der ermordete Marat, u. a., später Hofmaler Napoleons I. · 206, 214

Davout, Louis-Nicolas (1770–1823), französischer Marschall unter Napoleon I. · 279

Defoe, Daniel (1660–1731), englischer Journalist und Schriftsteller, berühmt besonders durch »Robinson Crusoe« (1719) · 23

Desfontaines, René-Louiche (1750–1833), französischer Naturforscher, Direktor des Botanischen Gartens in Paris · 200

De Wette, Wilhelm Martin Leberecht (1780–1849), Professor der Theologie an der Universität Berlin von 1810 bis 1819, wurde wegen eines Trostschreibens an die Mutter des Studenten Sand seines Lehramtes enthoben, zog sich nach Thüringen zurück und folgte 1822 einem Ruf als Professor der Theologie an die Universität Basel · 353, 546

Diderot, Denis (1713–1784), französischer Philosoph, einer der Hauptvertreter der Aufklärung · 200, 206

Diede, Charlotte, geb. Hildebrand (1769–1846), Briefpartnerin Wilhelm von Humboldts · 39, 52, 470, 606

Dieffenbach, Johann Friedrich (1795–1847), Chirurg in Berlin, 1830 dirigierender Wundarzt an der Charité, 1832 außerordentlicher, 1840 ordentlicher Professor an der Universität und Direktor der chirurgischen Klinik der Charité · 296, 575, 576

Dohm, Christian Wilhelm von (1751–1820), politischer und historischer Schriftsteller, Geheimer Archivar und Kriegsrat im preußischen Departement der auswärtigen Angelegenheiten, einer der Lehrer der Brüder

Humboldt; 1786 preußischer Gesandter in Kurköln; 1804 Kammerpräsident der eichsfeld-erfurtischen Kriegs- und Domänenkammer, von
1807 bis 1810 in westfälischen Diensten · 30, 41, 42, 54, 55, 219

Dohna, Friedrich Ferdinand Alexander Graf von (1771–1831), Studienfreund Humboldts in Frankfurt (Oder); 1807 Präsident der Domänenkammer zu Marienwerder; von 1808 bis 1810 preußischer Minister des
Innern, dann Generallandschaftsdirektor in Ostpreußen, 1813 Mitglied
der Generalkommission für die Volksbewaffnung und Zivilgouverneur
der Provinz Preußen · 34, 40, 274, 277, 279, 283, 284, 295, 333, 334,
337, 340, 364, 367, 368, 371, 372, 379–386, 499, 527, 550, 581

Ebel, Johann Gottfried (1764–1830), Studienfreund Humboldts in Frankfurt (Oder); später Arzt und Naturforscher, wurde durch eine Schilderung der Schweiz bekannt · 77

Eckermann, Johann Peter (1792–1854), seit 1823 Privatsekretär Goethes
(»Gespräche mit Goethe«) · 11, 582

Eichhorn, Johann Albrecht Friedrich (1779–1856), preußischer Staatsmann; 1810 Syndikus der neuerrichteten Universität Berlin, später als
Mitarbeiter Steins in der Zentralverwaltung für die von den Franzosen
besetzten Gebiete tätig, dann, bereits zur Reaktion tendierend, Vortragender Rat im Ministerium der auswärtigen Angelegenheiten; von
1840 bis 1848 Minister der geistlichen, Unterrichts- und Medizinalangelegenheiten · 496, 529, 570

Elisabeth von Braunschweig, Gemahlin des Prinzen Friedrich Wilhelm von
Preußen, des späteren Königs Friedrich Wilhelm II.; bereits seit 1769
lebte sie von ihm getrennt · 20

Engel, Johann Jakob (1741–1802), Professor der Philosophie am
Joachimsthalschen Gymnasium in Berlin, Erzieher des späteren Königs
Friedrich Wilhelm III.; von 1787 bis 1790 Oberdirektor des Berliner
Theaters, einer der bedeutendsten Vertreter der Berliner Aufklärung ·
28–30, 43, 70, 76, 117, 320, 323, 339

Engels, Friedrich (1820–1895), engster Freund von Karl Marx, mit dem
er die Theorie des wissenschaftlichen Sozialismus ausarbeitete · 142
bis 144, 150, 271, 440

Erman, Jean-Pierre (1735–1814), Prediger der Französischen Gemeinde
in Berlin; seit 1766 Direktor des Französischen Gymnasiums; seit 1792
Historiograph der brandenburgischen Geschichte, Oberkonsistorialrat
und Mitglied der Akademie der Wissenschaften · 312, 361

Erman, Paul (1764–1851), Lehrer am Französischen Gymnasium, seit
1791 auch Lehrer für Physik an der Kriegsschule; seit 1810 Professor
der Physik an der Universität Berlin und bis 1841 Sekretär der Mathe-

matisch-Physikalischen Klasse der Akademie der Wissenschaften · 349, 361

Ernst August (1771–1851), Herzog von Cumberland und zu Braunschweig-Lüneburg, Sohn König Georgs III. von Großbritannien; studierte in Göttingen; von 1793 bis 1795 Kommandeur eines hannöverschen Kavallerieregimentes; 1813 britischer Marschall, seit 1815 vermählt mit Friederike von Mecklenburg-Strelitz; seit 1837 König von Hannover, hob kurz nach seinem Regierungsantritt das Staatsgrundgesetz auf und entließ die »Göttinger Sieben« · 505

Esterházy von Galántha, Fürstin, Gattin des ungarischen Staatsmanns Paul Anton Esterházy (1786–1866) · 409

Ewald, Heinrich (1803–1875), Orientalist und Theologe; seit 1827 Professor der Philologie an der Universität Göttingen, einer der »Göttinger Sieben« · 574

Eylert, Rulemann Friedrich (1770–1852), Hofprediger in Potsdam seit 1806; evangelischer Bischof seit 1818, Mitglied des Staatsrates und des Ministeriums der geistlichen und Unterrichtsangelegenheiten · 562

Ferdinand von Braunschweig (1721–1792), Herzog, Oberst in preußischen Diensten seit 1740, Generalleutnant seit 1750, später Gouverneur von Magdeburg · 20

Fichte, Johann Gottlieb (1762–1814), idealistischer Philosoph, politischer Erzieher und unbeugsamer Patriot; Professor der Philosophie in Jena von 1793 bis 1799, dann in Berlin und Erlangen; 1807/08 »Reden an die deutsche Nation«, 1809 Professor an der Universität Berlin und erster gewählter Rektor der Universität Berlin · 107, 129, 133, 135, 136, 139, 145, 147, 204, 255, 290, 292, 294, 303, 315, 316, 322–325, 328–330, 332, 333, 339, 347, 350, 352, 354–356, 374, 375, 544

Finckenstein, Karl Friedrich Albrecht, Graf Fink von (1772–1814), preußischer Diplomat, vor Humboldt Gesandter in Wien · 266

Fischer, Ernst Gottfried (1754–1831), Lehrer der Mathematik und der Physik am Grauen Kloster in Berlin, Lehrer der Brüder Humboldt; 1810 Professor an der Universität Berlin · 30, 314

Forell, Philipp Baron von (1758–1808), sächsischer Gesandter in Madrid 223

Forster, Johann Georg (1754–1794), Revolutionär, Naturforscher und Schriftsteller; begleitete seinen Vater Johann Reinhold Forster auf dessen Reise um die Welt mit Cook; 1778 kam er von England in seine Heimat zurück, wo er als Professor der Naturgeschichte in Kassel lehrte; ging 1784 an die Universität in Wilna, dann nach Göttingen und fand 1788 in Mainz eine Anstellung als Bibliothekar; eifriger Verfechter der Ideen der Französischen Revolution und einer der Führer des Mainzer »Klubs«; seit März 1793 als Delegierter des National-konvents in Paris · 38, 42–52, 60, 62, 64, 79, 81–85, 88, 92, 101, 104–107, 142, 149, 150, 164, 166

Gentz, Friedrich (1764–1832), Publizist und Politiker; seit 1786 in preußischen, seit 1802 in österreichischen Diensten; bekannte sich zunächst zu Rousseau und Kant und zu den Gedanken der Französischen Revolution, wandte sich dann dem englischen Liberalismus zu und wandelte sich schließlich nach seinem eigenen Ausdruck zum »Verfechter der Restaurationstendenzen«; Gehilfe und später Werkzeug Metternichs · 78–80, 83, 85, 92, 94–96, 109, 111, 150, 155, 183, 197, 236, 366, 392, 393, 395, 400, 403, 409, 412, 428, 433, 441, 461, 544, 562, 568, 574, 581

Georg, Erbprinz von Mecklenburg-Strelitz, Bruder der Königin Luise, seit 1816 Großherzog · 266, 281

Georg IV. (1762–1830), seit 1811 Regent, seit 1820 König von Großbritannien und Hannover · 575

Gérard, François (1770–1837), französischer Maler, Hofmaler Napoleons I. und Ludwigs XVIII. · 206, 214

Gerstenberg, Heinrich Wilhelm von (1737–1823), Dichter der Sturm-und-Drang-Bewegung · 288

Girardin, Cécile-Stanislav-Xavier (1762–1827), französischer Politiker; anfangs Anhänger der Revolution · 57

Gmelin, Friedrich Wilhelm (1760–1820), Kupferstecher; lebte seit 1787 überwiegend in Italien · 245

Gneisenau, August Graf Neidhardt von (1760–1831), Verteidiger Kolbergs 1806, engster Mitarbeiter Scharnhorsts bei der Reorganisation des preußischen Heeres, führender Patriot; 1813 Generalstabschef der Armee Blüchers; 1815 Kommandierender General des Rheinischen Korps; 1818 Gouverneur von Berlin und Mitglied des Staatsrates; 1825 Generalfeldmarschall · 271, 290, 376, 398, 407, 408, 416, 424, 434, 437, 463, 481, 489, 496, 503, 504, 528, 547, 577, 581

Godoy, Manuel Godoy Alvarez de Faria (1767–1851), spanischer Staatsmann; von 1792–1798 Minister des Auswärtigen, Günstling der spanischen Königin · 222

Godwin, Mary, geb. Wollstonecraft (1759–1797), englische Schriftstellerin und Frauenrechtlerin · 201

Goltz, Gräfin von der · 577

Goltz, August Friedrich Ferdinand Graf von der (1765–1832), preußischer Staatsmann; Studienfreund Humboldts; seit 1787 im preußischen Staatsdienst, nacheinander Gesandter in Polen, Dänemark, Schweden, Rußland; seit 1807 Minister des Auswärtigen; von 1814 bis 1816 Oberhofmarschall; seit 1816 Vertreter Preußens am Bundestag, 1824 wieder Hofmarschall · 266, 274, 275, 284, 367, 380, 385, 394, 484, 485, 489

seiner liberalen und demokratischen Gesinnung beargwöhnt, von 1816 bis 1819 preußischer Gesandter in der Schweiz · 367

Gutermann, Marie Sophie, s. Laroche, Marie Sophie

Haeften, Reinhard von (1773–1803), Freund der Brüder Humboldt · 206

Hagen, Friedrich Heinrich von der (1780–1856), Professor der deutschen Literatur; seit 1810 an der Universität Berlin, von 1811 bis 1821 an der Universität Breslau, danach wieder in Berlin · 352

Haller, Karl Ludwig von (1768–1854), Professor für Geschichte und Staatswissenschaft in Bern; trat 1821 zum Katholizismus über und wurde Wortführer der Schweizer Ultramontanen · 544

Hänlein, preußischer Gesandter in Hessen · 484

Hanstein, G. A. L. (1761–1821), Probst; seit 1805 Prediger in Berlin 324

Hardenberg, Karl August Fürst von (1750–1822), preußischer Staatsminister; von 1804 bis 1806 preußischer Minister des Auswärtigen; seit 1810 Staatskanzler; setzte die Reformen des Reichsfreiherrn vom Stein fort, erlag aber später mehr und mehr reaktionären Einflüssen 264, 265, 270, 271, 273, 274, 276, 283, 284, 300, 341, 351, 355, 363, 364, 366, 376, 384–386, 393–395, 397, 398, 400, 407–413, 415, 417, 418, 422–424, 435, 437, 439–443, 445, 446, 448, 450, 454–456, 463, 464, 466–469, 474, 480–482, 484, 486, 489–491, 493, 495–504, 506–508, 510–525, 527, 528, 534, 543, 545–547, 549, 552, 553, 555–558, 561–563, 565, 566, 570, 572

Haugwitz, Christian August Heinrich Karl von (1752–1831), von 1792 bis 1806 mit einer kurzen Unterbrechung (1804 bis 1805) Kabinettsminister und Leiter der preußischen Außenpolitik · 237, 244, 264, 265

Haydn, Joseph (1732–1809), Komponist der Wiener Klassik · 390

Haym, Rudolf (1821–1901), Literarhistoriker, Humboldtbiograph · 63, 437, 469

Hebbel, Friedrich (1813–1863), Dramatiker · 87

Hedemann, August von (1785–1859), verheiratet mit Adelheid von Humboldt, später General · 474, 568, 577

Heeren, Arnold Hermann Ludwig (1760–1842), Historiker; 1794 ordentlicher Professor der Philosophie, 1801 Professor der Geschichte an der Universität Göttingen · 351

Hegel, Georg Wilhelm Friedrich (1770–1831), der bedeutendste Vertreter der deutschen klassischen Philosophie; lehrte seit 1818 an der Universität Berlin · 98, 180, 353, 569, 573, 574

Humboldt, Adelheid von (1800–1856), Tochter W. von Humboldts, heiratete 1815 den Adjutanten des Prinzen Wilhelm von Preußen, August von Hedemann · 225, 245, 474, 475, 568, 607, 608

Humboldt, Alexander Friedrich Wilhelm Heinrich von (1769–1859), Bruder Wilhelm von Humboldts, einer der bedeutendsten deutschen Naturforscher · 7, 9, 11, 17, 20, 21, 23, 25, 26, 28, 31, 33, 35, 37, 38, 49, 69, 84, 118, 133, 135, 138, 139, 157, 160, 163, 164, 167, 168, 170–172, 177, 184–186, 192, 199, 200, 206, 217, 219–224, 228, 239, 249, 250, 255, 265, 269, 282, 314, 318–320, 322, 325, 327, 348, 349, 355, 359, 362, 385, 391, 392, 438, 439, 468, 479, 489, 505, 511, 513, 514, 569, 575, 577–579, 581, 582, 591, 604, 605, 607–609, 611

Humboldt, Alexander Georg von (1720–1779), Vater der Brüder Humboldt · 20–22, 24, 567

Humboldt, Gabriele von (1802–1887), Tochter W. von Humboldts, verheiratet mit Heinrich von Bülow · 235, 245, 474, 475, 505, 568, 569, 607, 608

Humboldt, Gustav von (1806–1807), Sohn W. von Humboldts · 249, 278, 574

Humboldt, Hermann von (1809–1870), Sohn W. von Humboldts · 293, 389, 568

Humboldt, Johann Paul (1684–1740), Großvater der Brüder Humboldt 20

Humboldt, Karoline von, geb. von Dacheröden (1766–1829), Frau W. von Humboldts · 39, 43, 66–70, 72–74, 76, 78, 83–91, 103, 119, 131, 138, 140, 141, 146, 149, 166–170, 183–186, 197, 201, 205, 206, 218, 226, 238, 245–250, 267, 275–282, 284, 293, 295, 301, 303, 308, 341, 347, 372, 379, 389–391, 393, 403, 404, 414, 418, 419, 421, 422, 424, 435, 438, 439, 443, 457, 461, 462, 465, 469–474, 481, 482, 490–492, 502–504, 507–509, 518–520, 522, 529, 530, 544, 567–569, 574–577, 582, 583, 586, 605–609

Humboldt, Karoline von (1792–1837), Tochter W. von Humboldts · 91, 184, 186, 218, 245, 249, 474, 568, 569, 607, 608

Humboldt, Luise von (2. 7. 1804–18. 10. 1804), Tochter W. von Humboldts · 249

Humboldt, Maria Elisabeth von, geb. Colomb, verwitwete Freifrau von Holwede (1741–1796), Mutter Wilhelm und Alexander von Humboldts · 21, 22, 24, 36, 66, 69, 71, 72, 148–150, 157, 160, 162, 166, 168, 184, 197, 198

Humboldt, Theodor von (1797–1871), Sohn W. von Humboldts · 169, 184, 197, 218, 248, 249, 267, 308, 389, 404, 438, 568

Karl August (1757–1828), Herzog von Sachsen-Weimar, Großherzog seit 1815; Freund Goethes, den er nach Weimar berief; erließ 1816 als erster deutscher Fürst eine landständische Verfassung · 28, 102, 132, 173, 235, 544, 570, 583, 586

Karsten, Karl Johann Bernhard (1782–1853), Mineraloge; 1811 Oberhüttenrat für Schlesien, seit 1819 Geheimer Oberbergrat im Ministerium des Innern in Berlin · 312

Kästner, Abraham Gotthelf (1719–1800), Professor für Mathematik in Göttingen seit 1756, Schriftsteller der Aufklärung · 37

Kauffmann, Angelika (1741–1807), Malerin; lebte seit 1763 mit längeren Unterbrechungen in Rom, wo ihr u. a. Goethe nähertrat · 245

Kieser, Dietrich Georg (1779–1862), Professor der Medizin an der Universität Jena seit 1812; Teilnehmer am Wartburgtreffen der deutschen Studenten 1819; später Vertreter der Universität Jena im weimarischen Landtag und (1858) Präsident der Leopoldinisch-Karolinischen Akademie · 544

Kircheisen, Friedrich Leopold von (1749–1825), preußischer Geheimer Staats- und Justizminister seit 1810 · 499, 552

Klaproth, Martin Heinrich (1743–1817), Chemiker und Naturforscher, Apotheker; seit 1787 Chemiker an der Akademie der Wissenschaften; 1810 Professor an der Universität Berlin · 312, 349

Klein, Ernst Ferdinand (1744–1810), Mitarbeiter an der damaligen Gesetzgebung Preußens; 1786 Kammergerichtsrat in Berlin; 1791 Professor in Halle, seit 1800 Mitglied des Geheimen Obertribunals in Berlin · 30, 71, 75, 76

Kleist, Ewald von (1715–1759), Dichter der vorklassischen Zeit · 26

Kleist von Nollendorf, Friedrich Heinrich Graf (1762–1823), preußischer General; 1803 Generaladjutant des Königs; 1809 Kommandant von Berlin, dann Befehlshaber einer Brigade des Yorckschen Korps und später des norddeutschen Armeekorps; 1821 Generalfeldmarschall 376, 572

Klewitz, Wilhelm Anton von (1760–1838), preußischer Staatsmann, von 1817 bis 1825 Finanzminister, danach bis 1837 Oberpräsident der Provinz Sachsen · 552

Klopstock, Friedrich Gottlieb (1724–1803), Dichter der Aufklärung · 164, 165, 302

Knebel, Karl Ludwig von (1744–1834), zunächst Jurist, dann Offizier in Weimar; 1774 Hofmeister des Prinzen Konstantin von Sachsen-Weimar, vermittelte die Bekanntschaft des Erbprinzen Karl August mit Goethe; Goethes »Urfreund« schied 1779 aus dem aktiven Dienst aus und lebte in Weimar und Ilmenau · 137, 170, 281, 584

Knesebeck, Karl Friedrich Freiherr von dem (1768–1848), preußischer General; 1813 erster Generaladjutant des Königs und Unterhändler mit Österreich, 1822 Chef des reitenden Feldjägerkorps und 1847 Generalfeldmarschall · 408, 463

Koblanck, Johann Heinrich Sigismund (geb. 1751), Prediger in Berlin, einer der Hofmeister Humboldts · 23

Kohlrausch, Heinrich (um 1780–1826), Arzt und Chirurg in der preußischen Armee; ging 1805 nach Rom, wo er u. a. Hausarzt bei W. von Humboldt wurde; später Arzt an der Berliner Charité und Geheimer Obermedizinalrat · 248, 249, 348, 372

Koreff, David Ferdinand (1783–1851), Arzt und Schriftsteller in Paris, Wien, Berlin; lange Zeit Modearzt, von nachhaltigem Einfluß auf Hardenberg · 89

Körner, Christian Gottfried (1756–1831), seit 1783 Oberkonsistorialrat, seit 1790 Appellationsgerichtsrat in Dresden, wo Schiller von 1785 bis 1787 sein Gast war; trat 1815 als Staatsrat in preußische Dienste; Vater des Freiheitssängers Theodor Körner · 102, 133, 137, 140, 145, 147, 148, 158, 162, 174, 178–180, 186, 211, 392, 570, 581, 584

Körner, Theodor (1791–1813), Dichter der Befreiungskriege · 140, 392

Kosegarten, Gotthard Ludwig (1758–1818), Propst in Altenkirchen auf Rügen, schriftstellerisch tätig · 163

Kotzebue, August Friedrich Ferdinand von (1761–1819), Leiter des deutschen Theaters in Petersburg seit 1781, später Theaterdichter in Wien, seit 1806 als Napoleongegner wieder in Rußland; 1816 russischer Staatsrat; seit 1817 als russischer Kulturattaché und politischer Beobachter wieder in Deutschland; wegen seiner Verunglimpfungen aller fortschrittlichen Bewegungen von dem Studenten Karl Ludwig Sand ermordet · 353, 516, 544, 546

Kraus, Christian Jakob (1753–1807), Professor der praktischen Philosophie und der Kameralwissenschaften an der Universität Königsberg seit 1780; verbreitete die liberalen Wirtschaftslehren Adam Smith' in Deutschland · 350

Kunth, Gottlob Johann Christian (1757–1829), Erzieher der Brüder Humboldt, mit denen er zeitlebens eng befreundet blieb; später im preußischen Staatsdienst tätig, Mitarbeiter bei den Reformen Steins; 1801 Geheimer Rat im Fabriken- und Kommerzialdepartement des Generaldirektoriums; 1808 Staatsrat in der Sektion für Gewerbepolizei; 1816 General-Handelskommissar · 23–26, 28, 31, 33, 35, 36, 41, 184, 185, 275, 279, 282, 290, 314, 371, 569, 581

Kutusow, Michail Illarionowitsch Fürst (1745–1813), hervorragender russischer Feldherr, Oberbefehlshaber im Vaterländischen Krieg 1812 und der vereinigten preußisch-russischen Armee 1813 · 425

Lacepède, Bernard-Germain-Etienne de Laville, Graf von (1756–1825), französischer Naturforscher · 201

Lamarck, Jean-Baptiste de (1744–1829), französischer Naturforscher 200

Laplace, Pierre-Simon (1749–1827), französischer Mathematiker und Astronom, 1799 Innenminister · 200, 359

Laroche, Karl von (1767–1839), Jugendfreund Wilhelm von Humboldts und Karoline von Dacherödens, Sohn der Sophie Laroche; Oberbergrat in der Sektion für Bergbau; 1810 Zweiter Direktor des Oberbergamtes in Berlin · 42, 67–69

Laroche, Marie Sophie von, geb. Gutermann (1731–1807), Schriftstellerin, Gemahlin des kurtrierschen Kanzlers Laroche; Freundin Wielands · 42, 67, 69

Laroche, Maximiliane von, s. Brentano, Maximiliane

Lavater, Johann Kaspar (1741–1801), Schweizer Theologe und philosophischer Schriftsteller, Prediger in Zürich · 61–63, 166, 199, 287

Leibniz, Gottfried Wilhelm (1646–1716), Philosoph und vielseitiger Gelehrter · 7, 19, 34, 359

Leitzmann, Albert (1867–1950), Germanist, Professor in Jena seit 1898, verdienter Herausgeber der Werke Wilhelm von Humboldts · 61, 123, 475, 584

Lengefeld, Carl Christoph von (1715–1775), Oberforstmeister in Schwarzburg-Rudolstadt, Vater von Karoline und Charlotte von Lengefeld · 68

Lengefeld, Charlotte von (1766–1826), heiratete 1790 Friedrich Schiller 68–70, 131, 140, 141, 167, 461, 582

Lengefeld, Karoline von (1763–1847), Schillers Schwägerin; nachdem ihre Ehe mit dem Legationsrat von Beulwitz geschieden war, heiratete sie 1794 den Weimarer Oberhofmeister Wilhelm von Wolzogen · 57, 68, 70, 90, 92, 103, 139–141, 167, 255, 280, 404, 413, 508–510, 581, 583, 606, 609, 611

Lessing, Gotthold Ephraim (1729–1781) · 27–29, 120, 125, 129, 163, 306

Levin, Rahel (1771–1833), eine der bedeutendsten Frauengestalten ihrer Epoche, ihr Salon war ein Mittelpunkt des geistigen Lebens Berlins; heiratete 1814 Varnhagen von Ense · 78, 79, 150, 168, 205, 206, 236, 393, 569

Lichtenberg, Georg Christoph (1742–1799), Philosoph und Physiker; Professor für Physik in Göttingen, wurde vor allem durch seine Aphorismen bekannt · 37

643

Motherby, Johanna Charlotte geb. Thielheim (1783–1842), seit 1806 mit dem Arzt Dr. William Motherby verheiratet, 1824 geschieden und mit dem Chirurgen J. F. Dieffenbach verheiratet, von dem sie sich gleichfalls (1833) scheiden ließ · 89, 295, 296, 575

Motherby, William, Arzt in Königsberg · 295, 296

Motz, Friedrich von (1775–1830), preußischer Staatsmann; nach dem Befreiungskrieg Präsident zu Erfurt, 1820 provisorisch, 1824 definitiv Oberpräsident der Provinz Sachsen, preußischer Finanzminister seit 1825, führte eine durchgreifende Steuer- und Zollreform durch und wurde zum Wegbereiter des Deutschen Zollvereins · 570

Mozart, Wolfgang Amadeus (1756–1791), Komponist; einer der bedeutendsten Meister der Wiener Klassik · 390

Müller, Adam (1779–1829), Schriftsteller und Publizist, Vertreter romantischer, später ausgesprochen reaktionärer Tendenzen in der Staats- und Wirtschaftslehre; zunächst Prinzenerzieher in Dresden, ging 1811 nach Wien, wo er 1813 in den österreichischen Staatsdienst trat · 392, 562

Müller, Johannes von (1752–1809), Historiker; 1792 an der Hof- und Staatskanzlei in Wien, 1804 in Berlin Hofhistoriograph der Hohenzollern; trat 1806 in westfälische Dienste · 322, 325, 331

Mundt, Theodor (1808–1861), Schriftsteller und Literarhistoriker, einer der Wortführer des »Jungen Deutschland« · 87

Napoleon I. Bonaparte (1769–1821), Kaiser der Franzosen von 1804 bis 1814 · 102, 183, 194, 195, 202, 206, 208, 225, 241–243, 249, 264, 265, 278, 280, 281, 323, 332, 336, 384, 396, 397, 400–411, 415–417, 420, 422–424, 434–437, 441, 444, 447, 457, 458, 461, 463, 464, 466

Narbonne, Louis Graf (1755–1813), Napoleons Adjutant von 1810 bis 1812, 1813 französischer Gesandter in Wien · 409

Necker, Jaques (1732–1804), Generaldirektor der Finanzen im absolutistischen Frankreich vor Ausbruch der Revolution; Vater der Germaine de Staël · 206

Nepos, Cornelius (um 100 bis um 30 v. u. Z.), römischer Historiker · 25

Nesselrode, Karl Wassiljewitsch Graf von (1780–1862), russischer Diplomat, Unterhändler auf dem Wiener Kongreß, von 1816 bis 1856 russischer Außenminister, von 1844 bis 1856 Staatskanzler · 436, 441, 449

Nicolai, Christoph Friedrich (1733–1811), Buchhändler in Berlin, neben Lessing und Moses Mendelssohn Repräsentant der Berliner Aufklärung 27, 29, 32, 366

Nicolovius, Georg Heinrich Ludwig (1767–1839), 1808 preußischer Staatsrat; Leiter der Kultursektion unter Dohna, Humboldt, Schuckmann und Altenstein · 163, 287–291, 302–304, 315, 333, 337, 341, 354, 355, 361, 370, 371, 383, 385, 393, 439, 490, 570, 580

Rabener, Gottlieb Wilhelm (1714–1771), Satirendichter der Aufklärungszeit · 186

Radziwill, Friederike Dorothee Luise, geb. Prinzessin von Preußen (1770 bis 1836), Schwester des Prinzen Louis Ferdinand von Preußen, Gattin des Fürsten Anton Heinrich Radziwill · 295, 385, 410, 434, 565, 570

Ramler, Karl Wilhelm (1725–1798), Dichter der deutschen Aufklärung; von 1748 bis 1790 Lehrer der Logik und der schönen Wissenschaften an der Kadettenanstalt in Berlin, zeitweilig gemeinsam mit Engel Direktor des Nationaltheaters · 29

Rask, Rasmus Christian (1787–1832), dänischer Sprachforscher, einer der Begründer der vergleichenden Sprachwissenschaft · 592

Rauch, Christian Daniel (1777–1857), Bildhauer, Schüler Schadows; einer der namhaftesten Vertreter des deutschen Klassizismus, lebte von 1805 bis 1818 mit Unterbrechungen in Italien, danach in Berlin, einer der Gründer der Berliner Bildhauerschule · 245, 246, 365, 389, 567 bis 569, 577, 579

Raumer, Friedrich Ludwig Georg von (1781–1873), Historiker; Professor der Staatswissenschaften und Geschichte an den Universitäten Breslau und Berlin · 574

Raynal, Guillaume-Thomas-François Abbé (1713–1796), französischer Schriftsteller; mußte wegen seiner Freigeisterei seine Predigerstelle aufgeben · 206

Reil, Johann Christian (1758–1813), Mediziner; seit 1787 Professor der Anatomie und Gynäkologie an der Universität Halle, seit 1810 an der Universität Berlin; 1813 Direktor der preußischen Kriegslazarette westlich der Elbe · 321, 324, 326, 331, 348, 355

Reimarus, Elise (1735–1805), Freundin Lessings, Tochter von Hermann Samuel Reimarus · 163

Reimarus, Hermann Samuel (1694–1768), Popularphilosoph und Theologe, seit 1728 Professor am Gymnasium in Hamburg · 163

Reimarus, Johann Albert Heinrich (1729–1824), Professor der Naturlehre am Gymnasium in Hamburg, Sohn von Hermann Samuel Reimarus · 163

Reimer, Georg Andreas (1776–1842), Verleger und Buchhändler in Berlin · 543, 547

Reinhart, Johann Christian (1761–1847), Maler, seit 1789 in Rom · 245

Reinhold, Karl Leonhard (1758–1823), Philosophieprofessor in Jena von 1787 bis 1794, dann in Kiel; eifriger Anhänger der Philosophie Kants und Fichtes · 133, 135, 147, 204

Reitemeier, Johann Friedrich (1755–1839), Professor der Jurisprudenz in Frankfurt (Oder) · 34

Remusat, Jean-Pierre-Abel (1788–1832), französischer Sinologe · 575

Rennekampff, Jakob Alexander von (1783–1854), befreundet mit Karoline von Humboldt · 89

Ribbeck, Probst in Berlin · 324

Richelieu, Armand-Emmanuel du Plessis, Herzog von (1766–1822), französischer Ministerpräsident von 1815 bis 1818 und von 1820 bis 1821 489

Riemer, Friedrich Wilhelm (1774–1845), Hauslehrer bei W. von Humboldt in Rom von 1801 bis 1803, danach bis 1812 bei Goethe; später Professor am Gymnasium und Bibliothekar in Weimar · 247, 583

Riepenhausen, Franz (1786–1831), Maler, Zeichner und Kupferstecher, seit 1805 in Rom · 245

Riepenhausen, Johannes (1789–1860), Maler, Zeichner und Kupferstecher, lebte wie sein Bruder Franz Riepenhausen seit 1805 in Rom 245

Ritter, Karl (1779–1859), Begründer der modernen Geographie, seit 1820 Professor an der Universität Berlin · 574

Robespierre, Maximilien-Marie-Isidore (1758–1794), französischer revolutionärer Staatsmann · 96, 203, 207

Rother, Christian von (1778–1849), preußischer Staatsmann; 1810 Rechnungsrat; 1815 Spezialbevollmächtigter bei der Verteilung der französischen Kriegsentschädigung; 1820 Chef der Seehandlung, der preußischen Staatsbank; von 1836 bis 1848 Finanzminister · 493, 494, 570

Rousseau, Jean-Jacques (1712–1778), französisch-schweizerischer Schriftsteller, Philosoph und Pädagoge; ideologischer Wegbereiter der Französischen Revolution · 22, 43, 57, 67, 84, 115, 120, 121, 200, 205, 207, 215

Rubens, Peter Paul (1577–1640), bedeutender flämischer Maler des Barock · 390

Rückert, Friedrich (1788–1866), Sprachwissenschaftler und Dichter; schuf meisterhafte Übertragungen orientalischer Lyrik · 574

Rudolphi, Karl Asmund (1771–1832), Naturforscher; Professor in Greifswald seit 1797, Professor der Anatomie in Berlin seit 1810 · 361

Rühs, Professor für Geschichte an der Universität Greifswald · 351

Rust, Johann Nepomuk (1775–1840), Chirurg, Medizinalrat in Berlin 580

Sack, Friedrich Samuel Gottfried (1738–1817), protestantischer Theologe; 1777 Hof- und Domprediger in Berlin, 1786 Oberkonsistorialrat; seit 1809 Mitglied der Kultussektion; 1816 zum Bischof ernannt 493

Sack, Johann August (1764–1831), preußischer Staatsbeamter; bis 1806 Geheimer Oberfinanzrat im preußischen Generaldirektorium, seit 1809 Oberpräsident der Kurmark, Neumark und Pommerns · 298

Sagan, Herzogin von · 409

Saint-Hilaire, eigentlich Geoffroy Saint-Hilaire, Etienne (1772–1844), französischer Naturforscher, Zoologe · 200

Sallust, Gaius Sallustius Crispus (86 bis um 35 v. u. Z.), römischer Historiker · 25

Sand, Karl Ludwig (1795–1820), Student der Theologie, Burschenschaftler; ermordete aus schwärmerischer Begeisterung für Freiheit und Vaterland Kotzebue und wurde hingerichtet · 353, 516, 546

Sartorius, Georg (1765–1828), Historiker; seit 1797 Professor der Philosophie, seit 1814 Professor der Politik an der Universität Göttingen; gehörte von 1815 bis 1817 der hannoverschen Ständeversammlung an 351

Savigny, Friedrich Karl von (1779–1861), Hauptvertreter der historischen Rechtsschule; 1808 Professor für römisches Recht in Landshut, 1810 nach Berlin berufen; nach 1817 in maßgeblichen Stellen der Justizverwaltung, von 1842 bis 1848 Leiter des besonders geschaffenen Ministeriums für Gesetzesrevision · 352, 355, 496

Schadow, Johann Gottfried (1764–1850), bedeutender Berliner Bildhauer, seit 1816 Direktor der Akademie der Künste in Berlin · 70, 363, 365

Schadow, Rudolf (1786–1822), Bildhauer, Sohn von Johann Gottfried Schadow, lebte vorwiegend in Rom · 558

Scharnhorst, Gerhard Johann David von (1755–1813), Schöpfer der preußischen Heeresreform und einer der hervorragendsten Patrioten seiner Zeit; 1807 Vorsitzender der Militärreorganisationskommission; 1808 Vortragender Generaladjutant des Königs, 1810 Chef des Generalquartiermeisterstabes und des Ingenieurkorps; 1813 Generalstabschef des Blücherschen Korps und Generalquartiermeister, starb an den Folgen einer Verwundung · 269–271, 274, 276, 286, 290, 294, 352, 370, 380, 385, 406, 407, 545, 563

Schelling, Friedrich Wilhelm Joseph (1775–1854), Philosoph; Professor in Jena seit 1798, in Würzburg seit 1803, in München seit 1807, von 1820 bis 1827 in Erlangen, dann wieder in München, seit 1841 in Berlin · 168, 255, 347

J. Fr. Böhmer, W. Schlegel, trennte sich 1803 von ihm und heiratete Schelling · 168

Schleiermacher, Friedrich Daniel (1768–1834), Begründer der neueren protestantischen Theologie; seit 1796 Prediger an der Charité in Berlin, seit 1802 Hofprediger in Stolpe; 1804 Professor der Theologie in Halle, seit 1806 wieder in Berlin, als Prediger an der Trinitatiskirche seit 1809 und als Professor an der Universität seit 1810 · 87, 107, 129, 236, 292, 294, 314–316, 322, 330, 332, 333, 336, 339, 342, 347, 350, 352–357, 361, 374, 411, 412, 543, 546, 547, 569

Schlosser, Cornelia, geb. Goethe (1750–1777), Goethes Schwester, verheiratet mit Johann Georg Schlosser · 288

Schlosser, Johann Georg (1739–1799), Schriftsteller; Goethes Schwager; 1787 Geheimer Hofrat, 1790 Direktor des Hofgerichts in Karlsruhe; nahm 1794 seine Entlassung und lebte in Eutin; 1798 Syndikus in Frankfurt a. M. · 163, 288

Schlözer, August Ludwig von (1735–1809), Geschichtsforscher und freisinniger Gelehrter; seit 1769 Professor für Politik und Geschichte an der Universität Göttingen · 37

Schlüter, Andreas (um 1660–1714), Bildhauer und Baumeister, Hauptmeister des norddeutschen Barocks · 363

Schmalz, Theodor Anton Heinrich (1760–1831), Staatsrechtler und Publizist; 1803 Kanzler der Universität Halle; 1810 Professor der Staatswissenschaften an der Universität Berlin und designierter Rektor; schloß sich frühzeitig der Reaktion an · 323, 324, 326, 327, 332, 352, 354, 489, 543, 544, 546, 565

Schmedding (geb. 1774), Professor für Kirchenrecht in Münster, dann Kriegs- und Domänenrat, von Humboldt als Staatsrat in seine Sektion berufen · 287, 289–291, 353, 370

Schön, Heinrich Theodor von (1773–1856), freisinniger preußischer Staatsmann, Mitarbeiter Steins; 1807 Geheimer Staatsrat, legte nach Steins Rücktritt seine Stelle im Ministerium nieder und wurde Regierungspräsident in Gumbinnen; 1816 Oberpräsident von Ost- und Westpreußen, 1840 Staatsminister, schied 1842 aus dem Staatsdienst · 271, 273, 290, 295, 310, 377, 378, 382, 493, 494, 558, 561, 573

Schroetter, Friedrich Leopold Reichsfreiherr von (1743–1815), preußischer Staatsmann, Mitarbeiter Steins; 1791 Oberpräsident von Ost- und Westpreußen, 1795 Staats- und Finanzminister, 1810 Mitglied des Geheimen Staatsrates · 369

Schubart, Christian Friedrich Daniel (1739–1791), Dichter und Publizist; vom Herzog Karl Eugen von Württemberg von 1777 bis 1787 auf der Festung Hohenasperg eingekerkert; danach Direktor der Hofmusik und Theaterdichter in Stuttgart · 61

Schuckmann, Kaspar Friedrich Freiherr von (1755–1834), preußischer Staatsmann; 1810 Humboldts Nachfolger als Chef der Sektion für Kultus und Unterricht; preußischer Innenminister seit 1814; maßgeblich an der Demagogenverfolgung beteiligt · 355, 356, 386, 393, 491, 499, 501, 516, 529, 552, 557

Schulze, Johannes (1786–1869), Leiter des höheren Unterrichtswesens in Preußen; zunächst im praktischen Schuldienst tätig (u. a. in Weimar, Hanau, Frankfurt a. M.); 1815 als Konsistorial- und Schulrat in Koblenz in preußische Dienste getreten; seit 1818 Vortragender Rat für das höhere Schulwesen im Ministerium der geistlichen, Unterrichts- und Medizinalangelegenheiten, seit 1840 Vortragender Rat für die Universitäten; 1849 Direktor der Unterrichtsabteilung; einer der verdienstvollsten Beamten der preußischen Kultusverwaltung · 315

Schütz, Christian Gottfried (1747–1832), Professor der Beredsamkeit in Jena, später in Halle · 134, 326, 331, 376

Schwarzenberg, Karl Philipp Fürst zu (1771–1820), österreichischer Feldmarschall und Diplomat; 1810 Botschafter in Paris; 1812 Oberbefehlshaber des österreichischen Hilfskorps in Rußland; 1813 Friedensunterhändler bei Napoleon; 1813/14 Oberbefehlshaber der Hauptarmee der Alliierten · 416

Schweighäuser, Johann Gottfried (1776–1844), Hauslehrer bei W. v. Humboldt von Weihnachten 1798 bis Juni 1799 · 259, 267, 376

Schweitzer, Christian Wilhelm (1781–1856), Professor der Rechtskunde an der Universität Jena; Teilnehmer am Wartburgtreffen 1819; später Geheimer Rat in Weimar · 544

Skakespeare, William (1564–1616), englischer Dramatiker · 170

Sickler, Friedrich Karl Ludwig (1773–1836), Archäologe und Philologe; von 1805 bis 1807 Hauslehrer bei W. v. Humboldt · 248

Sieveking, Georg Heinrich (1751–1799), Hamburger Kaufmann · 163

Sieyès, Emmanuel-Joseph Comte (1748–1836), französischer Politiker während der Revolutionszeit; 1789 Abgeordneter des dritten Standes in der Nationalversammlung, schloß sich den gemäßigten Republikanern an und förderte, 1799 in das Direktorium eingetreten, Bonapartes Staatsstreich; von Napoleon ausgeschaltet · 202–204, 207, 210

Smith, Adam (1723–1790), britischer Nationalökonom; einer der bedeutendsten Vertreter der klassischen bürgerlichen Ökonomie, »Ökonom der Manufakturperiode« (Marx) · 350, 351

Sokrates, (469–399 v. u. Z.), griechischer Philosoph, wegen angeblicher Götterleugnung und Verführung der Jugend zum Tode verurteilt · 29, 118

wirtschaftliche Lehranstalt; von 1810 bis 1818 Professor an der Universität Berlin · 322, 351

Thomasius, Christian (1655–1728), Philosoph und Rechtsgelehrter; er hielt als erster Universitätsvorlesungen in deutscher Sprache · 19, 310

Thorwaldsen, Bertel (1770–1844), dänischer Bildhauer; lebte zwischen 1797 und 1842 fast ununterbrochen in Rom · 90, 245, 576, 609

Thukydides, (um 460 bis um 396 v. u. Z.), griechischer Historiker · 119

Tieck, Friedrich (1776–1851), Bildhauer, Bruder des Dichters Ludwig Tieck · 192, 206, 245, 246, 568, 570

Tieck, Ludwig (1773–1853), romantischer Dichter · 168, 192

Tourte, Karl Daniel, Physiker · 349

Tralles, Johann Georg (1763–1822), Physiker; 1785 Professor in Bern, 1810 in Berlin · 349, 361

Ubaen, Johann Daniel Wilhelm Otto (1763–1835), Humboldts Vorgänger als preußischer Resident am Vatikan; 1802 Rat im Neuostpreußischen Departement für geistliche, Schul- und Landeshoheitssachen; 1808 Vortragender Rat in der Kultussektion · 237, 239, 248, 287, 289, 290, 312, 325, 333, 354, 361, 367

Unger, Johann Friedrich (1753–1804), Buchhändler und Verleger in Berlin · 75

Urquijo, Mariano Lus de (1768–1817), spanischer Politiker, 1808 Ministerpräsident · 222

Valenciennes, Achille (1794–1864), französischer Naturforscher, Freund und Mitarbeiter Alexander von Humboldts · 505

Vandeuil, Angélique, Tochter Diderots · 206

Varnhagen von Ense, Karl August (1785–1858), Publizist und zeitweilig preußischer Diplomat; der Chronist seiner Zeit · 9, 78, 320, 463, 492, 542, 566, 574, 577, 608, 609

Varnhagen, Rahel, s. Levin, Rahel

Veit, David, Jugendfreund Rahel Varnhagens · 78

Veit, Dorothea, s. Schlegel, Dorothea

Veit, Simon, Bankier, erster Gatte der Dorothea Schlegel · 32, 86

Vieweg, Hans Friedrich (1761–1835), Buchhändler in Berlin, später in Braunschweig · 109

Vincke, Friedrich Ludwig Wilhelm Freiherr von (1774–1844), von 1809 bis 1810 Präsident der Kurmärkischen Regierung in Potsdam; 1813

Werner, Abraham Gottlob (1749–1817), Mineraloge und Geologe, seit 1775 Inspektor und Lehrer der Mineralogie und Bergbaukunde an der Bergakademie in Freiberg; Begründer der Geognosie und Förderer der Eisenhüttenkunde · 359

Wessenberg, Johann Philipp Freiherr von (1773–1858), österreichischer Diplomat; Gesandter in Kassel, Berlin und München; 1813 Unterhändler in London; zweiter österreichischer Bevollmächtigter auf dem Wiener Kongreß; 1816 bei den Territorialverhandlungen in Frankfurt am Main; Gegner der Metternichschen Politik · 458

Wieland, Christoph Martin (1733–1813), Dichter der Aufklärung, Wegbereiter der deutschen Klassik · 41, 67, 133, 147, 302

Wilhelm, Prinz von Preußen (1797–1888), Bruder des Königs Friedrich Wilhelm IV.; seit 1858 Regent, seit 1861 als Wilhelm I. König von Preußen, seit 1871 Deutscher Kaiser · 269, 475

Wilken, Friedrich (1777–1840), Historiker; seit 1805 Professor der Geschichte und Direktor der Bibliothek in Heidelberg; seit 1817 Professor an der Universität Berlin und Oberbibliothekar; seit 1819 ordentliches Mitglied der Akademie der Wissenschaften, deren ständiger Sekretär er seit 1829 war · 351, 466

Willdenow, Karl Ludwig (1765–1812), Botaniker; 1798 Professor der Naturgeschichte am medizinisch-chirurgischen Kollegium in Berlin; 1806 Professor der Medizin und Direktor des Botanischen Gartens; ging 1811 auf Veranlassung Alexander von Humboldts nach Paris, um dort dessen Pflanzenschätze zu bearbeiten · 312, 349

Winckelmann, Johann Joachim (1717–1768), Begründer der deutschen Altertumswissenschaft · 26, 120, 125, 129, 172, 254–256, 306

Wittgenstein, Wilhelm Ludwig Georg, Fürst zu Sayn-Wittgenstein-Hohenstein (1770–1851), preußischer Staatsmann; 1797 Oberhofmeister und preußischer Gesandter in Kassel; leitete von 1812 bis 1819 die politische Polizei; seit 1819 Minister des königlichen Hauses; maßgeblich an der Demagogenverfolgung beteiligt · 385, 491, 499, 516, 546, 547, 552, 554, 556, 562, 563, 565, 572, 580

Witzleben, Karl Ernst Job von (1783–1837), 1817 Chef des Militärkabinetts Friedrich Wilhelms III.; 1818 Generaladjutant; von 1831 bis 1835 Kriegsminister · 78, 516, 517, 519–521, 525–527, 563, 570, 572

Wolf, Friedrich August (1759–1824), hervorragender klassischer Philologe; von 1783 bis 1806 Professor an der Universität Halle, lebte danach in Berlin, seit 1807 Mitglied der Akademie der Wissenschaften 30, 38, 84, 85, 93, 118–121, 123, 124, 126–129, 134, 141, 155, 163, 196, 214, 226, 251, 253, 254, 279, 286, 290, 292, 294, 306, 312–316, 322–325, 327, 331, 349, 350, 373, 374, 377, 379, 390, 463, 569, 590

Wolff, Christian Freiherr von (1679–1754), Philosoph der Aufklärung 43–45

Wöllner, Johann Christoph von (1732–1800), preußischer Justizminister und Chef des geistlichen Departements von 1788 bis 1798; Günstling König Friedrich Wilhelms II.; versuchte die Aufklärung durch gesetzliche Maßnahmen zu unterdrücken · 36, 41, 43, 54, 60, 70, 82, 108, 296, 355, 366, 388

Woltmann, Karl Ludwig von (1770–1817), Professor der Geschichte in Jena von 1795 bis 1799, dann Hof- und Legationsrat in Berlin · 135, 136, 139, 180, 312, 351

Wolzogen, Karoline von, s. Lengefeld, Karoline von

Wolzogen, Wilhelm von (1762–1809), Schillers Jugendfreund; zweiter Gatte von Karoline von Lengefeld · 68, 139

Yorck von Wartenburg, Johann David Ludwig Graf (1759–1830), Führer des preußischen Hilfskorps bei der Rußlandarmee Napoleons; schloß am 30. 12. 1812 die Konvention von Tauroggen und leitete damit den Befreiungskrieg ein; 1813 Führer des 1. Korps der schlesischen Armee; 1821 Generalfeldmarschall · 376

Zedlitz, Karl Abraham Freiherr von (1731–1793), preußischer Staatsmann; von 1770 bis 1789 Geheimer Staats- und Justizminister, von 1771 bis 1788 auch des Departements für Kirchen- und Schulsachen 296, 297, 388

Zeller, Karl August (1774–1846), Pädagoge, Schüler Pestalozzis; von 1809 bis 1816 Schulrat in Königsberg · 303, 585

Zelter, Karl Friedrich (1758–1832), ursprünglich Maurermeister, dann Komponist; Professor der Musik und Leiter der Singakademie in Berlin; Altersfreund Goethes · 364, 365

Zeune, Johann August (1778–1853), Geograph und Germanist, Lehrer am Grauen Kloster in Berlin, gründete 1806 eine Blindenanstalt; 1810 Professor für Geographie an der Universität Berlin; gründete 1814 die Gesellschaft für deutsche Sprache und 1828 die Gesellschaft für Erdkunde · 349

Zoëga, Johann Georg (1755–1809), dänischer Altertumsforscher; lebte seit 1783 in Rom; seit 1798 auch dänischer Generalkonsul im Kirchenstaat · 247, 256

Zöllner, Johann Friedrich (1753–1804), Propst (seit 1788) und Oberkonsistorialrat in Berlin; eines der Häupter der Berliner Aufklärung 75, 76, 298

VERZEICHNIS DER ABBILDUNGEN

TEXTTEIL

TAFELTEIL

(19) Die Berliner Universität um 1830 · *Radierung von Laurans +*
     Dietrich nach einer Zeichnung von Calau
(20) von links nach rechts: Schiller, Wilhelm und Alexander von
     Humboldt, Goethe in Jena · *Holzschnitt nach einer Zeich-*
     nung von Andr. Müller